V&R

Günter Ruddat / Gerhard K. Schäfer (Hg.)

DIAKONISCHES KOMPENDIUM

Mit 9 Abbildungen und 5 Tabellen

Vandenhoeck & Ruprecht

Bibliografische Information Der Deutschen Bibliothek

Die Deutsche Bibliothek verzeichnet diese Publikation in der Deutschen Nationalbibliografie; detaillierte bibliografische Daten sind im Internet über <http://dnb.ddb.de> abrufbar.

ISBN 3-525-62379-8

Umschlagabbildung: Susanne Richter, O. T.

© 2005 Vandenhoeck & Ruprecht GmbH & Co. KG, Göttingen/www.v-r.de
Alle Rechte vorbehalten. Das Werk und seine Teile sind urheberrechtlich geschützt. Jede Verwertung in anderen als den gesetzlich zugelassenen Fällen bedarf der vorherigen schriftlichen Einwilligung des Verlages. Hinweis zu § 52a UrhG: Weder das Werk noch seine Teile dürfen ohne vorherige schriftliche Einwilligung des Verlages öffentlich zugänglich gemacht werden. Dies gilt auch bei einer entsprechenden Nutzung für Lehr- und Unterrichtszwecke.
Printed in Germany.
Schrift: Baskerville Book
Satz: Dörlemann Satz, Lemförde
Druck und Einband: Hubert & Co., Göttingen
Gedruckt auf alterungsbeständigem Papier.

Inhalt

Vorwort
MANFRED KOCK 9

Einführung
GÜNTER RUDDAT/GERHARD K. SCHÄFER 11

Grundlagen und Entwicklungen

I. Biblische Grundlagen der Diakonie
   ULRICH LUZ 17
II. Geschichtliche Entwicklungen der Diakonie
    GERHARD K. SCHÄFER/VOLKER HERRMANN . 36
III. Diakonie in der modernen Gesellschaft
     THEODOR STROHM 68

Konzeptionen und Dialogbewegungen

IV. Evangelisch-theologische Konzeptionen und
    Diskussionslinien der Diakonie
    GERHARD K. SCHÄFER 91
V. Gegenwärtige Anforderungen an eine
   diakonische Ethik
   NORBERT AMMERMANN 122
VI. Diakonie im ökumenischen Dialog
    MARTIN ROBRA 141
VII. Diakonie im interreligiösen und inter-
     kulturellen Dialog
     HEINRICH POMPEY 158

Kollektive Subjekte und Organisationsformen

VIII. Selbsthilfe- und Initiativgruppen
      HERMANN STEINKAMP 189

IX.	Diakonie in der Gemeinde GÜNTER RUDDAT/GERHARD K. SCHÄFER ... 203
X.	Diakonie als Unternehmen JOHANNES DEGEN 228
XI.	Diakonische Handlungsebenen zwischen Kirchenkreis und EKD REINHARD WITSCHKE 241
XII.	Kirchliche Föderationen – das Beispiel Eurodiaconia JÜRGEN GOHDE 260

Lenken und Gestalten

XIII.	Führung als Lenkung und Gestaltung im diakonischen Unternehmen ALFRED JÄGER 271
XIV.	Diakonie im Spannungsfeld von kirchlichem und staatlichem Recht JÖRG WINTER 287
XV.	Finanzen und Finanzierung MARKUS RÜCKERT 300
XVI.	Qualitätsentwicklung UWE SCHWARZER 317
XVII.	Öffentlichkeitsarbeit HORST SEIBERT 332

Personen und Kompetenzen

XVIII.	Hilfebedürftigkeit und Hilfsbereitschaft DIERK STARNITZKE 353
XIX.	Ehrenamtliche Mitarbeiterinnen und Mitarbeiter REINHARD LIEBIG/THOMAS RAUSCHENBACH . 366
XX.	Hauptamtliche Mitarbeiterinnen und Mitarbeiter REINHARD TURRE 383

| XXI. | Diakonat und Diakonische Gemeinschaften |
| | Cornelia Coenen-Marx . . . . 393 |

Spiritualität und Bildung

XXII.	Diakonische Spiritualität
	Günter Ruddat 407
XXIII.	Diakonisches Lernen – diakonische Bildung
	Heinz Schmidt 421
XXIV.	Aus-, Fort- und Weiterbildung in der Diakonie
	Hanns-Stephan Haas 439

Aufgaben und Handlungsfelder

XXV.	Altenhilfe
	Klaus Hartmann/Klaus Hildemann 455
XXVI.	Arbeitslosenhilfe
	Traugott Jähnichen 467
XXVII.	Begleitung Sterbender und Trauernder in der Hospizbewegung
	Daniela Tausch 478
XXVIII.	Bekämpfung von Armut als Herausforderung an diakonisches Handeln
	Ernst-Ulrich Huster 485
XXIX.	Behindertenhilfe
	Norbert Störmer 499
XXX.	Ehe- und Familienberatung
	Michael Klessmann 510
XXXI.	Flüchtlingshilfe
	Wolf-Dieter Just 520
XXXII.	Kinder- und Jugendhilfe
	Arnd Götzelmann 535
XXXIII.	Obdachlosen-/Wohnungslosenhilfe
	Reinhard van Spankeren 546
XXXIV.	Schwangerschaftskonfliktberatung
	Helga Kuhlmann 554

XXXV.	Sorge für Kranke BARBARA STÄDTLER-MACH	567
XXXVI.	Suchtkrankenhilfe und Suchtberatung ULRICH EIBACH	576
XXXVII.	Telefonseelsorge JÖRG WIENERS	586
XXXVIII.	Weltweite Diakonie CORNELIA FÜLLKRUG-WEITZEL	597

Anhang

1. Bibelstellenregister 613
2. Namenregister 616
3. Sachregister 625
4. Verzeichnis der Autorinnen und Autoren 631
5. Adressen der Diakonie/Caritas: Deutschland/Österreich/Schweiz/Europa 634
6. Adressen – Diakonische Handlungsfelder 638

Vorwort

Alle Menschen sind von Gott geschaffen als seine Ebenbilder; sie sind unverwechselbar und je einzeln von ihm geliebt. Dem entspricht, dass wir in der Gemeinschaft der Menschen aufeinander bezogen leben und für einander Verantwortung tragen. In diesem Grundverständnis der Menschen liegt die Begründung für diakonisches Handeln in der Nachfolge Jesu: Weil es uns nicht egal sein kann und darf, wie es den Menschen um uns herum geht, sind wir dazu verpflichtet, dort zu helfen, wo wir Not sehen. Wie wenig selbstverständlich diese Herausforderung ist, wird bewusst, wenn wir uns andere Menschenbilder vor Augen führen, wie sie etwa in der Diskussion um biomedizinische Fragen anklingen. Das Verständnis vom Menschen wird für uns Christinnen und Christen getragen und beflügelt »durch die Liebe Gottes, die ausgegossen ist in unsere Herzen durch den Heiligen Geist« (Röm 5,5). Weil Gott uns so sehr liebt und uns so reich mit vielerlei Gaben beschenkt hat, darum können wir gar nicht anders, als diese Liebe und diese Gaben weiterzugeben.

Die liebevolle Hilfe für die Armen und Schwachen der eigenen Gemeinde, aber auch weit darüber hinaus, war von Anfang an ein wesentliches Merkmal der christlichen Gemeinde. Wie ein roter Faden zieht sich die »caritas« durch alle Höhen und Tiefen der Kirchengeschichte. Bis heute steht es außer Frage, dass wir uns als einzelne Christinnen und Christen und als Gemeinden, als Kirche für die Schwachen engagieren und Bedürftigen helfen.

Die Diakonie in der Form, wie sie sich als kirchlicher Dienst in unserem modernen Sozialstaat entwickelt hat, steht vor entscheidenden Herausforderungen. Stichworte sind neben vielen anderen der durch zurückgehende Einnahmen ausgelöste Kostendruck, der Wettbewerb privater »Anbieter« von Pflegeleistungen, eine der für uns an dieser Stelle beschwerlichen Folgen der Europäisierung.

Eine besondere Herausforderung liegt für mich aber in dem Bemühen um den Zusammenhalt von organisierter Diakonie und verfasster Kirche. In vielen Aufgabenfeldern sind diakonische Initiativen im Laufe der Zeit nicht nur professioneller, sondern auch immer selbstständiger geworden – nicht zuletzt, weil Kirchengemeinden und Kirchenkreise als Trägerinnen diakonischer Einrichtungen sich des wirtschaftlichen Risikos entledigen wollten, das beispielsweise mit der Ökonomisierung der Pflege verbunden ist. Nur gemeinsam kann es uns gelingen, angesichts solcher Entwicklungen wieder verstärkt deutlich zu machen, dass diakonisches Handeln eine »Lebens- und Wesensäußerung der Kirche« ist. Kirche kann ohne Diakonie nicht sein, aber auch diakonisches Handeln ohne Einbindung in die verfasste Kirche wäre keine Diakonie mehr.

In dieser Situation bin ich sehr dankbar für das vorliegende Kompendium. Es erinnert an die theologischen und geschichtlichen Grundlagen der Diakonie und zeigt Konzeptionen und Organisationsformen auf. In zahlreichen und vielfältigen Beiträgen wird in prägnanter Weise das bunte Bild unserer Diakonie skizziert. Die dadurch ermöglichte Vergewisserung über Geschichte und Gegenwart des diakonischen Handelns der Kirche trägt wesentlich dazu bei, die notwendigen Entscheidungen für die Zukunft der Diakonie vorzubereiten.

Den Herausgebern und dem Verlag danke ich daher sehr herzlich für ihre Initiative, allen Autorinnen und Autoren für ihr Engagement und für ihre Beiträge.

Präses i.R. Manfred Kock

Einführung

Die Diakonie befindet sich in einer *Situation tief greifenden Umbruchs*. Der Wandel im Solidarverhalten, gravierende Veränderungen des Sozialstaats, der im Bereich des Sozialen entstandene Wettbewerb und globale Entwicklungstrends setzen die Diakonie unter zunehmenden Modernisierungsdruck und fordern sie in vielfältiger Weise heraus. Grundfragen z. B. nach dem Profil diakonischen Handelns im Spannungsfeld von Kirche, Markt und Staat, nach dem Verhältnis von Menschlichkeit und Wirtschaftlichkeit sowie nach Kooperationsmöglichkeiten – auch und gerade mit anderen Konfessionen und Religionen – stellen sich neu und in verschärfter Form.

Angesichts solcher Transformationsprozesse und Problemanzeigen ist eine Verständigungsbemühung angesagt, die mehrdimensional die unterschiedlichen Sichtweisen und die damit verbundene Vielfalt der Annäherungen und der Ausgestaltungen wahrnimmt. Zugleich gilt es, Perspektiven zu eröffnen für eine Diakonie, die sach- und zeitgemäß ist, die Gottes- und Sozialcourage miteinander verschränkt und sich darin als zukunftsfähig erweist. Der Diskurs über grundlegende Aufgaben und Optionen, Zielbestimmungen und Strukturen erfordert eine Verständigung über fundamentale Aspekte der Diakonie. Das uns leitende basale und zugleich vorläufige *Verständnis von Diakonie* lässt sich so zusammenfassen:

> Diakonie ist die im christlichen Glauben begründete, kraft der Liebe und im Horizont der Hoffnung auf das Reich Gottes sich vollziehende christlich – kirchliche Praxis des Beistands, die zu einem Leben in Freiheit ermächtigen will. Das diakonische Beistandshandeln verbindet sich mit der Inszenierung solidaritätsfördernder Arrangements und der Verpflichtung, zur Steigerung des gesellschaftlichen Niveaus von Gerechtigkeit beizutragen.[1]

---

1 Vgl. dazu etwa die »Definition« in: Heinrich Pompey/Paul-Stefan Roß: Kirche für andere. Handbuch für eine diakonische Praxis, Mainz 1998, 207: »Diakonie ist ein Helfen, dessen zentrales Subjekt die diakonische Kirche ist. Von diesem Subjekt wird es verstanden als Glaubenspraxis im Horizont des von Jesus verkündigten und in ihm angebrochenen Reiches Gottes. Von dorther empfängt es seine Grundhaltung einer ›gelassenen Leidenschaft‹, seine Orientierung an einem mehrdimensionalen Menschenbild, seinen primären Standort an der Seite derer, die am Rande leben sowie seine spezifische gesellschaftlich Positionierung. Bei dieser Positionierung lässt sich Diakonie leiten von der Realutopie einer Gesellschaft, in der Ge-

Auf diesem Hintergrund und in diesem Zusammenhang will das »Diakonische Kompendium« als Studien- und Lehrbuch zur Orientierung, Reflexion und Weiterentwicklung diakonischer Theorie und Praxis beitragen. Es will elementare »diakonische Kompetenz« fördern und unterstützen, die sich in eine Kultur der Achtsamkeit einbringen kann.

Die Konzeption dieses »Diakonischen Kompendiums« kann dabei an bemerkenswerte Entwicklungen im wissenschaftlichen und kirchlichen Bereich anknüpfen: Die komplexe Wirklichkeit der Diakonie hat seit Mitte der 1980er Jahre verstärkt an Aufmerksamkeit gewonnen. Ein erfreulicher *Aufschwung der noch jungen diakoniewissenschaftlichen Forschung* ist zu verzeichnen. Das neu erwachte Interesse an der Diakonie hat seinen Niederschlag in einer Vielzahl von Publikationen gefunden. Die historische Erforschung vor allem der neueren Diakonie, wie sie sich seit dem 19. Jh. entwickelt hat, wurde vorangetrieben. Entwickelt wurden Bausteine zu einer interdisziplinär angelegten Theorie der Diakonie[2]. Die meisten Veröffentlichungen sind allerdings durch die Reflexion je spezifischer Aspekte bzw. einzelner Dimensionen der Diakonie bestimmt.

Auch auf den verschiedenen Ebenen sozialwissenschaftlicher wie theologischer *Aus- und Fortbildung* ist ein verstärktes Interesse an Diakonik zu spüren. Hatten vor fünfundzwanzig Jahren diakoniewissenschaftliche Vorlesungen und Seminare an den meisten Evangelisch-Theologischen Fakultäten noch Seltenheitswert, ganz anders als an den Evangelischen Fachhochschulen, so hat sich der diakonische Horizont an allen Hochschulen erfreulich erweitert. Diakoniewissenschaftliche Institute und Studiengänge mehren sich und wollen in Profil und Durchlässigkeit abgestimmt sein. Auch in der zweiten Ausbildungsphase und in der Fortbildung wächst der Anteil qualifizierender diakoniewissenschaftlicher Angebote beständig.

    rechtigkeit verwirklicht ist, und hat gesellschaftskritische, gesellschaftsverändernde und alternative Handlungsräume eröffnende Dimensionen.«
2   Hinzuweisen ist auf die ersten neueren Arbeitsbücher von Marc Edouard Kohler (Diakonie, Zürich 1991, Neukirchen-Vluyn [2]1995) und Reinhard Turre (Diakonik. Grundlegung und Gestaltung der Diakonie. Neukirchen-Vluyn 1991) und auf das von Michael Schibilsky herausgegebene »Kursbuch Diakonie« (FS Ulrich Bach, Neukirchen-Vluyn 1991), auf die Reihe der »Veröffentlichungen des Diakoniewissenschaftlichen Instituts« (VDWI, seit 1989) an der Universität Heidelberg bzw. neuerdings auf die von Jürgen Gohde und M. Schibilsky herausgegebene Reihe »Diakoniewissenschaft. Grundlagen und Handlungsperspektiven« (Stuttgart, seit 2000). Erst nach Redaktionsschluss ist der von M. Schibilsky und Renate Zitt herausgegebene Band »Theologie und Diakonie« (Gütersloh 2004) erschienen.

Schließlich ist aufschlussreich, wie die Diakonie wahrgenommen wird: Zum einen bleibt der Bekanntheitsgrad der institutionalisierten Diakonie hinter dem anderer Wohlfahrtsverbände zurück. Das Rote Kreuz ist etwa sechsmal so bekannt wie die Diakonie, die fünfmal so viel Mitarbeiterinnen und Mitarbeiter hat. Zum anderen belegen insbesondere die regelmäßigen Mitgliedschaftsuntersuchungen der EKD (zuletzt »Fremde Heimat Kirche«) nicht nur die unverändert hervorragende *Bedeutung der Diakonie für das Bild und das Profil von Kirche*, sondern auch das dahinter sichtbar werdende Vertrauen in *die* Diakonie und die damit verbundenen Erwartungen an die hauptberuflich und ehrenamtlich Mitarbeitenden in der diakonischen Praxis. Aus diesen Entwicklungen entspringen neue Anforderungen an die *Didaktik der Diakonie*, die sich der neuen diakonischen Konstellation auf den unterschiedlichen Ebenen verdankt. Entsprechend dem kommunikativen Grundgeschehen von Diakonie als elementarer Begegnung im Beistand kommt hier der personal vermittelten gemeinsamen Arbeit in Kursen und Seminaren Priorität zu. Allerdings erfordert solche Arbeit auch begriffliche und konzeptionelle Klarheit. Dazu will das vorliegende Handbuch einen Beitrag leisten.

Erklärtes *Ziel* ist es dabei, wesentliche Grundkenntnisse heutiger evangelischer Diakonik übersichtlich zu präsentieren, das Problembewusstsein zu schärfen und so einen Beitrag zu einer kritisch reflektierten und zugleich kreativen diakonischen Praxis im Bereich der deutschsprachigen evangelischen Kirchen zu leisten, der das pluriforme Projekt Diakonie in einem dynamischen Prozess entfalten hilft.

Entsprechend der gegenwärtig erfreulichen Weitung des diakonischen Horizontes – über wie immer geartete professionelle Engführungen hinaus – sind als Leserinnen und Leser dieses »Diakonischen Kompendiums« *Studierende der Theologie, der Diakonik/Diakoniewissenschaft, der Religions- und Gemeindepädagogik, des Sozial- und Gesundheitswesens und anderer helfender Berufe* ebenso im Blick wie alle anderen (auch ehrenamtlichen) Mitarbeiterinnen und Mitarbeiter in Kirche und Diakonie, dazu die diakonisch und kirchlich Verantwortlichen auf allen Ebenen. Sie alle benötigen diakonische Grundkenntnisse, um den sozialen und humanen Anforderungen einer »Kommunikation des Evangeliums« (Ernst Lange) in ihren Berufs- und Handlungsfeldern gerecht zu werden. In exemplarischer Begegnung mit der Situation und elementarer Lerngemeinschaft mit der Tradition ist das lokale, regionale und globale Veränderungspotential gemäß einer Option für das Leben zu gestalten. Die an der Diakonie beteiligten unterschiedlichen Subjekte werden – hoffentlich – dazu angeregt, den dringlichen Dialog zu intensivieren.

Entsprechend der dreifachen Ausrichtung auf die diakoniewissenschaftliche Theoriebildung, die Didaktik der Diakonie (Diakonik) und die diakonische Praxis haben wir *Kolleginnen und Kollegen aus Kirche, Diakonie und Wissenschaft* um Mitarbeit gebeten. Wir danken ihnen allen dafür, dass sie ihre Ausführungen weitgehend an dem ihnen vorgeschlagenen, didaktisch begründeten Aufbau der einzelnen Artikel[3] orientierten. 38 Artikel geben nicht nur Einblicke in die facettenreiche Wirklichkeit der Diakonie und ihre Handlungsmöglichkeiten, sondern eröffnen auch Ausblicke auf wichtige Innovationen und animieren so hoffentlich auch die Leserinnen und Leser zu eigener kreativer und produktiver Arbeit:

Biblische sowie geschichtliche Grundlagen werden dargestellt und gegenwärtige Entwicklungen sowie Diskurse erschlossen. Gefragt wird nach den Subjekten, Strukturen und Kompetenzen sach- und zeitgemäßer Diakonie. Exemplarisch sind Aufgaben beschrieben und Handlungsfelder beleuchtet. Unterstützt durch Hinweise zur weiterführenden Literatur soll das Diakonische Kompendium eine fundierte Einführung und Auseinandersetzung mit dem Thema Diakonie ermöglichen.

Für die erhebliche redaktionelle Arbeit bei der Entstehung dieses Diakonischen Kompendiums danken wir in besonderer Weise unserem wissenschaftlichen Mitarbeiter, Pfarrer Thomas Bautz, und für die Hilfe beim Korrekturlesen Pfarrerin Heike Bährle. Die Register wurden zusammengestellt von unseren studentischen Hilfskräften Bettina Bremer, Miriam Yenmez und cand. theol. Hubertus Kuhns.

Schließlich bedanken wir uns sehr herzlich für die Gewährung namhafter *Druckkostenzuschüsse* bei: dem Diakonischen Werk der EKD und der Kirchenleitung der Evangelischen Kirche von Westfalen, außerdem den Diakonischen Werken der Evangelischen Kirche im Rheinland, der Evangelischen Kirche in Württemberg und der Evangelischen Landeskirche in Baden.

Ihr finanzielles Engagement ermöglicht einen Verkaufspreis des »Diakonischen Kompendiums«, der hoffen lässt, das es tatsächlich in Aus- und Fortbildung einer »diakonischen Kirche« bzw. einer »kirchlichen Diakonie« seinen Platz finden wird.

Bochum, im Advent 2004

GÜNTER RUDDAT/GERHARD K. SCHÄFER

---

3   Für den Aufbau der einzelnen Artikel war folgendes *Raster* vorgeschlagen: 1. Einführung; 2. Historische Dimension; 3. Gegenwärtige Situation; 4. Diakoniewissenschaftliche Anstöße und diakonische Perspektiven; 5. Zur Weiterarbeit.

Grundlagen und Entwicklungen

I.
Biblische Grundlagen der Diakonie

ULRICH LUZ

1. Einführung: Der griechische Wortstamm »diakon-«[1]

Die zur griechischen Wortfamilie *diakon-* gehörenden Worte *diakoneo, diakonia, diakonos* werden normalerweise mit »dienen«, »Dienst«, »Diener« übersetzt. Es gibt im Griechischen verschiedene Wörter für »dienen«: Im Unterschied zu *douleuo* (Sklave sein), *latreuo* (Gott dienen, kultische Pflichten erfüllen), *therapeuo* (oft im religiösen oder im medizinischen Sinn gebraucht) und *leitourgeo* (eine öffentliche Pflicht erfüllen; in der LXX vor allem für den priesterlichen Dienst gebraucht), kann das Verbum *diakoneo* verschiedene Arten von »Diensten« bezeichnen: Manchmal heißt es »am Tisch aufwarten«. Das Wort kann aber auch für verschiedene andere Dienstleistungen gebraucht werden. In einem etwas weiteren Sinn bedeutet es »für den Lebensunterhalt sorgen«. In der Mehrzahl der Fälle aber hat das Verbum die umfassende Bedeutung »dienen«. Die Verbindung mit dem Essen ist auch im Neuen Testament noch deutlich (z.B. Lk 10,40; 12,37; 17,8; Apg 6,2; vermutlich auch Mk 1,13; Mt 4,11). Entsprechend bedeutet auch das Substantiv *diakonia* sowohl profangriechisch als auch im neutestamentlichen Griechisch manchmal den »Tischdienst« (Lk 10,40; Apg 6,1), meistens aber »Dienst« überhaupt. *Diakonos* (Diener) kann »Kellner«, aber auch viele andere Arten von »Dienern« bezeichnen. Ein fester Beamtentitel war das Wort nie. Eine eindeutige Abgrenzung zwischen den verschiedenen griechischen Wortstämmen ist kaum möglich. Im Unterschied zu *doulos* (Sklave) scheint also der Wortstamm *diakon-* eher eine Funktion als einen rechtlichen Status zu bezeichnen. Bei einigen Schriftstellern, u.a. bei Epiktet und bei Josephus, kann er eine religiöse, aber nicht eine kultische Bedeutung bekommen: Der Weise oder der Kyniker ist ein »Diener Gottes«.

---

1 Die detaillierteste Untersuchung zum griechischen Sprachgebrauch bietet: John N. Collins: Diakonia. Reinterpreting the Ancient Sources, Oxford 1990.

Die Wortfamilie *diakon-* kommt in der griechischen Bibel nur ganz spärlich vor, das Verbum *diakoneo* (dienen) überhaupt nicht. Man sollte aber aus dieser Tatsache nicht ableiten, dass es sich bei der Diakonie um eine gegenüber der Bibel neue, gar griechische Angelegenheit handle. Das Gegenteil ist wahr!

2. Jüdische und biblische Wurzeln der Diakonie

2.1 Wurzeln im Judentum: die Liebeswerke [2]

Nach der frühjüdischen Tradition von Avot 1,2 ruht die Welt auf der Torah, dem Kult und den »Liebeswerken«. Nach der Zerstörung des Tempels und dem Wegfall des Kultes sind die »Liebeswerke« besonders wichtig geworden – und das gilt mutatis mutandis auch für das frühe Christentum. Unter »Liebeswerken« verstanden die Rabbinen »gute Werke«, welche über die von der Torah geforderten »Gebotserfüllungen« (*mizwoth*) hinausgingen. Im Unterschied zum »Almosen« (*z^edaqah*), welches eine bloße Geldzahlung ist, erfordert ein »Liebeswerk« (*g^emijluwth ch^asadijm*) das Engagement der ganzen Person. Zu den Liebeswerken gehören darum insbesondere Gastfreundschaft, Kleidung von Nackten, Erziehung von Waisenkindern, Gefängnisbesuche und Auslösung von Gefangenen; Krankenbesuche, Ausstattung von mittellosen Bräuten; Bestattung, Geleit von Toten und das Trösten von Trauernden. Eine für das spätere Judentum ganz entscheidende biblische Stelle ist Micha 6,8:

> »Es ist dir gesagt, o Mensch, was gut ist und was der Herr von dir fordert: nichts als Recht üben und die Güte lieben und demütig wandeln vor deinem Gott.«

Gott selbst ist Vorbild für die Liebeswerke. Der Jude Jesus hat das so ausgedrückt: »Werdet barmherzig, wie auch euer Vater barmherzig ist« (Lk 6,36). Wie wenig das Judentum als eine Religion der »bloßen« Gesetzeserfüllung betrachtet werden kann, mag folgende rabbinische Tradition aus dem 3. Jh. zeigen:

---

2 Vgl. den Exkurs bei Hermann Leberecht Strack/Paul Billerbeck: Kommentar zum Neuen Testament aus Talmud und Midrasch IV/1, München 1928, 559–610 und Klaus Berger: »Diakonie« im Frühjudentum. Die Armenfürsorge in der jüdischen Diasporagemeinde zur Zeit Jesu, in: Gerhard K. Schäfer/Theodor Strohm (Hg.): Diakonie – biblische Grundlagen und Orientierungen, VDWI 2, Heidelberg 1990, 94–105. Vgl. zum Judentum auch den Artikel VII. »Diakonie im interreligiösen und interkulturellen Dialog« (Abschnitte, 2.1.1 und 3.1; 161; 166–170).

»Die Tora enthält an ihrem Anfang und an ihrem Ende Liebeswerke. An ihrem Anfang, wie geschrieben steht: Jahwe-Elohim machte für Adam und seine Frau Röcke (Gen 3,21) und an ihrem Ende, wie geschrieben steht: Gott begrub Mose im Tal (Dtn 34,6)« (Sota 14a).

In diesem jüdischen Verständnis der »Liebeswerke« ruht die christliche Überzeugung, dass diakonisches Handeln eine Grunddimension christlichen Lebens ist und dass Diakonie nie einfach nur in professioneller Distanz betrieben werden kann.

2.2 Biblische Wurzeln

Das jüdische Konzept der »Liebeswerke« wurzelt im Zentrum des biblischen Glaubens. Es erfasst das Zentrum des biblischen Gotteswillens, der immer ganzheitlich verstanden wurde und mehr war als das Insistieren auf konkreten Gebotserfüllungen. Im jüdischen Konzept der Liebeswerke bündeln sich zentrale ethische Aussagen der Tora, der Propheten und der – vor allem weisheitlichen – »Schriften«. Der Glaube an das Handeln des biblischen Gottes selbst ist ihr Wurzelgrund. So kam es, dass vor allem durch die »Biblische Theologie« Protest erhoben wurde gegen die klassische These von Gerhard Uhlhorn: »Die Welt vor Christo ist eine Welt ohne Liebe«.[3] Nicht nur in Bezug auf das Liebesgebot ist dies falsch, sondern auch in Bezug auf seine »diakonische« Entfaltung, und nicht nur in Bezug auf die Antike, sondern vor allem in Bezug auf das Erste Testament. Jesus von Nazareth ist keineswegs der Erfinder des Liebesgebots! Frank Crüsemann hat in seinem eindrücklichen Plädoyer für das Erste Testament vor allem auf den Beitrag der biblischen Sozialgesetze mit seinen zahlreichen Schutzbestimmungen für Arme, für Witwen und Waisen, für Alte, für Fremdlinge und für Sklaven hingewiesen. Es ist nicht zufällig, dass das biblische Liebesgebot der krönende Abschluss einer Reihe von Schutzbestimmungen für die Armen, die Fremdlinge, die Tagelöhner, die Tauben und die Blinden ist (Lev 19,9–18); und es ist auch nicht zufällig, dass biblische Rechtssetzungen und Gebote im Laufe der Entwicklung immer deutlicher religiös verstanden wurden, nämlich als Entsprechungen

---

3 Gerhard Uhlhorn: Die christliche Liebesthätigkeit, Stuttgart ²1895, 3. Der berechtigte Protest erfolgte vor allem durch Frank Crüsemann: Das Alte Testament als Grundlage der Diakonie, in: Schäfer/Strohm, Diakonie, 44–63; Rudolf Weth: Der eine Gott der Diakonie. Diakonik als Problem und Aufgabe Biblischer Theologie, JBTh 2 (1989), 151–164; Helge Kjaer Nielsen: Diakonie als bibeltheologisches Thema, in: Sigfred Pedersen (Hg.): New Directions in Biblical Theology, NT.S 76 (1994), 201–219.

zum Handeln Gottes. Der barmherzige und gnädige Gott (Ex 34,6; Ps 103,8 etc.) selbst verschafft den Waisen und Witwen ihr Recht, liebt die Fremden und gibt ihnen Nahrung und Kleidung (Dtn 10,18). Er ist Vater der Waisen und Anwalt der Witwen (Ps 68,6). Sein Verhalten gilt es nachzuahmen. Der wichtigste Unterschied zwischen Erstem und Zweitem Testament liegt m.E. nicht so sehr in unterschiedlichen Dimensionen und in unterschiedlicher Gewichtung des diakonischen Handelns, sondern einerseits in seiner neuen, nämlich christologischen Begründung, und andererseits darin, dass die frühen christlichen Gemeinden dadurch, dass sie nicht mehr in das Ganze eines Volkes eingebettet, sondern als Minoritätsgemeinden in einer fremden Umwelt gezwungen waren, deutlicher als das Judentum eigene diakonale Institutionen auszubilden.

3. Die Umkehrung der Rangordnungen bei Jesus und in seinem Jüngerkreis

Für das Selbstverständnis der christlichen Diakonie ist das bekannte Wort vom Dienen von zentraler Bedeutung, das in verschiedenen Formulierungen überliefert wird, weil es offenbar sehr wichtig war (Mk 10,43f.; Mt 20,26f.; Lk 22,26f.; Mt 23,11; Mk 9,35; vgl. Joh 12,26). Der ursprüngliche aramäische Wortlaut ist kaum sicher zu rekonstruieren. Die älteste erhaltene Fassung ist wohl Mk 10,43f.:

»Wer unter euch groß werden will, soll euer Diener sein; und wer unter euch der erste sein will, soll der Sklave von allen sein.«

»Diener« (*diakonos*) und »Sklave« (*doulos*) werden parallel gebraucht und sind ebenso Synonyme wie »groß« und »erster«. Es geht also um eine radikale Umkehrung der Herrschaftsverhältnisse im Jüngerkreis gegenüber dem, was bei heidnischen Völkern üblich ist, und um ein entsprechendes Verhalten. Dass hinter dem Wort die Erwartung einer Umkehrung aller Rangordnungen im kommenden Gottesreich steht – »die Ersten werden die Letzten sein!« (Mk 10,31 u.ö.) –, kann man nur vermuten, denn vom Gottesreich ist in Mk 10,43f und seinen Parallelen nicht explizit die Rede. Das Wort ist in schroffem Gegensatz zum Verhalten in nichtjüdischen Gesellschaften formuliert. Mit Recht, denn »Dienen«, aber auch »Niedrigkeit«, »Demut« hat im Hellenismus einen sehr geringen Stellenwert.[4]

---

4 Beim Wortstamm *tapein-* (*tapeinos* = niedrig; *tapeinophrosyne* = der Niedrigkeit entsprechende Gesinnung = Demut) ist im frühen Christentum eine

»Wie könnte ein Mensch glücklich werden, der irgend einem dient?« (Plato, Gorgias 491e). Der Gegensatz dazu ist durch die plakative Gegenüberstellung von »groß«/»der erste« und »dienen«/»Sklave sein« deutlich ausgedrückt.

Kein Gegensatz besteht dagegen zur jüdischen Überlieferung, welche darum weiß, dass der barmherzige Gott auf der Seite der Armen und Rechtlosen steht. Eine Überlieferung über Gamaliel den Jüngeren mag dies illustrieren:

»Als Rabban Gamaliel den Weisen ein Gastmahl veranstaltete, lagen alle Weisen Israels bei ihm zu Tische, Rabban Gamaliel aber stand und bediente sie. Sie sprachen: Wir sind nicht würdig, dass er uns bediene.« R. Josua rechtfertigte das Verhalten Gamaliels mit dem Hinweis darauf, »dass ein Größerer als Rabban Gamaliel die Geschöpfe bedient hat«. Dieser Größere ist einerseits Abraham, der die Engel bedient hat (Gen 18), andererseits Gott selbst; »denn in jeder Stunde reicht die Schechina[5] allen Weltbewohnern Nahrung dar gemäss ihrem Bedürfnis« (MEx zu 18,12).

Jesu Wort ist allerdings ganz grundsätzlich formuliert und geht darin wohl weiter als die zeichenhafte Handlung Gamaliels. Die nachösterliche Gemeinde hat es denn auch als Grundsatzaussage über die Sendung Jesu aufgefasst:

»Der Menschensohn kam nicht, um bedient zu werden, sondern um zu dienen« (Mk 10,45a).

Dieses Wort nimmt auf, was die Sendung Jesu auszeichnete: seine ganzheitliche Zuwendung zu den Menschen, insbesondere den Armen, Kranken und Besessenen, den »Kleinen«, den Frauen und den religiösen Außenseitern Israels. Ihr entsprach das Liebesgebot als Zentrum des Willens Gottes. Mit »Dienen« ist also kompromisslose und nicht auf Gegenseitigkeit spekulierende Liebe gemeint.

Zeichenhafter Ausdruck dieses »Dienens« Jesu sind z.B. der johanneische Bericht über die Fußwaschung (Joh 13,4f.) oder das (sekundäre) lukanische Gleichnis vom »Dienst« des wiederkommenden Herrn an seinen Knechten (Lk 12,37). Hier hat sich die Grundsatzaussage von Mk 10,43f mit dem Bild des Tischdienstes verbunden.

ähnliche Neubewertung gegenüber der hellenistisch-antiken Tradition zu beobachten wie beim Wortstamm *diakon-*.

5 Der Begriff bezeichnet u.a. das Wohnen Gottes bei seinem Volk oder allgemein bei den Menschen, wurde später zu einer personifizierten Eigenschaft Gottes und führte zur Bildung einer »*Schechina*-Theologie«. Vgl. Manfred Görg: Art. *schachan* wohnen, ThWAT VII (1993), 1337–1348: bes. 1344ff.

Ausgehend von diesem grundsätzlichen Jesuswort entwickelte sich der Wortstamm »dienen« in der evangelischen Überlieferung mehr und mehr zu einem Ausdruck, der Jüngerschaft überhaupt charakterisiert: Etwa in Mk 9,33–37 ist das Wort vom Dienen in ein Apophthegma[6] eingebunden, das unmittelbar auf die zweite Ankündigung vom Leiden, Sterben und der Auferstehung des Menschensohns (Mk 9,31) folgt: Den Jüngern, welche darüber streiten, wer unter ihnen der größte sei, antwortet Jesus:

»Wenn einer unter euch der erste sein will, sei er der letzte von allen und der Diener aller« (Mk 9,35).

Jesus illustriert das, indem er ein Kind in ihre Mitte stellt und das Wort von der gastfreundlichen Aufnahme der »Kleinen« folgen lässt:

»Wer eines von solchen Kindern aufnimmt in meinem Namen, nimmt mich auf; und wer mich aufnimmt, nimmt nicht mich auf, sondern den, der mich gesandt hat« (Mk 9,37).

Unsicher bleibt die Deutung der evangelischen Aussagen über das »Dienen« von Frauen. Meinen sie in einem ähnlichen Sinn exemplarische Nachfolge (so vermutlich Mk 15,41)? Oder meinen sie etwas Spezifischeres, z.B. das Aufkommen für den Lebensunterhalt Jesu und der Jünger (so wohl Lk 8,3) oder den Tischdienst (so wohl Joh 12,2) und ähnliche Dienstleistungen (so Lk 10,40)?

4. Die »Diakonie« aller Jesusjünger in der Anfangszeit

Von der Sendung Jesu her ist es nicht verwunderlich, dass seine ganzheitliche Zuwendung zum Menschen von seinen Anhängern und Anhängerinnen weiter praktiziert wurde und dass eine Verkündigung seiner Botschaft ohne konkrete Taten der Liebe gar nicht denkbar war.

4.1 Der Dienst an den Wanderradikalen als Ursprung der Diakonie

Jesus und sein Jüngerkreis hatten keinen festen Wohnsitz, sondern zogen durch das Land Israel, um die kommende Gottesherrschaft zu verkündigen. Äußerlich glichen sie damit anderen vagabundieren-

---

6 »Ausspruch« ist die Bezeichnung einer in der griechischen, neutestamentlichen und frühchristlichen antiken Literatur weit verbreiteten Gattung. Darunter versteht man eine Kurzgeschichte, die in einem prägnanten Ausspruch eines berühmten Menschen gipfelt.

den Wanderbettlern – religiös motivierte Wanderbettelei ist damals im Land Israel wie überhaupt in der antiken Welt nicht selten gewesen. Zur Verkündigung des Gottesreichs gehörte radikale Armut – Proviantasche, Sandalen und Geldbeutel sind verboten (Lk 10,4), nach anderen Überlieferungen auch das Reservekleid (Mt 10,10; Mk 6,9). Armut, Familienlosigkeit, Heimatlosigkeit um des Gottesreichs willen müssen als prophetische Zeichenhandlung interpretiert werden: Jesus und seine Jünger bilden die alle Wertmaßstäbe und Herrschaftsverhältnisse radikal auf den Kopf stellende kommende Gottesherrschaft ab.

Vor allem durch Gerd Theißen ist es zu einer allgemein anerkannten These geworden, dass der jesuanische »Wanderradikalismus« nach Ostern seine Fortsetzung fand.[7] Im Unterschied zu anderen Wanderpredigern zeichnete die Jesusbewegung ein Doppeltes aus: Einmal dies, dass den Wanderpredigern jeder Gelderwerb durch die Verkündigung verboten war. Mt 10,9 formuliert das am schärfsten: »*Erwerbt* euch weder Gold, noch Silber, noch Kleingeld in eure Gürtel [...].« Auch viele andere neutestamentliche Stellen schärfen diesen Grundsatz immer wieder ein (Offb 22,17; 1. Tim 6,5; vgl. 2. Kor 12,16–18; Tit 1,11). »Umsonst habt ihr's empfangen, umsonst gebt!« (Mt 10,8; vgl. 2. Kor 11,7; Offb 21,6). Andererseits unterscheiden sich aber die Wanderboten Jesu von anderen Wanderpredigern dadurch, dass sie zielbewusst sesshafte Gemeinden gründen. Schon sehr früh fanden sie bei diesen sesshaften Jesusgemeinden Gastfreundschaft und Unterstützung. Für die sesshaften Gemeinden galt der Grundsatz, dass »ein Arbeiter seines Lohnes« (bzw. »seiner Nahrung«) würdig ist (Lk 10,7; 1. Tim 5,18; Mt 10,10; vgl. Did 13,1; 1. Kor 9,6.13.17f.; 2. Kor 11,13). Die Gemeinden hatten also gegenüber »ihren« Arbeitern eine Verpflichtung. Als Verheißung formuliert sie das Matthäusevangelium in dem an die sesshaften Gemeinden gerichteten Schluss seiner Jüngerrede:

»Wer euch aufnimmt, nimmt mich auf, und wer mich aufnimmt, nimmt den auf, der mich gesandt hat.
Wer einen Propheten aufnimmt, weil es ein Prophet ist, wird Lohn eines Propheten erhalten,
und wer einen Gerechten aufnimmt, weil es ein Gerechter ist, wird Lohn eines Gerechten erhalten.
Und wer einem dieser Kleinen auch nur einen Becher kühles Wasser gibt, weil es ein Jünger ist:
Amen, ich sage euch: Er wird seinen Lohn nicht verlieren« (Mt 10,40–42).

---

7 Gerd Theißen: Soziologie der Jesusbewegung, TEH 194, München 1977.

In der Gastfreundschaft der Glieder der sesshaften Jesusgemeinden gegenüber den eigenen »Arbeitern« wurzelt die christliche Diakonie. Ihnen gegenüber waren die Gemeinden »Liebeswerke« schuldig. Der Dienst an den wandernden und verfolgten Brüdern und Schwestern Jesu wurde dabei als Dienst an Jesus selbst, dessen Abgesandte sie waren, verstanden.

In dem bekannten Text von den »geringsten Brüdern Jesu« Mt 25,31–46 erscheinen die jüdischen Liebeswerke in charakteristisch abgewandelter Form: Von der Ausstattung mitteloser Bräute, dem Totengeleit oder dem Trösten von Trauernden ist hier nicht die Rede, wohl aber vom Speisen von Hungrigen, dem Tränken von Durstigen, dem Beherbergen von Fremden, dem Kleiden von Nackten, dem Besuch von Kranken und Gefangenen. Diese Liebeswerke gelten den »geringsten Brüdern Jesu« (vgl. Mt 12,49 f.; 28,10), den »Kleinen« von Mt 10,42; 18,6–10. Wer sie aufnimmt, nimmt Jesus selbst auf (Mk 9,35; Mt 10,40). Mt 25,31–46 – dieser Grundtext christlicher Diakonie[8] – bezog sich wohl ursprünglich nicht auf die Liebeswerke, welche die Christ/innen *allen* Menschen schulden (diese sympathische universale Deutung hat sich erst seit dem 19. Jh. durchgesetzt)[9], sondern auf den Dienst an den »geringsten Brüdern Jesu«, den Wandermissionaren.

Wie die christliche »Diakonie« gegenüber ihren »Arbeitern«, den Wanderpredigern, von außen gesehen aussah, bezeugt Mitte des 2. Jh. der Satiriker Lukian in seiner Satire über Peregrinus[10], der auf seiner Reise nach Palästina Christ geworden war und dann ins Gefängnis geworfen wurde:

»Schon bei Anbruch des Tages sah man eine Anzahl alter Weiblein, Witwen und junger Waisen sich um das Gefängnis lagern; ja, die Vornehmsten unter ihnen bestachen sogar die Wächter und brachten ganze Nächte bei ihm zu. Auch wurden reichliche Mahlzeiten bei ihm zusammengetragen und ihre heiligen Bücher gelesen. [...] Sogar aus verschiedenen Städten Asiens kamen Leute, von den dortigen Christen abgesandt, um ihm hilfreiche Hand zu leisten und seine Fürsprecher vor Gericht zu sein [...] Sie alle seien in solchen Fällen, die ihre ganze Gemeinde beträfen, von unbegreiflichem Tempo und

---

8 Dies war seit der Alten Kirche so: Auf Mt 25,31–46 geht bereits die klassische Liste der »sieben Werke der Barmherzigkeit« zurück. »Das eine Wort [...] Mt 25,40 ist für die Armenpflege viel wichtiger geworden als ganze Systeme von Klugheitsregeln« (Wilhelm Liese: Geschichte der Caritas (2 Bd.). Bd. 1, Freiburg 1922, 33).
9 Zur Deutung von Mt 25,31–46 vgl. Ulrich Luz: Das Evangelium nach Matthäus (Mt 18–25), EKK I/3, Neukirchen-Vluyn/Düsseldorf 1997, 513–544.
10 Der Name bedeutet: »der Fremde«.

Tatendrang, sie sparten dabei weder Mühen noch Kosten. So kam es, dass auch Peregrin aus Anlass seiner Gefangenschaft eine Menge Geld von den Christen zugesteckt bekam und sich dabei ganz hübsch bereicherte« (Lucian, Peregr. 12,6).[11]

4.2 Nachrichten aus den frühesten sesshaften Gemeinden

Was wissen wir über die Anfänge der Diakonie innerhalb der sesshaften christlichen Gemeinden? Die lukanische Apostelgeschichte berichtet in zwei Summarien, Apg 2,42–47 und Apg 4,32–35, über den sog. »Kommunismus« der Urgemeinde. Nach diesen Summarien verharrte die Urgemeinde »in der Lehre der Apostel, in der Gemeinschaft, im Brechen des Brotes und in den Gebeten« (2,42). »Sie verkauften ihre Güter und Besitztümer und verteilten sie unter alle, nach dem Bedarf eines jeden« (2,45). »Kein einziger beanspruchte etwas von seinem Besitz als privat, sondern es war ihnen alles gemeinsam« (4,32b). »Es war keiner bedürftig unter ihnen«, vielmehr legten alle den Erlös ihres verkauften Besitzes zu Füßen der Apostel, und diese verteilten ihn nach Bedürfnissen (4,34 f.). Die frühere Forschung neigte dazu, diese Summarien als idealisierte und verallgemeinerte Abstraktionen aus den beiden uns überlieferten Einzeltraditionen vom Ackerverkauf des Barnabas (Apg 4,36 f.) und von Ananias und Sapphira (Apg 5,1–11) zu betrachten.

Es ist aber m. E. nicht nötig, so skeptisch zu sein. Zwar will Lukas in seiner idealen Schilderung an Topoi antiker Philosophie über ideale Gesellschaftsformen erinnern: »Alles gemeinsam«, »nichts privat« erinnert an Platos Idealstaat, an die später idealisierte Gemeinschaft der Pythagoräer in Kroton und an antike Freundschaftsethik. Er will auch an die Bibel erinnern: »Ein Herz und eine Seele« (Apg 4,32), »an einem Ort« (Apg 2,44) und »es war keiner bedürftig« (Apg 4,34) sind biblisch geprägte Wendungen. Trotzdem dürfte die lukanische Schilderung nicht einfach aus der Luft gegriffen sein.[12] Dass die Anhänger und Anhängerinnen Jesu von Anfang an gemeinsame Mahlzeiten feierten, ist evident: Nicht nur die Tatsache, dass andere jüdische Gemeinschaften, z.B. die Essener, dies auch taten, sondern auch die Erinnerung an die Mahlzeiten mit Jesus, insbesondere an seine Abschiedsmahlzeit, legen dies nahe. Gemeinsame

---

11 Übersetzung nach Klaus Thraede: Diakonie und Kirchenfinanzen im Frühchristentum, in: Wolfgang Lienemann (Hg.): Die Finanzen der Kirche, FBESG 43, München 1989, 555–573: 555.
12 Zum Ganzen vgl. Friedrich Wilhelm Horn: Die Gütergemeinschaft der Urgemeinde, EvTh 58 (1998), 370–383.

Mahlzeiten sind aber im Land Israel, wo die armen Leute ständig von Hungersnöten bedroht waren, eine Form der sozialen Sicherstellung. Eine solche war umso nötiger, als manche der Jüngerinnen und Jünger Jesu in Jerusalem Fremde waren: Jesus hatte ja sein Hauptwirkungsgebiet und die meisten seiner Anhänger/innen in Galiläa. Mindestens einige von ihnen werden, wie es Lukas von den Aposteln voraussetzt, in Jerusalem auf seine Wiederkunft gewartet haben. Dort aber hatten sie keine ökonomische Basis, weder eine Fischerei, noch eine Zimmermannswerkstatt. Dazu kam, dass die Jesusgemeinschaft in der heiligen Stadt immer wieder Besuch von anderen Jesusjüngern erhalten haben wird; derjenige des Paulus (Gal 1,18f.) wird nur einer von vielen gewesen sein. Schließlich ist daran zu erinnern, dass die frühesten Christen fast sicher die weit herum bekannten kommunitären Lebensformen der verschiedenen essenischen Gruppen gekannt haben dürften;[13] auch in Jerusalem gab es ja Essener. Irgend eine Form von kommunitärer Lebensform unter den frühesten Jesusanhängern hat es also fast sicher gegeben, auch wenn es keine festen Regeln über die Ablieferung des Privatbesitzes und über seine Verwaltung gegeben haben wird. Paulus setzt voraus, dass es in der Jerusalemer Gemeinde sehr viele Arme gegeben hat (Röm 15,26; 2. Kor 9,12), sicher mit Recht.

4.3 Der »Dienst« der Verkündigung bei Paulus

In den ältesten neutestamentlichen Dokumenten, den paulinischen Briefen, wird der Wortstamm *diakon-* in sehr offener Weise verwendet. »Es gibt unterschiedliche Dienste«, sagt Paulus, »der Herr aber ist ein und derselbe« (1. Kor 12,6). Parallelausdrücke zu »Dienste« sind »Gnadengeschenke« (*charismata*) und »Kraftwirkungen«. »Dienste« ist wie »Gnadengeschenke« ein programmatischer Begriff: Alle »Gnadengeschenke«,[14] von der Verkündigung über die Heilungen und die Zungenrede bis zu den in V. 28 aufgezählten »Hilfeleistun-

---

[13] Die wichtigsten Texte über die Gütergemeinschaft der Essener sind Philo: Hypothetica 11,4–12; Omn prob lib 75–91; Plinius Nat Hist 5,17,4 (73), Josephus Bell Jud 2,119–161; Ant 18,18–22. Dazu kommen die Nachrichten aus der Sektenrolle (1QS 6,13–21) und aus der Damaskusschrift (CDC 14,12–16).

[14] Paulus spricht konsequent von »Gnadengaben« (*charismata*), während die Korinther von »Geisterfahrungen« (*pneumatika*) sprechen. Paulus prägt den Sprachgebrauch der Korinther bewusst um: Alle Geisterfahrungen sind nichts anderes als Gnadengeschenke!

gen« und »Leistungsfunktionen«, sind zugleich »Dienste«, d.h. sie haben dem Aufbau des Leibes Christi zu »dienen«.

In diesem Sinn kann Paulus auch seine eigene apostolische Aufgabe als einen »Dienst« verstehen (2. Kor 3,3.6–9; 4,1; 11,8; Röm 11,13): Es ist, wie er 2. Kor 5,18 sagt, der »Dienst der Versöhnung«. In diesem Sinn sind Paulus, Apollos und andere Apostel nicht mehr als »Diener«, denen der Herr Christus ihre Aufgabe zugeteilt hat (1. Kor 3,5). In diesem Sinn sind aber auch andere, z.B. Timotheus, »Diener Gottes« (1. Thess 3,2). Denselben Sprachgebrauch beobachten wir auch in späteren von Paulus geprägten neutestamentlichen Texten, wenn auch nicht mehr so pointiert wie bei Paulus: Der Apostel Paulus ist »Diener« des Evangeliums bzw. der Kirche (Kol 1,23.25; Eph 3,7; 1. Tim 1,12). Aber auch Mitarbeiter des Paulus sind »Diener« Christi für die Gemeinde, etwa Epaphras (Kol 1,7; vgl. 4,12), Tychicus (Kol 4,7; Eph 6,21), Archippas (Kol 4,17), Timotheus (1. Tim 4,6; 2. Tim 4,5) oder Onesiphoros (2. Tim 1,16). Auch in der in vielem paulinisch geprägten Apostelgeschichte wird der Apostolat als »Dienst« bezeichnet (1,17.25; 12,25; 20,24; 21,19). Der »Dienst« ist in allen diesen Fällen primär die Verkündigung. Nur in Röm 12,7, wo *diakonia* zwischen Prophetie und Lehre steht und etwas Besonderes bedeutet, ist zu fragen, ob hier nicht die Verkündigung, sondern praktische Dienste im sozialen Bereich gemeint sind. Ist dies der Fall, so fällt auf, dass sie in der Liste der Charismen bereits an zweiter Stelle nach der Prophetie steht. Das Wort *diakonia* ist also bei Paulus noch kein »technischer« Ausdruck für »Diakonie«.

Dass *diakonos* so etwas wie eine Amtsbezeichnung für die Verkündiger gewesen wäre, lässt sich nirgendwo zeigen. Erst sehr viel später hat das lateinische Äquivalent »minister« diese Funktion bekommen. Ebenso wenig trifft zu, dass das Wort auf einen bestimmten Personenkreis eingeschränkt gewesen wäre. Auch die Gegner des Paulus, welche er im 2. Korintherbrief bekämpft, bezeichnen sich als »Diener Christi«. Paulus spricht ihnen in 2. Kor 11,23 diesen Anspruch nicht einmal ab, sondern sagt nur: Ich noch in viel höherem Maße! – um dann in paradoxem Sinn alle seine Leiden im Dienste Christi aufzuzählen.

Woher kommt dieser Sprachgebrauch, der in der christlichen Kirche später so nachhaltig gewirkt hat und dazu führte, dass sich insbesondere die Träger der in der Kirche wichtigsten Ämter, der Verkündigungsämter, als »Diener« (ministri) bezeichneten und so oft auch eigene Machtansprüche verschleierten? Aus dem paganen Sprachgebrauch, wo ja gelegentlich von »Dienern Gottes« die Rede ist (vgl. o. Abschnitt 1)? Aus dem Sprachgebrauch der Gegner des

Paulus in Korinth, den Paulus aufnimmt und umbiegt?[15] Aus dem Sprachgebrauch Jesu, der sich selbst als »Diener« bezeichnete? Allerdings ging es bei Jesus nicht um den Dienst gegenüber Gott, noch viel weniger um den Dienst ihm selber gegenüber, sondern um den Dienst an den Mitmenschen und Mitjüngern. Da nicht nur Paulus diesen Ausdruck gebraucht hat, können wir nichts ausschließen. Für Paulus aber gilt, dass er mit diesem Ausdruck bewusst eigene und fremde religiöse Machtansprüche umprägen wollte: Sogar der Apostel ist nichts anderes als ein »Diener am Leib Christi«. Insofern nimmt Paulus den Sprachgebrauch Jesu auf.

4.4 »Einer trage des anderen Last« (Gal 6,2): Die soziale Ausstrahlung des Christusevangeliums

Das, was wir heute als die »diakonische Struktur der neutestamentlichen Gemeinde«[16] bezeichnen, ist bei Paulus – von der Kollekte abgesehen – kaum mit dem Wortstamm *diakon-* verbunden. Ich kann deshalb nur auf Weniges hinweisen:

Grundsätzlich gilt, dass das, was wir heute als »Diakonie« bezeichnen, die Aufgabe *aller* Christinnen und Christen ist. Jeder ist dazu aufgerufen, Gutes zu tun »gegenüber allen, am meisten aber gegenüber den Hausgenossen des Glaubens« (Gal 6,10). In Röm 12,13 mahnt Paulus: »Wo die Heiligen in Not sind, übt Gemeinschaft mit ihnen! Strebt danach, Gastfreundschaft zu üben!« Wenn die Liebe das oberste aller Charismen ist und wenn jedes Charisma dem Aufbau der Gemeinde dienen muss, dann muss der Herr in erster Linie »die Liebe untereinander und gegenüber allen vermehren und zum Überfließen bringen« (1. Thess 3,12). Sie ist in der Gemeinde konzentriert, aber nicht auf sie beschränkt.

Wie sah die innergemeindliche »Diakonie« in paulinischen Gemeinden aus? Viel hängt damit zusammen, dass die Christinnen und Christen sich in Häusern von Gemeindegliedern treffen. Paulus kämpft in 1. Kor 11,17–34 darum, dass das Herrenmahl nicht zu einer Mahlzeit degeneriert, bei der sich die Reichen im *Triclinium* schon im voraus mit ihren Speisen sättigen, während die Armen und Sklaven, die erst später kommen und nicht so viel Essen mitbringen können, draußen im *Atrium* oder im *Peristyl* mit dem Sakrament abgespeist

---

15 Traugott Holtz: Christus Diakonos, in: Holtz: Geschichte und Theologie des Urchristentums, WUNT 57, Tübingen 1991, 399–416: 408.
16 Eduard Schweizer: Die diakonische Struktur der neutestamentlichen Gemeinden, in: Schäfer/Strohm (Hg.): Diakonie, 159–185.

werden.[17] In der Gemeinde sind für Paulus die Schranken zwischen Mann und Frau, Sklaven und Freien, Griechen und Juden prinzipiell aufgehoben (Gal 3,28). Von den Schranken zwischen Armen und Reichen, die im ganzen etwas weniger undurchlässig waren als die übrigen in Gal 3,28 genannten, spricht er allerdings leider nicht! Das, was wir heute die »soziale Frage« nennen, hat Paulus als grundsätzliches Problem noch nicht erkannt. Weder die Diskriminierung der Frauen, noch die Sklaverei ist für ihn ein grundsätzliches Problem. Was ihn allein interessiert, ist die Gemeinschaft im Leib Christi, welche auch eine horizontale, soziale Dimension haben muss. Dazu gehört etwa, dass die reichen Hausbesitzer in den Gemeinden eine soziale Verpflichtung haben, gegenüber ihrem eigenen »Haus« und gegenüber der Gesamtgemeinde. Die hierarchischen Strukturen antiker »Häuser« werden dadurch gemildert, aber nicht aufgehoben.[18]

Von den übrigen neutestamentlichen Verfassern hat Lukas das Problem von Armut und Reichtum am schärfsten erkannt.[19] Seine Texte lassen am deutlichsten erkennen, wie elend das Leben in Armut ist (z.B. Lk 16,19–31), und drücken am klarsten die Hoffnung auf eine Umkehr der Verhältnisse aus (vgl. Lk 1,53 f.; 6,20 f.24 f.). Lukas erzählt vom absoluten Besitzverzicht der Jünger zur Zeit Jesu (5,11.28; 14,33; vgl. 9,3; 10,4; 18,18–23) und von der vollständigen Besitzgemeinschaft der Urgemeinde. Seine Absicht ist es, das soziale Verantwortungsbewusstsein der Reichen unter seinen Lesern zu wecken. Der Verkauf des Besitzes ermöglicht Almosen für die Armen (12,33). Umkehr zu Jesus ist nicht möglich ohne soziales Engagement für die Armen (Lk 3,10–13; 16,9; 19,8–10). Gottesdienst und Mammonsdienst schließen sich aus (Lk 16,13). Geben ist seliger als Nehmen (Apg 20,35).

4.5 Die Kollekte als ökumenische Diakonie

Für Paulus von besonderer Bedeutung ist die Kollekte für die Gemeinde in Jerusalem. Sie wurde ihm und Barnabas im sog. Apostelkonzil in Jerusalem auferlegt (Gal 2,10). Paulus hat in seinen Briefen mit steigender Intensität für sie geworben. Interessant ist, dass er sie

---

17 Das *Triclinium* ist der Speisesaal des antiken Hauses, der normalerweise Platz für neun (liegende) Personen bietet. Das *Atrium* ist der vordere, das *Peristyl* der hintere Hof.
18 Etwa die Haustafel des Kolosserbriefes (Kol 3,18–4,1) kann das gut illustrieren.
19 Vgl. Kiyoshi Mineshige: Besitzverzicht und Almosen bei Lukas, WUNT II/163, Tübingen 2003.

insbesondere in seinen Kollektenkapiteln 2. Kor 8f nicht primär in einen sozialen, sondern in einen theologischen Kontext stellt: Die Kollekte hat zwar *auch* einen sozialen Aspekt und trägt dazu bei, das aufzufüllen, woran es den Heiligen mangelt (2. Kor 9,12), aber sie ist mehr als das. Sie ist zwar für die »Armen in Jerusalem« (Röm 15,26) bestimmt, aber er bezeichnet sie nur 1. Kor 16,1f mit dem technischen Ausdruck *logeia* (Geldsammlung) und spricht nie von »Almosen für mein Volk«, wie der lukanische Paulus in Apg 24,17. Bei Paulus dominieren vielmehr Ausdrücke, deren Bedeutung weit über das bloße »Kollekte« hinausgeht und die sie in einen umfassenden Zusammenhang hineinstellen. Sie ist ein »Dienst« (*diakoneo*) an den Heiligen (Röm 15,22; vgl. 2. Kor 9,1). Diese *diakonia* ist Dankgebet und Lobpreis Gottes. Sie ist Ausdruck der umfassenden »Gemeinschaft« (*koinonia*) zwischen den heidenchristlichen Gemeinden Griechenlands und Makedoniens und der Jerusalemer Gemeinde im Geistlichen und im Fleischlichen (Röm 15 26f.), ja nicht nur zwischen ihnen, sondern sie ist Ausdruck der Gemeinschaft »gegenüber allen« (2. Kor 9,13). Als Ausdruck der Gemeinschaft ist sie weder eine Auflage der Jerusalemer noch des Apostels, sondern sie wird von den Gemeinden in Makedonien aus eigenem Antrieb freiwillig geleistet (2. Kor 8,3f.; vgl. 11f.). Nicht nur Geld, sondern auch sich selbst haben die Gemeinden in Mazedonien für den Herrn und den Apostel verschenkt (2. Kor 8,5). Die Kollekte ist »Erweis der Liebe« (2. Kor 8,24) und Ausfluss der Gnade, welche Gott der Gemeinde in Korinth schenkt (2. Kor 9,8). Ihren letzten Grund findet sie darin, dass »Jesus Christus [...] um euretwillen arm geworden ist, obwohl er reich war, damit ihr durch seine Armut Reichtum gewinnt« (2. Kor 8,9).

Paulus denkt hier an die Inkarnation; diese Begründung ist eine Vertiefung der Interpretation von Jesu Sendung als Dienst in der synoptischen Tradition (Mk 10,45a). So verstanden, gehört die Diakonie, gerade die über die eigene Gemeinde hinausreichende, ökumenische Diakonie zu den grundlegendsten Konkretionen gelebten Glaubens an Jesus.

Der Wortstamm *diakon-* kommt im Zusammenhang mit der Kollekte besonders häufig vor (achtmal). Noch ist er nicht im technischen Sinn von »Diakonie« gebraucht.[20] Aber die Konzentration des Wortstamms *diakon-* im Zusammenhang mit der Kollekte hat we-

---

20 Das zeigt sich insbesondere daran, dass Paulus im Zusammenhang mit der Kollekte auch eine andere Ausdrucksmöglichkeit für »Dienst« fast bedeutungsgleich verwenden kann, nämlich den Wortstamm *leitourg-* (Röm 15,27; 2. Kor 9,12).

sentlich dazu beigetragen, sein späteres Verständnis als »Diakonie« vorbereiten zu helfen, ebenso wie die Kollekte der paulinischen Gemeinden für Jerusalem zum Modell für spätere zwischenkirchliche Hilfen wurde. Sie gehörten bereits in der Alten Kirche zur ökumenischen Kirchengemeinschaft selbstverständlich dazu.[21]

4.6 Früheste Ansätze zur Institutionalisierung der Diakonie

In Röm 16,1f begegnen wir Phoebe, die Paulus als »Dienerin (*diakonos*) der Kirche in Kenchreae« bezeichnet. Sie ist vermutlich die Überbringerin des Römerbriefs, und Paulus empfiehlt sie der Gastfreundschaft der römischen Hausgemeinden. Von ihr sagt er, sie sei »Beschützerin« (*prostatis*) von vielen geworden, nicht zuletzt des Paulus selbst. Es ist wahrscheinlich, dass das griechische Wort *prostatis* dem lateinischen »patrona« entspricht. Dann war Phoebe vermutlich eine Hausbesitzerin in Kenchreae, welche im Auftrag der Gemeinde in der Hafenstadt Kenchreae vielen, vermutlich vor allem zureisenden Gästen, ihre Gastfreundschaft gewährte. Sie hat auf diese und vielleicht noch andere Weise der Gemeinde »gedient«. Das Wort *diakonos* ist hier wohl noch keine feste Amtsbezeichnung.

Anders ist es in Philippi: Im Präskript des Philipperbriefes grüßen Paulus und Timotheus die Geschwister in Philippi »mit Aufsehern (*episkopoi*)[22] und Diakonen«. Was für Leute sind damit gemeint? Klar ist erstens, dass die beiden Ausdrücke technischen Sinn haben und so etwas wie Amtsbezeichnungen sind. Zweitens ist klar, dass das meist männlich übersetzte »Diakone« ebenso gut weiblich sein kann. Völlig unklar ist aber die Funktion sowohl der »Aufseher« als auch der »Diakonen«. Zu den letzteren wurden alle nur möglichen Vermutungen geäußert: Waren sie die Tischdiener/innen bei den Herrenmahlsfeiern? Waren sie für den Lebensunterhalt der Armen der Gemeinde und für die Gäste zuständig? Oder waren es – dem überwiegenden paulinischen Sprachgebrauch entsprechend – Frauen und Männer mit einem Verkündigungsauftrag? Oder handelt es sich gar um eine – allerdings in allen Handschriften bezeugte – Glosse, welche spätere Verhältnisse in die paulinische Zeit zurückträgt? Vermutungen über Vermutungen! Wir wissen es nicht!

---

21 Zur Alten Kirche vgl. Thraede: Diakonie, 569–573.
22 Daraus entwickelte sich später die Amtsbezeichnung »Bischof«.

5. Ansätze zur Institutionalisierung der Diakonie in spätneutestamentlicher Zeit

Die Tendenz zur Institutionalisierung der Diakonie ist im Judentum wie im frühen Christentum gleichermaßen zu beobachten. Bei den Essenern gab es nach dem Bericht des Josephus in jeder Stadt einen Fürsorger *(kedemon)* für die Gäste und einen Verwalter des gemeinsamen Vermögens (Josephus Bell 2,123.125). Nach der Damaskusschrift sollen alle Mitglieder mindestens zwei Tagelöhne pro Monat dem Aufseher (m^e*baqqer*) übergeben, der für die Versorgung der Waisen, Armen, Alten, Heimatlosen und Jungfrauen zuständig ist. In den Synagogen gab es nach den Regelungen der Mischna zwei Almoseneinzieher, welche für die Einsammlung und Verteilung des Armenzehnten für die ortsansässigen Armen zuständig waren, und drei Personen, welche für die »Schüssel«, d.h. die Kasse für die durchreisenden Armen verantwortlich waren.[23] Wie weit und ab wann diese Regelungen wirklich praktiziert wurden, wissen wir nicht.

5.1 Die Pastoralbriefe und die Apostelgeschichte

Im frühen Christentum sind die Verhältnisse in den Pastoralbriefen relativ deutlich. Hier gibt es ein Diakonenamt, um welches man sich offenbar bewerben kann. Voraussetzung dafür sind ethische Qualifikationen und ein einwandfreies Familienleben (1. Tim 3,8–12). Die Gemeinde soll dies vor der Berufung überprüfen. Klar ist auch, dass es auch weibliche Diakonen gab, denn sie werden in V. 11 eigens erwähnt. Da von ihren Familienverhältnissen nichts gesagt ist, kann man überlegen, ob sie in der Regel ledig waren. Dass es weibliche Diakonen gab, wird übrigens auch aus dem Brief des Plinius an Kaiser Trajan deutlich, wo sie »ministrae« genannt wurden und vermutlich Sklavinnen waren (Plinius, Ep 10,96,8).[24] In den Gemeinden der Pastoralbriefe spielten die Diakoninnen und Diakonen offenbar die »zweite Geige«: Nicht nur hier, sondern auch in anderen Texten aus jener Zeit werden die Diakonen immer nach den »Aufsehern«, d.h. den Bischöfen genannt.[25] Schließlich ist deutlich, dass die jüdischen Einflüsse auf die Institutionalisierung des Diakonenamts sekundär

---

23 Strack-Billerbeck: Kommentar. Bd. 2, München 1924, 643–647.
24 Zur weiblichen Diakonie in der Alten Kirche vgl. Ute Eisen: Amtsträgerinnen im frühen Christentum, FDKG 61, Göttingen 1996, 154–192.
25 So in 1. Petr 4,10f.; Did 15,1; 1 Clem 42,4f.; Ignatius: Magn 6,1; Trall 2,2f. u.ö.; Herm 13,1.

waren: Paulinische und jüdische Gemeinden haben sich schon so weit auseinander entwickelt, dass nicht jüdische Amtsbezeichnungen, sondern die ganz unbiblische Bezeichnung »Diakon« sich einbürgerte. Unklar ist die Funktion der Diakonen und Diakoninnen. Da sie nicht »schimpflichen Gewinn« suchen sollen, haben sie möglicherweise mit der Verteilung von Geldern etwas zu tun, vielleicht an die Armen. Da sie »das Geheimnis des Glaubens in gutem Gewissen« vertreten sollen, haben sie vielleicht auch Verkündigungs- und Unterrichtsaufgaben.

Auch nach den Pastoralbriefen übernehmen nicht nur die dafür bestimmten Diakonen »diakonische« Aufgaben. Für die Versorgung der Witwen sind in erster Linie die Angehörigen ihres eigenen »Hauses«, vor allem die Kinder, zuständig, aber auch die weitere Verwandtschaft (1. Tim 5,4.16). Zu den Kriterien für die Aufnahme in die offizielle Liste der unterstützungsberechtigten Witwen gehört, dass sie selber Fremde gastlich aufgenommen, Bedrängten Hilfe geleistet und den Heiligen die Füße gewaschen haben (1. Tim 5,10). Auch private Wohltätigkeit einzelner reicher Gemeindeglieder wird vom Briefverfasser dringend empfohlen (1. Tim 6,17–19). Die beginnende Institutionalisierung der diakonischen Aufgaben tritt also nicht an die Stelle des diakonischen Einsatzes aller Gemeindeglieder, sondern ergänzt ihn.

In der Apostelgeschichte ist der Bericht über die Einsetzung der sieben Diakonen (Apg 6,1–7) der wichtigste Text. Er ist darum schwer zu interpretieren, weil sich in ihm Nachrichten aus der Frühzeit und die eigenen kirchlichen Verhältnisse zur Zeit des Lukas vermischen. Lukas unterscheidet den »Dienst des Wortes« und den Dienst an den Tischen voneinander. Der Dienst des Wortes, den die Apostel wahrnehmen, ist demjenigen an den Tischen übergeordnet. Aber Lukas misst dem Dienst an den Tischen große Bedeutung zu: Er ist so wichtig, dass er nicht verschweigen will, dass deswegen der erste Konflikt in der Gemeinde entstanden ist, der institutionell gelöst werden musste. Unklar ist auch in der Apostelgeschichte, wie weit die Diakonen zur Zeit des Lukas auch Verkündigungsaufgaben hatten. Zwar berichtet Lukas von einzelnen Mitgliedern des Kreises der »Sieben« (die er übrigens nie direkt »Diakone« nennt!) vor allem ihre Verkündigungstätigkeit, etwa von Stephanus oder von Philippus. Es muss aber offen bleiben, wie weit das noch den Verhältnissen in seiner eigenen Zeit entspricht.

Die Verhältnisse in den Gemeinden zur Zeit des Lukas und der Pastoralbriefe sind sehr ähnlich. So macht auch die Apostelgeschichte deutlich, dass Almosengeben eine Aufgabe *aller* Gemeindeglieder ist. Gestalten wie Tabitha (9,36), Cornelius (10,2) und die ganze lukanische Almosenparänese an die Reichen stehen stellvertretend dafür.

5.2 Die Apostolischen Väter

Die nachneutestamentlichen Texte zeigen, wie die Institutionalisierung der Diakonie fortschreitet. In der Gemeinde der *Didache* sind die Wanderpropheten, Wanderlehrer und Wanderapostel ein Problem geworden: Die Gastfreundschaft muss geregelt und begrenzt werden. Die Regeln sind handfest: Nur wer *für andere* um Essen bittet, und nur, wer für andere um Geld bittet, soll es bekommen; wer für sich selber bittet, ist ein Pseudoprophet (Did 11.9.12). Durchreisenden soll man drei Tage Gastfreundschaft gewähren; bleiben sie länger, sollen sie arbeiten (Did 12,2–4). Sind es Lehrer oder Propheten, die sich in der Gemeinde niederlassen wollen, so gilt die Regel des Matthäusevangeliums (vgl. Mt 10,10): Sie sind Arbeiter, welche *Nahrung* verdienen, d.h. sie sollen in Naturalien, nicht mit Geld, entschädigt werden (Did 13,1 f.). Ihnen gilt die erste Fürsorgepflicht der Gemeinde; erst nachher kommen die Armen an die Reihe (Did 13,4–7). Auch in der Gemeinde der Didache gibt es Episkopen (»Bischöfe« – im Plural!) und Diakonen. Es sind anscheinend nur Männer, und ihre Hauptaufgabe ist wohl dieselbe wie die der Propheten und Lehrer, also die Verkündigung.

Mehr über das Amt der Diakonen erfahren wir aus dem »Hirten des Hermas«: Hier scheint es klar, dass die Aufgabe der Diakonen die Fürsorge für die Witwen und Waisen ist, denn es gibt

»Diakone, die ihren Dienst schlecht verwalten, Witwen und Waisen den Unterhalt geraubt und sich bei dem Amt, das sie zum Dienen empfangen, bereichert haben« (Herm 103,2).

Der Verfasser fordert sie zur Bekehrung auf, sonst sind sie tot und haben keine Hoffnung auf Leben.

6. Theologische Impulse aus dem Neuen Testament

– Diakonie ist aus neutestamentlicher Perspektive eine, wenn nicht sogar »*die* nota ecclesiae«.[26] In ihr verdichten sich zentrale Momente des alttestamentlich-biblischen und jüdischen Erbes. In ihr

---

26 Holtz: Christus Diakonos, 400.

verdichtet sich das Erbe Jesu, der das Kommen des Gottesreiches nur so verkündigen konnte, dass er sich selbst zu seinem erfahrbaren Zeichen machte. So wurde er zum »Diener«, durch den Liebe, Integration, Gesundheit, Ganzheit, Sättigung an Leib und Seele erfahrbar wurden.
- Deshalb gehörten auch für die frühesten Jesusgemeinden Verkündigung und »Dienst« zusammen. Zum Evangelium gehört die Erfahrung von Gemeinschaft, Sättigung, Gastfreundschaft, Gesundheit und Liebe. Ja, gerade auch die Verkündigung war »Diakonie«. Insbesondere für Paulus war die Wahrheit des Evangeliums von der Erfahrung und Praxis der Liebe nicht trennbar. Deshalb hatten alle Charismen, auch diejenigen der Lehre, ihr oberstes Kriterium in der Liebe, bzw. im Aufbau der Gemeinde. Darum waren sie alle »Dienst«. Alle Glieder der Gemeinde waren zum »Dienst« berufen.
- Die spätere Zeit zeigt eine gewisse Tendenz zur Institutionalisierung: Lehre und praktische »Diakonie« wurden im Amt des Bischofs bzw. der Diakoninnen und Diakonen konzentriert, aber nicht einfach voneinander getrennt. Die Lehre gewann mehr und mehr einen gewissen Vorrang vor der Diakonie. Daneben aber bleibt die ganze Gemeinde zu Werken der Liebe, zur Gastfreundschaft, zur Fürsorge für die Armen aufgefordert. Deshalb ist die Diakonie bleibend eine »nota« der *ganzen* Kirche, in höherem Maße als die Lehre und die Theologie.

7. Literatur zur Weiterarbeit

Schäfer, Gerhard K./Strohm, Theodor (Hg.): Diakonie – biblische Grundlagen und Orientierungen, VDWI 2, Heidelberg 1990.
Klauck, Hans-Josef: Gütergemeinschaft in der klassischen Antike, in Qumran und im Neuen Testament, in: Ders.: Gemeinde – Amt – Sakrament, Würzburg 1989, 69–100.
Lohfink, Gerhard: Weibliche Diakonie im Neuen Testament, in: Dautzenberg, Gerhard/Merklein, Helmut/Müller, Karlheinz (Hg.): Die Frau im Urchristentum, QD 95, Freiburg 1983, 320–338.
Luz, Ulrich: Die Kirche und ihr Geld im Neuen Testament, in: Lienemann, Wolfgang (Hg.): Die Finanzen der Kirche, FBESG 43, Heidelberg 1989, 525–554.
Mineshige, Kiyoshi: Besitzverzicht und Almosen bei Lukas, WUNT II/163, Tübingen 2003.
Pfeffer, Marina Elisabeth: Einrichtungen der sozialen Sicherung in der griechischen und römischen Antike, Versicherungsforschung 5, Berlin 1969.

II.
Geschichtliche Entwicklungen der Diakonie

GERHARD K. SCHÄFER / VOLKER HERRMANN

1. Einleitung

»Die Geschichte der christlichen Liebesthätigkeit ist auch eine Apologie des Christentums, und nichts kann kräftiger zur Arbeit in der Gegenwart antreiben, nichts auch besser aller Verzagtheit wehren, als ein Blick in die Arbeit vergangener Tage. Seit die ewige Liebe Fleisch geworden, ist die Liebe am Werk, rastlos, jeder Zeit sich anpassend, jeder neuen Not gegenüber selbst neu, doch in allen Wandlungen dieselbe, die Liebe, die nimmer aufhört. Ihre Siege in der Vergangenheit verbürgen uns ihren Sieg in der Zukunft, daß es von ihr auch in unseren Tagen heißen wird: Sie erhält einen Sieg nach dem andern, daß man sehen muß, der rechte Gott sei zu Zion.«[1]

Mit diesen Worten charakterisiert Gerhard Uhlhorn am Ende des 19. Jh. das Leitmotiv und den Ertrag seiner Geschichte der christlichen Liebestätigkeit. Sein Werk ist bis heute der letzte Gesamtentwurf historischer Diakonieforschung geblieben – immer noch imponierend in seinem Materialreichtum und dessen systematischer Durchdringung. Uhlhorns Pathos ist uns freilich fremd geworden; und seine Sieges-Metaphorik erscheint uns fragwürdig. Seit Uhlhorns epochalem Entwurf hat eine Fülle historischer Einzelforschungen zur Erhellung sozialer Phänomene und diakonaler Entwicklungen beigetragen. Eine Integration der kaum mehr überschaubaren Fülle einschlägiger Untersuchungen in eine Gesamtperspektive scheint gegenwärtig jedoch nur schwer möglich.

Unser Beitrag versteht sich als Überblick. Orientiert an geschichtlichen Epochen, sollen grundlegende Entwicklungen der Diakonie knapp skizziert[2] und programmatische Ansätze, Initiativen und Modelle exemplarisch dargestellt werden.

---

1 Gerhard Uhlhorn: Die christliche Liebesthätigkeit, Stuttgart ²1895, Nachdr. Darmstadt 1959, 4.
2 Im Vordergrund stehen Entwicklungslinien, die für die evangelische Diakonie bedeutsam sind. Daher werden ostkirchliche und römisch-katholische Traditionsstränge nicht weiter verfolgt. Zur Geschichte der Diakonie im 19./20. Jh. ist der Artikel IV. »Evangelisch-theologische Konzeptionen

2. Alte Kirche (ca. 100–500 n. Chr.)

2.1 Diakonie – Kennzeichen der Gemeinde

Aristides von Athen beschreibt um 140 n. Chr. in einem Brief an den Kaiser Antonius Pius die soziale Praxis der Christen:

»Sie lieben einander. Die Witwen mißachten sie nicht; die Waisen befreien sie von dem, der sie mißhandelt. Wer hat, gibt neidlos dem, der nicht hat. Wenn sie einen Fremdling erblicken, führen sie ihn unter ein Dach und freuen sich über ihn wie über einen leiblichen Bruder. Denn sie nennen sich nicht Brüder dem Leibe nach, sondern Brüder im Geiste und in Gott. Wenn aber einer von ihren Armen aus der Welt scheidet und ihn irgendeiner von ihnen sieht, so sorgt er nach Vermögen für sein Begräbnis. Und hören sie, daß einer von ihnen wegen des Namens ihres Christus gefangen oder bedrängt ist, so sorgen sie für seinen Bedarf und befreien ihn, wo möglich. Und ist unter ihnen irgendein Armer oder Dürftiger, und sie haben keinen überflüssigen Bedarf, so fasten sie zwei bis drei Tage, damit sie den Dürftigen ihren Bedarf an Nahrung decken.«[3]

Rund 200 Jahre nach Aristides' Brief unternahm der heidnische Kaiser Julian Apostata (361–363) den – vergeblichen – Versuch, die christliche Diakonie nachzuahmen und zu übertrumpfen, um so den Einfluss des Christentums zu brechen. Er kennzeichnet das Originäre christlicher Praxis, das aus der Verknüpfung von Religion und Ethos, von Kult und Diakonie entspringt, die dem vorchristlichen Staatskult fremd war.

»Wir sollten doch einsehen, daß die Gottlosigkeit nur deshalb Boden hat gewinnen können, weil sie sich liebevoll um Fremde gekümmert oder auch für die Bestattung Friedhöfe besorgt hat, zu schweigen von ihrer strengen Lebensführung [...] Sooft die Armen den Eindruck haben, von den Priestern nicht beachtet zu werden, sehen das die gottlosen Galiläer sofort und nutzen die Gelegenheit zur Wohltätigkeit [...] die gottlosen Galiläer unterstützen nicht nur ihre eigenen Armen, sondern nicht minder unsere.«[4]

An das von Aristides gezeichnete Bild anknüpfend, lässt sich die Diakonie im 2. Jh. als korporative Praxis der Gemeinde charakterisieren. Im Sinne innergemeindlicher Solidarität erstreckte sie sich in erster Linie auf die hilfsbedürftigen Gemeindeglieder. Diese Konzentration wurzelt theologisch in der Verbundenheit im Volk Got-

---

und Diskussionslinien« (91–121) heranzuziehen. Zur Entwicklung von Handlungsfeldern sei auf die einschlägigen Artikel verwiesen.

3 Zit. n. Herbert Krimm (Hg.): Quellen zur Geschichte der Diakonie 1: Altertum und Mittelalter, Stuttgart 1960, 45.

4 Zit. n. Klaus Thraede: Diakonie und Kirchenfinanzen im Frühchristentum, in: Wolfgang Lienemann (Hg.): Die Finanzen der Kirche. Studien zu Struktur, Geschichte und Legitimation kirchlicher Ökonomie, FBESG 43, Heidelberg 1989, 555–573: 557.

tes. Sie war zugleich durch soziologische Faktoren – Situation der Minderheit, Rechtsunsicherheit und Bedrängnis, Begrenztheit der Mittel – mit bedingt. Im Zentrum der gottesdienstlichen Versammlung, der Mahlfeier, verankert, gewann diakonisches Handeln als Miteinander-Teilen Tiefe und verpflichtenden Charakter. Durch die Einbindung in die Ämterstruktur wurde Diakonie organisiert, auf Dauer gestellt und höchst effektiv.

Diakonische Verantwortung konkretisierte sich insbesondere in folgenden Handlungsfeldern:
- In den Quellen steht der *Beistand für »Witwen und Waisen«*, die im gesamten Altertum als Symbol sozialer Deklassierung und Hilfsbedürftigkeit galten, an erster Stelle. Die Unterstützung für die als »Altar Gottes« angesehenen Witwen erfolgte durch Nahrungsmittel, später auch durch Geldleistungen. Bezeichnend ist, dass Witwen nicht lediglich Empfängerinnen gemeindlicher Zuwendung waren, sondern selbst ein seelsorgerlich-diakonisches »Amt« an weiblichen Gemeindegliedern übernahmen (vgl. 1. Tim 3,11). Die Fürsorge für Waisen war insbesondere dann geboten, wenn Kinder ihre Eltern in der Verfolgung verloren hatten.
- Die *Sorge für die Kranken* umschloss gottesdienstliche Fürbitten, das Überbringen der Eucharistie, Besuche und Pflege in den Häusern.
- Bei der gastfreundlichen *Aufnahme von Fremden* handelte es sich um Besuch aus anderen Gemeinden, durchreisende Christen sowie um Christen, die vor Verfolgung geflohen waren. – Die Aufgabe der *Arbeitsvermittlung* bezog sich einerseits auf Zugereiste, andererseits auf Personen, die aufgrund der Annahme des christlichen Glaubens ihren mit der Gemeindezugehörigkeit nicht zu vereinbarenden Beruf – z. B. Gladiator oder Schauspieler – aufgeben mussten.
- In der Bedrängnis durch Verfolgung galt es, das Schicksal der *Gefangenen und Verbannten* zu erleichtern. Die Gemeinden versuchten, die Verbindung zu ihnen aufrecht zu erhalten und Hafterleichterungen – u. a. durch Bestechung der Wärter – oder gar die Freilassung zu erreichen.
- Sowohl aus Gemeindemitteln als auch in privater Verantwortung wurde das *Begräbnis* armer Gemeindeglieder bestritten. Die Gemeinden nahmen auch die Bestattung von Leichen vor, die angeschwemmt wurden oder um die sich sonst niemand kümmerte. *Laktanz*, der während der Christenverfolgung unter Kaiser Diokletian (284–305) Christ wurde, begründet diese Praxis: »Wir werden es nicht dulden, daß das Bild und Geschöpf Gottes den wilden Tieren und Vögeln als Beute hingeworfen wird, sondern werden es der Erde zurückgeben, von der es genommen ist, und auch an einem unbekannten Menschen das Amt seiner Verwandten erfüllen, an deren Stelle, wenn sie fehlen, die Humanität tritt.«[5]
- In Ausnahmefällen konnten *Sklaven* mit Gemeindemitteln freigekauft werden – wenn es ihnen nicht möglich war, bei ihrer heidnischen Herrschaft christlich zu leben. In der Gemeinde waren die Unterschiede zwischen Sklaven und Freien aufgehoben. Die frühe Christenheit hat indes kein Pro-

---

5 Zit. n. Adolf v. Harnack: Die Mission und Ausbreitung des Christentums in den ersten drei Jahrhunderten, 4., erw. Aufl. Leipzig 1924, 191.

gramm zur Aufhebung der Sklaverei entwickelt. Am Beispiel des Johannes Chrysostomos (349–407) zeigt sich jedoch, dass das, was innergemeindlich galt, die gesellschaftlichen Verhältnisse nicht unberührt lassen konnte. Chrysostomos hat die »Herrschaft des Menschen über Menschen« und insbesondere die Sklaverei als Sünde angeprangert.
– Die *Mittel* für die Hilfeleistungen entstammten wesentlich den gottesdienstlichen Kollekten bzw. Opfergaben (Naturalien, später Geld); Spenden kamen hinzu. Seit etwa 200 sind Gemeindekassen belegt, in die nach dem Prinzip freiwilliger Selbstbesteuerung Beiträge der Gemeindeglieder flossen. Für die Verwendung der Mittel galt der Grundsatz: Kirchengut ist Armengut. Als im Laufe der Zeit Kleriker zu besolden waren, wurde es zur Regel, dass mindestens 50 % der Mittel für diakonische Aufgaben Verwendung finden mussten.

Von entscheidender Bedeutung für die Ausformung und Dynamik der Diakonie wurde deren Einbindung in die dreigliedrige Ämterstruktur (Episkopos = Bischof/Gemeindeleiter; Presbyter = Priester; Diakon), die sich in den Briefen des Ignatius von Antiochien (110–115) zum ersten Mal dokumentiert. Für Ignatius sind die Diakone »mit der Diakonie Jesu Christi betraut« (Magn 6,1); sie verkörpern die Liebe Christi. Das Diakonenamt war dem Amt des Bischofs unter- und unmittelbar zugeordnet. Als »Auge der Kirche« fiel dem Diakon grundsätzlich die Aufgabe zu, den provozierend anderen Lebensstil der Christen und das Projekt einer Gemeinschaft der nach Herkunft, Geschlecht und Stand Verschiedenen im Kontext der heidnischen Städte zu stärken und aufrecht zu erhalten. Diakone hatten die Brücke zu schlagen zwischen dem christlichen Glauben, der Gemeindepraxis und dem schwierigen Alltag in einem heidnischen Umfeld.

Dem geweihten Amt kam die *soziale Funktion* zu, die Gemeinde diakonisch zu sensibilisieren, Hilfe zu organisieren, die Gemeindemittel gerecht zu verteilen und schließlich Botendienste im Auftrag des Bischofs zu leisten. Die Verklammerung von Gottes- und Nächstendienst manifestierte sich in den *liturgischen Aufgaben*: Im Gottesdienst hatten die Diakone die mitgebrachten Nahrungsmittel zu sammeln, die für die eigentliche Mahlfeier benötigten Gaben auszuwählen, die übriggebliebenen an die Bedürftigen zu verteilen und den Kranken sowohl das Abendmahl als auch die »›eucharistische‹ materielle Unterstützung« zu überbringen – »in Fortsetzung und als konkretes Zeichen für die bei der eigentlichen Feier vorgenommene Güterteilung«.[6]

---

6 Gottfried Hammann: Die Geschichte der christlichen Diakonie. Praktizierte Nächstenliebe von der Antike bis zur Reformationszeit, Göttingen 2003, 41.

2.2 Ausdifferenzierungen im 3. Jh.

Das Bild wird mit dem 3. Jh. vielschichtiger und facettenreicher; Akzente verschieben sich. Beeindruckend sind die Zeugnisse *zwischengemeindlicher* Hilfe. Nach dem Vorbild der paulinischen Kollekte (2. Kor 8; 9) materialisierte sich die Einheit des Glaubens im Volk Gottes in solidarischer Finanzhilfe. Kirchengemeinschaft gewann Gestalt in der finanziellen Unterstützung bedrängter und notleidender Gemeinden.

Ein eindrucksvolles Beispiel zwischengemeindlicher Diakonie bietet der Brief Cyprians, des Bischofs von Karthago, an numidische Bischöfe aus dem Jahr 253.[7] Räuberhorden hatten numidische Christen als Gefangene verschleppt. Daraufhin sammelte die Gemeinde in Karthago 100000 Sesterzien für den Loskauf der Gefangenen. Die von Cyprian für diese Unterstützungsaktion genannten Motive bündeln die theologischen Grundlagen altkirchlicher Diakonie: Er verweist auf die dem gemeinsamen Glauben entspringende Liebe, auf die Verbundenheit im Leib Christi, die sich in Mitleiden und Mitfreude äußert, sowie auf die diakonische »Magna Charta« Mt 25,31–46, die das Los der Gefangenen als den »Herrn« selbst betreffend schildert.

Die Quellen belegen zugleich Phänomene von Diakonie, die kirchliche Grenzen überschritt. In extremen Notsituationen, insbesondere bei Pestepidemien (z. B. Alexandrien um 259), schloss das helfende Handeln Nichtchristen dezidiert ein. Ansatzweise und sporadisch begann die Kirche, öffentliche Verantwortung zu übernehmen – im Kontext der Verarmung des Römischen Reiches und in Widerspiegelung veränderter Bedingungen zumindest einiger Gemeinden, die nun über Einnahmen aus Grundbesitz und Rechtsgeschäften verfügten.

Spannungsvoll erscheinen die Entwicklungen des amtlichen *Diakonats*. Einerseits konnte die im Diakonenamt fokussierte Verantwortung die Diakonie als Aufgabe der ganzen Gemeinde in den Hintergrund treten lassen. Andererseits büßte das Diakonenamt selbst zunehmend seine klaren Konturen ein. Im Zuge verstärkter Hierarchisierung der Kirche geriet das Amt des Diakons in völlige Abhängigkeit vom Bischof und wurde in der Rangskala hinter die Presbyter verwiesen. Der Diakon wurde in der Gemeindearbeit zur »Allzweckwaffe« des Bischofs. Diffusität in der Aufgabenwahrnehmung war die Folge. Es zeichnet sich eine Entwicklung ab, die im Abendland aus dem Amt des Diakons allmählich eine Vorstufe des Priesteramts werden ließ. Damit verlor das Diakonenamt seine soziale Bestimmung.

---

7 In Übersetzung abgedruckt bei Harnack: Mission, 209.

Seit dem 3. Jh. trat im Osten, wo die Geschlechtertrennung scharf ausgeprägt war, neben das Amt des Diakons das der *Diakonin*. Die Diakoninnen hatten keinen Anteil an spezifisch priesterlichen Funktionen, waren aber durch die Weihe in den Klerus eingeordnet. Im Amt der Diakonin fand das Viduat (Witwenamt) seine Weiterführung. Das Diakoninnenamt stellte sich als Amt von Frauen an Frauen dar (z.B. Didascalia). Es umfasste vor allem liturgische Aufgaben (Assistenz bei der Taufe, Krankenkommunion, Krankensalbung), katechetische Tätigkeiten und diakonische Funktionen (Pflege kranker Frauen, Unterstützung armer Kinder und Frauen).

Hatten nicht zuletzt gesellschaftliche Umstände zur Ausformung des weiblichen Amtes geführt, waren es wiederum kulturelle Muster in Verbindung mit kirchlichen Veränderungen, die dessen Bedeutung schwinden ließen: Als sich die Kirche zu einer öffentlichen Institution ausformte, schlug die kulturell eingespielte Geschlechterdifferenz, nach der die männlichen Tugenden die Öffentlichkeit dominierten und die Tugenden der Frau auf die Sphäre des Privaten begrenzt wurden, voll auf den kirchlichen Raum durch. Zugleich verlangte das Wiederaufkommen alttestamentlicher Opfervorstellungen von Amtsträgern kultische Reinheit (Lev 21). Schließlich trat im Zuge der reichskirchlichen Entwicklung die Kindertaufe an die Stelle der Erwachsenentaufe. Damit entfiel die Aufgabe der Taufassistenz. Das Diakoninnenamt wurde in der Folgezeit nicht kirchenamtlich aufgehoben. Vielmehr »versandete« es, um schließlich hinter den Klostermauern zu verschwinden.

2.3 Im Kontext der Reichskirche

Die sog. konstantinische Wende (seit 312) markiert in der Geschichte der Diakonie zwar keine einschneidende Zäsur, hatte aber zur Folge, dass die materielle Basis der Diakonie ausgebaut werden konnte. Seit 321 war es der Kirche gestattet, private Vermächtnisse anzunehmen; Steuerfreiheiten kamen hinzu. Mit der Erhebung des Christentums zur Staatsreligion (380) sah sich die Kirche einbezogen in die staatlichen Bemühungen, den sozialen Frieden im Reich zu sichern. Damit begann sich der Bezugsrahmen kirchlicher Diakonie tiefgreifend zu verändern. Hatte die Diakonie bisher ihren Ort im Lebensgefüge der christlichen Bekenntnisgemeinden, so wurde ihr Bezugspunkt nun die massenhafte Armut der sich anbahnenden christlichen Gesellschaft. Die kirchliche Diakonie löste die staatliche Getreidefürsorge ab. Große Wohlfahrtseinrichtungen, sog. Diakonien, wurden für die Getreidelagerung an die Bischofssitze angegliedert. Die starke Stellung der Bischöfe verband sich mit der Pflicht, für Arme und Schutzlose einzutreten. Daraus entwickelte sich die kirchliche Asylpraxis, die 419 die Anerkennung durch den Staat fand. Mittel und Möglichkeiten diakonischen Handelns erweiterten sich mithin; der veränderte Referenzrahmen und die gestiegenen karitativen Bedürfnisse führten gleichwohl zu einer Überforderung kirchlicher Diakonie.

Ein neuer vitaler Träger trat im Osten mit dem *Mönchtum* in Erscheinung. Angesichts der Gefahr der Verweltlichung der Reichskirche suchte das Mönchtum vollkommenes christliches Leben zu verwirklichen. Basilius der Große (ca. 330–379), seit 370 Bischof von Caesarea in Kappadokien, verklammerte gemeinschaftliches mönchisches Leben und Diakonie miteinander und wurde zum Wegbereiter der Anstaltsdiakonie.

Basilius schuf vor den Toren Caesareas einen Anstaltskomplex, eine Diakoniestadt, die nach ihrem Gründer »Basilias« genannt wurde. Sie umfasste Einrichtungen für Kranke, Aussätzige, Arme und Fremde. Angesichts dieser Institutionen sollte die Gemeinde freilich nicht in Passivität versinken. Basilius schärfte vielmehr die diakonische Verpflichtung jedes Christen ein. Seine Predigten[8] belegen zugleich, wie er Diakonie und Sozialethik aufeinander bezog. Während der Hungersnot in Kappadokien 368 organisierte er die Versorgung der Hungernden. Zugleich kritisierte er die Habgier der Reichen und geißelte die Spekulationspraxis, die die Hungersnot verschärfte. Basilius stellte grundsätzlich das Recht auf Privateigentum in Frage. Das Prinzip der Haushalterschaft bringt die Sozialbindung von Besitz und Vermögen zur Geltung. Er forderte schließlich ein Erbrecht mit sozialer Note, das darauf zielte, jeder Erblasser solle 50 % seines Vermögens (»Seelteil«) den Armen hinterlassen.

3. Mittelalter

3.1 Sorge für die Ortsarmen in den Landpfarreien

Mit dem Ende des Römischen Reiches im Westen (476) und auf Grund der agrarischen Lebensweise der Germanen verfiel die antike Stadtkultur und mit ihr die städtisch angelegte, unter der Leitung des Bischofs stehende Diakonie. Auf diesem Hintergrund wurde der Grundsatz leitend, jede Pfarrgemeinde solle selbständig für ihre Ortsarmen Sorge tragen (Zweite Synode von Tours, 567).

---

8 Vgl. in: Gerhard K. Schäfer (Hg.): Die Menschenfreundlichkeit Gottes bezeugen. Diakonische Predigten von der Alten Kirche bis zum 20. Jahrhundert, VDWI 4, Heidelberg 1991, 71–87.

Die Einführung des Zehnten (585) zielte nicht zuletzt darauf, die finanzielle Basis für die lokale Armenfürsorge sicherzustellen – verwickelte die Kirche aber zugleich in fortwährende Machtkämpfe um das Geld. Der Grundsatz der pfarrgemeindlichen Sorge für die Armen ließ sich freilich – angesichts der Wirren der Völkerwanderung, der häufigen kriegerischen Auseinandersetzungen, der immer wiederkehrenden Hungersnöte und Seuchen sowie der katastrophalen Infrastruktur – kaum verwirklichen. Den Nöten der Zeit gegenüber war die rudimentäre frühmittelalterliche Diakonie weitgehend hilflos. Dementsprechend wurde Diakonie vor allem mit einzelnen Ausnahmeerscheinungen in Verbindung gebracht, deren Handeln nach dem Vorbild des Martin von Tours mit der Aura der Heiligkeit versehen wurde.

Im Blick auf das Massenelend und im Rückgriff auf Mt 25 verstand Karl der Große sein König- und Kaisertum (768/771 bzw. 800–814) im Sinne sozialer Verantwortung und rief zu allgemeiner Nächstenliebe auf. Die zunächst von gallischen Synoden eingeführte Zehntabgabe wurde von Karl und seinen Nachfolgern reichsgesetzlich vorgeschrieben. Den Parochien, die in der Karolingerzeit als grundlegende kirchliche Verwaltungseinheit und Sozialform Stabilität gewannen, wurde unter der Verantwortung des adligen Grundherrn die Armenfürsorge übertragen. Tragfähige diakonale Ordnungen bildeten sich jedoch nicht. Die Grundherren kamen ihrer diakonisch-sozialen Verpflichtung kaum nach.

3.2 Die liturgisch geformte Diakonie im Mönchtum

Als wichtigster Träger der Diakonie erwies sich das Mönchtum. Hatte Basilius im Osten die Verklammerung von Mönchtum und Diakonie begründet, so zeichnete *Benedikt von Nursia* (480/490–550/560) im Westen die diakonische Verantwortung unauslöschlich in die Mönchsregel ein (Kap. 4; 36; 53). Der Mönch, der freiwillig zum pauper Christi (zum Armen Christi) wurde, war dazu verpflichtet, sich den unfreiwillig Armen zuzuwenden. Die Werke der Barmherzigkeit nach Mt 25,31 ff. bildeten einen integralen Bestandteil klösterlicher Praxis. Im Zuge der cluniazensischen Reform (10. Jh.) wurde die von Benedikt begründete Integration der Diakonie in die mönchische Lebensform in intensiver Weise zur Geltung gebracht. Die Klöster waren Zufluchtsstätten in einer durch Gewalt gekennzeichneten Gesellschaft, Orte, an denen Heil und Heilung zugleich erfahren werden sollten.

Die karitative Praxis ließ sich an Einrichtungen ablesen; die liturgisch geformte Diakonie gewann Ausdruck in spezifischen Ritualen:
- An der Klosterpforte erhielt jeder, der kam, Almosen als Unterstützung und Wegzehrung (Lebensmittel, Kleider, Decken, Brennholz). An kirchlichen Festtagen fiel das Almosen besonders reichlich aus.
- In der »Herberge der Pilger und Armen« (hospitale pauperum) wurden Pilger, Arme und Kranke aufgenommen, »als sei Christus selber« angekommen. Die Beherbergung und Versorgung waren normalerweise vorübergehend. Einige Arme und Kranke wurden jedoch auf Dauer beherbergt.
- Im »Gästehaus« fanden die Aufnahme, die »zu Pferde kamen«.
- Das klosterinterne Krankenhaus (infirmarium) war kranken und gebrechlichen Mönchen vorbehalten.
- Die Grundhaltung, auf der die karitative Praxis basierte, zeigt sich in besonderen liturgischen Formen: Den Ankommenden wurden die Füße gewaschen. Manche Klöster nahmen die Fußwaschung an den dauerhaft beherbergten Armen täglich vor. An Gründonnerstag beging man die Fußwaschung an den Armen in feierlicher Form: In einer Prozession wurden ausgewählte Arme in den Gottesdienstraum geleitet. Eine gleich große Zahl von Mönchen zog ein und stellte sich vor den Armen auf. Nach einem Zeichen des Abtes »verneigen sich sie, beugen das Knie und beten Christus in den Armen an«[9]. Dann wuschen sie den Armen die Füße, trockneten sie ab, küssten sie und segneten sie, um sie schließlich mit Geschenken zu verabschieden.

Seit dem 13. Jh. lässt sich feststellen, dass die Ausgaben der Klöster für die Armenfürsorge sanken und die liturgisch geprägte Zuwendung rituell erstarrte. Zudem hatten die Klöster keinen Zugang zu den Städten, in denen sich eine neue Form der Armut ausbildete. In diakonisch-sozialer Hinsicht bahnte sich eine Wachablösung der Klöster an.

3.3 Almosen – Laienbruderschaften – Bettelorden
(12. Jh. – Mitte des 14. Jh.)

Im 12. und 13. Jh. vollzogen sich tiefgreifende Umwälzungen. Die europäische Bevölkerung verdoppelte sich zwischen 1100 und 1300 von 25 auf 50 Mio. Die Stadtkultur blühte wieder auf. Die Geldwirtschaft verdrängte die Naturalwirtschaft. Wirtschaft und Handel weiteten sich aus. Neue städtische Eliten entstanden. Einerseits stieg der Wohlstand in den Städten; andererseits verbreitete sich eine neue Form spezifisch städtischer Armut – die der Lohnarbeiter. Zugleich erlebte die Wohltätigkeit von Laien ihre Blütezeit. Neue Bewegungen vermittelten eine besondere Sichtweise der Armut.

9 Zit. n. Michel Mollat: Die Armen im Mittelalter, München 1984, 51.

Die individuelle Wohltätigkeit erreichte eine bislang nicht gekannte Intensität. Das Almosengeben[10] wurde zu einem *Massenphänomen*. Insbesondere Angehörige der bürgerlichen Elite in den Städten übernahmen soziale Verantwortung, die sich vor allem in Stiftungen (Spitäler, Hospize, Leprosenhäuser) äußerte. Im Hintergrund der Almosenpraxis stand eine intensive theologische Auseinandersetzung, die die Pflicht zum Almosen einschärfte und auf eine gesellschaftliche Integration der Armen drang. Die Zuwendung zu den Armen konnte als Ausdruck bedingungsloser Liebe gedeutet und als Forderung der Gerechtigkeit interpretiert werden. Breitenwirksam wurde jedoch ein Denken, das die Caritas verdinglichte und das Verhältnis von Reichen und Armen als Tauschbeziehung bzw. als Vertragsverhältnis auffasste: Der Reiche ist verpflichtet, seine irdischen Güter, die er gleichsam als Lehen erhalten hat, mit den Armen zu teilen. Der Arme hat einen Anspruch darauf, dass ihm gegenüber eine Pflicht erfüllt wird. Als Gegenleistung hat er für das Seelenheil der Wohltäter zu beten. Einerseits implizierte diese Praxis die gesellschaftliche Integration der Armen. Andererseits wurden die Standesunterschiede in der Wohltätigkeit anschaulich und durch das Almosengeben zementiert.

Die kollektive Wohltätigkeit von Laien wurde verstärkt durch *Bruderschaften* wahrgenommen. Karitative Bruderschaften entwickelten sich aus Gebetsbruderschaften einerseits und Genossenschaften andererseits, die zur gegenseitigen Absicherung der Mitglieder gegründet worden waren (Handwerker). Inspiriert insbesondere durch die Bettelorden, gingen die Bruderschaften zur Unterstützung Armer und Kranker über.

- Spezifische Konturen weist die *Laienbruderschaft des Johanniterordens* auf, die im Zusammenhang des ersten Kreuzzugs (1096) in Jerusalem gegründet wurde (1099). Kreuzritter schlossen sich zu einer Laienbruderschaft zusammen, die sich der »Bezeugung des Glaubens« und der »Hilfe für die Bedürftigen« widmete. Dabei standen die Krankenpflege und die Versorgung von Pilgern im Vordergrund. Im Jerusalemer Hospital der Johanniter konnten bis zu 2000 Kranke betreut werden. Die Patienten wurden als »Unsere Herren Kranken« angesprochen. Für das Hospital entwickelten die Johanniter, beeinflusst von der arabischen Heilkunst und Krankenversorgung, die erste abendländische Krankenhausordnung (1182).
- Die *Gesellschaft Or San Michele* (gegr. 1221) in Florenz ist das berühmteste Beispiel einer hoch organisierten karitativen Laienbruderschaft. Sie unterhielt Armenhäuser, Hospize und Hospitäler. 1347 sollen 6000–7000 Arme drei- oder viermal pro Woche Unterstützung erhalten haben. Unterschie-

---

10 Der Begriff »Almosen« fungiert als Zusammenfassung der Werke der Barmherzigkeit.

den wurde zwischen Empfängern gelegentlicher Unterstützungen (durchziehende Bettler) und solchen, die regelmäßig Hilfe erhielten. Letztere wurden nach Prüfung ihrer Lebensverhältnisse in Verzeichnisse aufgenommen und erhielten ein Erkennungszeichen, um den Anspruch auf Unterstützung zu dokumentieren.
- Das bekannteste Beispiel organisierter Wohltätigkeit von Frauen sind die *Beginenkonvente*, die sich zunächst im heutigen Belgien und in den Niederlanden bildeten. Unverheiratete und verwitwete Frauen schlossen sich zusammen und lebten kommunitär in Städten (Beginenhöfe). Sie widmeten sich gemeinsamer religiöser Praxis und übernahmen die Pflege Kranker sowie die Erziehung von Kindern aus armen Familien und unterhielten Armenhäuser.

Seit dem 12. Jh. traten *Armutsbewegungen* auf den Plan, die einen raschen Aufschwung erlebten (Katharer, Waldenser). Mit Dominikus (1170–1221) und vor allem Franziskus von Assisi (1181–1226) entstanden Bettelorden, die das arme Leben Jesu betonten, sich der »Herrin Armut« und der »Herrin Liebe« verpflichteten und neu die Augen öffneten für die Armen, Kranken, Aussätzigen und die am Wege Bettelnden. Das Originäre der Bewegung um Franziskus ist in der Bereitschaft zu sehen, in Demut das Leben der Armen zu teilen, wie die Armen und mit den Armen zu leben. Er wählte bezeichnenderweise den Namen »Minores«[11] für seine Gefolgschaft. Ihren Lebensunterhalt sollten die Brüder durch einfache Arbeit oder durch Bettel (keine Annahme von Geld!) decken.

- Signifikant erscheint die *konkrete Wahrnehmung der Armen*. Der Arme gilt nicht als Instrument zur Sicherung des Seelenheils des Reichen, sondern wird in seiner Individualität gesehen. Anschaulich wird solche Wahrnehmung durch die Begegnung des Franziskus mit Aussätzigen. Er schildert, wie der Ekel beim Anblick Aussätziger in einer Begegnung überwunden und in »seelisches und körperliches Wohlbehagen umgewandelt«[12] wurde. Seine Gefährten erzählen diese lebens-wendende Annäherung so: Der berittene Franziskus begegnet einem Leprosen, steigt vom Pferd und schenkt ihm ein Geldstück. Dabei küsst er ihm die Hand und empfängt von dem Aussätzigen den Friedenskuss.
- Kennzeichnend für die Bettelorden ist der *konkrete Protest* gegen die Willkür der Grundherren, die Ungerechtigkeit der Richter, die unnachsichtige Härte der Kaufleute und Spekulanten.
- Die »(Minder-)Brüder« suchten die Armen in den Städten auf und leisteten *seelsorgerliche* und – in begrenztem Maße – *materielle Hilfe*. Sie übten zugleich *Gewissenserziehung* durch religiöse Unterweisung in volkstümlicher Sprache.
- Die Inspiration von Laien durch die Bettelorden wird am Beispiel der *Elisabeth von Thüringen* (1207–1231) deutlich. Personale Zuwendung zu Armen

11 Mindere: Bezeichnung für die unteren Gesellschaftsschichten.
12 Zit. n. Helmut Feld: Franziskus von Assisi und seine Bewegung, Darmstadt 1994, 121.

und Kranken verband sich bei ihr mit Protest gegen das prunkvolle höfische Leben und gegen unrechtmäßiges Eigentum. Protest und Caritas, Provokation und Dienst waren im Handeln Elisabeths in originärer Weise miteinander verwoben.

3.4 Verbürgerlichung der Armenpflege im 14. und 15. Jh.

Mit der Ausbildung einer bürgerschaftlichen Obrigkeit in den Städten bahnte sich eine neue Periode der Armenfürsorge an. Die sich herauskristallisierende Obrigkeit machte sich die Ordnung des städtischen Lebens insgesamt zur Aufgabe. Soziale Verantwortung wurde Teil des obrigkeitlichen Pflichtenkanons. Die Räte und Magistrate übernahmen – auf allgemein christlicher Grundlage – die Armenpflege. Städtische Armenordnungen entstanden, die die Armenhilfe durch Verordnungen regelten. Die Armenfürsorge sollte systematisiert, der Bettel eingeschränkt und die Almosenabgabe kanalisiert werden. Die Reformation knüpfte an diese Bestrebungen an.

Unterschiedliche Faktoren markieren den Hintergrund für die Verbürgerlichung der Armenfürsorge: Das Anwachsen der Massenarmut führte zu einer Infragestellung bisheriger karitativer Bemühungen. Wirtschaftliche Krisen verstärkten einerseits die Armut und ließen andererseits wohltätige Einrichtungen in finanzielle Schwierigkeiten geraten. Zunehmend wurde die ineffektive Leitung und missbräuchliche Nutzung von Hospizen und Hospitälern beklagt. Die Einstellungen zur Armut und deren Wahrnehmung veränderten sich: Der lange, erbitterte Streit um das franziskanische Armutsideal hatte Zweifel am religiösen Wert der Armut geweckt. Die Kritik an den Bettelorden war zugleich bedingt durch eine Aufwertung der Arbeit und die Betonung des Gemeinwohls. Humanistisches Gedankengut mit seinem Lobpreis von Erfolg, Wohlergehen und Rationalität förderte auf der einen Seite die Ausbildung städtischer Sozialreformen, trug auf der anderen Seite aber auch dazu bei, die Würde der Armen zu untergraben. Der quasi beruflich ausgeübte Bettel führte mit dazu, dass Armut immer stärker als Dimension des Bösen und als Bedrohung empfunden wurde. Die Unterscheidung zwischen den »wahren« Armen und den als parasitär und asozial geltenden Vagabunden, Arbeitsunwilligen und Bettlern setzte sich immer mehr durch.

4. Reformation

Die Rechtfertigungslehre – das Zentrum reformatorischer Theologie – entzieht der Anschauung den Boden, das Almosen habe Sünden tilgende Kraft und könne dem Geber im Sinne eines verdienstlichen Werks das ewige Heil sichern. Die Rechtfertigungserfahrung geht einher mit einem Perspektivenwechsel: Der Blick verlagert sich vom Almosengeber auf den Nächsten. Nächstenliebe gewinnt Gestalt als

Ausdruck der Dankbarkeit für das von Gott geschenkte Heil. Die in Gottes barmherziger Zuwendung gründende »Freiheit eines Christenmenschen« äußert sich darin, dem anderen gleichsam zum Christus zu werden und dem Nächsten aus »freien Stücken« zu dienen. Zielte die Rechtfertigungslehre auf eine Neubestimmung der Grundlagen des Ethos, so bleibt in der Forschung gleichwohl umstritten – vor allem in Hinsicht auf das Luthertum –, wie der genuine Beitrag der Reformation für die institutionelle Armenfürsorge zu gewichten und wie die kirchlich-diakonalen Bestrebungen zu interpretieren sind.

4.1 Martin Luther: Obrigkeitliche Verantwortung und Diakonie der Gemeinde

Luther (1483–1546) stellte einerseits der Obrigkeit ihre soziale Verantwortung vor Augen. Andererseits beschrieb er die christliche Gemeinde theologisch so, dass deren diakonische Dimension wieder aufleuchtete. Er forderte dazu auf, den Bettel zu verbieten, und appellierte zugleich an die städtische Obrigkeit, ihre Fürsorgepflicht gegenüber den Armen in geordneter Weise wahrzunehmen. Luther nahm die spätmittelalterliche Kritik am Bettelwesen auf: Betteln ist gegen Gottes Willen. Dass Menschen aus Not betteln müssen, fällt als Schande auf die Christenheit zurück. Hinter der Ablehnung des Bettels steht die Aufwertung der Arbeit im Zusammenhang des Berufs. Arbeit stellt für Luther zum einen – als Anstrengung, Selbstdisziplinierung, Ordnung – eine Eindämmung der Chaosmacht der Sünde dar. Zum anderen gilt ihm Arbeit als Betätigung der Nächstenliebe. Bettel erscheint dagegen als Unordnung und als Verweigerung der Nächstenliebe.

Luthers *Bestimmung obrigkeitlicher Sozialverantwortung* steht im Zusammenhang der Entwicklung, die sich im 15. Jh. in den Städten anbahnte. Die Reformation hat diese Entwicklung verstärkt. Zuschnitt und Elemente der Armen- und Kastenordnungen, die auf christlichen Grundlagen in den Städten entstanden (Wittenberg 1521, Nürnberg 1522, Straßburg 1523 usw.), können nicht als genuin reformatorisch gelten. Die Reformation hat aber wesentlich zur Durchsetzung des städtischen Systems der Armenfürsorge beigetragen und dazu, dass die entsprechenden Ordnungen zum »administrativen Allgemeingut«[13] wurden.

---

13 Sebastian Kreiker: Armut, Schule, Obrigkeit. Armenversorgung und Schulwesen in den evangelischen Kirchenordnungen des 16. Jahrhunderts, Bielefeld 1997, 116.

Die Armen-, Almosen- oder Kastenordnungen weisen gemeinsame Grundzüge und Zielsetzungen auf:
- Es erfolgt eine *Rationalisierung* der Armenfürsorge. Bedürftigkeit wird definiert. Die Unterstützung richtet sich an objektiven Kriterien aus: Arbeitsfähigkeit, Arbeitsertrag, Familiensituation.
- Besondere Beachtung sollen die *verschämten Armen* finden sowie die *Kinder* und *Jugendlichen* aus armen Familien. Vorgesehen sind Zuschüsse für *Handwerker*, die einen Betrieb gründen wollen, aber kein ausreichendes Startkapital haben. Handwerker, die von plötzlicher Not getroffen werden, sollen zur Überbrückung Darlehen erhalten.
- Eine *Sozialadministration* bildet sich heraus: Der städtische Rat bestellt aus seiner Mitte ehrenamtliche Armenpfleger, die für die Umsetzung der Armenordnung zuständig sind. Ihnen zur Seite stehen bezahlte Kräfte, Helfer, Knechte oder Diakone genannt, deren Aufgaben darin bestehen, Bedürftigkeit durch Hausbesuche festzustellen und die Verteilung der Mittel durchzuführen.
- In dem Maße, wie Bedürftigkeit definiert wird und es Instanzen der Überprüfung gibt, entsteht erst die *gesellschaftlich abgegrenzte Gruppe der Bedürftigen*. Ausdruck dessen ist, dass die Empfänger von Unterstützung entsprechende *Zeichen* tragen.
- Mit der Armenfürsorge sind *pädagogische* und *disziplinierende Zielsetzungen* verbunden. Unterstützt wird nur, wer ein Leben in Fleiß, Ehrbarkeit und Frömmigkeit führt.
- Die Mittel der Unterstützung – Brot, Kleidung, Arznei und wöchentliche Geldzahlungen (30 Pfennig pro Person) – kommen aus einem zentralen *Armenfonds*, der in vielen Städten als gemeiner Kasten bezeichnet wird und sich in der Kirche befindet. In ihn fließen die Erträge des Klingelbeutels, besondere Spenden sowie Erträge aus kirchlichem Besitz bzw. Erträge, die aus der Auflösung von Klöstern entstanden.

Von dem Strang, der die Aufgabe des bürgerlichen Gemeinwesens reflektiert, ist Luthers *Bestimmung der christlichen Gemeinde* und ihrer diakonischen Dimension zu unterscheiden. Vor allem seine Schriften von 1519[14] kennzeichnen die Gemeinde als Teilhabe- und Teilgabegemeinschaft. Gemeinde leuchtet auf als »ganzheitliche« Praxis, in der Menschen einander annehmen und tragen, in ihrer Angewiesenheit auf Barmherzigkeit miteinander solidarisch sind und einander geistlichen und leiblichen Beistand erweisen.

Die Taufe bringt die Würde des Menschen – auch und gerade der Schwächsten – zum Ausdruck. Sie begründet das allgemeine Priestertum – und somit das Einander-Priester-Sein als Prinzip kirchlicher Sozialgestalt. Das Abendmahl konstituiert und symbolisiert die Gemeinschaft des Miteinander-Teilens.

---

14 Ein Sermon von dem heiligen hochwürdigen Sakrament der Taufe, WA 2, 727 ff.; Ein Sermon von dem hochwürdigen Sakrament des heiligen wahren Leichnams Christi und von den Bruderschaften, WA 2, 742 ff.

Komplementär zur obrigkeitlichen Sozialverantwortung, die – orientiert am Prinzip der iustitia civilis – auf die Existenzsicherung der Bürger und den Schutz bürgerlicher Ordnung zielt, deutet Luther eine von der Liebe geprägte gemeindliche Praxis an. Solche Praxis sollte zugleich in die »weltlichen« Ordnungen ausstrahlen: »diese Regel soll gelten, daß die Güter, die wir von Gott haben, von dem einen zum anderen fließen und allgemein werden«.[15]

Dass zur Versammlung derer, »so mit Ernst Christen wollen sein und das Evangelium mit Hand und Mund bekennen«,[16] die Diakonie gehört, stand für Luther außer Frage. Zur Gestalt christlicher Kirche gehört für ihn das Diakonenamt, dem er seine soziale Funktion zurückgeben wollte. Ihm fehlten freilich die »Leute und Personen« dazu.

Die von Luther als Muster veröffentlichte *Leisniger Kastenordnung* (1523) sollte die diakonische Handlungsfähigkeit des Kirchspiels im Sinne einer »brüderliche(n) Vereinigung« zum Ausdruck bringen. Für die Leitung waren Kastenvorsteher vorgesehen, bei denen es zwar Überschneidungen mit dem regierenden Rat gab, die aber von der Gemeindeversammlung gewählt werden sollten. Die Einführung der Ordnung scheiterte am Widerspruch des Rats, der faktisch den entscheidenden Einfluss auf die Verwaltung des Kastens ausübte.

Diese Entwicklung kann als symptomatisch gelten. Luthers Ansatz von unten, sein genossenschaftliches Gemeindemodell, büßte bald an Dynamik ein. Zu einer Ausformung einer eigenständigen gemeindlichen Diakonie kam es nicht. Die Armenordnungen wiederum – in Regie der städtischen Räte – bedeuteten zwar einen produktiven Neuansatz. Die Logik der Stadt, die einheimischen Armen zu versorgen, ließ aber zugleich die Auswärtigen und Heimatlosen außer Acht. Administrative Kälte sowie das Zurücktreten präventiver zugunsten repressiver Maßnahmen kennzeichnen die weitere Entwicklung. Nachdem es nicht zur Ausformung einer genuin kirchlichen Diakonie gekommen war, trat an die Stelle der von Luther verfolgten Doppelstrategie eine bipolare Verantwortungsstruktur in der einen Christenheit: Der weltlichen Obrigkeit oblag die Armenfürsorge; den kirchlichen Predigern kam die Aufgabe zu, Glauben und Nächstenliebe zu wecken. Dem »Volk« blieb weitgehend nur der Status von Untertanen- und Hörerschaft.

---

15 Von der Freiheit eines Christenmenschen (1520), WA 7, 69, 1f.
16 Deutsche Messe und Ordnung des Gottesdiensts (1526), WA 19, 72ff.: 75,5f.

4.2 Huldrych Zwingli – Martin Bucer – Johannes Calvin

Zwingli (1484–1531) nimmt unter den führenden Reformatoren eine ganz eigenständige Position in Bezug auf die Wahrnehmung sozialer Aufgaben ein. Im Horizont volkskirchlichen Denkens bzw. in der Perspektive der christlichen Gesellschaft übertrug er der weltlichen Obrigkeit die Sozialfürsorge für die gesamte Gesellschaft, die sie in Verantwortung vor Gott ausüben sollte. Entsprechend vollzogen sich die Züricher Sozialreformen mit der Autorität des Magistrats.

Bucer (1491–1551) hingegen suchte die von ihm im Wesen Gottes selbst fundierte Diakonie im Rahmen eines zweistufigen Kirchenverständnisses zur Geltung zu bringen. Die Kirche existiert nach Bucer als »kirche am volck«[17] bzw. als christliche Gesellschaft und zugleich als Bekenntnisgemeinschaft, in der das Reich Gottes antizipiert wird. Die Notwendigkeit der Diakonie betonte der Straßburger Reformator für beide Ebenen. Er konnte die vom Magistrat 1523 vollzogene Neuordnung des Armenwesens und die damit verbundene Einsetzung von Armenpflegern in diakonischen Bezügen verstehen. Zugleich versuchte er, die »Pfleger-Diakone« an die aufzubauende Bekenntnisgemeinschaft zurückzubinden. Bucer unterschied zunächst vier Ämter der Kirche (Doktoren, Pastoren, Älteste, Diakone); seit 1538 erachtete er zwei Ämter – das der Seelsorge und das der leiblichen Hilfe – als grundlegend. Dem Diakonenamt sollte vor allem die Aufgabe zufallen, das diakonische Bewusstsein der Gemeinde wach zu halten. Es war nach dem Vorbild der Alten Kirche konzipiert und auf das Abendmahl, den Quellort des Miteinander-Teilens, bezogen. Bucer drang darauf, den im Dienst des Magistrats und der »Volkskirche« stehenden Pflegern (soziales Diakonenamt) durch die kirchliche Weihe und die Beteiligung am Abendmahl zugleich ihre ekklesiale Bedeutung zurückzugeben. Sein Gesamtentwurf scheiterte, zumal der Resonanzboden der »christlichen Gemeinschaft« fehlte.

Calvin (1509–1564), der die entstehenden reformierten Kirchen prägte, nahm Bucers frühe Unterscheidung der vier kirchlichen Ämter auf,[18] vermied indes dessen Ambivalenz im Kirchenverständnis. Für Calvin galt es, das Diakonenamt – im Kontext des bürgerlichen Gemeinwesens – nach seiner sozialen und liturgischen Seite zu erneuern, um so die Zuwendung zu den Armen verbindlich in die Ordnung der Kirche einzuzeichnen.

17 Zit. n. Hammann: Geschichte, 250.
18 Vgl. Johannes Calvin: Unterricht in der christlichen Religion (Institutio christianae religionis). Nach der letzten Ausgabe übers. u. bearb. v. Otto Weber, Neukirchen-Vluyn ³1984, 720.

Innerhalb des amtlichen Diakonats unterschied Calvin zwei Aufgabenbereiche und Stufen. Dabei vermittelte er neutestamentliche Aussagen (Röm 12,8; Apg 6; Röm 16,1) mit Elementen der in Genf bestehenden Praxis und geschlechtsspezifischen Anschauungen seiner Zeit. Er nahm eine Differenzierung vor zwischen einem männlichen, ordinierten Amt mit Leitungs- und Verwaltungsaufgaben und einem insbesondere von Frauen wahrzunehmenden nicht geweihten Amt, dem die Fürsorge für die Armen und Kranken oblag.

Die Verwirklichung des Diakonatskonzepts erfolgte nur unvollständig. Ein diakonisches Amt für Frauen ließ sich nicht durchsetzen. Die vom Magistrat ernannten »Sozialarbeiter« fanden zwar Anerkennung als Diakone, wurden jedoch weder ordiniert noch in das gottesdienstliche Geschehen einbezogen. Während im Ausstrahlungsbereich der Theologie Calvins Diakonie im Sinne eines kirchlichen Wesenszugs zumeist nur in der Theorie erhalten blieb, gewann sie in der Praxis reformierter Flüchtlings- und Diasporagemeinden (z.B. am Niederrhein) sowie der reformierten Kirchen Hollands eminente Bedeutung.

5. Pietismus und Aufklärung im 17. und 18. Jh.

Der Dreißigjährige Krieg (1618–1648) brachte die obrigkeitliche Armenfürsorge fast vollständig zum Erliegen. Die nach dem Friedensschluss in den deutschen Territorien installierten Armenordnungen knüpften dann erneut an die Prinzipien der Armenfürsorge des 16. Jh. an: Jede Stadt und Gemeinde hatte ihre Armen selbst zu versorgen. Der Bettel, der durch den Krieg eine neue Dimension angenommen hatte, sollte beseitigt und die Versorgung der wirklichen Armen sicher gestellt werden. Im Zeichen des Absolutismus wurden Städte und Gemeinden nun aber in den staatlichen Verwaltungsapparat einbezogen und von den landesherrlichen Direktiven abhängig. Zugleich formten sich eine neue Privatwohltätigkeit und diakonisch-soziale Initiativen aus, die im Pietismus einerseits und in der Aufklärung andererseits wurzelten.

Der Pietismus stellt sich als eine Erneuerungsbewegung dar, der reformatorischen Grundanliegen neu Geltung zu verschaffen suchte. Philipp Jakob Spener (1635–1705) entwickelte die Leitkategorien der Bewegung, die erhebliche geistes- und sozialgeschichtliche Wirkungen zeitigte. Wiedergeburt und Heiligung bezeichnen die Grundelemente einer Herzensfrömmigkeit, die die Erstarrung des kirchlichen Lebens überwinden sollte und eine Alternative bot zu den neuen Weltentwürfen mit ihrer Betonung der Vernunft. Mit der

Aufklärung und dem »Projekt Moderne« war der Pietismus zugleich durch die Leitvorstellungen der Individualität und der »Hoffnung zukünftig besserer Zeiten« verbunden. Die Wiederentdeckung lebendiger Gemeinschaft sowie die Reformulierung des allgemeinen Priestertums im Sinne des »Diakonentums aller Gläubigen« zielten auf eine Stärkung der »Laien« und setzten eine bemerkenswerte Handlungsdynamik frei. Die pietistische Bewegung rüttelte an den Ordnungen der ständischen Gesellschaft, in der infolge des Dreißigjährigen Krieges und des sich durchsetzenden Absolutismus die gesellschaftlichen Unterschiede deutlich wie nie zuvor zutage traten. Im Zuge der Aufklärung wurde dann eine Humanität aus christlicher Verantwortung begründet und ausgebildet.

5.1 Das Hallesche Waisenhaus und die Herrnhuter Brüdergemeine

Mehr noch als durch Spener gewann der Pietismus durch August Hermann Francke (1633–1727) Ausstrahlungskraft. Mit dem *Waisenhaus in Halle/Saale* erhielt der Pietismus ein prägendes Zentrum. Die Gründung des Waisenhauses markiert zugleich einen epochalen Einschnitt in der Geschichte der Diakonie in Deutschland. Ein neuer Typus von Diakonie entstand: die durch Privatinitiative begründete, von Gleichgesinnten unterstützte Anstalt.

Franckes diakonisches Unternehmen entwickelte sich seit 1695 aus unscheinbaren Anfängen: Einmal wöchentlich kamen Arme zum Pfarrhaus, um sich eine Spende abzuholen. Francke nahm dabei die völlige Unwissenheit der Kinder wahr. Er stellte den Kindern armer Familien zunächst Schulgeld zur Verfügung und gründete dann eine Armenschule. Beide Maßnahmen blieben jedoch ohne Erfolg. Resonanz fand hingegen das Internat für Waisenkinder und vernachlässigte Kinder, an das sich weitere Schulen anschlossen. Es entstand ein Organismus von Erziehungsanstalten, eine einzigartige Schulstadt. 1727, im Todesjahr Franckes, unterrichteten 98 Lehrer 1725 Schüler in der »Deutschen Schule«, 32 Lehrer und drei Inspektoren ca. 400 Schüler in der »Lateinischen Schule«, 27 Lehrer und ein Inspektor 82 Schüler im »Paedagogium Regium«. Im Waisenhaus befanden sich 100 Jungen und 34 Mädchen unter der Aufsicht von zehn Erziehern. Francke begründete die geordnete Lehrerausbildung in Deutschland. Im Vergleich zu den öffentlichen Schulen war das Lehrer-Schüler-Verhältnis in der Halleschen Anstalt außerordentlich günstig.

Die Konzeption des Waisenhauses wird deutlich auf dem Hintergrund der Arbeits- und Zuchthäuser, die sich in der zweiten Hälfte des 17. Jh. verbreiteten. Sie wurden als sozialpolitische »Allzweckwaffe« zur Lösung ganz unterschiedlicher Probleme angesehen. Kranke und Irre, Arme, Arbeitslose und aufsässiges Gesinde, Waisen und missratene Kinder wurden – kaum voneinander getrennt – in den Häusern untergebracht. Notdürftige Versorgung, Strafe, Disziplinierung und Arbeitszwang – diese Mischung unterschiedlicher Funktionen und Ziele prägte die Einrichtungen.

Das Besondere des Waisenhauses lag darin, dass Waisen und verwahrloste Kinder einen auf sie zugeschnittenen förderlichen Lebensraum fanden. Franckes Pädagogik folgte einer doppelten Zielbestimmung: Sie sollte zur »wahren Gottseligkeit« führen, d. h. zur Einfügung des menschlichen Willens in den Willen Gottes, und zur »christlichen Klugheit« erziehen, d. h. die von Gott geschenkte Begabung des Einzelnen zur Entfaltung bringen. In der Finanzierung beschritt Francke neue Wege. Zunächst ganz und gar auf Spenden angewiesen, gliederte er der diakonisch-pädagogischen Anstalt nach und nach Betriebe an (Buchdruckerei, Verlag, Apotheke, Landwirtschaft, Steinbruch), die der wirtschaftlichen Absicherung des Sozialunternehmens dienten. Das Waisenhaus war eingeordnet in einen Gesamtplan zu einer »allgemeinen Verbeßerung in allen Ständen nicht allein in Teutschland und in Europa, sondern auch in den übrigen Theilen der Welt«.[19]

Das Hallesche Waisenhaus repräsentiert das Modell einer Anstalt, das Epoche machend gewirkt hat. Demgegenüber entstand in *Herrnhut* ein diakonisches Gemeindeprojekt, das in der protestantischen Frömmigkeitsgeschichte einzigartig ist. Unter Nikolaus Ludwig Graf von Zinzendorf (1700–1760) entwickelte sich die Herrnhuter Gemeine im Sinne einer Freiwilligkeitsgemeinde. Nach dem Vorbild der apostolischen Gemeinde formte sich ein Gemeinwesen aus, in dem der Diakonie fundamentale Bedeutung zukam. Unter seelsorgerlichen Gesichtspunkten wurde die Gemeine in kleine Gruppen gegliedert, um so Räume »zuverläßliche(r) Mitleidenschaft« zu schaffen. Neue diakonale Ämter bildeten sich aus: Armenpfleger, Krankenwärter, Dienerinnen, Krankenwärterinnen. Auf den Gebieten der Erziehung, der Armen- und Krankenpflege, der Beherbergung Fremder sowie des nach sozialen Kriterien gestalteten Wirtschaftslebens gewann die Herrnhuter Gemeindediakonie Profil. Die Ursachen sozialer Nöte im weiteren Umkreis als dem der Gemeine kamen zwar kaum in den Blick; gleichwohl eignet dem Herrnhuter Experiment der Charakter einer »Kontrastgesellschaft«, die sich mit ihrem egalitären Grundzug abhob von der Ständegesellschaft der spätbarocken Zeit. Das Binnenleben der Gemeine war zugleich ausgerichtet auf die Sache Christi in der Welt und in einen weiten ökumenischen Zusammenhang eingebettet.

---

19 Zit. n. Gerhard K. Schäfer: Gottes Bund entsprechen. Studien zur diakonischen Dimension christlicher Gemeindepraxis, VDWI 5, Heidelberg 1994, 51.

5.2 Humanität aus christlicher Verantwortung

Als sich die dem radikalen Pietismus zuzurechnende Herrnhuter Brüdergemeine ausbildete, war die Strahlkraft des Pietismus bereits im Schwinden begriffen. Seit den 1730er Jahren gewannen aufklärerische Tendenzen an Einfluss. Die Variante der Aufklärung, in der sich Vernunft, christliche Frömmigkeit und soziale Empfindsamkeit verbanden, begründete einen Humanismus, in dem die Religion Christi ihren authentischen Ausdruck finden sollte. Mit Bezug auf Mt 25,31 ff. konnte etwa Johann Gottfried Herder (1744–1803) von Christus bekennen: »Er war es selbst einst, der Menschlichkeit / Die Menschen lehrte, der Erbarmen, Sanftmut / Und Milde zur Religion uns gab.«[20] Von solchem Geist getragen, entstanden literarische Zirkel und Zeitschriften, in denen Fragen der Armenpflege lebhaft verhandelt und die »edlen Menschenfreunde« und »wohlgesinnten Bürger« zur Hilfe aufgerufen wurden. Besondere Betonung fand der Gedanke der Erziehung. Die Erziehung zur Arbeit zielte auf die Verbesserung der Lebensbedingungen breiter Schichten. Das Interesse galt dabei insbesondere armen und verwahrlosten Kindern. Johann Heinrich Pestalozzi (1746–1827) entwickelte experimentelle Initiativen und bahnbrechende Ideen, die auf »die Errettung der im niedersten Stand der untersten Menschheit vergessenen Kinder«[21] zielten. »Patriotische Gesellschaften« riefen gemeinnützige Anstalten ins Leben, die Not mildern sollten – z.B. Sparkassen, Witwen- und Waisenkassen. Die »Patriotische Gesellschaft« in Hamburg initiierte schließlich 1788 in der Hansestadt eine Armenanstalt, die in der Folgezeit Modellcharakter gewann. Ehrenamtlichkeit im Sinne bürgerlicher Verantwortung, Arbeitszwang sowie ergänzende Almosen und kommunale Arbeitsbeschaffung waren die Prinzipien, die hier zum Tragen kamen.

Pietismus und Aufklärung waren im Blick auf die Frage der Sündhaftigkeit des Menschen und seine Erlösungsbedürftigkeit zutiefst geschieden. Dass sie gleichwohl miteinander verwoben werden konnten, zeigt sich bei Pestalozzi ebenso wie bei Johann Friedrich

---

20 Johann Gottfried Herder: 124. Brief zur Beförderung der Humanität, in: Herder: Werke. Bd. 7: Briefe zur Beförderung der Humanität (1793–1797), Frankfurt a.M. 1991, 752f.: 753.
21 Johann Heinrich Pestalozzi: Eine Bitte an Menschenfreunde und Gönner, zu gütiger Unterstützung einer Anstalt, armen Kindern auf einem Landhause Auferziehung und Arbeit zu geben (1777), in: Ders.: Werke. Bd. 2: Schriften zur Menschenbildung und Gesellschaftsentwicklung, München 1977, 19–23: 20.

Oberlin (1740–1826). Im Denken Pestalozzis kommen aufklärerisch-philanthropische und reformiert-pietistische Einflüsse zur Geltung. Bei Oberlin, der im elsässischen Steintal ein Gemeinwesen diakonisch durchformte, verschränken sich aufklärerisches und Herrnhuter Gedankengut. Ohne die sozialen Anstöße des Pietismus und der Aufklärung wären die diakonischen Aufbrüche des 19. Jh. nicht möglich gewesen. In beiden Bewegungen spiegelt sich zugleich die Entwicklung gesellschaftlicher Ausdifferenzierung. Seit 1700 setzte eine Entwicklung ein, in der sich »Staat« und »Gesellschaft«, der Bereich des Politischen und die Sphäre des Sozialen, verfasstes Kirchentum und öffentliches und privates Christentum allmählich ausdifferenzieren. Die Einbettung in diesen Prozess tritt mit der Diakonie des 19. Jh. deutlich zu Tage.

6. Innere Mission im 19. Jh.

Das 19. Jh. war durch umfassende gesellschaftliche Veränderungen geprägt. Da übergreifende staatliche oder gesellschaftliche Strukturen noch fehlten bzw. die vorhandenen auf die neu entstehenden Nöte nur bedingt reagierten, mussten notgedrungen die kleineren sozialen Gemeinschaften, etwa die Kommunen, verstärkt Verantwortung für die neuen gesellschaftlichen Aufgaben übernehmen. Zahlreiche Städte hatten sich zumeist um die Wende vom 18. zum 19. Jh. neue Armenordnungen gegeben, die jedoch angesichts der gewaltigen Veränderungen zu kurz griffen. Etwa zur gleichen Zeit hatten sich z. B. im Gefolge der Herrnhuter Brüdergemeine oder der Basler Christentumsgesellschaft auch Länder übergreifend christliche Netzwerke im Rahmen der Erweckungsbewegung gebildet. Sie reagierten relativ rasch auf eines der ersten Indizien der tief greifenden sozialen Veränderungen: die Zunahme der Straßenkinder. Ihnen eine bessere Zukunft zu ermöglichen, war für viele christliche Initiativen ein erster Auslöser, in einer neuen Qualität und Quantität soziale Verantwortung zu übernehmen. Die nun entstehenden »Rettungshäuser«, von denen das 1833 von Johann Hinrich Wichern (1808–1881) gegründete Rauhe Haus das bekannteste wurde, bildeten den Anfang zahlreicher weiterer diakonisch-sozialer Einrichtungen.

Die Rettungsanstalt unterschied sich deutlich vom Straf- oder Zuchthaus, was bereits das Aufnahmeritual sinnenfällig macht. Als Antwort auf seine bisherige Lebensgeschichte hörte das Kind im Rauhen Haus: »*Mein Kind, dir ist alles vergeben!* Sieh um dich her, in was für ein Haus du aufgenommen bist!

Hier ist keine Mauer, kein Graben, kein Riegel; nur mit einer schweren Kette binden wir dich hier [...] diese heißt *Liebe* und ihr Maß ist Geduld. – Das bieten wir dir, und was wir fordern, ist zugleich das, wozu wir dir verhelfen wollen, nämlich dass du deinen Sinn änderst und fortan dankbare Liebe übest gegen Gott und Menschen!«[22] Die bisher prägenden (Über-)Lebensstrategien sollten bewusst verändert werden. Die Kinder wurden im Alter von elf bis zwölf Jahren aufgenommen und mit sechzehn entlassen. Auf der Basis des Familienprinzips entstand eine christliche Kolonie kleiner Häuser. Jeweils zwölf Kinder bewohnten mit einer Bezugsperson ein eigenes Häuschen und übten in dieser Kleingruppe soziales Verhalten ein. Vom durch Schule und Arbeit geprägten Alltag waren die Sonn- und Feiertage abgesetzt; Wichern ritualisierte das Leben in strukturierendem Wechsel kindgerecht. Ziel der Erziehung war die Förderung der individuellen Fähigkeiten, der Verantwortung und der Gemeinschaftsfähigkeit der Kinder. Anfang der 1870er Jahre wurde die 1000. Neuaufnahme eines Kindes vollzogen.

Seit den 1830er Jahren vermehrten sich diese diakonischen Initiativen und erstreckten sich auf immer mehr Handlungsfelder. Zugleich entstanden damit neue Modelle christlicher Lebensentwürfe und Berufsbilder. So nahmen sich etwa Theodor Fliedner (1800–1864) und seine Frau Friederike Fliedner (1800–1842) bzw. nach deren Tod seine zweite Frau Caroline Fliedner (1811–1892) der Krankenpflege an.

Die Fliedners wussten um die katastrophalen Zustände in den damaligen Hospitälern. Th. Fliedner hatte auf seinen Reisen viele konkrete Erfahrungen gemacht: »Die armen Kranken lagen uns längst am Herzen. Wie oft hatte ich sie verlassen gesehen, leiblich schlecht versorgt, geistlich ganz vergessen, in ihren oft ungesunden Kammern dahinwelkend, wie die Blätter des Herbstes! Denn wie viele Städte, selbst von größerer Bevölkerung, waren ohne Hospitäler! Und wo Hospitäler waren – ich hatte deren auf meinen Reisen in *Holland, Brabant* [Belgien], *England, Schottland,* wie in unserm *Deutschland* viele gesehen –, da fand ich die Portale und Corridors freilich bisweilen von Marmor glänzend (so eins in *Manchester*), aber die leibliche Pflege war schlecht, die Ärzte klagten bitterlich über die Mietlinge bei Tag, die Mietlinge bei Nacht, über die Trunkenheit und andre Unsittlichkeit bei dem männlichen und weiblichen Wartpersonal.«[23]

Das von den Fliedners 1836 in Kaiserswerth bei Düsseldorf gegründete Diakonissenmutterhaus verband eine Professionalisierung der Krankenpflege mit der Möglichkeit von Berufsarbeit und Absicherung der eigenen Existenz für unverheiratete Frauen sowie dem An-

---

22 Johann Hinrich Wichern: Die öffentliche Begründung des Rauhen Hauses (1833), in: Ders.: Sämtliche Werke (SW) IV/1, Berlin 1958, 96–114: 108.
23 Theodor Fliedner: Kurze Geschichte der Entstehung der ersten evangelischen Liebes-Anstalten zu Kaiserswerth (des Asyls, des Diakonissen-Mutter-Hauses und des Hospitals), Der Armen- und Krankenfreund 8 (1856), 2–16: 9.

gebot einer geistlichen Gemeinschaft. In seiner spezifischen, im Vergleich mit anderen zur gleichen Zeit entstehenden Modellen von Diakonissenhäusern weniger emanzipatorischen Ausrichtung traf das Kaiserswerther Modell den Nerv der Zeit und avancierte binnen weniger Jahrzehnte zu einem deutschland- und europaweit oft kopierten Original. Fliedner lehnte sich mit seinem Modell an die katholischen Pflegegenossenschaften an, übernahm aber auch aufklärerische Impulse der Krankenpflege.

Ähnlich traditionsbildend wie die Fliedners für die sog. weibliche Diakonie wurde Wichern für die männliche Diakonie. Seinem Rettungshaus gliederte er 1843 eine Ausbildungsstätte an. Dort bildete er seine »Brüder« aus, die man später als »Diakone« bezeichnete. Wichern galt in seiner Zeit als einer der herausragendsten Sozialexperten des Protestantismus. Das fand seinen Ausdruck in seiner Stegreifrede auf dem Wittenberger Kirchentag im September 1848.[24] Als konkretes Ergebnis kam es zur Gründung des *Central-Ausschusses für die Innere Mission der deutschen evangelischen Kirche* (CA). Damit wurde den inzwischen entstandenen Initiativen ein organisatorischer Rahmen gegeben und eine offizielle Vernetzung ermöglicht; es folgten Gründungen von Landes- und Provinzialvereinen; Reiseagenten sollten dem CA über die soziale Lage in Deutschland berichten.

Zugleich erhielt die christliche Liebestätigkeit der Zeit mit dem Stichwort »innere Mission« einen konzeptionellen Rahmen: »Wir verstehen unter der inneren Mission eine geordnete Arbeit der gläubigen Gemeinde in freien Vereinen.« Diese zielte auf die Rechristianisierung des gesamten Volkes und seiner tragenden Institutionen (Familie, Staat, Kirche) und damit letztendlich auf den Aufbau des Reiches Gottes. Grundlegend für die innere Mission als Erneuerungsbewegung war die Praxis des allgemeinen Priestertums. »Der Organismus der Werke freier, rettender Liebe ist die innere Mission.«[25]

Von der inneren Mission unterschied Wichern die Diakonie, die christliche Armenpflege. Er legte einen Entwurf zur Neugestaltung einer gegliederten Diakonie vor: Als freie Diakonie bezeichnete er

---

24 Wicherns Rede vom Freitag, den 22. September 1848, in: Wichern: SW I, Berlin/Hamburg 1962, 155–165.
25 Johann Hinrich Wichern: Notstände der protestantischen Kirche und die innere Mission. Zugleich als zweite Nachricht über die Brüder des Rauhen Hauses als Seminar für innere Mission (1844), in: Ders.: SW IV/1, Berlin 1958, 229–295: 235f.

das soziale Handeln in Familien und freien Vereinen. Der bürgerlich-staatlichen Diakonie wies er die Aufgaben der Armengesetzgebung, -polizei und -steuer zu. Im Vordergrund kirchlicher Diakonie sollten die Predigt an die Armen und die Hausarmenpflege stehen. Das Herzstück in Wicherns Auffassung der kirchlichen Diakonie bildete der Diakonat. Er verstand den Diakonat als selbständiges Amt der Kirche und als notwendige Klammer der dreifachen Armenpflege: »Ohne Diakonat gibt es keine Diakonen, so viel reichste bürgerliche oder freie Diakonie sonst auch vorhanden sein mag.«[26] Auf der Monbijou-Konferenz wurde 1856 zwar über ein entsprechendes Amt verhandelt, zur Einführung kam es jedoch nicht.

Es ließen sich noch viele weitere Personen und Initiativen nennen: Amalie Sieveking (1784–1859) gründete einen »Weiblichen Verein für Armen- und Krankenpflege« in Hamburg, Wilhelm Löhe (1808–1872) gestaltete ab 1854 ein Diakonissen-Mutterhaus auf lutherischer Grundlage in Neuendettelsau; Gustav Werner (1809–1887) versuchte, das Reich Gottes in der Industrie zu verwirklichen und eine christliche Fabrik in Reutlingen zu entwickeln. Mit vielen anderen erreichten sie eine Professionalisierung der diakonisch-sozialen Arbeit, etwa in der Kinder- und Jugendhilfe, Krankenpflege, Behindertenhilfe oder Gefangenenfürsorge, lange bevor der Staat oder die Gesellschaft hier stärker Verantwortung übernahmen. Über ein Jh. hinweg wurde die Arbeit der Inneren Mission vor allem von Diakonissen und Diakonen geleistet, wobei es immer deutlich mehr Diakonissen als Diakone gab. So stieg die Zahl der Diakone seit 1877 von ca. 650 auf 2500 kurz nach der Jahrhundertwende, während z.B. die Schwesternschaften der Diakonissenmutterhäuser 1898 knapp 12000 umfassten, wovon ca. 6400 dem Kaiserswerther Verband angehörten. Hinzu kamen noch die Schwestern des Zehlendorfer Diakonievereins.

Immer stärker wurde Innere Mission zu einem Synonym für christliche Liebestätigkeit und verlor dabei die begriffliche Trennschärfe zur Diakonie. Immer mehr Handlungsfelder wurden in Angriff genommen, immer mehr Einrichtungen entstanden, bis ins letzte Viertel des 19. Jh. hinein weitgehend durch Spenden, Kollekten, Vermächtnisse und Schenkungen finanziert. Was Wichern noch in seinem Organismus-Modell zusammen denken konnte (Amt der verfassten Kirche und Charisma/Gabe in den freien Vereinen) differenzierte sich immer stärker als ein organisatorischer Pluralismus im

---

26 Johann Hinrich Wichern: Gutachten über die Diakonie und den Diakonat (1856), in: Ders.: SW III/1, Berlin/Hamburg 1968, 130–194: 141.

kirchlichen Raum aus, der sich nach und nach als eine Art Zweitstruktur neben den landeskirchlich-verfassten Strukturen manifestierte und verfestigte: als Teil des sog. Verbandsprotestantismus.

7. Innere Mission und entstehender deutscher Sozialstaat

Im deutschen Kaiserreich, in dem die Industrialisierung, die Deutschland erst verzögert erreicht hatte, ihren Höhepunkt erlebte, kam es für die christliche Liebestätigkeit zu einer Veränderung in der Zusammenarbeit mit staatlichen Stellen. Der entstehende deutsche Sozialstaat gab nun immer stärker einen Rechtsrahmen vor und kam auch für die Finanzierung sozialer Arbeit auf. Ebenso veränderte sich auch das theologische Verständnis innerhalb der Inneren Mission: Den zum Teil recht charismatischen Gründern folgten die Gestalter, die nun nicht mehr so stark und unmittelbar auf das bald hereinbrechende Reich Gottes ausgerichtet waren. Immer mehr diakonische Initiativen verwandelten sich in Einrichtungen und Institutionen, was sich auch in der zum Teil noch heute erhaltenen Bausubstanz niedergeschlagen hat. Diese Entwicklung lässt sich auch an der Schreibweise des Wortes »innere Mission« erkennen: Wichern schrieb es im Sinne eines Organismus' immer mit kleinem »i«, während die Einrichtungen immer mehr dazu übergingen, sich als Institutionen der »Inneren Mission« mit großen »I« zu verstehen.

Von besonderer Strahlkraft war die Einrichtung Friedrich von Bodelschwinghs (1831–1910). Anfänglich nur für 150 Kranke geplant, waren es 1910 schließlich ca. 2000, ebensoviel Personal kam hinzu. »Bethel, die ›Stadt der Barmherzigkeit‹, galt in Kreisen der Inneren Mission jahrzehntelang als christlicher Gegenentwurf zur Verstädterung in der modernen Industriegesellschaft. [...] Die ›Stadt auf dem Berge‹ stellte beispielhaft vor Augen, wie eine Gesellschaft aussehen könnte, in der die Kräfte der Inneren Mission Säkularisierung und Entsittlichung überwunden und Familie, Kirche und politisches Gemeinwesen mit dem Geist des christlichen Denkens durchdrungen hatten.«[27]

Es kam im Kaiserreich zu einem weiteren Ausbau bzw. zu einer fortwährenden Ausdifferenzierung und Professionalisierung der Arbeitsfelder. Auch auf theoretischer Ebene wurde die neue sozialpolitische Entwicklung begleitet; es seien nur zwei Beispiele genannt: Theodor Lohmann (1831–1905), Mitgestalter der Bismarckschen

---

27 Matthias Benad: Eine Stadt der Barmherzigkeit, in: Ursula Röper/Carola Jüllig (Hg.): Die Macht der Nächstenliebe. Einhundertfünfzig Jahre Innere Mission und Diakonie 1848–1998, Berlin 1998, 122.

Sozialgesetzgebung, verfasste 1884 für den CA eine Denkschrift: »Die Aufgabe der Kirche und ihrer inneren Mission gegenüber den wirtschaftlichen und sozialen Kämpfen der Gegenwart«, deren Tenor in der Schlussbemerkung deutlich wird: »Dass die Kirche wieder werde das Gewissen der Völker auch für ihr wirtschaftliches und gesellschaftliches Leben, das ist das höchste Ziel ihrer inneren Mission.«[28] Die Denkschrift ging aus von der Forderung, »dass jeder Mensch in seiner Menschenwürde anerkannt werde als Ebenbild Gottes, und dass sich diese Anerkennung, wie durch alle menschlichen Beziehungen, so auch durch die zwischen Arbeitgebern und Arbeitern hindurchziehen muß, und in der Feinfühligkeit, ja Empfindlichkeit unserer Arbeiter nach dieser Seite hin, sollten wir [...] auch das Gute darin erkennen.«[29]

Der Diakoniepfarrer Friedrich Naumann (1860–1919) entwickelte vier Jahre später Vorschläge für die *Zukunft der Inneren Mission* und setzte sich dann in den 1890er Jahren in Frankfurt für den Wohnungsbau ein. Auch die zu dieser Zeit aufkommenden gesellschaftlichen Fragen um Stand und Status der Frau traten in den Blick. 1899 kam es z.B. zur Gründung der gemeindebezogenen *Evangelischen Frauenhilfe* sowie des eher gesellschaftsbezogenen *Deutsch-Evangelischen Frauenbundes*. Die weibliche Diakonie erfuhr 1894 durch die Gründung des *Evangelischen Diakonie-Vereins* durch Friedrich Zimmer (1855–1919) wesentliche neue Impulse.

Die Zeit des Ersten Weltkriegs bildete so etwas wie eine sozialpolitische Sattelzeit. Zur bisherigen Klientel, den herkömmlich Benachteiligten, kamen nun solche Personengruppen, die durch den Krieg Schädigungen erlitten hatten: die Kriegswitwen und -waisen sowie -versehrten. Deren Unterstützung wurde als nationale Aufgabe angesehen.

Beim Aufbau des deutschen Sozialstaats bildeten die konfessionellen Träger sozialer Arbeit im Kaiserreich und vor allem in der Weimarer Republik wichtige Säulen; nach dem CA war 1897 der *Caritas-Verband für das katholische Deutschland* entstanden. Hatte der Protestantismus das Kaiserreich als einen mehr oder weniger evangelischen Staat verstanden, so stand er der entstehenden Weimarer Republik skeptisch gegenüber, auch weil er nicht so wie der Katho-

---

28 Wieder abgedruckt in: Die protestantischen Wurzeln der Sozialen Marktwirtschaft. Ein Quellenband, hg.v. Günter Brakelmann/Traugott Jähnichen, Gütersloh 1994, 124–139: 139.
29 Zit. n. Paul Drews: Mehr Herz fürs Volk! Evangelisch-soziale Zeitfragen I,1, Leipzig 1891, 47.

lizismus mit dem Zentrum über eine politische Partei mitgestalten konnte, was sich auch sozialpolitisch auswirkte.[29a]

Im entstehenden Wohlfahrtsstaat spielten die auch noch heute vorhandenen Wohlfahrtsverbände eine große Rolle: Neben CA und Caritas-Verband entstanden nun die *Zentralwohlfahrtsstelle der Juden in Deutschland* (1917), die *Arbeiterwohlfahrt* (1919), das *Deutsche Rote Kreuz* (1921) und der *Deutsche Paritätische Wohlfahrtsverband* (1924); mit Ausnahme der AWO schlossen sie sich 1924 zur *Deutschen Liga der Freien Wohlfahrtspflege* zusammen. Die Innere Mission wirkte aktiv an der sozialstaatlichen Ausgestaltung mit, vernetzte sich auch im europäischen Bereich mit entsprechenden Initiativen und förderte diakoniewissenschaftliche Einrichtungen und Forschungen. Auf den weltanschaulich neutralen Staat reagierte die Innere Mission mit einer Steigerung ihrer volksmissionarischen Aktivitäten.

8. Diakonie im 20. Jh.

8.1 Diakonie im Nationalsozialismus

Der Wohlfahrtsstaat war bis zum Beginn der Weltwirtschaftskrise Ende der 1920er Jahre arbeitsfähig. Nach 1933 verboten die Nationalsozialisten die Wohlfahrtsverbände oder versuchten, sie gleichzuschalten. Bei Caritas und Innerer Mission gelang dies insgesamt aufgrund ihrer Größe und des christlichen Hintergrunds der Arbeit nicht. Gleichwohl waren sie vielfältigen staatlichen Eingriffen ausgesetzt, z.B. durch das Steuerrecht oder nach 1942 durch Beschlagnahme und Schließung ganzer Einrichtungen. Zu zentralen Herausforderungen für die Innere Mission wurden die Sterilisierungspolitik und die Vernichtung »lebensunwerten Lebens«. In der Folge des »Gesetzes zur Verhütung erbkranken Nachwuchses« (1933) wurden auch in diakonischen Einrichtungen zahlreiche Sterilisationen durchgeführt. »Für den Zeitraum vom 1. 1. 1934 bis zum 30. 6. 1935 wies die evangelische Gesamtstatistik folgende Zahlen aus: In den Pflegeanstalten (total 32 401 Betten) erfolgten 3317 Unfruchtbarmachungen. In den Krankenhäusern (total 37 516 Betten) betrug die Zahl 5539. Das ergab im Zeitraum von eineinhalb Jahren die Gesamtziffer von 8856 Sterilisationen.«[30] Insgesamt wurde in allen

29a Prägend waren die aus der katholischen Soziallehre stammenden Prinzipien der Solidarität und Subsidiarität: Die nächst größere gesellschaftliche Einheit sollte erst dann eingreifen, wenn die kleinere – beginnend bei der Familie – gescheitert war. Zugleich lag aber die Gesamtverantwortung für das Wohlfahrtssystem beim Staat.
30 Kurt Nowak: Eugenik: Zwangssterilisation und »Euthanasie«, in: Röper/Jüllig (Hg.): Die Macht der Nächstenliebe, 236–247: 240.

staatlichen und anderen Einrichtungen in den Jahren von 1934 bis 1939 etwa 350000 Menschen die Fortpflanzungsfähigkeit geraubt. Seit 1940 setzten systematische Euthanasie-/Krankenmord-Aktionen ein, denen auch Tausende geistig behinderter und psychisch kranker Bewohner und Bewohnerinnen aus christlichen Einrichtungen bis 1945 zum Opfer fielen. Die Reaktionen und Verhaltensmuster innerhalb der Verbandsstruktur sowie der Einrichtungen der Inneren Mission wiesen eine erhebliche Bandbreite auf. Insofern kam es nicht zu einer einmütigen Haltung der Ablehnung oder gar einer konzertierten Protestaktion. Mutige Aktionen Einzelner, u.a. von dem Lobetaler Einrichtungsleiter Paul-Gerhard Braune (1887–1954), dem württembergischen Landesbischof Theophil Wurm (1868–1953) oder dem katholischen Münsteraner Bischof Clemens August Graf von Galen (1878–1946), trugen jedoch dazu bei, die Krankenmordaktionen einzudämmen bzw. abzubrechen.

8.2 Die Zeit nach dem Zweiten Weltkrieg

»Der Hunger klopft an die Türen. Durch die Häuser, durch die Städte, von Jammer verfolgt, schreitet das Unglück. Obdachlose, verlassene, verzweifelte Menschen rufen um Hilfe. [...] Ohne Dach und ohne Brot, sich betten auf einen Stein, bei Winterskälte im dünnen Kleid, die bloßen Füße im Schnee – dies darf und soll nicht das Los von Millionen unserer Brüder und Schwestern werden.«[31]

Neben dem CA wurde im August 1945 das *Hilfswerk der Evangelischen Kirchen in Deutschland* durch Eugen Gerstenmaier (1906–1986) initiiert. Angesichts der schier grenzenlosen Notsituation sollten die gesamte Kirche, jede Gemeinde, jeder Amtsträger und jeder Christ zur Hilfe aufgerufen werden: »Kirche in Aktion« war das Stichwort. Namhafte Unterstützung kam weltweit aus den Freikirchen, so dass auch die deutschen Freikirchen in das Hilfswerk eingebunden wurden. Durch Spenden v.a. aus den USA, Schweden und der Schweiz konnten akute Nothilfe (Nahrung, Kleidung, Wohnung, Suchdienst, Gefangenenbetreuung) und kirchlicher Wiederaufbau geleistet werden. Ende 1947 waren 1500 Flüchtlingsfürsorger angestellt, die sich um die Integration der Flüchtlinge und Vertriebenen bemühten. Mit dem Hilfswerk verbanden sich insbesondere drei theologische Impulse: Erstens wurde Diakonie konsequent als Wesenszug und

---

31 Mit diesen Worten ging im Herbst 1945 das Evangelische Hilfswerk an die Öffentlichkeit, abgedruckt in: Dank und Verpflichtung. Zehn Jahre Hilfswerk der EKD, hg.v. Zentralbüro des Hilfswerks der EKD, Stuttgart 1955, 24.

Grundstruktur von Kirche zur Geltung gebracht. Im Kontrast zur »Inneren Mission« wurde – zweitens – »Diakonie« zum Programmbegriff erhoben. Gerstenmaier strebte – drittens – eine Ausweitung der Reichweite diakonischer Verantwortung an, abgekürzt »Wichern II« genannt:

> »Wir wären einen guten Schritt weiter, wenn wir [...] endlich der Linie Wicherns folgten und uns bemühten, unser charitatives Handeln dort, wo es notwendig ist, zu einem sozialen, politisch verantworteten Handeln zu machen.« Damit war für Gerstenmaier in Aufnahme eines Wichernwortes »der Grenzstein aufgerichtet [...] zwischen der bisherigen und einer zukünftigen Epoche der christlich rettenden Liebesarbeit.«[32]

Bald nach der Währungsreform, als die unmittelbare Katastrophenhilfe nicht mehr nötig war, ging der Einfluss des Hilfswerkes zurück. Als Dank und Weitergabe der erhaltenen Hilfe entstand 1959 im diakonischen Bereich die *Aktion »Brot für die Welt«*, die inzwischen eine feste Größe in der kirchlichen Entwicklungsarbeit ist. Zu einer diakonischen Neugestaltung der Kirche kam es nur bedingt, vielmehr hinterfragte man nun das Nebeneinander von CA und Hilfswerk. 1957 wurde beschlossen, beide zusammenzuführen. Der Prozess der Zusammenführung fand seinen Abschluss in der Bundesrepublik 1975/76 mit Gründung des Diakonischen Werkes der Evangelischen Kirche in Deutschland.

8.3 Diakonie unter den Bedingungen der DDR

Im Gegensatz zu den anderen Ländern des Ostblocks wurden in der DDR und bereits zuvor in der Sowjetischen Besatzungszone (SBZ) die diakonischen Tätigkeiten der Kirchen nicht gänzlich verboten. Doch hing der jeweilige Freiraum erheblich von den politischen Maßgaben ab. Jugenderziehung war Aufgabe von Staat und Partei; diesen Bereich musste die Diakonie stark einschränken. In der Betreuung von Menschen mit Behinderungen konnte sie hingegen geradezu eine Pionierfunktion einnehmen; so kam es z.B. seit 1967 zum Aufbau von Sondertagesstätten für geistig behinderte Kinder und Jugendliche. Bis in die 1980er Jahre stellte die Diakonie rund die Hälfte der Plätze für Schwer- und Schwerstbehinderte. Vor allem die öffentlichkeitswirksamen Aktivitäten standen unter besonderer Aufmerksamkeit von Staat und SED, so wurden etwa 1956 die Bahn-

---

32 Eugen Gerstenmaier: Kirche und Öffentlichkeit. Rede bei der Jahrhundertfeier der Inneren Mission. Bethel, 29. September 1948, in: Ders.: Reden und Aufsätze, Stuttgart 1956, 87–109: 101, 103.

hofsmissionen aufgelöst. Zur Gründung der *Aktion »Brot für die Welt«* kam es hingegen auch in der DDR. Generell unterlagen die Möglichkeiten der Diakonie der jeweiligen DDR-Kirchenpolitik. 1969 vollzog sich der Zusammenschluss von CA und Hilfswerk in der DDR, es bildete sich das *Diakonische Werk – Innere Mission und Hilfswerk – der Evangelischen Kirchen in der DDR*. Nach 1978 erweiterten sich die Möglichkeiten der Diakonie, so wurde z.b. die Möglichkeit der Seelsorge in staatlichen Heimen gewährt, 1981 wurde vom Diakonischen Werk und dem *Internationalen Kongreß christlicher Ärzte* eine erste Studientagung in Dresden (*Gottes Wort an die Geschädigten*) veranstaltet, und 1986 wurde die erste kirchliche Telefonseelsorge in der DDR eingerichtet.

8.4 Diakonie in der Bundesrepublik

In der Bundesrepublik übernahmen die Verbände der Freien Wohlfahrtspflege erneut soziale Aufgaben. Im Rahmen des Bundessozialhilfegesetzes (BSHG) und des Kinder- und Jugendhilfegesetzes (KJHG, 1961) sowie durch das Urteil des Bundesverfassungsgerichts (1967) wurde ihnen eine bedingte Vorrangstellung bei der Übernahme sozialer Aufgaben vor dem Staat eingeräumt. Im Hintergrund stand hier das aus der katholischen Soziallehre stammende Subsidiaritätsprinzip. Diakonietheologisch wurde zur gleichen Zeit um das Recht einer »gesellschaftlichen« Diakonie gerungen.

Seit den 1960er Jahren wurden – angesichts der wachsenden Aufgaben – immer mehr Mitarbeiter und Mitarbeiterinnen in der Diakonie benötigt; zugleich ging die Zahl der Diakonissen zurück. Anfang der 1970er Jahre kam es u.a. mit der Gründung zahlreicher Evangelischer Fachhochschulen für Diakonie und soziale Arbeit zu einer weitergehenden Professionalisierung und Akademisierung der Mitarbeiterschaft. Etwa zur gleichen Zeit verschwand mit der Gemeindeschwester die Symbolfigur der Gemeindediakonie; nun wurden Diakonie- und Sozialstationen eingerichtet.

Mitte der 1980er Jahre geriet der Sozialstaat in die Krise. Ausgerichtet auf die Situation der Vollbeschäftigung war die Finanzierung sozialer Leistungen angesichts ökonomischer und demographischer Veränderungen nicht mehr im bisherigen Maße sicherzustellen. Beginnend mit dem Pflegeversicherungsgesetz (1994) wurde der Vorrang der freien Wohlfahrtspflege nach und nach aufgegeben und die Situation in Richtung eines Sozialmarktes verändert.

9. Zur Diakonie der Gegenwart

Im Rahmen der deutschen Einheit kam es zu einer Vereinigung der ost- und westdeutschen Diakonie. Von Seiten der Evangelischen Kirche in Deutschland (EKD) wurde diakonischen Fragen vermehrt Aufmerksamkeit geschenkt. Es entstanden z.b. der Beitrag »Der evangelische Diakonat als geordnetes Amt der Kirche« (1996) und die sog. Diakonie-Denkschrift »Herz und Mund und Tat und Leben« (1998). Darin ist auch das *Leitbild Diakonie*[33] aufgenommen worden, das 1997 von der Diakonischen Konferenz verabschiedet wurde. Seit den 1990er Jahren haben sich auch immer mehr diakonische Einrichtungen um die Entwicklung eigener Leitbilder bemüht, um angesichts sich wandelnder gesellschaftlicher und sozialstaatlicher Rahmenbedingungen das Profil ihrer Arbeit innerhalb und außerhalb der Einrichtungen und Dienste neu auszuarbeiten und zu vermitteln. Die diakonische wie soziale Arbeit allgemein ist nicht nur einer wachsenden Verrechtlichung, sondern vor allem einem steigenden Ökonomisierungsdruck ausgesetzt. Zugleich fordert der europäische Rahmen Prozesse der Neuorientierung, Angleichung und Kooperation. Die sog. Bratislava-Erklärung (1994) eröffnete den »Weg zu einer Vision von Diakonie in Europa«:

»Unsere Zukunftsvision für Europa ist gekennzeichnet durch Offenheit gegenüber der übrigen Welt und durch die Beseitigung von tiefgreifenden wirtschaftlichen Spaltungen, Rassismus und Diskriminierung und durch die Schaffung gleichberechtigter Chancen und Behandlung von Menschengruppen, die zur Zeit ausgeschlossen werden. Es ist eine Vision tragfähiger Gemeinschaften, die sich durch Nachbarschaftsgeist, Miteinander-Teilen und Sorge um den Menschen und die Umwelt auszeichnen. Diakonie ist dazu berufen, in Zusammenarbeit mit anderen zur Verwirklichung dieser Vision beizutragen.«

---

[33] Leitbild Diakonie, in: Kirchenamt der EKD (Hg.): Herz und Mund und Tat und Leben. Grundlagen, Aufgaben und Zukunftsperspektiven der Diakonie. Eine evangelische Denkschrift, Gütersloh 1998, 76–80. Prägend für das Leitbild sind die folgenden acht Leitsätze: »1. Wir orientieren unser Handeln an der Bibel. 2. Wir achten die Würde jedes Menschen. 3. Wir leisten Hilfe und verschaffen Gehör. 4. Wir sind aus einer lebendigen Tradition innovativ. 5. Wir sind eine Dienstgemeinschaft von Frauen und Männern im Haupt- und Ehrenamt. 6. Wir sind dort, wo uns Menschen brauchen. 7. Wir sind Kirche. 8. Wir setzen uns ein für das Leben in der Einen Welt.«

10. Literatur zur Weiterarbeit

Beyreuther, Erich: Geschichte der Diakonie und Inneren Mission in der Neuzeit, Berlin ³1983.

Hammann, Gottfried: Die Geschichte der christlichen Diakonie. Praktizierte Nächstenliebe von der Antike bis zur Reformationszeit, Göttingen 2003.

Handbuch zur Geschichte der deutschen evangelischen Diakonie im 19. und 20. Jahrhundert, hg.v. Jochen-Christoph Kaiser unter Mitarbeit von Volker Herrmann, Stuttgart 2005.

Herrmann, Volker/Kaiser, Jochen-Christoph/Strohm, Theodor (Hg.): Bibliographie zur Geschichte der deutschen evangelischen Diakonie im 19. und 20. Jahrhundert, Stuttgart u.a. 1997.

Krimm, Herbert (Hg.): Das Diakonische Amt der Kirche, Stuttgart ²1965.

– (Hg.): Quellen zur Geschichte der Diakonie, 3 Bd., Stuttgart 1960–1967.

Ratzinger, Georg: Geschichte der kirchlichen Armenpflege, Reprint der Ausgabe 1884, Frankfurt a.M. 2001.

Röper, Ursula/Jüllig, Carola (Hg.): Die Macht der Nächstenliebe. Einhundertfünfzig Jahre Innere Mission und Diakonie 1848–1998, Berlin 1998.

Sachße, Christoph/Tennstedt, Florian: Geschichte der Armenfürsorge in Deutschland, 3 Bde., Stuttgart u.a. 1988–1998.

Schäfer, Gerhard K.: Die Menschenfreundlichkeit Gottes bezeugen. Diakonische Predigten von der Alten Kirche bis zum 20. Jahrhundert, VDWI 5, Heidelberg 1991.

Uhlhorn, Gerhard: Die christliche Liebestätigkeit, 3 Bde., Stuttgart 1882–1890, ²1895, Nachdruck der 2. Aufl. Darmstadt 1959.

III.
Diakonie in der modernen Gesellschaft

THEODOR STROHM

1. Einführung: Kennzeichen der »modernen Gesellschaft«

Hans Ulrich Wehler hat in seiner Schrift »Modernisierungstheorie und Geschichte«[1] sechs Subprozesse, die im allgemeinen Modernisierungsprozess der neuzeitlichen Entwicklung eine wesentliche Rolle spielen, herausgestellt und problematisiert:

- Zunächst wird auf den kontinuierlichen, krisenerzeugenden und -bewältigenden wirtschaftlichen Wachstumsprozess hingewiesen und auf eine damit einhergehende »kumulative Dauerbewegung industrieller Expansion«.
- Zweitens wird im Anschluss an Theoretiker wie Herbert Spencer und Adam Smith von »struktureller Differenzierung« gesprochen, die sich in einer zunehmend arbeitsteiligen Wirtschaft und in ausdifferenzierten politischen Herrschaftssystemen Ausdruck verschafft. Die Ausbildung des Systems moderner Territorialstaaten, ihr innerer Wandel von Machtstaaten auf der Basis der reinen Staatsraison zu Systemen mit ausgeprägten bürgerlichen Gesellschaften und modernen Demokratien kennzeichnet diese Entwicklung.
- Drittens wird der »Wertewandel« angesprochen, von eher partikularistischen und unspezifischen Handlungsmustern zu »universalistischen, funktional-spezifizierten Wertemustern«. Die Entwicklung von personalethischen Wertemustern der kleinen Handlungskreise wie Familie, das »ganze Haus«, Obrigkeitsbeziehungen bis hin zu der Formulierung universaler Menschen- und Bürgerrechte charakterisiert diese Dimension von Modernisierung.
- Als viertes Kennzeichen wird die Erzeugung von räumlicher und sozialer Mobilität und damit verbunden die wachsende Verfügbarmachung von Ressourcen und Mitteln hervorgehoben.
- Ein fünftes Kennzeichen ist in dem Moment der Partizipation zu sehen. Dies wird umso wirksamer und wichtiger, je komplexer die Entscheidungen und die Anforderungen an intelligente Mitwirkung in Handlungsprozessen auf den verschiedensten Ebenen werden.
- Schließlich wird von der »Institutionalisierung von Konflikten« gesprochen. »Um die Tradition ungeregelter Konflikte überwinden zu können,

---

1 Hans-Ulrich Wehler: Modernisierungstheorie und Geschichte, Göttingen 1975.

die noch im 19. Jh. (z.B. im Konflikt zwischen Kapital und Arbeit) tendenziell an die Grenze des Bürgerkriegs führen konnten, sei eine Vermeidungsstrategie erforderlich, die Konflikte dadurch einhegt, dass sie organisations- und verfahrensabhängig gemacht werden.«[2] Der gezähmte Konflikt kann zum konflikt-limitierenden Ritual werden. Die Entwicklung zur modernen Demokratie und heute zur Weltwirtschaft – siehe World Trade Organisation (WTO), die man schon als geheime Weltregierung angesprochen hat – ist ohne diese Konfliktregulierung undenkbar. Allerdings ist offenkundig, dass im Weltmaßstab gesehen die Konfliktregulierung noch immer vormoderne Züge trägt.

Es ist hier nicht der Ort, an die zahlreichen Versuche zu erinnern, das Profil und die Entwicklungsstufen der Moderne zu beschreiben oder auf die häufig eher als Wunschvorstellung gebrauchte These von der Postmoderne einzugehen. Deren sachlicher Kern liegt zweifellos in der Erkenntnis, dass die Modernisierung in einigen ihrer Implikationen immer deutlicher an Grenzen stößt und zu einem grundsätzlichen Perspektivenwechsel Anlass gibt.

Es sei aber auch darauf hingewiesen, dass Max Weber diesen hier geschilderten Prozess mit seinem Rationalisierungstheorem einheitlich zu beschreiben suchte. Hier geht es nicht nur um die »Entzauberung der Welt« als Programm und Prozess, sondern vor allem um die wachsende Herrschaft des Menschen über seine natürliche und soziale Umwelt oder anders ausgedrückt um die anhaltende Ausweitung der Steuerungs- und Leistungskapazitäten.[3] Es ist kaum zu übersehen, dass nicht zuletzt die Diakonie gegenwärtig von einem von Weber beschriebenen Rationalisierungsschub erfasst wird. Webers Kategorien: »die rationale Dauerunternehmung, rationale Buchführung, rationale Technik, die rationale Gesinnung, die Rationalisierung der Lebensführung, das rationale Wirtschaftsethos«[4] gehören zu den Standardbegriffen heutiger Unternehmensberatung.

Schließlich soll noch auf Norbert Elias Standardwerk »Über den Prozeß der Zivilisation« – mit seinen Tendenzanalysen zur Moder-

---

2 Vgl. Wehler: Modernisierungstheorie, 16f.
3 Wehler stellt fest, dass die Sozialhistoriker die Steigerung der Leistungs- und Steuerungskapazitäten überwiegend positiv beurteilen. Er macht aber auf die tiefe Ambivalenz dieser Entwicklung aufmerksam. Denn die erhöhte Steuerungsfähigkeit kann zugleich die Möglichkeiten des Terrors und der imperialistischen Unterdrückung, Manipulation und Vergeudung von Ressoursen unabsehbar steigern. Diesen Problemen der »Dialektik der Aufklärung« habe sich die Modernisierungsforschung noch nicht intensiv zugewandt.
4 Vgl. Max Weber: Wirtschaftsgeschichte, Berlin ³1958, 302 und Günter Abramowski: Das Geschichtsbild Max Webers. Universalgeschichte am Leitfaden des okzidentalen Rationalisierungsprozesses, Stuttgart 1966.

nisierung – hingewiesen werden. Es geht um die »Befriedung immer größerer Räume« und die stetig zunehmende Verlängerung der Handlungsketten bis hin zur globalisierten Kommunikation.[5] Es fällt auf, dass der Modernisierungsprozess als ein okzidentales, genauer europäisches Ereignis beschrieben wurde. Es ist unbestritten, dass Europa sich in Gestalt seiner spezifischen Rationalität mit der dazu gehörenden Wissenschaft, Technologie und Ökonomie inzwischen in die ganze Welt verlagert hat und omnipräsent ist in der gegenwärtigen Welt. Auch der europäische Einigungsprozess wurde angeregt und beschleunigt durch diese Form der Rationalität. Europa ist heute in erster Linie Wirtschafts- und Technologiegemeinschaft, Währungsunion, Rüstungs- und Verteidigungsgemeinschaft, während die kulturellen und sozialen Dimensionen sich erst im Gefolge dieses Prozesses einzustellen beginnen.

2. Die Ambivalenz des Modernisierungsprozesses und die Diakonie

2.1 Aufbrüche in die Moderne

Diakonie hat in der Vergangenheit auf mehr oder weniger zulängliche Weise bewusst oder unbewusst diese Entwicklungsfaktoren in ihrer Arbeit zu beantworten versucht. Wenn hier von Diakonie in der modernen Gesellschaft gesprochen wird, dann wird der Beginn dieser Dynamik beschrieben in der Weise, wie die Geschichtswissenschaft den Beginn der Moderne in das von Aufbruch, Polarisierung und Krisen geprägte 16. Jh. datiert und in zahlreichen Darstellungen untersucht hat. Für diese hier nicht näher zu beschreibenden historischen Zusammenhänge sei auf das zweibändige Werk »Wege zu einer Sozialordnung Europas«[6] hingewiesen. In dieser Aufbruchszeit verlor die kirchliche Diakonie bzw. Caritas ihre bis dahin weithin behauptete Monopolstellung in der sozialen Arbeit und wurde zum ersten Mal in Systeme der sozialen Sicherung kommunaler, ter-

---

5 Norbert Elias: Über den Prozeß der Zivilisation. Bd. 1: Wandlungen des Verhaltens in den weltlichen Oberschichten des Abendlandes; Bd. 2: Wandlungen der Gesellschaft. Entwurf einer Theorie der Zivilisation, Bern/München ²1969.
6 Theodor Strohm/Michael Klein (Hg.): Wege zu einer Sozialordnung Europas in der frühen Neuzeit. Bd. 1: Historische Studien und exemplarische Beiträge aus dem 16. Jahrhundert; Bd. 2: Europäische Ordnungen zur Reform der Armenpflege im 16. Jh., Heidelberg 2004.

ritorialer und nationalstaatlicher Provenienz eingeordnet. Virtuell bildete sich so etwas wie ein einheitliches Modell europäischer Sozialordnung heraus, in dem amtliche und freiwillige Helferstrukturen herausgebildet wurden. Zwar reagierten die Kräfte der Reformation, des Humanismus und des Reformkatholizismus in unterschiedlicher Weise und in je eigentümlicher Aufbietung der christlichen Überlieferung auf die Zeichen der Zeit, letztlich aber setzte sich der Modernisierungsprozess überall in Europa in seiner ganzen Ambivalenz durch.

Wenige sozialgeschichtliche Reminiszenzen können deutlich machen, von welchen Katastrophen und Hoffnungen die Völker Europas seit dem Beginn der Modernisierung in der Neuzeit bestimmt wurden. Die historische Forschung hat in den vergangenen Jahrzehnten einen Paradigmenwechsel vollzogen. Der Blick auf die so überaus wechsel- und auch leidvolle Geschichte Europas hat nicht nur die nationalgeschichtliche Betrachtung zurücktreten lassen, sondern auch die Frage nach den Gemeinsamkeiten und Interaktionen im spannungsvollen Modernisierungsprozess Europas in den Mittelpunkt des Interesses gerückt.[7] Inzwischen liegen zahlreiche Fallstudien und komparative Untersuchungen zum frühneuzeitlichen Fürsorgewesen vor, wie es sich in den unterschiedlichen Regionen Europas in der Aufbruchszeit des 16. Jh. entwickelt hat.

Die Interaktionen in Europa, insbesondere auf der Basis kommunaler Handlungsnetze, waren prinzipiell intensiver als wir es zum Teil heute unter den Bedingungen weit entwickelter Kommunikationssysteme beobachten. Auch die Lösungen, die für die Bewältigung der sozialen Probleme herausgearbeitet wurden, tragen häufig moderne, bis heute noch gültige Züge. Das »lange 16. Jh.« war trotz seiner heftigen Auseinandersetzungen und kriegerischen Episoden von Katastrophen verschont, wie sie in der ersten Hälfte des 17. Jh. einsetzten. »Die seit den siebziger Jahren des 16. Jahrhunderts aufgezogene weltanschaulich-ideologische Totalkonfrontation bemächtigte sich der Staaten und ihrer Beziehung zueinander.«[8] Die Konfessionen rückten im Rahmen der weltanschaulich geschlossenen Territorialsysteme für Jahrhunderte weit auseinander. Der christliche Humanismus war zwischen den konfessionellen Fronten weit-

---

7 Vgl. Heinz Schilling: Aufbruch und Krise. Deutschland 1517–1648, Berlin ⁴1994; Beatrix Bastl: Europas Aufbruch in die Neuzeit, Darmstadt 2002.
8 Schilling: Aufbruch und Krise, 397; vgl. Kap. VII,2: Die Krise des Staatensystems und der Auftakt zum Krieg, 397 ff.

hin aufgerieben worden. Den Ton gaben überall Männer an, die die Konfrontation wollten.

Es ging mit grauenhaften Folgen um die Macht und Religion in ganz Europa. Später ging es um Englands Aufstieg und Spaniens Bestand, um Kolonialbesitz und Weltherrschaft, dann um die Ausbreitung und Abwehr der französischen Revolution. Das 19. Jh. klirrte nur so von Waffen. Im 20. Jh. hätte Europa unter deutscher Anleitung sich beinahe vernichtet, seine Städte mit ihren Schätzen wurden zerstampft aus der Luft. Unter diesen Bedingungen nahm die Not weiter Teile der Bevölkerung kein Ende. Trotz erkennbarer Bemühungen in allen europäischen Staaten, das im 16. Jh. Erreichte zu verstetigen und weiter zu entwickeln, blieb Sozialpolitik bis ins 19. Jh., in vielen Staaten Europas bis ins 20. Jh., rudimentär und nur bedingt erfolgreich. Allerdings lässt sich zeigen, dass im 19. Jh. im Zeichen und unter den Folgen des Frühindustrialismus in den entwickelten Staaten Europas das öffentliche Armenwesen grundlegenden Revisionen unterzogen wurde, in denen die soziale Hilfe sowohl im Blick auf die Empfänger, als auch im Blick auf die räumliche Zuordnung und die pflegerischen Zuständigkeiten effektiver geregelt wurden. Sozialstatistiken und eine geordnete Verwaltungspraxis wurden eingeführt.[9]

2.2 Antworten der Diakonie auf den Prozess der Modernisierung

Allerdings forderten die Zeiten extremer Not auch in allen Ländern die christliche Liebestätigkeit bzw. die Philanthropie in besonderer Weise heraus. Überall in Europa entstanden Initiativen, die komplementär zur staatlichen Armenpolitik ihre Wirksamkeit entfalteten. Auf Karl Borromäus und seine caritativen Initiativen in Italien in der Neuordnung der Hospitäler und der Gemeinde-Armenpflege in der zweiten Hälfte des 16. Jh. soll nur hingewiesen werden. Erinnert sei an Vincent de Paul (1581–1660) und an Louise de Marillac (1591–1660) und die *Filles de Charité*, die die französische Sozialarbeit und Krankenfürsorge, aber auch die Diakonissenbewegung in Deutschland nachhaltig geprägt haben. Erinnert sei an Johann Valentin Andreae (1586–1654), Lehrer und Weggefährte des Johann

---

[9] Neue grundlegende Sozialgesetzgebungen fanden beispielsweise in England seit 1833, in Preußen 1842 in Weiterentwicklung des Titel 19 Teil VI des Allg. Preußischen Landrechts von 1797 Geltung. In Frankreich bildete die Basis für die weiteren Verordnungen das Gesetz vom 19. bzw. 24. 3./15. 10. 1793.

Amos Comenius, der nicht nur das Modell der auf (soziale) Sicherheit gegründeten Christenstadt entworfen hat, sondern mit der Färberstiftung in Calw selbst neue Modelle verwirklichte und dabei Philipp Jakob Spener (1635–1705) beeinflusste. Dieser hat mit seinen Reforminitiativen in Frankfurt und Berlin (Armen- und Bettelordnung von 1701 und 1708) mehr als 40 deutsche Städte zu Reformen angeregt.[10] Ihm folgten August Herrmann Francke (1663–1705) und Nikolaus Ludwig von Zinzendorf (1700–1760), die in regem Austausch mit zahlreichen Initiativen in England standen und »zur Reformation der ganzen Welt« ansetzten.

Das »*Awakening-Movement*« erwies sich als eine gesamteuropäische christliche Reformbewegung, aus der zahlreiche Initiativen hervorgingen, die von Westeuropa bis Russland und Skandinavien ihre Wirkungen entfalteten. Im Rahmen dieser Bewegung vertraten später Thomas Chalmers (1780–1847) und seine Schüler das Programm der *Elevation of the Poor*, dessen Einflüsse auf Johann Hinrich Wichern und das Elberfelder Armenpflegesystem unverkennbar sind. In der älteren Literatur wurde immer wieder auf die große Ähnlichkeit zwischen den Grundsätzen der Armenpflege in den protestantisch geprägten und den reformkatholisch geprägten – von Juan L. Vives beeinflussten – Ordnungen und zugleich auf ihre für die moderne Sozialpolitik überraschende Aktualität hingewiesen.[11]

Das 1852 in Kraft getretene Elberfelder System kommunaler Armenfürsorge mit genau geregelten und gegliederten Aufgabenverteilungen von ehrenamtlicher und amtlicher Sozialarbeit fand seine Parallele in Johann Hinrich Wicherns Systemvorstellung sozialer Verantwortung:

»Die ganze Summe der Privatarmenpflege muß ihre nachhaltige Kraft zugleich in der Gemeinschaft und im Zusammenwirken mit diesen öffentlichen Autoritäten suchen. So wird sie als integrierender Bestandteil der ganzen *christlichen* Armenpflege wahren Bestand haben«.[12]

Im Jahre 1891 erschien die Enzyklika *Rerum Novarum* Papst Leos XIII., in der dieser Gedankengang von katholischer Seite ebenfalls

10 Vgl. hierzu Willi Grün: Speners soziale Leistungen und Gedanken. Ein Beitrag zur Geschichte des Armenwesens und des kirchlichen Pietismus in Frankfurt a. M. und in Brandenburg-Preußen, Würzburg 1934.
11 Vgl. z. B. Wilhelm Weitzmann: Die soziale Bedeutung des Humanisten Vives. Eine Analyse und Würdigung seiner Schrift: de subventione pauperum, Borna/Leipzig 1905, 36–44, mit Bezug auf Wilhelm Roscher: System der Armenpflege und Armenpolitik, Stuttgart ²1894, §§ 10–15.
12 Johann Hinrich Wichern: Über Armenpflege, in: Ders.: Sämtliche Werke III.1, Berlin/Hamburg 1969, 21–70: 69.

vorgetragen wurde. Die Enzyklika enthält eine dreifache Wegweisung zur Lösung der sozialen Frage: Das Wirken der Kirche sowohl mittels ihres Wortes als auch mittels ihres Handelns, sodann durch die Sozialpolitik des Staates und schließlich die Vertretung der Arbeiterschaft durch ihre Selbstorganisation.[13]

Die gegenwärtige Situation des kirchlichen Engagements in der Gesellschaft wird dadurch charakterisiert, dass die beiden Kirchen, die katholische und die evangelische Kirche in Deutschland, mit dem gemeinsamen Wort der Kirchen zur wirtschaftlichen und sozialen Lage »Für eine Zukunft in Solidarität und Gerechtigkeit« (1997) die Prinzipien bekräftigt haben, die die erwähnten Traditionen in je ihrer Zeit aktualisiert haben. Sie haben ein Bekenntnis zum aktivierenden Sozialstaat abgelegt und zu einer Erneuerung der Systeme der sozialen Sicherung im Blick auf ihre Zielgenauigkeit und Effizienz aufgefordert. Zugleich wurde die Mitverantwortung der Kirchen und ihrer Verbände für die konkrete Ausgestaltung der sozialstaatlichen Ordnung hervorgehoben.[14]

3. Diakonie im modernen Sozialstaat – Perspektiven und Herausforderungen

3.1 Der Sozialstaat als Stufe der Modernisierung in Deutschland

Wicherns Bemühen, die Vielzahl privater, unkoordinierter Initiativen der Hilfe, »in die große einheitliche Hilfe, welche alle einzelnen Hilfen als ganzes in sich vereint«, zu überführen, kennzeichnet den Beginn organisierter Solidarität größeren Stils. In Form von Zünften, Genossenschaften und Armenordnungen war die naturwüchsige punktuelle Hilfe seit den frühen christlichen Zeiten in Formen organisierter Hilfe übergegangen. Aber erst in der Mitte des 19. Jh. angesichts der Folgen der Industrialisierung, Mobilisierung und Verstädterung bildeten sich die modernen Systeme der Fürsorge und sozialen Solidarität heraus. Bis weit in dieses Jh. hinein wirkten diese Prinzipien weiter und nötigten zu systematischer Koordination von »öffentlicher« und »privater« Fürsorge.

---

13 Vgl. Oswald von Nell Breuning: Texte zur katholischen Soziallehre, Kavelaer [8]1992; vgl. auch Anton Rauscher: 90 Jahre Rerum Novarum, Mönchengladbach 1982.
14 Vgl. hierzu Theodor Strohm: Ethische Aufgabenstellungen nach dem gemeinsamen Wort der Kirchen, ZEE 41 (1997), 302–312.

Allgemein wird die Geburtsstunde des Sozialstaats in das Jahr 1881 gelegt, als am 17. November Kaiser Wilhelm I. seine »Soziale Botschaft« durch den Reichskanzler Otto von Bismarck verkünden ließ. Sie nannte als Ziel staatlicher Sozialpolitik, dass die Schäden nicht ausschließlich im Wege der Repression sozialdemokratischer Ausbreitung, sondern zugleich auf dem der positiven Förderung der Arbeiter zu suchen sein werde. Die Botschaft stellt der Regierung die Aufgabe, Gesetzesvorlagen über die Unfallversicherung, Krankenversicherung sowie die Alters- und Invalidenversicherung abzuschließen. Die Gesetze formulierte dann das führende Mitglied im Centralausschuß der Inneren Mission, der Jurist Theodor Lohmann, der viel weiter ging als Bismarck und der arbeitenden Bevölkerung neben dem Arbeitsschutz einen Rechtsanspruch auf sozialen Schutz vor Lebensrisiken wie Krankheit, Armut, Invalidität und Alter zuschreiben wollte. Von ihm ist auch der Grundgedanke Bismarcks inspiriert: diese Fürsorge sei eine der »höchsten Aufgaben des Gemeinwesens, welches auf den sittlichen Fundamenten des christlichen Volkslebens steht.« Er konnte die dann formulierten Sozialgesetze als »Praktisches Christentum in gesetzlicher Gestaltung« bezeichnen. Seither ist eine kontinuierliche Gesetzgebung und Fortschreibung des Grundgedankens sozialer Sicherung in Gang gekommen, die bis heute anhält. Das Deutsche System erhielt deshalb im internationalen Vergleich den Namen »Bismarck-System«.[15]

Kennzeichen des Sozialsystems in Deutschland ist das beitrags- und leistungsbezogene, am Erwerbseinkommen anknüpfende Sozialversicherungssystem. Der Zwang zur Eigenversorgung hat dazu geführt, dass allmählich in der über 100jährigen Geschichte der überwiegende Teil der Bevölkerung im Risikofall eine Sicherung des Lebensstandards erreichte. Ein lebensstandardsicherndes Sozialversicherungssystem bleibt – trotz des heute zu sehenden gesamtwirtschaftlichen Vermögenszuwachses – auch in Zukunft unverzichtbar. Wäre das Vermögen gleich gestreut, sähe die Debatte um die Reform des Sozialstaats anders aus. Das Vermögen ist nach wie vor so stark ungleich verteilt, dass die breite Bevölkerungsmehrheit auch in Zukunft nicht über ein ausreichendes Vermögen zur Absicherung

---

15 Vgl. auch Theodor Strohm: Die Entwicklung des modernen Sozialstaats – Vom Sicherheitsnetz zum Sprungbrett mit Eigenverantwortung?, in: Ders.: Diakonie in der Perspektive der verantwortlichen Gesellschaft. Beiträge zur sozialen Verantwortung der Kirche II, VDWI 16, Heidelberg 2003; Theodor Strohm: Die Zukunft des Sozialstaats im Blickwinkel der neueren Literatur, ZEE 32 (1988), 132–142.

der sozialen Risiken verfügen wird. Kennzeichen dieses Systems ist es zugleich, dass in beachtlichem Umfang steuerfinanzierte Ergänzungen des Sozialversicherungssystems eingeführt wurden. Es dient auch als Antwort auf die Individualisierung der Lebenslagen, die sich stark differenziert haben und in den neuen Bundesländern starken Gefährdungen durch Verarmung ausgesetzt sind.

Der Weimarer Staat hatte sich ohne wenn und aber als »Sozialer Rechtsstaat« gekennzeichnet. In der Weimarer Verfassung von 1919 steht erstmals neben den klassischen Menschen- und Freiheitsrechten ein Katalog »sozialer Grundrechte und Grundpflichten«. Art. 161 versprach einen umfassenden Versicherungsschutz zur Erhaltung von Gesundheit und Arbeitskraft und gegen die Wechselfälle des Lebens. Waren im 19. Jh. vor allem die Arbeiter-Proletarier Ziel sozialer Politik, so dehnte sich der Schutz der Schwächeren im ersten Drittel des 20. Jh. immer weiter aus: Mieter, Pächter, Kinder, Mütter, kinderreiche Familien, Kriegsversehrte, behinderte Menschen wurden die wichtigsten Beispiele.

Die Verantwortung des Staates für eine soziale Wirksamkeit der Wirtschaft war der jüngste Ast am Baum des Sozialstaates gewesen. Artikel 151 Abs. 1 Satz 1 der Weimarer Verfassung hatte gesagt: »Die Ordnung des Wirtschaftslebens muß den Grundsätzen der Gerechtigkeit mit dem Ziele der Gewährleistung eines menschenwürdigen Daseins für alle entsprechen.« Damit war damals bereits der Grundgedanke der »Sozialen Marktwirtschaft« als die dem Sozialstaat entsprechende Wirtschaftsform ausgesprochen.

Kennzeichen der zwanziger Jahre war es aber auch, dass sich das System der »Freien Wohlfahrtspflege« durch die Gründung der Liga der Spitzenverbände etablierte (22. Dezember 1924). Innere Mission und Caritas unterhielten zusammen über 23 000 Einrichtungen der geschlossenen, halboffenen und offenen Fürsorge mit über 427 000 Betten bzw. Plätzen und über 91 000 Pflegekräften. Das waren mehr als 50 % aller Einrichtungen überhaupt und vier Fünftel aller freigemeinnützigen Einrichtungen.[16]

Die Weimarer Republik ist nicht nur deshalb gescheitert, weil die Regierenden die sozialen Versprechungen der Verfassung – angesichts der Inflation, Weltwirtschaftskrise und hoher Arbeitslosigkeit – nicht einlösen konnten. Sie hat auch nicht den notwendigen geistig-mora-

---

16 Zum Vergleich sei darauf hingewiesen, dass heute allein die Diakonie 1 045 126 Plätze in 26 205 stationären und teilstationären Einrichtungen unterhält. Die Zahl der hauptamtlichen Mitarbeitenden beträgt 400 480 (Stand 2003).

lischen Rückhalt bekommen. Denn nicht zuletzt die Mehrheit der Pfarrer und auch die Verantwortlichen der Inneren Mission standen der Verfassungsordnung ablehnend gegenüber. Sie ließen sich hinreißen von den Versprechungen der Nationalsozialisten und Hitlers, eine »christliche Volksgemeinschaft« ohne »Parteiengezänk« und soziale Not aufzubauen. Auch die großen Anstalten der Inneren Mission versprachen sich eine grundlegende Besserung ihrer finanziellen Ausstattung. Es kam alles ganz anders: Der Nationalsozialismus pervertierte die Ansätze des Sozialstaats. Alle Reste von Mündigkeit und Barmherzigkeit gingen zugunsten einer rassenhygienischen, aristokratisch-elitären, staatspolitisch orientierten Zweckrationalität verloren.

Dr. Goebbels gab die Parole aus: »Wir gehen nicht von den einzelnen Menschen aus, wir vertreten nicht die Anschauung, man muß die Hungernden speisen, die Durstigen tränken und die Nackten bekleiden – das sind für uns keine Motive. Unsere Motive sind ganz anderer Art. Sie lassen sich am lapidarsten in dem Satz zusammenfassen: Wir müssen ein gesundes Volk besitzen, um uns in der Welt durchsetzen zu können.« Sozialpolitik im Dienste des Darwinismus!

Es ist hier nicht der Ort, näher darauf einzugehen. Wichtiger ist es, zu fragen, ob der Neuanfang nach 1945 wirklich gelungen ist und ob wir heute vielleicht wieder zu einem Neuanfang genötigt werden.

3.2 Der soziale Rechtsstaat vor neuen Herausforderungen

Mit der Bismarck'schen Entscheidung für eine Sozialversicherungs-Lösung fiel in den achtziger Jahren des 19. Jh. die Entscheidung gegen eine staatliche Lösung. Die Versicherungs-Systeme dieser Jahre waren Formen kollektiver, solidarischer Selbsthilfe, mitgliedschaftlich organisiert und beitragsfinanziert. An diese Tradition knüpften alle Regelungen nach 1945 an, die ein umfassendes soziales Sicherungssystem zum Ziel hatten, wobei auch die überkommene Gliederung des Systems in voneinander unabhängige Zweige – also keine Einheitsversicherung – beibehalten wurde. Über 90 % der Bevölkerung ist heute von den Zweigen der Sozialversicherung erfasst, als pflichtversicherte Arbeitnehmer, als deren Familienangehörige, als freiwillig Versicherte oder als Leistungsbezieher. Auch die Sozialhilfe als die »dritte Säule« neben Versicherung und Versorgung knüpft an die alte Tradition öffentlicher Fürsorge an und ist ein soziales Recht, auf das Menschen in Notlagen Anspruch haben, sobald die Selbsthilfe nicht möglich ist und andere Sicherungssysteme nicht greifen. Mit der Schaffung des »Sozialgesetzbuches« seit Beginn der 1970er Jahre wurde der Versuch unternommen, das gesamte Sozialrecht zu systematisieren und transparent zu gestalten. Bis heute sind etwa 1250 Paragraphen zum Sozialgesetzbuch verkündet, und damit wurde mehr als die Hälfte des Gesamtvorhabens verwirklicht.

Wenige Monate nach der Vereinigung Deutschlands stellte Kurt Biedenkopf fest, dass sich das neue Großgebilde auf seine Legitimation neu besinnen müsse. Angesichts der »Zusammenbruchsgesellschaft« nach 1945 sollte eine fortschrittliche Sozialpolitik »der inneren Befriedung unseres Volkes dienen, das Vertrauen der breiten Volksschichten in die neue, demokratische Ordnung stärken und den Willen zur Mitarbeit am Wiederaufbau unseres Staats- und Volkslebens fördern«. Der politische Konsens unter den Parteien in den Gründerjahren der Bundesrepublik war umfassend; die meisten sozialpolitischen Innovationsgesetze wurden mit den größtmöglichen Mehrheiten verabschiedet. Biedenkopf stellte fest, an dieser legitimitätssichernden Bedeutung der Sozialpolitik habe sich bis heute nichts geändert. Die Bevölkerung der Bundesrepublik konzentriere ihre »Staatssympathie« »eindeutig auf den Sozialstaat«. Umgekehrt entstehe die Gefahr, dass dieser Staat sich selbst die Grundlage entziehe, wenn er den sozialpolitischen Erwartungen, die er begründet hat, nicht mehr entspricht.[17] Biedenkopfs Diagnose hat sich nicht zuletzt im Blick auf die Bevölkerung der neuen Bundesländer bestätigt. Dass die Menschen dort angesichts des katastrophalen Zusammenbruchs ihrer wirtschaftlichen Existenz-Grundlagen nicht nur den sozialen Frieden bewahrten, sondern überwiegend zu optimistischen Einschätzungen ihrer Lebensperspektiven gelangten, verdanken sie der raschen, effektiven und umfassenden Einführung des Systems sozialer Sicherung nach bundesrepublikanischem Standard.

Nun kann allerdings gar nicht übersehen werden, dass eine Zeit der Umbrüche und Krisen folgte, die die Grundfesten des Sozialstaats bedrohen: Die beiden Ölpreisschocks, der Zusammenbruch des Weltwährungssystems, die Veränderung der weltwirtschaftlichen Arbeitsteilung und die mikroelektronische Revolution veränderten die Ausgangsbedingungen. In allen Industrieländern wuchs neben der Staatsverschuldung die Arbeitslosigkeit, die sich allmählich auch verfestigte.

Weltweit reichende Megatrends zeigen weithin noch unabsehbare Wirkungen. Durch den Wegfall der Grenzen im europäischen Einigungsprozess, durch den Zerfall der Blöcke und den Wegfall funktionierender Märkte, durch Massenkommunikation und weltweit

---

17 Kurt Biedenkopf: Auf dem Weg nach Deutschland. Chancen und Gefahren eines politischen Riesen, SZ am Wochenende Nr. 70, 1990, 13.

wirkende Migrationsprozesse ergeben sich neue globale Herausforderungen. Die Verflechtung der Volkswirtschaften infolge der Internationalisierung der Märkte und der Globalisierung der Produktion und Wissensverarbeitung stellt einzelstaatliche Lösungen und nationalökonomische Betrachtungsweisen infrage. Ebenso schwer wiegen demographische Verschiebungen: die Alterung der Gesellschaften weltweit; die Individualisierung; die Zunahme der Kleinfamilien, teilweise Auflösung von Familien; die wachsende Zahl der Einpersonenhaushalte. Die Differenzierung und Polarisierung der Lebensstile führt leicht zur Entsolidarisierung, verbunden mit der Gefahr der Marginalisierung ganzer Bevölkerungsgruppen, und zu neuen Verelendungsproblemen. Ist der Sozialstaat in der Lage, solchen Herausforderungen zu begegnen? Zeigt er sich als elastisch und anpassungsfähig, kann er atmen, um seine humanen Ziele unter veränderten Bedingungen zu erfüllen? Von der Beantwortung dieser Fragen wird Vieles abhängen.

3.3 Die Mitverantwortung der Diakonie

Schon frühzeitig schaltete sich auch die Diakonie in die Debatte ein. So wurde immer wieder betont, dass der Mensch nach dem Sozialstaatsprinzip dann im Vordergrund stehe, »wenn diejenigen, die in und an den gegenwärtigen gesellschaftlichen Lebens- und Machtverhältnissen leiden, zum Maßstab dafür genommen werden, was sozialpolitisch *notwendig ist*.« Es sei bedenklich, unter dem Zwang der Sparmaßnahmen im Bereich der Sozialgesetze die Schuld an der Kostenexplosion einseitig der angeblichen Unfähigkeit zur Selbsthilfe der unmittelbar Betroffenen zuzuweisen. Vielmehr habe sich die Tendenz breit gemacht, die Fähigkeit zur Selbsthilfe verkümmern zu lassen. Das Ergebnis sei, »daß ökonomisch, einseitig professionell, bürokratisch, institutionell und bevormundend ausgerichtete staatliche Sozialleistungen eine Mitwirkung und Mitbestimmung Betroffener nicht zulassen.«[18]

Es erwies sich als notwendig, den diakonischen Auftrag der Kirche innerhalb des Sozialstaats neu zu durchdenken und zugleich

---

18 Theologisch-Sozialpolitischer Ausschuß des Diakonischen Werkes der Evangelischen Kirche von Westfalen: Überlegungen zu Kriterien für Prioritäten in der Diakonie, vorgelegt am 31. 8. 1982, hg.v. Diakonischen Werk der Evangelischen Kirche von Westfalen, Münster 1982, 8. Der Tenor dieser Aussagen hielt sich bis in die Gegenwart in allen Stellungnahmen aus der Diakonie.

Prioritäten für die eigene diakonische Arbeit zu entwickeln. Hierzu gehört die Frage nach der Funktion der Gemeinde im Blick auf präventive Aufgaben und auf Resozialisierungs-, Rehabilitations- und Reintegrationsprozesse genauso wie die Stärkung von Familie und Nachbarschaft zur Bewältigung aktueller Not. Darüber hinaus musste eine Besinnung einsetzen über die Frage nach den eigenen finanziellen und menschlichen Ressourcen, die Kirche und Diakonie in die öffentliche Sozialarbeit einzubringen haben. Hier ging es um die Unabhängigkeit von einseitigen staatlichen Förderungen und um die Gewinnung von Spielräumen für exemplarische Modelle und Innovationen. Auf diesem Hintergrund hat die Diakonie darauf zu dringen, dass das staatliche Sozialleistungssystem nicht zu Lasten der schwächsten Glieder der Gemeinschaft reduziert wird.

4. Der europäische Einigungsprozess – ein verspätetes Projekt der Moderne

4.1 Die Herausforderung und Chance

Die Zeiten sind vorbei, in denen eine rein nationalstaatliche Lösung der sozialen Probleme sinnvoll und möglich wäre. Die Europäische Gemeinschaft hat seit dem Fusionsvertrag von 1965 bis zu den Unionsverträgen von Maastricht (1994) und Amsterdam (1999) sowie der Erweiterung der Europäischen Union um die wichtigsten nord- und mittelosteuropäischen Länder eine Fülle von Einzelproblemen in »einheitlichen Verfahren« angepackt. Die Verträge haben den Prozess der europäischen Integration auf eine neue Stufe gehoben. Die Europäische Union ist nun definitiv mehr als eine »zwischenstaatliche Einrichtung« im Sinne von Artikel 24 Grundgesetz, bei dem es nicht mehr nur um die Übertragung einzelner »Hoheitsrechte« geht. Mit der Verabschiedung einer Europäischen Verfassung, in die die Charta der Grundrechte der Europäischen Union eingefügt ist, wird endgültig sichtbar: Die Europäische Union reicht quantitativ und qualitativ über die bisherige Supranationalität hinaus und umfasst Kernbereiche bisheriger nationaler Souveränität.

Dies entspricht im übrigen der Logik der Verträge von Maastricht und Nizza, die auf eine immer weitergehende Integration angelegt sind. Auf der anderen Seite ist nicht zu übersehen, dass Europa – erst recht nach seinen erfolgten Erweiterungen – in der Gefahr bürokratischer Undurchdringlichkeit steht. Auf dem deutschen Fürsorgetag 2000 hat Hans F. Zacher (Max-Planck-Institut für Internationales Sozialrecht) festgestellt, dass Europa gegenwärtig als eine »Einflußverwertungsanlage« organisiert ist, »in der Verantwortung kompostiert wird«. Gegenüber Europa bleibe uns gegenwärtig nur Ohnmacht. »Ohnmacht nicht gegenüber Menschen. Menschen sehen wir erst gar nicht. Ohnmacht gegenüber dem System. Ohnmacht gegenüber dem System aber, das kann, das darf nicht unser Sozialstaat sein.«[19] Damit wird die große Herausforderung drastisch vor Augen geführt.

Es gibt auch positive Signale. Am 28. März 1996 veröffentlichte Staatspräsident Jacques Chirac ein »Französisches Memorandum für ein europäisches Sozialmodell«. Hier wird eine Vision für die Zukunft Europas vorgetragen, die geeignet ist, die Krise der Europäischen Union zu überwinden und die sozialen und menschlichen Dimensionen des Zusammenlebens in Europa in den Vordergrund zu rücken. Chirac stellt in diesem Zusammenhang fest:

»Der europäische Gedanke muß, um die Herzen der Männer und Frauen anzusprechen, Verlangen, Vertrauen und Hoffnung auslösen. Das ist heute nicht der Fall. Die Völker haben das Gefühl, Europa kümmere sich nicht um die täglichen Sorgen, beschränke sich auf Projekte, die in der Abgeschiedenheit von Büros ausgearbeitet werden, und sei Quelle von Zwängen statt von Hoffnungen.« Angesichts der Tatsache, dass 18 Millionen Menschen ohne Arbeitsplatz sind, über 50 Millionen von Ausgrenzung und Armut betroffen sind, nahezu 5 Millionen Menschen als Obdachlose oder in Notunterkünften sowie 9 Millionen mit Langzeitarbeitslosigkeit zu leben haben, sei es an der Zeit, »ein wirkliches europäisches Sozialmodell zu definieren«.[20]

4.2 Die diakonische Verantwortung der Kirchen

Die europäische Union befindet sich gegenwärtig in einem Prozess der Aneignung wichtiger europäischer sozial-kultureller Traditionen. Die Kenntnis der Entwicklungsgeschichte der modernen Sozial- und Wohlfahrtsstaaten in Europa nimmt zu. Zu diesem gemeinsamen Erbe gehören nicht nur die Sozialsysteme, sondern auch die Genossenschaften, Foundations, Charities, Trusts, Sozialstiftungen und Vereine. Seit der Vorlage der Kommission über ein mehrjähriges »Aktionsprogramm (1994–1996) der Gemeinschaft zugunsten von Genossenschaften, Gegenseitigkeitsgesellschaften, Vereinen und

19 Hans F. Zacher: Wird es einen europäischen Sozialstaat geben?, NDV 81 (2001), 9–17: 17.
20 Frankreich Info Nr. 12 vom 26. März 1996: Jaques Chirac, »Für ein Europäisches Sozialmodell« und Französisches Memorandum für ein europäisches Sozialmodell, Frankreich-Info Nr. 14 vom 28. 3. 1996.

Stiftungen« vom 17. Februar 1994 wurde ausdrücklich das Ziel formuliert, das sozialethische Erbe dieser Körperschaften zu mobilisieren. Die Sozialstiftungen sind Ausdruck des mittelalterlichen Sozialsystems im *corpus Christianum*. Sie erfuhren ihre entscheidenden Differenzierungen mit der Entstehung moderner Nationalstaaten sowie im Säkularisationsprozess. Weitere Untersuchungen werden es ermöglichen, in diesem Sektor Rechtsfamilien zu unterscheiden, wie wir das auch bei den Sozialsystemen heute tun. Ein wichtiges Ergebnis des Aktionsprogramms liegt seit dem 6. 6. 1997 in der Mitteilung der Kommission über »Die Förderung der Rolle gemeinnütziger Vereine und Stiftungen in Europa« vor. Dennoch wurde festgestellt, dass das Wissen über diesen Sektor »noch immer sehr stark zersplittert und in den Mitgliedstaaten außerordentlich heterogen« sei.[21]

Hier wird deutlich, dass im Zuge der Aufarbeitung der gemeinsamen europäischen Sozialgeschichte die wertvollsten Erfahrungen in einem Lande auch allen anderen zugute kommen werden. Das so genannte Benchmarking Verfahren, d.h. der Wettbewerb um die *best practice* im Bereich der sozialen Sicherung und Armutsbekämpfung, nicht zuletzt auch im Rahmen des European Anti Poverty Network (EAPN), in Europa wird zur Konvergenz der Verfahren und Systeme beitragen, wie sie in den Art. 117–120 EGV im Vertrag von Amsterdam (Anfang 2000 in Kraft getreten) festgeschrieben wurde. Damit ist ein wichtiger Schritt auf dem Weg zur europäischen Sozialunion getan worden.[22]

Die Kirchen und ihre Wohlfahrtsverbände haben sich mehr und mehr als sachlich kompetente Begleiter der Entwicklung bewährt und kontinuierlich Stellungnahmen abgegeben. Durch den 1996 gelungenen Zusammenschluss des »Europäischen Verbandes für Diakonie« und der erst vor wenigen Jahren gegründeten Interessengemeinschaft »Eurodiakonia« ist ein wichtiger Schritt zur ökumenischen Zusammenarbeit gelungen, zumal auch die orthodoxen Kirchen in diesem Gremium mitarbeiten. Nun kommt es darauf an, auch Caritas-Europa für die gemeinsame Arbeit zu gewinnen, und sei es vorläufig durch wechselseitige Repräsentanz.

---

21 Vgl. Evangelisch-katholische Arbeitsgruppe: Der Dritte Sektor unter dem EU-Recht. Überlegungen zu aktuellen Herausforderungen im Bereich sozialer Dienstleistungen in Europa, KuR 39 (2000), 13–22.
22 Vgl. Bernd Schulte: Das soziale Europa »nach Amsterdam«, Caritas 99 (1998), 252–257; vgl. auch Theodor Strohm: Europäische Entwicklungen im Bereich der Sozialpolitik mit Blick auf Sozialstiftungen, in: Bundesverband Deutscher Stiftungen (Hg.): Bessere Rahmenbedingungen für Stiftungen!, Bonn 1999, 124–149.

Zu den Ereignissen von epochaler Bedeutung gehört die wachsende Bereitschaft der Christen und ihrer Kirchen zur Zusammenarbeit. In der in Straßburg am 22. April 2001 vom Präsidenten der Konferenz Europäischer Kirchen (KEK), Metropolit Jéremie, und vom Präsidenten des Rates der Europäischen Bischofskonferenz (CCEE), Kardinal Miloslav Vlk, unterzeichneten *Charta Oecumenica – Leitlinien für die wachsende Zusammenarbeit unter den Kirchen in Europa* verpflichten sich die Kirchen Europas auf allen Ebenen zur Verständigung, Zusammenarbeit und Wahrnehmung gemeinsamer Verantwortung. So heißt es in Punkt 7 *Europa mitgestalten*:

»Aufgrund unseres christlichen Glaubens setzen wir uns für ein humanes und soziales Europa ein, in dem die Menschenrechte und Grundwerte des Friedens, der Gerechtigkeit, der Freiheit, der Toleranz, der Partizipation und der Solidarität zur Geltung kommen. Wir betonen die Ehrfurcht vor dem Leben, den Wert von Ehe und Familie, den vorrangigen Einsatz für die Armen, die Bereitschaft zur Vergebung und in allem immer die Barmherzigkeit«.[23]

Die Diakonie war von Anfang an bestrebt, eine einseitige westeuropäische Perspektive zu vermeiden und der Gefahr einer eurozentristischen Orientierung entgegen zu steuern. Insbesondere im Blick auf die neuen Herausforderungen durch die weltweiten Migrationsprozesse und Flüchtlingsprobleme haben die europäischen Kirchen mit der Gründung der »Arbeitsgruppe Europäischer Kirchen über Asyl und Flüchtlinge« (ECWGAR) im März 1988 ihre Anstrengungen intensiviert, die Flüchtlingspolitik der EU aufmerksam zu begleiten und eigene Maßnahmen zu entwickeln.[24]

Die Diakonie hat die auf deutsche Initiative erfolgte Einfügung des Subsidiaritätsprinzips in den Maastrichter Vertrag zur Europäischen Union (Art. 3b) begrüßt. Faktisch bedeutet die Verankerung des Subsidiaritätsprinzips eine Entlastung der Gemeinschaftsebene und eine Rückgewinnung legitimer Kompetenzen von Mitgliedstaaten, Regionen, aber auch der sozialen Verbände und Initiativen. Von Anfang an bestand jedoch die kritische Rückfrage, ob die Europäische Union dadurch hinter ihre ursprünglich vereinbarte Tendenz zu immer engerer Zusammenarbeit zurückgeworfen wird. Akzepta-

---

23 Die Charta Oecumenica findet sich im Internet unter http://www.cec-kek.org/Deutsch/ChartafinG-print.htm. Sie wurde am 30. Mai 2003 von 16 Kirchen während des Ersten Ökumenischen Kirchentages in Berlin unterzeichnet.
24 Vgl. Jan Niessen: Auswanderer, Flüchtlinge und Minderheiten in Europa – Herausforderungen für die europäische Diakonie, in: Theodor Strohm (Hg.): Diakonie in Europa – Ein internationaler und ökumenischer Forschungsaustausch, VDWI 8, Heidelberg 1997, 406–433.

bel ist das Prinzip, wenn es wie in der EKD-Denkschrift »Verantwortung für ein soziales Europa« als Prinzip »subsidiären Zusammenwirkens« interpretiert wird.[25] Von besonderer Bedeutung ist die Erklärung aller EG-Mitgliedstaaten im Anhang des Maastrichter Vertrages über die Europäische Union vom 7. Februar 1992 zur Zusammenarbeit mit Wohlfahrtsverbänden und Stiftungen (associations de solidarité, charitable organizations). Damit wurden die Verbände als Träger sozialer Einrichtungen und Dienste zum ersten Mal offiziell gewürdigt – unabhängig davon, dass sie diese Funktion in den einzelnen Ländern in sehr unterschiedlicher Form wahrnehmen.[26]

Es ist von großer Bedeutung, dass die Wohlfahrtsverbände und Kirchen die sozialpolitische Entwicklung in der Europäischen Union und insgesamt in ganz Europa nicht nur aus ihrer nationalen Perspektive verfolgen und kommentieren, sondern dass sie selbst gestaltend auch in den Bereich der Sozialpolitik eingreifen. Die Herausforderungen, vor denen die Diakonie in Europa steht, können nur in neuen Formen ökumenischer und internationaler Kooperation angenommen und bearbeitet werden. Dabei sollte der Stockholm-Prozess, der 1925 mit Life and Work für praktisches Christentum begonnen wurde, sinngemäß fortgesetzt werden.

5. Die globale Aufgabe ökumenischer Diakonie

5.1 Die Globalisierung als Konsequenz des Modernisierungsprozesses

Niemand zweifelt daran, dass die globalen Herausforderungen zu den bisher gänzlich ungelösten Aufgaben im Modernisierungsprozess gehören. Es ist die Aufgabe dieses Jh., der sich die Kirchen und ihre Diakonie zu stellen haben, parallel zur humanen Ausgestaltung Europas dazu beizutragen, die Organe der Vereinten Nationen entschieden auszubauen und mit weitreichenden Kompetenzen auszustatten. Damit ist klar: Die Machtexpansion der Nationen, die seit

---

25 Kirchenamt der EKD (Hg.): Verantwortung für ein soziales Europa. Herausforderungen einer verantwortlichen sozialen Ordnung im Horizont des europäischen Einigungsprozesses. Eine Denkschrift der Kammer der EKD für soziale Ordnung, Gütersloh 1991, 76.
26 Vgl. auch Uwe Schwarzer: Das Konzept der Sozialwirtschaft (Economie Sociale) in Europa und die Stellung der freigemeinnützigen Verbände und Vereinigungen im zukünftigen Europa, in: Strohm (Hg.): Diakonie in Europa, 384–405.

dem Aufkommen des Nationalstaates das dominierende Ziel der Politik war, muss heute begrenzt werden. Sie ist höheren Zielsetzungen zu unterwerfen. Politik ist heute also Lebensermöglichung mit Hilfe der Mittel von kontrollierter Macht, Herrschaft und Organisation innerhalb des Weltsystems der bestehenden Staaten, mit dem Ziel, dieses Weltsystem selbst im Sinne einer besseren Ermöglichung von Humanität zu verändern. Es ist die Aufgabe der Kirchen, diesem positiven Verständnis von Politik Nachdruck zu verleihen und an der konkreten Ausgestaltung des Zieles einer »responsible society« aktiv mitzuwirken.[27]

5.2 Prioritäten christlicher Weltverantwortung

In unserer Generation ist eine eingehende Verständigung über Prioritäten christlicher Verantwortung in der zur Einheit zusammenwachsenden Welt erforderlich. Wir können uns darüber verständigen, dass wir in der Magna Charta der Diakonie in Mt 25 ganz klar gesagt bekommen, wer heute unsere Nächsten sind. Wir haben heute ganz andere Möglichkeiten, diese zu sehen, ihnen zu begegnen und ihnen konkrete Hilfe zu leisten. Diesem Auftrag nicht gerecht zu werden, ist die Schuld der Christenheit, für die sie zur Rechenschaft gezogen wird.

- Wir wissen z.B., wo und in welchem Ausmaße Menschen Hunger leiden. Wir haben die Möglichkeiten, dafür zu sorgen, dass kein Mensch notwendigerweise an Hunger zugrunde geht.
- Es ist eine genuin christliche Aufgabe, jedem Kranken und Bedürftigen im Nahbereich mit pflegerischer Sorgfalt zu begegnen und darauf zu achten, dass niemand von diesen Menschen verlassen und unversorgt zugrunde geht.
- Noch immer erleben wir, dass Menschen bzw. ganze Menschengruppen wegen ihrer religiösen Überzeugungen, ihrer Hautfarbe oder weil sie etwa behindert oder gebrechlich sind, ausgegrenzt, in Lager verschleppt oder sogar »ausgemerzt« werden. Es liegt in der Mitverantwortung der Christenheit, dafür Sorge zu tragen, dass sich solche Ereignisse nicht wiederholen.
- Nicht zu übersehen ist, dass die soziale Segregation in modernen Gesellschaften bereits so weit fortgeschritten ist, dass ein völlig neues Konzept integrativen Lebens angestrebt werden muss. Ulrich Bach hat in seinem Buch »Getrenntes wird versöhnt« (1991) schwere Anklage gegen Theologie und Kirche geführt, nämlich dass sie es zugelassen haben, dass behindertes Leben durch systematische Segregation doppelt behindert wird. Von Kir-

---

27 Vgl. Theodor Strohm: »Verantwortliche Gesellschaft« – eine Zukunftsvision ökumenischer Sozialethik?, in: Ders.: Diakonie in der Perspektive der verantwortlichen Gesellschaft, 378–389.

che und Diakonie wird hier ein genereller Umkehrprozess verlangt, der in eine Perspektive sozialer Diakonie aufgenommen werden muss. Ähnliche Aufgaben stellen sich anderen von Ausgrenzung bedrohten sozialen Gruppen gegenüber auch.
- Wir erleben heute wie in den vergangenen Jh., dass Konflikte unter Menschen bzw. Völkern mit Gewalt und mit den schrecklichsten Waffenpotentialen ausgetragen werden. Wir wissen auch, dass notwendigerweise Zustände extremer Not subversive Gewalt, Hass, internationale Unsicherheit und zerstörende Kriege hervorbringen. Wir kennen aber auch die Nebenwirkungen in der Form massenhafter Flucht und Vertreibung von wehrlosen Familien. Es ist die Aufgabe der Christenheit, an der Überwindung der Ursachen aktiv zu arbeiten und diejenigen ökonomischen, gesellschaftlichen und politischen Lebensbedingungen mit herbeiführen zu helfen, welche die Ursachen und Antriebe zu solchen Kriegen beseitigen. Dazu gehört auch die interreligiöse Versöhnungs- und Verständigungsarbeit.
- Einigkeit besteht in der ganzen Christenheit, »daß die menschliche Arbeit ein Schlüssel und wohl der wesentliche Schlüssel in der gesamten sozialen Frage ist, wenn wir sie wirklich vom Standpunkt des Wohls für den Menschen betrachten wollen« (Enzykl. »Laborem Exercens«, 1981). »Bezahlte Arbeit bildet die wichtigste Grundlage, nach der das Leben der Individuen, die Familien und die Gesellschaft organisiert sind« (UN-Weltpakt für wirtschaftliche, soziale und kulturelle Rechte vom 10. Dezember 1966, Art. 6). Ist die Organisation menschenwürdiger Arbeitsverhältnisse eine Aufgabe, an der Caritas und Diakonie sich zu beteiligen haben, oder wollen wir sie unterlassen oder anderen überlassen?

Diesen grundlegenden Aufgaben kommt heute unbedingter Vorrang zu, und sie erfordern unter den Bedingungen der Weltgesellschaft vollständig neue Formen der Hilfe und präventiver Intervention. Man mag einwenden, diese gewaltigen Aufgaben überfordern die Kirchen und ihre Diakonie. Dies ist zwar verständlich, aber es ist zu bedenken, dass Christsein in dieser vom Verfall in den Abgrund bedrohten Welt mehr bedeutet als Bekundung des guten Willens. Die Formel »global denken – lokal handeln« hat ihre Berechtigung. Denn es gilt, erst einmal vor der Haustüre, im lokalen Umfeld der Ortsgemeinde Lösungen für die grundlegenden Probleme zu erproben. Ja, es sollte sogar ein Wettbewerb um die bewährtesten Lösungen in Gang kommen, damit gute Erfahrungen an einem Ort auch an einem anderen Ort aufgegriffen werden.

Diakonie der Versöhnung strebt nach ökumenischer Verbundenheit und nach Vernetzung mit anderen verantwortlichen Organisationen, Gruppen und Vertretern anderer Religionen. Gott hat die *Welt* mit sich versöhnt und ist somit auch außerhalb der Kirchen gegenwärtig. Es ist Kennzeichen der christlichen Hoffnung, dass sie weder in blinden Optimismus noch resignierenden Pessimismus verfällt, sondern sich an den Zeichen orientiert, die durch Gottes universalen Versöhnungsdienst in der Welt gesetzt sind. Deshalb sind Christen, die christlichen Gemeinden und Kirchen aufgerufen, sich in den Dienst der Versöhnung zu stellen. Die Zukunft der Welt wird nicht zuletzt davon mitbestimmt sein, wie glaubwürdig die Christenheit ihrem eigenen Auftrag entspricht.

6. Literatur zur Weiterarbeit

Kaiser, Jochen-Christoph/Greschat, Martin (Hg.): Sozialer Protestantismus und Sozialstaat. Diakonie und Wohlfahrtspflege in Deutschland 1890 bis 1938, Stuttgart/Berlin/Köln 1996.
Koselleck, Reinhard (Hg.): Studien zum Beginn der modernen Welt, Stuttgart 1977.
Strohm, Theodor: Diakonie in den Umbrüchen der Gegenwart. Eine Dokumentation der Jahre 1985–1995 (Kirchliches Jahrbuch für die Evangelische Kirche in Deutschland 1995, 122. Jg., Lieferung 2), Gütersloh 1998.
– (Hg.): Diakonie an der Schwelle zum neuen Jahrtausend. Ökumenische Beiträge zur weltweiten und interdisziplinären Verständigung, VDWI 12, Heidelberg 2000.
Schulte, Bernd: Europäische Sozialpolitik und die Zukunft des Sozialstaats in Europa: Herausforderungen und Chancen. Electronic ed., FES Library, Bonn 1998.
Wehler, Hans-Ulrich: Deutsche Gesellschaftsgeschichte – von 1700 bis 1949, 4 Bd., München 1987 ff.
Wendland, Heinz-Dietrich: Die Kirche in der modernen Gesellschaft – Entscheidungsfragen für das kirchliche Handeln im Zeitalter der Massenwelt, Hamburg 1956.

Konzeptionen und Dialogbewegungen

IV.
Evangelisch-theologische Konzeptionen und Diskussionslinien der Diakonie

GERHARD K. SCHÄFER

1. Einleitung

1.1 Zur Relevanz der Theologie für die Diakonie

»Sage mir, wie du von Gott redest, und ich sage dir, wie deine Diakonie aussieht, etwa: was behinderte Menschen von dir zu erwarten haben, bzw. ob du etwas von behinderten Menschen erwartest.«[1]

Ulrich Bach, von dem diese Aussage stammt, sieht zwei grundverschiedene Gottesverständnisse mit je unterschiedlichen Folgen für die Diakonie miteinander im Streit liegen. Die Alternative laute: Baal – Chiffre für ein durch menschliche Wünsche nach Leidensfreiheit und Stärke bestimmtes Gottesbild – oder Jahwe, der biblische Gott, der sich im gekreuzigten Christus letztgültig zu erkennen gibt. In der Baals-Logik wird z.B. der Behinderte als »beschädigte Schöpfung« verstanden und damit zum Außenseiter gemacht. In der Jahwe-Perspektive hingegen erscheint der Mensch mit Behinderungen als Gottes geliebtes Geschöpf – genauso wie der Leistungssportler. Theologische Axiome prägen – so Bach – die diakonische Praxis in tiefgründiger Weise. In Frage steht mithin nicht, ob die Theologie für die Diakonie relevant ist, sondern welcher Art von Theologie es bedarf, damit sich eine »solidarische Diakonie« ausbilden kann.

Noch einmal anders stellt sich die Frage nach der Bedeutung von Theologie im Horizont des Veränderungsdrucks, dem sich die Diakonie gegenwärtig ausgesetzt sieht. Diakonische Einrichtungen richten sich neu aus – auf unternehmerisches Handeln, flexible Strukturen, marktorientierte Produktpolitik und kundengerechte Angebote. In diesem Zusammenhang steht die Relevanz von Theologie als Steuerungsinstrument neu zur Debatte.

Der Vorsitzende des Beirats eines diakonischen Unternehmens berichtete mir vor kurzem voller Stolz, es sei ihm gelungen, Theologen im Beirat und in

---

1 Ulrich Bach: Boden unter den Füßen hat keiner. Plädoyer für eine solidarische Diakonie, Göttingen 1980, 196.

der Geschäftsführung durch Juristen und Ökonomen zu ersetzen. Theologen seien zwar als Seelsorger für diakonische Einrichtungen sehr wichtig, aber in Hinsicht auf die Anforderungen moderner Unternehmensleitung nicht kompetent. Zeichnet sich damit das Bild einer Diakonie als »soziales Unternehmen mit angebauter Kapelle«[2] ab? Demgegenüber kann gerade unter kybernetischen Gesichtspunkten die zentrale Stellung der Theologie im Leitungshandeln betont werden. Zentrales Anliegen der Theologie wäre es, »die theologische Sinnmitte diakonischer Unternehmen transparent zu machen und alle diakonischen Handlungsaspekte einschließlich der konkreten Entscheidungen auf Leitungsebene an ihr auszurichten.«[3] Diese Aufgabenbestimmung erfordert eine diakonische Theologie bzw. eine Theologie der Diakonie.[4]

1.2 Zur Diskrepanz von Theologie und Diakonie

Diakonie – als Eintreten in die Bedingungen von Menschen in Not – ist der Ernstfall des im christlichen Glauben verwurzelten Handelns. Dazu steht der Tatbestand in Kontrast, dass die Diakonie in der wissenschaftlichen Theologie traditionell wenig Resonanz gefunden hat. Das Verhältnis von universitärer Theologie und Diakonie war weitgehend durch wechselseitige Indifferenz geprägt. Die Innere Mission entwickelte sich in Frontstellung zur akademischen Theologie. Die neuere wissenschaftliche Theologie blieb umgekehrt weithin diakonievergessen.

Insbesondere lassen sich folgende innertheologische Blockaden namhaft machen:[5] Die Praktische Theologie war herkömmlich zugeschnitten auf die Erfordernisse des Pfarramts und blendete deshalb die Diakonie aus. Systematisch-theologische Denkstrukturen trugen dazu bei, Diakonie aus dem Bewusstsein zu verdrängen: Eine Geringschätzung der Menschlichkeit Jesu Christi gegenüber seiner Göttlichkeit ließ die Bedeutung des sozialen Engagements zurück treten. Die Rechtfertigungslehre konnte mit einem Misstrauen gegenüber der Organisation guter Werke einher gehen. Die Konzentration auf das Wort, ein herkömmlicher Personalismus und eine Hö-

---

2 Alfred Jäger, zit. n. Johannes Degen: Diakonie als soziale Dienstleistung, Gütersloh 1994, 138.
3 David Lohmann: Das Bielefelder Diakonie-Managementmodell, Gütersloh 1997, 96.
4 Beide Wendungen werden in der Literatur oft synonym verwendet. Ich schlage vor, begrifflich zu differenzieren: *»Diakonische Theologie«* soll eine Theologie heißen, die insgesamt eine diakonische Dimension aufweist. *»Theologie der Diakonie«* bezeichnet in einem eingeschränkteren Sinn eine besondere Ausprägung von Theologie, die sich bewusst auf die Situation der Diakonie einlässt und die diakonische Praxis kritisch und konstruktiv reflektiert.
5 Vgl. Paul Philippi: Diakonik – Diagnose des Fehlens einer Disziplin, in: PTh 72 (1983), 177–186.

herschätzung des Geistigen gegenüber dem Leiblichen führten zu einer Entwertung nichtverbaler Kommunikationsformen und diesseitiger sozialer Verantwortung.

Im Folgenden sollen exemplarisch Ansätze dargestellt werden, die darauf zielen, die wechselseitigen Blockaden zwischen Theologie und Diakonie zu überwinden und Diakonie theologisch zu reflektieren. Zu skizzieren sind Linien eines Diskurses, in dem sich eine Weggenossenschaft von Theologie und Diakonie anbahnt. Die Darstellung rekonstruiert Entwicklungen seit der Entstehung der neueren Diakonie im 19. Jh.

2. Diakonie als Signatur der Christenheit – Wicherns Entwurf

Johann Hinrich Wichern hat die Aufgabe einer theologischen Durchdringung der Diakonie in programmatischer Weise umrissen. Er formuliert Anforderungen an eine theologische Reflexion, die Diakonie als Dimension der Geschichte Gottes mit den Menschen zur Geltung bringt und damit dem diakonischen Handeln Tiefe verleiht und Weite eröffnet.

Er geht davon aus, »daß tiefer und umfassender, als es bis jetzt geschehen, zur Anschauung gebracht werden müsse, in welchem organischen Zusammenhang die Antwort auf die Frage der Diakonie mit der ganzen Offenbarung Gottes im alten und neuen Bunde, ja, mit den noch erst *verheißenen*, noch nicht erfüllten Entwickelungen des Heils steht. Der Standort bei Beantwortung dieser Frage muß jegliche Beschränkung des Gesichtskreises von sich ausschließen; er ist für mich ein ökumenischer. Jede Beantwortung geht fehl, die diesen Standpunkt verläßt. Die rechte Antwort muß in die Tiefen der Gottheit zurück, um in die Tiefen der Menschheit, in die Tiefen ihrer Nöte und in die Tiefen der ihr gebotenen Hilfe einzudringen. Der alleinige Wegweiser kann also allein die Offenbarung, die vorbereitende sowohl als die in Christo erfüllte sein.«[6]

Wichern versteht unter Diakonie die christliche Armenfürsorge. Der so pointierte Begriff der Diakonie darf mit dem der Inneren Mission, wie ihn Wichern geprägt hat, nicht einfach gleich gesetzt werden.

Der Begriff der Diakonie ist einerseits enger und andererseits weiter gefasst als der der Inneren Mission. Innere Mission schließt zwar nach Wichern diakonisches Handeln im Sinne der den Armen zugewandten Liebespflege ein,

---

6 Einleitende Bemerkungen Wicherns zu seinem Gutachten über die Diakonie und den Diakonat, in: Johann Hinrich Wichern: Sämtliche Werke (SW) III/1, Berlin/Hamburg 1968, 128 f.: 128.

erstreckt sich aber darüber hinaus auf alle gesellschaftlichen Schichten und richtet sich auf die Erneuerung aller Lebensbereiche. Sie hat die Entkirchlichung der Gesellschaft als Referenzrahmen. Innere Mission dient der »Ausbreitung des göttlichen Reichs inmitten der verfallenden Christenheit«[7] und zielt auf die Re-Formation kultureller Einheit unter dem Vorzeichen des Christentums. Diakonie bezeichnet zugleich eine Praxis, die weiter reicht als die der Inneren Mission. Während die Innere Mission zeitlich befristet ist und damit zum Ende kommt, dass sich die Evangelische Kirche zur Volkskirche weiter entwickelt, und räumlich begrenzt ist auf evangelische Deutsche, die getauft, aber dem Glauben entfremdet sind, gründet Diakonie in Gottes ewiger Liebe, ist universal ausgerichtet und kommt mit der Vollendung des Gottesreiches zum Ziel.

Herausgefordert durch die »soziale Frage« entwickelt Wichern eine Konzeption der Diakonie, die gesamtbiblisch und (heils-)geschichtlich fundiert und praktisch darauf bezogen ist, die Aufgabe der Armenpflege seiner Zeit einer Lösung zuzuführen. Diakonie hat für Wichern ihren ursprünglichen Ort im Gottesbegriff. Die Praxis der Diakonie ist »das Abbild der urbildlichen Liebe und Gemeinschaft […], die in dem dreieinigen Gott selber als ewiges Leben lebt«.[8] Diakonie erweist sich grundlegend als Gottesprädikat. Sie kennzeichnet das beziehungsreiche Sein des dreieinigen Gottes. Sie prägt das innergöttliche Selbstverhältnis. Entsprechend charakterisiert Diakonie das Weltverhältnis Gottes, dessen Grundzug schöpferisches Erbarmen ist. Ihre definitive Offenbarung findet die Diakonie in der Erscheinung Christi. Dessen Geschichte trägt nach Wichern ein durchgängig diakonisches Gepräge, und zwar in einem doppelten Sinne: Christus ist einerseits Subjekt und andererseits Objekt der Diakonie. Er ist Subjekt, insofern sein Sein und Handeln diakonisch bestimmt sind. Er ist zugleich Objekt der Diakonie als der, der bis ans Ende der Geschichte verwundbar und hilfe-bedürftig bleibt, insofern er sich mit seinen »geringsten Brüdern« identifiziert. Ihr eschatologisches Ziel erreicht die Diakonie in dem Festbankett des vollendeten Gottesreiches, in dem die ungehinderte Gemeinschaft von Gott und Mensch ihren Ausdruck findet. Ihre irdische Entsprechung findet Gottes Diakonie nach Wichern in der christlichen Gemeinde. Diakonie bezeichnet das Grundgesetz christlicher Gemeinde. Diakonie ist koinonisch verfasst, und Koinonia (Gemeinschaft) vollzieht sich im Zeichen solidarischer Diakonie. Die als Gottesfamilie gedachte Gemeinde gestaltet sich durch wechselseitige Liebespflege.

7   Wichern: Festpredigt gehalten am Jahresfest des Vereins für innere Mission in Hamburg, den 9. 11. 1869, Hamburg o.J. (1869), 14.
8   Wichern: Gutachten über die Diakonie und den Diakonat (1856), in: SW III/1, 130–184: 133.

Die Diakonie als Signatur der Christenheit erschließt sich für Wichern modellartig in der christlichen Gemeinde. Sie tritt aber über die Gemeinde hinaus. Die Idee der Diakonie will sich als wirksam erweisen für das »ganze persönliche und gemeinsame, private und öffentliche Leben der Menschheit«.[9] Im Hintergrund steht dabei Wicherns Auffassung des Zusammenhangs von Schöpfung und Reich Gottes: Das geschichtlich sich durchsetzende Reich Gottes durchdringt die in die Schöpfung eingelassenen Stiftungen, die ihrerseits wesentlich Momente in der Entwicklung des Reiches Gottes darstellen. In der Perspektive des Reiches Gottes sollen Familie, Staat, Volk und letztlich die gesamte Menschheit eine große Gottesfamilie werden. In diesem Zusammenhang entwickelt Wichern seine These, dass sich die Diakonie geschichtlich in drei Grundgestalten ausgeformt hat: als freie, bürgerlich-staatliche und kirchliche Diakonie. Diese Grundformen haben in Christus ihre Mitte und ihre Grundnorm: die personale Zuwendung zu den Armen. Alle drei Gestalten der Diakonie sind Instrumente der Liebe Gottes zu den Menschen und partizipieren am Reich Gottes. Die Unterschiede zwischen ihnen wurzeln in den verschiedenen Mandaten der Grundordnungen.[10] Diese Matrix bezieht Wichern auf die Verhältnisse der Zeit, um die soziale Verpflichtung der gesamten Gesellschaft in ihren verschiedenen Institutionen zur Geltung zu bringen. Er ordnet die drei Formen der Diakonie – freie, bürgerliche und kirchliche – einander nach den Prinzipien der Subsidiarität und Komplementarität zu:[11]

9 Wichern: Gutachten, 134.
10 Wicherns Auffassung von der Dreigliedrigkeit der Diakonie gründet in der Verschränkung der lutherischen Lehre von den zwei Regimenten Gottes mit der theologischen Dreiständelehre und seinem Verständnis des Reiches Gottes als Organismus, in dem idealistische und romantische Ideen ihren Niederschlag finden.
11 Wicherns Entwurf ist nach verschiedenen Seiten hin abgegrenzt. Er unterscheidet sich zum einen von einer Position, die eine staatliche Armenfürsorge als für die Armen entwürdigend bzw. ineffizient ablehnt und die Armenpflege allein als Sache der christlichen Gemeinde bzw. der Kirche reklamiert. Mit seiner Begründung der Diakonie widerspricht Wichern einer rein ekklesiologischen Fundierung der Diakonie, wie sie etwa für Wilhelm Löhe charakteristisch ist. Die Kirche allein sei mit der Lösung der Armutsfrage überfordert. Eine rein ekklesiologische Herleitung der Diakonie lasse zudem das Wirksamwerden des Reiches Gottes außerhalb der Kirche unbeachtet. Er wendet sich zum zweiten gegen Bestrebungen, die Armenpflege ausschließlich staatlich zu organisieren. Der Staat würde damit mit der »Welt« identifiziert. Zum dritten grenzt er sich ab gegenüber der liberalen Auffassung, die »soziale Frage« sei durch Assoziationen, mithin durch das Prinzip der Selbsthilfe, zu lösen. Angesichts der

a) Die *staatliche* Armenpflege bzw. bürgerliche Diakonie sieht Wichern durch das Medium des Gesetzes, das Zwang impliziert, bestimmt. Der Staat soll durch eine aktive Wirtschafts- und Sozialpolitik die Entstehung von Armut vermeiden und strukturell bedingte Notstände minimieren oder aufheben. Er hat armenpolizeiliche Aufgaben und trägt die Gesamtverantwortung für die institutionelle Armenpflege. So sehr Wichern die Bedeutung der bürgerlichen Armenpflege betont, so sehr sieht er sie auch begrenzt. Die Lösung der »sozialen Frage« stellt vor sittliche Aufgaben, die der Staat nicht leisten kann. Zudem ist eine Reform der öffentlichen Armenanstalten auf Personen angewiesen, die gut ausgebildet sind und ihren Beruf als Berufung verstehen. Damit kommen die Potentiale der kirchlichen und freien Diakonie ins Spiel.

b) Die *kirchliche* Diakonie wird von Wichern folgendermaßen bestimmt:

> Sie ist »eine von der geordneten, amtlichen Kirche wesentlich ausgehende, ihr bleibend eingefügte Lebens- und Liebesmitteilung in geistlichen und leiblichen Gaben an den geringsten leidenden Gliedern vermittels solcher Personen und Mittel, die aus ihr selbst hervorgewachsen sind und ihr eigentümlich zugehörig sind.«[12]

Wichern geht es darum, die Praxis der Liebe nach apostolischer Norm in die Verfassung der Kirche einzubinden. Die Kirche als solche soll sich der sozialen Wirklichkeit verbindlich zuwenden. Dies erfordert eine Neugestaltung der kirchlichen Ämter nach dem Kriterium die Liebe, die den »*ganzen* Armen umfaßt«[13]. Wichern fordert einerseits – in Bezug auf die geistliche Seite der Armut – die Verkündigung des Evangeliums an die Armen und die Einsetzung von Armenpredigern. Er vertritt andererseits – im Blick auf die leibliche Seite der Armut – die These: keine kirchliche Diakonie ohne Diakonat. Der wieder einzuführende Diakonat wird von Wichern als Strukturprinzip der Kirche konzipiert. Analog den kirchlichen Ebenen gliedert er den Diakonat vom Gemeindediakonat bis hin zum Kirchen- oder Archidiakonat. Gegenüber dem Wortamt ist der Diakonat als eigenständiges Amt angelegt.

> Massenarmut reiche das Potential an freien Initiativen nicht aus. Wicherns Entwurf geht schließlich einher mit der Forderung, aus der Armenpflege alles auszuscheiden, was mit Kommunismus, Sozialismus, Humanitarismus zu tun hat. Er sieht in diesen Kräften den Versuch wirksam, die Lösung der »sozialen Frage« »mit frevelnder, gegen Staat und Kirche erhobener Hand« (Gutachten, 173) zu erreichen.

12 Wichern: Über Armenpflege (1855/56), in: SW III/1, 20–70: 44f.
13 Wichern: Über Armenpflege, 39.

Der Gemeindediakonat hat den Auftrag der Zuwendung zu den unversorgten Hausarmen und zu dem Haus der Armen als »System«. Solche Armenpflege ist als Kunst charakterisiert, in der über spezifische Fertigkeiten hinaus bestimmte Haltungen sowie eine tragende Spiritualität zum Ausdruck kommen. Diakonie wird für Wichern in der christlichen Gemeinde vorbildhaft konkret, weil sich das Hilfehandeln in personaler Zuwendung vollzieht, die die Würde der Armen achtet. Der Diakonat in seinen übergemeindlichen Stufen soll zum einen für eine Kooperation zwischen kirchlicher, bürgerlicher und freier Diakonie Sorge tragen und Perspektiven ökumenischer Zusammenarbeit entwickeln. Zum zweiten kommt ihm die Aufsicht über die kirchliche Diakonie zu. Er soll schließlich eine anwaltschaftliche Funktion wahrnehmen, indem er die Interessen der Armen gegenüber dem Staat vertritt.

c) Wichern ordnet die bürgerliche und kirchliche Diakonie der *freien* Diakonie nach dem Prinzip der Subsidiarität zu. Diakonie ist »jedermanns Amt«[14]. Die freie Diakonie gilt als Basisgestalt von Diakonie. In Familie, Nachbarschaft und Freundschaft sieht Wichern die vorrangigen Träger der freien Diakonie. Von der individuell und in den Primärinstitutionen sich vollziehenden freien Diakonie ist die organisierte private Armenpflege in Gestalt von Vereinen der Inneren Mission unterschieden. Wichern charakterisiert die freie Diakonie als flexible Avantgarde, die Staat und Kirche für Notlagen sensibilisiert, in konzeptioneller Hinsicht innovativ wirkt und personelle Ressourcen bietet.

Wicherns Diakoniekonzeption blieb ohne Wirkung. Insbesondere die ekklesiologische Pointe seines Entwurfs, der Diakonat, stieß auf Ablehnung. Befürchtet wurde eine Beeinträchtigung des Predigtamtes. Die Forderung nach Einführung des Diakonats und damit nach einer diakonalen Strukturierung der Kirche versandete. Erst nach 1945 wurde die Frage des Diakonats von seiten des Hilfswerks erneut aufgegriffen. Auch dieser Vorstoß blieb indes ohne Erfolg. In den letzten Jahren ist in der EKD eine Erörterung des Anliegens wieder in Gang gekommen – bisher freilich ohne durchgreifende Wirkung.

Wicherns Plan einer gegliederten Diakonie ist selbstverständlich zeitbedingt und theologisch in mancher Hinsicht fragwürdig. Wichern sucht Wege zur Lösung der sozialen Problematik aufzuweisen, ohne allerdings die »soziale Frage« zureichend zu analysieren. Seine Konzeption zehrt von der Vorstellung einer christlichen Welt, die sich als obsolet erwiesen hat. Der Entwurf ist von einer bezeichnenden Ambivalenz durchzogen: Wichern bestimmt die Diakonie der christlichen Gemeinde als Modell eines Hilfehandelns, das einerseits

---

14 Wichern: Über Armenpflege, 62.

Johann Hinrich Wicherns Konzeption der Diakonie

Diakonie spiegelt die Liebe Christi wider.		
Freie Diakonie	*Kirchliche Diakonie*	*Bürgerliche Diakonie*
individuell — korporativ	amtliche Verantwortung	obrigkeitliche Verantwortung
Selbsthilfe / Familie / Nachbarschaft / Freundschaft — Assoziationen/ Vereine d. IM	Diakonat als Struktur der Kirche Gemeindediakonat bis hin zum Archidiakonat	staatliche Instanzen
⇓ ⇓	⇓	⇓
Familienglieder / Nachbarn / Freunde — alle Menschen / Restituierung der Familie	hilfsbedürftige Gemeindeglieder Hausarme	alle Bürger
Materielle u. sittliche Hilfe liebevolle Zuwendung	Einsatz kirchlicher Mittel Gemeindliche Solidarität Liebe u. Dankbarkeit	Gesetz/Zwang Steuern/Gesetzgebung/Strafe Verhütung/Minimierung/Aufhebung von Armut
Zur-Verfügung-Stellung v. Personen/Ausbildung von Personal ⇒ Sensibilisierung für Notstände ⇒ Modelle helfenden Handelns		⇒ (z.B. Gefängniswesen) ⇒
⇐	⇐ Schutz der Freien Diakonie Koordination/Aufsicht Ökumenische Kooperation Anwaltschaft für die Armen ⇒	⇒
⇐	⇐	Gesamtverantwortung für die institutionelle Armenpflege
Diakonie ist Dienst an Christus, der in den Armen begegnet.		

darauf angelegt ist, die Würde der Armen zu achten und deren Subjekthaftigkeit zur Geltung zu bringen, das aber andererseits zur Disziplinierung der Armen beiträgt. Die Dankbarkeit für die gemeindliche Hilfe soll einem »Bewußtsein der Rechtforderung der Armen gegen die Nicht-Armen«[15] den Boden entziehen. Wicherns Zentralidee des Reiches Gottes schließlich sucht die Universalität der diakonisch geprägten Herrschaft Jesu Christi zur Geltung zu bringen und mit der Geschichte zu vermitteln. Der Reich Gottes-Gedanke wird freilich so gefasst, dass er von der Durchsetzung eines christlich-ethischen Prinzips kaum mehr zu unterscheiden ist. Gleichwohl liegen in Wicherns Konzeption wegweisende Aufgabenbestimmungen. Dies gilt insbesondere für die trinitarische Grundlegung der Diakonie. Wicherns Entwurf einer gegliederten Diakonie lässt sich als Reflex gesellschaftlicher Ausdifferenzierung und einer damit einhergehenden Binnendifferenzierung des Christentums interpretieren. Insofern birgt er die Zumutung, entsprechende Prozesse in einer Theorie der Diakonie zu berücksichtigen. Aus Wicherns Ansatz erwächst schließlich der Impuls, helfendes Handeln insgesamt theologisch zu reflektieren.

3. Theologie und Innere Mission

3.1 Innere Mission als Thema der Theologie

Während Wicherns Diakoniekonzept im Archiv des Preußischen Oberkirchenrats verstaubte, avancierte die Liebestätigkeit, mithin die diakonisch-soziale Praxis, neben der Volksmission und der Apologetik zu einem und zunehmend zu dem Schwerpunkt der Inneren Mission. Soweit Grundanliegen der Inneren Mission und ihres diakonischen Teilgebiets durch die akademische Theologie aufgenommen wurden, kristallisierten sich unterschiedliche Verortungen und Problemstellungen heraus. Drei thematische Schwerpunkte lassen sich unterscheiden:

(a) In der Seelsorgelehre *Carl Immanuel Nitzsch*s begegnet ein Zuordnungsmodell, das Schule macht: Die Innere Mission wird in die Seelsorgelehre eingezeichnet, und Diakonie erscheint als Moment der Seelsorge. Nitzschs Programm trägt die Überschrift: »Die eigenthümliche Seelenpflege des evangelischen Hirtenamtes mit Rück-

---

15 Wichern: Über Armenpflege, 31.

sicht auf die innere Mission«[16]. Nitzsch nimmt grundlegende Anliegen der Inneren Mission auf – die Rettung des Verlorenen und die Individualisierung des göttlichen Worts – und integriert sie in die Seelsorgetheorie. Er transformiert die Innere Mission in die Gemeindeseelsorge, die er als Aufgabe des amtlichen Hirten bestimmt. Damit werden Intentionen der Inneren Mission amtlich domestiziert. Soziale Bezüge treten in den Hintergrund.

Die von Nitzsch vorgenommene Einzeichnung der Inneren Mission in die Seelsorge ist von Emil Sulze gegen Ende des 19. Jh. weiter geführt worden. Unter dem Einfluss des theologischen Liberalismus, der angesichts einer von Sachzwängen geprägten Welt den ethischen »Zweck« des Reiches Gottes und die sittliche Persönlichkeit profilierte, entwickelte Sulze sein Ideal der Seelsorgegemeinde. Sulze geht über Nitzschs Ansatz insofern hinaus, als er zum einen die Gemeinde als Subjekt der Seelsorge begreift und die Bedeutung der Laienseelsorge betont und zum anderen Seelsorge und Diakonie verbindet. Gemeinde erscheint als Ort wechselseitiger Hilfe und Erziehung in der Perspektive sittlichen Lebens. Die wechselseitige Hilfe hat innere und äußere Nöte im Blick. Die den äußeren Nöten zugewandte Liebesarbeit bleibt für Sulze indes der Seelsorge strikt untergeordnet. Die Liebestätigkeit der Gemeinde fungiert letztlich als Mittel zum Zweck der »Erneuerung« und »Rettung der Seelen«.[17] Mit Sulze verbindet Otto Baumgarten das Anliegen, die Gemeinde zu einer sozialen Kraft in einer polarisierten Gesellschaft zu machen. Er sucht deshalb den Wirklichkeitsbezug der Seelsorge zu verstärken und betont dezidiert die diakonische und sozialpolitische Dimension der Seelsorge.[18]

(b) Die Einordnung der Inneren Mission in die Seelsorgelehre sowie die Unterordnung der Diakonie unter die Seelenpflege ist von *Theodor Schäfer* als Verengung kritisiert worden. Er fordert, die Diakonik als eigenständige Disziplin in die Praktische Theologie einzuführen, um so eine theologische Grundlegung und wissenschaftliche Durchdringung diakonischer Praxis sicher zu stellen. Schäfer identifiziert als Wesenskern der Inneren Mission die Liebestätigkeit, die geschichtlich kontingent mit den kirchlichen Reformbestrebungen der Inneren Mission verbunden sei. Der Reformimpetus der Inneren Mission muss Schäfer zufolge in der Praktischen Theologie ins-

---

16 Carl Immanuel Nitzsch: Praktische Theologie. Bd. 3, Bonn 1857.
17 Emil Sulze: Die evangelische Gemeinde, ZHPT 1a, Gotha 1891, 41.
18 Vgl. Otto Baumgarten: Der Seelsorger unserer Tage. Evangelisch-soziale Zeitfragen, 1. Reihe, Heft 3, Leipzig 1891.

gesamt zur Geltung kommen, der als »Theorie der Verwirklichung der Kirche in der Welt«[19] ein reformatorischer Grundzug inne wohne. Der eigentliche Körper der Inneren Mission, die diakonische Praxis, sei wissenschaftlich durch die Diakonik zu bearbeiten, die Schäfer im Gesamtgefüge der Praktischen Theologie zwischen Seelsorge (Poimenik) und Kirchenverfassungslehre (Kybernetik) verortet. Diese Ortsbestimmung entspricht nach Schäfer einerseits der Überschneidung von Seelsorge und Diakonie und andererseits der »Mittelstellung der Diakonie zwischen Einzelgemeinde und Gesamtkirche«.[20]

Zum einen führte die Forderung, die Diakonie als eigenständigen Handlungsbereich der Kirche innerhalb der Praktischen Theologie zu thematisieren, zu guten Sachdarstellungen, »ohne allerdings neue theologische Impulse anzubieten«.[21] Zum anderen blieb Schäfers These, die Diakonie sei der Wesenskern der Inneren Mission, umstritten. Nicht zuletzt die Unklarheit in Bezug auf das Verhältnis des missionarischen Anliegens und der diakonischen Arbeit dürfte dazu beigetragen haben, dass die Diakonik lange Zeit ein kümmerliches Dasein als Stiefkind der Praktischen Theologie führte.

(c) Bei Wichern osziliert die Verhältnisbestimmung von Innerer Mission und verfasster Kirche: Er kann in der Inneren Mission eine auf die Erneuerung der Kirche bezogene zeitlich befristete Pionierbewegung und in der »lebendigen Verknüpfung« der beiden Mächte des »*Glaubenswortes*« und der »*Glaubenstat*« eine der »höchsten Aufgaben unserer christlich-kirchlichen Neuzeit«[22] sehen. Zugleich versteht er die Innere Mission als die das ganze Kulturleben durchdringende religiös-sittliche Reformbewegung, die den Raum der Kirche überschreitet und sich nur zum Teil im Rahmen der Ekklesiologie abbilden lässt. Daran anknüpfend bilden sich unterschiedliche Interpretationsmuster aus:

---

19 Theodor Schäfer: Diakonik oder Theorie und Geschichte der inneren Mission, in: Otto Zöckler (Hg.): Handbuch der theologischen Wissenschaften in enzyklopädischer Darstellung. Bd. 4, München ³1890, 511–597: 520.
20 Schäfer: Diakonik, 520.
21 Jürgen Albert/Paul Philippi: Art. »Diakoniewissenschaft/Diakonik«, TRE 8 (1981), 656–660: 658.
22 Johann Hinrich Wichern: Notstände der protestantischen Kirche und die innere Mission. Zugleich als zweite Nachricht über die Brüder des Rauhen Hauses als Seminar für innere Mission (1844), SW IV/1, 229–295: 236.

Nitzsch unterstreicht die Pionierleistungen freier Vereine und gibt der Hoffnung Ausdruck, »daß Thätigkeiten freier Geselligkeit, die auf das Reich Gottes zielen, in veränderter Gestalt geordnete Functionen der Gemeinde werden«.[23] Entsprechend ist z.b. das Programm Emil Sulzes darauf gerichtet, die seelsorgerlich-diakonische Arbeit zu vergemeindlichen. Gemeinde wird dabei wesentlich als Subjekt helfenden Handelns begriffen. Die These, die Gemeinde sei »ihrem innersten Wesen nach Gemeinschaft des christlichen Glaubens und der christlichen Liebe«[24] setzt sich ab von einer lutherischen Auffassung, die nach CA VII das Wesen der Kirche ausschließlich in der Verkündigung des Evangeliums und der Feier der Sakramente sieht und Diakonie lediglich als Frucht des Glaubens begreift.

Konträr zu der Forderung, die Innere Mission mit ihren seelsorglich-diakonischen Handlungsformen in Kirche und Gemeinde zu inkorporieren, stellt sich eine Position dar, die die Innere Mission als eigenständige Gestalt des Christentums in der Neuzeit zu verstehen sucht. So schärft etwa Paul Grünberg angesichts der fortschreitenden Differenzierung der Lebensverhältnisse die Bedeutung der Inneren Mission als einer spezifischen Ausformung des christlichen Geistes ein.[25] Richard Rothe schließlich versteht im Rahmen seiner Geschichtstheorie des neuzeitlichen Christentums die freien Vereine der Inneren Mission als Vehikel des Übergangs vom kirchlichen zum ethischen Zeitalter des Christentums.[26]

3.2 Theologie in der Inneren Mission

In Kritik an der akademischen Theologie und deren Erfahrungsdefizit bildete die Innere Mission Ansätze eines eigenständigen Typus von Theologie aus. Sie sind – auf dem Boden erwecklicher Frömmigkeit – insbesondere gekennzeichnet durch einen unmittelbaren Bibelbezug, den Anspruch der Praxisrelevanz und durch ein Verständnis von Theologie als eine dem allgemeinen Priestertum gestellte Aufgabe. Insbesondere bei *Friedrich von Bodelschwingh* wird die diakonisch-seelsorgliche Praxis zum Grundkriterium und zur Be-

---

23 Carl Immanuel Nitzsch: Praktische Theologie, Bd. 1, Bonn 1847, 491.
24 Martin Schian: Grundriß der Praktischen Theologie, Gießen ²1928, 63.
25 Vgl. Paul Grünberg: Die evangelische Gemeinde und die Innere Mission, in: Lebendige Gemeinden (FS E. Sulze) dargebracht von Carl Clemen u.a., Studien zur praktischen Theologie 6/1, Gießen 1912, 29–45.
26 Vgl. Richard Rothe: Theologische Ethik, Bd. 3, Wittenberg 1848, §1178.

währungsprobe relevanter Theologie – in bewusster Frontstellung zur modernen liberalen Theologie:

»Nicht darum sind wir der modernen Theologie abhold, weil sie so wissenschaftlich, sondern weil sie so lieblos ist. Mit der Theologie des Zweifels an einem lebendigen, barmherzigen Gott kann man keine Liebe üben, keine Traurigen trösten, kein barmherziger Samariter sein.«[27]

Bodelschwingh postuliert nicht nur eine Theologie für die seelsorglich-diakonische Praxis, sondern sieht in der Begegnung mit Kranken, Behinderten und Notleidenden einen genuinen Ort der Gotteserkenntnis. Die »kranken und blöden Kindlein« in Einrichtungen Bethels gelten ihm als »die Professoren, die uns deutlich beibringen, was Evangelium und was Gotteskraft zur Seligkeit ist«.[28] Diakonie erscheint als Quellort einer spezifischen theologischen Hermeneutik. Hier deutet sich ein Erkenntnisprinzip an, das vom Notleidenden und seinen Erfahrungen her den Entwurf einer Lebens- und Handlungswelt organisiert. Bodelschwingh hat einen solchen Ansatz freilich nicht systematisch reflektiert. Zudem barg die unmittelbare Praxiseinbindung der Theologie die Gefahr, dass die Notwendigkeit reflexiver Distanz zu Praxisphänomenen außer acht blieb.

Während bei Bodelschwingh Konturen einer Theologie aufscheinen, die als integrales Moment diakonischer Praxis gilt, entwickelten sich gegen Ende des 19. Jh. drei Ansätze, die die gesellschaftliche Aufgabenstellung der Inneren Mission insgesamt zum Gegenstand hatten:

(a) Für *Adolf Stoecker* ist der theoretische und praktische Zusammenhang zwischen christlichem Glauben und sozialer Verantwortung prägend. Er verbindet Diakonie und Volksmission und sucht die Lebensmächte des Evangeliums für das gesamte öffentliche und insbesondere für das soziale Leben geltend zu machen. Die »christliche Weltanschauung«, verknüpft mit Antiliberalismus, Antisozialismus und Antisemitismus, bildet den Grundzug der politischen Theologie Stoeckers. In deren Zentrum steht ein organologischer, theologisch überhöhter Begriff des Volkes. Stoecker riss damit die Innere Mission in eine unheilvolle Entwicklung hinein. Die von ihm verfochtene »christliche Weltanschauung« war faktisch mit der nationalkonservativen Bewegung identisch. Sein Begriff des Volkes wurde in

---

27 Friedrich von Bodelschwingh: Die freie theologische Schule zu Bethel bei Bielefeld, in: Ders.: Ausgewählte Schriften, Bd. 2, Bethel bei Bielefeld 1964, 300–310: 305.
28 Bodelschwingh: Die Theologische Schule zu Bethel bei Bielefeld, in: Ders.: Ausgewählte Schriften, Bd. 2, 314–324: 318.

den 1930er Jahren des 20. Jh. zum Einfallstor nationalsozialistischer Ideologie in die Innere Mission.

(b) *Theodor Lohmann* hat die Sozialreform als Innere Mission verstanden. Wenn Ernst Troeltsch mit einigem Recht urteilt, die Innere Mission habe den Anschluss an die moderne Welt nicht herstellen können und sei dem alten Prinzip der Karität verhaftet geblieben,[29] so steht Lohmann eben für den Versuch, Richtkriterien des Evangeliums im Blick auf die Herausforderungen der Zeit zu formulieren und die Innere Mission in Richtung einer »gesellschaftlichen« Diakonie weiter zu entwickeln. Die von Lohmann federführend erarbeitete Denkschrift »Die Aufgabe der Kirche und ihrer Inneren Mission gegenüber den wirthschaftlichen und sozialen Kämpfen der Gegenwart« (1884) markiert eine Position, die individuelle Liebestätigkeit überschreitet und auf strukturelle Reformen zielt. Lohmanns Anliegen wurde nach 1945 der Sache nach von Eugen Gerstenmaier und Heinz-Dietrich Wendland wieder aufgenommen.

(c) Im Horizont der Industriegesellschaft und der »sozialen Frage« schwebte *Friedrich Naumann* zunächst vor, die Innere Mission zu einer Wegbereiterin einer neuen gesellschaftlichen Ordnung umzugestalten. In dieser Logik wird die Innere Mission schließlich im Institutionenbestand einer volkstümlichen Kirche und eines »sozialistischen« Staates aufgehoben. Über diese Perspektive, die auf einen übermächtigen Sozialstaat zuläuft, führt Naumanns Versuch hinaus, eine christlich-soziale Weltanschauung zu konzipieren, die einen Standpunkt »von unten her« einnimmt und einen umfassenden gesellschaftlichen Reformprozess zu begründen vermag. Er überwindet die konservative Ordnungstheologie eines Stoecker und entwickelt einen sozialethischen Ansatz, der Forderungen des Evangeliums und Erfordernisse der Industriegesellschaft in ein Entsprechungsverhältnis bringt – zugunsten der Lebensmöglichkeiten der sozial Schwachen. Als theologische Begründung zeichnet Naumann ein soziales Jesusbild. Er »erschließt der evangelischen Sozialethik das Evangelium als Kraft des sozialen Humanismus«.[30] Das Jesusbild freilich, das die christlich-

---

29 Vgl. Ernst Troeltsch: Die Genfer Kalvinfeier. in: Ders.: Kritische Gesamtausgabe. Bd. 8: Schriften zur Bedeutung des Protestantismus für die moderne Welt (1906–1913), hg.v. Trutz Rendtorff, Berlin 2001, 109–117: 113; Ders.: Die Soziallehren der christlichen Kirchen und Gruppen, Tübingen 1911, 830.
30 Walter Göggelmann: Christliche Weltverantwortung zwischen Sozialer Frage und Nationalstaat. Zur Entwicklung Friedrich Naumanns 1860–1903, Baden-Baden 1987, 170.

soziale Weltanschauung theologisch trägt, hat die Transzendenz ausgeschieden. Für Naumann zerbrach die christlich-soziale Synthese angesichts der Härte der Wirklichkeit. Religiöse Innerlichkeit und politischer Wertebereich treten für ihn schließlich völlig auseinander. Naumanns Weg zeigt paradigmatisch, dass der Protestantismus um die Wende vom 19. zum 20. Jh. nicht in der Lage war, »die nach seinem Selbstverständnis zentrale Frage der gesellschaftlichen Integration auf der Ebene der ›sozialen Frage‹ zu bewältigen«.[31]

Eine theologisch fundierte Gesamtschau der Inneren Mission wurde nicht erreicht. Stattdessen brachen gegen Ende des 19. Jh. Alternativen auf, die die gesellschaftliche Verortung und Zielsetzung der Inneren Mission betrafen: Christlicher Glaube als Weltanschauung und Innere Mission als Kampf um die »Volksseele« gegen »gesellschaftliche« Diakonie gegen klare Abgrenzung zwischen Nächstenliebe und Daseinskampf, Religion und Politik.

Unter den Bedingungen des Weimarer Wohlfahrtsstaats hat *Johannes Steinweg* versucht, diese Alternativen zu entschärfen und eine vermittelnde Position ein zu nehmen. Die Innere Mission umfasst nach Steinweg drei Arbeitsgebiete: Evangelisation, Diakonie, öffentlich-soziales Wirken. Es ist instruktiv, wie Steinweg die Integration der Inneren Mission in das Wohlfahrtswesen erörtert: Die Innere Mission ist legitimerweise Bestandteil der Wohlfahrtspflege, weil beide Größen durch das planvolle Helfen innerlich miteinander verbunden sind. »Helfen« erscheint mithin als unhintergehbare, keiner weiteren Begründung bedürftige Kategorie. Zugleich wird das Proprium der Inneren Mission dadurch bestimmt, dass sie »nicht nur äußerliche, sondern ewige, über alle irdischen Verhältnisse und über alle Zeit hinausreichende Gotteshilfe vermitteln will«.[32] Die Implikationen dieses Verständnisses einer missionarischen Diakonie werden allerdings nicht weiter reflektiert.

3.3 Dialektische Theologie und Innere Mission/Diakonie

Die Darstellung der Inneren Mission bei Steinweg zeigt sich von dem kritischen Neuansatz der Dialektischen Theologie völlig unberührt. Dies ist einerseits erstaunlich, trifft doch die Kritik des frühen *Karl Barth* an dem Gedanken des Reiches Gottes als Endzweck ge-

---

31 Martin Greschat: Christentumsgeschichte II. Von der Reformation bis zur Gegenwart, Grundkurs Theologie 4, Stuttgart/Berlin/Köln 1997, 200.
32 Johannes Steinweg: Die Innere Mission der evangelischen Kirche. Eine Einführung in ihr Wesen und ihre Arbeit, Heilbronn 1928, 175.

schichtlicher Kulturentwicklung und an den Kombinationen »christlich-sozial« und »evangelisch-sozial«[33] grundlegende Verstehenszusammenhänge der Inneren Mission. Andererseits ist verständlich, dass die Innere Mission dem transzendental-eschatologischen Ansatz des frühen Barth gegenüber reserviert blieb. Denn auch und gerade das diakonische Anliegen der Inneren Mission schien in einer Theologie ortlos zu sein, die die Differenz zwischen Mensch und Gott, Zeit und Ewigkeit, Geschichte und Reich Gottes nur als Diastase zur Geltung brachte. Später tritt bei Barth die Analogie an die Stelle der Diastase. Er vermag dann die Diakonie nicht nur als einen spezifischen Dienst der Gemeinde zu würdigen,[34] sondern entwickelt eine Dogmatik, der insgesamt eine diakonische Dimension eignet: Gott wird als Gott des Bundes dargestellt – als in sich beziehungsreicher und unbedingt beziehungswilliger Gott, der mit dem Menschen im Bunde ist und den Menschen zu seinem Bundespartner erwählt. Mit der Kategorie des Bundes kommt ein dynamisches Moment in die Geschichte menschlicher Gemeinschaften und Individuen: Gott eröffnet überraschend neue Möglichkeiten. Diakonie hieße dann, den Menschen im Licht des Bundes Gottes wahrzunehmen, ein Bündnis mit einem Menschen einzugehen und kommunikativ-partnerschaftlich zu verwirklichen, anzuzeigen, dass Gott keinen seiner Partner vergessen hat, anzustiften zu einem Leben in Freiheit und Beziehungsgerechtigkeit. Diakonie fokussiert solche Bezüge auf die hin, deren Würde als Bundespartner Gottes verdunkelt ist. Sie entspricht dabei dem königlichen Menschen Jesus, der nach Barth Gott selbst gerade darin abbildet, dass er als »Parteigänger der Armen«[35] existierte.

4. Diakonie als Programmbegriff: Konzeptionen nach 1945

Mit der Gründung des Hilfswerks (1945) als eines Werks der verfassten Kirche, dem Nebeneinander zweier evangelischer Sozialorganisationen und der sich seit 1957 anbahnenden Fusion von Innerer Mission und Hilfswerk verbanden sich intensive Debatten um

---

33 Vgl. Karl Barth: Der Christ in der Gesellschaft (1920), abgedruckt in: Anfänge der dialektischen Theologie, Teil 1, hg.v. Jürgen Moltmann, TB 17, München ³1974, 3–37: 5.
34 Vgl. Barth: Die Kirchliche Dogmatik IV/3, 2. Hälfte, Zürich ² o.J., 1020–1026.
35 Barth: Die Kirchliche Dogmatik IV/2, Zürich ²1964, 200.

Grundfragen der Diakonie. Die Impulse von Eugen Gerstenmaier, dem ersten Leiter des Hilfswerks, zielten auf einen Paradigmenwechsel: Die kirchliche Diakonie und die diakonische Kirche sollen an die Stelle der Vereinsdiakonie der Inneren Mission und des bürgerlichen Staatskirchentums treten. Diakonie wird zum Programmbegriff, der mit dem Leitbild der Gemeinde als »Bruderschaft in Aktion«[36] verschränkt ist. In Abgrenzung gegenüber der Inneren Mission wird der relative Eigensinn der Diakonie unterstrichen. Eine Instrumentalisierung diakonischen Handelns soll abgewehrt werden. Anbetung, Verkündigung und Diakonie gelten als gleichursprüngliche Grundakte der Kirche. Diakonie – Wesensmerkmal der Kirche – gewinnt Ausdruck in der Lebensgemeinschaft der Gemeinde. Damit kommt eine solidarische Praxis in den Blick, in der jeglicher Paternalismus des Helfens überwunden ist. Den Kristallisationskern der diakonisch strukturierten Sozialgestalt der Kirche als Gemeinde bildet der Diakonat – das dem Predigtamt gleichrangige diakonische Amt, in dem die Mündigkeit der »Laien« zur Geltung kommt. Gerstenmaier plädiert zugleich für eine Erweiterung des herkömmlichen Diakoniegedankens. War herkömmliche Diakonie auf die Linderung individueller Not ausgerichtet, so sei nunmehr eine Ausweitung diakonischen Handelns in Richtung der Gesellschafts- und Sozialpolitik geboten:

»Es ist das Vorrecht der Christen, Wunden zu verbinden, Barmherzigkeit zu üben und Trost zu spenden. Aber es ist nicht minder das Recht, ja die Pflicht der Christenheit, dem Streit zu wehren, Wunden zu verhindern, für die Gerechtigkeit in den Kampf zu gehen und verzweifelte Lebensbedingungen zu Lebensmöglichkeiten zu wandeln.«[37]

Die damit aufgeworfenen Fragen bestimmten die Diskussion in der Folgezeit. Sie wurden in jeweils unterschiedlicher Weise von Heinz-Dietrich Wendland und Paul Philippi aufgenommen. Mehr als 100 Jahre nach Wicherns Diakonieentwurf entwickelten Wendland und Philippi Konzeptionen, die darauf zielen, Grundprobleme evan-

---

36 Eugen Gerstenmaier: Zehn Jahre Hilfswerk. Rede bei der Zehnjahrfeier des Hilfswerks der Evangelischen Kirche in Deutschland in der Christus-Kirche in Berlin-Dahlem, 18. 10. 1955, in: Ders.: Reden und Aufsätze, zusammengestellt anläßlich seines 50. Geburtstages am 25. 8. 1956, hg.v. Evangelischen Verlagswerk, Stuttgart 1956, 110–124: 121.
37 Gerstenmaier: Kirche und Öffentlichkeit. Rede bei der Jahrhundertfeier der Inneren Mission, Bethel, 29. September 1948, in: Ders.: Reden und Aufsätze, 87–109: 98f. Vgl. Ders.: »Wichern Zwei«. Zum Verhältnis von Diakonie und Sozialpolitik, in: Das diakonische Amt der Kirche, hg.v. Herbert Krimm, Stuttgart ²1965, 467–518.

gelischer Diakonie theologisch zu durchdenken. Beider Intention richtet sich darauf, Diakonie als Schlüsselbegriff für das rechte Verständnis des Evangeliums zu erweisen und eine christologische Grundlegung der Diakonie auszuformen. Dabei verortet Wendland die Diakonie vorrangig in der Sozialethik, während Philippi eine dezidiert ekklesiologische Ortsbestimmung vornimmt.

Bei *Heinz-Dietrich Wendland* fungiert Diakonie als Leitkategorie einer Theorie kirchlich-christlichen Handelns in der Gesellschaft. Er sucht der Kirche einen Weg aus Introvertiertheit und sozialer Isolation zu weisen. Diakonie wird zur Signatur des Verhältnisses der Kirche zur säkularen Gesellschaft. Wendlands Diakonieverständnis ist christozentrisch begründet und gewinnt durch die gesellschaftliche Analyse spezifische Konturen. Er geht davon aus, dass das Diakonein, das Dienen, die gesamte Sendung Jesu Christi kennzeichnet und umspannt. Die Tiefe des Diakonats Christi liegt in der die Verhältnisse der antiken Welt umstürzenden Grundparadoxie beschlossen, »daß der Herr Knecht ist und bleibt, und zugleich wiederum, daß der Knecht göttlicher Kyrios wird und ist und bleibt«.[38] Diakonie hat den universalen Diakonat Jesu Christi zu bezeugen. Sie ist dabei in eine fundamentale Spannung hinein genommen, die dadurch entsteht, dass Christus einerseits präsent ist in seiner Gemeinde und andererseits verborgen gegenwärtig ist in der Tiefe des Weltelends. Diakonie vollzieht sich demnach »zwischen Kirche und Welt«.[39]

Aus dem christologischen Ansatz leitet Wendland vier Dimensionen des Begriffs Diakonie ab: Diakonie bezeichnet – erstens – die Struktur der Kirche und ihres Handelns insgesamt. Kirche erscheint so als »eschatologische *Gegenform*«[40] zu der durch Herrschaft und Gewalt geprägten Gesellschaft, als Vortrupp des Reiches Gottes, und zugleich als Kirche *für* die Welt. Diakonie realisiert sich – zweitens – vorinstitutionell personal in der Bruder- und Nächstenliebe und – drittens – in institutionellen Ausprägungen. Die institutionelle Dia-

---

38 Heinz-Dietrich Wendland: Christos Diakonos – Christos Doulos. Zur theologischen Begründung der Diakonie, in: Ders./Arthur Rich/Herbert Krimm: Christos Diakonos – Ursprung und Auftrag der Kirche. Drei Vorträge, Zürich 1962, 13–29: 17f.
39 Wendland: Diakonie zwischen Kirche und Welt, in: Christine Bourbeck/Heinz-Dietrich Wendland (Hg.): Diakonie zwischen Kirche und Welt. Studien zur diakonischen Arbeit und Verantwortung in unserer Zeit, SEST 3, Hamburg 1958, 17–36.
40 Wendland: Christos Diakonos, 15.

konie konkretisiert sich – viertens – in der gesellschaftlichen Diakonie, die bezogen ist auf die institutionelle Verflochtenheit menschlicher Existenz, die in der Moderne in spezifischer Weise hervortritt. Wendland betont mithin die Vielgestaltigkeit von Diakonie und sucht zugleich zu zeigen, dass die gesellschaftliche Diakonie zur entscheidenden Handlungsform werden muss.

Die im Weltdiakonat begründete gesellschaftliche Diakonie zielt auf die Humanisierung der Gesellschaft. Im Rahmen einer soziologischen Analyse hebt Wendland auf die dehumanisierenden Strukturen der modernen funktionalen Gesellschaft ab, die zur Verdinglichung des Menschen führe. Theologisch qualifiziert er die entmenschlichenden gesellschaftlichen Phänomene als Ausdruck struktureller Sünde. Er greift damit die umstrittene These Wicherns vom Zusammenhang zwischen Unglaube, Entsittlichung und Armut auf und modifiziert sie mit Hilfe eines strukturellen Sündenbegriffs. Der Eingebundenheit des Menschen in destruktive Strukturen und der anthropologischen »Einheit von Sünde und Elend« steht die christologische »Einheit von Heilung und Vergebung, von erlösendem Wort und helfender Liebestat«[41] gegenüber. Daraus erwächst die Forderung, die innere Einheit von Gottesdienst, Verkündigung und Diakonie in dem einen und ganzen Dienst am Menschen zur Geltung zu bringen.

Der gesellschaftlichen Diakonie kommt nach Wendland die Aufgabe zu, Gegenkräfte einzuführen, die den Zersetzungstendenzen der modernen Gesellschaft entgegenwirken. Diakonie soll der »Freiheit, der Personalität und Gemeinschaftsfähigkeit der Menschen«[42] dienen. Bezugnehmend auf die Anfangszeit der Inneren Mission sieht Wendland in der weltlichen Christenheit und näherhin in neuen Dienstgruppen, die sich angesichts realer gesellschaftlicher Konflikte bilden, das Subjekt gesellschaftlicher Diakonie. Wendlands Theologie der Diakonie mündet in die Forderung nach einer »Bildung bruderschaftlicher Diakonie von unten her«.[43] Die Ausformung solcher Gruppen, durch die die soziale Not in ihrer Tiefendimension wahrgenommen und angegriffen wird, versteht Wendland als entscheidendes Element diakonaler Erneuerung unter den Bedingungen einer säkularen Gesellschaft und in der Perspektive der Mitarbeit am Aufbau einer »verantwortlichen Gesellschaft«.

---

41 Wendland: Diakonie zwischen Kirche und Welt, 35.
42 Wendland: Diakonie zwischen Kirche und Welt, 33.
43 Wendland: Christos Diakonos, 29.

In Abgrenzung gegenüber Wendlands Ortsbestimmung der Diakonie »zwischen Kirche und Welt« entwickelt *Paul Philippi* seine Konzeption einer ekklesiologisch verorteten Diakonie. Der diakonozentrischen Christuswirklichkeit entspricht die christozentrische Diakonie als Strukturprinzip der christlichen Gemeinde. Diakonie bringt die Einbeziehung der Gemeinde in die Christuswirklichkeit zum Ausdruck. Sie zielt auf die Bewährung der in Christus genahten Gottesherrschaft durch die Struktur zwischenmenschlicher Gemeinschaftsbeziehung. Diakonie vollzieht sich als die »solidarische Zuwendung des stärkeren Gliedes zum Schwächeren innerhalb der *Bezüge* dieses alten, aber nach den *Maßen* des neuen Äons«.[44] Diakonie wird von Philippi mithin als Grundordnung der Gemeinde und als Handeln innerhalb der Gemeinde aufgefasst. Dieser Ansatz verdichtet sich in der Orientierung am Abendmahl. Nicht die Linie: Predigt – Glaube – Liebe – Liebestat markiert den systematischen Ort der Diakonie in der Theologie. Diakonie wurzelt vielmehr in dem Begründungszusammenhang, der durch das Abendmahl und der in der eucharistischen Christusgegenwart fundierten sozialen Verbindlichkeit des bruderschaftlichen Lebens der Gemeinde gegeben ist. Philippis Entwurf sucht zum einen die Frage nach der Identität der Diakonie zu beantworten: Das Kennzeichen der Diakonie ist die gemeindliche Koinonia – und das Charakteristikum der Gemeinde ist die Diakonie. Entsprechend ist unter Diakonie in einem »präzisen Wortgebrauch« zu verstehen »das in der Gemeinde verantwortete und der Gemeinde zur Verantwortung anvertraute verbindliche Zusammenwirken im Bezugsfeld sozialer Not«.[45] Diakonie bezeichnet mithin nicht die Liebestätigkeit Einzelner, sondern das korporative und kontinuierliche soziale Handeln der Gemeinde. Zum anderen ist mit Philippis Ansatz eine spezifische Antwort auf die Frage nach der Verantwortung der Kirche gegenüber den sozialen Nöten der Welt verbunden. Als konstitutiv für Philippis Theologie der Diakonie erweisen sich der qualitative Gegensatz von Kirche und Welt, die lutherische Zwei-Reiche-Lehre sowie die reformatorische Unterscheidung von Gesetz und Evangelium. Während Wendland von der diakonal interpretierten universalen Königsherrschaft Jesu

---

44 Paul Philippi, Christozentrische Diakonie. Ein theologischer Entwurf, Stuttgart ²1975, 203.
45 Philippi: Über die soziale Dimension lutherischer Ekklesiologie, in: Matti Järveläinen: Gemeinschaft in der Liebe. Diakonie als Lebens- und Wesensäußerung der Kirche im Verständnis Paul Philippis, Diakoniewissenschaftliche Studien 1, Heidelberg 1993, 151–167: 156.

Christi ausgeht, betont Philippi, dass die in Christus erschienene Umgestaltung der Welt den konkreten Ort ihrer Bejahung in der Gemeinde hat. Diakonie lässt sich als Dimension des Evangeliums nicht auf den außergemeindlichen Bereich übertragen. Die Gemeinde soll der Welt das Beispiel einer gottentsprechenden Struktur mitmenschlichen Zusammenlebens bieten. Indem die Gemeinde wirklich Gemeinde, d.h. diakonische Gemeinde ist, nimmt sie ihren Auftrag in der und für die Welt wahr. Das *Für*-Sein der Kirche liegt in ihrem *Kirche*-Sein.

Die Ansätze Wendlands und Philippis weisen wesentliche Gemeinsamkeiten auf, sind aber gleichwohl durch divergierende Profile gekennzeichnet. Die Akzente in der Interpretation der Christuswirklichkeit werden unterschiedlich gesetzt. Die Herausforderungen der Moderne für die Diakonie sind verschieden gedeutet. Philippi entfaltet das Wesen der Diakonie vor allem in Kontrast zum säkularen Staat. Wendland hingegen sucht diakonische Aufgabenstellungen in Bezug zu der durch die modernen Funktionssysteme gekennzeichneten Gesellschaft zu entwickeln. Alternative Bestimmungen der Diakonie, starre Frontstellungen und wechselseitige Sprachlosigkeit traten im Zusammenhang der beiden Konzeptionen zutage.

Am ehesten lässt sich Jürgen Moltmanns Beitrag zur diakonietheologischen Diskussion als Versuch verstehen, problematische Alternativen zu überwinden. Moltmann konturiert Diakonie als Teilnahme an der messianischen Sendung Jesu Christi im Horizont des kommenden Reiches Gottes:

»Ohne die Reich-Gottes-Perspektive wird Diakonie zur ideenlosen Liebe, die nur kompensiert und wiedergutmacht. Ohne die Diakonie wird allerdings die Reich-Gottes-Hoffnung zur lieblosen Utopie, die nur fordert und anklagt. Also kommt es in der diakonischen Praxis darauf an, die Liebe auf die Hoffnung und das Reich Gottes auf die konkrete Not zu beziehen. Ohne die Reich-Gottes-Hoffnung verliert die Diakonie ihre christliche Bestimmung und wird in Praxis und Theorie zu einem Teil der sozialstaatlichen Dienstleistungen. Mit der Reich-Gottes-Hoffnung aber muß die Diakonie christlich werden und über soziale Kompensationen hinaus zu Ansätzen und Experimenten der Erneuerung der menschlichen Gemeinschaft führen.«[46]

Moltmann entfaltet Diakonie in »ganzheitlicher« Perspektive: Diakonie ist Dienst der Versöhnung und Befreiung angesichts unheilvoller Störungen menschlichen Lebens im Blick auf die Di-

---

46 Jürgen Moltmann: Zum theologischen Verständnis des diakonischen Auftrags heute, in: Ders.: Diakonie im Horizont des Reiches Gottes. Schritte zum Diakonentum aller Gläubigen, Neukirchen-Vluyn 1984, 16–21: 20.

mensionen des Gottesverhältnisses, des Selbstverhältnisses und der Sozialverhältnisse. Sie gewinnt Gestalt in Formen charismatischer, heilender und offener Gemeinschaft. In solcher Gemeinschaft kommen die im »Diakonentum aller Gläubigen« beschlossenen Gaben zur Geltung. In der Annahme des anderen wird die Überwindung sozialer Isolation möglich, die als Voraussetzung für die Heilung bzw. Linderung physischer Leiden gilt. Diakonische Gemeinschaft vollzieht sich schließlich in qualifizierter Offenheit, da die Reich-Gottes-Hoffnung das Moment der Selbstüberschreitung notwendig impliziert. Moltmanns Konzeption findet in den Postulaten einer »Diakonisierung der Gemeinde« und einer »Gemeindewerdung der Diakonie«[47] ihre doppelte Pointe.

5. Reflexion diakonischer Praxis: Diskussionslinien seit den 1980er Jahren

Seit Beginn der 1980er Jahre ist die Diakonie verstärkt in das Blickfeld der Theologie gerückt. Dafür dürfte insbesondere das durch die EKD-Mitgliedschaftsuntersuchungen zutage getretene Faktum ausschlaggebend gewesen sein, dass die gesellschaftliche Akzeptanz von Kirche in hohem Maße über die Diakonie vermittelt ist. Neuere theologische Reflexionsbemühungen sind vor allem dadurch charakterisiert, dass sie – im Unterschied etwa zu Philippis Konzeption – nicht auf eine dogmatische Grundlegung der Diakonie zielen, sondern auf eine eigenständige wissenschaftliche Reflexion diakonischer Praxis im Sinne einer Praxis- bzw. Handlungstheorie.

Entwürfe, die auf einer grundsätzlich theologischen Ebene angesiedelt sind, bleiben – so die Kritik – darauf beschränkt, Diakonie zu legitimieren. Sie orientierten sich am Schema von Theorie und Anwendung und bewegten sich im Vorfeld bedrängender Praxisprobleme. Sie seien kaum in der Lage, diakonische Praxis kritisch und konstruktiv zu begleiten.[48] Ansätze, die aus einer Wesensbestimmung der Diakonie Folgerungen für die Praxis ableiten bzw. ausschließlich normativ verfahren, laufen in der Tat Gefahr, vorfindliche Praxis zu verfehlen bzw. heillos zu überfordern. Gleichwohl ist m.E. die Kritik an der lediglich »legitimatorischen« Funktion systematisch-theologischer Ansätze nur teilweise berechtigt. Konzeptionen – wie die oben skizzier-

---

47 Moltmann: Diakonie im Horizont des Reiches Gottes, in: Diakonie, 22–41: 36.
48 Vgl. z.B. Karl-Fritz Daiber: Verkündigung und Diakonie. Analyse einer theologischen Diskrepanz, in: Ders.: Diakonie und kirchliche Identität. Studien zur diakonischen Praxis in der Volkskirche, Hannover 1988, 13–33.

ten – suchen nicht in erster Linie Diakonie zu legitimieren. Sie sind vielmehr darauf aus, Diakonie im Horizont bestimmter Entdeckungszusammenhänge und Denkerfahrungen theologisch zu vergewissern und Konstitutiva von Diakonie zu bestimmen. Sie zielen – mit Karl Marx gesprochen – gleichsam darauf, versteinerten Verhältnissen deren eigene Melodie vorzusingen, um sie damit zum Tanz zu zwingen.

Das Kennzeichnende einer Praxistheorie wird exemplarisch deutlich in *Horst Seiberts* Entwurf »Diakonie – Hilfehandeln Jesu und soziale Arbeit des Diakonischen Werkes«. Seibert bestimmt die Besonderheiten des helfenden Handelns Jesu. Er gewinnt damit Kriterien, die der Diakonie dazu verhelfen können, »ihre sinnhaften und funktionellen Traditionsgrundlagen mit ihrer gegenwärtigen Existenz sachgerecht«[49] zu vermitteln.

Aus dem Hilfehandeln Jesu erwachsen u.a. folgende Kriterien:[50] Es ist partizipativ, vollzieht sich in unbedingter Teilnahme und in Vollmacht im Sinne der Ermächtigung anderer. Technische Fähigkeiten werden in die umfassende Dimension der Barmherzigkeit und Liebe integriert. Jesu Diakonie hat unterschiedliche Stoßrichtungen: Sie zielt darauf, bedrohlichen Mächten entgegen zu wirken, Mängel zu beheben und Bewusstsein und Freiheiten zu erweitern. Der Mensch wird als Ganzheit wahrgenommen; entsprechend hat Jesu Hilfehandeln eine leiblich-materielle, eine soziale und eine spirituelle Dimension. Jesu Diakonie ist auf einer »mittleren Ebene« zwischen Individualisierung und Institutionalisierung angesiedelt. Sie zielt auf Hilfe und Heilung für Einzelne und zugleich auf die Korrektur inhumaner kultureller Normen. In ihr verbindet sich das Interesse am einzelnen Menschen mit der Verkündigung der Gottesherrschaft.

Ausgehend von der Praxis institutionalisierter Diakonie im Rahmen des Sozialstaats sucht Seibert Jesu Hilfehandeln so zu erfassen, dass sich Konkretionen mittlerer Reichweite ergeben, die wiederum der Diakonie als Orientierungshilfen dienen. Ein solcher Ansatz ist in mehrfacher Hinsicht instruktiv und stellt vor eine Reihe von Aufgaben: In den Kriterien dokumentiert sich – erstens – eine Zuspitzung auf die historisch-konkrete Lebensgeschichte des Jesus von Nazareth, die es als Konzentration biblischer Leitmotive zu interpretieren gilt. Die an Jesu Hilfehandeln erarbeiteten Kriterien sind im Licht einer systematischen Reflexion von Diakonie als Ausdrucksform des Glaubens in entsprechende Sinnzusammenhänge einzuordnen.[51]

---

49 Horst Seibert: Diakonie – Hilfehandeln Jesu und soziale Arbeit des Diakonischen Werkes. Eine Überprüfung der gegenwärtigen Diakonie an ihrem theologischen und sozialen Anspruch, Gütersloh ²1985, 249.
50 Vgl. Seibert: Diakonie, 38–40.
51 Dies gilt z.B. für das Kriterium der Wahrnehmung des Menschen in seiner Ganzheit und einer entsprechend »ganzheitlichen« Hilfe. Zur Tendenz von Ganzheitlichkeitsvorstellungen zu holistischen, überfordernden

Die theologischen Kriterien diakonaler Urteilsbildung sind – zweitens – mit Hilfe sozialgeschichtlicher Exegese gewonnen. Sie sind zugleich erkennbar formuliert im Interesse einer Verständigung zwischen Theologie und Sozialwissenschaften angesichts virulenter Orientierungsprobleme der Diakonie und der Sozialen Arbeit. Sie stellen vor die Aufgabe, biblische Leitlinien mit fundamentalen Einsichten der humanen Vernunft zu verknüpfen und im Licht so gewonnener Prinzipien Operationalisierungen im Blick auf bestimmte Handlungssituationen vorzunehmen. Die Gewinnung von Handlungskriterien erfordert – drittens – eine Berücksichtigung handlungs- bzw. systemtheoretischer Einsichten.[52]

Seibert buchstabiert Orientierungshilfen für eine Diakonie, die er im Spannungsfeld der vier verschiedenartigen Wirkungsgrößen Organisation, Kirche, Sozialwissenschaften und Sozialstaat verortet sieht. Die Frage nach der Identität der Diakonie in einem komplexen Bezugsfeld findet eine über Seiberts Entwurf hinaus gehende Bearbeitung einerseits in systemtheoretischen Ansätzen, andererseits in der Anbahnung eines Dialogs zwischen Theologie und Betriebswirtschaftslehre.

In systemtheoretischer Perspektive erscheint Diakonie als »polykontextuelles soziales System«,[53] das in hohem Maße durch die Funktionssysteme Recht, Wirtschaft, Politik, Erziehung, Wissenschaft und Medizin beeinflusst wird. Wie lässt sich auf diesem Hintergrund, d.h. unter den Bedingungen der modernen Gesellschaft, die Identität der Diakonie bestimmen? Wie lässt sich der »Sinn« von Diakonie rekonstruieren und autopoietisch zur Geltung bringen? *Dierk Starnitzke* hat vorgeschlagen, für die Orientierung nach innen die Leitunterscheidung »vollmächtiger Dienst/Nichtdienst«[54] zu treffen. Diese Leitunterscheidung sei geeignet, christlich-diakonisches

---

Aufgabenstellungen vgl. Dörte Gebhard: Menschenfreundliche Diakonie. Exemplarische Auseinandersetzungen um ein theologisches Menschenverständnis und um Leitbilder, Neukirchen-Vluyn 2000, 181 ff. Vgl. grundsätzlich Eberhard Jüngel: Ganzheitsbegriffe – in theologischer Perspektive, in: Ders.: Ganz werden. Theologische Erörterungen V, Tübingen 2003, 40–53.

52 Zur Bedeutung handlungstheoretischer Einsichten für die Reflexion der Glaubenspraxis vgl. Friedrich Hengsbach: Die anderen im Blick: Christliche Gesellschaftsethik in den Zeiten der Globalisierung, Darmstadt 2001, 95 ff.

53 Dierk Starnitzke: Diakonie als soziales System. Eine theologische Grundlegung diakonischer Praxis in Auseinandersetzung mit Niklas Luhmann, Stuttgart/Berlin/Köln, 1996, 251.

54 Starnitzke, Diakonie als soziales System, 300 ff.

Handeln eindeutig zu identifizieren und konkret zu qualifizieren. Der Begriff des Dienstes erfährt mithin eine Renaissance. Damit soll freilich nicht das Modell des demütigen, sich aufopfernden Dienstes, wie es vor allem in der Diakonissenbewegung des 19. Jh. ausgeformt worden ist, neu belebt werden. Im Anschluss an Paulus werden vielmehr die Spannung von Vollmacht und Dienst sowie der Zusammenhang von Ermächtigung, Freiheit und Dienst akzentuiert. Bleibt zu fragen, ob die binäre Leitunterscheidung Handeln als christliches Handeln tatsächlich zu identifizieren vermag, wie über die Grenzen der Systemtheorie hinaus die subjektive bzw. intersubjektive Dimension des Handelns zur Geltung gebracht werden kann, inwieweit der Dienstbegriff Operationalisierungen in Entscheidungssituationen ermöglicht und an wen sich diakonischer Dienst gewiesen weiß.

Auf dem Hintergrund der seit den 90er Jahren des 20. Jh. entstandenen Wettbewerbssituation sozialer Dienstleistungsanbieter stellt sich das Problem der Steuerung diakonischer Unternehmen in neuer Weise. Damit zusammenhängend zeichnet sich ein Dialog zwischen Theologie und Betriebswirtschaftslehre ab. Er zielt darauf, operationale Ziele aus dem biblischen Menschenverständnis und christlichen Werten abzuleiten, die in konkrete Handlungsanweisungen für diakonische Einrichtungen überführt werden können. Theologische Begründung und die Forderung nach Praktikabilität, die Operationalisierung des Nicht-Operationalisierbaren – Liebe und Gerechtigkeit – und die Beachtung von Effizienzkriterien führen beispielsweise bei Steffen Fleßa zu dem Plädoyer für eine »armutsorientierte Diakonie« als »ein Intermediär zwischen Markt- und Staatsversagen«[55]. Armutsorientierte Diakonie – damit ist einerseits unter völlig veränderten Bedingungen eine Verwandtschaft zum Diakonieverständnis Wicherns gegeben, dessen inhaltlicher Kern eben die Zuwendung zu den Armen darstellt. Andererseits zeigt sich eine Nähe zur »Option für die Armen«, die als Stachel im Fleisch der Diakonie und ihrer Reflexion anzusehen ist.[56]

---

55 Steffen Fleßa: Arme habt ihr allezeit! Ein Plädoyer für eine armutsorientierte Diakonie, Göttingen 2003, 160.
56 Vgl. Gerhard K. Schäfer: Die Option für die Armen als Herausforderung für Diakonie und Sozialethik, in: Diakonie der Versöhnung. Ethische Reflexion und soziale Arbeit in ökumenischer Verantwortung (FS Th. Strohm), hg.v. Arnd Götzelmann/Volker Herrmann/Jürgen Stein, Stuttgart 1998, 204–215.

6. Weggenossenschaft – Dialog – Kooperation

Abschließend sei versucht, einige Fragestellungen und Aufgaben, die sich aus der vorstehenden Skizze ergeben, zu bündeln:

(1) Momente und Modelle der *Weggenossenschaft von Theologie und Diakonie* sind in den Blick gekommen. Solche Weggenossenschaft ist notwendig – für Theologie und Diakonie gleichermaßen. Diakonie kann sich als Ort erweisen, an dem sich in spezifischer Weise Glaubenserkenntnis ausbildet – angesichts von Erfahrungen der Gebrochenheit und Fragmentarität menschlicher Existenz, von Ohnmacht, misslingender Hilfe und sozialer Schuld, aber auch vielfältiger Begabungen z.B. von Menschen mit Behinderungen, von Solidarität, heilender Zuwendung und Befreiung. Solche Erfahrungen und Geschichten können den verletzlichen und hilfe-bedürftigen Christus offenbaren und Spuren Gottes entdecken lassen. Sie verweisen zugleich auf »Urteils- und Handlungsperspektiven, die um einer menschlicheren Gesellschaft willen fällig sind«.[57] Erfahrungen Betroffener und ihrer Begleiterinnen und Begleiter gilt es auszubuchstabieren und mit der Glaubensüberlieferung in Zusammenhang zu bringen. Die die Glaubensüberlieferung reflektierende Theologie wiederum hat Diakonie zu begründen, kritisch zu prüfen und Kriterien für deren Weiterentwicklung zu erarbeiten. Glaubenswissen ist zu operationalisieren, so dass sich Haltungen und Optionen für die diakonische Praxis ergeben. Es geht um die Weggenossenschaft einer »theologia viatorum«, einer Theologie des Lebens für Menschen, die unterwegs sind, und einer »diaconia viatorum«, einer Praxis, in der Menschen miteinander auf dem Weg sind zu vertiefter Menschlichkeit.

(2) Im Anschluss an Wichern und in Erweiterung christologischer Konzeptionen ist Diakonie trinitarisch zu begründen. Insofern Diakonie ihren ursprünglichen Ort im Gottesverständnis hat, gewinnt sie letzte Tiefe. Ein *trinitarischer Begründungszusammenhang* ermöglicht es auch, unterschiedlich motiviertes Hilfehandeln theologisch differenziert wahrzunehmen.

Schöpfungstheologisch kommt die Würde des Menschen zur Geltung, die Gott schenkt. In der Fähigkeit zur Hilfe drückt sich aus, dass der Mensch an der Güte der Schöpfung teil hat. Wo immer sich

---

57 Ottmar Fuchs: Heilen und befreien. Der Dienst am Nächsten als Ernstfall von Kirche und Pastoral, Düsseldorf 1990, 237.

Menschen von fremdem Leid anrühren lassen und wo immer Beistand geschieht, leuchten die Güte des Schöpfers und die Bestimmung des Menschen auf. Angesichts der Bedrohtheit der Schöpfung und der menschlichen Fähigkeit zur Hilfe stellt die Christologie heraus, wie Gott sich dem Unheil aussetzt, mitleidet und einen Perspektivenwechsel zum Anderen hin vollzieht. Im Blick auf das Kreuz und in der Kraft der Auferstehung können Menschen zu neuen Lebensmöglichkeiten aufstehen. Hilfe kann erneuert, vertieft und ausgeweitet werden. Der schöpferische Geist vitalisiert und lässt Segenskräfte fließen. Er schärft den Sinn für Pluralität. Er weckt Freude an schöpferischen Differenzen. Das Wirken des Geistes sensibilisiert zugleich für ungerechte Differenzen und drängt dazu, das gesellschaftliche Niveau von Gerechtigkeit zu steigern und den Schutz der Schwachen zu verbessern.[58]

(3) Diakonie ist Teil der Geschichte Gottes, der unterwegs ist zu seinem Ziel mit seiner Schöpfung. Diakonie versteht sich als *Praxis im Horizont des Reiches Gottes*. In dieser Perspektive nimmt sie sich und andere Hilfeformen als vorläufig wahr – im doppelten Sinne: Diakonie ist zum einen vorläufig, transzendiert die geschichtliche Wirklichkeit. Diakonisches Handeln wird zur symbolischen Kommunikation und Interaktion der Reich-Gottes-Hoffnung. Das Kriterium der Vorläufigkeit impliziert zum anderen die Begrenztheit menschlichen Handelns und sozial-technologischer Machbarkeit. Die Einsicht in die Vorläufigkeit helfenden Handelns befreit von dem Gotteskomplex, alles heilen zu können. Diakonie bleibt Fragment. Sie kann allerdings »messianisches Fragment«[59] sein.

Die Reich-Gottes-Perspektive nötigt auch dazu, das Verhältnis von Wohl und Heil zu überdenken. Weder eine diastatische Bestimmung von Heil und Wohl noch eine Identifizierung sind für die Diakonie angemessen. Heil verleiblicht sich, ist nicht erfahrbar ohne Heilung, Befreiung, Vitalisierung. Diakonie weiß aber zugleich darum, dass Heil unter den Bedingungen der Geschichte in solchen Erfahrungen nicht aufgeht.

Von Gottes Bund her und im Horizont des Reiches Gottes wird Diakonie schließlich zur Dimension eines dynamischen Prozesses

---

58 Vgl. Michael Welker: Gottes Geist und die Verheißung sozialer Gerechtigkeit in multikultureller Vielfalt, in: Ders.: Kirche im Pluralismus, Gütersloh 1995, 37–57.
59 Geiko Müller-Fahrenholz: Phantasie für das Reich Gottes. Die Theologie Jürgen Moltmanns. Eine Einführung, Gütersloh 2000, 101.

»heilschaffender Ko-Kreation von Gott und Mensch [...] hin auf Gerechtigkeit, Frieden und Schöpfungsbewahrung«.[60]

(4) *Wir sind Kirche* – heißt es lapidar im Leitbild Diakonie.[61] Damit ist Bezug genommen auf das Problem der Zuordnung von Innerer Mission bzw. Diakonie und verfasster Kirche, das seit Mitte des 19. Jh. virulent ist. »Wir sind Kirche« – über die geläufige Formel von der Diakonie als »Wesens- und Lebensäußerung der Kirche« hinaus identifiziert sich Diakonie hier als Kirche. Gegen die immer wieder vorgebrachte Kritik an einer säkularisierten Diakonie steht der Anspruch: Diakonie ist ein signifikanter Ort von Kirche, ist vollgültiger Vollzug von Kirche. Diakonisches Handeln lässt das Evangelium handgreiflich werden, von dem die Kirche lebt und das sie zu bezeugen hat. »Wir sind Kirche« – die indikativische Redeweise legt allerdings die Rückfrage nahe, ob dabei nicht gravierende Erfahrungen überspielt werden, die auf unterschiedliche Eigenlogiken von Kirche und Diakonie verweisen. Angesichts sich mehrender Anzeichen des Auseinanderdriftens von Kirche und Diakonie wird einerseits versucht, die Einheit beider zur Geltung zu bringen – durch die Postulate einer diakonischen Kirche und einer kirchlich-gemeindlichen Diakonie. Demgegenüber begegnet ein Ansatz, der die relative Eigenständigkeit von verfasster Kirche und organisierter Diakonie gerade produktiv werden lassen möchte. Anstatt einander mit überzogenen Ansprüchen zu überfordern, sollen Kirche und Diakonie einander entlasten, indem sie ihre jeweiligen Handlungsformen und die darin liegenden Stärken zur Geltung bringen«.

Eberhard Hauschildt greift auf Schleiermachers Unterscheidung zweier Handlungstypen zurück. Schleiermacher unterscheidet zwischen darstellendem und wirksamem Handeln. Entsprechend hat die Kirche die Aufgabe, in Gottesdienst und Verkündigung den Glauben explizit zur Darstellung zu bringen. Im Unterschied dazu bedeutet Diakonie wirksames, veränderndes Handeln. Diakonisches Handeln hat den Charakter eines implizit christlichen Handelns in der Gesellschaft. Kirche entlastet mit ihrem darstellenden Handeln die Diakonie davon, explizites Bekenntnis sein zu müssen. »Diakonische Arbeit hat vielmehr Teil am Humanum zwischenmenschlicher Zuwendung. Es ist kein Manko an Kirchlichkeit und Christlichkeit, sondern Strukturmerkmal ausdifferenzierten wirksamen Handelns, daß Diakonie in ihrer Ar-

---

60 Christoph Morgenthaler: Systemische Seelsorge. Impulse der Familien- und Systemtherapie für die kirchliche Praxis, Stuttgart/Berlin/Köln ²2000, 170.
61 Leitbild Diakonie – damit Leben gelingt. Angenommen von der Diakonischen Konferenz d. EKD am 15. Oktober 1997 in Bremen, 7.

beit nicht gleichzeitig explizites Bekenntnis sein kann.«[62] Es gibt ja kein »evangelisches Poabwischen«. Die Diakonie entlastet umgekehrt die Kirche, vor allem die Kirchengemeinden davon, das ganze Spektrum von Bildungs-, Hilfe- und Gerechtigkeitshandeln anzubieten.

Ein solches Modell birgt freilich die Gefahr, die unterschiedlichen kirchlichen Dimensionen apart auf unterschiedliche Handlungsbereiche aufzuteilen. Verkündigung und Gottesdienst aber, die nicht in Kontakt mit der Diakonie stehen, werden steril, unglaubwürdig und leer. Diakonie hat ihre eigene Dignität. Sie kommt aber zu ihrer Fülle in der Verbundenheit mit Verkündigung und Gottesdienst. Diakonie ohne Kontakt zu dem darstellenden Handeln wird blind für die Deutungsaufgaben, die sich bei der Hilfe zur Lebensbewältigung stellen. Das wirksame Handeln der Diakonie setzt kommunikatives Handeln voraus, eine Verständigung darüber, was es heißt, Menschen helfend gerecht zu werden. Diakonisches Handeln stößt auf Situationen, in denen Deutungskompetenzen gefragt sind und bei denen religiöse Rituale, denen eine spezifische Deutekraft eignet, hilfreich sein können. Am Beispiel altersverwirrter Menschen ließe sich das unschwer verdeutlichen. Das Entlastungsmodell greift m.E. zu kurz. Angemessener scheint ein Denkmodell, in dem das Verhältnis von Kirche und Diakonie dialektisch durch wechselseitige Entlastung und Zu-Mutung bestimmt wird.

(5) Über das Problem der Differenzierung im Religionssystem hinaus gewinnt gegenwärtig ein Szenario an Plausibilität, das von einer sich verstärkenden innerdiakonischen Pluralisierung im Sinne der Versäulung unterschiedlicher Funktionen ausgeht.

Die herkömmliche Bedeutung der Freien Wohlfahrtspflege gründet in deren Multifunktionalität.[63] Die Freie Wohlfahrtspflege nimmt traditionell unterschiedliche Funktionen wahr: Sie leistet einmal karitative Arbeit. Sie erfüllt zum zweiten Bedürfnisse nach sozialer Integration. In ihrer anwaltschaftlichen Funktion schließlich werden schwach vertretene Interessen in die gesellschaftliche Öffentlichkeit und das politische System hinein vermittelt. Diese Multifunktionalität begründete bisher die Bedeutung der Freien Wohlfahrtspflege, die in absehbarer Zukunft – bei allen Veränderungen – wohl

---

62 Eberhard Hauschildt: Wider die Identifikation von Diakonie und Kirche. Skizze einer veränderten Verhältnisbestimmung, in: PTh 89 (2000), 411–415: 415.
63 Vgl. Thomas Olk: Zwischen Korporatismus und Pluralismus: Zur Zukunft der Freien Wohlfahrtspflege im bundesdeutschen Sozialstaat, in: Thomas Rauschenbach/Christoph Sachße/Thomas Olk (Hg.): Von der Wertgemeinschaft zum Dienstleistungsunternehmen. Jugend- und Wohlfahrtsverbände im Umbruch, Frankfurt a.M. ²1996, 98–122.

auch erhalten bleiben wird. Es ist allerdings davon auszugehen, dass die äußere Pluralisierung, die durch den sozialen Dienstleistungsmarkt bedingt ist, von einer sich verstärkenden inneren Pluralisierung begleitet wird. Für die Diakonie würde sich ganz grob etwa folgendes Bild ergeben: Es entstehen drei Säulen, die jeweils eine spezifische Funktion erfüllen. Diese Säulen mit je eigenem Profil verselbständigen sich und grenzen sich gegeneinander ab. Die erste Säule wird durch diakonische Unternehmen gebildet, die sich auf dem Sozialmarkt behaupten. Die zweite Säule besteht aus Gemeinden, Selbsthilfegruppen und Initiativgruppen mit assoziativen Strukturen. In diesen Formationen stehen Kommunikation und Gemeinschaftsbezüge im Vordergrund, aber auch Formen von Diakonie, die in nicht marktbezogenen Feldern prophetische Zeichen setzen, z.B. in der Arbeit mit Flüchtlingen und Asylsuchenden. Die anwaltschaftliche Funktion wird – das ist die dritte Säule – von überregional operierenden Akteuren wahrgenommen.

Eine solche Versäulung entwickelt sich allerdings nicht quasi naturwüchsig. Gegen das Szenario der Versäulung steht das Bild einer durch den schöpferischen Geist der Barmherzigkeit und Gerechtigkeit geformten *Pluriformität von Diakonie*. Gegen die Tendenz der Aufspaltung richtet das Bild einer vielgestaltigen Diakonie, die durch eine gemeinsame Achse bewegenden Sinns geprägt ist. Unterschiedliche Subjekte, Einzelne, Gruppen und Organisationen, Ehrenamtliche und Professionelle sind durch institutionalisierte Kommunikation miteinander verbunden.

(6) Diakonie wird sich in der Zivilgesellschaft als intermediäre Instanz verstehen. Sie hat ihren *Ort zwischen Staat und Markt*. Sie vermittelt zwischen Makro- und Mikroebene, zwischen dem Individuum und den gesellschaftlichen Systemen, zwischen dem Einzelnen und der geglaubten Wirklichkeit Gottes. Dieser Verortung wird weder die pure Kontrastierung von Kirche und Welt, Diakonie und Sozialer Arbeit noch die funktionale Einfügung der Diakonie in gesellschaftliche Erwartungsmuster gerecht. Diakonie gestaltet sich vielmehr dialogisch und kooperativ. Diakonie im christlich-kirchlichen Sinnzusammenhang ist keine prinzipielle Alternative zu »weltlichen« Konzepten der Sozialen Arbeit, sondern nimmt in kritischer Kooperation »bestimmte Aufgaben der Befähigung und Ermächtigung zur eigenen Lebensführung besonders wahr, indem sie sie auf die Beschaffenheit und Bestimmung des Menschen vor Gott bezieht.«[64] Diakonie verknüpft biblische Leitlinien mit Einsichten der humanen Vernunft. Sie ist in vielschichtiger Weise auf Dialog angewiesen. Im Dialog zwischen Theologie, Human- und Sozialwissenschaften, zwi-

---

64 Hermann Ringeling: Der diakonische Auftrag der Kirche – Versuch eines Konzepts, WzM 37 (1985), 199–216: 201 (im Original kursiv).

schen »Experten« und »Laien« können modellartige Anwendungen und Übertragungen dazu beitragen, die Distanz zwischen verschiedenen Theorie- und Praxisfeldern zu verringern und Szenarien zu entwickeln, wie das Zeugnis von Gottes kommenden Reich in die Lebensbereiche unserer Welt hinein getragen werden kann.[65]

7. Literatur zur Weiterarbeit

Müller, Klaus: Diakonie im Dialog mit dem Judentum. Eine Studie zu den Grundlagen sozialer Verantwortung im jüdisch-christlichen Gespräch, VDWI 11, Heidelberg 1999.

Philippi, Paul/Strohm, Theodor (Hg.): Theologie der Diakonie. Lernprozesse im Spannungsfeld von lutherischer Überlieferung und gesellschaftlich-politischen Umbrüchen. Ein europäischer Forschungsaustausch, VDWI 1, Heidelberg 1989.

Pompey, Heinrich/Roß, Paul-Stefan: Kirche für andere. Handbuch für eine diakonische Praxis, Mainz 1998.

Reitz-Dinse, Annegret: Theologie in der Diakonie. Exemplarische Kontroversen zum Selbstverständnis der Diakonie in den Jahren 1957–1975, Neukirchen-Vluyn 1998.

Schäfer, Gerhard K.: Gottes Bund entsprechen. Studien zur diakonischen Dimension christlicher Gemeindepraxis, VDWI 5, Heidelberg 1994.

65 Vgl. Müller-Fahrenholz: Phantasie, 190 ff.

V.
Gegenwärtige Anforderungen an eine diakonische Ethik

NORBERT AMMERMANN

1. Einführung: Historischer Zugang

Ethik in der Diakonie hat sich immer als Teilgebiet der systematischen Theologie verstanden und von daher Aufgaben und Notwendigkeiten zu reflektieren versucht. In diesem Beitrag möchte ich aber einen gegenwärtigen Ansatz darstellen, diakonische Ethik auf dem Hintergrund einer allgemeinen Organisationsethik zu begreifen, die von systemischen und kybernetischen Modellbildungen ausgeht und Ethik als Teil von Lebensäußerungen von Unternehmen versteht.

Suchen wir hier nach historischen Zugängen, so wäre wohl auf Schleiermachers Ansatz zu verweisen, Führung in Kirche und Diakonie als gelungenes Zusammenwirken unterschiedlichster Faktoren zu verstehen. In der Kybernetik – der »Steuermannskunst« – befasst sich die Theologie schon seit Jahrhunderten mit der Frage, wie die Leitung der Kirche am besten gestaltet werden kann. Friedrich Schleiermacher (1768–1834) etwa sah (in seiner »Kurzen Darstellung des Theologischen Studiums«[1]) in der Kirchenleitung den eigentlichen Gegenstand der Praktischen Theologie (§ 260), ja sogar der Theologie als Ganzer (§§ 3 u. 5)!
Regeln und Konzepte für das kirchliche Handeln entwickelt die Praktische Theologie in ihren Teildisziplinen Liturgik, Homiletik (Predigtlehre), Religionspädagogik, Poimenik (Lehre von der Seelsorge), kirchliche Publizistik; Diakonie- und Missionswissenschaft werden, obwohl mit der Praktischen Theologie eng verbunden, an einigen Theologischen Fakultäten als eigene Fächer gelehrt. Der Frage nach dem Zusammenhang des kirchlichen Handelns auf den verschiedenen Gebieten entspricht die Praktische Theologie durch die Entwicklung einer Theorie der Kirche als Institution in der modernen Gesellschaft. Die Probleme des Aufbaus, der Organisation und der Leitung der Kirche sind dabei Gegenstand einer weiteren, sich zur Zeit neu konstituierenden praktisch-theologischen Disziplin, der Kybernetik.

---

[1] Friedrich Daniel Ernst Schleiermacher: Kurze Darstellung des theologischen Studiums zum Behuf einleitender Vorlesungen, hg.v. Heinrich Scholz, Nachdruck der dritten kritischen Ausgabe Leipzig 1910, Darmstadt 1977.

2. Beispiele

Ich möchte zunächst an einigen Beispielen verdeutlichen, welchen Anforderungen sich eine diakonische Ethik stellen muss.

(a) In einer Kirchengemeinde steht die Stelle der Gemeindediakonin zur Disposition. Die bisherige Gemeindediakonin wird in den Ruhestand verabschiedet. Das Presbyterium möchte gern die Stelle neu ausschreiben. Die Superintendentur des Kirchenkreises gibt zu verstehen, dass sie angesichts der knappen Kassen die Ausschreibung nicht zulassen möchte. Vielmehr seien die Dienste der Gemeindediakonin doch über das Diakonische Werk des Kirchenkreises aufzufangen. Im Presbyterium findet eine erregte Diskussion statt: Die Gemeindediakonin sei das Aushängeschild der Kirchengemeinde, die doch dem Auftrag zur Nächstenliebe nachzukommen suche; Rat und Hilfe müssten über die persönliche Beziehung laufen; man könne diese Aufgaben nicht an das Unternehmen Diakonie delegieren. – Vom Diakonischen Werk wird Ärger geäußert: Die Kirchengemeinden müssten endlich verstehen, dass die traditionelle Funktion der gemeindlichen Diakonie nicht mehr zeitgerecht sei. Diakonische Aufgaben seien von Kirchengemeinden nicht mehr zu bewältigen und müssten von professionellen Trägern übernommen werden.

(b) Einige Jahrzehnte waren es ausschließlich die Diakoniestation und eine Pflegestation der Arbeiterwohlfahrt (AWO), die in einer Kleinstadt für die ambulante Pflege zuständig waren. Nun drängen private Anbieter auf den Markt. Die Aufträge zur ambulanten Pflege sind leicht rückläufig. Es werden unterschiedlichste Meinungen und Befürchtungen im Leitungsteam der Diakoniestation laut: Werden die privaten Anbieter die Preisstaffelungen der Diakoniestation unterbieten? Sollte man sich nicht besser mit der AWO enger zusammenschließen und eine Art Kartell bilden, um die »Konkurrenz« wirksamer bekämpfen zu können? Und worin liegt eigentlich das Proprium einer Diakoniestation, welches die Kunden dazu veranlasst, deren und nicht ein privates Angebot zu wählen?

(c) Ein Kirchenkreis sorgt sich um sein evangelisches Krankenhaus. Zunehmend wird offen die Meinung geäußert, es sei doch besser, dieses Haus zu schließen. Die Entwicklung des Gesundheitssystems dränge auf eine rasche Zentralisierung; da könnten kleine Einrichtungen wie ein evangelisches Krankenhaus nicht überleben. Den Fürsprechern dieses Standpunktes wird entgegnet, man trage doch auch eine Verantwortung für die Beschäftigten. Und in einem christlichen Krankenhaus zeige sich auch das Proprium von Kirche, nämlich tätige Nächstenliebe zu üben. Der Verwaltungsdirektor des Krankenhauses verweist dagegen auf die roten Zahlen der Bilanz.

Diese Beispiele verdeutlichen nur einige wenige Probleme, denen sich die gegenwärtige Diakonie ausgesetzt sieht. Im Folgenden soll diese Problemlage ansatzweise aus systemischer oder kybernetischer Sicht reflektiert werden, um die Frage zu beantworten, worin das Proprium der Diakonie für die Zukunft liegen könnte. Diese Sichtweise bedingt, Diakonie als System unter Systemen aufzufassen und zu fragen, worin ihr spezieller Regelungsbeitrag für ein Gesamtsystem wie z. B. das der öffentlichen Wohlfahrt, der Gesundheitspolitik, der Sozialleistungen liegen könnte. Ein solcher Ansatz wäre als kybernetische Modellbeschreibung aufzufassen.

3. Was ist Kybernetik?

Der amerikanische Mathematiker Norbert Wiener (1894–1964) gilt als der Begründer der modernen Kybernetik. Den Begriff »Kybernetik« entnahm er dem Altgriechischen. Dort bedeutet kybernetes »Steuermann«. In seinem 1948 veröffentlichten Buch »Cybernetics or the science of communication and control in the animal and machine« betont Wiener, dass dieselben grundlegenden Prinzipien zum »Funktionieren« von technischen Systemen (»machine«) und Lebewesen (»animal«) beitragen. Zu den grundlegenden Prinzipien zählt er »communication« (Informationsaufnahme, -verarbeitung und -weitergabe) sowie »feedback control« (Regelung). Regelung (feedback control) ist ein grundlegendes Prinzip der Natur – eine geniale Einrichtung, die das ordnungsgemäße Ablaufen vieler Vorgänge bestimmt. Vielzitiertes Beispiel ist das der Wärmeregulierung: Ein Thermostat misst die Raumtemperatur (Variable) und vergleicht sie mit einem vorgegebenen konstanten Wert. Je nach Vergleich veranlasst er einen erhöhten oder verminderten Betrieb des Heizungsbrenners. Die Raumtemperatur ändert sich entsprechend und der Thermostat vermindert oder erhöht umgekehrt die Brennertätigkeit, so dass eine gleichbleibende Anpassung der Raumtemperatur an den voreingestellten Wert ermöglicht wird. Das bekannteste Beispiel für ein kybernetisches Regelungsmodell ist der Autopilot im Flugzeug: Kein modernes Flugzeug kommt heute noch ohne umfangreiche regelungs- und informationstechnische Komponenten aus. Diese werden z. B. zur Unterstützung des Piloten bei Landeanflügen unter schwierigen Bedingungen eingesetzt oder zur Kommunikation mit anderen Teilnehmern in überfüllten Lufträumen.

Auf unsere Beispiele übertragen bedeutet das für das erste Beispiel: Zwei Systeme, Superintendentur und Diakonisches Werk, haben die Absprache getroffen, diakonisches Engagement ausschließlich an das Diakonische Werk zu binden. Der Wunsch des Presbyteriums, die auslaufende Stelle der Gemeindeschwester wieder neu zu besetzen, steht diesem Interesse entgegen. Das Presbyterium stellt gewissermaßen eine Störvariable dar; es dereguliert den konfliktfreien Austausch zwischen Superintendentur und Diakonischem Werk. Dieser konfliktfreie Austausch besteht darin, dass Einhelligkeit herrscht in der Auffassung, diakonisches Engagement sei an das Diakonische Werk als eine professionelle Einrichtung zu binden. Dieser Auffassung liegen aber bestimmte ethische wie theologische Grundannahmen zugrunde, z. B. dass Nächstenliebe professionell von einem Werk wie dem der Diakonie auszuüben sei und die Kirche, quasi hinzutretend, dieser Arbeit noch die Dimension des Glaubens hinzufüge. Kirche und Diakonie werden also als dichotom aufgefasst. Diese Auffassung wird von dem Presbyterium in Frage gestellt. Eine Lösung kann aber immer noch als theologisch-kirchliches Sprachspiel erfolgen, innerhalb dessen die drei Größen eine befriedigende Einigung zu erzielen suchen.

Im zweiten Beispiel verkompliziert sich das Regelkreismodell. Die Störvariablen treten nun von außen aus dem privaten Gewerbe hinzu. Im Unterschied zum ersten Beispiel bedeutet das eine Verschärfung. Denn das kirchlich-theologische Sprachspiel greift nicht mehr unbedingt. Zum Beispiel könnte der private Anbieter den kirchlichen, bisher marktbeherrschenden Anbietern ihre Vorrangstellung absprechen, indem er beispielsweise den Slogan aufsetzt »Wir reden nicht von Nächstenliebe – wir setzen die Preise herunter«. Schnell kann es passieren, dass den diakonischen Anbietern wie auch den Wohlfahrtsorganisationen, die im Rahmen des Subsidiaritätsprinzips den Sozialmarkt beherrschten, auf diese Weise neue Marktgesetze aufgedrückt werden. Der alte Regelkreis ist dysfunktional und muss sich neuen Realitäten anpassen.

Das dritte Beispiel verdeutlicht eine Problemlage, in der sich diakonische Interessen unter den Zwängen des Marktes und der Gesundheitspolitik fast an den Rand gedrängt sehen. Hier scheinen kirchlich-diakonische Sprachregelungen kaum noch greifen zu können, da das Gesamtsystem Gesundheitsstaat zu umfassend scheint, als dass singulären Einrichtungen noch eine exklusive Daseinsberechtigung zugesprochen werden könnte.

4. Kybernetik und Diakonie

Die Übertragung dieser Beispiele macht bereits deutlich, dass wir einer weiteren wichtigen Differenzierung bedürfen, um kybernetische Vorstellungen auf diakonische Fragestellungen nutzbringend anzuwenden. Fragen wir uns, über welche »Regler« denn Veränderungen an der Vernetzung von Systemen vorgenommen werden können, so habe ich bereits indirekt auf den Begriff der »Sprachregelung« in den obigen Beispielen zurückgegriffen. Menschen funktionieren nicht wie Automaten und auch nicht wie einfache ökonomische Regler in einem kybernetischen Netz. Vielmehr fasst die Kybernetik hochdifferenzierte Lebewesen wie den Menschen als autopoietische Einheiten auf. Das bedeutet, wir verfügen über Möglichkeiten der Selbstbestimmung und Selbsterhaltung, mit denen wir uns aus vorgegebenen Netzen weit distanzieren oder uns in diese ganz hineingeben können. Wichtigstes Medium ist dabei die Fähigkeit zur Sprache, über die Verständigung und Angleichung vorgenommen werden. Über die Sprache werden aber ethische Kriterien transportiert – oft genug kaum bewusst und unreflektiert. Wenn beispielsweise die Krankenversicherungen Dänemarks unverhohlen schwangere Frauen zu einer vorgeburtlichen Diagnose auf Mongolismus drängen unter dem Hinweis, welche Kosten durch Abtreibungen mongoloider Kinder gespart werden können, so werden damit Werte transportiert, die den Wert menschlichen Lebens grundsätzlich in Frage zu stellen drohen. Diffiziler ist das Problem der Babyklappen in Deutschland: Das Wort »Babyklappe« suggeriert die Vorstellung, dass neugeborenes Lebens bequem bei Unerwünschtheit abzugeben ist – eine an sich gutgemeinte Idee zieht ein fatales Menschenbild nach sich.

Die Differenzierung, die wir benötigen, besteht in der Unterscheidung der Beobachterebenen. In der Arbeit mit Menschen und den mit ihnen gegebenen sozialen, seelischen und religiösen Bezügen müssen wir die kybernetische Sichtweise Zweiter Ordnung einführen. Die in der Technik und auch einfachen biologischen Regelwerken zugrunde liegenden rekursiven Bezüge erleben wir als erkennende und selbstbestimmte Lebewesen weitaus komplexer als Phänomen der Selbst- und Fremdbeobachtung. Fragt die Kybernetik Erster Ordnung nach zweckmäßigen und unzweckmäßigen Selbststeuerungen, so fragt die Kybernetik Zweiter Ordnung nach dem Wie der Selbststeuerungen und nicht nach richtig oder falsch.

Die Kybernetik Erster Ordnung kann also als ein Denken in Systemen beschrieben werden. Reflektiert werden Wirkungen und Zusammenhänge nicht in einer kausalen Betrachtungsweise von Ursache-Wirkungs-Zusammenhängen, sondern in Ketten, Kreisläufen und reziproken Beziehungen, auch in exponentiellen Verläufen, in verzögerten Wirkungen, Beschleunigungen und Überdehnungen von Variablen.[2] Die Kybernetik Zweiter Ordnung beobachtet darüber hinaus, wie sich Soziale Systeme beständig neu erfinden und wie sie sich in ihrer laufenden Kommunikation beständig neu »erreden«.[3]

Aus der kybernetischen Perspektive Zweiter Ordnung fällt schnell auf, dass auf der Ebene Erster Ordnung erredete Konstrukte nicht mehr als Produkt von Übereinkünften, sondern als ontologische Entität, als reales Objekt verstanden werden, das wie eine unabhängige Realität behandelt wird. Das möchte ich beispielhaft an einem Arbeitsschwerpunkt diakonischen Selbstverständnisses ausführen:

Menschen, die aus den Funktionsbereichen der Gesellschaft ausgeschlossen erscheinen, wieder in diese einzuschließen – das scheint ein ganz wesentlicher Schwerpunkt diakonischer Arbeit zu sein. Ein wichtiges Konstrukt dieser Ersten Ebene ist das des »Netzes«. Beispielsweise ist arbeitslosen Aussiedlern zu einer Beschäftigung zu verhelfen, oder Haftentlassene sind wieder in den sozialen Kontext einzugliedern – sie sind in »einem Netz aufzufangen«, wieder in den »Verbund gesellschaftlichen Lebens einzugliedern«.

Was verbindet nun die Fäden dieses Netzes? Die Knoten des Netzes werden durch unsere sprachlichen Regelungen gebildet. So unterscheiden wir beispielsweise zwischen »Klienten« und »Helfern«, darüber hinaus auch zwischen verschiedenen Hilfsorganisationen wie z.B. »DRK«, »AWO«, »Diakonisches Werk«. Innerhalb dieser differenzieren wir wieder zwischen »Ämtern« und »freien«, »gemeinnützigen« und »gewerblichen« Trägern. Im gängigen Sprachgebrauch reflektieren wir nicht, dass diese Begriffe lediglich unsere Konstrukte sind, sondern setzen sie als Entität. Das »Rote Kreuz« gibt es dann wirklich in unserer Vorstellung.

Sprachlich stehen helfende Einrichtungen nun vor einem Dilemma. In ihrem Selbstverständnis sehen sie sich als Partner des Netzwerks miteinander verknüpft, zugleich aber müssen sie sich auch immer voneinander zu trennen suchen. Die Verknüpfung zeigt

---

2 Vgl. Peter M. Senge: Die fünfte Disziplin, Stuttgart 1996; Frederic Vester: Leitmotiv vernetztes Denken, München 1989; Dietrich Dörner: Die Logik des Mißlingens, Hamburg 1989.
3 Vgl. Heinz v. Förster: Sicht und Einsicht, Braunschweig/Wiesbaden 1985; Niklas Luhmann: Soziale Systeme, Frankfurt a.M. 1985.

sich darin, dass beispielsweise Pflegeanleitungen eines diakonischen wie staatlichen Krankenhauses natürlich identisch sind; Pflege wird durch identische Normen gesteuert. Zugleich sucht man sich aber zu distanzieren, fragt danach, was ein christliches Krankenhaus »mehr« leisten kann, was ein staatliches nicht aufzubringen vermag. Die Partner sprechen zum einen die Sprache des Systems; sie sprechen aber auch die je eigene Sprache der Systempartner. Diese differenziert beispielsweise zwischen einem kirchlichen und einem frei-gewerblichen Träger, einer »Arbeiter-Wohlfahrt« und einer »Seel-Sorge«.

Diakonische Arbeit will ihrer Klientel helfen, und doch schließt sie in der Sprache, d. h. in der Kommunikation, diese Klientel als die »Objekte« der Hilfe aus – ein Dilemma, in welchem jede Wohlfahrtsorganisation steckt. Die Helfer bedürfen der Hilfsbedürftigen; wer aber hilfsbedürftig ist, wird sprachlich codiert. Hilfsbedürftige Menschen haben aber gelernt oder mussten es lernen, sich im Hier und Jetzt sich zu behaupten. In der Regel konnten sie sich nicht den Luxus leisten, zu lernen, wie zu abstrahieren ist, um die Sprachen unterschiedlicher Systeme zu sprechen. Dagegen haben es beispielsweise Sozialarbeiter gelernt, den »Fall« zu schildern, weil man ihnen das in der Ausbildung immer wieder vorhielt, aber zugleich von ihm zu abstrahieren, zu generalisieren, auf die Ebene eines Prinzips oder einer Theorie zu holen.

Hilfe wird häufig durch eine mittelschichtorientierte Form der Gesprächsführung dominiert. Dadurch werden jedoch in aller Regel genau die Bevölkerungsgruppen erneut ausgegrenzt, die ohnehin von den gesellschaftlichen Ressourcen abgeschnitten sind und nicht zuletzt deshalb zur Klientel sozialer Arbeit geworden sind.

Was der heutigen ausgeschlossenen Person zugemutet wird, ist so eine semantische Herkulesarbeit oder eine hochentwickelte Sprachkunst auszuüben. Die verschiedenen Semantiken der einzelnen Funktionssysteme (Wirtschaft, Kirche, Hochschule, Arbeitsorganisation etc.) müssen »beherrscht« und über die eigene Selbstbestimmung (über sich als eigene Person) übersetzt und verbunden werden. Die in das System integrierte Person hat ihre liebe Mühe damit zu lernen und laufend zu üben, wo man wie spricht; der aus dem System ausgeschlossene Mensch ist nicht nur lediglich aus den Funktionsbereichen ausgeschlossen, er ist zudem aus dieser Übung des Koppelns, Vereinbarens, Übersetzens ausgeschlossen.

Diakonisches Handeln findet sich nicht zuletzt aus diesem Grund im Wirken Jesu so wieder, dass Heilung immer mit sprachlichen Aussagen (Gleichnisse, Vergebungsworte) parallel einhergeht. Krankheit galt als ausschließend; die Heilung erfolgt nicht nur als Beseitigung des Krankheitssymptoms und als Gesundmachung, sondern auch sprachlich als Möglichkeit des Gleichnisses, das die Zuhörenden in das Geschehen hineinholt und diese sich bewusst machen lässt, Teilhabende an der anbrechenden Herrschaft des Reiches Gottes zu sein. Diesen letzten Horizont der Ausrichtung diakonischer Arbeit scheint die gegenwärtige Diakonie sich wieder besonders erschließen zu müssen.

5. Der Perspektivenwechsel in der Diakonie als Ethik

Die These, die ich hier darzulegen suche, lautet nun: Diakonische Arbeit nimmt Beobachterperspektiven der Ersten und Zweiten Ebene ein und sucht diese miteinander zu kommunizieren. Das Ergebnis dieses kontinuierlichen Perspektivenwechsels äußert sich als *Ethik in der Diakonie*, der diakonischen Einrichtung, der diakonischen Handlungsfelder. Missstimmigkeiten in der Ethik sind dann als Reflexion von Missstimmigkeiten zwischen Handlungs- und Konstruktebene aufzufassen. Das möchte ich zunächst an einigen Beispielen verdeutlichen:

In einer Analyse zur Marktverträglichkeit der Diakonie heißt es:

»Wo es bis vor kurzem um Verkündigung und Nächstenliebe ging, geht es schon heute oft nur noch ums Überleben. Wo früher selbstlos dem Nächsten gedient wurde, geht es heute um Kostendeckung. Und wo früher die Dienstgemeinschaft praktiziert wurde, geht es heute um das Ausfeilschen von Tarifverträgen. Es ist wirklich schwer, in all' dem überhaupt noch eine diakonische Identität zu erkennen oder zu wahren. Der Markt frisst die Diakonie.«[4]

Die Autoren dieser Zeilen verbleiben im folgenden aber nicht bei der Klage um die entschwindenden guten Zeiten des Wohlfahrtsstaates, sondern fordern die Diakonie auf, das Sicherheitsnetz der Sozialpolitik aktiv zu verlassen, ehe sie denn hinauskatapultiert werde, um so eigenständiger, flexibler, moderner und leistungsfähiger zu werden. Ein wirklich freier Sozialmarkt bestände freilich noch nicht, denn die Sozialpolitik gäbe immer noch *kostenträgermonopolistisch* den Takt an.

Gegenwärtig zeigt sich oft auch die umgekehrte Tendenz: Diakonische Einrichtungen geben sich derartig wettbewerbsorientiert, dass ihnen vorgeworfen wird, sie hätten ihren christlichen Kern längst

---

4 Markus Rückert/Klothilde Staab: Diakonie und Wettbewerb, in: Udo Krolzik (Hg.): Zukunft der Diakonie, Bielefeld 1998, 51–60.

schon aufgegeben. Immer wieder wird die Frage des Verhältnisses von wirtschaftlicher Rationalität und ethischer Verantwortlichkeit diakonischer Unternehmen aufgeworfen: Kann sich Diakonie gegenwärtig überhaupt noch am Hilfehandeln Jesu orientieren angesichts der ökonomischen Zwänge, denen sie sich ausgesetzt sieht?

Dieses Ineinander von Marktzwängen und ethischen Standpunkten ist nicht nur als ausweglose Dilemma, sondern auch aus der Beobachterperspektive Zweiter Ordnung als notwendiges, systemisches Ineinander beschrieben worden. Im Sinne des Koordinationsbegriffes geht es darum, wie diakonisch Bedeutsames und ökonomisch Gefordertes als sich gegenseitig stabilisierende Größen begriffen werden können.

Grundsätzlich zeichnet sich ein autopoietischer Ansatz dadurch aus, dass Individual- und Sozialethik nicht einander entgegen gesetzt werden, sondern eine angemessene Zuordnung erfahren. Ebenso müssen Situations- und Prinzipienethik einander zugeordnet werden. Die Situationsethik reflektiert die praktischen Rahmenbedingungen, innerhalb derer eine Entscheidung zu treffen ist. Aber sie relativiert darin nicht bestehende Werte und Normen zu einer Beliebigkeit, sondern fördert den Diskurs, der aus der Perspektive der Prinzipienethik nicht relativierbar und nicht aufzugeben ist. Eine gewisse Prinzipienfestigkeit ist wiederum notwendig, um angemessen auf soziale, politische und ökonomische Notwendigkeiten zugehen zu können. Handeln in der autopoietischen Dimension bedarf der eigenen Kontur, und nur hier kann die Stärke der Diakonie letztlich liegen. Ebenso müssen Gesinnungs- und Verantwortungsethik miteinander verschränkt werden. Der alte Streit zwischen beiden Ansätzen – Verantwortungsethiker werfen Gesinnungsethikern vor, sich nur die Reinheit der eigenen Gesinnung sich bewahren zu wollen auf Kosten der Ambivalenz der modernen Gesellschaft, und umgekehrt werfen Gesinnungsethikern Verantwortungsethikern vor, Ethik in einen pragmatischen Utilitarismus aufzulösen – ist umzuformen zu der Frage, aus welcher Gesinnung heraus der Mensch zu welcher Verantwortung findet und umgekehrt.

Als ein Beispiel eines autopoietischen Systems möchte ich auf das Modell der Wirtschaftsethik als Programm zur Wiederankopplung der wissenschaftlichen Ökonomie an die Lebenswelt hinweisen.[5] Das Programm von Peter Ulrich fußt auf der Theorie des kommunikativen Handelns nach Habermas. Nach ihm führt eine durchöko-

---

5 Vgl. Peter Ulrich: Transformation der ökonomischen Vernunft, Bern/Wien/Stuttgart 1993.

nomisierte Welt zu einer Pathologisierung der Lebenswelten (Raubbau an der Natur, Funktionalisierung kultureller Sinnstiftung, Auflösung personaler Identität) und bedarf deshalb dringend systemischer Korrekturen.

Aufgabe und Funktion der Ethik in der diakonischen Arbeit ist es hiermit, eine Beobachterebene Zweiter Ordnung wahrzunehmen und mit der Beobachterebene Erster Ordnung wechseln zu können. Diese Sichtweise weicht von der herkömmlichen Sichtweise ab, Ethik im diakonischen Kontext als normierende, handlungsanweisende Größe zu verstehen. Die herkömmliche Funktion der Ethik lässt sich so skizzieren:

```
┌─────────────────────────────────────────────────┐
│   Ethik als Begründung von Werten und Normen    │
└─────────────────────────────────────────────────┘

┌──────────────┐   ┌──────────────┐   ┌──────────────┐
│ Diakonische  │   │ Diakonische  │   │ Diakonische  │
│Handlungsfelder│  │Handlungsfelder│  │Handlungsfelder│
└──────────────┘   └──────────────┘   └──────────────┘
```

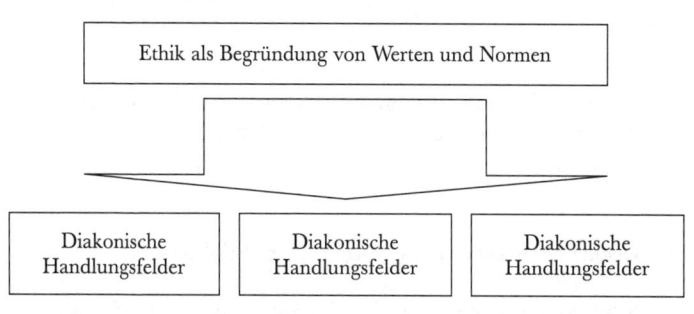

Abbildung 1

Nach diesem Modell (Abbildung 1) stellt Ethik Forderungen und Normen bereit, die diakonisches Handeln zu legitimieren und zu begründen helfen sollen. Damit solche Normen auf die höchst unterschiedlichen Handlungsfelder der Diakonie passend zurechtgeschnitten werden können, sind sie oft entsprechend als allgemeine Postulate formuliert. So soll beispielsweise Diakonie »Dienst am Nächsten« sein; sie soll »Gottes Liebe in die Welt tragen« und sich den Prinzipien der Nächstenliebe verpflichtet wissen.

Ich möchte dagegen folgendes kybernetisches Modell der Aufgabe von Ethik in der Diakonie favorisieren und ausführen (s. nächste Seite).

Dieses Modell (Abbildung 2) ist rekursiver Natur; es besitzt keinen klaren Anfang und kein klares Ende. Es stellt vielmehr einen Kreislauf dar und kann so gelesen werden, dass diakonische Handlungsfelder auf der Beobachterebene Zweiter Ordnung eine ethische Reflexion ihrer Arbeit produzieren, die ihrerseits über ein Zwischenglied der Implementierung ethischer Standards wieder die diakonischen Handlungsfelder rückbeeinflussen, womit der Kreislauf wie-

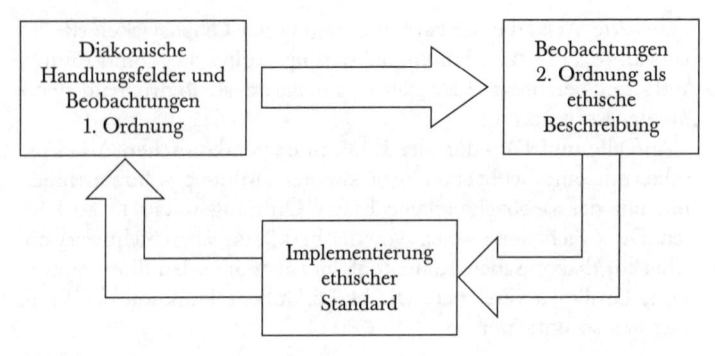

```
┌─────────────────┐              ┌─────────────────┐
│   Diakonische   │   ══════▷    │  Beobachtungen  │
│ Handlungsfelder │              │  2. Ordnung als │
│ und Beobachtungen│             │     ethische    │
│    1. Ordnung   │              │   Beschreibung  │
└─────────────────┘              └─────────────────┘
         △                                │
         ║                                │
         ║          ┌──────────────┐      ▽
         ╚══════════│Implementierung│◁═════
                    │   ethischer   │
                    │    Standard   │
                    └──────────────┘
```

Abbildung 2

der von vorn beginnt (der im Prinzip auch umkehrbar vorstellbar ist). Insofern ist Ethik im diakonischen Sinne als »Ethik-Management« zu verstehen.

6. Beispiel eines kybernetisch orientierten Ethikmodells

Ein Ethik-Management darf nicht kurzschlüssig verstanden werden als Ansammlung moralischer Appelle an Kundenfreundlichkeit und Qualitätssicherung pflegender und heilender Einrichtungen. Zu kurz gegriffen wäre auch das Verständnis von Ethik-Management als präventive oder nachsorgende Fallbesprechung ethischer Konfliktsituationen. Vielmehr hat Ethik-Management eine analytische und moderierende Aufgabe wahrzunehmen, um ethische Urteilsfindungen und ethische Einstellungen systemimmanent fördern zu helfen.

Die Aufgaben eines solchen Ethik-Managements können allgemein umschrieben werden als

- Analyse bestehender expliziter Wertpräferenzen pflegender und heilender Einrichtungen (z.B. Selbstverständnis nach dem erarbeiteten Leitbild)
- Analyse bestehender impliziter Wertpräferenzen pflegender und heilender Einrichtungen (z.B. Selbstverständnis in Differenz zu dem erarbeiteten Leitbild)
- Analyse von Entscheidungswegen
- Analyse von Entscheidungsspielräumen (ethisches Portfolio)
- Umsetzung in ein systemimmanentes Diskursmodell (z.B. über Handreichungen, Checklisten, Besprechungsmodelle und Schlussfolgerungsmodelle).

Nach diesem Verständnis macht Ethik-Management mögliche Entscheidungswege und Entscheidungsspielräume im ethischen Diskurs deutlich. Es wird quasi ein Entscheidungsraum modelliert und analysiert, welche optimierten Entscheidungen gefällt werden können. Dieser kann z. B. folgende vier Felder beinhalten:

Explizite Werteinstellungen (Meinungen und Forderungen des Trägers der Einrichtung, Außenprofil etc.)	Implizite Werteinstellungen (Leitbilder, Selbstverständnis des Teams, moralische und ideelle Wertkonflikte)
Explizite Forderungen (Erwartungen des Klienten, der Angehörigen, des Trägers)	Implizite Forderungen (Forderungen an das moralische Selbst, aus religiösen Einstellungen resultierende Gewissens- und Glaubensanforderungen)

Solche ethischen »Portfolio-Felder« sind transparent zu machen und innerhalb der Systeme zu moderieren. Als Beispiel führe ich die Ausbildung von Ethikberaterinnen und Ethikberatern in der Kaiserswerther Diakonie an, die vom IFF Wien[6] durchgeführt wurde. Zielgruppe waren die Altenpflegeinrichtungen des diakonischen Verbandes. Zur Moderatorenausbildung wurde auf verschiedene Modelle, so auf das Nijmwegener Modell[7] zurückgegriffen.

Vignettenhaft sei hier eine kleine Phase wiedergeben, in der die Beobachterebenen Erster und Zweiter Ordnung in der Praxis verdeutlicht wurden. Viele ethische Auseinandersetzungen laufen nach diesem Schema ab: A sagt: »S macht da etwas falsch«. – S denkt/sagt: »A hat Unrecht!« – A sagt: »S macht da etwas falsch, wenn S sagt, ich – A – hätte Unrecht …«. Es wird deutlich, wie schnell aus solchen Denkzirkeln kein Entkommen ist, da man in der Beobachterebene erster Ordnung verbleibt und dem anderen Tatbestände ontologisch zuschreibt. Auf der Beobachterebene Zweiter Ordnung sähe der Dialog so aus:

A: Ich denke, S. macht da etwas falsch; aber S. wird annehmen, sie macht es richtig.
S: A hat Recht, wenn er denkt, ich denke, ich mache es richtig. Er hat Unrecht, wenn er denkt, ich mache es falsch.
A: Ich würde in dieser Situation so handeln, aber ich weiß nicht, ob S. dann denken würde, ich mache es richtig oder unrichtig …

---

6 IFF = Institut für Interdisziplinäre Forschung und Fortbildung; siehe Andreas Heller/Thomas Krobath (Hg.): Organisationsethik. Organisationsentwicklung in Kirchen, Caritas und Diakonie, Freiburg 2003.
7 Heller/Krobath: Organisationsethik, 181.

Es wird deutlich, wie in dieser Phase inneres Selbstgespräch und äußerer Dialog beständig zugleich thematisiert werden und so beide Beobachterperspektiven in A wie in S gegeben bleiben.

Solche Diskurse lassen sich auch systematisch erfassen und analysieren[8]. Anstatt konkurrierender Diskrepanzen können dann auf einmal ergänzende Sichtweisen entstehen. Dem obigen Beispiel lag das Problem zugrunde, ob eine Bewohnerin eines Stiftes an eine künstliche Ernährung (PEG) angeschlossen werden soll. Die systematische Exploration zeigte dann auf, dass es in der Diskussion des Stationsteams nicht mehr darum ging, wer mit seiner Meinung Recht bzw. Unrecht habe, sondern wie fachliche und soziale Kompetenzen als übergeordnete ethische Konstrukte umgesetzt werden könnten. Damit ergibt sich aber eine Verlagerung des Diskussionsschwerpunktes hinweg von dem Konkurrenzpaar falsch-richtig hin zu dem komplementären Begriffspaar fachlich kompetent – sozial kompetent.

Die folgende Abbildung gibt eine »Map« dieser Diskursverlagerung wieder: Die Diskrepanzen zwischen falsch – richtig, Recht haben – im Unrecht sein konnten nach einer systematischen Exploration der Wertkonflikte zugunsten der Sichtweise fachliche Kompetenz – soziale Kompetenz überwunden werden. Im »Klartext« hieße das: S handelt fachlich falsch, aber sozial kompetent, und A hätte fachlich kompetent, aber sozial falsch gehandelt. Das übergreifende Konstrukt Kompetenz mit seinen ethischen Implikationen ließ in diesem Beispiel den Konflikt aufgrund einer veränderten Sichtweise schwinden.

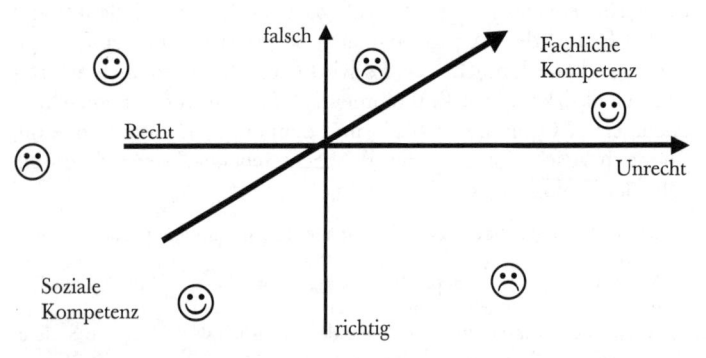

Abbildung 3

---

8 Methodischer Ansatz und methodische Vielfalt lassen sich hier nicht ausführlich darstellen; ich verweise deshalb auf Norbert Ammermann/ Carsten Gennerich: Ethikberatung konkret, Münster 2002.

Dieses Schema von Ethikberatung kann als ein Drei-Ebenen-Schema wiedergegeben werden: Im »Erdgeschoss« befinden wir uns auf dem Boden alltäglicher Entscheidungen, die wir unreflektiert auszuführen gewohnt sind. Beispielsweise werden wir in der pflegerischen Arbeit freundliche Umgangsformen pflegen und diese nicht besonders als Resultat einer ethischen Entscheidung auffassen. Andere Handlungen werden aber durch internalisierte Normen gesteuert. So werden wir in der Pflege die Regeln richtiger, patientenzentrierter Pflege umzusetzen suchen, also gute Pflege zu leisten versuchen. Unterschiedliche Normen können mich in der Ausübung von Pflege in einen inneren Konflikt bringen. Beispielsweise verweigert eine altgewordene, todkranke Frau das Trinken. Soll ich das respektieren? Mache ich mich dann nicht mitschuldig, wenn sie verdurstet? Soll sie künstliche Flüssigkeitszufuhr erhalten? Dienen wir dann einem humanen Anliegen, oder machen wir uns schuldig an ihr, die ihr Leben so abzuschließen versucht? Wenn Normen so zu Widersprüchen in meinen Handlungsabsichten führen, müssen sie auf einer dritten Ebene miteinander kommuniziert werden. Kommuniziert werden muss aber beides: Die Widersprüche zwischen Werten und Normen in der Art und Weise, wie sie z.B. von einem Team der Altenpflege erlebt werden.

Dieser Sachverhalt wird in Abbildung 4 wiedergegeben: in den konkreten situativen Bezügen sind Handlungen gefragt.

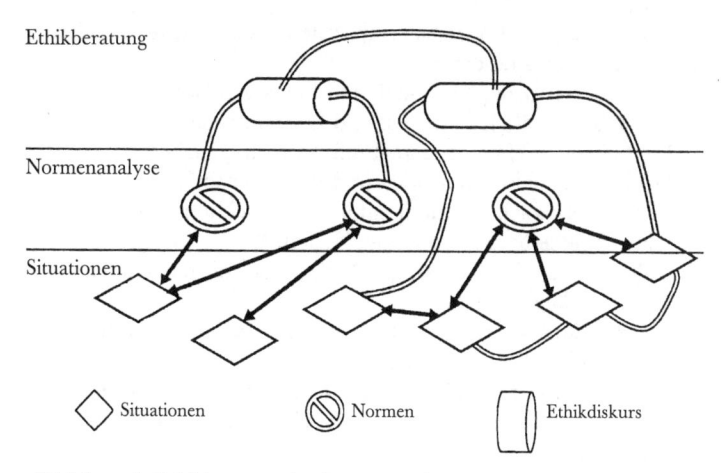

Abbildung 4: Ethikberatung im Spannungsfeld eines Portfolio von Person und Werteraum

Viele Handlungen bedürfen auch keiner normierenden Begründung mehr (beispielsweise wenn sich ein Pflegender an den Normen guter Pflege orientiert, ohne diese immer wieder zu thematisieren). Auf einer höheren Ebene erscheinen diese Handlungen als Fazit von Normen und Werten, die gefragt oder ungefragt vollzogen werden oder gegen die man sich abzugrenzen sucht, so wenn Konflikte entstehen (beispielsweise die Frage PEG – ja oder nein?). Eine Ethikberatung nimmt diese Normen und Werte als Konstrukte diakonischer Arbeit wahr und thematisiert sie in diesem Zusammenhang. Solche Evaluierungen impliziter Ethiken sind natürlich auch auf breiter Basis empirisch anzugehen; ich verweise hier auf eine ausführliche Studie des Ev. Johanneswerkes Bielefeld, des zweitgrößten diakonischen Unternehmens Europas.[9]

Dieses sehr kurz gehaltene Beispiel aus einem weitaus größeren Projekt sollte verdeutlichen, was die Beobachterebene Zweiter Ordnung für ethische Entscheidungsfindungen aufzugreifen vermag:

- Es wird nicht nach falschen und richtigen Entscheidungen gefragt, sondern danach, welchen Widersprüchen Entscheidungen unterliegen.
- Es werden ethische Entscheidungsräume entworfen und gefragt, auf welchen »Bahnen« sich Mitarbeitende in diesem Räumen zu bewegen suchen.
- Es wird nicht die Einhaltung von Werten kontrolliert, sondern gefragt, welche Werte und Normen konstruktmäßig eher ausgeblendet werden könnten.

Typische Fragestellungen einer kybernetischen Sichtweise ethischer Entscheidungen sind dann:

- Wo habe ich richtig gehandelt und Recht gehabt?
- Wo habe ich falsch gehandelt und Unrecht gehabt?
- Wo habe ich richtig gehandelt und Unrecht gehabt?
- Wo habe ich falsch gehandelt und Recht gehabt?

Für Teilnahme, Ziel, Begründung und Entscheidungsfindung gelten für eine Ethikberatung dann diese Fragen:

- Teilnahme an Ethikberatung: Nicht, wer soll teilnehmen, sondern: wer kann fehlen?
- Ziel der Ethikberatung: Nicht, was soll herauskommen, sondern: was soll nicht herauskommen?
- Begründung der Ethikberatung: Nicht, wozu brauchen wir Ethikberatung, sondern: unter welchen Umständen wird Ethikberatung überflüssig?

9 Internet http://www.wertekompass.de.

- Ethische Entscheidung: Nicht, ja oder nein, sondern: wie kann die Entscheidung zur Konsequenz sich wandeln?

Insbesondere die dritte Frage verdeutlicht hier, dass mit dieser Fragestellung Ethikberatung nicht überflüssig gemacht werden soll, sondern vielmehr von ihren Grenzen her bestimmt werden muss.

7. Die Positionierung der theologischen Aufgabe in diesem Modell

Was wird Diakonie weiterhin als Diakonie auszeichnen und ihre Anwesenheit in der Gesellschaft unabdingbar machen? Ich möchte die Antwort auf diese Frage in der These bündeln, dass nicht die zunehmende Professionalisierung, eine zunehmende Marktorientiertheit oder eine so oder so ausgerichtete ideologische Ausrichtung über die Entwicklung der Diakonie entscheiden wird. Ausschlaggebend wird sein, inwieweit Diakonie ihre ethische Grundlegung nicht im Sinne moralischer Prinzipien, sondern methodischer wie inhaltlicher Reflexion zu betreiben vermag, um so gleichzeitig eine Koordination mit den anderen Wohlfahrtsverbänden in Europa bei gleichzeitiger Abgrenzung leisten zu können. Die veränderten Rahmenbedingungen erfordern in Zukunft nicht mehr so sehr eine Festlegung auf einmalige Werte und Normen, sondern ihre professionelle Kommunikation. Gerade zentrale christliche Grundwerte wie z.B. der Wert der Menschenwürde, werden zunehmend in Frage gestellt werden angesichts der neuen Möglichkeiten der Biomedizin und der Biotechnik. Werte wie Freiheit und Selbstbestimmung werden angesichts der Zunahme drohender Krisenherde zunehmend Einschränkungen und Eingrenzungen erfahren. Der genetisch vorprogrammierte Mensch aus dem Katalog scheint zunehmend eine mögliche Realität zu werden. Diakonie muss lernen, ihre Wertsetzungen neu zu überdenken und in einen gesellschaftlichen Diskurs einzubringen. Ihr letzter Horizont, in dem das geschieht, ist der des Reiches Gottes, der Herrschaft Gottes. Dieser Horizont ist wieder als grundlegende Bezugsgröße diakonischer Arbeit zu begreifen.

Was Diakonie zu bieten hat, ist nicht die Professionalisierung von Hilfe, obwohl ihr natürlich an dieser gelegen sein muss. Sondern sie hat zu bieten, dass Nöte und gesellschaftliche Mängel im Horizont des Reiches Gottes überdacht und von dort aus ungewohnte Wege der Hilfe eingeschlagen werden. Darin kann sie zu einer Ethik des Reiches Gottes anstiften. Hilfe bietet ihre Selbstreflexion unter Bezugnahme auf kybernetische Modelle. Diakonie muss sich als System unter Systemen verstehen lernen – aber eben auch als ein System, das die Freiheit zur Selbstbestimmung in einer christlichen Ethik besitzt und diese in Koordination wie Konkurrenz zu anderen Systemen ausübt.

Abbildung 5 verdeutlicht abschließend diese Aufgabe der Theologie, indem das kybernetische Modell zwei üblichen Modellen zur Seite gestellt wird. *Modell 1* verdeutlicht ein diakonisches System, in welchem die Unternehmensleitung direktiv die diakonischen Handlungsfelder leitet und der Theologie eine begleitende Aufgabe zukommt. Diese Modell findet sich sehr häufig; in vielen diakonischen Einrichtungen wie z.B. Krankenhäusern ist die Theologie als seelsorgliche Arbeit platziert, ohne in einem direkten Arbeitsverbund mit den leitenden Vorständen zu stehen.

Modell 2 verdeutlicht eine einseitige Beauftragung der Theologie in der diakonischen Arbeit als kritische Stimme (als »Blitz-« oder »Kahlschlag« an der unternehmensorientierten Diakonie). Unternehmensleitung und kritische Reflexion derselben haben sich voneinander getrennt. Als Beispiel führe ich die gegenwärtige Diskussion um das Proprium in der Diakonie an: Wieweit sollen diakonische Einrichtungen sich an den Marktgesetzen orientieren und inwieweit ihre öffentliche Anwaltschaftsfunktion wahrnehmen? Theologische Argumente bezichtigen unternehmerische Gesichtspunkte hier oft vorschnell als unchristlich oder inhuman.

Modell 3 verdeutlicht ein kybernetisches Modell. Die Unternehmensleitung erfolgt nicht mehr direktiv, sondern gebrochen über Feedbackschleifen und auf zweiten Beobachterebenen. Diesen hat sich auch die theologische Arbeit auszusetzen. Auf diesen Ebenen vermögen dann Leitung wie Theologie miteinander einen Diskurs zu führen und sich kritisch zu ergänzen. Es geht auf dieser Ebene nicht mehr darum, wer »Recht« hat und wer die »Wahrheit« sagt, sondern richtiges Handeln und wahrhaftiges Reden sind aneinander gebunden und bedingen sich gegenseitig. Diakonie hat wahrhaftige Rede in richtiges Handeln umzusetzen; die Theologie hat richtiges Handeln in wahrhaftige Rede zu überführen.

Ich möchte diese Aufgabenstellung für die Diakonie mit einem Bezug auf das Gleichnis vom barmherzigen Samariter (Lk 10) verdeutlichen: Oft wird dieses Gleichnis so verstanden, als diene es der Vermittlung und Verdeutlichung einer jesuanischen Ethik, wie sie von der Urgemeinde ausgebildet wurde. Nicht nur dieses Gleichnis lässt aber erkennen, dass dessen Einordnung in einen bestehenden ethischen Kontext redaktionelles Werk mehrerer späteren Autoren ist. Den Gleichnissen selbst kam in ihrem Sitz im Leben vielmehr die Aufgabe zu, das Reich Gottes im Erzählvorgang gewissermaßen zu

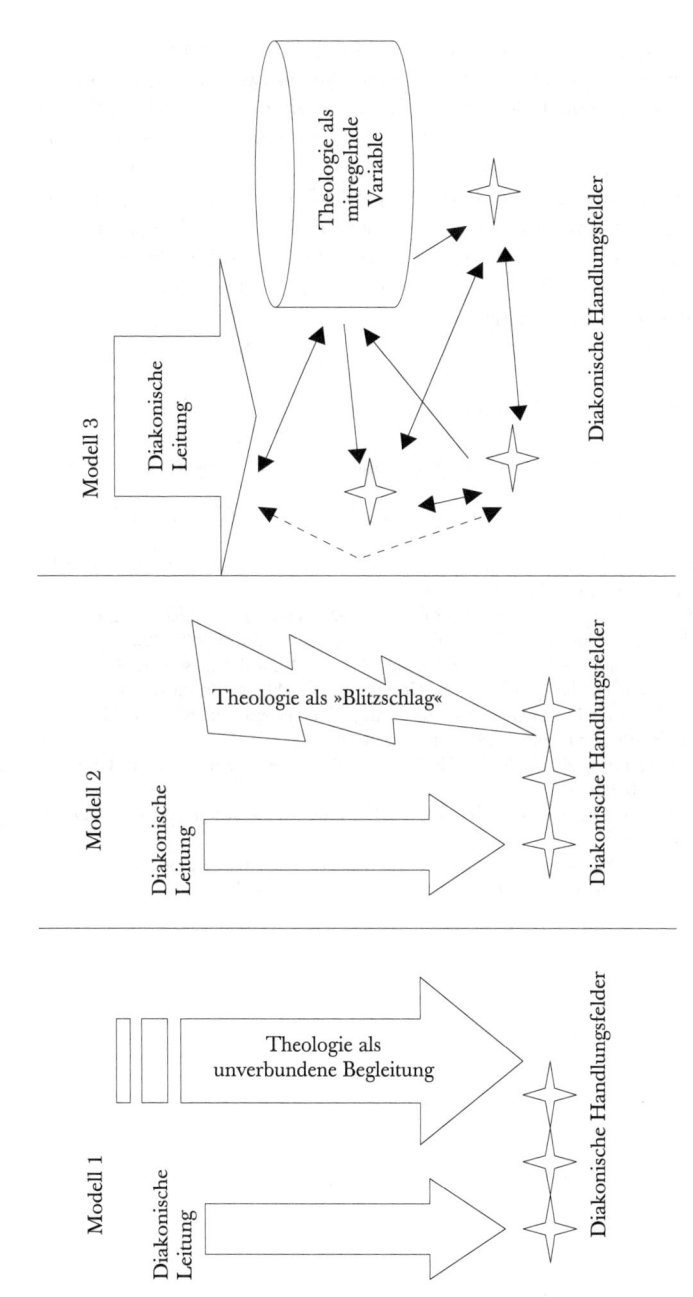

Abbildung 5

initiieren und zu generieren. So besteht die eigentliche Leistung des Samariters nicht darin, ein ethisches Vorbild zu liefern – ein solches Vorbild war auch der vorbeigehende Levit, der sich, obwohl ihn die Not des Überfallenen bekümmert haben mag, an die Reinheitsvorschriften hielt und den moralischen Kodex befolgte. Sondern er generierte eine neue Ethik, die ausgehend von der Erfahrung und der Empirie fragte, was angesichts der aktuellen Not wirklich hilfreich sein kann. Hier war es ein bedrohtes Menschenleben, das zu »globalen Einsätzen« führte – der Samariter galt nicht als Israel, der nationalen Welt, zugehörig.

8. Literatur zur Weiterarbeit

Ammermann, Norbert/Gennerich, Carsten: Ethikberatung konkret, Münster 2003.
Gabriel, Karl: Herausforderungen kirchlicher Wohlfahrtsverbände, Berlin 2001.
Gerhard, Martin: Diakonisches Handeln – Ökonomisches Denken – Ethisches Erwägen, Eichstätt 2001.
Güntert, Bernhard J./Kaufmann, Franz-Xaver/Krolzik, Udo (Hg.): Freie Wohlfahrtspflege und europäische Integration, Gütersloh 2002.
Heller, Andreas/Krobath, Thomas (Hg.): Organisationsethik. Organisationsentwicklung in Kirchen, Caritas und Diakonie, Freiburg 2003.
Jäger, Alfred: Gegenwart und Zukunft der Diakonie, in: Krolzik, U. (Hg.): Zukunft der Diakonie, Bielefeld 1998, 61–73.
Krolzik, Udo: Zukunft der Diakonie – Zwischen Kontinuität und Neubeginn, Bielefeld 1998.
Lohmann, David: Das Bielefelder Diakonie-Management-Modell, LLG 1, Gütersloh 1997.
Nethöfel, Wolfgang: Diakonie im Unternehmen Kirche, in: Krolzik, U. (Hg.): Zukunft der Diakonie, Bielefeld 1998, 21–35.

VI.
Diakonie im ökumenischen Dialog

MARTIN ROBRA

1. Einführung: Gerechtigkeit und Solidarität –
zerbrechende Gemeinschaft heilen

Eine in Rumänien angefertigte Ikone des Märtyrertodes des Heiligen Stephanus (Apg 7) stand im Mittelpunkt des Eröffnungsgottesdienstes der Dekade zur Überwindung der Gewalt im Jahr 2001 in Berlin. Mit seinem gewaltlosen, auf Gerechtigkeit und Solidarität ausgerichteten Zeugnis vom Kommen des Gerechten inspiriert die Gestalt des als ersten Diakons der Kirchengeschichte verehrten Stephanus die heute wohl bekannteste Initiative der Mitgliedskirchen des Ökumenischen Rates (ÖRK).

Nach dem Bericht der Apostelgeschichte (Apg 6) reagiert die Jerusalemer Gemeinde mit der Einsetzung der Sieben auf die Erfahrung von Ungerechtigkeit und Ausgrenzung in ihren eigenen Reihen. Die griechischen Witwen waren nicht nur in der Gesellschaft, sondern auch in der Gemeinde selbst marginalisiert und wurden bei der täglichen Versorgung nicht berücksichtigt. Gemeinschaft zerbricht an mangelnder Solidarität. Die Praxis der Diakonie zielt auf die Wiederherstellung von Gemeinschaft. Dabei reflektiert die Beauftragung von Repräsentanten der benachteiligten Gruppe die Einsicht in die notwendige Beteiligung und Stärkung der Position der im gesellschaftlichen Machtgefälle Benachteiligten – eine Einsicht, die auch zentral ist für die Überwindung von Gewalt, die in ihren unterschiedlichen Formen häufig auf den Missbrauch von Macht in personalen und strukturellen Beziehungen zurückgeführt werden kann.

Dass Diakonie (*diakonia*) als Praxis des Teilens und Heilens in Solidarität mit den Armen und Ausgegrenzten auf Gemeinschaft zielt, bestätigt sich auch in der von Paulus mit den Aposteln in Jerusalem getroffenen Vereinbarung, in der die Mission unter den Heiden auf die Unterstützung der Armen und Hungernden in Jerusalem und Judäa bezogen bleibt (Apg 11,29 f.; 2. Kor 8 bis 9; Gal 2, 9 f.). Das Teilen der Gaben selbst wird dabei mit dem griechischen Begriff der *koinonia* (Gemeinschaft) bezeichnet.

Die Erinnerung an diesen vom biblischen Zeugnis bestätigten Zusammenhang veranlasste die Delegierten der Weltkonferenz von Glauben und Kirchenverfassung 1994 in Santiago de Compostela zu folgender Stellungnahme:

»Als Koinonia ist die Kirche berufen, nicht nur an den Leiden ihrer eigenen Gemeinschaft teilzuhaben, sondern auch am Leiden aller; durch Fürsprache und Fürsorge für die Armen, die Bedürftigen und Ausgegrenzten; durch die Beteiligung an allen Anstrengungen, Gerechtigkeit und Frieden in den menschlichen Gesellschaften zu verwirklichen; durch die Ausübung und Förderung einer verantwortlichen Haushalterschaft für die Schöpfung und dadurch, dass sie die Hoffnung in den Herzen der Menschen lebendig erhält. *Diakonia* an der ganzen Welt und *Koinonia* können nicht getrennt werden.«[1]

Dieser weitere Horizont des diakonischen Handelns ist konstitutiv für ökumenische Diakonie, insofern die ökumenische Dimension christlicher Existenz und der Gemeinschaft der Kirchen ausgerichtet ist auf Gottes Haushalt des Lebens (*oikos*, s. auch Ps 24,1). Ökumenische Diakonie ist danach Dienst an der ganzen Welt. Arbeitsfelder ökumenischer Diakonie gehen deshalb weit über die zwischenkirchliche Hilfe oder die unmittelbare Krisen- und Katastrophenhilfe hinaus, sondern zielen auf die Überwindung struktureller Ungerechtigkeit und Umweltzerstörung im Einsatz für gerechte und nachhaltige Gemeinschaften, in denen Menschen in Würde leben können. Diese Ausrichtung ökumenischer Diakonie auf die ganze Welt ist auf besondere Weise herausgefordert durch die Vision einer globalen Marktgesellschaft als Leitbild der ökonomischen Globalisierung.[2]

2. Historische Dimension

2.1 Zwischenkirchliche Hilfe und Flüchtlingsarbeit

Als Willem A. Visser't Hooft 1938 aufgefordert wurde, der erste Generalsekretär des neu zu bildenden ÖRK zu werden, verlangte er, dass eine Abteilung für zwischenkirchliche Hilfe dazugehören müsse: ohne praktische Solidarität könne es keine gesunde Gemein-

---

[1] Auf dem Weg zu einer umfassenderen Koinonia. Botschaft der Weltkonferenz (para 21), in: Günther Gassmann/Dagmar Heller (Hg.): Santiago de Compostela 1993. Fünfte Weltkonferenz für Glaube und Kirchenverfassung, ÖR.B 67, Frankfurt a.M. 1994, 221.
[2] Vgl. Konrad Raiser: For a Culture of Life. Transforming Globalization and Violence, Genf 2002.

schaft von Kirchen geben. Schon 1944/1945, also mehr als drei Jahre vor der Gründung des ÖRK, wurde die von ihm geforderte Abteilung für Wiederaufbau geschaffen als Antwort auf Flüchtlingselend und massive Zerstörung im vom Zweiten Weltkrieg verwüsteten Europa.[3]

Bereits 1945 wurde der Name in Abteilung für Wiederaufbau und Zwischenkirchliche Hilfe geändert, als die 1922/1923 in Zürich geschaffene und seit 1928 nach Genf umgesiedelte Europäische Zentralstelle für kirchliche Hilfsaktionen (EZ) in die Abteilung eingegliedert wurde.[4] Schon 1946 folgten die Gründung des Ökumenischen Kreditfonds ECLOF (Ecumenical Church Loan Fund), die Einrichtung einer ökumenischen Kommission für Flüchtlinge sowie die erste Tagung einer jährlichen Konferenz der Sekretäre von Geber- und Empfängerkirchen. Nach der Gründung des ÖRK und seiner ersten Vollversammlung 1948 in Amsterdam wurden diese verschiedenen Initiativen mit der Abteilung für Wiederaufbau und zwischenkirchliche Hilfe zusammengefasst, die daraufhin 1949 in Abteilung für zwischenkirchliche Hilfe und Flüchtlingsdienst (DICASR) umbenannt wurde.

Solche auf institutionelle Kontinuität im ÖRK ausgerichtete historische Betrachtung ökumenischer Diakonie darf jedoch nicht verdecken, dass wichtige Impulse für die Praxis und das Verständnis ökumenischer Diakonie auch aus der Missionsbewegung und der Zusammenarbeit im 1921 gegründeten und erst 1961 mit dem ÖRK zusammengeschlossenen Internationalen Missionsrat hervorgingen. Missionsgesellschaften und einzelne Kirchen haben sich bereits im 19. Jh. in spontaner Weise in der Krisen- und Katastrophenhilfe engagiert. In ihren Missionsgebieten richteten sie Hospitäler und andere Gesundheits- und Sozialdienste ein. Allerdings wurden von denjenigen, die sich für Unabhängigkeit und Freiheit von der Kolonialherrschaft einsetzten, diese Einrichtungen auch als Ausdruck und Teil der dominanten, auf Machterhalt ausgerichteten kolonialen Strukturen kritisiert.

---

3 Vgl. Geoffrey Murray: Erneuerung durch gemeinsamen Dienst, in: Harold E. Fey (Hg.): Geschichte der ökumenischen Bewegung 1948–1968, Göttingen 1974, 266–308; Michael H. Taylor: Interchurch Aid, in: Pauline Webb/Nicolas Lossky (Hg.): Dictionary of the Ecumenical Movement, Genf ²2002, 583–586; Teresa Joan White: Diakonia: in: Webb/Lossky (Hg.): Dictionary, 305–310.

4 Vgl. Eckhard van Herck: Die sozialen Ökumeniker. Adolf Keller, Charles Macfarland und die internationalen Organisationen der Zwischenkriegszeit, Zürich 1997, 69–127.

2.2 Weltdienst und Gesellschaftsdiakonie

Erst während der fünfziger Jahre weitete sich der Aktionsradius der Abteilung für zwischenkirchliche Hilfe und Flüchtlingsdienst mit neuen Aktivitäten in verschiedenen Kontinenten über den europäischen Raum hinaus. Als Folge wurde die historisch bedingte europäische und nordamerikanische Dominanz in Frage gestellt und Kritik an den asymmetrischen Geber- und Empfängerbeziehungen formuliert.

Die Stimmen Afrikas, Asiens und Lateinamerikas gewannen mit der Integration des Internationalen Missionsrates in den ÖRK, die mit der dritten Vollversammlung des ÖRK in Neu Delhi (1961) erfolgte, an Gewicht. In Neu Delhi wurde ebenfalls die Mehrzahl der orthodoxen Kirchen in den Rat aufgenommen und die bis dahin christozentrische Basis des ÖRK trinitarisch gefasst. Die Vollversammlung regte mit dem Leitbild der Gesellschaftsdiakonie ein neues Nachdenken über Formen des gesellschaftsbezogenen Dienstes der Kirchen an. Kennzeichnend für die neue Situation war die erneute Umbenennung von DICASR in DICARWS (Division of Interchurch Aid, Refugee and World Service): Abteilung für zwischenkirchliche Hilfe, Flüchtlings- und Weltdienst. Damit trug der ÖRK auch der Tatsache Rechnung, dass inzwischen in verschiedenen Mitgliedskirchen eigene Dienste für Entwicklungsarbeit und ökumenische Diakonie entstanden waren, für die der ÖRK der entscheidende Ansprechpartner auf der internationalen Ebene war.

2.3 Gerechtigkeit und Partizipation

Im Kontext der revolutionären Veränderungen in Asien und Afrika und im Zusammenhang der ersten Entwicklungsdekade der Vereinten Nationen verstärkte DICARWS die Kooperation mit internationalen, zwischenstaatlichen Organisationen und mit nichtstaatlichen wie staatlichen Entwicklungsdiensten.

Im Rahmen der Vorbereitungen zur Weltkonferenz für Kirche und Gesellschaft, die 1966 in Genf stattfand, wurden drei Konsultationen zur »Rolle der Diakonie in der gegenwärtigen Gesellschaft« durchgeführt.[5] Neben sorgfältiger Arbeit an den theologischen Grundlagen der Diakonie wurden die Auswirkungen wachsender

---

5 Abteilung für Zwischenkirchliche Hilfe, Flüchtlings- und Weltdienst des ÖRK (Hg.): Die Diakonie der Kirche in der gegenwärtigen Gesellschaft, Sonderdruck der Zeitschrift »Die Innere Mission«, Berlin 1966.

Interdependenz und des wachsenden Abstands zwischen reichen und armen Nationen sorgfältig untersucht. Der Schlussbericht dieses Prozesses war jedoch stark auf den Kontext moderner, säkularer Gesellschaften ausgerichtet und entsprach damit stärker der Diskussionslage in Europa und Nordamerika. Die weitere Arbeit des Diakonie-Referates, das zwischen 1967 und 1986 Interessen von Mitarbeiterinnen und Mitarbeitern in diakonischen Einrichtungen im ÖRK vertrat, führte diesen Ansatz weiter.

Ähnlich wie die Genfer Weltkonferenz betonte jedoch der Bericht der ebenfalls 1966 in Swanwick (UK) stattfindenden Konsultation für zwischenkirchliche Hilfe, dass Armut, Hunger, Flüchtlingselend und Wanderarbeit ihre gemeinsamen Ursachen in ungerechten politischen und ökonomischen Verhältnissen haben und Kirchen sich für strukturellen Wandel auf nationaler und internationaler Ebene einsetzen müssen.[6] Das Ziel einer weltweiten Gemeinschaft, die ein gemeinsames Leben im Leib Christi teilt, wurde als ekklesiologisch fundierte Leitidee ökumenischer Diakonie identifiziert. Der Kampf um Gerechtigkeit und Freiheit stand noch deutlicher im Mittelpunkt der Vollversammlung von Uppsala (1968). Die Mitgliedskirchen verpflichteten sich zum Einsatz für Gerechtigkeit, Menschenwürde und Entwicklung.

Vor diesem Hintergrund war die von der All-Afrikanischen Konferenz der Kirchen 1971 aufgeworfene Debatte um ein Moratorium finanzieller Unterstützung und die Entsendung von Missionaren und Entwicklungshelfern ein entschlossener Versuch, die Nord-Süd-Beziehungen zwischen den Kirchen auf eine neue Grundlage zu stellen.[7] Die scharfen Reaktionen verschiedener Missionswerke gegen diesen Vorschlag gaben Anlass zur Frage, inwieweit Abhängigkeit auch in den Beziehungen zwischen den Kirchen nicht als Ausdruck struktureller Ungerechtigkeit und widerstreitender Interessen der Akteure beschrieben werden müsste.

Die folgenden Jahre bis zur Vollversammlung von Nairobi (1975) wurden von der Auseinandersetzung um den Sonderfonds des Programms zur Bekämpfung des Rassismus und der immer stärker von Dependenztheorie und Befreiungstheologie beeinflussten Entwick-

---

6 Abteilung für Zwischenkirchliche Hilfe, Flüchtlings- und Weltdienst des ÖRK (Hg.): Swanwick Konsultation. Kurzbericht über die Weltkonsultation über Zwischenkirchliche Hilfe in Swanwick, Großbritannien, vervielfältigtes Typoskript, Genf 1966.
7 Vgl. Gerald H. Anderson: Moratorium, in: Webb/Lossky (Hg.): Dictionary, 797f.

lungsdiskussion im ÖRK bestimmt, die von der 1970 neu gebildeten Kommission für kirchlichen Entwicklungsdienst (CCPD) vorangetrieben wurde. Die 1971 neu gebildete Untereinheit II »Gerechtigkeit und Dienst« wurde das gemeinsame Dach für die CCPD und die nun Kommission für zwischenkirchliche Hilfe, Flüchtlinge und Weltdienst (CICARWS) genannte Abteilung für ökumenische Diakonie. Mit der Einrichtung des Ökumenischen Entwicklungsfonds und der Forderung 2% kirchlicher Haushalte für die Entwicklungsarbeit schuf sich die CCPD ihre eigene finanzielle Grundlage und stimulierte die Debatte zur Entwicklungshilfe in den Vereinten Nationen. Mit der Ausarbeitung eines volksorientierten Ansatzes, der sich der Aktions-Reflexions-Methode der Befreiungstheologie bediente und theologisch Gottes Option für die Armen ins Zentrum stellte, entwickelte die CCPD ihr spezifisches Profil.[8]

Parallel zur CCPD entfaltete auch SODEPAX, der gemeinsame Ausschuss für Gesellschaft, Entwicklung und Frieden der Kommission für Gerechtigkeit und Frieden des Vatikans und des ÖRK, eine intensive Studienarbeit zu Entwicklungsfragen. SODEPAX, das von 1968 bis 1980 bestand, weckte zunächst die Hoffnung, den ökumenischen Geist des Zweiten Vatikanischen Konzils und der großen Enzykliken der 1960er Jahre als ökumenische Initiative umzusetzen. Je aktiver SODEPAX wurde, um so deutlicher traten jedoch auch sozialethische, ekklesiologische und institutionelle Unterschiede zwischen den beiden Trägern hervor.[9]

2.4 Prophetische Diakonie und solidarisches Miteinander-Teilen

Die Vollversammlung in Nairobi (1975) wandte sich direkt an die Mitgliedskirchen: Ermächtigung der Armen, Teilen und Teilhabe im Kampf für Gerechtigkeit und Menschenwürde mit dem Ziel der Neuverteilung der Macht seien nicht allein Aufgaben sozialer Aktion und besonderer Aktionsgruppen, sondern der Kirchen insgesamt. Damit stellte sie sich bewusst gegen die Weltsituation, in der die USA und andere Mitglieder der G7 das in den Vereinten Nationen diskutierte Konzept einer Neuen Internationalen Wirtschaftsordnung zurückwiesen. Statt dessen wollten sie – gerade auch in Re-

---

8 Vgl. Konrad Raiser: Ökumene im Übergang. Paradigmenwechsel in der ökumenischen Bewegung? München 1990; Martin Robra: Ökumenische Sozialethik, Gütersloh 1994, 112ff.
9 Vgl. Tom Stransky, SODEPAX, in: Webb/Lossky (Hg.): Dictionary, 1055f.

aktion auf die sogenannte Ölkrise – mit allen Mitteln ihre eigene Verwundbarkeit reduzieren und stärkere Kontrolle über Ressourcen und Weltwirtschaft ausüben. Immer deutlicher wurde auch die besondere Rolle von Frauen im Entwicklungsprozess wahrgenommen. Ihre Stimmen und die auf der Vollversammlung im Namen von Gerechtigkeit und Nachhaltigkeit vorgetragene Kritik des auf grenzenloses Wachstum ausgerichteten Wirtschaftsmodells mündeten in einer fundierten Kritik des Weltwirtschaftssystems und des herrschenden Entwicklungsparadigmas.

Nach der Vollversammlung forderte der Zentralausschuss des ÖRK die Überprüfung des CICARWS Projekt-Systems und neue Initiativen, Wege des Miteinander-Teilens zu entdecken und zu erproben. Die ökumenische Gemeinschaft war aufgerufen, ihre eigenen Beziehungsmuster und gemeinsame Praxis als Alternative zu struktureller Ungerechtigkeit in der Weltwirtschaft zu begreifen.

Eine Studie zu neuen Formen der Diakonie wurde auf den Weg gebracht, die 1982 mit der Konsultation zum gegenwärtigen Verständnis der Diakonia in Genf einen vorläufigen Höhepunkt erreichte.[10] Angestoßen von einer 1978 in Chania veranstalteten Konsultation zu orthodoxen Ansätzen der Diakonie (*diakonia*) wurde die orthodoxe Interpretation der Diakonie als Liturgie nach der Liturgie, die Diakonie als eine Erweiterung der Eucharistie in das tägliche Leben hinein versteht, unter dem Stichwort »eucharistische Vision« zum entscheidenden theologischen Impuls nicht allein für diesen Studienprozess, sondern weit darüber hinaus auch für andere Arbeitsbereiche im ÖRK.[11] Dies bestätigte 1983 die Vollversammlung in Vancouver. Das Teilen des Brotes als Symbol für den gebrochenen Leib Jesu Christi, der neue Gemeinschaft stiftet, verwies zugleich auf die trinitarische Gemeinschaft Gottes, der das Leben teilt mit der ganzen Schöpfung und Gerechtigkeit und Frieden will. Der gemeinsame theologische Fokus der eucharistischen Vision bereitete auch den Boden für die Entscheidung zum Konziliaren Prozess für Gerechtigkeit, Frieden und Bewahrung der Schöpfung.

---

10 Katherine Kinnamon (Hg.): Contemporary Understanding of diakonia, Genf 1983.
11 WCC/CICARWS/Orthodox Task Force (Hg.): The Orthodox Approach to Diaconia. Consultation on Church and Service, Orthodox Academy of Crete, 20.–25. 11. 1978, Genf 1980; Margot Kässmann: Die eucharistische Vision. Armut und Reichtum als Anfrage an die Einheit der Kirche in der Diskussion des Ökumenischen Rates, FThS 16, München/Mainz 1992.

Parallel wurde ein Reflexionsprozess zum ökumenischen Miteinander-Teilen (Ecumenical Sharing of Resources – ESR) angestoßen.[12] Seine theologische Basis war eine kenotische Christologie, in deren Konsequenz die anvertrauten Gaben und Ressourcen als gemeinsames Gut der Gemeinschaft zu sehen waren. Diese Grundüberzeugung in ein »System des Miteinander-Teilens« zu übersetzen, gelang jedoch kaum. Das lag teilweise am Beharrungsvermögen von Institutionen, doch auch die Spannung zwischen der für das Leben und eucharistische Praxis elementaren Sprache des Teilens und einem strukturorientierten Ansatz z.B. der Entwicklungsdienste ließ sich nicht einfach überbrücken. Die beiden Prozesse wurden nicht zusammengeführt, sondern verliefen weiterhin parallel zueinander.

CICARWS führte 1986 in Larnaca (Cypern) eine große Konferenz durch, die in Anerkennung der Diversität verschiedener Kontexte die Rolle der Ortsgemeinde und der Regionen und regionaler »Runder Tische« betonte. Die Erklärung von Larnaca spricht die Sprache prophetischer Diakonie, eine Sprache der Solidarität mit dem Volk und mit dessen Kampf um Gerechtigkeit, Menschenwürde und Frieden.[13]

Der ESR Prozeß kulminierte 1987 in einer Konsultation, die in El Escorial (Spanien) stattfand.[14] Die trinitarisch begründete Vision der teilenden Gemeinschaft der Eucharistie und des kommenden Gottesreiches motiviert die prophetische Kritik der bestehenden wirtschaftlichen und politischen Machtverhältnisse. Zugleich verweist sie als Leitbild einer herrschaftsfreien, sich wechselseitig ermächtigenden Gemeinschaft auf alternative Praxis in der konkreten Lebenswirklichkeit. Mit Richtlinien für das Teilen und der Forderung nach einem gemeinsam verpflichtenden Rahmen für verschiedene Akteure ökumenischer Diakonie wurde der Versuch gemacht, die institutionelle Eigendynamik und Machtlogik im Wettbewerb der mehr und mehr zu globalen Akteuren werdenden Entwicklungsdienste untereinander und mit den ökumenischen Organisationen zu gestalten und zu überwinden.

---

12 ÖRK (Hg.): Leere Hände. Eine Herausforderung an die Kirchen, Genf 1980.
13 Klaus Poser (Hg.): Diakonia 2000. Called to Be Neighbours. Official Report of the WCC World Consultation on Interchurch Aid, Refugee and World Service, Larnaca, 1986, Genf 1987.
14 Huibert van Beek (Hg.): Miteinander leben – miteinander teilen. Offizieller Bericht über die ÖRK-Weltkonsultation Koinonia: Geteiltes Leben in weltweiter Gemeinschaft, texte 48, Hamburg 1990.

2.5 Anwaltschaftliches Handeln und Neuverteilung der Macht

Neue, erst seit 1994/1995 immer öfter im Stichwort der Globalisierung gebündelten Herausforderungen, zeigten sich:

- die beginnende Schuldenkrise war das deutlichste Zeichen einer wirtschaftlichen und politischen Umorientierung im Namen der oft als Neoliberalismus bezeichneten Doktrin des freien Marktes;
- harsche Kritik an der bisher geleisteten Entwicklungshilfe im Gegensatz zur Ausweitung von Handel und Investitionen;
- tiefgreifende Veränderungen im sozialistischen Block;
- die wachsende Zahl von Nichtregierungsorganisationen (NROs), mit denen die Zivilgesellschaft als eigenständige Größe gegenüber Wirtschaft und Politik wahrgenommen wurde.

Die grossen Konferenzen der Vereinten Nationen trugen entscheidend dazu bei, den NROs eine gemeinsame Aktionsebene als zivilgesellschaftliche Akteure zu geben.

Ein gemeinsamer Reflexionsprozeß von Entwicklungsdiensten und ökumenischen Organisationen mit dem Titel »Gemeinsam den Weg erkennen« stellte sich der neuen Situation. Die Kritik am Entwicklungsbegriff und die Entdeckung der Zivilgesellschaft trugen jedoch dazu bei, dass die Entwicklungsdienste sich immer stärker den NROs zuwandten und die Kirchen als im Vergleich weniger relevant ansahen.

Zwischen den Vollversammlungen von Canberra 1991 und Harare 1998 bemühte sich die Einheit IV Teilen und Dienst, die nach einer Neustrukturierung des ÖRK die Arbeit von CICARWS fortführte, um die Klärung ihres Mandates im veränderten globalen Kontext. Über die Weiterführung und Vertiefung der Diskussion um die Verhältnisbestimmung von *diakonia* und *koinonia* hinaus konzentrierte sich die Debatte um die theologische Begründung und angemessene Praxis anwaltschaftlichen Handelns und die Überwindung asymmetrischer Machtverhältnisse auf das biblische Motiv des Sabbats und des Erlassjahres als Symbolen für die notwendige Neuverteilung von Macht in ihren verschiedenen Formen.[15] Unmittelbar wirkungsmächtig wurde dieser Ansatz in der weltweiten Kampagne zum Schuldenerlass.

Die immer stärker werdende globale Präsenz einzelner Entwicklungsdienste, von denen die vom ÖRK geleistete ökumenische Diakonie weitgehend abhängig ist, ließ die Forderung der Entwicklungsdienste lauter werden, als globale Akteure eigenen Rechtes

---

15 Vgl. z.B. Hans Ucko: The Jubilee Challenge: Utopia or Possibility? Genf 1997.

anerkannt und entsprechende Gestaltungs- und Einflussmöglichkeiten zu haben. Gefordert wurde zunächst die Ausgliederung der Not- und Katastrophenhilfe aus dem ÖRK. Das Ergebnis war die Schaffung eines dem ÖRK zugeordneten Koordinationsbüros unter dem Namen ACT (Action Churches Together – Kirchen helfen gemeinsam). Immer stärker wurden auch jene Geldmittel reduziert, die durch die regionalen Sekretariate des ÖRK verteilt wurden, so dass der ÖRK kaum noch in direkter Projektförderung aktiv ist.

3. Gegenwärtige Situation

3.1 Globalisierung

Mit dem Weltsozialgipfel der Vereinten Nationen 1995 in Kopenhagen setzte sich der Begriff der Globalisierung als Bezeichnung des dominanten historischen Trends der Gegenwart durch. Die »Kopenhagener Seminare für sozialen Fortschritt«, die zur Vor- und Nachbereitung des Gipfels durchgeführt wurden, leisteten ihrerseits einen wichtigen Beitrag zur Klärung dieses weithin als Schlagwort verwendeten und mit oft sehr unterschiedlichen Bedeutungen aufgeladenen Begriffs. Der historische Trend schrumpfender Entfernungen und wachsender Interdependenz zwischen Menschen und Völkern, der insbesondere durch Entwicklungen der Transport- und Kommunikationstechnologien beschleunigt wurde, muss deutlich unterschieden werden von dem politisch-ökonomischen Projekt der Globalisierung der Durchsetzung einer kapitalistischen Marktwirtschaft durch Förderung des Welthandels und grenzüberschreitender Finanzströme, die insbesondere von den Finanz- und Wirtschaftseliten einzelner Länder im Zusammenspiel mit internationalen Finanzorganisationen und einzelnen Regierungen unter Führung der USA vorangetrieben wurde.[16]

Wesentliche Aspekte des Projektes der wirtschaftlichen Globalisierung gehen auf die siebziger Jahre des 20. Jh. zurück, in denen sich zunächst in den USA und in Großbritannien die monetaristische ökonomische Theorie durchsetzte, die später häufig mit dem Etikett Neoliberalismus bezeichnet wurde. Das freie Spiel der Marktkräfte wird im Neoliberalismus, der seit 1983 als »Washington

---

16 Vgl. Jacques Baudot (Hg.): Building a World Community. Globalisation and the Common Good, Royal Danish Ministry of Foreign Affairs, Kopenhagen 2000, 44.

Konsensus« zur bestimmenden wirtschaftspolitischen Theorie in den reichen Industrienationen wurde, als selbst-regulierendes System in den Mittelpunkt gestellt. Mit den Schlagworten der Liberalisierung, Deregulierung und Privatisierung wird die gestaltende Aufgabe der Kommunen, des Staates oder anderer gesellschaftlicher Akteure zurückgedrängt: die Marktwirtschaft schafft sich eine auf den Markt bezogene Gesellschaft, in der weltweit die im wirtschaftlichen Wettbewerb erfolgreichen Akteure dominieren. Gegenüber dem Primat des Wirtschaftswachstums werden Menschen- oder Umweltgerechtigkeit des Wirtschaftsgeschehens zu nur nachgeordneten Kriterien. Immer deutlicher zeigt sich auch der imperiale Charakter wirtschaftlicher Globalisierung in den sicherheits- und militär-politischen Prioritäten der USA.

Delegierte der 8. Vollversammlung des ÖRK 1998 in Harare haben gegenüber dem hegemonialen Charakter der Globalisierung die ökumenische Vision der Einheit der Menschheit und der Schöpfung in ihrer Vielfalt hervorgehoben, der ein von Gerechtigkeit und Solidarität gekennzeichnetes Beziehungsnetz der Menschen untereinander und zur Mitwelt entspricht.[17] Das Leitbild der Ökumene als Gottes Haushalt des Lebens hat die Arbeit des ÖRK zu Gerechtigkeit, Frieden und Umweltbewahrung mit der sozialen Idee gerechter und nachhaltiger Gemeinschaften, in denen Menschen in Würde leben können, in den Jahren nach der Vollversammlung in Harare geprägt. Diesem auf das Beziehungsgeflecht des Lebens ausgerichteten Leitbild entsprechen durchaus die früheren Überlegungen zu einer Kultur der Solidarität und des Miteinander-Teilens, die die Diskussion um die ökumenische Diakonie in den vergangenen zwei Dekaden bestimmt und bis heute nichts an ihrer Relevanz verloren haben, wenn die Suche nach Alternativen zur ökonomischen Globalisierung als wichtige Aufgabe ökumenischen Handelns anerkannt wird.

Eine vergleichbare auf Vielfalt und Solidarität ausgerichtete Vision einer »anderen Welt« hat im Weltsozialforum, das 2003 zum dritten Mal in Porto Alegre (Brasilien) stattfand, ihren konkreten Ausdruck gefunden. Als gemeinsame Plattform sozialer Bewegungen, von Nichtregierungsorganisationen wie auch von Kirchen und ökumenischen Partnern erscheint das Weltsozialforum als säkulares Gegenüber zur ökumenischen Bewegung.

---

17 Diane Kessler (Hg.): Gemeinsam auf dem Weg, Offizieller Bericht der achten Vollversammlung des ÖRK, Genf 1999.

3.2 Lokale Kontexte und weltweite Dimension ökumenischen Handelns

Der Druck, der von der wirtschaftlichen Globalisierung auf lokale soziale, ökonomische, kulturelle und politische Zusammenhänge ausgeübt wird, provoziert einerseits die Betonung partikularer ethnischer, kultureller oder religiöser Identitätsmerkmale als Motivation zum Widerstand gegen den Veränderungsdruck. Andererseits wird häufig eine Lösung in der Stärkung und dem Aufbau internationaler Regelungsmechanismen gesucht, wobei jedoch allzu leicht übersehen wird, dass auf dieser Ebene kaum eine Chance besteht, die aktuellen Machtverhältnisse zu korrigieren. Die Schwächung der Rolle und Funktion der Vereinten Nationen gegenüber anderen, von den reichen Nationen dominierten Organisationen wie der Weltbank und des Internationalen Währungsfonds oder der 1994 zur Förderung der Ausdehnung des Welthandels geschaffenen Welthandelsorganisation ist nicht zu übersehen.

Die Qualität ökumenischer Diakonie und anwaltschaftlichen Handelns wird entscheidend davon bestimmt, ob es gelingt, den Einsatz für mehr Gerechtigkeit und Solidarität in der Vielfalt lokaler Kontexte, in denen die für marginalisierte und ausgeschlossene Menschen entscheidenden Veränderungen stattfinden müssen, erfolgreich mit dem Engagement für eine diesen Entwicklungsprozessen förderliche politische Rahmensetzung auf nationaler, regionaler und internationaler Ebene im Sinne einer »Globalisierung von unten« zu verknüpfen. Kirchen und ökumenische Partner aus den weiter mit massiver Armut konfrontierten Ländern des Südens bestehen auf der Notwendigkeit konkreter Veränderungen und würdiger Lebensbedingungen für die Menschen in ihren Dörfern und Städten.

Für den ÖRK und die ökumenische Bewegung bedeutet dies, das Zusammenspiel von Kirchen, Entwicklungsdiensten und ökumenischen Organisationen wie den nationalen und regionalen Kirchenräten oder einzelner Missionsgesellschaften auf neue Weise zu gestalten. Die Diskussion um eine neue Architektur der ökumenischen Bewegung, die gerade begonnen hat, erweist sich damit nicht allein wegen einer geringer werdenden finanziellen Basis als zeitgemäß und unausweichlich. Tatsächlich ist sie die notwendige Weiterführung des vor der Vollversammlung von Harare begonnenen Prozesses zu einem gemeinsamen Verständnis und einer gemeinsamen Vision der ökumenischen Bewegung.

3.3 Wettbewerb oder Kooperation

Schon vor mehr als zwanzig Jahren war festzustellen, dass die multilaterale Plattform ökumenischer Diakonie im Vergleich mit den bilateralen Beziehungen zwischen Entwicklungsdiensten und ihren Partnern an Bedeutung verlor. Dennoch waren die Entwicklungsdienste damals in ihrem Selbstverständnis noch nicht globale Akteure eigenen Rechts. Als ein Ergebnis des beschleunigten Globalisierungsprozesses wurde jedoch sichtbares Engagement auf der internationalen Ebene ein notwendiges Qualitätsmerkmal für die Arbeit von Entwicklungsdiensten, nach dem sie auch in ihrem Herkunftsland beurteilt wurden. Verschärft wurde dieser Trend durch den Wettbewerb um Spendengelder oder staatliche Entwicklungsgelder, in dem weltweit mit ihrem eigenen »Markennamen« operierende Organisationen offensichtlich eine stärkere Stellung haben.

Vor diesem Hintergrund beanspruchen die auf ökumenische Diakonie spezialisierten Dienste der Kirchen des Nordens mehr Einfluss und öffentliche Sichtbarkeit auf der internationalen Ebene in Konkurrenz mit den Aktivitäten des ÖRK. Nach der Ausgliederung der Krisen- und Nothilfe aus dem ÖRK durch die Schaffung von ACT sowie der fast völlig eingeschränkten Projektarbeit des ÖRK erhöht sich nun der Druck auf jene Arbeitsbereiche, die für die Wahrnehmung anwaltschaftlichen Handelns im ÖRK verantwortlich sind. Eine erste Auswirkung dieses Trends war die Schaffung des Globalen Ökumenischen Aktionsbündnisses (EAA – Ecumenical Advocacy Alliance), das sich auf zwei Kampagnen zu HIV/AIDS und fairen Welthandel konzentriert.

Auf der Tagesordnung bleibt die Frage, wie die institutionelle Eigendynamik und Machtlogik im Wettbewerb der Entwicklungsdienste untereinander und mit den ökumenischen Organisationen gestaltet werden können. Zur Wahrnehmung und zum besseren Verständnis des Konfliktes kann der Vergleich mit den Vereinten Nationen instruktiv sein. Gegenüber den Machtzentren im Globalisierungsprozess hat in der Tat das multilaterale System der Vereinten Nationen eindeutig an Gewicht und Einfluss verloren gerade in einer Zeit, in der zunehmende Ungleichheit und schwerwiegende globale Herausforderungen die Durchsetzung der Menschenrechte und die Weiterentwicklung des Völkerrechts und internationaler Handlungskompetenzen erfordern.

3.4 Einige Zahlen

Am Beginn des 21. Jh. sind ökumenische Entwicklungsdienste mit mehr als 2400 Mitarbeiterinnen und Mitarbeitern in 130 Ländern der Erde aktiv. Nach einer 2003 vom ÖRK gemachten Umfrage werden jährlich mehr als 740 Mio. US Dollar für die ökumenische Diakonie mobilisiert – mehr als in jeder anderen in der Entwicklungsarbeit tätigen Organisation. 33 % dieser Summe werden von den Entwicklungsdiensten gesammelt, während etwa 47 % von einzelnen Staaten zur Verfügung gestellt werden.[18]

Mehr als 50 % der Geldmittel werden für langfristige Entwicklungsarbeit eingesetzt. Etwa 14 % werden für die Not- und Krisenhilfe zur Verfügung gestellt, und etwa 6 % werden für anwaltschaftliches Handeln eingesetzt. Dabei erhält der ÖRK weniger als 3 % der Gelder, ACT etwa 4 %, während der Lutherische Weltbund mit seinem großen, insbesondere auf die Flüchtlingsarbeit ausgerichteten Weltdienst etwa 6 % der Mittel zugeteilt bekommt. Der Löwenanteil der Summe geht in bilaterale oder eigene Projekte der Entwicklungsdienste. Im Jahr 2003 wurden etwa 11 % der Gelder für weltweite Programme eingesetzt, 31 % in Afrika, 24 % in Asien, 18 % in Lateinamerika, 6 % im Mittleren Osten, weniger als 1 % im Pazifik und 10 % in Europa.

4. Diakoniewissenschaftliche Anstöße und diakonische Perspektiven

4.1 Gelingende Gemeinschaft

Ökumenische Diakonie ist solidarisches Handeln zur Wiederherstellung von Gemeinschaft, das dem biblisch motivierten Leitbild von Gottes Option für die Armen verpflichtet ist. Die Debatte um die negativen Folgen der wirtschaftlichen Globalisierung hat dies nachdrücklich bestätigt. Schon zuvor war durch den konziliaren Prozess für Gerechtigkeit, Frieden und Bewahrung der Schöpfung deutlich geworden, dass die notwendige politische und wirtschaftliche Umorientierung zugleich die Überwindung der Armut, des Krieges und der Umweltzerstörung zum Ziel haben muss, wenn le-

---

18 Brot für die Welt und der Evangelische Entwicklungsdienst (EED) in Deutschland verfügen gemeinsam über mehr als 195 Mio. US Dollar, wobei der EED nahezu 80 Mio. von der Regierung erhält.

bensdienliche und zukunftsfähige Alternativen verwirklicht werden sollen.

Im Rückgriff auf das von der Vollversammlung von Nairobi 1975 vorgeschlagene Ziel einer gerechten, partizipatorischen und nachhaltigen Gesellschaft hat deshalb der ÖRK in der Auseinandersetzung mit der ökonomischen Globalisierung die soziale Idee des Lebens in Würde in gerechten und nachhaltigen Gemeinschaften als Prüfstein für die Beurteilung politischer und wirtschaftlicher Entscheidungen auf nationaler, regionaler und internationaler Ebene benutzt.

Gegenüber wachsender Ungleichheit und der Verschärfung von Machtasymmetrien werden der Grad an Gleichheit, Partizipation in Entscheidungsprozessen, Durchsetzung von Rechenschaftspflicht, Suffizienz im Ressourcenverbrauch und Subsidiarität im Sinne der Ermächtigung der Betroffenen als Indikatoren gerechter und nachhaltiger Gemeinschaften verwandt. Armut ist weniger ein Mangel an Geld als eine Folge des Mangels an Macht marginalisierter Bevölkerungsgruppen. Der Armut der einen entspricht in der Regel wachsender Reichtum der anderen.

Leben in Würde verlangt die Durchsetzung der Menschenrechte einschließlich der wirtschaftlichen, sozialen und kulturellen Rechte auf allen Ebenen. Als relationaler Begriff zielt Gerechtigkeit nicht allein auf die proportional angemessene Verteilung von Gütern, sondern auf den Zugang zu Gütern und Rechten, die ein Leben in Menschenwürde erlauben. Die Erfüllung grundlegender Rechte muss Priorität haben. Doch die Durchsetzung dieser Rechte verlangt die Überwindung ungleicher Machtverteilung. Soll der Spielraum der Machtlosen gegenüber der Macht der Reichen erweitert werden, ist die Sicherung von Subsistenzrechten als Rechte lokaler Gemeinschaften auf ihre Ressourcen ein notwendiger erster Schritt.

4.2 Die soziale Logik des Teilens

Die auf das Teilen von Fähigkeiten und Gütern ausgerichtete soziale Logik gelingender Gemeinschaft steht in Spannung zu der auf Wachstum und Wettbewerb ausgerichteten Logik des Marktes oder der auf Macht und Sicherheit ausgerichteten Logik des politischen Systems. Nach dem Zeugnis des Neuen Testamentes sind die anvertrauten Gaben und Ressourcen als gemeinsames Gut der Gemeinschaft anzusehen. Im Teilen liegt das Geheimnis gelingenden Lebens. Das ist die Botschaft der Speisungsgeschichten wie des Abendmahles.

Sowohl im Kontext moderner Marktgesellschaften wie innerhalb der Strukturen von Institutionen und Organisationen, die zunächst ihr eigenes Überleben sicherstellen wollen, muss eine der eucharistischen Vision der Evangelien entsprechende Praxis als Gegenbild wahrgenommen werden, das nach neuen und alternativen Wirtschafts- und Lebensformen verlangt. Es bleibt eine uneingelöste Aufgabe auch im Feld der ökumenischen Diakonie, das vom ESR Prozess angestrebte »System des Miteinander-Teilens« wenigstens ansatzweise zu verwirklichen. Das Teilen von Ressourcen muss dabei mit dem Teilen von Macht Hand in Hand gehen. Eine solche auf das Reich Gottes ausgerichtete alternative Praxis braucht die inspirierende Kraft einer gemeinsamen Spiritualität des Lebens, die zugleich eine Spiritualität des Widerstandes gegen lebenszerstörende Kräfte und Prozesse ist.

4.3 Kirche der anderen

Es ist eine der entscheidenden Lernerfahrungen der ökumenischen Diakonie, dass Dietrich Bonhoeffers Formel von der »Kirche für Andere« sich verwirklicht in der »Kirche der Anderen«, also dort, wo Fremde und Ausgeschlossene zu vollgültigen Gliedern der Gemeinschaft werden. Zwar gab es deutlichen Widerstand gegen die von der CCPD in den siebziger Jahren des vergangenen Jh. durchgeführte Studie zur »Kirche der Armen«, so dass die Studienergebnisse unter dem Titel »Kirche in Solidarität mit den Armen« veröffentlicht wurden. Trotzdem akzeptierte der Zentralausschuss 1995 ein Studiendokument zur »Kirche der Fremden«, das sein Plädoyer für soziale Inklusion aus der eucharistischen Praxis des gebrochenen Brotes ableitete und sich auf die von Jesus selbst vollzogenen Grenzüberschreitungen zu den Anderen bezog.

Als der ÖRK im 50. Jahr seines Bestehens 1998 in Harare zu seiner 8. Vollversammlung zusammenkam, verpflichteten sich die teilnehmenden Delegierten der Mitgliedskirchen im Gottesdienst erneut auf ihre ökumenische Vision. Der Text, der die Grundlage für diese Neuverpflichtung bildete, bringt diesen Gedanken eindrücklich zum Ausdruck:

»Wir sind durchdrungen von der Vision einer Kirche,
dem Volk Gottes auf dem Weg miteinander,
das Einspruch erhebt gegen alle Trennungen auf Grund von
Rasse, Geschlecht, Alter oder Kultur,
das Gerechtigkeit und Frieden zu verwirklichen sucht
und die Integrität der Schöpfung achtet [...]

Wir sind unterwegs als Volk, das durch Gottes Vergebung befreit ist.
Inmitten unserer zerrissenen Welt
verkündigen wir die frohe Botschaft von Versöhnung,
Heilung und Gerechtigkeit in Christus.

Wir sind unterwegs als Volk, das aus dem Auferstehungsglauben lebt.
Inmitten von Ausgrenzung und Verzweiflung
vertrauen wir in Freude und Hoffnung
auf die Verheißung des Lebens in Fülle.

Wir sind unterwegs als Volk, das aus dem Gebet lebt.
Inmitten von Verwirrung und Identitätsverlust
erkennen wir Zeichen der Verwirklichung von Gottes Plan
und erwarten sein kommendes Reich.«

5. Literatur zur Weiterarbeit

Blyth, Myra/Robins, Wendy S.: No boundaries to compassion? An exploration of women, gender and diakonia, Genf 1998.
Robra, Martin: KOINONIA-DIAKONIA. Schlüsselbegriffe ökumenischer Diakonie, in: ZEE 38 (1994), 280–299.
Slack, Kenneth: Hope in the Desert. The Churches' United Response to Human Need. 1944–1984, Genf 1986.
Stierle, Wolfram/Werner, Dietrich/Heider, Martin (Hg.): Ethik für das Leben. 100 Jahre Ökumenische Wirtschafts- und Sozialethik, Rothenburg ob der Tauber 1996.
Strohm, Theodor/Schäfer, Gerhard K.: Abschließende Überlegungen: »Theologie der Diakonie« als Aufgabe ökumenischer Studienarbeit, in: Paul Philippi/Theodor Strohm (Hg.): Theologie der Diakonie. Lernprozesse im Spannungsfeld von lutherischer Überlieferung und gesellschaftlich-politischen Umbrüchen. Ein europäischer Forschungsaustausch, VDWI 1, Heidelberg 1989, 233–246.
Taylor, Michael: Not Angels but Agencies, Genf 1995.

VII.
Diakonie im interreligiösen und interkulturellen Dialog

HEINRICH POMPEY

1. Die Notwendigkeit einer Diakonie im interreligiösen und interkulturellen Dialog

Zwei Herausforderungen – eine nationale und eine internationale – werden in Zukunft einen verstärkten interreligiösen/interkulturellen Dialog im Blick auf ein gemeinsames Helfen und auf die Entwicklung eines umfassenden globalen Sozialsystems erfordern:

Die meisten *Länder* – so auch Deutschland – *entwickeln sich zu multikulturellen und multireligiösen Gesellschaften*.[1] Alle, also auch die nicht-deutsch-stämmigen Bundesbürger sowie die ausländischen Gäste und Asylsuchenden, partizipieren an den Einrichtungen der deutschen Wohlfahrtsverbände, d.h. vornehmlich des Diakonischen Werkes und des Caritasverbandes. Zahlreiche muslimische, hinduistische, buddhistische etc. Mitbürger arbeiten in den Wohlfahrtsverbänden (z.B. im Pflegebereich). Doch eigene Wohlfahrtseinrichtungen wurden von diesen religiösen und ethnischen Gruppen in Deutschland noch nicht errichtet. Angesichts des Rückgangs der beiden christlichen Großkonfessionen werden die Bürger anderer Religion und Kultur eine Mitwirkung im deutschen Sozialstaat übernehmen müssen, so wie es der Jüdische Wohlfahrtsverband seit 90 Jahren praktiziert. Die Integration von nicht-christlichen Mitarbeitern in Diakonie und Caritas sowie eine künftige *nationale Kooperation* mit deutschen islamischen oder buddhistischen Hilfswerken machen einen interreligiösen/interkulturellen Dialog erforderlich, will man diese Mitarbeiter und ihre Einrichtungen nicht kulturell und religiös bevormunden.

---

[1] Ende 1999 waren 9% der deutschen Bevölkerung Ausländer. Diese Zahl enthält nicht die deutschen Staatsbürger anderer Religion bzw. Kultur. In Deutschland leben ca. 2,5 Mio. Muslime, das entspricht 3,1% der deutschen Bevölkerung, in Frankreich sind es 2,6 Mio., das entspricht ca. 4,5%; in Großbritannien sind es 11% der Bevölkerung.

Gravierender stellt sich die Frage nach einem Solidarsystem im interkulturellen und interreligiösen Dialog *international*.[2] Die gigantische Beschleunigung grenzenloser Kommunikation und die Globalisierung der Märkte ermöglichen zwar neue interkulturelle Interaktionen, doch die daraus resultierenden Chancen sind gepaart mit neuen Gefährdungen.

Die Globalisierung ist mit *negativen Folgen verbunden*, wie seelisch-soziales Leid (Zerfall von Ehen und Familien), Krankheiten (Aids, Krebs, Kreislauferkrankungen usw.), Ungerechtigkeiten (Ausbeutung, Niedriglohn etc.), innerstaatliche Kriege und zwischenstaatliche Krisen (um Macht und Bodenschätze), Vertreibung, Armut und Arbeitslosigkeit usw. Begleitet wird dieser Prozess durch eine geistig-moralische Veränderung der Menschen. Die Schwächsten der Welt, Kinder, Kranke, Arme, Behinderte, sind die Leidtragenden dieses Umbruchs. Das über Jahrhunderte durch Kulturen und Religionen gesicherte Solidaritätsverhalten in Familie und Gesellschaft löst sich auf. Natürliche wie soziale Lebensökologien werden überfordert bzw. gehen zugrunde.[3] Das führt zu Frustrationen und zu dem Gefühl, Opfer einer ungerechten Weltpolitik zu sein.

Die Globalisierung der menschlichen Not fordert zwangsläufig die Globalisierung der sozialen Ressourcen und den Aufbau eines Weltsozialsystems. Dies ist eine Herausforderung der Weltreligionen. Als Hüterinnen sozialer Werte haben sie dazu einen entscheidenden Beitrag zu leisten. Die sozialen Energien und Optionen der Religionen und Kulturen sind zu mobilisieren, damit die Menschen das Leben haben und es in Fülle haben (vgl. Joh 10,10). Doch eine sozial verantwortliche globale Ordnungspolitik und ein Netz globalen Helfens sind nur möglich und effizient, wenn Kulturen und Religionen sich im Blick auf ihr Helfen verständigen und ihre sozialen Ressourcen und Ideen verbinden.

Die Christen insbesondere in Amerika und Europa haben die Pflicht, auf der Basis eines partnerschaftlichen Dialogs mit den vorgegebenen Kulturen und Religionstraditionen sozial-helfend zu ko-

---

2 Ein globaler sozialer Handlungsbedarf wurde bei der UN-Konferenz für Umwelt und Entwicklung in Rio de Janeiro 1992 in Form eines Maßnahmenkatalogs (Agenda 2000) für das 21. Jh. formuliert und verabschiedet. Er enthält Lösungsansätze für die wechselseitig voneinander abhängigen ökologischen, wirtschaftlichen und sozialen Probleme der Zukunft. Ziel soll eine nachhaltige und zukunftsfähige Entwicklung der Welt sein.

3 Da diese sozial-moralische Zerstörung bedauernswerter Weise von traditionell christlichen Ländern ausgeht, haben diese auch eine besondere Verantwortung für die Not der Menschen in den Ländern, die sich gegen die Neo-Liberalität und Ökonomisierung der menschlichen Beziehungen nicht wehren können.

operieren. Dieser *Dialog* steht noch ganz am Anfang und stellt ein *schwieriges Unterfangen* dar.

Zwei Wege lassen sich einschlagen, um ein gemeinsames soziales Hilfeverhalten langfristig zu erreichen: Der *erste* Weg ist der Versuch, zuerst ein gemeinsames *Weltethos* zu *formulieren*, um dann zu einem gemeinsamen sozial verantwortlichen Handeln zu kommen (deduktive Vorgehensweise). Der bekannteste Vertreter dieser Option ist Hans Küng[4], eine Institution mit ähnlicher Zielrichtung ist das Wittenberg-Zentrum für Globale Ethik[5]. Der *zweite* Weg besteht darin, mit der Zusammenarbeit in konkreten Katastrophengebieten und Notlagen der verschiedensten Weltregionen zu beginnen und auf der Basis gemeinsamer Praxiserfahrungen allgemeine Kooperations-Grundsätze und Hilfsziele zu entwickeln (induktive Vorgehensweise). Beide Wege brauchen Zeit, vermutlich Generationen, bis sich gemeinsame soziale Handlungstheorien formulieren lassen. Doch der zweite Weg ermöglicht ein sofortiges Sozialmanagement in Verbindung mit konkretem Helfen. Auf der Basis solcher Kooperationserfahrung kann es dann zum Austausch über die unterschiedlichen Ressourcen und Optionen des Helfens kommen. Dadurch kann allmählich eine diakonisch-ethische Konvergenz entstehen.

2. Zwei Wege

2.1 *Der erste Weg: Dialog als Grundlage eines gemeinsamen Handelns*

Probleme des ersten Weges bestehen insbesondere darin, *interreligiös bzw. interkulturell grundlegende Wertoptionen der Solidarität zu definieren*. Der als allgemeingültig angenommene Grundwert der Solidarität, d.h. alle Menschen als gleichwertig anzusehen und allen Menschen gegenüber verantwortlich zu sein und zu helfen, ist für Christen und für den aufgeklärten Humanisten der westlichen Welt selbstverständlich und prägt die Grundrechtscharta der UN. Doch dies ist in anderen Kulturen nicht so plausibel, sogar teilweise ihrem Lebensverständnis konträr.[6] Im Blick auf ein sozial-diakonisch relevantes Weltethos – als Basis gemeinsamen Kooperierens – sei darum die Konsensfähigkeit des Verständnisses von Solidarität und Hilfe in den großen Weltreligionen kritisch angeschaut.

---

4 Hans Küng: Projekt Weltethos, München 1990.
5 Vgl. Matthias Zentner (Hg.): Gründungskongress des Wittenberg-Zentrums für Globale Ethik – Dokumentation, Halle 2000.
6 In der arabischen Welt oder in der chinesisch-asiatischen Welt werden diese Grundwerte entweder ignoriert oder in Richtung auf den eigenen religiösen und kulturellen Kontext hin verzerrt.

2.1.1 Sehr verwandt mit dem christlichen Solidaritätsverständnis ist das des *Judentums*. Gottes Zuwendung gilt allen Elenden:

»JHWH, euer Gott, ist der Gott über den Göttern und der Herr über den Herren [...] Er schafft Waisen und Witwen ihr Recht. Er liebt die Fremden und gibt ihnen Nahrung und Kleidung – auch ihr sollt die Fremden lieben, denn ihr seid Fremde in Ägypten gewesen« (Dtn 10,17f.).

Wenn auch allen Nachfahren Adams nach Gottes Willen Solidarität und damit eine helfende Zuwendung gebührt, so kennt das Judentum die Abgrenzung des auserwählten Volkes von anderen Völkern. Darum durften sich die Juden nicht vermischen mit Nichtjuden, wobei es sich hier nicht um eine rassische, sondern um eine religiöse Nicht-Vermischung handelt.

Jüdisch-christliche Dialog- und Kooperationschancen heute: Der Staat Israel verfügt über eine ausgebaute Wohlfahrtspflege, die Zedaka. Daneben gibt es eine Kultur des privaten Hilfeverhaltens in Israel. In der jüdischen Diaspora unterhalten die Synagogen-Gemeinden für ihre Gläubigen medizinische und soziale Einrichtungen und Dienste. Mit dem Ausbau der Wohlfahrtsdienste in Deutschland zum Ende des 19. Jh. gründeten deutsche Juden die Zentrale Wohlfahrtsstelle der Juden in Deutschland e.V. 1917 in Berlin. Kooperationen sind mit jüdischen Wohlfahrtseinrichtungen relativ leicht möglich.

2.1.2 Im *Islam* gibt es dagegen eine wesentlich stärkere Einschränkung der sozialen Solidarität mit allen Menschen. Die Gemeinschaft aller Muslime, die *Umma,* und die in ihr begründete Barmherzigkeit gilt den eigenen Glaubensgenossen. Der Koran spricht davon, dass die Christen den Muslimen »in der Liebe am nächsten stehen«, weil es bei ihnen die Frage nach Gottes Willen gibt (Sure 5,82). Doch die Toleranz schließt keine Hilfeverpflichtung ihnen gegenüber ein. Schon gar nicht wird sie ungläubigen Heiden zuteil. Jeder, der nicht zur Umma gehört, fällt aus der Solidargemeinschaft heraus. Es ist Muslimen andererseits nicht verboten, im Sinne einer natürlichen Mitmenschlichkeit Nicht-Muslimen zu helfen.

Der Islam kennt keine Trennung zwischen Glaubens- und Staatsgemeinschaft. Der islamische Staat ist die große Umma. Er ist darum Träger der sozialen Hilfe und Verwalter der Spenden für die Armen, die der fromme Moslem gemäß den fünf Säulen des Islam zu entrichten hat.

Möglichkeiten eines islamisch-christlichen Dialogs und Kooperierens heute: Mit wenigen Ausnahmen in der Türkei unterhalten Moscheegemeinden keine sozialen Einrichtungen, was sich z.B. in Deutschland im Fehlen eines eigenständigen islamischen Wohlfahrtsverbandes zeigt. Im Blick auf eine interreligiöse/interkulturelle Diakonie lässt sich sagen, je nach islamischer Strenggläubigkeit eines Landes kann der Staat Kooperationen ermöglichen und zulassen, wenn sie den Vorschriften des Islam entsprechen und keine Propaganda des Christentums darstellen, wie dies z.B. heute in Afghanistan geschieht. Unmöglich ist dagegen eine Kooperation im Sudan, Jemen und Saudi-Arabien, d.h. in Ländern, wo die Scharia, das muslimische Staatsgesetz, radikal angewandt wird. Aber auch in den etwas offeneren Ländern wie der Türkei und Ägypten sind Diakonie und Caritas eingeschränkt.[7]

Die Hilfe für Arme und Kranke wird in neuester Zeit international organisiert über den Roten Halbmond.[8] Es wird dabei Hilfe von christlichen Organisationen angenommen, aber Christen keine Hilfe gewährt.

Angesichts der westeuropäischen Vorgaben wurde in Deutschland 1985 ein freies, gemeinnütziges Hilfswerk von Muslimen gegründet, *Muslime Helfen e.V*, das keine Pflege- und Sozialdienste in Deutschland anbietet, sondern Hilfe für muslimische Länder bietet, ähnlich wie *Brot für die Welt* und *Misereor*. Dabei ist nicht zu vergessen: muslimische Hilfswerke haben neben religiösen und sozialen auch politische Zielsetzungen.

Ähnlich wie andere Weltreligionen ist auch der Islam kein einheitliches Gebilde. Es lassen sich zumindest zwei Richtungen unterscheiden: Eine, die streng an der Lehre des Koran und der Tradition festhält, und eine andere, die bemüht ist, den Anforderungen der heutigen Zeit gerecht zu werden. Verharren und Modernisierung stehen einander gegenüber. Beispiele zeigen, wie bestimmend die strenge Richtung des Islam in Deutschland ist. Zu bedenken ist, dass im Islam Religion, Moral, Recht, Politik, Staat eine unauflösliche Einheit bilden.

2.1.3 Den *Hinduismus* gibt es nicht, sondern nur eine Vielzahl von hinduistischen Ausrichtungen. Insgesamt ist der Hinduismus nicht so lebensbejahend wie das Christentum. Viele Richtungen sind weltverneinend. Manche Ausprägungen des Hinduismus kennen indes eine helfende Zuwendung. Doch das Kastenwesen grenzt die Solidarität und damit das Hilfeverhalten allen Menschen gegenüber stark ein. Noch gravierender wird das Helfen durch das Verständnis des *Karma* beeinflusst. So ist der Mensch für sein Schicksal, für sein Leid selbst verantwortlich. Leid ist Folge seiner eigenen Handlung. Durch das Ertragen von Leidenssituationen kann der Mensch das durch sein Handeln von ihm selbst mitverursachte negative Karma ausgleichen. Die soziale oder medizinische Beseitigung der leidvollen Wirkung einer Handlung verhindert damit die Auflösung eines negativen Karmas und trägt so dazu bei, dass der Mensch im Kreis-

---

7 Vgl. Henri Boulad: Caritas als Dienst der Evangelisation, in: Heinrich Pompey (Hg.): Caritas – Das menschliche Gesicht des Glaubens: ökumenische und internationale Anstöße einer Diakonietheologie, Studien zur Theologie und Praxis der Caritas und Sozialen Pastoral 10, Würzburg 1997, 223–235.
8 Als islamisch-staatliche Wohlfahrtsorganisation unterscheidet er sich vom Roten Kreuz. Das Deutsche Rote Kreuz wie das Diakonische Werk und der Caritasverband sind vom Staat unabhängige, freie Verbände.

lauf der Wiedergeburten verharrt. Das Annehmen wie das Geben von Hilfe werden somit zu einem grundsätzlichen Problem. Andererseits ist in den meisten hinduistischen Richtungen eine helfende Zuwendung erlaubt, wenn sie die »Selbstlosigkeit« des Helfers fördert. Diese Ausrichtung des Helfens gilt als ein Weg der Entsagung und hilft dem Helfer, dem Kreislauf der Wiedergeburt zu entrinnen. In diesem Sinne geschieht Helfen helferzentriert. Außerdem fehlt den hinduistischen Glaubensrichtungen eine Gemeindeorganisation im Sinne der festen Zugehörigkeit zu einer Tempelgemeinschaft, die ein Gemeindebewusstsein ausprägen könnte. Somit kommt es nicht zur allgemeinen Herausbildung von organisierten Diensten und Einrichtungen sozialer oder medizinischer Art.

Dialog- und interreligiöse Kooperationschancen und -möglichkeiten im Hinduismus heute: Auch wenn das Helfen keinen hohen Stellenwert besitzt, ist helfendes Handeln im Hinduismus anzutreffen. Die Organisation der Gesundheits- und Wohlfahrtsfürsorge geschieht nicht durch den hinduistischen Staat, die dieser durch das Einrichten von Krankenhäusern und sozialen Zentren praktiziert. In diesen Einrichtungen sind akademisch ausgebildete Ärzte, Pflegekräfte oder Sozialpädagogen tätig. Das erleichtert die Kooperation mit westlichen Hilfswerken und Trägern sozialer wie medizinischer Dienste.

Die Einflüsse Europas bewirkten seit dem 19. Jh. die Entstehung von neohinduistischen Gesellschaften, so der sog. *Ramakrishna-Mission*, die 1887 – vermutlich unter dem Einfluss caritativ-diakonischer Dienste der Christen – in Indien gegründet wurde und caritative Einrichtungen unterhält. Sie ist die Mutterorganisation der international verbreiteten *Vedanta-Gesellschaften*. Im Westen besonders bekannt ist die *Hare-Krishna-Bewegung*, die ihrerseits soziales und pflegerisches Helfen einschließt. Offen für einen Dialog zeigen sich vor allem Vertreter des Neo-Hinduismus, wie *Vivekanada* (1863–1902) – ein Schüler des Mystikers Ramakrishna (1836–1886). Er erklärte beim Weltparlament der Religionen 1893 in Chicago: »Wir erkennen alle Religionen als wahr an.«[9]

Die Veränderung bzw. die Bekämpfung der leidbeladenen Welt – makrosystemisch – durch Gerechtigkeits-Diakonie (z.B. durch Optimierung der Sozialpolitik, der Ausübung einer anwaltschaftlichen Funktion für Bedrängte etc.) oder – mikrosystemisch – durch Barmherzigkeits-Diakonie für einzelne Leidende ist im Hinduismus nicht intendiert. Die Zusammenarbeit von Christen und Hindus ist auf den mikro-systemischen Bereich begrenzt. Darüber hinaus müssen die Christen in hinduistischen Ländern sensibel sein, um Hindus nicht durch Caritas und Diakonie zu provozieren. Ferner ist darauf zu achten, sie bei Kooperationen nicht zu überfordern.

9 Vgl. Ulrich Dehn: Hinduismus und Buddhismus. Informationen und Anregungen zur Begegnung für Christen, hg.v. d. Evangelischen Zentralstelle f. Weltanschauungsfragen, EZW-Texte 142, 1998, 9.

2.1.4 Der *Buddhismus* kennt die Solidarität, besser die Communialität mit allen Lebewesen. So kommt im Vergleich zum Hinduismus der Hilfe für Arme und Kranke ein hoher Stellenwert zu. Um das Verwehen, d.h. das Nirvana der eigenen Person, und damit die Verschmelzung mit der kosmischen All-Einheit zu erlangen, kann eine selbstlose Tat, die das eigene Wollen überwindet, dienlich sein. Doch in den drei großen Richtungen des Buddhismus – der *Hinayana-Buddhismus* (kleines Fahrzeug), der *Mahayana-Buddhismus* (großes Fahrzeug), der *Vajrayana-Buddhismus* (das diamantene Fahrzeug) – wird das Helfen nicht in gleicher Weise interpretiert und gewichtet. Zu beachten ist, dass das Leid umfassend als Erleiden der ganzen Lebensexistenz verstanden wird. Der *Hinayana-Buddhismus* stellt eine passiv-meditative Form der inneren Loslösung vom Leid – und damit vom Leben – heraus; er ist mithin distanziert zur Welt und fördert keine aktive soziale Weltgestaltung. Im *Mahayana-Buddhismus* wird der Mensch zum Hilfeverhalten zumindest indirekt motiviert. Der *Mahayana-Buddhismus*, zu dem sich die größte Gruppe der Buddhisten bekennt, besitzt eine größere soziale Orientierung. Dies zeigt sich in den entsprechenden Gesellschaften durch Etablierung von buddhistischen Wohlfahrtsdiensten. Ferner findet sich bei ihm – im Vergleich zu hinduistischen und den anderen buddhistischen Glaubensgemeinschaften – eine größere Toleranz und Kooperationsbereitschaft mit christlichen Diensten. Mahayana-Buddhisten arbeiten in kirchlichen Einrichtungen mit, und Christen unterstützen mahayana-buddhistische Dienste, z.B. in Südkorea.

Ein Sozialengagement in Form von gezielter aktiver Beseitigung von Leid, Not und Krankheit wird – ähnlich wie beim Hinduismus – nicht als zentral angesehen. Helfen an sich ist sinnlos. Allein eine absichts- und selbstlose Barmherzigkeit, die das Selbst zur Erleuchtung befreit, wird optiert. Außerdem sind – mit Ausnahme der Klostergemeinschaften – institutionelle Großstrukturen dem Buddhismus fremd. Wenn auch hinsichtlich des Verständnisses von Leid und Hilfe die Standpunkte sehr unterschiedlich sind, so wird doch in fast allen buddhistischen Ländern sozial-caritativ gehandelt. Dies lässt gemeinsames soziales Handeln mit Christen zu. Wollen Christen in der Gerechtigkeits-Diakonie mit Buddhisten kooperieren, ist zu bedenken, dass die Veränderung einer Gesellschaft nach buddhistischem Verständnis von innen kommen muss und wenn, dann nur durch ein Moralsystem erzielt werden kann, das gleichzeitig für Einzelpersonen wie für Gruppen gilt, d.h. durch sittlich relevante Metanoia (Umkehr). Eine ausschließlich politische Veränderung von sozialen Strukturen ist vom Buddhismus nicht intendiert.

Buddhistisch-christliche Dialog- und Kooperationschancen heute: Es ist – vermutlich durch den Einfluss der christlich-caritativen Diakonie und durch die wachsenden Probleme infolge der Industrialisierung – in neuester Zeit zur Bildung von Vereinigungen zum Wohl u.a. von notleidenden Buddhisten gekommen. So entstanden das internationale *Network of Engaged Buddhists* (INEB) in Bangkok (gegründet 1989) und die *World Fellowship of Buddhists* (gegründet 1952 in Hiroshima). In Deutschland gibt es die *Deutsche Buddhistische Union* mit Sitz in München. Doch diese Vereinigungen sind nicht mit konfessionellen Kirchenorganisationen vergleichbar. Eine vorrangig sozial arbeitende Organisation ist z.B. die buddhistische *Tsu-Ji*, die 1966 von der buddhistischen Nonne Cheng-Yeng gegründet wurde. Die Zahl ihrer Anhänger beträgt etwa 3 Mio. Auch diese Organisation stellt keinen buddhistisch-übergreifenden Verband dar. Großorganisationen im Sinne eines caritativ-diakonischen Dachverbandes existieren in der buddhistischen Religionsfamilie nicht.

2.2 Der zweite Weg: Kooperation als Basis eines interkulturellen/interreligiösen Dialogs

Angesichts der neuen globalen Herausforderungen ist es erforderlich – auch ohne ein gemeinsames Grundverständnis i.S. eines Weltethos – umgehend mit dem gemeinsamen Helfen zu beginnen, was bereits konkret in verschiedenen Regionen der Welt geschieht.[10] Ferner sind in Deutschland nicht-christliche Mitarbeiter in diakonischen Einrichtungen eingestellt, was einen gewissen Handlungskonsens auch national erforderlich macht, um unnötige Kooperationsstörungen zu vermeiden. Darum wird für den *zweiten Weg* plädiert, der für ein Handeln in Verbindung mit einem interkulturellen und interreligiösen Dialog optiert. Er setzt *Toleranz* bzw. Akzeptanz einer *Pluralität* anthropologischer wie religiöser Optionen voraus. Ein gelingendes gemeinsames Kooperieren ist möglich, wenn dieses von einer bedingungsfreien *gegenseitigen Wertschätzung* der helfenden Partner geprägt ist, die sich ihrerseits mit *Echtheit* (d.h. einer eigenen, in sich ruhenden Identität) *und Offenheit* verbindet, sowie gepaart ist mit einem *gegenseitigen Verstehen* der Kooperationspartner und einem *Mitfühlen* mit den Notleidenden des jeweiligen Landes.[11]

---

10 Z.B. in Südkorea, wo Christen und Buddhisten in sozialen Projekten kooperieren, sowie in der Zusammenarbeit von Diakonie/Caritas mit staatlichen Organisationen in Krisengebieten islamischer Länder, z.B. Bosnien oder Afghanistan usw.

11 Vgl. Johann Baptist Metz: Compassion. Zu einem Weltprogramm des Christentums im Zeitalter des Pluralismus der Religionen und Kulturen, in: Ders./Lothar Kuld/Adolf Weisbrod (Hg.): Compassion. Weltprogramm des Christentums. Soziale Verantwortung lernen, Freiburg i. Br. 2000.

In den Grenzsituationen des Helfens stellen sich Fragen wie: »Woher nimmst Du die Kraft, angesichts dieser sozialen Ohnmacht nicht zu kapitulieren?« Oder: »Welchen Sinn hat für Dich unsere Hilfeanstrengung noch, angesichts der Unbegrenzbarkeit der erfahrenen Leidenskatastrophe?« Lebenskraft und Lebenssicht werden radikal herausgefordert und führen zu einem Austausch der je eigenen Ressourcen und Visionen, was hoffentlich Spuren hinterlässt. Vielleicht werden so nach Jahren der konkreten Zusammenarbeit wertgeprägte Theorieableitungen auf der Basis der gemeinsamen Praxiserfahrung möglich.

Somit geht es bei der Frage nach einer Diakonie im interreligiösen/interkulturellen Dialog auch um die Identität und Offenheit der Christen sowie um ihre empathischen Fähigkeiten, um ihre Wertschätzung der fremden Religionen, d.h. sich für die kulturelle und religiöse Prägung der anderen zu sensibilisieren, damit ein globales, gemeinsames Hilfenetz und Helfen möglich wird. Dazu sollen die im folgenden aufgezeigten Anknüpfungspunkte und -probleme Voraussetzungen schaffen und so zum Brückenbau beitragen.

3. Grundlagen einer interkulturellen und interreligiösen Solidaritätskultur und Hilfepraxis

3.1 *Judentum*

Die helfende Zuwendung zu notleidenden Menschen wird in den offenbarungsbezogenen Buchreligionen theologisch motiviert. Das prosoziale *Verhalten* begründet sich im Judentum nicht aus dem Humanum, sondern aus der Religion. Der Grundsatz könnte lauten: Ich helfe, weil ich Gott nachahme und weil ich Gott liebe.

Für den Hebräer ist die Offenheit für das »Du« und das »Wir«[12] charakteristisch. Insbesondere im Sinaibund wird der Gemeinschaftsbezug zur entscheidenden Heilswirklichkeit. Aufschlussreich ist das hebräische Verständnis von Gerechtigkeit: *Zedaka*, d.h. Gemeinschaftstreue bzw. Heilvoll-sein wie aber auch Wohltätigkeit, Almosen, Zustand des heilvollen Ergehens.[13] Die Urkunde des Sinaibundes, der Dekalog, drückt dieses in ethischen Forderungen aus: gefordert ist das Ja Israels zu JHWH und den Menschen. Wer sich

---

12 Alfons Deissler: Wer bist Du, Mensch – die Antwort der Bibel, Freiburg i.Br. 1985, 27.
13 Vgl. Klaus Koch, Art. »zdq. gemeinschaftstreu/heilvoll sein«, THAT II (1976), 507–530.

nicht auch den Menschen zuwendet, der spricht kein gültiges Ja zu JHWH; damit ist menschliches Engagement niemals nur sekundär, sondern unverzichtbarer Aspekt jüdischer Sittlichkeit.

3.1.1 Das Verständnis des Leidens: Wir Europäer verbinden das Faktum eines Leids stets mit einer psychosomatischen und daraus resultierenden kognitiven Qualifikation, z.B. dass die Erkrankung an einem Karzinom stets schlecht ist. Nach Meinung des gläubigen Juden fügt JHWH alles zum Guten. Wenn ich helfe, verhindere ich evtl. das Gute, das mit diesem Leid von Gott kommt; denn Krankheit kann vor Sünde bewahren, Krankheit kann zur Demut vor Gott verhelfen. Angst, Leid und Krankheit werden ferner im Kontext der sog. Lehre vom *Tun-Ergehen-Zusammenhang* verstanden.

Diese Vorstellung beinhaltet, dass böse Taten böse Erfahrungen nach sich ziehen, während gutes Verhalten gutes Ergehen zur Folge hat. Dabei ist wichtig, dass der Tun-Ergehen-Zusammenhang nicht monokausal verstanden wird, sondern dass der Mensch sich durch sein Tun eine Sphäre schafft, die für ihn Heil und Unheil wirkt. Diese Sphäre ist auf den Einzelnen wie auch auf die Gesamtheit des Volkes ausgedehnt. So hat die Tat des Einzelnen Konsequenzen für das ganze Volk. Nicht das individuelle Leben, sondern das Leben und Weiterleben des Volkes Israel sind entscheidend, ein Denken, das unseren heutigen Lebenseinstellungen fremd ist.

Mit dem babylonischen Exil (ab 586–536 v. Chr.) schwächte sich das kollektive Denken ab, und ein individuell ausgerichtetes Denken breitete sich aus. Die Grundüberzeugungen Israels werden nun auf Einzelpersonen übertragen. Der Tun-Ergehen-Zusammenhang muss sich im Leben des einzelnen bewahrheiten. Die Bücher Ijob und Kohelet setzen sich kritisch damit auseinander; denn durch eine einfache Schuld-Krankheit-Verbindung lässt sich die Entstehung von Leid und Krankheit nicht erklären. Darüber hinaus stellt die Ursächlichkeit des Leids ein Geheimnis dar, wie das Buch Ijob deutlich macht. Eschatologisch werden Leid und Krankheit in der neuen Welt aufgehoben, von der die Propheten sprechen.

3.1.2 Umgang mit den Armen:[14] Jeder Stamm, jedes Geschlecht bekam bei der Landnahme seinen Grundbesitz von JHWH zugewiesen (z.B. Num 26,52–56). Das Problem der Armut ist somit von JHWH her nicht vorgegeben, sondern Folge von Ungerechtigkeit, Gewalttätigkeit, Misserträgen usw. Weil folglich Besitz von Gott geschenkt ist, ist jeder vor JHWH ein Armer und Bedürftiger. Reichtum ist immer eine Gabe Gottes, jeder Mensch ist von Natur aus arm und unbeschützt. Biblisch gibt es strenggenommen kein Privateigentum,

---

14 Vgl. Michael Brocke: Art. »Armenfürsorge I. Judentum«, TRE 4 (1979), 10–14.

sondern nur Lehnseigentum. Weil JHWH dem Elenden wohl will, ist der von Gott beschenkte Reiche verpflichtet, sein Geschenk zu teilen.[15] JHWH will, dass es den Elenden und Armen gut ergeht. Darum setzt er sich für sie ein: »Er rettet den Elenden vor dem, der ihn ausraubt« (Ps 35,10). Es ist interessant, dass »Almosengeben« im Hebräischen »Gerechtigkeit tun« heißt. Nicht nur mit Werken der Barmherzigkeit, sondern auch durch mehr Gerechtigkeit soll den Armen geholfen werden. Das AT legt dazu ökonomisch, sozial und psychisch relevante Regulative vor.[16]

Zunächst gibt es in Israel keine öffentliche Armenpflege. Erst mit der Königszeit und den damit gegebenen unterschiedlichen Besitz- und Machtschichten entstand eine Vielzahl von Armen.[17] Für sie wurden im Tempel und in den großen Synagogen Vorratskammern gehalten.[18] Das Helfen geschah also mikro- wie makro-systemisch, in der Familie oder durch die Volksgemeinschaft.

»Den Pharisäern, den Essenern und den hellenistischen wie Jerusalemer Juden wird in den Quellen eine sehr rege Privatwohltätigkeit bescheinigt. Neben dieser offenbar nicht unbeträchtlichen freiwilligen Wohltätigkeit gab es eine organisierte Armenfürsorge in den Synagogen-Gemeinden, die u.a. Hospize unterhielten. Die späterhin dominierende rabbinische Theologie kannte zwar keinen theologischen Wert der Armut an sich [...], konnte die ›Armut an Tora‹ als die einzig wirkliche Armut definieren [...]; aber sie verurteilte Almosen ohne Liebe – ungeachtet ihrer Verdienstlichkeit – und lobte heimliches Hilfehandeln und gab diesem eine explizite theologische Legitimation.«[19]

Darüber hinaus trafen die Rabbiner »religionsgesetzliche Entscheidungen« zur Anregung privater und öffentlicher Armenpflege, schufen helfende Organisationen und Ämter. Nach dem Talmud hat die Gemeinde eine öffentliche Kasse für die Geldspenden an ortsansässige Arme sowie eine Küche (und oft auch eine Kleiderkammer) für wandernde Arme.

---

15 Von Thomas v. Aquin bis Wilhelm Emmanuel v. Ketteler wird dieses Verständnis von Eigentum bekanntlich als richtungweisend formuliert, vgl. W.E. v. Ketteler: Erste Adventspredigt 1848, in: Erwin Iserloh (Hg.): W.E. v. Ketteler: Sämtliche Werke und Briefe. Bd. 1, Mainz 1977, 27–28.
16 Heinrich Pompey: Psychosoziale Aspekte von Armut und Verarmung, in: Anton Rauscher (Hg.): Probleme der sozialen Sicherungssysteme, Köln 1993, 163–210: 190ff.
17 Vgl. Ernst Kutsch: Art. »Armenpflege II. In Israel«, RGG³ 1 (1957), 617–619: 617; Jürgen Ebach: Art. »Armenfürsorge II. Altes Testament«, RGG⁴ 1 (1998), 755–756: 755.
18 Vgl. Wilhelm Liese: Geschichte der Caritas. Bd. 1, Freiburg i.Br. 1922, 16.
19 Horst Seibert: Die Vor- und Frühgeschichte der Diakonie. Reader 8 – Texte zum Studium, Darmstadt o.J., 15f.

3.1.3 Umgang mit Fremden und Flüchtlingen: Die positive Aufnahme von Fremden wird immer wieder betont und zur Unterstützung der Fremden an das eigene Volksschicksal erinnert:

»Mein Vater war ein heimatloser Aramäer. Er zog nach Ägypten, lebte dort als Fremder [...] Die Ägypter behandelten uns schlecht, machten uns rechtlos und legten uns harte Fronarbeit auf. Wir schrieen zum Herrn, dem Gott unserer Väter, und der Herr hörte unser Schreien und sah unsere Rechtlosigkeit, unsere Arbeitslast und unsere Bedrängnis. Er führte uns mit starker Hand und hocherhobenem Arm, unter großem Schrecken, unter Zeichen und Wundern aus Ägypten, er brachte uns an diese Stätte und gab uns dieses Land, ein Land, in dem Milch und Honig fließen« (Dtn 26,5f.). Diese Erfahrung soll Israels Handeln bestimmen, sei es im Blick auf die Freilassung von Sklaven (Ex 21,2–11) oder die Unterbindung von Unterdrückung und Ausbeutung von Fremden: »Einen Fremden sollst du nicht ausnützen oder ausbeuten, denn ihr selbst seid in Ägypten Fremde gewesen« (Ex 22,20).

3.1.4 Die biblische Sicht von Krankheit: Das Thema Krankheit spielt im AT keine gravierende Rolle (mit Ausnahme der Psalmen). Krankheit galt es in der Familie oder im Sippenverband – also in der mikrosystemischen Solidarität – zu beheben, durchaus unter Zuhilfenahme von Ärzten, wie bei Jesus Sirach nachzulesen ist. Bei Seuchen-Kranken wusste man sich nicht anders zu helfen als durch Ausschluss der Aussätzigen aus dem Lebensgeschehen. Tod und Sterben werden in der vorexilischen Zeit vorrangig als kollektiv relevante Wirklichkeit gesehen und spielen keine große Rolle, wenn der Tod nach einem satten und erfüllten Leben eintritt. Nicht der biologische Tod, sondern der »intra-vitale« Tod – in Form von Leid, Schmerz, Not und Mühsal – ist die eigentliche, feindliche Gewalt. Gleiches gilt für Gottes Ferne und Beziehungslosigkeit.[20]

Im orientalischen wie im griechischen Alltagsdenken werden die Begriffe Sünde und Krankheit wie Schuld und Strafe eng miteinander verbunden und sind in gewisser Weise austauschbar. Bereits in der griechischen Philosophie kommt es zu einer Gleichsetzung von Verfehlung und Krankheit, die »mehr ist als bloße Bildrede. So z.B. bei Plato. Das eigentliche Leiden des inneren Menschen ist die Unwissenheit, darum ist es in gleicher Weise nötig, die äußere und innere Krankheit zu heilen.«[21] Im AT findet sich die Auffassung der Sünde als seelische Krankheit dagegen nicht. »Über den Schuld- und Strafgedanken wird auch hier eine Annäherung der Begriffe Sünde

---

20 Vgl. Gerhard von Rad: Theologie des Alten Testamentes. Bd. 1: Die Theologie der geschichtlichen Überlieferung Israels, München 1957, 386.
21 Albrecht Oepke: Art. »nosos«, ThWNT IV (1942), 1084–1091: 1086.

und Krankheit erreicht.« »Das Judentum hat die Vergeltungslehre auch bzgl. der Krankheit als eigentliches Zentraldogma virtuos ausgebildet,«[22] d. h. die Sünde ist zwar Ursache der Krankheit, aber nicht mit Krankheit gleichzusetzen.

3.1.5 Zusammenfassende Einschätzung des Hilfeverhaltens im AT: Gottes Zuwendung zu den Elenden, seien sie arm, fremd oder krank, gilt allen. Insbesondere richtet sich die Sorge auf die leidenden Glieder des eigenen Volkes. Die angedeutete Individualisierungstendenz wirkt sich auch auf die helfende Solidarität aus. Soziale Wohlfahrt ist nicht allein Aufgabe der Volksgemeinschaft, sondern bekommt den Charakter einer privaten Wohltätigkeit. Dabei weiß Israel, dass das volle Gelingen der Gerechtigkeit und die Fülle der barmherzigen Liebe sich erst am Ende der Zeit realisieren werden und dass der erwartete Messias dies in seinem Volk und seinem Land vollenden wird. Bei Tritojesaja heißt es im Blick auf den Messias:

»Der Geist Gottes, des Herrn, ruht auf mir; denn der Herr hat mich gesalbt. Er hat mich gesandt, damit ich den Armen eine frohe Botschaft bringe und alle heile, deren Herz zerbrochen ist, damit ich den Gefangenen Entlassung verkünde und den Gefesselten die Befreiung, damit ich ein Gnadenjahr des Herrn ausrufe« (Jes 61,1 f.).

3.2 Islam

Entscheidend für die – im Vergleich zum Judentum und Christentum – andere Praxis einer helfenden Zuwendung zu leidenden Menschen dürfte der statische, absolutistische Monotheismus im Gegenüber zum dynamischen, partnerschaftlichen Monotheismus des Juden- und Christentums sein. Allah bleibt unendlich transzendent außerhalb seiner Schöpfung. Das Verständnis von der Allmacht Gottes, von seinem Wollen, seiner Ordnung, die er den Menschen gegeben hat, lässt keinen Raum für die im Judentum, noch mehr aber im Christentum geglaubte göttliche »Wirk«-lichkeit der Liebe. Das Mysterium der Trinität des einen Gottes ist der Grund, dass die Liebe, die Hingabe, die Diakonie bereits Wesenselemente Gottes sind. Diese personale Qualität Gottes ist dem Islam nicht bekannt. Liebe und Hingabe des Muslimen gelten nicht Gott als Person, sondern seinem Gesetz. Der Islam fordert vorrangig die Unterwerfung unter Gott durch die strengste Einhaltung der Gesetze und Vorschriften. Gott ist zwar barmherzig den Muslimen, jedoch nicht den

---

22 Oepke, Art. »nosos«, 1086.

anderen Menschen gegenüber. Auch ist die Barmherzigkeit Gottes keine Motivation für eine barmherzige Zuwendung der Menschen untereinander. Der Muslim erfüllt nur das von Allah gegebene Gesetz der Barmherzigkeit. Gott ist kein Vorbild des Menschen, da der Mensch nicht nach Gottes Bild und Gleichnis geschaffen wurde, darum ist auch Gott kein Weg und kein Lebensprogramm für den Menschen, wie im Christentum. Dies wäre für den Muslimen eine Anmaßung. Zuerst kommt die Erfüllung der Gesetze und erst dann die helfende Zuwendung zu einem Leidenden.

3.2.1 Grundverständnis von Schicksal und Leid: Das Leid hat zwei zentrale Ursachen, ähnlich wie im Christentum und Judentum: 1.) der vor der Erschaffung des Menschen bereits existierende Teufel bewirkt das Böse und Leidvolle im Leben der Menschen und 2.) die Sündhaftigkeit des Menschen. Darüber hinaus gibt es 3.) die Vorherbestimmung. Der Sinn eines Leidens kann darin bestehen, eine verdiente Strafe für die Sünden eines Menschen zu sein, wie andererseits eine Prüfung durch Gott. Eine grundlegende göttliche Erlösung des Menschen aus Sünde, Leid und Not kennt der Islam nicht.

Leid wird im Islam primär überwunden durch die Hinwendung zu Gottes Willen und durch Buße und Umkehr. Dies geschieht durch Praktizierung der *fünf Pflichten* (Säulen des Islam): das Glaubensbekenntnis, das rituelle Gebet, die Almosensteuer, das Fasten im Monat Ramadan und die Pilgerfahrt nach Mekka. Helfen wird dabei nicht verstanden als liebende Hingabe an einen Menschen, sondern als gehorsame Erfüllung der Gebote Gottes.

Da Gott (Allah) der allein Bestimmende und Handelnde ist, liegt es in seiner Allmacht und in seinem Wollen, was aus dem Lebensschicksal des Einzelnen wird. Ergebenheit in den Willen Gottes ist ein zentrales spirituelles Element. Leid, Armut und Krankheit sind als unabänderliche Entscheidungen Gottes anzunehmen: »Allah hat es gegeben, Allah wird es nehmen«, sei es Reichtum oder Armut, sei es Gesundheit oder Krankheit. Ein damit verbundener Faktor ist die Übung von Geduld, wenn Leid als Prüfung über einen Menschen kommt. Der Muslim soll Gott danken, dass das Leid nicht noch schlimmer ausgefallen ist und dass das Leid ihn möglicherweise davor schützt zu sündigen. Der so geförderte Fatalismus vermindert im Vergleich zum Judentum und Christentum Motivationen des sozialen Helfens und Bemühungen zur Gründung entsprechender Organisationen, obwohl es einzelne soziale Hilfsformen für die eigenen Glaubensgenossen gibt.

3.2.2 Das Grundverständnis des Menschen: Der Mensch ist nicht nach dem Bilde Gottes geschaffen und nicht Partner Gottes, sondern sein Diener, der Erfüller seiner Gesetze. Das Verhältnis des Menschen zu Allah ist das eines Sklaven: »Keiner in den Himmeln und auf Erden darf sich dem Erbarmer anders nahen, denn als Sklave« (Sure 19,93).[23]

Im Christen- und Judentum sind die Barmherzigkeitspraxis und die Verwirklichung der sozialen Gerechtigkeit zentrale Motivationen und Ziele, um den Anbruch des Reiches Gottes innerweltlich erfahrbar zu machen. Im Islam ist der Mensch nicht personaler Partner Gottes und darum nicht miteinbezogen, den Anbruch des Reiches Gottes durch Taten der Liebe zu bezeugen und so aus freier, liebender Zuwendung caritativ-diakonisch zu handeln. Diese typisch christlich-theologische Grundlage der caritativen Diakonie ist dem Islam fremd. Bereits das Wort Liebe wie aber auch das Faktum der Nächstenliebe (insbesondere der Feindesliebe, der Liebe zu Nicht-Glaubensgenossen) kennt der Islam nicht. Die Hilfsbereitschaft gilt nur den eigenen Glaubensbrüdern.[24]

Im Islam steht die ehrenvolle und glückbringende Aufnahme in die paradiesischen Gärten als Hauptmotiv des sozialen Handelns im Vordergrund. Dabei ist jedoch die Vorstellung vom ewigen Leben nicht wie im Christentum theozentrisch, sondern sehr irdisch. Die Vorstellung der Vollendung des Menschen in Gott ist dem Islam fremd.[25]

3.2.3 Almosen und die Tugend der Barmherzigkeit: In der Sunna, der Überlieferung (Hadith), ist zu lesen: Der Prophet »hat mir eine siebenfache Ermahnung zuteil werden lassen: Liebe die Armen und sei ihnen nahe.« Das Almosengeben ist eine der fünf Pflichten jedes Muslimen. Es ist Erfüllung von Pflicht, nicht Ausdruck einer perso-

---

23 Dem gegenüber schreibt Paulus: »Ihr habt nicht einen Geist empfangen, der euch zu Sklaven macht, so dass ihr euch immer noch fürchten müsstet, sondern ihr habt den Geist empfangen, der euch zu Söhnen macht, den Geist, indem wir rufen: ›Abba, Vater‹« (Röm 8,15).
24 Ein soziales Helfen mit einem gewissen Vorrang für die eigenen Glaubensgenossen ist dem Christentum ebenfalls nicht fremd (Gal 6,9f.), jedoch immer mit der Offenheit für alle. Das Jesuswort: »Wenn ihr nämlich nur die liebt, die euch lieben, welchen Lohn könnt ihr dafür erwarten?« (Mt 5,46) steht einer Verengung kritisch gegenüber.
25 Doch wird auch in der Gerichtsrede (Mt 25,31–46) des Neuen Testaments herausgestellt, dass der Mensch am Ende der Welt nach den Werken der Barmherzigkeit beurteilt wird, ob er der Gemeinschaft mit Gott teilhaftig werden kann. »Vor allem haltet fest an der Liebe zueinander; denn die Liebe deckt viele Sünden zu« (1. Petr 4,8). So ist es bei den frühen christlichen Vätern ebenfalls zu lesen.

nalen Hingabe an einen anderen Menschen. Liebende Hingabe an einen Menschen besitzt eine andere Qualität als Liebe, die nur als Pflichterfüllung verstanden wird. Daneben wird für die öffentliche Wohlfahrtspflege zum Wohl der eigenen Glaubensgenossen eine Almosensteuer erhoben.[26]

Darüber hinaus gibt es empfohlene Tugenden wie Nachsicht/Verzeihen, Gerechtigkeit und Barmherzigkeit bzw. Wahrheit, Brüderlichkeit und Güte, die ebenfalls Grundlage einer Solidarität und eines Hilfeverhaltens sein können (Sure 49,10; 9,71; 5,2). Die Solidarität der Gläubigen untereinander zeigt sich darin, dass sie für die Schwachen sorgen, den Armen und Waisen beistehen (107,1–2) und den Reisenden Gastfreundschaft anbieten (2,215; 9,60).

3.2.4 Das Fehlen von Organisationsstrukturen: Die große Gemeinschaft der Gläubigen (Umma) mit ihren Moschee-Gemeinden kennt keine hierarchische Ordnung und Organisationsstruktur, wie dies bei den großen christlichen Kirchen der Fall ist. Der Muslim lebt mit allen Glaubensbrüdern und -schwestern in einer allgemeinen Solidaritäts- und Hilfsgemeinschaft, und nicht in einer institutionalisierten Kirchenorganisation. Der Islam ist eine egalitäre Theokratie. Das Fehlen des institutionellen Charakters des Islams und das Fehlen einer Zuschreibung der Barmherzigkeit zu einem besonderen Amt verhinderten neben anderen Gründen strukturierte Gesundheits- und Wohlfahrtsverbände.

3.2.5 Zusammenfassung: Dialog und Kooperation mit dem Islam sind sehr schwer. Die autoritären Rechtsvorschriften blockieren Helfer und Leidende, und viele Vorschriften stoßen bei Christen, sei es bei nationalen oder internationalen Kooperationen, auf Unverständnis.[27]

26 Der Koran (Sure 9,60) legt fest, für wen die Sozialabgaben verwendet werden sollen: für Arme und Bedürftige, für Menschen in sozialen Diensten, für Menschen, die für den Islam gewonnen werden oder die beim Religionswechsel zum Islam mit Lebensbedrohung und Armut zu rechnen habe, für Menschen auf »dem Weg Gottes«, für die, die den Glauben unterrichten oder sich für seine Verteidigung zur Verfügung stellen und deshalb keinen anderen Verdienst haben, sowie für Reisende, die in Not geraten sind.
27 Z.B. das Einhalten starrer Gebetszeiten, das Ramadanfasten und die damit verbundenen Belastungen für Kranke und Helfer, das Gebet oder das Tragen der Kopftücher als Glaubensdemonstration, Speisevorschriften – das Verbot von Schweinefleisch und der alleinige Verzehr von geschächtetem Fleisch und die daraus sich ergebenden Verpflegungsschwierigkei-

Insgesamt wird ein sozial helfendes Verhalten zwar in allen drei offenbarungsbezogenen Buchreligionen unterstützt, jedoch der tiefere Grund, die Sichtweise ist sehr unterschiedlich. Das liegt u.a. daran, dass der Islam nicht auf dem AT basiert wie das Christentum. Islam ist vorrangig Pflicht, und Helfen ist auf die eigene Gemeinschaft ausgerichtet. Im Christentum erhält das Hilfeverhalten durch das Verständnis der Trinität und Inkarnation eine starke personale wie auch eine größere institutionelle Ausformung und Offenheit für alle Leidbeladenen.

3.3 Hinduismus

Das Verständnis des Menschen, des Leids und des Helfens bzw. der Solidarität ist im Hinduismus im Vergleich zu den offenbarungsbezogenen Buchreligionen sehr verschieden. Außerdem stellt der Hinduismus selbst eine große Religionsfamilie des indischen Kontinents dar und umfasst sehr verschiedene Transzendenz- und Menschenverständnisse.[28] Der Hinduismus kennt keine einheitliche Ethik. Heterogen ist die Sicht der Befreiung vom Leid und eines entsprechenden Helfens. Ein religiös inspiriertes und motiviertes soziales Hilfe- und Solidaritätsverhalten ergibt sich eher indirekt und nicht direkt wie im Christentum.

3.3.1 Das Welt- und Transzendenzverständnis: Die Welt ist verschieden von der Transzendenz, dem all-einen, einzigen, nicht-kausalen, absoluten, geistigen, göttlichen Brahman, das nicht als personales Gegenüber gedacht wird. Ferner ist die Welt keine Schöpfung Gottes. Die Welt hat keinen Anfang und kein Ende (Kosmogenie). Sie befindet sich in einem ewigen Kreislauf (Samsara) und in ständiger Wiederkehr. Es gibt kein gleichbleibendes Leben. Auch der Mensch selbst ändert sich ständig, ist in jedem Augenblick ein anderer. Der *Atman*

---

ten in einem Krankenhaus oder einer sonstigen Sozialeinrichtung –, die strenge Geschlechtertrennung kann in Krankenhäusern zu Problemen führen, da eine Frau nur durch eine Ärztin behandelt werden darf, die Bestattung eines Toten am Todestag, die Verschleierung der Frau. Kooperationserschwerend sind vor allem Vorschriften gegen die Christen: Gottesdienste sind Christen in islamischen Staaten nur in exterritorialen Räumen (Botschaften) erlaubt. Helfer dürfen keine Bibel, religiöse Bücher oder Zeichen bei sich führen. Ein Christ kann in einem islamischen Staat sein dortiges Vermögen nicht der Diakonie vermachen.

28 Z.B. der vedische Kult, Vishnu-Kult, Shiva-Kult u.a.; vgl. Gerhard Oberhammer/Othmar Gächter: Art. »Hinduismus«, LThK 5 ([3]1996), 132–142.

(≅ ich/selbst) des Menschen ist für den Hindu der feste Kern,[29] der sich immer wieder neu einkleidet in Form einer Wiedergeburt. Atman ist Träger der Kontinuität. Er ist weder der Person noch der Seele ähnlich. Andererseits kennt der Hinduismus personale Entfaltungen in verschiedenen Gottheiten (z. B. in der Dreiheit »*Trimurti*«: Brahma, Vishnu und Shiwa). Eine göttliche Entfaltung (Avarata) Vishnus stellt der Gottessohn Krishna dar, der unter den Menschen lebt, das Böse bekämpft und den Weg zur Liebe, zu Gott, eröffnen soll. Dies ist eine interessante Analogie zum Christus-Verständnis, aus der sich soziale Handlungsmotivationen entwickeln lassen. Es ist jedoch zu bedenken, dass die Krishna-Vorstellung im Hinduismus nicht den zentralen Stellenwert besitzt, wie das Christusereignis im Christentum.

Der Mensch ist im Hinduismus kein Gegenüber zu einer göttlichen Macht. Er ist Teileelement des belebten *Kosmos* wie jedes andere Lebewesen auch. Der belebte Kosmos besitzt *Über- und Unterordnungen* wie Pflanzen, Tiere, Menschen und Götter. Diese Über- und Unterordnungen setzen sich auch in der menschlichen Gesellschaft fort, die in der *Kastenzuordnung* ihren Niederschlag gefunden hat, in die jeder hineingeboren wird und aus der niemand herauskommt. Optionen für Solidarität und Gerechtigkeit setzen aber Gleichheit voraus.

3.3.2 Das umfassendere Verständnis von Leid und seine Überwindung: Materielles Elend, Krankheiten, Umweltkatastrophen usw. werden im Christentum und Judentum als Leid bezeichnet. Das Verständnis von Leid ist im Hinduismus wie Buddhismus dagegen umfassender: Dasein und Leben sind insgesamt und grundsätzlich immer Leid. Das Leiden ist dem Göttlichen (Brahman) nicht zugänglich.[30] Das Elend am Elend ist, dass es sich immer wiederholt. Nicht die Endlichkeit des Lebens, die sich – wie es abendländische Menschen sehen – hier und jetzt in Armut, Krankheit, Sterben und Tod negativ ausdrückt, bewirkt das Leid, sondern die ewige Wiederkehr des Lebens ist für den Hindu das Leid. So stellt sich für ihn die Frage: Wie komme ich aus der ewigen Wiederkehr des Lebens und damit aus dem Kreislauf des Leids heraus?

29 Atman bedeutet das wahre »Selbst« des Menschen. Es bezeichnet den tiefsten Wesensgrund des Menschen und ist identisch mit Brahman, das Absolute, der Urgrund allen Seins. Doch dies kann nicht als Person begriffen werden.
30 Dies ist ein großer Unterschied zur christlichen Theologie und damit zur Christologie des Helfens und der Solidarität, nach der Gott in das Leid inkarniert wurde.

Das Ziel des Christen ist das ewige Leben bei Gott. Im Christentum bleibt folglich die Individualität der Seele in Gott erhalten. Im Hinduismus verlöscht der Atman im Brahman, dem All-Göttlichen und All-Einen, wenn der Mensch nicht durch Ansammlung von negativem Karma, das aus dem Handeln des Menschen hervorgeht und durch Ein-Sich-Lassen (z.B. Meditation, Armut usw.) aufgelöst wird, von der Wiederkehr des Lebens befreit wird. Die ewige Wiederkehr des individuellen Lebens ist dann beendet und damit auch das Leid. Der Zustand des Nirwana, d.h. des Verlöschens ist eingetreten. Im Christentum steht am Ende die Fülle des Lebens, das frei ist von Leid. Der Mensch wird »vergöttlicht«, ohne seine Individualität oder Personalität zu verlieren.

3.3.3 Die Auswirkungen von guten und schlechten Taten: Im Hinduismus bilden Ursache und Wirkung, Tat und Folge eine »karmische Einheit«. Die *Karma*-Lehre besagt, dass alle guten wie schlechten Taten Folgen haben und ihrerseits verursacht sind. »Die Lebensumstände, die man bei der Geburt vorfindet, sind Folgen aus einem früheren Leben und Lohn für frühere Taten.«[31] Handeln bewirkt positives oder negatives Karma. Der Karma-Gedanke kann einerseits dazu führen, dass »Menschen in die Passivität und Resignation« fallen und zu »aktivem Handeln unfähig werden«.[32] Andererseits motiviert der Karma-Gedanke auch zu positiven, d.h. sozial-caritativen Handlungen.

3.3.4 Die Befreiung von der Wiederkehr: Mit der Vorstellung von der ewigen Wiederkehr des Lebens und des Karma ist auch der Gedanke der *Wiedergeburt* (d.h. der Wiedereinkleidung) verbunden. Die Wiedergeburtstheorie begründet für den Hinduisten wie für den Buddhisten, warum jemand reich oder arm, tugendhaft oder kriminell, krank oder gesund ist. Nichts ist Schicksal. Befreiung aus der Wiedergeburt und damit aus der Wiederkehr des Bösen und Leidvollen kann durch drei Wege erfolgen, die je nach Schulrichtung als alleinige Möglichkeit oder als sich ergänzende Wege angesehen werden: Der *erste Weg* ist der Weg der Erkenntnis: durch Meditation soll der Mensch sich lösen von Begierde, Reichtum und Macht. Diese zentralen Faktoren der Ungerechtigkeit in der Welt werden somit spirituell aufgelöst und nicht politisch überwunden,

---

31 Werner Trutwin: Wege zum Licht. Die Weltreligionen, Düsseldorf 1996, 297.
32 Trutwin: Wege zum Licht, 297.

was indirekt zur Gerechtigkeit beiträgt. Gerechtigkeit ist somit nicht Ausdruck der Solidarität. Intendiert ist nur die Loslösung von Blockaden eines tieferen, sich befreienden Erkennens. Durch Loslösung wird das Bewusstsein des Menschen so verändert, dass das Atman mit dem Brahman identisch wird. Durch *Erleuchtung* werden die karma-erzeugenden Kräfte und das individuelle Sein aufgelöst und das Nirwana (Verwehen in das Nichts, Verschmelzen mit der Leidfreiheit) erlangt, sei es hinduistisch im Sinne des Einswerdens mit dem Nirwana oder buddhistisch im Sinne des Verlöschens im Nirwana. Man geht also zur Welt, die böse und leidvoll ist, auf Distanz. Die Welt wird nicht befreit durch das Gute, das von Gott kommt. Nicht die Einheit mit dem Guten wird gesucht, sondern das selbst-lose Nichts. Ein Sich-Einlassen auf die Lehre, die *Dharma*, ist Grundlage der Befreiung aus dem Leid. Um den Menschen belehrbar zu machen, muss man den Menschen das Leid, das Erleiden der Welt nehmen, sonst ist er abgelenkt. Darüber hinaus soll der Hindu erkennen, dass das ihm widerfahrene Leid eine menschliche Vorstellung ist, das mit ihm persönlich nichts zu tun hat. Der Mensch vergegenwärtigt sich so durch sein Bewusstsein, dass das Leid etwas von ihm Geschiedenes ist, also nur ein Konstrukt. Damit wird das Leid relativiert. Wenn Leid nur eine Vorstellung ist, dann braucht man auch keine Hilfe.

Der *zweite Weg* ist der Weg des guten Handelns. Durch *Opfer, Riten und Entsagungen* (Askese) entsteht positives Karma und wird Erlösung erlangt. Zum sich-selbst-befreienden, sich-selbst-auflösenden Handeln zählen auch soziale Taten für Mitmenschen. Doch dieses Helfen geschieht nicht um des Nächsten willen, sondern um sich von der Selbstverhaftetheit zu lösen und um frei zu werden für das Nirwana.

Eine weitere Grundlage für ein indirekt helfendes Verhalten ergibt sich aus dem Verständnis, dass die Einzelperson gegenüber dem Kosmos bedeutungslos ist. Darum verhält sich ein Mensch stets nur sich selbst gegenüber, da es kein Gegenüber gibt, d.h. wenn er gut handelt, handelt er gut zu sich selbst, wenn er schlecht handelt, handelt er schlecht gegen sich selbst. Darum wird ein einsichtiger Mensch sich zu allen Lebewesen gut verhalten. Dieses Denken entspricht in gewisser Weise der Goldenen Regel, wie sie auch im Christentum tradiert wird (Mt 7,12; Lk 6,31–32; Tob 4,16). Ein menschenfreundliches Helfen ergibt sich im Hinduismus wiederum als Begleiteffekt. Aus diesem kosmologischen Verständnis des Menschen resultiert, dass der Hindu nur ein allgemeines Gut-Sein kennt, das den ganzen Kosmos, also auch Pflanzen und Tiere umfasst, und keine vorrangig menschenbezogene Ausrichtung einer helfenden Solidarität. Die ganze Schöpfung seufzt und harrt der Erlösung (Röm 8,21 f.), wie Paulus – wenn auch mit einem anderen Blick – hervorhebt; allerdings hat die Nächstenliebe im *Ordo Caritatis* einen höheren Rang als die Liebe zur Natur.

Ein *dritter Weg* ist bei verschiedenen hinduistischen Gruppen die *Gottesliebe*. Die Zuwendung zu Gott wird von Gott erwidert. Durch Gottesliebe kann die Differenz zwischen Atman (Selbst/Seele) und Brahman (das All-Eine, Unendliche, Göttliche) überwunden werden. Auch dieser Weg kann caritative Menschlichkeit indirekt ermöglichen. In der Bhagavadgita (11,55) – dem ältesten, im 5. Jh. v. Chr. entstandenen Lehrbuch des Hinduismus – verkündet Krishna, der menschgewordene Gott Vishnu:

> »Wer stets bei seinem Tun nur meiner denkt im Leben, mich über alles liebt, sich ganz mir hingegeben, wer niemand hasst und wer an keinem Ding mag hangen, der wird, o Pandusohn, dereinst zu mir gelangen.«

Gottes-Liebe und Menschen-Liebe sind hier hervorgehoben und verbunden. Insgesamt fordert die Bhagavadgita die Menschen auf, in der Welt zu leben und Mitmenschen zu helfen. Interessant ist die strukturelle Analogie Krishnas und seiner Botschaft mit Christus und dessen Botschaft. Doch auch in dieser vorbildlichen Gottesliebe als Menschenliebe geht es primär um ein Ablassen von der Begierde: »Er an keinem Ding mag hangen« und ein Befreien vom leidbehafteten Leben und nicht primär um eine aktive Zuwendung zum Leidenden. Letzteres ist nur Folge dieser Tat. Kennzeichen des dämonischen Menschen sind gemäß der Bhagavadgita seine Überheblichkeit, sein Zorn und seine Rauheit, die diametral dem Hilfeverhalten und der Solidarität entgegenstehen. Sie bewirken negatives Karma, Mildtätigkeit und Gewaltlosigkeit dagegen positives Karma.

Insgesamt zeigt sich also, dass die Motivationen zum Hilfeverhalten in den biblischen Religionen anders begründet und akzentuiert sind als im Hinduismus. Im Blick auf Dialog und Kooperation wird dies zu berücksichtigen sein. Andererseits ist ein gemeinsames diakonisches Engagement möglich, wenn man das Welt- und Menschenbild des anderen anerkennt und würdigt.

3.4. Buddhismus

Der Buddhismus kann als eine Weiterführung oder Reform des Hinduismus verstanden werden. Buddha, d.h. der Erleuchtete, kam selbst aus dem Hinduismus.

Buddha – mit weltlichem Namen: Siddhartha Gautama – wurde ca. 450 v. Chr. in Indien als Sohn eines Gouverneurs, d. h. als Mitglied einer höheren Kaste, geboren. Es war die Zeit des Übergangs von der vedischarischen zur brahmanischen Periode indischer Religionsgeschichte. Er starb ca. 370 v. Chr. Buddha überwand das Kastenwesen, indem er von der Gleichheit aller Lebewesen ausging. Durch die Gründung von Frauenklöstern wertete er die Stellung der Frau auf. Ferner wird überliefert, dass er sich selbstlos und mitfühlend Schutzlosen, Außenseitern, Kranken und Verstoßenen der Gesellschaft zuwandte.

Im Laufe der Geschichte des Buddhismus kam es zur Entfaltung von drei großen Richtungen:
- *Hinayana-Buddhismus* = kleines Fahrzeug (n. 370 v. Chr.) oder südliche Schule: Theravada (= Lehre der Alten), insbesondere verbreitet in Indien und Thailand,
- *Mahayana-Buddhismus* = großes Fahrzeug (n. 270 v. Chr.), ihm gehört die größte Zahl der Buddhisten an, ca. 180 Mio. Menschen, vorwiegend in Vietnam, China, Mongolei, Japan und Korea,
- *Vajrayana-Buddhismus* = das diamantene Fahrzeug (ca. 600 n. Chr. entstanden) verbreitet in Tibet.

Buddha stiftete keine neue Religion, sondern entfaltete eine neue Lehre (Dharma), d. h. eine Lebensweisheit zur Erlangung von Heil und Erlösung. Bei der *Dharma* handelt es sich nicht um eine Theologie, sondern eher um eine Kosmologie in Verbindung mit einer Anthropologie. Leben und Leid werden folglich nicht aus einer Gottesperspektive betrachtet und das Leid auch nicht durch die Kraft und Weisheit Gottes überwunden, obschon die Existenz von Göttern nicht ausdrücklich abgelehnt wird. Erlösung vom Leid ist allein Aufgabe des einzelnen Menschen selbst.

3.4.1 Weiterführung bzw. Reform der Welt- und Menschensicht des Hinduismus: Das Kausalitätsdenken des Hinduismus wird durch ein Verständnis der *konditionalen Wechselwirksamkeit allen Lebens* fortentwickelt, d. h. alles ist bedingt. Es gibt keine autonome Selbstbewegung und keine Konstanz. Alles ereignet sich, ist stets nur eine augenblickliche »Wirk-«lichkeit und befindet sich in permanenter Veränderung. Darum kann es kein fortdauerndes Ich geben. Ich-Bewusstsein konstituiert sich ständig neu. Wenn alles gleich vorbei ist, dann sind auch Leid und Freude im Augenblick der Wahrnehmung bereits nicht mehr existent. So ist das Leben insgesamt vergänglich und ist aus dieser Perspektive einzuschätzen. Das bewirkt einen ähnlichen Effekt wie die christliche Mahnung: »memento mori«. Wenn man sich diese Vergänglichkeit des Lebens vergegenwärtigt, erkennt man, wie relativ Leid ist.

Für Buddha gibt es *kein Ich, kein Selbst*, was z. B. Subjekt des Handelns sein könnte und das die Geschichte überdauern kann. Es gibt zwar das Leid im Buddhismus, aber letztlich keine Person, die leidet. Der Mensch ist Teil des sich stets wandelnden Kosmos. Erlösung ist also nicht wie im christlichen Verständnis Befreiung des Ich oder der Seele zur endgültigen, gottgewollten Gestalt in der Gemeinschaft mit Gott, sondern bedeutet Loslösung von allem. Die Erlösung vom »Selbst« ist aber keine individualistische Selbsterlösung, sondern wird solidarisch verstanden, weil die Erlösung des ganzen Kosmos das Ziel ist. Es ist im Buddhismus darum Ziel des Menschen, die Daseinsform eines Buddha zu erwerben und damit selbst ein Buddha zu sein. Da diese Fähigkeit in jedem Menschen vorhanden ist, gebührt jedem Menschen Respekt, i.S. von Würde. Dies ist dem christlichen Verständnis der Gottebenbildlichkeit des Menschen ähnlich, in der in christlicher Sicht die Würde des Menschen gründet.

3.4.2 Verständnis von Leid: Buddha geht vom Leiden aller Wesen aus. Leben ist Leid. *Das Dasein* in allen Existenzformen *ist Leiden (Dukkha)*, d.h. Schmerz, Vergänglichkeit, Verlust, Trennung und Versagung. Mit dem Tod endet das Leiden nicht, sondern führt in der nächsten Existenzform zu einer Neueinkleidung, d.h. zur Wiedergeburt. Aus der grundsätzlichen Leidverhaftung des Lebens leiten sich seine Grundfragen nach der Entstehung des Leids und nach der Überwindung des Leids ab. Der sogenannte *Lebensdurst bewirkt* das *Leid*. Er hat die unheilvollen Wurzeln: Habgier, Zorn/Hass/ Wahn, Unwissenheit/Verblendung. Sie erzeugen ein böses Karma, das wiederum Grund der permanenten Wiedergeburt ist. Mit der Unterbindung der genannten Grundübel werden Urwurzeln der sozialen Ungerechtigkeit und der Lieblosigkeit überwunden, auch wenn diese Wirkung nicht intendiert ist. Es geht im Buddhismus primär um die Befreiung vom Lebensdurst, d.h. seine erlösende Auflösung. Leid ist nach buddhistischer Lehre endgültig nur aus dem Leben herauszubringen, wenn man seine Quellen beseitigt, d.h. Überwindung von Leidenschaft und Unwissenheit. Der Buddhismus hat die sozial-strukturelle Verhinderung dieser Ursachen des Leids durch politisches Handeln nicht im Blick. Soziale Probleme müssen deswegen gelöst werden, weil sie zu Armut, zu Diebstahl, zu Krieg usw. führen und damit die Grundübel Gier und Hass bewirken, die wiederum Erleuchtung verhindern. Denn Gier und Zorn führen zur Verblendung, zu Nicht-Wissen und Nicht-Erkenntnis (Avidya). Erst durch die Ausschaltung von Lebensdurst (Gier) und Lebensanhaftung (Hass) ereignet sich ein Zustand, in dem Belehrung und damit Einsicht möglich werden. So geht es bei der Überwindung der Grundübel nicht primär um ihre Aufhebung, z.B. zur

Optimierung der Lebensbedingungen der Menschen – wie im abendländischen Denken –, sondern um die Optimierung der Voraussetzungen für Erkenntnis und Erleuchtung. Die Übel werden nach buddhistischer Lehre aufgehoben, wenn man die Ursachen beseitigt, und die Ursachen werden aufgehoben, wenn ihr Gegenteil entfaltet wird. Verblendung wird aufgehoben durch Erkenntnis und Weisheit, Ich-Fixierung durch Ich-Losigkeit und Gleichmut, Gier durch innere Befreiung und Gebet, Hass durch Güte, Mitleid und Mitfreude.

So gibt es im Buddhismus a) den *Weg der Erkenntnis*, d.h. Einsicht z.B. in Leiderfahrung und Leiderlösung durch Meditation, und b) den *Weg des tugendhaften Handelns* aus Allgüte, Mitleid (Karuna), Mitfreude und Gleichmut in Bezug auf alle Lebewesen. Es gibt eine negative Liebe mit egozentrischer Anhaftung und eine Liebe zur Loslösung von der Selbstverhaftung. Sie ist das eigentliche Ziel, so wie es im Mahayana-Buddhismus von den Bodhisattwas (den sog. Heiligen) verkörpert wird. Beide Wege wollen helfen, sich vom Selbst zu befreien und verändern den Übenden wie die Mitmenschen und die Welt. Damit hat das tugendhafte Handeln eine indirekte helfende Wirkung.

Der *achtteilige Pfad*, den Buddha den Weg nicht nur für Mönche, sondern für alle Menschen zur Aufhebung des Leids nennt, kennt weder kultisch-rituelle noch sozial-aktive Elemente, sondern ist primär der Weg einer neuen Erkenntnis, um die Ursachen des Leids zu überwinden.

Der achtteilige Pfad besteht aus: rechtem Glauben, rechtem Entschließen, rechtem Wort (d.h. Vermeiden von Lüge, übler Nachrede und Geschwätz), rechter Tat (Vermeidung von unsittlichen Handlungen), rechtem Leben (Vermeiden von Berufen, die wie Schlachter, Jäger, Waffen- und Drogenhändler anderen Wesen schaden), rechtem Streben (Vermeiden von unheilvollen Karma-Taten), rechtem Denken und rechtem Sich-Versenken. Auf der Stufe des rechten Sich-Versenkens verlöscht der Mensch in die Existenzlosigkeit bzw. verschmilzt mit der All-Einheit des Nirwana und ist damit erlöst vom Leid. Dieser Weg ist in seinen letzten Etappen nur einer kleinen Gruppe, d.h. sehr asketischen Menschen, z.B. Mönchen möglich. Für die meisten Menschen ist das Wegziel nicht erreichbar und ist der Weg nicht gangbar bzw. stellt eine Überforderung dar.

3.4.3 Mitmenschlichkeit und Mitleid im Mahayana-Buddhismus: Beim Hinayama- bzw. Theravada-Buddhismus steht im Vergleich zum Mahayana-Buddhismus die individuelle Beseitigung der unheilvollen Wurzeln des Karmas und damit der Wiedergeburt deutlicher im Mittelpunkt. Die Mitmenschlichkeit besitzt keine ethische oder erlösende Qualität. Der Mahayana-Buddhismus ist wesentlich alltagsrealer und stellt zudem stärker die Einheit aller Wesen heraus. Das Ziel der Befreiung ist nur mit dem gemeinsamen Verlöschen aller bzw. der ganzen Welt ins Nirwana erreicht.

Insbesondere werden zwei zentrale Gedanken, die *Weisheit* (Schulung des Geistes) und das *Mitleid* (Schulung der Sittlichkeit), herausgestellt. Die Weisheit ist der Erleuchtung gleichzusetzen. Zwillingsbegriff zur Weisheit ist das Mitleid/Erbarmen (Karuna). Dies ist eine besonders hervorragende Eigenschaft aller Buddhas (d.h. aller Erleuchteten). Mitleid wird auf der Basis der Weisheit ausgeübt. Es ist verbunden mit Freundlichkeit und Güte.

»Personifiziert ist das erleuchtete Erbarmen im *Bodhisattva* Avalokitesvara, der das Elend der ganzen Welt sieht und mit seinen unzähligen Händen Barmherzigkeit ausübt.«[33]

Dieser Bodhisattva hat zwölf Gesichter, um das Leid der Menschen zu erkennen. Ein Bodhisattva kann ein Mönch oder Laie, eine Frau oder ein Mann sein, der sich durch Gelübde für den Weg der Selbstlosigkeit, der Heiligung und Erleuchtung entschieden hat, um sich der Leidbefreiung anderer zu widmen. Dem einfachen Buddhisten kommen zur Erlangung des Nirwana die sog. transzendenten Bodhisattvas zu Hilfe (analog den Heiligen im Christentum). Es sind Wesen, die die Erleuchtung erlangt haben, doch nicht in das Nirwana eingehen, um aus Mitleid getrieben so lange im vor-todlichen Nirwana zu bleiben, bis alle Menschen erlöst sind. »Aus Erbarmen mit der leidenden Welt verzichten sie auf die sofortige eigene Erlösung«[34] und schenken ihr eigenes positives Karma anderen Menschen, damit diese erlöst werden. Der Bodhisattva steigt selbst in die Hölle hinab, um die Menschen, die dort sind, zu befreien. Durch sie erhält das Mit-Leiden im Mahayana-Buddhismus einen entscheidenden Ausdruck bzw. eine motivationale Verstärkung. In ihrem selbstlosen Mitleid sind die Bodhisattvas Vorbilder für andere Menschen. Eine strukturelle Analogie zum christlichen Verständnis Jesu und der Heiligen ist auffällig. Der Mahayana-Buddhist kann also nicht nur aufgrund eigener Anstrengungen, z.B. der Meditation und Askese, sondern auch durch den Glauben an die helfende Mitwirkung der Bodhisattvas Erlösung erlangen.

Mitleid wird zur höchsten Tugend der Menschen. Es realisiert sich in drei Stufen: 1. Nicht-Schädigen bzw. Gewaltlosigkeit, 2. Wohlwollen und 3. Geben. Keinem Lebewesen wehzutun wird zur ethischen

---

33 Dehn: Hinduismus, 35.
34 Trutwin: Wege zum Licht, 414.

Grundnorm. Das soziale Dasein für andere stellt einen großen Unterschied zum Hinayana-Buddhismus dar. Im Bereich des chinesischen, koreanischen und japanischen Buddhismus gibt es darum wesentlich leichter Anknüpfungspunkte zur christlichen Sozialarbeit.

Während im Hinayama-Theravada-Buddhismus der achtteilige Pfad die Hauptrolle spielt, steht im Mahayana-Buddhismus die *Übung der sechs Vollkommenheiten (Paramita)* im Mittelpunkt:
1. die Wohltätigkeit und die Gebefreudigkeit, zu der Spenden, medizinisches Helfen, Erschließen der buddhistischen Lehre, Gewährleistung von Sicherheit und Geborgenheit gehören (vgl. die christlichen Werke der leiblichen und geistigen Barmherzigkeit), sowie 2. Disziplin und Moral, z.B. Ehrlichkeit, Vermeidung von Übeltaten und 3. Geduld wie 4. Bemühen (Energie) sowie 5. Meditation und Kontemplation wie 6. Weisheit.

Insgesamt ist es aus der Sicht des Buddhismus im Blick auf die beschriebenen Wege und das beschriebene Ziel nutzlos, wenn nur materiell geholfen wird und nicht auch eine geistig-sittliche Selbsterziehung des Menschen erfolgt. Dieser Zusammenhang findet sich auch im Christentum. Jesus verbindet das Helfen und Heilen stets mit der Umkehrbotschaft.

4. Die Einschätzung des Dialogs und der Kooperation aus christlicher Perspektive

Wenn es christlicher Diakonie darum geht zu heilen und zu helfen, damit die Menschen das Leben haben, das die irdische wie die ewige Lebens-»wirk«-lichkeit umfasst, dann sollte Diakonie angesichts des Leidens in der Welt alle vorhandenen sozialen Kräfte und Möglichkeiten einbeziehen bzw. mit diesen kooperieren. Konkurrenz bei sozial-caritativen Dienstleistungen kennt Jesus nicht, wenn die Konkurrenten nicht gegen seine humanen und theologischen Grundsätze verstoßen.[35]

Das Christentum ist geprägt durch seine besondere Sicht der Beziehung von Gott und Welt. Gott wurde Mensch und befreite die Menschen von Schuld im Blick auf die von ihnen verfehlte Liebe und Gerechtigkeit. Durch seine Menschwerdung lädt Gott die Menschen ein, ihm nachzufolgen, damit sie ihrerseits durch Barmherzigkeits-Diakonie Leid und Not lebens-voll verwandeln und durch Gerechtigkeits-

---

35 Vgl. Mk 9,38–41; Lk 9,49–51par. Dass Jesus Mitgliedern anderer Religionen eine soziale Kompetenz und eine caritative Motivation nicht abspricht, zeigt sein Gleichnis vom Barmherzigen Samariter (vgl. Lk 10,30ff.).

Diakonie Voraussetzungen für ein gelingendes Leben der Menschen untereinander schaffen. Eine Verbindung der göttlichen Transzendenz mit dem Leid – so wie es Gott in Jesus Christus realisiert – bedeutet z.B. für den Hindu und den Buddhisten Auflösung von Transzendenz. Diese fundamental konträre Sicht stellt den Konsens eines einheitlichen Hilfe- und Solidaritätsverständnisses bereits grundsätzlich in Frage. Auch für Judentum und Islam ist dieses inkarnatorische Hilfe- und Solidarverständnis nur eingeschränkt akzeptierbar.

Diakonie will durch Liebe Leid und Not caritativ verwandeln und durch den Einsatz für Gerechtigkeit Zeugnis geben vom Anbruch des Reiches Gottes, der endgültigen Herrschaft der Gottesliebe und der Gerechtigkeit Gottes. Fülle und nicht das Nirwana sowie Neuschöpfung und Vollendung nach dem Maße Christi bestimmen die sozialen Handlungsoptionen der Christen. Der Theozentrik bzw. Kosmozentrik anderer Religionen und Kulturen steht die Anthropozentrik des Christentums gegenüber.

Sind die zentralen Grundlagen der Solidarität und des Helfens nicht konsensfähig, ohne an den Grundfesten einer Religion oder einer Kultur zu rütteln, dann wird ein gemeinsames Weltethos der Religionen als Grundlage eines gemeinsamen solidarischen Helfens nur mittels eines – sich über Generationen hinziehenden – Interagierens und Kommunizierens annäherungsweise formulierbar werden. Ein solches, in ferner Zukunft entstehbares Weltethos und eine erst daraus resultierende Praxis kommen aber angesichts der leidvollen Folgen der Globalisierung und der weltweiten Kommunikations- und Mobilitäts-Gesellschaft zu spät.

Ganz unabhängig von dem interreligiös schwer erreichbaren sozialethischen Konsens, darf nicht außer Acht gelassen werden, dass auch in der christlichen Ökumene Hindernisse bestehen, um verbindlich zu gemeinsamen Wertvorstellungen zu gelangen, z.B. wenn man die Unüberbietbarkeit der Verkündigung Jesu und seiner Wertoptionem nicht relativieren will. Ähnlich, wenn nicht noch entschiedener, wird von anderen Weltreligionen ihrerseits – insbesondere vom Islam – ein absoluter Vorrang optiert.

Unumgänglich ist es, eine gemeinsame, weltweite Zuwendung zu seelisch und körperlich Leidenden und sozial-materiell in Not geratenen Menschen durch ein Zusammenwachsen der Religionen zu fördern, so wie es 1997 die Vollversammlung des Lutherischen Weltbundes in Hongkong mit ihrem Thema: »Zum Zeugnis berufen in einer multireligiösen und multikulturellen Welt« betont hat.

Aus den aufgezeigten Aspekten wird einerseits deutlich, wo Anknüpfungspunkte für die Verbindung von sozialen Energien und

Optionen zum Wohl der leidenden Menschen erschließbar sind und wie Christen hinsichtlich Solidaritäts- und Hilfeverhalten partizipative Verantwortung für das Gelingen von Leben in nicht-christlichen Ländern übernehmen können und wie sie sich gemeinsam mit Nicht-Christen zum Wohle der Leidenden engagieren bzw. gegenseitig verstehen können, damit die Menschen, seien sie ausgegrenzt, arm oder krank, das Leben haben und es in Fülle haben. Andererseits machen diese Ausführungen deutlich, dass Christen die Mitglieder anderer Weltreligionen – im Hilfeverhalten und in einer offenen Solidarität mit allen leidenden Menschen – schnell missverstehen und überfordern können. So darf man nicht enttäuscht sein, wenn Staaten und Religionen dem Leid viel gelassener gegenüberstehen als dies für Christen verständlich ist.

Das in den Kulturen und Religionen vorherrschende Verständnis von Solidarität und Hilfeverhalten prägt die Sozial-, Gesundheits- und Wohlfahrtspolitik in den entsprechenden Staaten. Doch keine Gesellschaft kann daran vorbei, Gesundheits- und Hilfestrukturen aufzubauen. In multikulturellen und multireligiösen Ländern kommt es über die staatlichen Bemühungen hinaus noch am ehesten zu einem direkten Sozial- und Pflegeengagement der religiösen Gemeinschaften.

Der Weg der Annäherung der Religionen verläuft von der gemeinsamen Praxis der Liebe zum gemeinsamen Glauben und nicht umgekehrt. Vielleicht kann durch geduldiges miteinander Kooperieren eine soziale Konvergenz der Weltreligionen eintreten. Das muss keineswegs bedeuten, seine eigene christliche Identität zu verlieren, sondern eher seine Identität zu bereichern oder in seiner Identität umfassender zu werden. Mit Mut – ohne Angst und Sorge um den eigenen Glauben – können Christen den Diskurs und die Kooperation mit anderen Weltreligionen aufnehmen. Schließlich geht es um das Reich Gottes, d.h. die Herrschaft der Liebe und Gerechtigkeit Gottes, die durch Gerechtigkeits- und Barmherzigkeits-Diakonie voranzubringen ist.

5. Literatur zur Weiterarbeit

Allgemein
Das Christentum und die Religionen. Arbeitshilfe 136, hg.v. Sekretariat der Deutschen Bischofskonferenz, Bonn 1996.
Das Oxford Lexikon der Weltreligionen, hg.v. John Bowker, Düsseldorf 1999.
Ratschow, Carl Heinz (Hg.): Ethik der Religionen. Ein Handbuch, Stuttgart 1980.

Schmidt-Leukel, Perry: Theologie der Religionen. Probleme, Optionen, Argumente, Frankfurt a.M. 1997.
Transkulturelle Pflege, in: Zeitschrift für medizinische Ethik 46 (2000), 175–255.
Trutwin, Werner: Wege zum Licht. Die Weltreligionen, Düsseldorf 1996.

Judentum
Berger, Klaus: »Diakonie« im Frühjudentum. Die Armenfürsorge in der jüdischen Diasporagemeinde zur Zeit Jesu, in: Schäfer, Gerhard K./Strohm, Theodor (Hg.): Diakonie – biblische Grundlagen und Orientierungen, VDWI 2, Heidelberg 1990, 94–105.
Lenzen, Verena: Die Heiligung des göttlichen Namens – jüdische Ethik des Leidens, in: Höver, Gerhard (Hg.): Leiden – Studien der Moraltheologie, Münster 1997.
Müller, Klaus: Am Sabbat partizipieren. Diakonie als gemeinsame Dimension von Judentum und Christentum, in: Diakonie der Versöhnung. Ethische Reflexion und soziale Arbeit in ökumenischer Verantwortung, (FS Th. Strohm), hg.v. Götzelmann, Arnd/Herrmann, Volker/Stein, Jürgen, Stuttgart 1998, 41–59.
Pompey, Heinrich: Christlicher Glaube und helfende Solidarität in der Diakoniegeschichte der Kirche, in: Kerber, Walter (Hg.): Religion und prosoziales Verhalten, München 1995, 75–134.

Islam
Günthör, Anselm: Der Islam und wir Christen, Kisslegg 2002.
Khoury, Adel Theodor: Einführung in die Grundlagen des Islams, Würzburg ⁴1995.
Muckel, Stephan: Der Islam unter dem Grundgesetz. Muslime in einer christlich vorgeprägten Rechtsordnung, Kirche und Gesellschaft 273, Köln 2000.

Hinduismus
Balasubramanian, Rajangam: Die Stellung des Menschen in der Welt aus der Sicht des Hinduismus, in: Pannikar, Raimundo/Strolz, Walter (Hg.): Die Verantwortung des Menschen für eine bewohnbare Welt im Christentum, Hinduismus und Buddhismus, Freiburg i.Br. 1985, 76–100.
Becke, Andreas: Hinduismus zur Einführung, Hamburg 1996.
Kuhrau-Neumärker, Dorothea: Karma und Caritas. Soziale Arbeit im Kontext des Hinduismus, Schriftenreihe »Praxis und Forschung« des Fachbereichs Sozialwesen der Fachhochschule Münster, Münster 1990.
Schneider, Ulrich: Einführung in den Hinduismus, Darmstadt 1993.

Buddhismus
Brück, Michael von: Buddhismus und Christentum. Geschichte, Konfrontation, Dialog, München 1997.
Conze, Edward: Eine kurze Geschichte des Buddhismus, Frankfurt a.M. 1984.
Schmidt-Leukel, Perry: Die gesellschaftspolitische Dimension des Buddhismus, ZMRW 2 (1997), 289–305.

Kollektive Subjekte und Organisationsformen

VIII.
Selbsthilfe- und Initiativgruppen

HERMANN STEINKAMP

1. Einführung

Idee und Auftrag der Herausgeber dieses Kompendiums, Selbsthilfe- und Initiativgruppen »in einem Atemzug« in den Blick zu nehmen, birgt zweifellos das Risiko geringer Tiefenschärfe bei der Erkundung der verschiedenen Phänomene, zugleich eröffnet sich dabei unter diakoniewissenschaftlicher Perspektive die Chance, auf der Suche nach deren gemeinsamem Nenner die theologische These zu entfalten, dass die christliche Gemeinde das originäre Subjekt der Diakonie ist (so die Hypothese der folgenden Überlegungen).

Das Spektrum relevanter Phänomene, die unter dem gemeinsamen Nenner »Selbsthilfe- und Initiativgruppen« spontan ins Blickfeld geraten, reicht von den Anonymen Alkoholikern über Bürgerinitiativen bis zu Eine-Welt-Gruppen. Aber: Warum dann nicht auch Cliquen von Jugendlichen dazu rechnen, die sich – ohne dass dies ein deklariertes bzw. bewusstes Ziel wäre – gegenseitig im Prozess der Ablösung von ihren Familien »unterstützen«? Definitionsprobleme stehen an!

Derart unterschiedliche Sozialgebilde ohne weiteres Gemeinden zu nennen, wäre natürlich absurd, so dass sich allenfalls die Frage stellt, unter welchen Bedingungen sie als solche angesehen werden könnten.

Das gilt aber auch umgekehrt: Christliche Gemeinden sind natürlich nicht per se Selbsthilfe- bzw. Initiativgruppen, schon gar nicht in der Gestalt unserer volkskirchlichen Parochien, sondern wenn überhaupt, dann allenfalls in der Praxisform der Basisgemeinden, und zwar letztere sowohl im Sinn der Selbsthilfe- (gegen die materielle Armut) als auch der Initiativgruppe (die in einem Elendsviertel den Bau einer Wasserleitung erkämpft). Anhand des Phänomens der christlichen Basisgemeinden lassen sich – so ein spezifischer Aspekt unserer Hypothese – die beiden berühmten Programmatiken Jürgen Moltmanns: der »Diakonisierung der Gemeinde« bzw. der »Gemeindewerdung der Diakonie« veranschaulichen.[1]

---

1 Jürgen Moltmann: Diakonie im Horizont des Reiches Gottes, in: Ders.: Diakonie im Horizont des Reiches Gottes. Schritte zum Diakonentum aller Gläubigen, Neukirchen-Vluyn 1984, 22–42: 36.

Aber auch andere Bestimmungen der Diakonie, die in den jüngeren Diskursen kritisch gegen die abendländische Tradition der (»mildtätigen«) Caritas bzw. der »caritativen Diakonie« formuliert wurden, treffen auf das Ensemble von Selbsthilfe- und Initiativgruppen im o.g. Sinne zu, z.B. »Politische Diakonie«, »Option für die Armen«, »Heilen und Befreien«[2] u.ä. Sie betonen alle mehr oder weniger akzentuiert den (auch) politischen Auftrag bzw. die notwendig auch politische Funktion der Diakonie, die auf den ersten Blick eher den Initiativgruppen zugeschrieben wird, während Selbsthilfegruppen als eher »therapeutisch« eingeschätzt werden. Dass auch diese Etikettierungen allenfalls idealtypisch gelten, wird auch zu zeigen sein.

2. Zur Geschichte

Vorläufer solcher typisch neuzeitlicher Phänomene wie Selbsthilfe- und Initiativgruppen in der Geschichte identifizieren zu wollen, wirft das bekannte hermeneutische Problem auf. Dass aus heutiger Perspektive die frühen christlichen Gemeinden »auch so etwas wie Selbsthilfegruppen« waren (die ihre Güter miteinander teilten, die sich gegenseitig in ihrem Glauben bestärkten in einer heidnischen Umwelt), steht ebenso außer Frage wie die Tatsache, dass dies – im Sinne heutiger Initiativgruppen – z.B. auch für bestimmte Initiativen von Ordensgemeinschaften gilt, die Spitäler bauten und sich der Ausgestoßenen annahmen. Die antike Praxis der Selbstsorge (Epimeleia) kannte einen Gruppentypus, den man als Vorläufer heutiger Selbsterfahrungsgruppen bezeichnen könnte: Menschen halfen einander, sich besser zu erkennen und dadurch zu autonomer Lebensführung zu gelangen.[3] Auch wenn der Blick in die Vorgeschichte der Selbsthilfegruppen, z.B. in Gestalt des kommunistischen Anarchismus[4] unter historischen Gesichtspunkten reizvoll sein mag: Für das Verständnis der heutigen Praxis von Selbsthilfegruppen tragen solche Reminiszenzen m.E. nur wenig bei, insofern

---

2 Ottmar Fuchs: Heilen und befreien. Der Dienst am Nächsten als Ernstfall von Kirche und Pastoral, Düsseldorf 1990.
3 Vgl. Hermann Steinkamp: Selbstsorge und Parrhesia: antike Vorläufer gruppendynamischer Praxis?, Gruppendynamik 29 (1998), 371–378.
4 Vgl. Michael Lukas Moeller: Selbsthilfegruppen. Selbstbehandlung und Selbsterkenntnis in eigenverantwortlichen Kleingruppen, Reinbek 1978, 45 ff.

deren Entstehung sich nur aus ganz bestimmten Bedingungen der Moderne erklären lässt. Sozialgeschichtlich betrachtet, dürfte sie vor allem damit zusammenhängen, dass das Phänomen der autonomen Kleingruppe selbst erst in der Neuzeit auftaucht. Der Soziologe Friedhelm Neidhard meint, dass es zwar die »Gruppe in einem lockeren Sinn zu allen Zeiten (gab), wahrscheinlich aber jeweils stark eingebunden in und sozial beherrscht von relativ diffusen institutionellen Komplexen (Verwandtschaft, Nachbarschaft, Gemeinde, Kirche), also ohne richtige Chance, zu sich selbst zu kommen«.[5] Erst aufgrund dieser Emanzipation der kleinen Gruppe aus institutioneller Normierung entsteht die Möglichkeit, dass Menschen sich als handlungsfähige Subjekte und aus autonomer Entscheidung zusammenschließen, um einander zu unterstützen und/oder eine gemeinsame Initiative zur Durchsetzung bestimmter Interessen, zur Organisation von Hilfsmaßnahmen u.ä. zu ergreifen. Diese uns heute einerseits so selbstverständlich erscheinende Tatsache, die wir als solche kaum noch registrieren, macht andererseits ein wichtiges Merkmal gerade der hier zu untersuchenden Gruppentypen aus: Die demokratietheoretisch keineswegs mehr selbstverständlichen Initiativen aktiver Bürger bzw. die Initiativen zur Selbsthilfe müssen angesichts der Kolonialisierung der Lebenswelt, der Apathisierung durch Massenmedien und angesichts eines flächendeckenden Netzes medizinischer bzw. psychotherapeutischer, Beratungs- und Versorgungssysteme auch in dieser Hinsicht als zivilgesellschaftliche Innovations- und Widerstandspotentiale, als »Gegengifte«[6] angesehen werden.

Im Sinne dieses heutigen Verständnisses solcher Gruppen, insbesondere was den Faktor ihrer zahlenmäßigen Expansion zu einer Massenbewegung betrifft, kann man als ihren Entstehungszeitraum die sechziger und siebziger Jahre des vorigen Jahrhunderts ansetzen.[7] Idealtypisch könnte man die Initiativgruppen in der Tradition der politischen Protest- und Aufbruchstimmung der 1960er Jahre verorten, die Selbsthilfegruppen in der auf sie folgenden Phase der Ernüchterung, der Besinnung auf die persönlichen Nöte und Be-

---

5 Friedhelm Neidhard: Das innere System sozialer Gruppen, Kölner Zeitschrift für Soziologie und Sozialpsychologie 31 (1998), 638–660: 640.
6 Ulrich Beck: Gegengifte. Die organisierte Unverantwortlichkeit, Frankfurt a.M. 1988; dazu kritisch: Karl-Heinrich Bieritz: Gegengifte. Kirchliche Kasualpraxis in der Risikogesellschaft, in: Ders.: Zeichen setzen. Beiträge zu Gottesdienst und Predigt, PTHe 22, Stuttgart 1995, 203–217.
7 Vgl. Moeller: Selbsthilfegruppen, 58f., 73f.

dürfnisse. Aus diesem groben Schema fallen aber bereits – um nur ein markantes Beispiel zu nennen – die Anonymen Alkoholiker heraus, als deren Geburtsdatum der Mai 1935 gilt.[8]

3. Selbsthilfe – Gruppen – Initiativen

Um Funktionen und Bedeutung von Selbsthilfe- und Initiativgruppen für die kirchliche und diakonische Praxis bestimmen und einschätzen zu können, geht es zunächst darum zu verstehen, aus welchen Gründen und mit welchen Motiven sich Menschen in solchen Gruppen zusammen finden. Diese sind für die Selbsthilfegruppen (3.1.) und die Initiativgruppen (3.2.) einerseits verschieden, andererseits lassen sich gemeinsame Merkmale ausmachen. Die christlichen Basisgruppen bzw. Basisgemeinden (3.3.) stellen einen interessanten Mischtypus dar, d.h. sie lassen sich keinem der beiden anderen eindeutig zuordnen und sind vielleicht gerade deshalb geeignet, das Verbindende besser zu verstehen.

3.1 Selbsthilfegruppen

Als drei wichtige Merkmale der Selbsthilfegruppe gelten:
- Die *gemeinsame Betroffenheit* der Mitglieder von einer Krankheit, einem existentiellen Problem, einer gesellschaftlichen Stigmatisierung u.ä., wobei die Entscheidung zur Mitgliedschaft aus einem
- *Leidensdruck* entsteht, der zugleich das Eingeständnis beinhaltet, das Problem nicht allein bewältigen zu können.
- Der Überzeugung und dem Entschluss, es gemeinsam zu bewältigen, entspricht der Versuch, es – zumindest prinzipiell – *ohne professionelle Hilfe* zu schaffen, was in der Regel auch die Weigerung beinhaltet, Hilfe von Spezialisten in Anspruch zu nehmen.

3.1.1 Die gemeinsame Betroffenheit von einer unheilbaren Krankheit (Multiple Sklerose) oder Sucht (Alkoholiker, Spielsucht), einem Familienschicksal (Eltern autistischer Kinder, Partner von Suchtkranken), einer Stigmatisierung (Alleinerziehende) u.ä. schafft nicht nur ein basales Verbundenheitsgefühl, sondern garantiert zumeist auch einen Grad von Verbindlichkeit und Kontinuität der Gruppe, der in sonstigen Zusammenschlüssen (kirchliche Jugendkreise, Al-

---

8 Vgl. Moeller: Selbsthilfegruppen, 53 ff.

tenclubs u. ä.) nicht gegeben ist, was immer wieder zu Enttäuschungen und zum Zerfall von Gruppen führen kann. Auch wenn sich die Zahl der existierenden Selbsthilfegruppen (man schätzt, dass sich weltweit mehrere Millionen Menschen in solchen Gruppen zusammengeschlossen haben) und das Spektrum ihrer Aktivitäten nicht mehr überblicken lässt, so gilt jenseits aller Unterschiede: »Sie handeln in eigener Sache. Das ist ihr entscheidendes Merkmal.«[9]

3.1.2 Wie beim Entschluss, einen Arzt aufzusuchen, oft die Angst überwunden werden muss, es könne sich »etwas Schlimmes« zeigen, die Zahnbehandlung könne sehr schmerzhaft werden usw., oder wie – hierzulande noch bedrohlicher – die Entscheidung, sich in psychotherapeutische Behandlung zu begeben, oft von Schamgefühlen begleitet ist und deshalb immer wieder aufgeschoben wird, so auch der Entschluss, sich einer Selbsthilfegruppe anzuschließen: In allen Fällen bedarf es erst eines bestimmten Leidensdrucks, der stärker ist als die Widerstände, sich schließlich auf den Weg zu machen. Besonders eindringlich führen Sucht- und Drogenabhängigkeit diese innere Spannung vor Augen: Der Alkoholabhängige, der seine Situation oft schon jahrelang vor seiner Umwelt verleugnet hat, muss angesichts seiner Ohnmacht nicht nur diese narzisstische Kränkung bewältigen, sondern zusätzlich der Tatsache ins Auge sehen, dass sein Lebenskonzept womöglich in einer Sackgasse gelandet ist. Ein so bitteres Eingeständnis, dass gleichzeitig darin bereits ein erster Schritt in die neue Richtung liegen kann, hat gleichzeitig in aller Regel zur Folge, dass die Mitglieder solcher Gruppen zu aktiver und kontinuierlicher Mitarbeit hoch motiviert sind. Wie die gemeinsame Betroffenheit, so trägt auch dieser Faktor zu Stabilität, Verbindlichkeit und Effektivität der Gruppe bei.

3.1.3 Mitglieder von Selbsthilfegruppen verfügen nicht selten über langjährige Erfahrungen mit Abhängigkeiten von professionellen Helfern, meist verbunden mit hohen finanziellen Kosten, die erst spät als solche bewusst werden und entsprechende Reaktionen auslösen: Enttäuschung, Zorn, Selbsthass usw. Das führt in diesen Gruppen oft zu einer affektiv getönten Ablehnung aller Arten von Helfern und Professionellen. Manche Ärzte, Psychologen und Sozialarbeiter entwickeln umgekehrt – weil unreflektiert – ein ambivalentes Verhältnis zu Selbsthilfegruppen, die sie als Bedrohung und

---

9 Moeller: Selbsthilfegruppen, 79.

Infragestellung ihrer beruflichen Existenz beargwöhnen. Natürlich spielen auch andere Faktoren wie geringe Kosten, ständige Verfügbarkeit u.ä. in diesem Zusammenhang eine Rolle, nicht zuletzt der gemeinsame Stolz, das Problem aus eigener Kraft zu bewältigen. Auch diese Faktoren tragen zur Effektivität der Selbsthilfegruppen bei, die ihnen nicht nur in der öffentlichen Meinung, sondern auch bei Experten den Ruf einer großen Leistungsfähigkeit eingetragen haben, der gelegentlich sogar zu Idealisierungen und Allmachtszuschreibungen tendiert. Michael Lukas Moeller, seit den Anfängen in Deutschland Initiator und Experte der Selbsthilfegruppen-Bewegung, führt diese Leistungsfähigkeit auf die Tatsache zurück, dass die beiden Prinzipien »Selbsthilfe« und »Gruppe« sich wechselseitig verstärken.[10]

Unserer Ausgangshypothese entsprechend richten wir im Folgenden die Aufmerksamkeit vor allem auf das Gruppenprinzip.

3.2 Initiativgruppen

Dass die Grenze zwischen Selbsthilfe- und Initiativgruppen fließend ist, zeigt sich z.B. an der Schwulen- und Lesbenbewegung: Anfangs stand der Selbsthilfe-Aspekt im Vordergrund (gegenseitige Unterstützung als Marginalisierte, Ermutigung zu *coming out* u.ä.), später der politische (Kampf um Anerkennung in der Öffentlichkeit); viele Gruppen versuchen inzwischen, beide Funktionen in Balance zu halten.

Hinter den öffentlichkeitswirksamen Aktivitäten bestimmter Initiativgruppen (Bürgerinitiativen gegen Atommüll-Zwischenlager, Greenpeace, Kirchenasyl u.ä.) könnte die große Zahl weniger spektakulärer Initiativen leicht aus dem Blick geraten: multikulturelle Nachbarschaftsfeste, Schulaufgabenhilfen für Ausländerkinder, Lebensmitteltransporte usw. Zugleich zeigen bereits diese wenigen Beispiele, dass den Initiativgruppen ein ähnlich eindeutiger gemeinsamer Nenner fehlt wie die Betroffenheit (der Mitglieder von Selbsthilfegruppen). Moellers Kriterium »in eigener Sache« (s.o.) trifft insofern nur bedingt zu, als man mindestens zwischen Formen der »Pro-Solidarität« und der »Kon-Solidarität« jeweils unterscheiden muss. Damit hängt eine andere Schwierigkeit zusammen, den Typus trennscharf zu bestimmen: Wo ist die Grenze zu Altenclubs, Lauftreffs, Chat-Rooms u.ä.? Sind Eine-Welt-Gruppen eher Initiativgruppen (die die Aufmerksamkeit einer Kirchengemeinde immer

---

10 Vgl. Moeller: Selbsthilfegruppen, 275f.

wieder auf neue Notlagen in Afrika, Guatemala, Indien usw. richten) oder (»religiöse«) Selbsthilfegruppen von Christen, denen der volkskirchliche Alltag zu wenig Nahrung bietet? Könnte man Selbsterfahrungs- und Encounter-Gruppen nicht auch als Initiativgruppen (bzw. Selbsthilfegruppen) betrachten, die die Ziele »Überwindung von Isolation«, »Selbstaufklärung« u.ä. verfolgen? Jedenfalls weisen sie auf die Problematik der Grenzziehung zwischen Gesunden und Kranken, Normalen und Beschädigten hin.

Landläufig gilt das Kriterium des bürgerschaftlichen bzw. zivilgesellschaftlichen Engagements als Unterscheidungsmerkmal: dass Menschen die Sache des Gemeinwesens als ihre begreifen und nicht den Politikern allein überlassen oder binnenkirchlich: Gemeinde nicht als Veranstaltung des Kirchenpersonals begreifen, sondern als Sache aller Getauften. Bei dieser Bestimmung kommt noch eine andere, auch diakoniewissenschaftlich wichtige Grenze in den Blick: die zwischen binnenkirchlichem und gesellschaftlichem Engagement.

3.3 Basisgemeinde

Diese Grenze verwischt sich nämlich in der Praxis der Basisgemeinden ebenso wie die zwischen Selbsthilfegruppe und Initiativgruppe. Insofern dürfte dem Phänomen der Basisgemeinde für unseren Zusammenhang eine besondere ekklesiologische bzw. praktisch-theologische Bedeutung zukommen. Dass sie im hiesigen Kontext nicht Fuß fassen – trotz vielerlei Anstrengungen in den 1970er und 1980er Jahren sie gleichsam zu »importieren«[11] – bedeutet nicht, dass sie für unser Thema irrelevant seien und sei es, um die besonderen soziologischen und empirisch-ekklesiologischen Merkmale dieser Gemeindeform zu verstehen: Am ehesten kann man dies hiesigen Christen an Selbsthilfe- und Initiativgruppen veranschaulichen! Darüber hinaus lassen sich an den Basisgemeinden die theologische und ekklesiologische Dimension ihrer Praxis besonders eindrucksvoll erkennen.

Als wichtigstes Merkmal der (zunächst im lateinamerikanischen Kontext entstandenen) Basisgemeinden und als Fundament ihres Selbstverständnisses können Gleichzeitigkeit, Gleichwertigkeit und

---

11 Vgl. Hermann Steinkamp: Prozesse der Gemeindebildung: Exemplarische Schwierigkeiten in der Bundesrepublik, in: Johann Baptist Metz/Peter Rottländer (Hg.): Lateinamerika und Europa. Dialog der Theologen, Mainz/München 1988, 107–120.

prinzipielle Untrennbarkeit von politischen und religiösen Zielen gelten. Diese Feststellung gilt trotz des Faktums, dass historisch gesehen zwei verschiedene Motive zu ihrer Gründung geführt haben: Auf der einen Seite war es das binnenkirchliche Motiv der Substrukturierung großer Verwaltungseinheiten (ländliche Parochien riesigen Ausmaßes, anonyme Großpfarreien in den Metropolen) und des Priestermangels, dem man durch den Einsatz von Laien-Katecheten begegnen wollte, die aber de facto Gemeindeleiter waren. Auf der anderen Seite führte das Motiv der Solidarisierung, des gemeinsamen Kampfes gegen Hunger, Armut und Vertreibung zur Entstehung solcher Basisgruppen bzw. Basisgemeinden.[12]

Das zugleich politische und kirchliche Selbstverständnis der Basisgemeinde lässt sich hinsichtlich dreier Merkmale differenzieren:
– Der Glaube der jüdisch-christlichen Tradition steht immer (auch) im Dienst der (kollektiven!) Bewältigung des politischen Alltags;
– Kirche und Religion stehen im Dienst der Bewusstseinsbildung der armen Bevölkerung und erzeugen damit politisches Widerstandspotential gegen Ausbeutung und Unterdrückung;
– diese Gemeinden entwickeln einen intensiven Gemeinschaftsgeist, was gegenseitige Hilfe, Beteiligung aller an Entscheidungen usw. betrifft.

Vor allem durch die beiden ersten Kriterien unterscheiden sich Basisgemeinden von bestimmten fundamentalistischen und evangelikalen Sekten, die auf dem lateinamerikanischen Subkontinent ebenfalls eine wichtige »politische« Rolle (im Sinne der von Karl Marx so gekennzeichneten Opium-Funktion) spielen.

An der näheren Bestimmung des »Basis«-Verständnisses, wie es einer der bedeutendsten Befreiungstheologen, Leonardo Boff,[13] vornimmt, lässt sich die Gleichzeitigkeit, das untrennbare Ineinander des Selbsthilfe- und des Initiativgruppen-Aspekts verdeutlichen. Boff unterscheidet vier Bedeutungsebenen:

---

12 Die romanischen Sprachen unterscheiden im Übrigen nicht zwischen beiden: communauté de base (frz.), comunidade de base (port.) bedeutet sowohl Gruppe als auch Gemeinde im Unterschied zur deutschen Sprache, die sich insofern auch für entsprechende ideologische Kontroversen besser eignet, insbesondere dazu, den – vor allem von der katholischen Amtstheologie – behaupteten ekklesiologisch fundamentalen Unterschied zwischen Gruppe und Gemeinde auch semantisch zu zementieren; Hermann Steinkamp: Kirchliche Basisgruppen – Erkundungen eines Phänomens, in: Gruppendynamik 23 (1992), 121–131.
13 Vgl. Leonardo Boff: Basisgemeinden – Neue Kirche für neue Gesellschaft, Orientierung 47 (1983), 184–187.

- Basis nennen wir in Kirche und Gesellschaft das, was (im Bild der Pyramide) der Hierarchie, den Mächtigen »gegenüber« steht (soziale Bedeutung);
- Basis steht als Synonym für Bewusstseinsbildung in Bezug auf eben diese fundamentale gesellschaftliche Realität von Herrschenden und Beherrschten, Mächtigen und Unterdrückten, samt der Anstiftung zur Veränderung dieser Realität (pädagogische Bedeutung);
- Basis als Synonym für »kleine Gruppe«, Gemeinschaft, deren Mitglieder ihren Alltag, ggf. ihren (wenigen) Besitz, aber auch ihren Glauben teilen (anthropologische - sic! - Bedeutung);
- Basis als das Wesentliche, Fundamentale des Glaubens, der religiösen Tradition (theologische Bedeutung).

Diese vier Bestimmungen des »Basis«-Begriffs können einerseits dazu dienen, einen gemeinsamen Nenner der drei vorgestellten Sozialgebilde Selbsthilfegruppe, Initiativgruppe und Basisgemeinde zu finden, andererseits markieren sie die Nahtstelle zur diakoniewissenschaftlichen Diskussion.[14]

Die erste Bedeutung, Basis als »Gegenüber« zu Hierarchie, gilt analog für die meisten Initiativgruppen im Sinne der *grass-root*-Bewegung. Aus der gesellschaftlichen Basis erwachsend artikulieren sie partikulare Interessen, Bedürfnisse, Ängste, die von den politischen Organen nicht wahrgenommen oder vernachlässigt werden. Für Selbsthilfegruppen gilt er insofern analog, als sie ein entsprechendes Gegenüber zu den Expertensystemen bilden, gelegentlich deren »Schatten« offen legen: Entmündigung, Klientifizierung, Stabilisierung des Rollengefälles zwischen Arzt und Patient, Therapeut und Klient, Experten und Laien.

In beiden Gruppentypen findet grundsätzlich auch das statt, was Boff in seiner zweiten Bestimmung des »Basis«-Begriffs meint: Aufklärung über die Mechanismen, die das »Oben-Unten«-Schema stabilisieren, Schärfung des Bewusstseins von Unterdrückten, Marginalisierten, glaubensseligen Patienten usw. Aufklärung darüber, dass sie ihre Situation auch anders wahrnehmen und deuten können, dass die Macht der Mächtigen, die Allmacht von Ärzten und Therapeuten sich (auch und in hohem Maße) den entsprechenden Phantasien der von ihnen Abhängigen verdankt.

Solche Aufklärung führt in Selbsthilfegruppen oft auch zu neuem Verhalten (z.B. *coming out*), in Initiativgruppen, z.B. im Verlauf eines

---

14 Hermann Steinkamp: Solidarität und Parteilichkeit. Für eine neue Praxis in Kirche und Gemeinde, Mainz 1994, 238 ff.

Kirchenasyls, nicht selten zu Formen zivilen Ungehorsams und politischem Widerstand.

Die dritte Bestimmung, die Boff die »anthropologische« nennt, dürfte für unser Thema die eigentliche Brisanz enthalten: Basis als Synonym für die kleine Gruppe, näherhin deren spezifischen Möglichkeiten, die das seit jeher bekannte und gleichwohl bis heute geheimnisvolle »Mehr« (als die Summe der einzelnen) ausmacht. Was Sozialpsychologen den »Leistungsvorteil der Gruppe« nennen oder was Soziologen als Systemerhaltungs-Mechanismen von Kollektiven beschreiben und empirisch weitgehend erklären können, das alles kann bislang gleichwohl nicht jenes geheimnisvolle »Mehr« aufhellen, das z.B. Alkoholiker als die rettende Kraft der AA-Gruppe erfahren: Wo der Einzelne keine Möglichkeit mehr sah, sich selbst aus der Sucht zu befreien, beginnt der mögliche Heilungsprozess mit dem Akt des »*surrender*«, der Übereignung seiner letzten Hoffnung an die Gruppe.

4. Praktisch-theologische Perspektiven

Diakoniewissenschaftliche und theologische Perspektiven der Praxis von Selbsthilfe- und Initiativgruppen könnten, ausgehend von dieser Nahtstelle, zwischen menschlichen Grenzerfahrungen und ihren möglichen Deutungen entwickelt werden.

Zunächst bleibt festzuhalten, dass Selbsthilfegruppen und Initiativgruppen die eigentlichen Subjekte der Diakonie sind: Erstere gegen den Anschein und eine gängige Bewusstseinsform, dass Suchtkranke »Objekte« diakonischer Zuwendung (durch Therapeuten, Ärzte, Angehörige) seien; letztere gegen den Anschein, dass Politik und Expertensysteme schon genügend Garantie dafür bieten, dass Not, Verarmung, Ausgrenzung usw. nicht entstehen bzw. bald behoben werden könnten. Diese Erkenntnis und die Feststellung, dass Gruppe und Gemeinde die originären Subjekte der Diakonie sind, können sodann zum Ansatzpunkt weiterer theologischer Vergewisserung werden.

Die Gruppe – mit Boff – als Synonym für die anthropologische Bedeutung von »Basis« zu bestimmen hat einen spezifisch befreiungstheologischen Hintergrund, der erst in der wechselseitigen Ergänzung mit der vierten (theologischen) Bedeutung erkennbar wird: Basis als das Wesentliche, Fundamentale des Glaubens.

Eine erste Fährte, diesen Zusammenhang zu erkunden, deutet der Befreiungstheologe *José Comblin* in seiner Schrift »Das Bild vom

Menschen« an, einer geschichtstheologischen Anthropologie, die typischerweise mit einem Kapitel über die Gemeinde beginnt. Darin schreibt Comblin, auf die paulinische Gemeindetheologie rekurrierend:

»Für Paulus und für das gesamte Urchristentum ist der neue Mensch sichtbar und fühlbar eine konkrete soziale Wirklichkeit: die christlichen Gemeinde. ›Den neuen Menschen anziehen‹ heißt in die christliche Gemeinde eintreten und ihre Lebensform annehmen«.[15]

Christsein – so eine feste Glaubensüberzeugung, die in den Basisgemeinden lebt – ist nur möglich als Mitglied in der Gemeinde, *den Christen* im Singular gibt es nicht. Was in dieser Formulierung noch abstrakt und ontologisierend klingen mag, konkretisiert *Comblin* später mit Blick auf die Praxis:

»Glied des neuen Menschen zu werden heißt eintreten in eine konkrete Gemeinde, heißt gemeinsam eine neue Gemeinde bilden und anfangen, in Gemeinschaft zu handeln.«[16]

Kann man den zweiten Teil des Satzes als eine Definition sowohl einer Selbsthilfe- als auch einer Initiativgruppe lesen, so liegt die eigentliche theologische Brisanz in der Bestimmung der Gemeinde als »neuer Mensch«. Dieser entspricht (gleichsam komplementär) die andere: neuer Mensch zu werden ist identisch mit dem Eintritt in die Gemeinde.

Worin besteht diese Brisanz und was meint Boff, wenn er diese (vordergründig anthropologischen od. ekklesiologischen) Bestimmungen des Verhältnisses, genauer gesagt: der Identität von »Gemeinde« und »neuer Mensch« als das Wesentliche des Glaubens behauptet?

Zunächst wird man die christologische Bedeutung dieser Aussage mit Hilfe Dietrich Bonhoeffers berühmter Formel vom »Christus als Gemeinde existierend« genauer buchstabieren dürfen: Dass Christus in der Kirche »weiter lebt« im Wort und im Sakrament, das klingt europäisch sozialisierten Christen vertrauter als die Bonhoeffersche Formel, deren Aussage offenbar auch Comblin bekräftigt.

Gegen die europäische Tradition, die ja zunehmend einer Spiritualisierung der christlichen (Gemeinde-)Praxis Vorschub leistete, betont die Befreiungstheologie nicht nur die Anwesenheit des fortlebenden Christus in den vielerlei Gestalten des Armen, der Bettler,

---

15 José Comblin: Das Bild vom Menschen. Die Befreiung in der Geschichte, Düsseldorf 1987, 20.
16 Comblin: Das Bild, 37.

Obdachlosen und Aidskranken, sondern eben auch »als Gemeinde« und »als Gemeinschaft«. Darin kommt zweifellos eine kontextuell geprägte, nämlich die lateinamerikanische Denkweise und Bewusstseinsform zum Ausdruck, die von der Bedeutung des Kollektivs auf dem Subkontinent und seiner Kulturgeschichte (insbesondere der indigenen Kulturen) geprägt ist.

Wichtiger dürfte jedoch diesbezüglich der Einfluss der Basisgemeinden auf das Denken Comblins und anderer Befreiungstheologen sein, die ja ihre Theologie ausdrücklich als Reflexion auf jene Praxis begreifen, in deren Alltag und Kämpfe sie – im Unterschied zu den meisten europäischen Theologen – persönlich eingebunden sind. Das wird an einer anderen Formulierung deutlich, die in unmittelbarem Zusammenhang mit der Praxis der Selbsthilfe- und Initiativgruppen gelesen werden kann:

»Die Gemeinde entsteht nicht nur und auch nicht typischer in den kirchlichen Gemeinden, sondern in allen neuen Strukturen und Formen sozialer Zusammenarbeit, die durch die Befreiungsbemühungen in der Welt geschaffen werden.«[17]

Diese Aussage spielt deutlich auf die Praxis der Basisgemeinden an, insofern sie sich einerseits als kirchliche Basis (im o.g. Sinne Boffs) verstehen, andererseits aber ebenso als Basisgruppen sozialer Bewegungen, z.B. der in Brasilien größten Volksbewegung des *Movimento sem-terra*, »Bewegung der Landlosen«.[18]

In den Erfahrungen des Kampfes für eine gerechte Landreform haben diese Christen eine andere Erfahrung gemacht: dass die Erinnerung an Jahwes Verheißung, dem Volk Israel Land zum Leben zu schenken, bei ihnen unerhörte Kräfte freisetzt. Eine bekannte Grundform dieses Kampfes besteht darin, dass Hunderte Landloser ein Areal brachliegenden Landes (des Latifundiums, das ausschließlich Spekulationszwecken dient) besetzen, wobei an solchen Orten selbst eine Art »temporärer Basisgemeinde« entsteht. Das Motiv der *terra prometida* (des verheißenen Landes], das Priester, Ordensfrauen und andere kirchliche Mitarbeiter in solchen Zusammenhängen – nicht selten während der täglichen Gottesdienste – in Erinnerung

---

17 Comblin: Das Bild, 39.
18 In den letzten Jahren haben viele dieser Gemeinden, nicht zuletzt unter dem Eindruck der restriktiven vatikanischen Politik gegenüber der Befreiungstheologie, das Schwergewicht ihrer Aktivitäten in den außerkirchlichen Bereich verlegt, ohne damit die Utopie aufzugeben, die sie auch weiterhin im Kampf für die Gerechtigkeit des Reiches Gottes motiviert.

rufen, gibt den Armen nicht nur moralischen Rückhalt, wenn die Polizei anrückt, um sie gewaltsam zu vertreiben, mit Gefängnis bedroht und ihnen der Prozess gemacht wird. Die Tatsache, dass sie diese Prozesse in der Regel gewinnen und dann das ehemals »widerrechtlich« besetzte Land ihnen zugesprochen wird, erleben viele dieser einfachen Bauern wie eine Art Gottesbeweis, zumindest als Bestätigung, dass Gott in ihrem Kampf für Gerechtigkeit auf ihrer Seite ist. Solche Erfahrungen – die übrigens in ihrer Grundstruktur den »Heilungs-«Erlebnissen in bestimmten Selbsthilfegruppen ähnlich sind – nennen religiöse Menschen »Geschenke des Himmels«, Theologen mögen sie mit Kategorien wie Gratuität oder Rechtfertigung zu deuten versuchen: Jedenfalls kommt hier jene Dimension in den Blick, die Boff als das Wesentliche, das Fundamentale des Glaubens (s. o.) bezeichnet.

Solche theologischen Deutungen der in Selbsthilfegruppen wirksamen Kräfte könnten nun leicht als Idealisierungen missverstanden werden, womöglich im Sinne der alten Kampfformel vom »Heil aus der Gruppe«, mit dem in den siebziger Jahren evangelikale Kritik an der damals boomenden Gruppendynamik-Bewegung artikuliert wurde.

Derlei Idealisierungen sind im Übrigen nicht nur in kirchlichen Kreisen anzutreffen. Dass Selbsthilfegruppen sowohl bei Betroffenen als auch einer entsprechenden Öffentlichkeit als Allheilmittel gelten, mag – wie Moeller vermutet – »einem tiefreichenden, latenten Erlösungsbedürfnis« entspringen, das »angesichts der hohen Belastungen, denen Menschen in der heutigen Industriegesellschaft ausgesetzt sind, mehr als verständlich und viel verbreiteter (ist) als vermutet«.[19]

Moeller macht in diesem Zusammenhang auf einen Mechanismus aufmerksam, dessen Beachtung gerade auch in der diakoniewissenschaftlichen Diskussion hilfreich sein könnte. Angesichts der Tatsache, dass nur wenige aufgeklärte Zeitgenossen sich eine solche Heilserwartung bewusst machen und selbst eingestehen, würden – so Moeller – derartige Allmachtsvorstellungen von den Möglichkeiten der Selbsthilfegruppen fast immer als Vorwürfe gegen andere geäußert. »Anders gesagt: die peinliche Sehnsucht wird auf andere projiziert und dort mehr oder weniger scharf bekämpft.«[20]

---

19 Michael Lukas Moeller: Anders helfen: Selbsthilfegruppen und Fachleute arbeiten zusammen, Stuttgart 1981, 63.
20 Moeller: Anders helfen, 63.

Der Grat zwischen Idealisierung und dem Glauben an den »als Gemeinde existierenden Christus« ist allerdings schmal und das Gelingen der Gratwanderung letztlich auch durch die Einsicht in psychische Mechanismen allein nicht schon garantiert. Im Gegenteil: Moellers wichtiger Hinweis macht gerade für Christen und ihre Diakonie deutlich, dass das Vertrauen in die heilsamen Kräfte der Selbsthilfegruppen buchstäblich »Glaubenssache« ist und gerade als solche immer wieder auch der theologischen Vergewisserung bedarf,[21] nicht zuletzt darüber, dass Gruppe und Gemeinde mehr sind als die Summe menschlicher Selbsthilfe-Initiativen: Sie sind – darin den gegenwärtigen Trend zur Ökonomisierung der Diakonie auch theologisch kritisierend – »gratis«.

5. Literatur zur Weiterarbeit

Fuchs, Ottmar: Heilen und befreien. Der Dienst am Nächsten als Ernstfall von Kirche und Pastoral, Düsseldorf 1990.
Moeller, Michael Lukas: Selbsthilfegruppen. Selbstbehandlung und Selbsterkenntnis in eigenverantwortlichen Kleingruppen, Reinbek 1978.
–: Anders helfen. Selbsthilfegruppen und Fachleute arbeiten zusammen, Stuttgart 1981.
Steinkamp, Hermann: Die sanfte Macht der Hirten, Mainz 1999.
–: Solidarität und Parteilichkeit. Für eine neue Praxis in Kirche und Gemeinde, Mainz 1994.

---

21 Vgl. z. B. Ulrich Bach: Heilende Gemeinde? Versuch, einen Trend zu korrigieren, Neukirchen-Vluyn 1988.

IX.
Diakonie in der Gemeinde

GÜNTER RUDDAT / GERHARD K. SCHÄFER

1. Einführung: Das Gemeindefest als diakonische Gelegenheit

Das alljährliche Gemeindefest[1] einer rheinischen Gemeinde ist in die Jahre gekommen. Vor mehr als 25 Jahren hatten sich Presbyterium und Gemeindebeirat dafür entschieden, bei dieser Gelegenheit nicht »unter sich« zu bleiben, nicht nur die Menschen und Gruppen aus der Kirchengemeinde vor Ort einzuladen, sondern »über sich hinaus« zu gehen und das Fest »mit anderen« zu feiern, mit den »Fremden von nebenan«. Dazu wurden alle »Nachbarn international« und auch andere nicht-kirchliche Einrichtungen und Initiativen aus dem ganzen Stadtteil zum Mitgestalten und Mitfeiern eingeladen: die Gemeinden und Vereine der ausländischen Mitbürgerinnen und Mitbürger, die unterschiedlichen Schulen vor Ort, die Wohnheime und Werkstätten der Lebenshilfe, das städtische Frauenhaus, die Suchtberatung des Diakonischen Werkes und die Guttempler, das Philippinen-Partnerschaftsprojekt, amnesty international und unicef u. v. a. mehr.

Diese Gelegenheit, sich selbst und die jeweilige Arbeit vorzustellen, von Zeit zu Zeit auch im gottesdienstlichen Rahmen des Festes open-air präsent zu sein, wurde gern angenommen. Die mit der Zeit gewachsenen persönlichen, informellen und multikulturellen Kontakte und Beziehungen in der Nachbarschaft[2] führten zu weiteren Verknüpfungen mit der Gemeindearbeit (etwa: Kochkurs deutscher und türkischer Frauen, Seminar Christentum und Islam, Studienreise in die Türkei) und Vernetzungen (etwa: Freizeittreff mit behin-

---

1 Vgl. Günter Ruddat: Inventur der Gemeindepädagogik. Oder: Gemeindefest als gemeindepädagogisches Paradigma, EvErz 44 (1992), 445–465.
2 Vgl. Günter Ruddat: Vom Kontakt zur Begegnung. Religionspädagogische Perspektiven einer Nachbarschaft von Schule und Gemeinde am Beispiel der »Ev. Kontaktstunde« in Nordrhein-Westfalen, in: Gotthard Fermor/Günter Ruddat/Harald Schroeter-Wittke (Hg.): Gemeindekulturpädagogik (FS H. Schröer), Rheinbach 2001, 276–309.

derten und nicht-behinderten Jugendlichen, integrative Profilierung der Konfirmandenarbeit und entsprechende Öffnung aller Gruppen und Kreise).

Die in einem mehrjährigen Prozess sich ausgestaltende diakonische Leitvorstellung einer integrativen »Gemeinde ohne Stufen«[3] hatte sich gegen manche Widerstände entwickelt und entfaltet, auch wenn immer wieder einmal Stimmen im Untergrund zu hören waren: »Was haben denn die ganzen Ausländer und Behinderten hier verloren? Was tragen die denn wirklich zu unserem Fest, zu unserer Gemeinde bei?«

Die Veränderungen des letzten Jahrzehnts (u.a. die Aufgabe zweier Kirchen, der Verlust verschiedener Pfarr- und Mitarbeiterstellen) konfrontierten die Gemeindeleitung nicht nur mit der Frage nach der Zukunft dieses Gemeindefestes, sondern auch nach dem zukünftigen diakonischen Profil der Gemeinde, nach dem Miteinander so unterschiedlicher Menschen in diesem spezifischen Lebensraum »Gemeinde vor Ort«, im diakonischen Spektrum zwischen lokalen Initiativgruppen und überregionalen Diakonieunternehmen.

2. Geschichtliche Erinnerungen

2.1 *Neutestamentliche Gesichtspunkte*

»Gemeinde« markiert einen spezifischen Lebensraum. Der christliche Glaube erschließt einen Raum des Miteinanders und bewirkt eine Kultur der Anteilnahme: Ganz unterschiedliche Menschen sind in der Freude über widerfahrenes Erbarmen und in der Hoffnung auf Gottes Reich, in dem »Gerechtigkeit und Frieden sich küssen« (Ps 85,11), miteinander verbunden. Gerade deshalb leiden sie mit denen, denen die Freude am Leben vorenthalten wird und deren Hoffnung erstorben ist, und an Verhältnissen, die Leben einengen und zerstören. »Diakonie« ist Ausdruck und Kennzeichen eines Miteinanders, in dem Menschen einander anerkennen, einander tragen und beistehen.

---

3 Günter Ruddat: Gemeinde ohne Stufen. Diakonischer Gemeindeaufbau am Beispiel gemeinde- und religionspädagogischer Arbeit mit behinderten und nicht-behinderten Menschen, in: Gottfried Adam/Annebelle Pithan (Hg.): Integration als Aufgabe religionspädagogischen und pastoraltheologischen Handelns. Dokumentationsband des Dritten Würzburger Religionspädagogischen Symposiums, Comenius-Institut, Münster 1993, 219–242.

Das neutestamentliche Gemeindeverständnis und die urchristliche Gemeindepraxis sind wesentlich diakonisch geprägt. »Diakonie« meint dabei zunächst nicht einen bestimmten, abgegrenzten Handlungsbereich, sondern bezeichnet umfassend das Grundgesetz der Gemeinde. Diakonie ist Kennzeichen einer *Sozialstruktur*, in der die Herrschaft der einen über die anderen zugunsten des wechselseitigen Dienstes durchbrochen ist. Dem entspricht eine diakonische *Grundhaltung*: Die Tendenz, auf Kosten anderer zu leben und sich rücksichtslos durchzusetzen, wird in gegenseitige Lebensförderung verwandelt. Als *Handlungsform* verstanden, umschließt Diakonie alle Bereiche, Funktionen und Ämter der Gemeinde: Alles, was geschieht – in Verkündigung und Gottesdienst, Seelsorge und materieller Hilfe, Leitung und Verwaltung – ist normiert durch die Art Christi, der gekommen ist, Diakonie zu üben (Mk 10,42–45).

Diese Grundbestimmungen wurzeln in der Mahlfeier, der Mitte der gemeindlichen Praxis. Das Mahl – so Paulus – begründet die koinonia (Gemeinschaft) durch die Anteilhabe der »Vielen« an der eucharistischen Gabe (1. Kor 9,16 f.; 10,17 f.). Der Empfang der sakramentalen Gabe mündet in das Miteinander-Teilen und setzt eine Kette gegenseitigen Dienens in Gang. Die Fußwaschung (Joh 13,4 ff.) symbolisiert diesen Vorgang: Der »Herr« vollzieht einen »Positionswechsel«[4], indem er die dienende Rolle übernimmt, die sonst Sklaven und Frauen zukommt. Er bewirkt so, dass die Liebe unter den »Seinen« Gestalt gewinnt. Auf dem Hintergrund von Diakonie als übergreifender Strukturbeschreibung christlicher Gemeinde zeichnen sich im Neuen Testament unterschiedliche Akzentsetzungen ab:

Charakteristisch für das paulinische Verständnis von Gemeinde ist der im Herrenmahl verwurzelte Leib Christi-Gedanke. Kirche bzw. Gemeinde wird als Christusleib bestimmt, in dem die sozialen und kulturellen Unterschiede relativiert und überwunden sind (Gal 3,28). Gemeinde erscheint als Gemeinschaft der Verschiedenen, die in je originärer Weise dazu begabt sind, einander zum Leben zu helfen. Die Vorstellung des Leibes Christi hat ihre Pointe schließlich darin, dass dem schwächsten Glied die größte Ehre gebührt (1. Kor 12). Dies entspricht der Option für die Armen, Kleinen und Geringsten in den synoptischen Evangelien (z.B. Lk 6,20; Mt 18,2 ff.; 25,40.45).

Die in der Mahlfeier gründende Diakonie wird in kleinen, überschaubaren Gruppen wirksam. Zugleich aber gewinnt Diakonie eine

---

4 Gerd Theißen: Die Religion der ersten Christen. Eine Theorie des Urchristentums, Gütersloh 2000, 112.

die kirchliche Einheit widerspiegelnde Funktion. Paulus nennt die Kollekte, die den Mangel der Armen in Jerusalem ausgleichen und die Gemeinschaft zwischen der Gemeinden zur Geltung bringen soll, Diakonie. Er versteht die Sammelaktion im Horizont des Überflusses der Liebe: Das Geben – in diesem Fall von Geld – ist Ausdruck der Liebe, die Gott den Menschen zukommen lässt und die durch sie weiter fließt zu bestimmten Adressaten und zu allen (2. Kor 8; 9). Gottes Liebe ist universal. In auffälliger Spannung dazu steht die Abstufung, die der Apostel in Gal 6,10 vornimmt, wenn er sich für eine Bevorzugung der »Hausgenossen im Glauben« ausspricht, ohne allerdings die Liebe zu allen aufzuheben. Im Gemeindeverständnis des Johannesevangeliums hingegen scheint die Liebe auf die Bruderliebe eingegrenzt. Freilich soll gerade die Praxis gegenseitiger Liebe nach außen wirken: Modellartig zeigt die durch die Bruderliebe gekennzeichnete Gemeinde der »Welt«, was gottgemäßes Zusammenleben umfassen kann.

Spezifische Bedeutung gewinnt »Diakonie« dann insofern, als *diakonein* (dienen) inhaltlich auf elementare Notsituationen und die Werke der Barmherzigkeit bezogen (Mt 25,31 ff.) und damit vom Verkündigungshandeln unterschieden wird. Lukas differenziert entsprechend zwischen zwei Grundfunktionen der Gemeinde: dem »Dienst des Wortes« und dem »Tischdienst« (Apg 6,2.4). Indem er beide Funktionen durch den Oberbegriff diakonia (Dienst) kennzeichnet, bringt er zugleich die wesenhafte Zusammengehörigkeit beider Seiten zur Geltung. Schließlich zeichnet sich die Entstehung eines besonderen Amtes ab, das des Diakons (Phil 1,1; 1. Tim 3,8 ff.). Das Miteinander-Teilen und die leibliche Hilfe der Gemeinde erfahren so eine ansatzweise Institutionalisierung.

2.2 Geschichtliche Entwicklungslinien: Von der Alten Kirche bis ins 20. Jahrhundert[5]

In der *Alten Kirche* wurde die diakonische Struktur der Gemeinde ausgeformt. Das 2. und 3. Jh. gelten zurecht als Blütezeit gemeindlicher Diakonie. Die Gemeinde fungierte als Subjekt der Diakonie, die sich vor allem als innergemeindliche Solidarität darstellte. Über die Hilfe für notleidende Glieder der eigenen Gemeinde hinaus ge-

---

5 Vgl. zu den theologie- und kirchengeschichtlichen sowie den soziologischen Wurzeln der Gemeindediakonie: Gerhard K. Schäfer: Gottes Bund entsprechen. Studien zur diakonischen Dimension christlicher Gemeindepraxis. VDWI 5, Heidelberg 1994.

wann Diakonie Gestalt als zwischengemeindliche Unterstützung und konnte in Extremsituationen (z.B. bei Pestepidemien) auch Nichtchristen einschließen. Durch die Einbindung der Diakonie in die Ämterstruktur prägte sich eine geordnete Hilfepraxis aus. Den Diakonen und im Osten auch den Diakoninnen kam die Aufgabe zu, im Auftrag des Gemeindeleiters (des Bischofs) Hilfe zu organisieren und den Zusammenhang zwischen Glaube und Lebensstil, Gottesdienst und Beistand zum Bestehen des Lebens zur Geltung zu bringen. Die diakonische Praxis der Gemeinden strahlte missionarisch aus. »Seht, wie sie einander lieben« – dies wurde in heidnischen Kreisen zu einem geflügelten Wort, mit dem das Auffällige christlicher Praxis gekennzeichnet wurde.

Nachdem im Mittelalter andere Träger diakonisches Handelns im Vordergrund standen,[6] suchte die *Reformation* die Gemeinde und deren Diakonie zu erneuern.[7] Der Parochie als einem kirchlichen Verwaltungsbezirk wurde zugedacht, Kirche am Ort als Gemeinde zu werden. *Martin Luther* verstand Gemeinde als Glaubensgemeinschaft und – damit gleich ursprünglich – als Bruderschaft, der eine diakonische Dimension eignet. Dabei markiert Luthers Überflussregel einen Ansatz, in dem die Gemeinde das Ethos der Barmherzigkeit nicht nur in sich, sondern auch in den verschiedenen Lebensgebieten zur Geltung zu bringen hat: »diese Regel soll gelten, daß die Güter, die wir von Gott haben, von dem einen zum anderen fließen und allgemein werden« (WA 7,69f.). Im Ausstrahlungsbereich der lutherischen Reformation kam es freilich aufs Ganze gesehen nicht zur Bildung diakonisch handlungsfähiger Gemeinden. Der kirchlichen Gemeinde blieb lediglich der Status pfarramtlicher religiöser Versorgung, während der diakonisch-soziale Aufgabenkreis der Obrigkeit zufiel. *Johannes Calvin* drang auf die Wiedereinführung des Diakonenamtes, in dem der Dienst der Kirche an Armen und Kranken verlässlichen Ausdruck finden sollte. Seine Konzeption konnte in Genf allerdings nur bruchstückhaft umgesetzt werden. Calvins Verortung der Diakonie in der Ordnung der Kirche trug aber dazu bei, dass in der reformierten Tradition die diakonische Dimension der Gemeinde zumindest in der Theorie lebendig blieb und z.B. in den Gemeinden am Niederrhein auch eminent praktische Bedeutung gewann: Diakonische Aufgaben wurden den Presbytern verbindlich zugewiesen.

---

6 Klöster, Bettelorden, Laienbruderschaften, städtische Magistrate.
7 Vgl. zum Folgenden: Schäfer: Gottes Bund entsprechen, 22 ff.

Die Leitthemen des *Pietismus*[8] zielten zwar auf eine Erneuerung des Christentums unter Einschluss diakonisch-sozialer Verantwortung, konnten aber unter den Bedingungen des Absolutismus und des behördlich organisierten Landeskirchentums kaum gemeindediakonische Wirkungen entfalten. In der Herrnhuter Brüdergemeine entstand allerdings eine diakonisch durchfärbte Freiwilligkeitsgemeinde, von der z.B. Oberlin angeregt wurde, der im elsässischen Steintal eine facettenreiche, auf das gesamte Gemeinwesen bezogene Gemeindediakonie entwickelte.

Das diakonische Wirken *Johann Friedrich Oberlin*s (1740–1826) schlug sich in sozialen, wirtschaftlichen und pädagogischen Initiativen nieder: dem Bau von Brücken und Straßen, der Förderung von Landwirtschaft und Handwerk, der Gründung einer Leih- und Sparkasse, dem Bau von Schulen, der Einführung eines neunklassigen Schulsystems sowie der Etablierung von Strick- und Kleinkinderschulen. Um der Gemeindediakonie eine verbindliche Grundlage zu schaffen, führte Oberlin – unter Berufung auf Phöbe (Röm 16,1) – das Diakonissenamt ein. Die von allen Frauen der Parochie auf Zeit gewählten Diakonissen übernahmen neben gottesdienstlichen Aufgaben seelsorgerliche und diakonische Funktionen in der Krankenfürsorge, der Familienberatung und der Hilfe für Kinder.

Seit den 1830er Jahren gingen neue Impulse für die Gemeinden von den diakonischen Aufbrüchen und der Bewegung der inneren Mission aus. Mit den Kleinkinderschulen entstanden neuartige Erziehungseinrichtungen in den kirchlichen Gemeinden. Zugleich etablierte sich die Gemeindekrankenpflege.

Die Gründung von Kleinkinderschulen und Krankenpflegestationen stellte eine Reaktion auf den Pauperismus und die unter dem Druck gesellschaftlicher Umbrüche prekär gewordene Situation der Familien dar. In diesen Einrichtungen wurde Frauen die Möglichkeit eröffnet, im Raum der Gemeinde tätig zu werden. Konzeptionell durchdrangen sich in der Kinderpflege diakonische, pädagogische und spezifisch religiöse Zielsetzungen: Kleinkinder – vor allem aus armen Familien – sollten Schutz vor Not und Verwahrlosung erfahren, individuell gefördert, zu sittlichem Verhalten angeleitet und zur »Hingabe an den Herrn« (Regine Jolberg[9]) erzogen werden. *Theodor Fliedner* gründete 1836 in Kaiserswerth (bei Düsseldorf) eine Kleinkinderschule und ein Seminar für Kleinkinderlehrerinnen. Von beiden Einrichtungen gingen prägende Wirkungen aus.

---

8   Wiedergeburt und Heiligung, Sammlung und Gemeinschaft ›wahrer‹ Christen, Priestertum aller Gläubigen, Christentum als Tat, Reich Gottes-Hoffnung.
9   Vgl. Adelheid M. von Hauff: Regine Jolberg (1800–1870) – Leben, Werk und Pädagogik. »Das ganze Wesen der Kinderpflege ist Liebe«, VDWI 13, Heidelberg 2002.

Die evangelische Gemeindekrankenpflege wurzelt in Fliedners Konzeption, die sich bis in die 60er Jahre des 20. Jh. als wirksam erwies. Theodor Fliedner wies der Gemeindediakonisse die Aufgabe der Krankenpflege zu, die sich mit Seelsorge, sittlicher Erziehung und Armenpflege verband. 1844/45 entstanden die ersten Gemeindestationen; deren Verbreitung vollzog sich im letzten Drittel des 19. Jh.: 1899 existierten 1859 Stationen in evangelischer Trägerschaft mit 4578 Schwestern. Die Gemeindeschwester[10] personifizierte für lange Zeit die Gemeindediakonie.

Getragen wurden die Kinder- und Krankenpflege nicht von den Gemeinden als solchen, sondern von christlichen Vereinen. Mit dem Verein trat eine Organisationsform in Erscheinung, die es ermöglichte, soziales Engagement gezielt zu entfalten, aber auch in Spannung trat zum parochialen Paradigma. *Wichern* entwickelte seine Konzeption der inneren Mission auf der Folie seiner Kritik an der Pastorenkirche und an den starren Parochien. Die in Vereinen organisierte innere Mission sah er einerseits – pragmatisch – als Ergänzung zu den Kirchengemeinden und dem Wirken kirchlicher Ämter. Zugleich aber identifizierte er die freien Vereine – programmatisch – als Orte für die »geordnete Arbeit der gläubigen Gemeinde«[11], als Räume der Verwirklichung des allgemeinen Priestertums und als Werkstätten der Liebe. Er entwarf damit ein Gemeindeleitbild, in dem das Einander-Priester-Sein als Kohäsionsprinzip mit dem Auftrag aktiver Weltgestaltung verbunden war.

Im Kontext der Diskussion um die Neuordnung der Armenpflege in den 1850er Jahren erarbeitete Wichern den Plan einer gegliederten Diakonie und profilierte dabei die gemeindliche Diakonie. Seinem Plan lag die Forderung nach Einführung des kirchlichen Diakonenamts zugrunde. Die kirchliche bzw. gemeindliche Diakonie sollte die bürgerliche Diakonie einerseits und die freie Diakonie – der Familie und der sozial tätigen Vereine der Inneren Mission – andererseits ergänzen. Sein Plan konnte freilich nicht verwirklicht werden.

Die *1890er Jahre* markieren eine neue Phase der Diskussion um die Gemeinde und ihre Diakonie. Die Einheit von Christengemeinde und Bürgergemeinde ging zu Ende. Es kam zur organisatorischen Verselbständigung der Kirchengemeinde. Angesichts der sozialen Zerklüftung der Gesellschaft, des schwindenden kirchlichen Einflus-

---

10 Vgl. Jutta Schmidt: Beruf: Schwester. Mutterhausdiakonie im 19. Jahrhundert. Geschichte und Geschlechter 24, Frankfurt a.M. 1998; Martin Cordes u.a. (Hg.): Diakonie und Diakonisse. Beiträge zur Rolle der Frauen in kirchlicher sozialer Arbeit, Hannover 1995.
11 Johann Hinrich Wichern, Notstände der protestantischen Kirche und die Innere Mission (1844), in: Sämtliche Werke (SW) IV/1, Berlin 1958, 229–295: 235.

ses und der Massenparochien in Großstädten, die bis zu 60000 Menschen umfassen konnten, wurde das Prinzip der »lebendigen Gemeinde« proklamiert. Gemeinde sollte Gestalt gewinnen als Ort der Versöhnung der Klassengegensätze. Der Dresdner Pfarrer *Emil Sulze* entwickelte einen Organisationsplan, nach dem die Massenparochien in überschaubare Seelsorgebezirke (= Gemeinden) mit nicht mehr als 3000–5000 Gemeindegliedern und weitere nachbarschaftliche »Abteilungen« untergliedert werden sollten. Gemeinde sollte sich als handlungsfähige Organisation darstellen und ein Netzwerk persönlicher Hilfe ausbilden, als dessen Knotenpunkte der Pfarrer, die Presbyter und die Hausväter fungierten. Mit der Bildung seelsorgerlich-diakonischer Gemeinden verband Sulze auch die Zielsetzung, die Delegation der Liebestätigkeit an die Vereine zu überwinden.

Sulzes Ideen entfachten eine Diskussion, deren Grundzüge bis heute virulent erscheinen: Mit Blick auf den Prozess gesellschaftlicher Differenzierung wurde die Notwendigkeit einer kirchlichen Binnendifferenzierung (Kirchengemeinde und Verein) betont. Zugleich konnten Sulzes Gemeindeideal die um Wort und Sakrament versammelte Gemeinde einerseits und die Konzeption eines missionarischen Gemeindeaufbaus andererseits entgegengestellt werden. Sulzes Entwurf blieb mithin umstritten. Gleichwohl gingen von ihm wichtige Impulse aus: Seine Richtzahl für die Größe einer Gemeinde wurde maßgeblich.

Die Kirchenordnungen *nach dem Ersten Weltkrieg* zeichneten Seelsorge und Liebestätigkeit in den Verantwortungsbereich der Kirchengemeinde bzw. des Leitungsgremiums ein. Schließlich wurden vereinsmäßige Arbeitsformen aufgenommen, die sich in der Gründung von Gemeindegruppen niederschlugen und im Gemeindehaus ein neues Zentrum fanden. In diesem Zusammenhang etablierten sich beispielsweise die örtlichen Frauenhilfen als Basis ehrenamtlicher gemeindlicher Diakonie. Die Frauenhilfe verstand sich als »evangelische, freiwillige, geschulte und organisierte Diakonie der Frau aus der Gemeinde für die Gemeinde«[12].

Während des »Dritten Reiches« betrafen die Bestrebungen der Nationalsozialistischen Volkswohlfahrt (NSV), konfessionelles Engagement aus dem Erziehungs- und Gesundheitswesen zu verdrängen, auch die von Vereinen getragenen Kindergärten und die Gemeindekrankenpflege.

---

12 Zit. n. Fritz Mybes: Geschichte der Evangelischen Frauenhilfe in Quellen, Gladbeck 1975, 28.

Auf diesem Hintergrund übernahmen *nach 1945* Kirchengemeinden verstärkt die Rechtsträgerschaft dieser Einrichtungen. Ende der 40er Jahre drang das 1945 gegründete Hilfswerk mit dem Leitbild der »Bruderschaft in Aktion« (Eugen Gerstenmaier) auf eine Vitalisierung gemeindlicher Diakonie. Die vom Hilfswerk beabsichtigte Mobilisierung der Gemeinden gelang zwar insgesamt nicht; die Frage nach der diakonischen Gemeinde gewann aber in der Folgezeit den Charakter einer bleibenden Herausforderung. Durch die amerikanische Stewardship-Idee[13] beeinflusst, kam es in den 1950er Jahren in vielen Gemeinden zum Aufbau von Besuchsdienstkreisen. Der Besuchsdienstarbeit eignet seither eine diakonische Dimension, insofern sie Ausdruck von Verbundenheit, Wertschätzung und Anteilnahme ist.

Im Horizont der expansiven sozialstaatlichen Entwicklung *seit den 1960er Jahren* und einer institutionalisierten Diakonie, die sich zunehmend ausdifferenzierte und professionalisierte, suchte *Hans Christoph von Hase* die gemeindliche Diakonie zu profilieren. Im Gegenüber zu professioneller fallbezogener Hilfe im Gestus der Betreuung und technokratischer Dienstleistung betonte er das »Recht auf Liebe« und die »Integration des Hilfsbedürftigen in den Kreis der benachbarten Christen«[14].

Das Modell der Diakoniegemeinde wurde dann von *Paul Philippi* theologisch fundiert.[15] Dessen Ansatz liegt die These zugrunde, dass die Parochie durch den Einbau von Diakonie zur Gemeinde wird, die der Welt ein Beispiel gottgewollten Zusammenlebens zu bieten vermag. Philippi entwarf die Diakonie der Gemeinde im Kontrast zur »Welt«.

In eine andere Richtung wies hingegen das Paradigma »*Kirche für andere*« bzw. »*Kirche für die Welt*«, das im Ökumenischen Rat der Kirchen in Aufnahme von Formeln Dietrich Bonhoeffers entwickelt wurde.[16] Im Vordergrund stand dabei gerade nicht die Eigengestalt der Gemeinde als Modell von Sozialität, sondern das Einwandern in die Welt und die Teilnahme an den gesellschaftlichen Konflikten. In der Praxis

---

13 Der Stewardship-Gedanke betont die Verantwortung für Güter und Gaben im Zeichen der Haushalterschaft.
14 Hans-Christoph von Hase: Die Wiederentdeckung der dienenden Gemeinde, in: Ders. (Hg.), Diakonie der Gemeinde. Arbeitsbuch für die Nächstenhilfe, Bd. 1, Berlin/Stuttgart 1961, 15–43: 36, 39f.
15 Paul Philippi: Christozentrische Diakonie. Ein theologischer Entwurf, Stuttgart (1963) ²1975.
16 Die Kirche für andere *und* die Kirche für die Welt im Ringen um Strukturen missionarischer Gemeinden. Schlussberichte der westeuropäischen Arbeitsgruppe und der Nordamerikanischen Arbeitsgruppe des Referats der Verkündigung, Genf 1967.

schlug sich diese Konzeption in gemeinwesenorientierten Initiativen, in der verstärkten Bearbeitung sozialethischer Themen, aber auch in der Arbeit von Dritte-Welt- oder Eine-Welt-Gruppen nieder.

Eine Überwindung der Alternativen: sammlungsintensive (Verortung der Diakonie in den gemeindlichen Binnenbezügen) versus sendungsintensive Gemeinde (Einbettung der Diakonie in die Sozialethik) suchten Moltmann und das Votum des Theologischen Ausschusses der EKU anzubahnen.

Im Horizont des Reiches Gottes entwirft *Jürgen Moltmann* das Bild einer durch qualifizierte Offenheit gekennzeichneten Gemeinde: »Offene Gemeinschaft heilt die sozialen Leiden der Isolation, Verachtung und Entfremdung und ist damit Voraussetzung für die Heilung und Linderung physischer Leiden.«[17] In dieser Perspektive fordert er eine »Diakonisierung der Gemeinde« und eine »Gemeindewerdung der Diakonie«.[18]

Das *Votum des Theologischen Ausschusses der EKU*[19] zur »Kirche als Gemeinde von Brüdern« interpretierte die Barmer Grundentscheidungen auf Problemstellungen der Diakonie hin. Die Stoßrichtung des ÖRK-Programms »Kirche für andere« wird zwar aufgenommen; zugleich ist aber die Bedeutung der Ortsgemeinde als »Kirche der kurzen Wege«[20] betont, die im Gegenüber zu einer »Segregationsgesellschaft« mit dem Modell einer »integrierten Gemeinde« beschrieben wird – exemplarisch konkretisiert in der Gemeinschaft mit Behinderten.[21]

Die bis zum Beginn der *1980er Jahre* entwickelten Konzeptionen schließen die Kritik an einer diakonisch defizitär wahrgenommenen Gemeindepraxis ein. Sie suchten zugleich die Gemeinde theologisch zu identifizieren und fundamentale Handlungsorientierungen zu entwerfen. Die Diskrepanz zwischen der hohen Zustimmung zu Formeln wie »Kirche für andere« oder »Diakonisierung der Gemeinde« und der Wirklichkeit vieler Gemeinden war augenfällig.[22] Zugleich

---

17 Jürgen Moltmann, Diakonie im Horizont des Reiches Gottes, in: Ders.: Diakonie im Horizont des Reiches Gottes. Schritte zum Diakonentum aller Gläubigen, Neukirchen-Vluyn (1984) ²1989, 22–41: 38.
18 Moltmann: Diakonie, 36.
19 Alfred Burgsmüller (Hg.): Kirche als »Gemeinde von Brüdern«. Barmen III, Bd. 2. Votum des Theol. Ausschusses der Ev. Kirche der Union, Gütersloh ³1984.
20 Burgsmüller: Kirche, 81.
21 Burgsmüller: Kirche, 117.
22 Auf der Basis kirchensoziologischer Untersuchungen ist Steinkamp den Gründen für diese Diskrepanz nachgegangen. Er unterscheidet im volks-

konnte die formelhaft akzentuierte kirchliche »Pro-Existenz« eine diakonische »Ko-Existenz« gerade verhindern. Der Fokus »diakonische Gemeinde« stand schließlich in einem deutlichen Gegensatz zu der realen Entwicklung der Diakonie, deren Ausweitung und Ausdifferenzierung sich seit Mitte der 1960er Jahre im Zusammenhang des sozialstaatlichen Ausbaus vollzogen. Die »diakonische Gemeinde« gewann vor diesem Hintergrund vornehmlich den Charakter eines kritischen Prinzips und eines theologischen Postulats. Das verbindende Ziel einer diakonischen Kirche, die sich öffnet, konnte auch die Gemeindeaufbau-Diskussion der 1980er Jahre nur begrenzt einlösen, der Diakonie wurde besonders in missionarisch-evangelistischen Ansätzen[23] eher nachrangige Bedeutung eingeräumt.

3. Gegenwärtige Ansätze diakonischer Gemeindeentwicklung

3.1 Gemeinden, die sich diakonisch wahrnehmen und öffnen

Angesichts der gesellschaftlichen und kirchlichen Entwicklungen der letzten 25 Jahre, die u. a. durch eklatante Veränderungen der Alterspyramide, unverändert hohe Arbeitslosigkeit, sich auflösende gemeinsame Rhythmisierung des Lebens (Arbeit und Freizeit) und sich ausbreitende interaktive Medialisierung gekennzeichnet sind, ist zugleich ein ausgesprochener Bedarf an neuen Formen der nachbarschaftlichen (spontanen und organisierten) Solidarität zu erheben. In dieser offenen Situation, in der die Kirche(n) einerseits sich damit auseinandersetzen müssen, dass kirchliche und diakonische Mittel durch Kirchenaustritte und Einschnitte ins soziale Netz

kirchlichen Kontext zwischen der »Mäzenen-Mentalität« derer, deren Mitgliedschaft durch die Unterstützung diakonischer Aktivitäten ›für andere‹ motiviert sei, und dem »kollektiven Helfersyndrom« der Kerngemeindlichen, die die »Ahnung von der zunehmenden Bedeutungslosigkeit von Kirche und Gemeinde (unbewusst) in eine ›Option für die anderen‹« umdeuteten, um sich so der eigenen Bedeutung und Stärke zu versichern. Beide Mentalitäten interpretiert Steinkamp theologisch als falsche Bewusstseinsformen (Hermann Steinkamp: Solidarität und Parteilichkeit. Für eine neue Praxis in Kirche und Gemeinde, Mainz 1994, 165f.). Steinkamps Überlegungen zielen darauf, die Bedingungen gemeindlicher Diakonie zu bestimmen und empirisch nach den Subjekten solcher Diakonie zu fragen. Die starren und tendenziell diskreditierenden Kategorisierungen bedürfen allerdings einer kritischen Überprüfung.
23 Vgl. vor allem Fritz Schwarz/Christian A. Schwarz: Theologie des Gemeindeaufbaus. Ein Versuch, Neukirchen-Vluyn 1984; Michael Herbst: Missionarischer Gemeindeaufbau in der Volkskirche, Stuttgart 1987.

schrumpfen, ist andererseits ihre soziale und therapeutische Rolle »vor Ort« nicht zu übersehen, die Rituale des Lebens (*leiturgia*) und Angebote der Orientierung (*martyria*), Gemeinschaft (*koinonia*) und Beistand (*diakonia*) darstellt und öffentlich vorhält.

Auf diesem Hintergrund steht unverändert eine Debatte um eine weiterführende Konzeption von Kirche, von Diakonie in der Gemeinde an, die nicht nur zu einer finanziellen, sondern vor allem auch zu einer strukturellen Prioritätendiskussion führt, die die jeweiligen theologischen Grundsatzentscheidungen transparent macht und nicht ökonomisch verschleiert; etwa in der Verteilungsdebatte zwischen parochialen und funktionalen bzw. zentralen Diensten falsche Alternativen überwindet und ein komplementäres Modell der gegenseitigen Ergänzung entwickelt: Arbeitsteilung von der Familie, Nachbarschaft und Selbsthilfegruppe über christliche und bürgerliche Gemeinde bis hin zu (über-)regionalen Einrichtungen.

»Kirche mit anderen«, die sich öffnet und die nicht festhält, die den Weg der Menschen im Rhythmus des Lebens kreuzt und präsent ist auf dem Markt und an den Rändern der Stadt, eine solche Kirche erinnert an eine Welt, in die die Erfahrung des Kreuzes hineingehört und die auch die dunklen Seiten des Lebens beleuchtet und »mit anderen« teilt.[24]

3.2 Sehen – beurteilen – handeln: Schritte auf dem Weg diakonischer Gemeindeentwicklung

Dieser aus der Gemeinwesenarbeit (und befreiungstheologischen Ansätzen) vertraute und besonders von Hermann Steinkamp nachdrücklich empfohlene Dreischritt bewährt sich nicht nur immer wieder bei der in vielen Gemeinden und diakonischen Einrichtungen gegenwärtig anstehenden Leitbild- oder Konzeptionsentwicklung,[25] sondern durchaus auch bei diakonischen Projekten, die versuchen, den langen Weg der kleinen Schritte zu gehen und etwa mit einem

---

24 Vgl. die übergreifenden Perspektiven des Christus-Pavillons auf der EXPO 2000: Fritz Baltruweit/Dieter Haite/Jan Hellwig: Kirche, die sich öffnet. Modelle und Bausteine für ein neues liturgisches Erleben und Gestalten, Gütersloh 2001, 150ff.; Wolfgang Lukatis/Gerhard Wegner (Hg.): Das Christentum auf der EXPO 2000, Würzburg 2001.
25 Vgl. etwa die unterschiedlichen Prozesse im Rheinland: Visionen erden (2001) und in Westfalen: Kirche mit Zukunft (2000). Materialien über die jeweiligen Landeskirchenämter und Arbeitsstellen in Düsseldorf bzw. Bielefeld.

Gemeinde-/Diakonie-Report[26] zu beginnen, eine spezifische Gemeinde- bzw. Sozialraumanalyse im Blick auf die diakonische Topographie am Ort zu entwickeln, damit verlässliche Informationen für weitere Schritte gewonnen werden können:

3.2.1 Sehen, wie das Leben in der Gemeinde und in ihrem Umfeld aussieht. Welche Not, welches Leiden fällt ins Auge und findet sich an bestimmten Brennpunkten? Welche Not, welches Leiden ist aufzuspüren, sichtbar zu machen, damit sich etwas ändern kann? Welche Not, welches Leiden liegt uns ganz besonders am Herzen, »vor unserer Tür«? Welchen Schwerpunkt wollen wir setzen – und anderes anderen überlassen? Welche sozialen und diakonischen Angebote versuchen diese Not, dieses Leiden bereits in der Gemeinde und ihrem Umfeld wahrzunehmen und vor Ort präsent zu sein, welche Möglichkeiten der Vernetzung bieten sich aktiv und nicht nur reaktiv an? – Solche »Spiritualität der Aufmerksamkeit«, die z.B. durch klassische Besuchsdienste[27] in überschaubaren Nachbarschaftsbezirken einer lebendigen Gemeinde grundgelegt werden kann, sensibilisiert zugleich in einem nächsten Schritt für eine kritische Selbst-Aufklärung und Befragung der vorfindlichen Gemeindepraxis[28] und legt die »weißen Flecken« (*terra diaconica incognita*) auf der diakonischen Landkarte der Gemeinde offen.

3.2.2 Beurteilen und befragen, was das Sehen für die Gemeinde, ihre Tradition und ihr Umfeld bedeutet. Sich an einem runden Tisch zusammen- und auseinandersetzen: Was sollen, was wollen wir, was können wir tun, was müssen wir zuerst anpacken, wo mit anderen gemeinsame Sache machen, was können wir anderen überlassen? Was können (und wollen) wir nicht leisten? – Solche »Kriterien der Achtsamkeit« inszenieren auf zurückhaltende Weise die die Selbstbestimmung des anderen bewahrenden Annäherungen und Begegnungen, die die diakonische Vision, eine im Prozess fortzuschreibende vitalisierende

---

26 Vgl. das Beispiel in Anm. 3.
27 Vgl. Günter Ruddat: Ausbildung zu Seelsorgehelfern, in: HPT(G) 3, Gütersloh 1983, 532–547.
28 Solche Zugänge sind auch in anderen Feldern der Gemeindepraxis im Interesse der Menschen auszubauen; vgl. z.B. im Kontext der Kasualien den gemeindeentwickelnden Weg »von der Wahrnehmung der lebenszyklischen Situation zu einem neuen ekklesiologischen Sensorium« in: Fritz Baltruweit/Günter Ruddat: Gemeinde gestaltet Gottesdienst 2: Taufe – Konfirmation – Trauung – Beerdigung, Gütersloh 2000, bes. 14–27.

Konzeption (Vorbereitung – Planung – Durchführung – Auswertung) formen und gestalten und in einem dritten Schritt angemessene Handlungsoptionen provozieren, deren Ergebnisse wieder in den Kreislauf der Evaluierung und Neukonzeptionierung einfließen.

3.2.3 Handeln, modellhaft Probehandeln, kreativ gestalten; Delegation und Kooperation entfalten; parochial, regional und kommunal vernetzen. Eine Gemeinde, die sich auf diesen Weg diakonischer Gemeindeentwicklung begibt, wird vorrangig Beziehungen pflegen und Begegnungen Raum geben, sich als Teil einer vielgestaltigen Ökumene vor Ort entdecken, sich in ein lebendiges Miteinander von Christen – und Bürgergemeinde einbringen und das Netzwerk einer »Ö-Kommune« fördern (von der konfessionellen Kooperation bis zur interreligiösen und -kulturellen Kommunikation), als »Kirche in der Diaspora« nicht flächendeckend, sondern modellhaft, experimentell, exemplarisch.

3.3 Diakonische Gemeinde – praktisch-theologische Anstöße und Zugänge

Der praktisch-theologische Ansatz: »Diakonische Gemeinde/Kirche«[29] ist in den letzten 25 Jahren über die schon angedeuteten Positionen hinaus in vielfacher Weise ventiliert und profiliert worden, in chronologischer Reihenfolge[30] sollen hier zehn exemplarische Anstöße kurz skizziert werden:

3.3.1 »Kirche im Unten« als »solidarische Diakonie« (Ulrich Bach, 1980/1986/1988)[31]. Bachs »Plädoyer für eine diakonische Kirche« markiert in den 1980er Jahren immer wieder die Erinnerung an eine Kirche mit diakonischem Profil, die als »Patienten-Kollektiv« zu verstehen wäre, das sich sowohl mit Schwächen und

---

29 Vgl. auch Gerhard Röckle (Hg.): Diakonische Kirche. Sendung – Dienst – Leitung, Neukirchen-Vluyn 1990.
30 In Anlehnung an die ausführlicher vorgestellte Auswahl bei: Arnd Götzelmann. Der Beitrag der diakonischen Gemeinde zur sozialen Gestaltung der Zukunft, in: danken und dienen 95, Stuttgart 1995, 57–62; Ders. (Hg.): Diakonische Kirche. Anstöße zur Gemeindeentwicklung und Kirchenreform. (FS Theodor Strohm), VDWI 17, Heidelberg 2003: Zur Einführung, 12–28 bzw. Ders.: Evangelische Sozialpastoral. Zur diakonischen Qualifizierung christlicher Glaubenspraxis. Praktische Theologie heute 61, Stuttgart 2003, 196–211.
31 Ulrich Bach: Boden unter den Füßen hat keiner. Plädoyer für eine solidarische Kirche, Göttingen 1980; Ders.: Dem Traum entsagen, mehr als ein Mensch zu sein. Auf dem Wege zu einer diakonischen Kirche, Neukirchen-Vluyn 1986; vgl. Ders.: Aber auf ein Wort! Plädoyer für eine diakonische Kirche, in: Conc 24 (1988), 330–335.

Stärken, die jede und jeder hat, gegenseitig hilft – entsprechend den unterschiedlichen Begabungen und Fähigkeiten.

3.3.2 »Diakonie-Lernen der Gemeinde« (Martin Ruhfus, 1991)[32].

Diese »Grundlegung einer diakonischen Gemeindepädagogik« knüpft an Ernst Langes Verständnis von Diakonie als »umfassende Bildungsaufgabe, als Lernprozeß« (99) an: »Diakonie der Gemeinde ist die Kommunikation der Bedürfnisse als Praxis des Evangeliums« (99). Aus der genaueren Beschreibung des Kommunikations- und Bedürfnisbegriffs ergeben sich drei wesentliche Elemente: »Sich von der Not anderer betreffen lassen«, »wechselseitige Hilfe verwirklichen« und weltweit »Ökumenisch miteinander teilen« (112–117). Gemeinde als diakonischer Lernort setzt eine zu entwickelnde Integration der drei Sozialgestalten: Gemeinde, diakonische Einrichtungen und Initiativgruppen voraus.

3.3.3 »Diakonie: Kennzeichen der Gemeinde« (Hermann Steinkamp, 1985/1991/1994)[33].

Steinkamp analysiert die vorfindliche diakonische Praxis in katholischen Pfarreien in ihrer Beziehung zu den professionalisierten Caritasdiensten und der diakonisch aktivierten Gemeinde. Auf diesem Hintergrund empfiehlt er Gemeinwesenarbeit als die »Methode gemeindlicher Diakonie« (76) und die »Basisgemeinde« lateinamerikanischer Prägung als »Idealtypus« einer diakonischen Gemeinde (83). Auf europäische Verhältnisse übertragen geht es um eine »Lebens- und Glaubenspraxis der kleinen Leute«, die »Solidarität mit den Armen«, die politische »Alphabetisierung in der ersten Welt« und um die kleinen Gemeinschaften überschaubarer Initiativgruppen. Damit hat Steinkamp den markantesten Versuch unternommen, die programmatischen Forderungen Moltmanns als *Sozialpastoral* hierzulande zur Geltung zu bringen und zu operationalisieren, die auf eine solidarische Gemeindepraxis in bewusstem Bezug zur sozialen Wirklichkeit zielt. Die damit verbundene vorrangige »Option für die Armen« hat Phänomene fehlender Teilhabe im Blick, gründet in Gottes Vorliebe für die Armen, nimmt Marginalisierte als Subjekte ernst und zielt auf Teilhabe aller an den gesellschaftlichen Chancen. Steinkamp formuliert Richtungskriterien, die die Transformation bestehender Praxis in bessere, solidarische Praxis anleiten können. Die Richtungskriterien sind als Gegensatzpaare dargestellt. Damit soll deutlich werden, dass es in der Praxis selten um ein Entweder-Oder, sondern meist um ein Mehr oder Weniger im gemeinsamen Lernprozess geht. Das erste Ge-

---

32 Martin Ruhfus: Diakonie – Lernen der Gemeinde. Grundzüge einer diakonischen Gemeindepädagogik. Rothenburg 1991.
33 Hermann Steinkamp: Diakonie – Kennzeichen der Gemeinde. Entwurf einer praktisch-theologischen Theorie, Freiburg 1985; vgl. die Weiterführung dieses befreiungstheologischen Ansatzes: Ders.: Sozialpastoral, Freiburg 1991; eine aktualisierte, überarbeitete und zugleich gekürzte Zusammenfassung beider Bücher findet sich in: Ders.: Solidarität und Parteilichkeit. Für eine neue Praxis in Kirche und Gemeinde, Mainz 1994. – Vgl. damit die im Schweizer Kontext entstandene Variation dieses befreiungstheologischen Ansatzes: Urs Eigenmann: Am Rand die Mitte suchen. Unterwegs zu einer diakonischen Gemeindekirche der Basis, Fribourg/Brig 1990.

gensatzpaar lautet: Betroffenheit gegen Betreuung. Dem entspricht das zweite Gegensatzpaar: Selbstorganisation der Betroffenen gegen Aktivierung. Damit ist ein Weg vorgezeichnet, der vom Handeln für andere und von einer Aktivierung von Menschen zu beliebigen Zwecken hinführt zur Wahrnehmung Betroffener, die durch fehlende Teilhabe und Leid gekennzeichnet sind. Es geht darum, die Kompetenz der Betroffenen zu erkennen und zu stärken und etwa Alleinerziehende oder Arbeitslose zu solidarischen Zusammenschlüssen zu bewegen. Komplementäre Betroffenheit (z.B. als Nocharbeitsbesitzer) und sekundäre Betroffenheit (etwa als Angehöriger eines Alkoholkranken) sollten bewusst gemacht werden. Solcher Perspektivenwechsel, mit den Augen der Armen und der Fremden sehen zu lernen, hilft, gemeindliche Aktivitäten zu überprüfen. Verbindlichkeit versus Geselligkeit, soziale Kreativität gegen Routinehandeln, Umkehr gegen Religion als weiche Sinnstiftung markieren weitere Gegensatzpaare, die sich – bei allen notwendigen Differenzierungen – als hilfreich erweisen, Gemeindepraxis kritisch zu beleuchten und Lernschritte auf dem Weg zu einer solidarischen Gemeinde anzuregen.

3.3.4 »Hilfekultur vor Ort« (Johannes Degen, 1992)[34]. An die Stelle einer obrigkeitsgebundenen Kirche muss nach Degen eine »diakonische Volkskirche« treten, für die Reden und Handeln in eins fallen. Gegenüber dem Modell einer »bekennenden Gemeindediakonie« vertritt er das Modell einer offenen, »öffentlichen Volksdiakonie« (35), für das einerseits die kirchlich-theologische Fortbildung der Mitarbeitenden zur Schlüsselfrage wird, andererseits alle Ebenen diakonischen Handelns »ein sinnvoll zusammenhängendes Ensemble« (36) darstellen müssen. Für die Ebene der Gemeindediakonie werden dabei acht spezifische Chancen herausgestellt: »Früherkennung« von Marginalisierung und Gefährdung, »Selbsthilfe gemeinsam«, »Beratung ›im Vorfeld‹«; »Ehrenamtliche befähigen«, »die Fremden und das Fremde annehmen«, »Beratung für diakonische Berufe«, »Gemeinschaft mit MitarbeiterInnen«, »Kirche ›im Mitgehen‹« und »Gottesdienst – Rast machen« (42–44).

3.3.5 »Kirche mit Fremden« (Ulfried Kleinert, 1992)[35]. Dieses in Anlehnung an die Formel »Kirche für andere« (Dietrich Bonhoeffer, Ernst Lange) plakatierte Konzept präzisiert – ähnlich wie schon Steinkamp – den Begriff als »Kirche mit anderen«: Die Anderen aber sind heute die Fremden, die Armen im Sinne der befreiungstheologischen »Option für die Armen«. Als notwendige Aufgabe der Ortsgemeinde wird gesehen, sich der Begegnung mit den Fremden am sozialen Rand zu stellen und die gegenseitige Bereicherung des solidarischen Mit- und Voneinanderlernens wahrzunehmen, darüber hinaus »Impulse für Selbsthilfegruppen aufzunehmen, eine respektvoll-kritische Zusam-

34 Johannes Degen: Hilfekultur vor Ort – zur Gemeindediakonie im Kontext der Volkskirche, in: Ulfried Kleinert (Hg.): Mit Passion und Profession: Zukunft der Gemeindediakonie. Markierungen und Perspektiven, Neukirchen-Vluyn 1992, 27–44.
35 Ulfried Kleinert: Sechs Grundsätze für die Zukunft der Gemeindediakonie, in: Ders. (Hg.): Mit Passion und Profession: Zukunft der Gemeindediakonie. Markierungen und Perspektiven, Neukirchen-Vluyn 1992, 9–17.

menarbeit der verschiedenen Ebenen von Diakonie einzuüben und die Profession der speziell für die Diakonie Ausgebildeten zu fördern und zu achten« (9).

3.3.6 »Im Horizont des Bundes - die diakonische Dimension christlicher Gemeindepraxis« (Gerhard K. Schäfer, 1994/1999)[36]. Die biblische Bundesvorstellung markiert als Grundlage allen diakonischen Handelns einen zugleich konzentrierenden und weiträumigen Orientierungshorizont, der Spannungen in einer integralen Perspektive produktiv aufnimmt. »Gottes Bund entsprechen«, das bedeutet, den spannungsvollen Zusammenhang von Gotteserkenntnis bzw. Gottesdienst, von Barmherzigkeit und Gerechtigkeit zum Ausdruck zu bringen. Das umgreift den differenzierten Zusammenhang von »vertikaler« und »horizontaler« Dimension von Gottes Selbstverpflichtung und Zuwendung, von einem Leben in Vertrauen und in schöpferischer Verantwortung. In einer tragfähigen Balance von Individualität und Sozialität, von nach innen gerichteter und grenzüberschreitender Solidaritätsverpflichtung kann sich partnerschaftliches Beistandshandeln entwickeln, das sich auch in anamnetischer Solidarität gestaltet und damit eine soziale Identität fördernde Kultur des Gedenkens und der Erinnerung an die Opfer beinhaltet. Diakonisches Handeln bedeutet dann in einer »Konziliarität der Strukturen«, für bundeskonforme Lebensverhältnisse einzutreten, im Zeichen der Bundespartnerschaft grenzüberschreitend zu handeln, Selbsthilfegruppen und Initiativgruppen Raum zu geben, Ehrenamtlichkeit zu fördern, in Verkündigung und Diakonie eine Hoffnungsperspektive anzudeuten oder zu entfalten, das Leben authentisch zur Sprache zu bringen und zu feiern – gerade auch in den möglichen Netzwerkbildungen zwischen freien Initiativen der Selbst- und Nachbarschaftshilfe und diakonischen Großinstitutionen – über die Ortsgemeinde hinaus.

3.3.7 »Kirche für andere« (Heinrich Pompey/Paul-Stefan Roß, 1998)[37]. Das im katholischen Kontext entstandene »Handbuch für eine diakonische Praxis« lädt zur Standortbestimmung von Diakonie und zur Reflexion des eigenen diakonischen Handelns ein: Ausgehend von einer »Bestandsaufnahme: Was ist Diakonie?« und von einer »sozialwissenschaftlichen Betrachtung: Diakonie im Kontext gesellschaftlicher Wahrnehmung und Bearbeitung sozialer Probleme« wird akzentuiert eine »theologische Deutung« als Reflexion von Diakonie aus der Perspektive des christlichen Glaubens angestrebt, bevor ab-

---

36 Gerhard K. Schäfer: Gottes Bund entsprechen. Studien zur diakonischen Dimension christlicher Gemeindepraxis, VDWI 5, Heidelberg 1994; Ders.: Gemeinde und Diakonie – Theologische Erwägungen zu einem Spannungsfeld, in: Arnd Götzelmann (Hg.): Einführung in die Theologie der Diakonie. Heidelberger Ringvorlesung, DWI-Info Sonderausgabe, Heidelberg 1999, 115–134. Diakonie als »eine notwendige Dimension kirchengemeindlichen Handelns« betont gegenüber einem seines Erachtens kaum verwirklichten Konzept der »diakonischen Gemeinde« nachdrücklich: Heinz Lorenz: Diakonische Gemeinde?, in: PTh 83 (1994), 333–341: 337.

37 Heinrich Pompey/Paul-Stefan Roß: Kirche für andere. Handbuch für eine diakonische Praxis, Mainz 1998.

schließend »Konturen diakonischen Handelns in heutiger Gesellschaft« als »praktische Konsequenzen« entwickelt werden, die sich um die Stichworte Pluralität und Pluriformität der Subjekte, Vieldimensionalität, Solidarität, Subsidiarität und Spiritualität ordnen. Speziell zur diakonischen Gemeinde kann formuliert werden: »Ein zentrales communiales Subjekt von Diakonie und zugleich ein entscheidender Schnittpunkt von Diakonie und sozialem Lebensraum ist die Gemeinde« (229), die als Träger diakonischer Einrichtungen, ehrenamtlicher diakonischer Fremdhilfe und diakonischer Selbsthilfe Vielgestaltigkeit und Einheit der Diakonie der Gemeinde repräsentiert.

3.3.8 »Mainzer Thesen zur diakonischen Gemeinde« (Wolfgang Gern/Thomas Posern, 1999)[38]. Die zum 150 jährigen Jubiläum der Inneren Mission und Diakonie in Deutschland 1998 in Abstimmung mit Kirche und Diakonie in Mainz vorgestellten fünfzehn Thesen versuchen, die konzeptionelle Richtung für eine diakonische Gemeindeentwicklung als »Hoffnung in Aktion« (These 11) vorzugeben.

3.3.9 »Solidarische Gemeinde« (Paul-Hermann Zellfelder-Held, 2002)[39]. Aus der Gemeindepraxis in einem der sozialen Brennpunkte Nürnbergs entwickelt Zellfelder-Held pragmatisch und phantasievoll das gegenwärtig aktuellste »Praxisbuch für diakonische Gemeindeentwicklung«, das im Hauptteil ein »Schaufenster der Möglichkeiten« aus Erfahrungen, Modellen und Ideen öffnet: Die »theologische Grundlegung der Diakonie im Abendmahl« 25) führt konsequent von der Diakonie »im Einzugsgebiet« des Gottesdienstes (43) und des Pfarramtes (57) zu den Konkretionen im Einzugsgebiet der Diakonie-Sozial-Station (111) bzw. des Kindergartens (141), bevor abschließend das »Handwerkszeug für diakonische Gemeindeentwicklung« (157) und eine »Phantasiereise zu einer diakonisch entwickelten Gemeinde« (203) vorgestellt werden.

3.3.10 »Evangelische Sozialpastoral« (Arnd Götzelmann, 1995/2003)[40]. Wie Ulrich Bach Anfang der 1980er Jahre versteht auch Götzelmann diese ursprünglich als Habilitationsschrift erschienene Publikation als »Plädoyer für eine diakonische Kirche« und für eine christliche Diakonie. Die notwendige Doppelbewegung, einerseits der diakonischen Inspiration und Qualifikation von Kirchen und Gemeinden mit ihren Verantwortlichen und andererseits der Notwendigkeit, das christliche Profil diakonischer und caritativer Institutionen neu zur Geltung zu bringen und mit dem sozialen Berufshandeln zu verbinden, führt zu einer ökumenischen Verständigung über Ansätze einer diakonischen Qualifizierung christlicher Glaubenspraxis.[41]

---

38 Mainzer Thesen zur diakonischen Gemeinde, hg.v. Diakonischen Werk in Hessen und Nassau, Frankfurt a.M. 1999.
39 Paul-Hermann Zellfelder-Held: Solidarische Gemeinde. Ein Praxisbuch für diakonische Gemeindeentwicklung, Neuendettelsau 2002.
40 Siehe Anm. 30.
41 Vgl. seine in Anlehnung zu Steinkamp gewonnenen, in Visionen und (Handlungs-)Optionen evaluierten Thesen: Götzelmann: Sozialpastoral, 36–41, 359–376.

Alle praktisch-theologischen Ansätze einer diakonischen Gemeinde/ Kirche gehen davon aus, dass christliche Gemeinde als Kirche (wortwörtlich: zum Herrn gehörig) den unverwechselbar und eigenartigen diakonischen Spuren ihres Herrn nach-folgt, über sich selbst hinausgeht und immer wieder über ihre Möglichkeiten und Grenzen hinauswächst, weil sie sich herausgefordert sieht und sich im Prozess der Auseinandersetzung nicht nur öffnet, sondern auch in Richtung eines Mehr an Diakonie verändern muss.

4. Perspektiven diakonischer Präsenz und Lokalisierung der Gemeinde

Gemeinden, die nach innen und nach außen Schritte auf dem Weg einer diakonischen Kirche gehen, werden zu allererst vor Ort »bei den Menschen sein« (und deren vielfältigen Verknüpfungen), mit ihnen eine Kultur der Anteilnahme an Lebenssituationen entwickeln und eine Kultur der Achtsamkeit auf gemeinsame Lebensqualität hin entfalten. Solche *»diakonische Präsenz«*[42] wird in einer Doppelstrategie paradigmatische[43] diakonische Praxis in zwei Richtungen gestalten:

4.1 Diakonische Lokalisierung nach innen

Eine Gemeinde beginnt sich einerseits da diakonisch zu verorten, sich in Geschichte und Landschaft zu beheimaten, zu lokalisieren, wo sie ihre vertrauten Räume der Begegnung untereinander und »mit anderen« nicht mehr nur »für sich« beansprucht, sondern exemplarisch mit Menschen einer bestimmten Not-Situation, mit

---

42 Vgl. das an Streetworker erinnernde »Konzept der Präsenz« von Andries Baart: Een theorie van de presentie, Utrecht 2001; in Deutschland 2002 vorgestellt: Andries Baart: Qualität des Lebens am Rande des sozialen Dienstes, unveröffentlichter Vortrag, Bielefeld 2002, 19 S., aufgenommen und skizziert in: Jürgen Gohde: Die Aufgabe der Diakonie im zukünftigen Europa, in: Volker Herrmann (Hg.): Diakoniewissenschaft im Dialog, DWI-Info 36, Heidelberg 2004, 280–294: 291. Baart beschreibt im multiprofessionellen diakonischen Horizont fünf »methodische Kennzeichen der präsentischen Praxis«: 1. Bewegung, Ort und Zeit: Dem/der Anderen folgen; 2. Raum und Begrenzung: An einem Stück arbeiten; 3. Anknüpfungspunkte suchen: Beim gelebten Leben sein; 4. Sich auf den Anderen einstellen: Das Wohl des Anderen in den Vordergrund stellen; 5. Bedeutung und Sinn: Wenigstens für eine Person zählen.
43 Vgl. Günter Ruddat: Art. »Feste und Feiertage VI«, TRE 11 (1983), 134–143: 141.

Freunden, Gästen und Fremden teilt und so fragmentarisch ein über-parochiales *»Gemeinde«-Zentrum* entsteht, das die Ökumene in der Ö-Kommune weitet. Mit einem derartigen Stadtteil- oder Nachbarschaftszentrum verbindet sich ein weitreichender diakonischer Perspektivwechsel: Was brauchen die Menschen hier vor Ort u.a. an Raum, Gemeinschaft und Beistand? – Hier können Gemeinden an ganz unterschiedlichen diakonischen Brennpunkten einsteigen und ihre vorhandene Praxis entwickeln und reflektieren:

- *Kirchen* können sich und ihre Kirchencafés über die Zeit nach den Gottesdiensten hinaus auch werktags öffnen und niedrigschwellige Angebote der Beratung (etwa im Bereich der Prophylaxe), einer Kleiderkammer oder eines Mittagstisches (vgl. die Idee der »Tafel«[44]) verwirklichen und damit die Erfahrung von Armut in die Gemeinde hereinholen und sichtbar machen. – In den unterschiedlichen Modellen der Citykirchenarbeit spiegeln sich auch die diakonischen, gemeindepädagogischen und liturgischen Legierungen von Experimenten, angefangen etwa bei der von Ernst Lange[45] 1960 angestifteten »Ladenkirche« in Berlin-Spandau.
- *Kindertagesstätten*[46] können schrittweise zu Familien- und Nachbarschaftszentren im Stadtteil o.ä. weiter entwickelt werden mit allen Möglichkeiten generationenübergreifenden Lernens im Kontakt mit Schule oder Altenwohnheim.
- *Jugendhäuser der Offenen Tür* können im Rahmen der Nachbarschaft von Schule und Gemeinde[47] über Hausaufgabenbetreuung hinaus weitergehende Formen der Begleitung und der Integration von ausländischen Kindern und Jugendlichen anbieten und neue Formen der Präsenz entwickeln (z.B. Eine-Welt-Schülercafé).
- *Diakoniepraktika* als Bestandteil der Konfirmandenarbeit[48] (oder auch des schulischen Unterrichts, etwa im Rahmen einer diakonischen Projektwoche) eröffnen eine begleitete und reflexionsorientierte Mitarbeit z.B. im ge-

---

44 Vgl. z.B. die »Attendorner Tafel«: Christof Grote: Zur diakonischen Kompetenz christlicher Gemeinde. Ein Erfahrungsbericht, in: Arnd Götzelmann (Hg.): Diakonische Kirche, Heidelberg 2003, 173–179.
45 Vgl. Ernst Lange: Versuch einer Bilanz, in: Ders.: Kirche für die Welt. Aufsätze zur Theorie kirchlichen Handelns, hg.v. Rüdiger Schloz. München 1981, 66–160.
46 Vgl. Friedrich Schmidt/Arnd Götzelmann (Hg.): Der ev. Kindergarten als Nachbarschaftszentrum in der Gemeinde. Dokumentation zum Modellprojekt des Diakonischen Werkes der Pfalz, Diakoniewissenschaftliche Studien 9, Heidelberg 1997; Friedrich Schmidt: Kindergarten als Nachbarschaftszentrum in der Gemeinde. Eine Studie zur Gemeindeentwicklung unter Beteiligung von Kindern und Familien, Waltrop 1999. Vgl. jetzt auch Götzelmann: Sozialpastoral, 260–277.
47 Vgl. Ruddat: Vom Kontakt zur Begegnung, 302–303.
48 Vgl. Günter Ruddat: Projektarbeit in der integrativen Arbeit mit Konfirmandinnen und Konfirmanden, in: Roland Schwarz (Hg.): KU – weil wir verschieden sind. Ideen – Konzeptionen – Modelle für einen integrativen KU, Gütersloh 2001, 82–95.

meindlichen Rahmen des Besuchsdienstes oder einer integrativen Gruppe mit behinderten Kindern bzw. im stationären Bereich in einem Pflegeheim oder in einer Einrichtung für Menschen mit geistiger Behinderung.
- *Diakoniestationen*[49] können sich als aufklärender und ausbildender (über-parochialer) Transformator im vielschichtigen Feld der Pflege erweisen, die insbesondere die Präsenz der Kranken in unserer Gesellschaft (und Kirche) nicht verbergen, sondern wach halten helfen.
- Angesichts der bevölkerungspolitischen Entwicklung in Deutschland wird die *Altenarbeit und Altenhilfe*[50] weiter zunehmen, neue Formen des ehrenamtlichen Dienstes für ältere Menschen, die etwa junge Familien unterstützen, bzw. der familiären Pflegeausbildung und der gemeindlichen Nachbarschaftshilfe gestalten und eine segregierende Heimkultur entgrenzen.

4.2 Diakonische Lokalisierung nach außen

Eine Gemeinde beginnt sich andererseits da diakonisch zu verorten, sich in gegenwärtigen sozialen Brennpunkten am Rande zu lokalisieren, wo sie ihre vertrauten Räume der Begegnung verlässt und »aus sich herausgeht« auf die Straße, exemplarisch Menschen einer bestimmten Not-Situation aufsucht und sich mit ihnen verbündet, wo sich eine vorläufige und andersartige *»Kirche unterwegs«* mit Freunden, Gästen und Fremden bildet, die den Horizont der christlichen Ökumene in der interkulturellen und -religiösen Ö-Kommune weitet. Mit derartigen »Stationen« im Umfeld der vertrauten Gemeinde verbindet sich ein weitreichender diakonischer Perspektivwechsel: Was brauchen die Menschen hier vor Ort u.a. an Raum, Gemeinschaft und Beistand? – Hier können Gemeinden an ganz unterschiedlichen diakonischen Brennpunkten einsteigen und ihre vorhandene Praxis entwickeln und reflektieren: Welche Formen der Begegnung, der Begleitung oder des Beistands sind angesagt und wünschenswert für die Menschen,
- die in der Asylunterkunft am Rande der Gemeinde leben?[51]
- die in der nahen Justizvollzugsanstalt sich auf ihre Entlassung vorbereiten?
- die in der Werkstatt für Behinderte arbeiten bzw. im benachbarten Wohnheim leben?[52]

49 Vgl. Zellfelder-Held: Solidarische Gemeinde, 111–140.
50 Vgl. Günter Ruddat: Kirchengemeinde als Lebensraum Älterer – die Kirche und ihre »Rat-Losigkeit« über das soziale Engagement, in: Werkstatt-Report Altenarbeit, Münster 1/1994, 14–16.
51 Vgl. u.a. Rainer Krockauer: Kirche als Asylbewegung. Diakonische Kirchenbildung am Ort der Flüchtlinge, PTHh 11, Stuttgart 1993.
52 Vgl. Günter Ruddat: Behinderte, in: Christof Bäumler/Norbert Mette (Hg.): Gemeindepraxis in Grundbegriffen, München 1987, 92–105.

- die in der Hospiz-Initiative sich ehrenamtlich auf Sterbe- und Trauerbegleitung vorbereiten? usw.

4.3 Diakonische Gestaltung der Liturgien vor Ort – diakonische Spiritualität

»Diakonie geht aus vom Gottesdienst der Gemeinde.«[53] Diese wünschenswerte, aber durchaus nicht gegenwärtige Realität vor Ort beschreibende Feststellung aus dem »Leitbild Diakonie« erinnert an die nicht zu vernachlässigende, anstehende liturgische Aufgabe, die doppelte diakonische Lokalisierung mit Leben zu füllen: Lebendige Liturgie[54] im Zeichen der Diakonie. Gerade bei liturgischen Gelegenheiten wie Gottesdiensten und Festen können sich diakonische Lokalisierungen im Kontext der Gemeinde paradigmatisch inszenieren und präsentieren und damit das unverwechselbare Profil einer Gemeinde markieren, unterwegs in der diakonisch wahrgenommenen »Wüste«[55] zur Oase[56] oder Karawanserei,[57] zur Herberge[58] oder zum Gast- und Bethaus.[59]

---

53 Diakonisches Werk der EKD (Hg.): Leitbild Diakonie – damit das Leben gelingt, Stuttgart 1997.
54 Vgl. Günter Ruddat/Henning Schröer: Lebendige Liturgie – ein Programmwort und seine Geschichte, in: Wolfgang Ratzmann (Hg.): Der Kirchentag und seine Liturgien. Auf der Suche nach dem Gottesdienst von morgen, Leipzig 1999, 83–115; Günter Ruddat: Neue Gottesdienste braucht das Land?! Liturgisch-topographische und konzeptionell-handlungsorientierte Überlegungen, in: Irene Mildenberger/Wolfgang Ratzmann (Hg.): Jenseits der Agende. Reflexion und Dokumentation alternativer Gottesdienste, Leipzig 2003, 45–66; vgl. auch Zellfelder-Held: Solidarische Gemeinde, 43–55.
55 Vgl. Günter Ruddat: Gemeindepädagogik integrativ, in: Annebelle Pithan/Gottfried Adam/Roland Kollmann (Hg.): Handbuch Integrative Religionspädagogik, Gütersloh 2002, 454–465: 456–457 und besonders Bernhard Rootmensen: Vierzig Worte in der Wüste. Werkbuch für Gemeinden zur Krise von Kirche, Glaube und Kultur, Düsseldorf 1991.
56 Vgl. Gemeinde ... Oase für Kinder. Von den Chancen der Arbeit mit Kindern in der Gemeinde. Eine Arbeitshilfe, hg.v. Ev. Kirche im Rheinland, Düsseldorf 1993.
57 Vgl. Karl Foitzik/Elsbe Goßmann: Gemeinde 2000. Wenn Vielfalt Gestalt gewinnt. Prozesse – Provokationen – Prioritäten, Gütersloh 1995, 103 ff. und K. Foitzik: Mitarbeit in Kirche und Gemeinde. Grundlagen, Didaktik, Arbeitsfelder, Stuttgart 1998, 26 ff.
58 Vgl. Jan Hendriks: Gemeinde als Herberge. Kirche im 21. Jahrhundert – eine konkrete Utopie, Gütersloh 2001.
59 Vgl. Wolfgang Vorländer: Gottes Gastfreundschaft im Leben der Gemeinde, Stuttgart 1999.

Die konkrete gast- und fremdenfreundliche *diakonische Spiritualität*, die sich in klassischen Gottesdienst-Elementen von den Abkündigungen etwa der Kollektenzwecke über die Formulierung der Fürbitten oder diakonischen Gebete bis hin zu speziellen thematischen Gestaltungen durch die (stellvertretende) Präsenz der diakonisch Engagierten und ihrer beteiligten Partner niederschlagen wird, kann sich darüber hinaus in einer Vielfalt diakonisch akzentuierter Gottesdienstformen »lebendiger Liturgie« zeigen, von Heilungs- und Salbungsgottesdiensten[60] bis hin zum Politischen Nachtgebet oder einem Friedensgebet im Kontext einer Montagsdemonstration.

4.4 Diakonische Regionalisierung und Vernetzung

Wenn schon innerhalb der Gemeinde und ihres lokalen Kontextes diakonische Vernetzung angesagt ist, die das jeweilige diakonische Profil fordert und fördert, dann erschließt sich im kooperativen Zusammenspiel von Parochie und Region (Kirchenkreis o. ä.) rasch die notwendige Arbeitsteilung zwischen den verschiedenen Ebenen als institutionalisierter Katalysator der diakonischen Integration[61] und damit auch die parochiale Möglichkeiten erweiternde Chance spezifischer Regionalisierung. Wenn sich diakonische Gemeinden vor Ort mit Selbsthilfe- und Initiativgruppen (z.B. auf regionaler Ebene) und diakonischen Einrichtungen mit weiterem Einzugsgebiet verbünden, kann sich ein *Netzwerk* entwickeln, das nicht nur die Praxis der Gemeinde am Ort immer wieder mit Abstand reflektieren hilft, sondern auch das vorhandene Potential der notwendigen Widerständigkeit im Interesse der Menschen immer wieder belebt und damit die von Fall zu Fall angesagten sozialen Bündnisse.

4.5 Diakonische Qualifizierung

Wer von diakonischer Präsenz und Lokalisierung, von diakonischer Spiritualität und Regionalisierung redet und entsprechend die diakonische Dimension der Gemeindepraxis entwickelt, vollzieht vielge-

---

60 Vgl. Ev. Missionswerk in Deutschland (Hg.): Heilung in Mission und Ökumene. Impulse zum interkulturellen Dialog über Heilung und ihre kirchliche Praxis, Weltmission heute 41, Hamburg 2001.
61 Ein übertragbares Konzept der Behindertenhilfe findet sich z.B. in: Günter Ruddat: Religionsunterricht in der Hilfsschule von den Anfängen bis 1945, PThH 6, Stuttgart 1993, 195–196.

staltig differenzierte diakonische Qualifizierung im weiten Sinne[62]. Die unterschiedlichen Stationen eines solchen Prozesses fordern aber elementar eine entsprechende diakonische Qualifizierung aller an diesem Prozess Beteiligten, die diakonische Bildung aller ehren- wie hauptamtlich Mitarbeitenden (Pfarrerinnen und Pfarrer eingeschlossen), wenn sie sich denn im diakonisch weiten Sinne als ansprechbar und einsatzbereit für Beistand in der Not »ganz unten« bzw. als Begleitung auf dem Weg der Veränderung einer Lebenssituation verstehen und so »präsent« auch wahrgenommen werden wollen. Die Aus- und Fortbildung aller helfenden Berufe wird diese diakonische Dimension noch stärker in den Blick nehmen müssen, u.a. auch deswegen, damit z.B. das jeweilige Arbeitsgebiet in der Gemeinde als diakonisch qualifiziert zu identifizieren, zu reflektieren und weiter zu entwickeln ist.

Diakonische Praktika und Projektwochen[63] – gerade auch im Kontext der Bildung der ehrenamtlich Mitarbeitenden – ermöglichen diakonisches Lernen[64] und fördern damit auch die anstehende soziale und religiöse Alphabetisierung, die dann auch diakonische Kompetenz in weiteren Feldern entwickeln hilft: etwa im Kontext der Telefonseelsorge für diakonische (systemische) Seelsorge überhaupt[65] oder im Kontext der Beschaffung der notwendigen kirchlichen und öffentlichen Finanzmittel für diakonische Projekte im Umgang mit Social-Sponsoring und Stiftungen. Dabei ist die neue ehrenamtliche Legierung von Sorge für andere und Selbstsorge als Motivation wahrzunehmen und in entsprechenden Aus- und Fortbildungsangeboten zu berücksichtigen.

Solche diakonische Qualifizierung ist erst recht angesagt für alle, die in leitenden Funktionen – angefangen vom Diakonieausschuss der Kirchengemeinde – versuchen, das diakonische Profil einer Gemeinde zu entwickeln und zu überprüfen.

---

62 Vgl. das durchgängige Motiv bei Götzelmann: Sozialpastoral, bes. »Diakonische Bildung«, 171–194.
63 Vgl. das übertragbare Modell der Liturgischen Woche: Günter Ruddat: Die Liturgische Woche als liturgiedidaktische Möglichkeit der Aus- und Fortbildung, in: Jörg Neijenhuis/Wolfgang Ratzmann (Hg.): Der Gottesdienst zwischen Abbildern und Leitbildern, Leipzig 2000, 121–132.
64 Vgl. den Beitrag XXIII. Diakonisches Lernen – diakonische Bildung, 421–438.
65 Vgl. den Beitrag XXXVII. Telefonseelsorge, 586–596 und bei Götzelmann: Sozialpastoral, 335–341.

5. Literatur zur Weiterarbeit

Dinkel, Christoph/Schäfer, Gerhard K.: Diakonie und Gemeinde, in: Michael Schibilsky/Renate Zitt (Hg.): Theologie und Diakonie, Veröffentlichungen der Wissenschaftlichen Gesellschaft für Theologie 25, Gütersloh 2004, 401–418.

Götzelmann, Arnd: Evangelische Sozialpastoral. Zur diakonischen Qualifizierung christlicher Glaubenspraxis, PTHh 61, Stuttgart 2003.

– (Hg.): Diakonische Kirche. Anstöße zur Gemeindeentwicklung und Kirchenreform, (FS Th. Strohm), VDWI 17, Heidelberg 2003.

Schäfer, Gerhard K.: Gemeindediakonie, in: Handbuch zur Geschichte der deutschen evangelischen Diakonie im 19. und 20. Jahrhundert, hg.v. Jochen-Christoph Kaiser unter Mitarbeit v. Volker Herrmann, Stuttgart 2005 (in Vorb.).

Zellfelder-Held, Paul-Hermann: Solidarische Gemeinde. Ein Praxisbuch für diakonische Gemeindeentwicklung, Neuendettelsau 2002.

X.
Diakonie als Unternehmen

JOHANNES DEGEN

1. Einführung

Es ist nicht unumstritten, Dienste, Einrichtungen und Organisationen der Diakonie als Unternehmen zu bezeichnen. Da kommen raffgierige Unternehmer und anonyme Zusammenschlüsse von Kapitaleignern in den Blick, die an nichts anderem als einem möglichst hohen Profit interessiert sind; Ausbeutung der abhängig Beschäftigten und Arbeitslosigkeit nach Firmenpleiten stehen vor Augen; eine allgemeine Ökonomisierung von Arbeitsbeziehungen wird beklagt, die unter den Markenzeichen von christlicher Diakonie und Caritas unzulässig erscheint. Nichts anderes als eine modische Erscheinung, als eine unkritische Übernahme von fremder Sprech- und Sehweise sei die aus der Betriebs- und Volkswirtschaft entlehnte Terminologie.

Angesichts solcher Vorstellungen und Bedenken fällt auf, wie sehr hinsichtlich der aktuellen Gegebenheiten in den Diensten der Diakonie Wirklichkeit und Anspruch, Selbstbild und Fremdbild im Widerspruch zueinander stehen.[1] Es ist durchaus nicht neu, dass Dienste, Einrichtungen und Organisationen der Diakonie in mikroökonomischer Sicht wirtschaftende Einheiten sind, die mehr oder weniger dadurch gelenkt werden, dass Menschen willentlich Hand anlegen,[2] etwas unternehmen zugunsten und mit Menschen, die Dienstleistungen benötigen und wünschen, und dass dies alles in einer Weise geschieht, indem die vorhandenen Mittel so effektiv wie möglich eingesetzt werden. Was dieser Maßstab der Effektivität ein- oder ausschließt, bedarf der Klärung. Jedenfalls sind die sozialen

---

1 Vgl. hierzu auch Johannes Degen: Freiheit und Profil. Wandlungen der Hilfekultur – Plädoyer für eine zukunftsfähige Diakonie, Gütersloh 2003.
2 An wenigen Stellen in der Bibel gibt es sprachliche Bezüge zu dem, was wir heute als Unternehmen bezeichnen. Das hebräische *mischlach* bedeutet »etwas, woran man Hand anlegt, Unternehmen, Geschäft«; vgl. Dtn 16,10 u. ö.

Dienste der Diakonie in einem weiten und umfassenden Sinne Betriebe, d.h. Unternehmen. Sie sind, wenn auch mit geringen Einschränkungen, sogar unter marktwirtschaftlichem Gesichtspunkt eine Unternehmung,[3] d.h. sie bestimmen ihren Wirtschaftsplan selber (Autonomieprinzip), sie müssen in gewissem Umfang Gewinne erwirtschaften, um flexibel und innovationsfähig sein zu können, und sie werden – wenn auch nicht in einem individualrechtlichen Sinne – in privater, d.h. eigenständiger rechtlicher Verantwortung geführt. Hierbei spielt es zunächst keine Rolle, wie groß der einzelne Dienst der Diakonie sich darstellt und welche Aufgaben er wahrnimmt.

Darüber hinaus ist aus makroökonomischer Sicht der Volkswirtschaft ebenfalls längst erkannt worden, welche große gesamtwirtschaftliche Bedeutung mit den sozialen Diensten insgesamt und damit auch mit den Leistungen der Diakonie verbunden ist. Die Krise des sozialstaatlichen Versorgungsmusters ist ein Hinweis auf diese Bedeutung und zugleich enthält sie den Auftrag an die Politik und die Gesellschaft, das Segment soziale Sicherheit/soziale Dienste gerade jetzt als wesentlichen Teil des Wirtschaftsgeschehens neu auszurichten. Die Dienste der Diakonie unterliegen einer Selbsttäuschung, wenn sie meinen, sie könnten aus den wirtschaftlichen Zusammenhängen emigrieren, in die alle Lebensvollzüge eingebunden sind,[4] sich in gesellschaftliche Nischen zurückziehen und ihren unternehmerischen Charakter leugnen. Diakonie in ihrer Gesamtheit wie auch in ihrer organisatorisch-betrieblichen Ausdifferenzierung ist folglich mit gutem Grund als Unternehmen zu verstehen.

Geht man von dieser Einsicht aus, dann macht es Sinn, einige Begriffe jenes Vokabulars auszuloten, dass sich mit der These von der Diakonie als Unternehmen, mit dem Anspruch einer unternehmerisch handelnden Diakonie verbindet.

3 Die Unterscheidung in der wirtschaftswissenschaftlichen Terminologie zwischen einem betrieblich organisiertem Unternehmen und dem Sonderfall marktwirtschaftlich agierender Unternehmung ist umstritten. Ich verwende gleichermaßen beide Begriffe für das Handeln der Diakonie. Vgl. Sönke Peters: Betriebswirtschaftslehre. Eine Einführung, München 1985, 5–8. Vgl. Degen: Diakonie als soziale Dienstleistung, Gütersloh 1994: Meine damalige Kritik an Alfred Jägers Unternehmensverständnis entspricht nicht mehr meinem Erkenntnisstand. Die von Jäger eingehend reflektierte Spannung zwischen Theologie, Christlichkeit und Ökonomie ist ein wesentliches Merkmal von Diakonie (55ff.)
4 Vgl. Joachim Matthes: Die Emigration der Kirche aus der Gesellschaft, Hamburg 1964.

2. Markt

Die Dienste der Diakonie wie die sozialen Dienste überhaupt agieren unternehmerisch auf einem Markt, genauer gesagt: auf dem Teilmarkt sozialer Dienstleistungen. Märkte sind, wie auf einem der zentralen Plätze in der italienischen Stadt Lucca, der Piazza Anfiteatro noch heute abzulesen, häufig auf Orten angesiedelt worden, die in antiker Zeit Stätten des Wettkampfs und der öffentlichen Inszenierung waren. Zum Marktkonzept gehört also von früh an ein agonales Element, etwas, das dem Kampf entspricht, wenngleich hier aber auch Spielregeln gelten und der Marktplatz ein Ort der Freiheit zu sein beansprucht. So sind für Michael Walzer[5] Pluralität der Angebote und Gleichheit der Anbieter elementare Grundprinzipien des Marktes, und es gibt keinen Grund für ihn, diese »Lebendigkeit eines offenen Marktes«, der »unseren Sinn für die große Vielfalt wünschenswerter Dinge widerspiegelt [...], nicht zu genießen«.[6] Das tauschbezogene Basarklima auf dem Markt macht allerdings nicht die ganze Stadt aus; vom Rathaus her, außerhalb der Marktsphäre und im politischen Aushandeln der gegensätzlichen Interessen werden die Gesetze und Regeln festgelegt, damit die Tauschgeschäfte nicht in Gewalt und Unterdrückung ausarten. Die Entscheidung für eine soziale Marktwirtschaft war in dieser Hinsicht in Deutschland nach dem verlorenen Krieg eine politisch weitsichtige und bis heute gültige Einflussnahme des Staates auf das Marktgeschehen.[7]

Lange konnten sich die sozialen Dienste unter dem großen Schirm einer prosperierenden Volkswirtschaft, die quantitatives und qualitatives Wachstum in der Ausgestaltung der sozialen Sicherungssysteme erlaubte, als ein mehr oder weniger geschlossenes System außerhalb der Marktsphäre verstehen.

Die deutsche Wiedervereinigung und der Prozess der Herausbildung eines wirtschaftlich integrierten Großraumes innerhalb der Europäischen Union haben allerdings die gewisse Monopolstellung der wohlfahrtsverbandlich organisierten Anbieter sozialer Dienstleistungen aufgebrochen. Der Anteil erwerbswirtschaftlich tätiger Anbieter, die Dienste für kranke, pflegebedürftige und alte Men-

---

5 Vgl. Michael Walzer: Sphären der Gerechtigkeit. Ein Plädoyer für Pluralität und Gleichheit, Frankfurt a.M. 1998, 167–178.
6 Walzer: Gerechtigkeit, 169.
7 Populär und das politische Handeln prägend war Ludwig Erhard: Wohlstand für alle, Düsseldorf 1957, Jubiläumsausgabe mit einem Vorwort von Lothar Späth, München 2000.

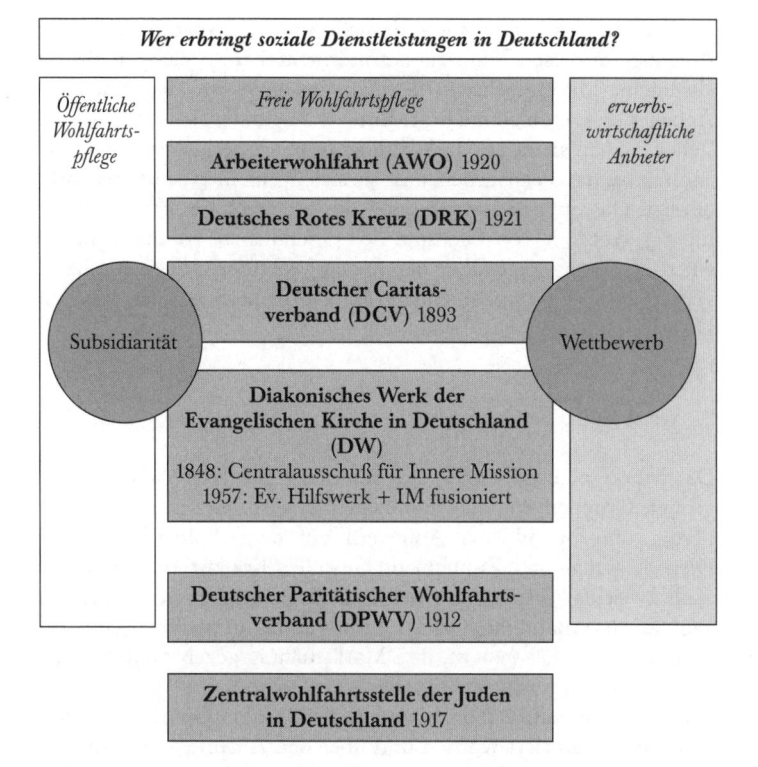

Wer erbringt soziale Dienstleistungen in Deutschland?

Öffentliche Wohlfahrts-pflege	Freie Wohlfahrtspflege	erwerbs-wirtschaftliche Anbieter
	Arbeiterwohlfahrt (AWO) 1920	
	Deutsches Rotes Kreuz (DRK) 1921	
Subsidiarität	Deutscher Caritas-verband (DCV) 1893	Wettbewerb
	Diakonisches Werk der Evangelischen Kirche in Deutschland (DW) 1848: Centralausschuß für Innere Mission 1957: Ev. Hilfswerk + IM fusioniert	
	Deutscher Paritätischer Wohlfahrts-verband (DPWV) 1912	
	Zentralwohlfahrtsstelle der Juden in Deutschland 1917	

schen bereit halten, nimmt ständig zu. Wettbewerbsrechtlich verlangen diese Anbieter einen gleichen Zugang zu den Kunden wie die Dienste der Wohlfahrtsverbände.

Auf dem Teilmarkt sozialer Dienstleistungen agieren nun Anbieter mit verschiedener Zielsetzung: die einen als *freigemeinnützige* Dienste, die bezüglich ihrer Gewinnverwendung an ihren sozialen Auftrag gebunden sind und wegen ihrer zur Zeit noch bestehenden Privilegierungen mit dem Beihilfeverbot innerhalb der Europäischen Union in Konflikt geraten können; die anderen mit dem Ziel, durch ihre *erwerbswirtschaftlich* orientierte Leistungserbringung zugleich einen privat abschöpfbaren Gewinn zu erzielen. Eine dritte Gruppe von Anbietern stellen Dienste in *öffentlicher*, d.h. überwiegend kommunaler Trägerschaft dar. Die Trennlinie zwischen diesen Gruppen verläuft entlang der Frage, was mit den erwirtschafteten Gewinnen geschieht. Kostenträger, Versicherungen, *der Staat*, letztlich der einzelne Leistungsnehmer/Nutzer/Kunde – sie sind primär am Ergebnis der sozialen Dienstleistung interessiert, deshalb ist es eine zentrale politische Aufgabe, für diesen Teilmarkt entsprechend den Regelungen für das allgemeine Marktgeschehen Bedingungen zu setzen, die keinen der Anbieter diskriminieren. Dieser Entwicklung muss sich die Diakonie stellen, indem sie diese Marktbedingungen anzuerkennen lernt.[8] Sie kann dabei davon ausgehen, dass sie sich in einem Wachstumsmarkt bewegt. Das Subsidiaritätsprinzip,[9] das bezüglich der Zuständigkeit für das Angebot von Diensten der Öffentlichen Wohlfahrtspflege einen Nachrang gegenüber der Freien Wohlfahrtspflege einräumt, verliert mit der zunehmenden Marktorientierung aller sozialen Dienste immer mehr an Bedeutung.

2. Wettbewerb/Konkurrenz

Das Marktgeschehen spielt sich nun aber nicht nur zwischen den großen Gruppen von gemeinnützigen, erwerbswirtschaftlich orientierten und öffentlichen Anbietern auf dem Teilmarkt sozialer Dienstleistungen ab. Zunehmend entstehen Konkurrenzsituationen auch zwischen denen, die trotz ihrer Zugehörigkeit zu demselben Wohlfahrtsverband ihre Organisations- und Unternehmensentwicklung mit dem Ziel steuern, ihre Marktstellung gegebenenfalls auch zu Lasten gleichartiger Mitanbieter zu sichern und auszubauen. Staatlich unterstützte Wohlfahrtskartelle, die über Gremien und Absprachen organisiert wurden und über den Anspruch auf Gebietsmonopole neue Anbieter auszuschließen versuchten, verlieren ihre Bindekraft. Dies alles läuft hinaus auf einen Wettbewerb um die jeweils besseren Angebote (sog. best-practice-Prinzip). Der Vorteil, den das Wettbewerbsmodell bietet, ist dreifach:[10] *zum einen* bietet er den nach sozialen Diensten nachfragenden Kunden und Organisa-

---

8 Vgl. auch die Studie der Evangelischen Kirche in Deutschland: Soziale Dienste als Chance. Dienste am Menschen aufbauen – Menschen aktivieren – Menschen Arbeit geben, EKD-Texte 75, Hannover 2002.
9 Das Subsidiaritätsprinzip umfasst jedoch mehr als diese Organisationsregel im Verhältnis zwischen Öffentlicher und Freier Wohlfahrtspflege. Vgl. Ursula Schoen: Subsidiarität. Bedeutung und Wandel des Begriffs in der katholischen Soziallehre und in der deutschen Sozialpolitik, Neukirchen-Vluyn 1998.
10 Vgl. zum Wettbewerb als einem allgemeinen Organisationsprinzip von Märkten Hans Jörg Thieme: Soziale Marktwirtschaft. Ordnungskonzeption und wirtschaftspolitische Gestaltung, München ²1994, 57–63, hier bes. 58ff.

tionen Entscheidungs- und Verhaltensalternativen, er eröffnet Wahlmöglichkeiten; *zum anderen* schafft der Wettbewerb einen erweiterten Zugang zu Informationen über die sozialen Dienstleistungsangebote, die miteinander vergleichbar werden; *schließlich* hat der Wettbewerb eine innovative Kraft, die der Qualität der Dienste in jeder Hinsicht zugute kommt.[11]

Gegenläufig zu dieser Herausforderung, sich im Wettbewerb um die bessere Dienstleistung unternehmerisch zu behaupten, steuern staatliche Verwaltungen mit einem Übermaß an Regeln und Auflagen den gesamten Teilmarkt sozialer Dienstleistungen in nahezu planwirtschaftlicher Weise. Die Erwartung, damit schnell und dauerhaft Kosten einzusparen oder zumindest zu begrenzen, wird sich als trügerisch erweisen. Nur eine Deregulierung des Prozesses der Erbringung von sozialen Dienstleistungen in der Weise, dass zu aller erst die Finanzierung von erbrachten Leistungen gesichert wird (Orientierung am Output), die Ausgestaltung auf dem Weg zu diesen Leistungen aber weitgehend den Leistungsanbietern überlassen wird, kann die Vorteile des Wettbewerbsmodells sichern helfen.

3. Kundenorientierung

Mit einer unternehmerischen Entwicklung unter Wettbewerbsbedingungen ist ganz unmittelbar die Notwendigkeit verbunden, dass die Diakonie ihre Dienstleistungen konsequent kundenorientiert zu erbringen bereit ist. Der Kundenbegriff[12] kann immerhin deutlich machen, dass der, den man bisher den Hilfebedürftigen, den Hilfeempfänger, Schutzbefohlenen oder Klienten nannte, nicht das Objekt von Fürsorge ist, sondern, wenn auch häufig nur indirekt, das zahlende und Leistung wünschende Subjekt in jenem Vorgang ist,

---

11 Auf die Einschränkung des Wettbewerbs durch die zur Zeit noch gegebene Vorrangstellung der Freien Wohlfahrtspflege und die damit verbundene Diskriminierung von neu auf dem Markt agierenden Konkurrenten hat bereits 1998 die Monopolkommission in ihrem 12. Hauptgutachten hingewiesen. Vgl. Deutscher Bundestag: 13.Wahlperiode, Drucksache 13/11291 vom 17. Juli 1998, Kapitel VI, Abschnitt 4: Wettbewerbsrechtliche Neuorientierung der Freien Wohlfahrtspflege.

12 Im althochdeutschen Sprachgebrauch bezeichnete *kund* jemanden, der Verkünder, Zeuge ist. In der Neuzeit wurde daraus derjenige, der (regelmäßig) ein Geschäftsangebot wahrnimmt, einen Laden, einen Dienstleistungsbetrieb in Anspruch nimmt. Vgl. Etymologisches Wörterbuch des Deutschen. Erarbeitet unter der Leitung von Wolfgang Pfeifer, München ^{4}1999, 744.

den man bisher Hilfe nannte. Der Kundenbegriff muss damit auf der Seite der professionellen Kräfte zu einem Perspektivenwechsel führen. Wo der Profi bislang sagte: »Ich weiß doch, was gut für dich ist!«, sagt der Kunde: »Ich weiß doch selbst, was ich will!«[13] Ein Unternehmen der Diakonie wird besonders dadurch zu einer lernenden Organisation, dass sie ihre Kunden ernst nimmt, und zwar besonders dann, wenn diese unzufrieden sind.

Die Fähigkeiten der Menschen, die soziale Dienste in Anspruch nehmen, ihre eigenen Interessen als Kunden selbstbewusst zu vertreten, sind realistischer Weise sehr unterschiedlich entwickelt. Häufig fehlt es an Kompetenz in eigener Angelegenheit, oder sie wird, wo sie vorhanden ist, nicht genutzt. Oft genug fehlen allerdings auch Wahlmöglichkeiten, die eine Entscheidung zwischen verschiedenen Angeboten erlauben. Hier schließt sich der Kreis zwischen der Marktorientierung der diakonischen Dienste, die im Wettbewerb mit anderen Anbietern ein Angebot unter mehreren machen, und der Kundenorientierung, die den Nutzern der diakonischen Dienste eine neue, ihre Selbstbestimmung ernst nehmende Wertigkeit verleiht. Es muss, wenn Diakonie eine ihrem Wesen entsprechende personen-zentrierte Arbeitsweise als ihr erstes Ziel verfolgt, um eine konsequente Kunden- oder Nutzerorientierung gehen, um Unterstützung jener Bemühungen, die die Menschen in ihrer Nachfragemacht nach sozialen Diensten stärken. Allzu sehr stand in der bisherigen Entwicklung der Dienste der Diakonie die Mitarbeiterorientierung an oberster Stelle, häufig auch bloß die innere Organisation und ihr Erhalt als Wert an sich.

4. Value driven organization

Die sachlich-rationale Sicht auf soziale Dienstleistungen mit den Begriffen Markt, Wettbewerb und Kunde scheint es unmöglich zu machen, weiterhin das Besondere in den beziehungsbezogenen Dienstleistungen der Diakonie zu erkennen. Gibt es dieses Besondere, spricht es sich, wenn überhaupt, dann doch nur in einer Begrifflich-

---

13 Wo ein Mensch, der Dienste der Diakonie nötig hat und/oder wünscht, sich aber in dieser Eindeutigkeit nicht selber auszusprechen in der Lage ist, da enthält das Ziel Kundenorientierung die Aufforderung, nichts unversucht zu lassen, Wille und Wunsch eines solchen Menschen in Erfahrung zu bringen.

keit aus, die unverständlich, überholt und unverbunden mit der tatsächlichen Praxis zu sein scheint? Wo bleibt in einem Unternehmen der Diakonie die Barmherzigkeit?[14]

Die Dienste der Diakonie haben den Charakter von personbezogenen Dienstleistungen, von Beziehungsarbeit in einem umfassenden Sinne. Deshalb ist die individuelle Motivation derjenigen, die in einem Diakonieunternehmen tätig sind und die mit ihrer Dienstleistung eine spezifische Qualität der Zuwendung spüren lassen, von zentraler Bedeutung, sie ist aber nicht planbar und damit auch unverfügbar. Der Dienst, die Einrichtung, ein Unternehmen der Diakonie: sie werden sich, wenn man diesen individuellen Input berücksichtigt, in ihrer Gesamtheit als wertorientiert verstehen können, als value driven organizations aus dem Geist christlicher Freiheit. Wenn die Diakonie dies unternehmensstrategisch ernst nimmt, wenn sie ihre Wertorientierung nicht lediglich behauptet, sondern in die Ziele und Prozesse der Dienstleistungserbringung und damit auch in die Unternehmensverfassung und Unternehmenskultur einfließen lässt, dann macht sie ihre Position im Wettbewerb auf dem Markt deutlich und kann hier sogar einen Wettbewerbsvorteil erzielen. Es gibt in der unternehmerischen Gestaltung diakonischer Dienste eine Achse, die im interdisziplinären Austausch auf den Führungsebenen des Unternehmens theologisch zu verantworten ist, wie Alfred Jäger nachhaltig herausgearbeitet hat.[15]

Das Besondere eines Unternehmens der Diakonie zeigt sich daher weniger in dem, was in Satzungen und Präambeln zu Arbeitsverträgen proklamiert wird, sondern im Profil der Dienstleistung, in dem, was tatsächlich geleistet wird, und dadurch, wie durch sie ein würdiges Verständnis der Menschen als Nutzer/Kunden erfahrbar ist. Diese diakonische Markenidentität muss in erster Linie von dem einzelnen Dienst gepflegt werden.[16] Dies geschieht zunächst ganz

---

14 Zu den biblisch-theologischen Kontexten dieses immer wieder missverstandenen Begriffs vgl. Johannes Degen: Diakonie im Widerspruch. Zur Politik der Barmherzigkeit im Sozialstaat, München 1985, 22–26.
15 Vgl. Alfred Jäger: Diakonie als christliches Unternehmen. Theologische Wirtschaftsethik im Kontext diakonischer Unternehmenspolitik, Gütersloh 1986.
16 In der Zielbestimmung und Gestaltung der Prozesse der Dienstleistungserbringung, in der Mitarbeiterführung sowie in der Organisation des Unternehmens kann sich die Bezugnahme auf ein christliches Verständnis von Welt und Mensch richtungsweisend auswirken. Kirchliche Handlungen und formale Merkmale (z.B. Kirchenzugehörigkeit) sind dem gegenüber sekundär.

unmittelbar durch die Menschen, die den Dienst leisten, und deshalb haben Maßnahmen der Personalentwicklung und -förderung in diesem Zusammenhang eine besondere Bedeutung.[17] Diakonie als ein christliches Unternehmen wird ihre Wertorientierung aber stets so praktizieren müssen, dass dabei die Freiheit der Nutzer wie der Mitarbeitenden geachtet und gefördert wird.

5. Dienstleistung

Den Output eines diakonischen Dienstes als Dienstleistung zu beschreiben, scheint Ausdruck eines Bruchs mit der Tradition christlicher Liebestätigkeit zu sein. In der Betriebswirtschaftslehre werden Dienstleistungen als Teil der Güterproduktion im Unterschied zu Sachleistungen knapp und bündig beschrieben als »Leistungen, die unmittelbar am Menschen erbracht werden«.[18] Bei äußerlicher Betrachtung haben Dienstleistungen damit einen messbaren Charakter, sie sind mit Kosten verbunden, und sie haben einen Marktpreis. Beratende und seelsorgerische Dienstleistungen sind hier nicht ausgenommen. Die Theoriediskussion zur Wohlfahrtsproduktion legt dagegen einengend den Akzent eher auf die Ausarbeitung eines fachlich eigenständigen Verständnisses von Dienstleistung im Kontext sozialer Arbeit, so dass markt- und betriebswirtschaftliche Prinzipien allenfalls zweitrangig werden.[19]

In der Praxis sozialer Dienstleistungserbringung erweist es sich als unbedingt notwendig, die Dienstleistung in ihrem Charakter als betriebswirtschaftlich zu planende und zu steuernde Größe anzuerkennen. Das Profil der sozialen Dienstleistung als personbezogene Beziehungsarbeit steht hierzu nicht in einem Gegensatz. Zuerst weist ein in diesem Sinne erweitertes Dienstleistungskonzept hin auf einen Wandel im Hilfeverständnis. Hilfe soll nicht mehr den Charakter einer entmündigenden, tendenziell totalen Fremdbestimmung haben. Sie stellt auch nicht länger ein undefiniertes Quantum von Zuwendung dar, sie ist als Dienstleistung zeitlich und räumlich begrenzt, sie lässt ein Preis-Leistungs-Verhältnis erkennen. Eine solche Dienstleistung bietet dem Nutzer/Kunden die Möglichkeit der Wahl und

---

17 Riten und eine spirituelle Lebenskunst, die von den Mitarbeitenden selber entwickelt und gelebt werden, können diese Maßnahmen begleiten.
18 So Peters: Betriebswirtschaftslehre, 100.
19 Vgl. den Überblick hierzu bei Andreas Schaarschuch/Gaby Flösser/Hans-Uwe Otto: Art. »Dienstleistung«, Handbuch der Sozialarbeit/Sozialpädagogik, hg.v. Hans-Uwe Otto/Hanns Thiersch, Neuwied ²2001, 266–274.

traut ihm Entscheidungsfähigkeit im Rahmen der ihm eigenen Selbstbestimmung zu. Neben den professionell erbrachten Leistungen berühren Dienstleistungen in diesem Sinne aber auch so unorganisierte Aktionen wie spontane Hilfeleistungen und nachbarschaftliche Solidarität sowie einfache Dienste im Rahmen von Selbsthilfeinitiativen.

Die Dienstleistung als Tauschbeziehung weist hin auf einen beiderseitigen Gewinn[20], wo ein traditionelles Hilfeverständnis der Gefahr der Einseitigkeit erliegt. Empathie muss im Rahmen einer solchen dienstleistungsorientierten Kundenbeziehung keineswegs ausgeschlossen sein; sie ist möglich und dort sogar notwendig, wo die Dienstleistenden den Bedarf und die Bedürftigkeit, die konkreten Stärken und Entwicklungspotentiale des ihren Dienst nachfragenden Menschen anerkennen und ihr dienstleistendes Angebot an dieser Nachfrage ausrichten.

Ein erweitertes Verständnis von Dienstleistung, das sich ablöst von einem karitativen Hilfekonzept, hat zugleich eine veränderte Sicht auf das Thema Professionalität zur Folge. Herkömmliche Helfer werden zu Assistenten; sie verlieren in Teilen ihre professionelle Dominanz und ihre persönliche Macht, um als case manager das Notwendige *mit* dem – nicht zuerst *für* den – nachfragenden Nutzer ihres Dienstes zu tun.

6. Kybernetik

Diakonie als Unternehmen braucht Führung. Alfred Jäger hat diese Dimension mit seiner diakonischen Führungslehre, die er als Kybernetik bezeichnet, umfänglich ausgeleuchtet.[21] Unterdessen sind zahlreiche Handbücher erschienen, die Managementtechniken für sogenannte Non-profit-Organisationen anbieten, ohne dass hier die Diakonie in besonderer Weise in den Blick kommt. Jägers Ansatz hat Führung als Leadership zum Ziel, während die Handbuchliteratur ganz überwiegend auf den Manager abzielt. »Für einen guten Manager sind Systeme und Struktur das Maß aller Dinge; ein guter Führer dagegen ist unkonventionell, steht über Systemen und verlässt sich sehr stark auf Intuition und zumindest auch ein wenig auf Inspiration.«[22] Leadership ist nicht beschränkt auf eine Führung von

---

20 Dieser muss sich nicht immer und nur in Marktpreisen ausdrücken.
21 Siehe Jäger: Diakonie als christliches Unternehmen.
22 Tim Hindle: Strategie. Strategisches Management von A bis Z, München 1994, 115f.

oben nach unten, Führung dieser Art ist angewiesen auf unternehmerische Führungsqualitäten in allen Bereichen und auf allen Ebenen einer Organisation und unterstützt diese.

Führungsarbeit in Unternehmen der Diakonie setzt eine klare Trennung zwischen der geschäftsführenden und der aufsichtsführenden Ebene voraus. Wo dies nicht gegeben ist, geht die dynamische, lern- und veränderungsorientierte Entwicklung eines Unternehmens verloren; es kommt zu einer am Bestand orientierten Verwaltung von sozialen Diensten. Neuere gesetzliche Vorgaben weisen einerseits der geschäftsführenden Ebene ein Mehr an unternehmerischer Verantwortung zu, andererseits wird die Funktion der aufsichtsführenden Ebene deutlicher herausgestellt[23]. Diakonische Unternehmensführung muss sich auf ein Risikomanagement einstellen und kann sich bei der Finanzierung ihrer Aktivitäten nicht mehr wie selbstverständlich auf ihre Bonität als sozialer Dienstleister verlassen. Dies schließt eine umfänglichere Verantwortung der aufsichtsführenden Ebene ein, die kompetent besetzt sein muss.

Diakonie als Unternehmen braucht folglich Führungskräfte, die in der Lage sind, den mehrdimensionalen Anforderungen gerecht zu werden, um sowohl auf dem Markt sozialer Dienstleistungen bestehen zu können und zugleich die diakoniespezifischen Ziele und Werte nicht aus dem Blick zu verlieren. Unternehmerische Persönlichkeiten, die diesem Anspruch genügen, erleben im Kirchensystem, das häufig mit Vorbehalten auf alles Unternehmerische reagiert, immer wieder ein Gefühl der Fremdheit.

7. Haltung

Ein Sozialunternehmen ist nicht wie von selbst dadurch ein Unternehmen der Diakonie, dass formelhaft die Geltung eines *christlichen Menschenbildes* bei der Gestaltung der unternehmerischen Prozesse

---

[23] Hier ist das Gesetz zur Kontrolle und Transparenz im Unternehmensbereich (KonTraG) von 1998 zu nennen, das den Unternehmen ein System zur Früherkennung von existenzgefährdenden Entwicklungen vorschreibt. Zum anderen ist die Einführung neuer Eigenkapitalrichtlinien – kurz *Basel II* genannt – für die Zeit nach 2004 vorgesehen, so dass auch Unternehmen der Diakonie künftig bei der Kreditvergabe mit einem Ratingverfahren zu rechnen haben, in dem ihre Bonität geprüft wird. Vgl. Bank für Sozialwirtschaft: Auswirkungen von Basel II auf die Sozialwirtschaft, Köln 2002.

behauptet wird.[24] Will ein Unternehmen sich im christlichen Sinne verstehen und diesem Anspruch in der Realität nahe kommen, dann sind dazu stets konsensbildende Prozesse innerhalb der Organisation notwendig, die von der obersten Führungsebene gewollt und von ihr initiiert werden müssen. Es geht in diesen Prozessen um die Bewusstmachung und Förderung einer Haltung, die sich sowohl innerhalb des Unternehmens wie auch in der Ausgestaltung der Kundenbeziehung äußert. Mit ihr verbindet sich ein Verständnis vom Menschen und dem Profil der Dienstleistung, das, wenn es handlungsleitend wird, ein Unternehmen prägen kann.[25] Eine solche Haltung ist in grundsätzlicher Hinsicht beschreibbar in der Perspektive der beiden Grundwerte *Selbstbestimmung und Assistenz*. Dazu abschließend einige Thesen, die das Feld zwischen diesen beiden Markierungen beschreiben und für das Selbstverständnis, die Organisation und die Führung eines Unternehmens der Diakonie eine Orientierung sein können.

- Es fängt immer wieder damit an, dass der Mensch es lernt und lebenslang ausprobiert, zu sich selbst in Beziehung zu treten, sich anzunehmen, sein Leben in die Hand zu nehmen. Das ist die Berufung und Begabung des Menschen aus Gott. Dem Menschen ist die Freiheit geschenkt, etwas mit sich selbst zu unternehmen.
- Menschen wollen »ich« sagen, ohne Wenn und Aber. Diakonie ist also Begleitung auf dem Weg zur Ichwerdung.
- Menschen wollen in ihrer Eigenart, in ihrer Individualität ernst genommen werden, Erfolge wie auch Niederlagen eingeschlos-

---

24 Wie kann das sein, dass ein Bild zum Entscheidenden wird, herumgetragen und gezeigt wie ein Label, Markenware, die sich unterscheidet von anderen Produkten, und dann auch noch veredelt mit dem Adjektiv *christlich*? Soll hier nicht immer wieder dem erkennbar Ununterschiedenen eine Würde und Besonderheit zugesprochen und angemalt werden, die im Alltag und darüber hinaus so ganz und gar nicht auszumachen sind? Und überhaupt *Bild*: einmal entworfen, gemalt, abgeschlossen und gerahmt ist es ein Fertiges, ein *So-ist-es*, ein für alle Mal. Tut es dem lebendigen Menschen nicht Gewalt an, indem es ihm gnadenlos eine Fixierung aufzwingt? Erfahrungsoffen lebt der Mensch, bildet sich stets neue Bilder ein, die er übermalen muss, von denen er sich löst, nachdem er sie einen Augenblick lang angeschaut hat. Bild und Mensch – unvereinbar sind sie, als Bewegtes einerseits und Festgestelltes andererseits, dabei ist das Bild stets in der Gefahr, den sonst sehr erwünschten, hier aber irreführenden schönen Schein aufleuchten zu lassen.
25 Sieht man das Besondere eines Unternehmens der Diakonie in dieser Weise, dann kann die hier gemeinte Haltung auch ein erwerbswirtschaftlich orientiertes Unternehmen prägen, so dass ein Unternehmen der Diakonie damit seinen exklusiven Charakter verliert.

sen. Wenn sie dies in den sozialen Diensten nicht erleben können, werden sie durch diese Dienste – auch den christlichen Diensten der Diakonie – behindert und von ihren Lebens- und Entwicklungsmöglichkeiten abgeschnitten.
- Die Zeit der Für-Sorge ist vorbei. Menschen dürfen nicht bevormundet werden. Sie wollen ihre eigenen Kräfte nutzen und da, wo diese nicht hinreichen, Beratung und Begleitung, kurz: Assistenz bekommen können. Sie wollen Wahlmöglichkeiten haben und entscheiden können.
- Assistenz in diesem Sinne bedeutet: Abschied zu nehmen von der durchgängigen professionellen Vorherrschaft, Macht abzugeben an den Nutzer/Kunden und ihm in den Beziehungsprozessen sozialer Dienstleistungsarbeit Raum für seine Selbsttätigkeit zu öffnen.
- Assistenz lässt dem Anderen die *Würde des Risikos*, wodurch ihm Lernen und Wachsen möglich wird. Nur *mit* und nicht *für* oder an Stelle der Menschen, die die Dienste der Diakonie in Anspruch nehmen, können Risiken des geschenkten Lebens bewältigt und Schicksalsschläge gemildert werden.

Diakonie *ist* ein Unternehmen, und dies gilt für alle Dienste unabhängig von ihrer Größe und Spezialität. Dies anzuerkennen schließt keineswegs aus, dass hier auch Motive und Werte zur Geltung kommen, die exterritorial zur wirtschaftlichen Logik sind. Wer unter Marktbedingungen handelt und entscheidet, muss nicht notwendigerweise Sinnbezug und Ethik ausblenden. Insofern ist die kassandrahafte Warnung vor der *Ökonomisierung* sozialer Dienste, ist das andauernde Umkreisen eines imaginären Proprium der Diakonie auch Ausdruck einer Verweigerung, Diakonie im Wettbewerb zu gestalten.

8. Literatur zur Weiterarbeit

Degen, Johannes: Diakonie als soziale Dienstleistung, Gütersloh 1994.
–: Freiheit und Profil. Plädoyer für eine zukunftsfähige Diakonie, Gütersloh 2003.
Jäger, Alfred: Diakonie als christliches Unternehmen. Theologische Wirtschaftsethik im Kontext diakonischer Unternehmenspolitik, Gütersloh 1986.
Thieme, Jörg: Soziale Marktwirtschaft. Ordnungskonzeption und wirtschaftspolitische Gestaltung, München, ^{2}1994.

XI.
Diakonische Handlungsebenen zwischen Kirchenkreis und EKD

REINHARD WITSCHKE

1. Einführung

Diakonie wird in Düsseldorf immer noch mit Kaiserswerth im Norden der Stadt in Verbindung gebracht. Dort hat 1836 der junge Gemeindepfarrer Theodor Fliedner das Diakonissen-Mutterhaus gegründet. Noch heute sieht man in diesem Stadtteil Diakonissen in der alten Kaiserswerther Schwesterntracht.

Als Diakonie in Düsseldorf (DiD) bezeichnet sich der Gemeindedienst für Innere Mission des Gesamtverbandes der evangelischen Kirchengemeinden in Düsseldorf. Er weist eine Vielzahl ambulanter und stationärer Dienste in der Jugend-, Behindertenhilfe und der Pflege auf.

Diakonie in Düsseldorf als Gesamtbezeichnung aller diakonischen Aktivitäten umfasst noch eine weitere Anzahl diakonischer Angebote – so zum Beispiel das Evangelische Krankenhaus mit mehr als 400 Betten, einem Altenheim und einem stationären Hospiz. So auch die Graf-Recke-Stiftung, ursprünglich eine Einrichtung der Jugendhilfe, mit Arbeitsbereichen in der Behinderten- und Altenhilfe und weitere diakonische Dienste sowie das »Haus der Diakonie«, die Geschäftsstelle des Diakonisches Werkes der Evangelischen Kirche im Rheinland.

In keiner Stadt der Bundesrepublik – außer in den Stadtstaaten Berlin, Bremen und Hamburg – sind alle Bereiche diakonischer Arbeit vorhanden wie in Düsseldorf. Die lokale Ebene, die grossen diakonischen Einrichtungen sowie der Landesverband.

Das Bild vom Leib und seinen Gliedern (1. Kor 12,12 ff.) trifft zu auf das Zusammenwirken aller diakonischen Träger auf der lokalen und regionalen, der Ebene der Länder und des Bundes. Ist eine Einrichtung der Diakonie in die öffentliche Kritik geraten, so wird ein Vorwurf schnell für die Diakonie verallgemeinert. »Wenn ein Glied leidet, so leiden alle Glieder mit.« Das gilt auch für die Einrichtungen in der Diakonie. Negative Kritik an einzelnen Einrichtungen bestimmt das Bild der Diakonie. Der Erfolg einer diakonischen Initiative könnte mehr für das Erscheinungsbild der Diakonie genutzt werden.

Auch die Frage Jethros an seinen Schwiegersohn Mose: »Was tust Du denn da?« (vgl. Ex 18,14) könnte zu einer freundschaftlichen Beratung und möglicherweise zu einer erfolgreichen Kooperation führen. Förderung der Kooperation und Koordination der diakonischen Angebote und Aktivitäten, Vertretung ihrer Interessen gegenüber Kostenträgern, den Ländern und der Bundesrepublik sind wesentliche Aufgaben der Diakonischen Werke auf Landes- und Bundesebene. Ihre Geschichte, ihr Aufbau, ihre Aufgaben sollen zunächst im Folgenden dargelegt werden.

2. Vom Centralausschuss der Inneren Mission zum Diakonischen Werk der EKD

2.1 Vom Verein zum Verband

Die Stegreifrede Johann Hinrich Wicherns auf dem Kirchentag in Wittenberg 1848 hat zur Bildung der Verbandsstrukturen der Inneren Mission geführt. Wichern rief die Versammlung zur Gründung eines Centralausschusses für Innere Mission auf:

»Durch die Vermittlung eines solchen Ausschusses würde es möglich, dass alle voneinander lernten, nähmen und gäben, dass das Blut der Liebe in allen Adern zirkulierte. Segnete der Herr diesen Bund und würde durch dieses Medium ein lebendiger Kontakt aller evangelischen Liebesarbeiten der inneren Mission in den Hauptgliedern veranlasst, so würden von solcher Stelle erfahrungsreiche Weisheit und leuchtende und zündende Blitze der volksrettenden Liebe ausgehen; es würde eine große Akademie der evangelischen Liebe sich erbauen.«[1]

In Berlin hat sich dann am 11./12. November 1848 ein provisorischer Centralausschuss gebildet. Im Auftrag des Centralausschusses verfasste Wichern in den folgenden Monaten die Denkschrift »Die innere Mission der deutschen evangelischen Kirche«.[2]

Die Gründung des Centralausschusses und der Provinzialausschüsse für Innere Mission und die vielfältigen lokalen Vereine,

---

1 Johann Hinrich Wichern: Ausgewählte Schriften, hg.v. Karl Jansen, Bd. 1, Gütersloh 1956, 121 ff.; Herbert Krimm (Hg.): Quellen zur Geschichte der Diakonie. Bd. 2, Stuttgart o.J., 245.
2 Eine Denkschrift an die deutsche Nation im Auftrage des Centralausschusses für die innere Mission verfasst von J. H. Wichern (1849), in: Ders.: Sämtliche Werke (SW) 1, Berlin/Hamburg 1962, 175–366.

Bünde, Assoziationen wurden durch die schon am Ende des 18. Jh. sich formierende bürgerliche Vereinsbewegung gefördert. Es waren jeweils einzelne Christen, nicht die Kirche selbst, die sich vereinsmäßig organisierten. Sie hatten nun die Möglichkeit, gesellschaftlich aus dem Glauben in der Liebe tätig zu sein und durch die Errichtung z.B. eines Vereins, der sich für den Bau eines Krankenhauses, eines Rettungshauses für Kinder, einer Herberge für Wanderburschen einsetzte, zur Linderung von Not und zur Abhilfe von Mißständen beizutragen.

Die Aufgabe des Centralausschusses und der Provinzialvereine für Innere Mission bestand darin, das Interesse für die Innere Mission zu wecken und zu fördern. Sowohl der Centralausschuss als auch die Provinzialvereine stellten keine rechtlich verbindliche Bündelung und Zusammenfassung von Einrichtungen, Diensten und Vereinen dar. Der Centralausschuss war ein Kreis von Freunden, deren Gemeinsamkeit in der Förderung der Inneren Mission bestand. In diesem lockeren Zusammenschluss bestand eine Problematik, die Anfang des 20. Jh. zu einem Konflikt führte, der mit den Stichworten vom Verein[3] zum Verband angedeutet werden kann.

Wenig Erfolg hatten Centralausschuss und Provinzialvereine darin, durch aktive Liebestätigkeit die Mehrheit der Bevölkerung zur Evangelischen Kirche zurückzuführen. Die monarchische nationale Ausrichtung der Inneren Mission, die mangelnde Auseinandersetzung mit der Sozialdemokratie und dem Kommunismus ließen die Innere Mission zum konterrevolutionären Instrument der bürgerlich-christlichen Gesellschaft werden.[4] Auf allen Bemühungen liegt als »schwere Hypothek die zu enge Bindung an Kaiser, Nation und bürgerliche Moral sowie die Verketzerung der Sozialisten«.[5]

Zu Beginn des 20. Jh. ergab sich in der Abhängigkeit von kriegswirtschaftlicher Planung für die Innere Mission die Angewiesenheit

---

3 Zur Bedeutung des Vereins für die Innere Mission, s. auch: Jochen-Christoph Kaiser: Innere Mission und Diakonie, in: Ursula Röper/Carola Jüllig (Hg.): Die Macht der Nächstenliebe. Einhundertfünfzig Jahre Innere Mission und Diakonie 1848–1998. Im Auftrag des Deutschen Historischen Museums und des Diakonischen Werkes der Evangelischen Kirche in Deutschland, Berlin 1998, 14–43: bes. 19; Jürgen Albert: Christentum und Handlungsform bei Johann Hinrich Wichern (1808–1881), VDWI 9, Heidelberg 1997, 15 ff., 162 ff.

4 Dietrich Höroldt: Der Rheinische Provinzialausschuss für Innere Mission im Zeitalter von Hochindustrialisierung und Urbanisierung (1971–1914), in: Reinhard Witschke (Hg.): Diakonie bewegt. 150 Jahre Innere Mission und Diakonie im Rheinland, Köln 1999, 25–58.

5 Höroldt: Provinzialausschuss, 58.

auf staatliche Sicherung. Komplementär zu dieser Tendenz verlief die andere, die wachsende Integration der Diakonie in den kirchlichen, vor allem landeskirchlichen Rahmen.

»Die noch heute wirksame Tatsache, dass Diakonie sich vor allem regional-landeskirchlich etablierte und – im Unterschied zur zentralistisch organisierten Caritas – auf Reichsebene einen eher schwächer organisierten Gesamtverband unter dem ebenfalls schwächer wirksamen Centralausschuss bildete, hatte seine Entstehungsbedingungen im späten Kaiserreich.«[6]

Das Ende des Ersten Weltkrieges mit seinen Folgen erzwang eine Neuordnung des Centralausschusses. Am 18. November 1918 wandte sich Präsident Spieker namens des Centralausschusses mit einem Aufruf zur Lage an alle angeschlossenen Vereine und Einrichtungen und empfahl, Kooperationen mit allen Institutionen, um die Not der Zeit durch solidarisches Handeln zu bekämpfen.[7] Insgesamt gilt:

»In Vielem erwies sich die Haltung der Inneren Mission zur Revolution und Republik als identisch mit den Positionsbestimmungen des übrigen Protestantismus: An die Stelle der ›systemstabilisierenden‹ Kommentierung des Politischen im Kaiserreich trat nun die ›Systemkritik‹«.[8]

Man scheute allerdings, die neuen Machthaber öffentlich zu attackieren, da man in der Durchsetzung der wohlfahrtspflegerischen Reformwerke auf sie angewiesen war.

Der neue Staat verstand sich selbst als Sozial- und Wohlfahrtsstaat mit einem eigenen Wohlfahrtsministerium. Bis 1929 dauerte ein Prozess der Neustrukturierung des Centralausschusses zu einem Verband von Verbänden. Bisher wurde er durch Kooptation ergänzt, was eine lebenslange Mitgliedschaft bedeutete. Es sollte ein »Hauptausschuss« geschaffen werden, der einen kleinen Verwaltungsausschuss wählte, um zusammen mit dem Präsidium die laufenden Geschäfte zu besorgen.[9]

---

6 Theodor Strohm: Diakonie in den Umbrüchen des Deutschen Kaiserreichs, in: Theodor Strohm/Jörg Thierfelder (Hg.): Diakonie im Deutschen Kaiserreich (1871–1918), VDWI 7, Heidelberg 1995, 52f.
7 Jochen-Christoph Kaiser: Sozialer Protestantismus im 20. Jahrhundert, München 1989, 67ff.
8 Kaiser: Sozialer Protestantismus, 70. Eine interessante Darstellung der Organisation der Inneren Mission in der Zeit nach dem Ersten Weltkrieg liegt in der Arbeit von Dorothea Kopfermann: Die Innere Mission als Organisation, in: Der Evangelische Wohlfahrtsdienst hg.v. Lic. Steinweg, Heft 13, Berlin 1927, vor.
9 Kaiser: Sozialer Protestantismus, 91.

»Im Hintergrund stand immer wieder der alte Streit zwischen den auf Zeit *gewählten* Gruppenrepräsentanten und lebenslang *berufenen* Einzelpersönlichkeiten, die keiner Vereinigung, nur dem Gesamtinteresse der Inneren Mission verpflichtet waren. Der Antagonismus zwischen dem ›aristokratischen‹ und dem ›egalitär-demokratischen‹ Leitungsprinzip erfuhr jetzt eine Neuauflage und endete – um dies vorweg zu nehmen – mit einem nahezu vollständigen Sieg der geographischen und Fachverbände.«[10]

Neben dieser innerverbandlichen Diskussion beschäftigte den Centralausschuss die Zusammenführung der Hauptverbände der Freien Wohlfahrtspflege. Es galt sich gegenüber der kommunalen und staatlichen Fürsorge, die unter den neuen politischen Verhältnissen enorm an Gewicht und Ausstattung gewonnen hatte, zu behaupten. Bei der Gründung der Reichsarbeitsgemeinschaft spielte die Zugehörigkeit von AWO und Rote Kreuz eine strittige Rolle. Der AWO wurde die zu enge Bindung an die Sozialdemokratische Partei verübelt. Beim Roten Kreuz fürchtete man die auf der Genfer Konvention und dem Völkerbundsabkommen gründenden Sonderinteressen. Das Rote Kreuz stellte zudem Bedingungen, auf die die konfessionellen Verbände nicht eingehen wollten.

Am 22. Dezember 1924 kam es zur Gründung der »Deutschen Liga der Freien Wohlfahrtspflege«, Die Arbeiterwohlfahrt[11] verzichtete auf eine Mitgliedschaft in der Liga.

Die Fürsorgeverpflichtungsverordnung vom Februar 1924 hatte die Neuordnung der Wohlfahrtspflege in der Republik nur allgemein beschrieben. Die Ausgestaltung im Einzelnen blieb Ländersache.[12] Thematisiert wurde immer wieder das Verhältnis von freier und staatlicher Wohlfahrtspflege. Durch die Verabschiedung des Reichsjugendwohlfahrtsgesetzes und der Fürsorgepflichtverordnung hatten sich vor allem in den Großstädten katholische und evangelische Wohlfahrtsdienste gebildet, die gegenüber den städtischen Fürsorgeinstitutionen einheitlich agieren konnten. Für die freie Wohlfahrtspflege brachten die gemeinsamen Absprachen und Aktionen Erfolge und stärkten ihr Selbstbewusstsein.

Im Blick auf die Neuordnung des Centralausschusses galt es, einerseits die schon bestehenden Fachverbände zusammenzuführen, andererseits musste die gerade in Entstehung begriffene landeskirchliche Organisation bei der Integration der Landes- und Provinzialvereine berücksichtigt werden.

---

10 Kaiser: Sozialer Protestantismus, 90.
11 Kaiser: Sozialer Protestantismus, 142 ff.
12 Kaiser: Sozialer Protestantismus, 150.

Die schwierige wirtschaftliche Lage führte zu einer neuen Diskussion der weltanschaulichen Bindung der Wohlfahrtspflege. Die Machtergreifung der Nationalsozialisten setzte der Diskussion ein Ende, die die »Rationalisierung und Planwirtschaft« des Weimarer Wohlfahrtsstaates kritisierte und das Abbrechen »organischer« Formen der traditionellen – vor allem kirchlich geprägten Wohlfahrtspflege – beklagte.

Die Zeit des Nationalsozialismus lässt sich im Blick auf die Innere Mission und den Centralausschuss mit folgenden Stichworten kennzeichnen:
1. Gleichschaltungsdiskurs,
2. die Abdrängung auf bestimmte Arbeitsfelder bei Wegnahme anderer,
3. Tendenzen zur Verkirchlichung.[13]

Es kam nach der Machtergreifung 1933 bald zu einer Begegnung zwischen den Verantwortlichen der LIGA und der Nationalsozialistischen Volkswohlfahrt (NSV), bei der die Auflösung der Arbeiterwohlfahrt (AWO) angekündigt wurde.

Für die Innere Mission stellte sich die Frage nach einer stärkeren Anlehnung an die Kirche oder einer weiteren intensiven Mitarbeit in der LIGA, die von der Hoffnung begleitet war, einer Auflösung oder Eingliederung in die NSV zu entgehen. Ziel der Nationalsozialisten war der Monopolanspruch, in allen öffentlichen Bereichen – und so auch in der Sozialpolitik – die unabhängigen Verbände unter die Kontrolle von Staat und Partei zu bringen.

Am 27. Juli 1933 kam es zur Gründung der »Reichsgemeinschaft der freien Wohlfahrtspflege«,[14] die allerdings im Krieg wieder aufgelöst wurde.[15] Mit dem neuen Präsidenten des Centralausschusses, dem Vorsteher des Bremer Diakonissenmutterhauses, Pastor Constantin

---

13 Jochen-Christoph Kaiser, Diakonie in der Diktatur. Anmerkungen zur Geschichte der Inneren Mission zwischen 1933 u. 1989, in: Ingolf Hübner/J.-C. Kaiser (Hg.): Diakonie im geteilten Deutschland, Stuttgart 1999, 62–76; Kaiser: NS-Volkswohlfahrt und Innere Mission im »Dritten Reich«, in: Theodor Strohm/Jörg Thierfelder (Hg.): Diakonie im »Dritten Reich«, VDWI 3, Heidelberg 1990, 37–59; Kaiser: Sozialer Protestantismus, 227 ff.; siehe auch: Erich Beyreuther: Geschichte der Diakonie und Inneren Mission in der Neuzeit, Berlin ³1983, 198 ff.
14 Kaiser: NSV-Volkswohlfahrt, 43.
15 Kaiser: NSV-Volkswohlfahrt, 47.

Frick, distanzierte sich ab 1934 die Innere Mission von einer engen Orientierung an der NS-Politik, pflegte kirchenpolitische Neutralität und vermied sowohl öffentliche Stellungnahmen wie auch eine Unterstellung unter die Bekennende Kirche. Ziel war der Erhalt der Eigenständigkeit der Organisation der Inneren Mission sowie der ihr verbundenen Einrichtungen und Anstalten. Die Gleichschaltung oder Eingliederung in die NSV – und eine damit verbundene Auflösung als selbstständige Organisation – konnte letztlich dadurch verhindert werden, dass sich der Centralausschuss durch einen »Erlass« des Leiters der Deutschen Evangelischen Kirchenkanzlei betreffend die Innere Mission der Deutschen Evangelischen Kirche vom 12. Juli 1940 in die Reichskirche eingliedern ließ.[16]

»Die Innere Mission ist Wesens- und Lebensäußerung der Evangelischen Kirche. Die in der Inneren Mission der Deutschen Evangelischen Kirche zusammengeschlossenen Verbände, Anstalten und Einrichtungen der evangelischen Liebestätigkeit und Volksmission sind ein Bestandteil der Deutschen Evangelischen Kirche. Die Innere Mission verwaltet ihre Angelegenheiten selbst.«[17]

Die privatrechtlich organisierte Diakonie war auf diese Weise in den Schutz der verfassten Kirche eingebunden und damit vor der Auflösung bzw. Enteignung ihrer Einrichtungen bewahrt.

Trotz aller Angriffe auf Berlin und der Wirren des Krieges konnte die Geschäftsstelle des Centralausschusses bis in das Frühjahr 1945 hinein ihre Tätigkeit ausüben. Unmittelbar nach Ende des Krieges war es Präsident Constantin Frick, der in einem Brief vom 20. Mai 1945 an Pastor Fritz von Bodelschwingh (Bethel), Graf von Lüttichau (Kaiserswerth) und Otto Ohl (Langenberg), die dem Vorstand des Centralausschusses angehörten, Gedanken zur Zukunft der Inneren Mission niederschrieb. Die erste Sitzung in Westdeutschland fand dann am 23. August 1945 in Bethel statt. Ebenso hatte am 5. Juli 1945 Vizepräsident Braune in Berlin-Ost eine Vorstandssitzung einberufen.

Strittig war in der Folgezeit, ob die Geschäftsstelle in Berlin – dort waren die Gebäude erhalten geblieben – oder in Bremen, der Wirkungsstätte von Präsident Frick, bzw. in Bethel arbeiten sollte. Präsident Frick trat aus Altersgründen zurück. 1946 wurde Hans Lilje,

16 Kaiser, NS-Volkswohlfahrt, 47, sowie Kaiser: Sozialer Protestantismus, 398 ff. Das bei Kaiser angegebene Datum: »12. 12. 1940« trifft nicht zu; s. Gesetzblatt der Deutschen Evangelischen Kirche 1940, 31 ff.
17 Siehe auch: Axel von Campenhausen: Gutachtliche Stellungnahme zur Frage der Zuordnung privatrechtlicher organisierter Diakonie zur evangelischen Kirche vom 4. Sept. 2002, 38: Anm. 29.

Bischof von Hannover, als Nachfolger Fricks gewählt. Stellvertreter des Präsidenten für den Bereich Ost wurde Pastor Braune (Berlin), für den Westen Otto Ohl. Die erste Mitgliederversammlung und der Hauptausschuss fanden am 30. September 1948 in Bethel statt.

2.2 Zur Gründung des Hilfswerks

Inzwischen hatte die Kirchenversammlung in Treysa (27. bis 31. August 1945) getagt und dort die Gründung des Evangelischen Hilfswerks beschlossen. Zu dieser Versammlung hatte Eugen Gerstenmaier, der während des Dritten Reiches Konsistorialrat und Ökumene-Referent im Kirchlichen Außenamt in Berlin war, einen gedruckten Aufruf mitgebracht. Die Gründung des Hilfswerks ging auf eine Anregung zurück, die Hans Schönfeld, seit 1931 Leiter der Studienabteilung des Ökumenischen Rates, schon 1942 Gerstenmaier angedeutet hatte. Gerstenmaier hat 1942 Frick von den Andeutungen Schönfelds in Kenntnis gesetzt, der ihm jedoch erklärt haben soll: »Er könne und wolle nicht mit einer Sache zu tun haben, die von der Voraussetzung ausgehe, dass Deutschland den Krieg verlieren könne. Das sei Defätismus und hoch strafbar.«[18] Talazko sieht in dieser Äußerung Frickes den Grund dafür, dass der Centralausschuss an der Planung und später an der Gründung des Hilfswerkes nicht beteiligt wurde. Das Hilfswerk sollte nach Aussagen Gerstenmaiers Anregungen Wicherns zur Assoziation der Hilfsbedürftigen umsetzen. Gerstenmaier sprach später von Wichern I und Wichern II: Wichern I ist die Arbeit der Fürsorge und Wichern II die der Sozialpolitik.[19] Mit der Gründung des Hilfswerks sollte die Diakonie den Schritt von der Vereinsdiakonie der Inneren Mission zur kirchlichen Diakonie neu vollziehen. Es sollte ein Neuansatz der Kirche sein – weg von einer Kirche, die ausschließlich auf das Wort ausgerichtet ist, hin zu einer Kirche in Aktion, die ihr diakonisches Amt nicht mehr an privatrechtlich organisierte Vereine, wie die In-

---

18 Eugen Gerstenmaier: Streit und Friede hat seine Zeit. Ein Lebensbericht, Frankfurt a.M. 1981, 242 f., 273 ff.: »Mein ›Aufruf zur Selbsthilfe‹ wurde unverändert übernommen und kirchenamtlich publiziert«, 246. Der Aufruf ist abgedruckt bei Herbert Krimm (Hg.): Quellen zur Geschichte der Diakonie. Bd. 3, Stuttgart 1966, 192 ff.; siehe auch Heinrich Talazko: 45 Jahre Diakonie in Ost- und Westdeutschland, in: Jochen-Christoph Kaiser: Soziale Arbeit in historischer Perspektive (FS H. Talazko), Stuttgart/Berlin/Köln 1997, 325.
19 Johann Hinrich Wichern: SW 1, 274; siehe auch Gerstenmaier: Streit und Friede, 248, 284 ff.

nere Mission, delegieren, sondern selbst wahrnehmen würde. Damit würde sie dem unerledigten Vermächtnis Wicherns gerecht werden. Zugleich sollte Diakonie die Bezeichnung Innere Mission für die organisierte kirchliche Liebestätigkeit ablösen. Die Parallelität von Innerer Mission und Hilfswerk erwies sich im Laufe der Nachkriegszeit immer mehr als schwierig.

Erst nach langen Verhandlungen gelang es mit dem Vertrag vom 8. März 1957 zwischen dem Centralausschuss für die Innere Mission sowie der EKD in dem Kirchengesetz »Über den Zusammenschluss von Innerer Mission und Hilfswerk der Evangelischen Kirche in Deutschland«, eine Zusammenführung zu beschließen. Dieser Zusammenschluss hatte Auswirkungen auf die Geschäftsstellen. Die des Centralausschusses West in Bethel wurde in Stuttgart mit dem Zentralbüro des Hilfswerks zur Hauptgeschäftsstelle vereinigt.[20]

Nach der Gründung des Bundes der Evangelischer Kirchen in der DDR wurde in der Fassung vom 10. Juni 1970 durch Gesetz des Bundes vom 29. Juni 1970 die Zusammenführung von Innerer Mission und Hilfswerk für den Bereich der Evangelischen Kirchen in der DDR bestätigt. Am 21. Dezember 1976 erhielt es durch staatliche Anerkennung die Rechtsfähigkeit. 1975 trat an die Stelle des fusionierten Werkes das Diakonische Werk der EKD als eingetragener Verein. Das Kirchengesetz vom 6. November 1975 bestätigt seine Satzung und löste das Hilfswerk auf. Es gab nun zwei rechtlich selbstständige Diakonische Werke – in der Bundesrepublik und in der DDR.

Die Besonderheit des Diakonischen Werkes gegenüber anderen Vereinen ergibt sich jedoch aus ihrer gleichzeitigen Funktion als »Werk der Kirche«. Gemäß § 1 Abs. 1 der Satzung nimmt das Diakonische Werk als Werk der EKD die diakonischen und missionarischen Aufgaben der EKD wahr. Es gibt dadurch einen Teil seiner Vereins-Autonomie auf und bindet sich selbst durch die Satzung an die Aufgaben der Kirche. Diese Bindung wird durch die Kirche bestätigt, indem sie kraft Gesetz die Satzung anerkennt und darüber hinaus klarstellt, dass sie selbst ihre diakonischen Aufgaben »durch das Diakonische Werk wahrnimmt«. In der Praxis bedeutet die Anbindung an die Kirche für die Diakonischen Werke e.V., dass sie Teile ihrer Verantwortung an die Kirche übertragen. So bedarf z.B. eine Satzungsänderung neben der Entscheidung der Mitgliederversammlung auch der Zustimmung eines kirchlichen Organs, im Falle der EKD des Rates. Der Einfluss der verfassten Kirche auf das Dia-

---

20 Talazko: Diakonie, 350 ff.

konische Werk wird weiterhin durch die personelle Verflechtung der Organe sowie durch die Zustimmungs-, Einvernehmens- und Informationsrechte der Kirche erreicht.

Nach der Wende hat sich dann am 19. März 1991 das Diakonische Werk – Innere Mission und Hilfswerk – in der DDR mit seinen Organen, Hauptversammlung und Hauptausschuss erübrigt. Der damalige Leitende Direktor Ernst Petzold hat auf der Diakonischen Konferenz der EKD in Berlin-Spandau die Auflösung des Diakonischen Werkes – Innere Mission und Hilfswerk – in der DDR festgestellt.[21]

2.3 Aufbau und Aufgaben

Dem Diakonischen Werk der EKD gehören als Mitglieder die Diakonischen Werke der Landeskirchen der EKD, der Verband freikirchlicher Diakoniewerke der acht Freikirchen sowie das Katholische Bistum der Alt-Katholiken in Deutschland mit rund 18000 Gemeinden an. In etwa 26000 selbstständigen Einrichtungen unterschiedlicher Größe und Rechtsform mit mehr als einer Million Betreuungsplätzen sind über 400000 hauptamtliche Mitarbeitende voll- oder teilzeitbeschäftigt. Neben den Einrichtungen können gegenwärtig etwa 7000 diakonische Selbsthilfegruppen und Initiativen verzeichnet werden.[22]

Die Präambel der Satzung des Diakonischen Werkes der EKD beschreibt Diakonie grundlegend so:

»Die Kirche hat den Auftrag, Gottes Liebe zur Welt in Jesus Christus allen Menschen zu bezeugen. Diakonie ist eine Gestalt dieses Zeugnis und nimmt sich besonders der Menschen in leiblicher Not, in seelischer Bedrängnis und in sozial ungerechten Verhältnissen an. Sie sucht auch die Ursache dieser Nöte zu beheben. Sie richtet sich in ökumenischer Weite an einzelne und Gruppen, an Nahe und Ferne, an Christen und Nichtchristen.

Da die Entfremdung von Gott die tiefste Not des Menschen ist und sein Heil und Wohl untrennbar zusammengehören, vollzieht sich Diakonie in Wort und Tat als ganzheitlicher Dienst am Menschen.«[23]

21 Siehe auch: Axel von Campenhausen: Gutachtliche Stellungnahme zur Frage der Zuordnung privatrechtlicher organisierter Diakonie zur evangelischen Kirche vom 4. September 2002, 38, Anm. 29; Ernst Petzold: »Eingeengt und doch in Freiheit«, in: Jochen-Christoph Kaiser (Hg.): Soziale Arbeit in historischer Perspektive, Stuttgart 1998, 152–191.
22 Vgl. Die Freie Wohlfahrtspflege: Profil und Leistungen, Freiburg 2002, 181; Roland Klose: Das Diakonische Werk der EKD. Verein, Verband und Teil der Evangelischen Kirche, in: Röper/Jüllig (Hg.): Die Macht der Nächstenliebe, 380ff.
23 Vgl. http www.diakonie.de/de/html/diakonie/56_140.html.

Oberstes Organ des Diakonischen Werkes der EKD ist die Diakonische Konferenz. Ihr gehören u. a. Vertreter der Landes- und Fachverbände, des Rats und der Synode der EKD sowie der Freikirchen an. Sie wählt den Präsidenten des Diakonischen Werkes, der mit dem Vizepräsidenten und dem Vorstand das DW der EKD leitet. Die Diakonische Konferenz wählt den Diakonischen Rat als Aufsichtsorgan der Hauptgeschäftsstelle des Diakonischen Werkes. Ihr Sitz ist Stuttgart. Eine starke Präsenz der Diakonie wird in Berlin aufgebaut. Eine Dienststelle besteht in Brüssel im Haus der EKD. In Zusammenarbeit mit der Hauptgeschäftsstelle ist die Diakonische Akademie als GmbH in Berlin in der Aus-, Fort- und Weiterbildung tätig.

Das Diakonische Werk der EKD[24] arbeitet mit den anderen Wohlfahrtsverbänden in der Bundesarbeitsgemeinschaft der Freien Wohlfahrtsverbände zusammen. Es ist Mitglied in Eurodiakonia, dem nationale Verbände der Diakonie angehören. Eurodiakonia hat ihren Sitz im Haus der EKD in Brüssel.[25]

In die Abteilung Ökumenische Diakonie des DW der EKD sind BROT FÜR DIE WELT, die Katastrophenhilfe und »Hoffnung für Osteuropa« eingebunden. BROT FÜR DIE WELT arbeitet eng mit dem Evangelischen Entwicklungsdienst (EED) mit Sitz in Bonn zusammen.

In großer Zahl (ca. 90) haben sich Fachverbände im Bereich des Diakonischen Werkes der EKD gebildet. Zur Intensivierung der engen Zusammenarbeit des Diakonischen Werkes der EKD mit seinen Fachverbänden und zur Abstimmung untereinander bilden sie einen Fachverbandsbeirat. Fachverbände schließen unterschiedliche Zielgruppen zusammen: Schwesternschaften und Brüderschaften, Mitarbeiterverbände, Ausbildungsstätten, Fachverbände für Ehrenamtliche Dienste in der Kirche, für Jugend und Erziehung, Hilfe für Alte, Kranke und Behinderte, Hilfe für Gefährdete und Menschen unterwegs, Fachverbände für Missionarische Dienste und Publizistik sowie für Ökumene, Gesellschafts- und Sozialpolitik. Zum Teil unterhalten die grossen Fachverbände (Krankenhaus, Alten-, Behindertenhilfe, Sucht) eigenständige Geschäftsstellen.

Es lässt sich festhalten: Aus dem Centralausschuss für Innere Mission, einem Honoratiorengremium mit einer personalmäßig gering-

---

24 Siehe insgesamt zum Diakonischen Werk: Theodor Strohm: Art. »Diakonisches Werk«, RGG⁴ 2, 804–806.
25 Zum europäischen Bezug der Diakonie: Diakonie. Jahrbuch 2000; Bernhard J. Güntert/Franz-Xaver Kaufmann/Udo Krolzik (Hg.): Freie Wohlfahrtspflege und europäische Integration (FS A. Jäger), Gütersloh 2002.

besetzten Geschäftsstelle, hat sich ein hochdifferenzierter Wohlfahrtsverband mit einer Hauptgeschäftsstelle von über 350 Mitarbeitenden entwickelt. Wie beim Centralausschuss hat das Diakonische Werk der EKD ebenfalls kein Durchgriffsrecht auf die Landesverbände und diese nicht auf die ihnen angeschlossenen Dienste und Einrichtungen. Das DW der EKD ist eben kein Konzern der Barmherzigkeit mit entsprechenden Strukturen, vielmehr ein Dachverband, der in der Verbindung mit der Evangelischen Kirche und den Freikirchen unter dem Kronenkreuz als Logo der Diakonie und einem gemeinsamen Leitbild, das die Diakonische Konferenz in Bremen 1997 verabschiedet hat, tätig ist.

3. Landesverbände

3.1 Bindeglied zwischen Landeskirchen und Mitgliedern

Die Geschichte von Innerer Mission und Hilfswerk in der Nachkriegszeit mit ihrer Zusammenführung müßte nun im Blick auf jeden diakonischen Landesverband nachgezeichnet werden. Dies ist in dieser zusammenfassenden Darstellung nicht möglich. Darum sollen nur einige Angaben im Blick auf die Landesverbände erfolgen.

Gegründet sind die Diakonischen Werke der Gliedkirchen der EKD in der Regel aufgrund eines Zusammenschlusses des jeweiligen Landesverbandes der Inneren Mission und des Hilfswerks im Zeitraum zwischen 1960 und 1970. Als Organisationsform ist der e.V. – wie bei der Inneren Mission, so auch bei den Diakonischen Werken – auf der landeskirchlichen Ebene gewählt worden. Sie stellen als Bindeglied zwischen der Landeskirchen und ihren Mitgliedern eine »Art rechtlichen Doppelcharakter«[26] dar.

»Die vereinsrechtlich organisierten Diakonischen Werke repräsentieren damit den Grundtypus eines rechtlich eigenständigen Rechtsträgers, der durch zweiseitige Bindung – zum einen die Satzung des Vereins, die ihn auf die Aufgabenerfüllung für die Kirche festlegt, zum anderen die Anerkennung dieser Aufgabenstellung durch die Kirche – zu einem Werk der Kirche wird.«[27]

26 Campenhausen: Stellungnahme, 11 ff. Eine Ausnahme im Blick auf die Vereinsstruktur bilden das Diakonische Werk der Pfalz sowie das Diakonische Werk der Evangelischen Reformierten Kirche in Bayern und Nordwestdeutschland. Sie sind jeweils als nicht rechtsfähiges Werk Teil der Landeskirche.
27 Siehe Campenhausen: Stellungnahme 11, Anm. 49 mit dem dort angeführten Hinweis auf §9 Abs.1 des Gesetzes über die Diakonie in der Ev. Kirche der Pfalz vom 1. Januar 1987 (AB/S. 74 AB/1988, 58) sowie die

Mitglieder der Diakonischen Werke sind die Körperschaften der verfassten Kirche (Kirchengemeinden/Kirchenkreise) sowie die Mitglieder in privatrechtlicher Trägerschaft (Vereine, GmbH, Stiftungen). Als Organe der Diakonischen Werke der Landeskirchen sind in der Regel die Mitgliederversammlung, gelegentlich der Hauptausschuss, Geschäftsführungen/Vorstände sowie als Aufsichtsorgane ein Verwaltungsrat/Diakonischer Rat tätig. Hauptamtliche Vorstände nehmen gegenüber den aus Haupt- und Ehrenamtlichen zusammengesetzten Vorständen zu. In allen Aufsichtsgremien der Diakonischen Landesverbände ist eine enge personelle satzungsmäßige Verbindung mit den Kirchenleitungen der jeweiligen Landeskirche gegeben.[28]

In einer Vielzahl von Landesverbänden gibt es Fachverbände, zu denen sich Einrichtungen mit gleichen Arbeitsfeldern zusammengeschlossen haben. Deren Geschäftsführer sind Referenten oder Abteilungsleitende der jeweiligen Diakonischen Werke, so dass eine personelle Verzahnung zwischen den Landesverbänden und den Fachverbänden gegeben ist.[29] Die Landesverbände sind in der Regel nicht Träger eigener diakonischer Dienste. Einige Landesverbände haben Tochtergesellschaften gegründet, deren alleinige Gesellschafter sie meistens sind.

Ordnung für das Diakonische Werk in der Evangelischen reformierten Kirche (Synode evangelisch-reformierter Kirchen in Bayern und Nordwestdeutschland), Diakoniegesetz in der Fassung. vom 26. November 1999 Gesetzesverordnungsblatt (GVBL) Bd. 17, 91, 205. Per Kirchengesetz sind auch die zur Ev.-reformierten Kirche gehörenden Gemeinden in Bayern, Sachsen, Mecklenburg-Vorpommern, Schleswig-Holstein dem Diakonischen Werk der Ev.-reformierten Kirche zugeordnet.

28 Unterschiedlich ist die strukturelle Verbindung der Leitungen der Diakonischen Werke zu den Kirchenleitungen. U.a. im Rheinland/Bayern/Pommern/Sachsen-Anhalt nehmen die Landespfarrer/Direktoren an den Beratungen der Kirchenleitung/Landeskirchenrat als Gäste mit beratender Stimme teil, in Baden und Württemberg/Berlin und Brandenburg sind sie als Oberkirchenräte/Kirchenräte Mitglied der Kirchenleitung oder des Kollegiums/Konsistoriums. In anderen Diakonischen Werken gibt es keine satzungsgemäße Teilnahme der Leitungen der Diakonischen Werke an den Sitzungen der Kirchenleitungen, aber regelmäßige Gespräche mit der Kirchenleitung.

29 Einige Diakonische Werke kennen keine eigenständigen Fachverbände (so u.a. Hessen-Nassau/Kurhessen-Waldeck/Pfalz; im Land Niedersachsen gibt es gemeinsame Fachverbände für alle fünf Diakonischen Werke). In einigen Werken gibt es einen Fachverbandsrat/Konferenz der Fachverbände (Württemberg/Rheinland).

Bei einigen Diakonischen Werken ist das Verbandsgebiet identisch mit den politischen Landesgrenzen (Bayern/Bremen/Hamburg). Einige sind nur in einem Bundesland tätig (Kurhessen-Waldeck/ Mecklenburg/Pommern/Westfalen/Lippe/Sachsen/Schleswig-Holstein). Mehrere Diakonische Werke arbeiten in einem Bundesland wie Braunschweig/Oldenburg/Hannover/Schaumburg-Lippe im Land Niedersachsen, das DW Thüringen/Provinz Sachsen/Sachsen-Anhalt in Thüringen. Die drei Diakonischen Werke Rheinland/Hessen-Nassau/Pfalz haben Mitgliedseinrichtungen im Lande Rheinland-Pfalz.

Der Bereich des Diakonischen Werkes der Evangelischen Kirche im Rheinland erstreckt sich über vier Bundesländer – entsprechend dem Gebiet der Rheinischen Kirche (= Preußische Rheinprovinz) in Nordrhein-Westfalen, Rheinland-Pfalz, Saarland und Hessen. Zur Bündelung der fachlichen und sozialpolitischen Meinungsbildung ist ein Büro eines Beauftragten der drei Diakonischen Werke im Land Rheinland-Pfalz in Mainz eingerichtet worden, das in enger Zusammenarbeit mit dem Büro des Beauftragten der drei Landeskirchen am Sitz von Landtag und Landesregierung in Mainz tätig sein soll. In Rheinland-Pfalz haben sich aus allen drei Diakonischen Werken Arbeitsgemeinschaften im Bereich der Jugend-/Behinderten- und Altenhilfe formiert. Die Krankenhäuser haben sich zu einem e.V. in Rheinland-Pfalz zusammengeschlossen. Diese Arbeitsgemeinschaften haben das Ziel, als Diakonie im Land Rheinland-Pfalz möglichst einvernehmlich zusammenzuarbeiten. Gegenüber dem Land und auch innerhalb der Arbeitsgemeinschaft der Freien Wohlfahrtspflege wird auf diese Weise eine geschlossene Willensbildung angestrebt. Diese geschieht im Land Niedersachsen durch die zur »Konföderation« gehörenden Landeskirchen mit ihren Diakonischen Werken.

Kooperations-/Fusionsgespräche gibt es zwischen dem Diakonischen Werk Berlin-Brandenburg und dem Diakonischen Werk der Evangelischen Kirche der schlesischen Oberlausitz, dem Diakonischen Werk der Evangelischen Landeskirche Mecklenburgs und dem Diakonischen Werk in der Pommerschen Evangelischen Kirche, den Diakonischen Werken Thüringen, Kirchenprovinz Sachsen, Sachsen-Anhalt.

Ordnungspolitisch sind gegenwärtig zwei Tendenzen zu beobachten: Gegenüber der nationalen nehmen die föderalen Strukturen mehr an Bedeutung zu. Wenn mehrere Landesverbände in einem Bundesland vertreten sind, ist darum Kooperation geboten. Andererseits verstärkt sich die Tendenz zur Kommunalisierung.

3.2 Finanzierung

Die Finanzierung der Landesverbände erfolgt durch Beiträge ihrer Mitglieder, die unterschiedlich berechnet werden – je nach Größe und Umfang der Mitgliedseinrichtung, durch Kirchensteuer als Zuweisung/Beträge der Landeskirchen, zuweilen durch Dotationen und andere öffentliche Mittel.

Spendensammlungen und Kollekten werden in der Regel nicht zur Finanzierung des Geschäftsstellenhaushaltes, sondern zur Förderung und Anschubfinanzierung der Arbeit der Mitgliedseinrichtungen eingesetzt.

In der Begleitung, Unterstützung, Beratung und Förderung der diakonischen Arbeit der Mitgliedseinrichtungen, der politischen Anwaltschaft, der Förderung von Aus-, Fort- und Weiterbildung der haupt- und ehrenamtlichen Mitarbeiterinnen und Mitarbeiter, der Unterstützung des diakonischen Gemeindeaufbaus, der Durchführung von Sammlungen und der Presse/Öffentlichkeitsarbeit bestehen die Aufgaben der Landesverbände. Sie verstehen sich als Dienstleister ihrer Mitgliedseinrichtungen.

*3.3 Anwaltschaft und Dienstleistung/Non-Profit-Organisation
und Werk der Kirche*

Diakonische Werke bearbeiten eine Vielfalt sozialer Bereiche. In Zukunft werden Konzentration und Absprachen mit Schwerpunktsetzung sowie einer Qualifizierung des Angebotes unter den Landesverbänden und der Hauptgeschäftsstelle des Diakonischen Werkes der EKD angestrebt.

Die dem VdDD (Verein der Diakonischen Dienstgeber in Deutschland) angeschlossenen Einrichtungen sehen ihre Interessen als Dienstgeber in der Arbeitsrechtsregelung stärker in diesem Verband als in den Landesverbänden angesiedelt und vertreten. Die Landesverbände vertreten im Sinne der Dienstgemeinschaft[30] sowohl Dienstnehmer- und Dienstgeberanliegen.

30 Johannes Degen: Diakonie als soziale Dienstleistung, Gütersloh 1994, 160f.: »Sachgemäß wäre es dagegen, den normativen Begriff der Dienstgemeinschaft abzulösen durch das Zielkonzept von der Arbeits- und Lerngemeinschaft.« Dieser Empfehlung Degens ist im Sinne der Ergänzung, nicht aber der Alternative zuzustimmen. Der Begriff *Dienstgemeinschaft* müsste in einem neuen Verständnis von Dienstleistung und Teilhabe gefüllt werden. Zum Arbeitsrecht siehe Soltan Steinbächer: Arbeitsrechtsetzung in der Diakonie, Forum Diakonie, Schriftenreihe Verband von Dienstgebern im Diakonischen Werk Bayern 1, Nürnberg 1999.

Die Zugehörigkeit zum Landesverband sieht Mindestanforderungen auf Seiten der Mitgliedschaft vor:
Anwendung des BAT KF (Bundesangestelltentarif Kirchliche Fassung) bzw. AVR (Arbeitsrechtsvertragsordnung), vor allem eine Mehrheit von evangelischen Mitgliedern in den Leitungsgremien; die Zugehörigkeit zur ACK (Arbeitsgemeinschaft christlicher Kirchen). Diese Mindestanforderungen werden bei den zahlreicher werdenden ökumenisch ausgerichteten Initiativen oder den mit kommunalen Partnern agierenden Arbeitsbeschaffungsmaßnahmen in Zukunft nur mit großer Anstrengung eingehalten werden können. Hier sind neue abgestufte flexible Formen mitgliedschaftlicher Zugehörigkeit zu entwickeln.

Die Diakonischen Landesverbände sowie das Diakonische Werk der EKD sehen sich mit ihren Mitgliedseinrichtungen im Zusammenwirken mit den anderen Wohlfahrtsverbänden als Non Profit-Organisationen,[31] die einen dritten Weg zwischen öffentlicher Hand/Staat und Wirtschaft gehen. Die Tätigkeit einer Vielzahl der Mitglieder besteht verallgemeinert aus sozialen Dienstleistungen, deren Leistungen in der Regel über Entgelte nach den Sozialgesetzbüchern (vor allem SGB III, V, VIII, XI) finanziert werden. Die Landesverbände versuchen, den Anforderungen von Dienstleistung und Anwaltschaft, Markt und Mildtätigkeit im Sinne der Gemeinnützigkeit und der Gemeinwohlagentur zu entsprechen.

Die Vorrangstellung der Wohlfahrtsverbände vor den privatgewerblichen Anbietern ist mit der Pflegeversicherung und der Neufassung des § 93 des BSHG aufgehoben worden. Der Wettbewerb der Anbieter personenbezogener sozialer Dienstleistungen nimmt zu. Um auf dem Markt der Anbieter sich behaupten zu können, ist die Profilierung des eigenen Angebotes gefordert. Für die Wohlfahrtsverbände bedeutet dies nicht das »Ende der Besonderheit, sondern Besonderheiten ohne Ende«.[32]

---

31 Von der Wertgemeinschaft zum Dienstleistungsunternehmen, Jugend- und Wohlfahrtsverbände im Umbruch, hg.v. Thomas Rauschenbach/Christoph Sachße/Thomas Olk, Frankfurt a.M. 1995; Die Freie Wohlfahrtspflege, Freiburg 2002; Rainer Öhlschläger/Hans-Martin Brüll (Hg.): Unternehmen Barmherzigkeit. Identität und Wandel sozialer Dienstleistung, Baden-Baden 1996; Wolfgang Klug: Wohlfahrtsverbände zwischen Markt, Staat und Selbsthilfe, Freiburg 1997.
32 Arbeitskreis Non Profit-Organisation: Non Profit-Organisationen im Wandel, Schriftenreihe des Deutschen Vereins für öffentliche und private Fürsorge, Allgemeine Schrift 274, Stuttgart 1998.

4. Örtliche Diakonische Werke

Im Unterschied zu den diakonischen Landesverbänden sind die örtlichen Diakonischen Werke Träger diakonischer Dienste, meist offener Sozialarbeit mit Beratungsstellen. Bei ihnen liegt die politische Vertretung in den Landkreisen und kreisfreien Städten. Sie sind Mitglied in dem jeweiligen Jugendhilfeausschuss. Diese Mitgliedschaft vermittelt direkte Informationen der Kreise/Städte, die gegenüber den privatrechtlich organisierten Trägern diakonischer Dienste Vorteile verschaffen. Diese bisher meist selbstverständliche Mitgliedschaft der kreiskirchlichen Diakonischen Werke in den Jugendhilfeausschüssen wird neuerdings hinterfragt. Wie bei den Landesverbänden stimmen die kreiskirchlichen Diakonischen Werke flächenmäßig häufig mit den Landkreisen nicht überein. Hier sind Abstimmungen im Blick auf die Vertretung im Kreisgebiet notwendig. Zusammenschlüsse kreiskirchlicher Diakonischer Werke zu einem regionalen Werk bzw. einer Bezirksstelle im Gegenüber zu den Landkreisen/Städten werden in Diakonischen Landesverbänden angestrebt.

Die örtlichen Diakonischen Werke sollen Absprachen der Arbeit der diakonischen Anbieter in ihrem Bereich anregen. Diese Aufgabenstellung gelingt nur bedingt.

Die Anbindung an die Kirchenkreise/Bezirkssynoden/Synodalverbände ist meist durch die Mitgliedschaft der Vertreter aus den Kreiskirchenräten/Kreissynodalvorständen/Bezirkskirchenräten sowie der Dekane, Dekaninnen/Superintendenten, Superintendentinnen/Pröpste, Pröpstinnen gegeben.

Die Finanzierung der Arbeit der kreiskirchlichen Diakonischen Werke erfolgt durch Zuweisungen aus den kreiskirchlichen Finanzmitteln oder zentral aus den Kirchensteuermittel der Landeskirche, aber auch durch öffentliche Mittel sowie Entgelte der Kostenträger.

Die Bezirksstellen/Kreiskirchliche Diakonische Werke sind in der Regel Teil der verfassten Kirche, in Westfalen sind sie meist als e.V. strukturiert. In Hessen-Nassau sind sie rechtlich nicht selbständig, sondern Teil des landeskirchlichen Diakonischen Werkes, in dessen Personal- und Finanzhoheit sie sich befinden. Die verfasste Kirche kann mit ihren Leitungsgremien einen starken Einfluss auf die örtlichen Diakonischen Werke ausüben.[33]

---

33 Berthold Broll: Steuerung kirchlicher Wohlfahrtspflege durch die verfassten Kirchen, LLG 5, Gütersloh 1999, 335ff.; Wolfgang Klug: Wohlfahrtsverbände, 37ff., 222ff. hat empirische Untersuchungen der Kreisverbände vorgelegt; Diakonie-Jahrbuch 2002, hg.v. Jürgen Gohde, Stuttgart 2002.

Zur Aufgabe der örtlichen Diakonischen Werke gehört auch die Förderung und der Aufbau der Gemeindediakonie in den Kirchengemeinden. Diese muss mit der Stadtteil-/Gemeinwesenarbeit, den Selbsthilfeinitiativen und mit der an dem Sozialraum orientierten offenen Sozialarbeit vernetzt werden. Freiwilligenzentren, oft in Trägerschaft mehrerer Verbände der Freien Wohlfahrtspflege u.a. auch der Diakonie, binden die Diakonie in die Zivilgesellschaft ein. Die örtlichen Diakonischen Werke sollten neue Kooperationen zwischen Erwachsenenbildung und Citykirchenarbeit suchen.[34]

Es ist Wirtschaften und Wertschöpfen von unten unter Ausnutzen der lokalen Ressourcen mit dem Ziel, neue und andere reproduktionssichernde Kreisläufe auszubauen:

»Local people using local resources to satisfy local needs.«[35] Vernetzung schafft neue Potentiale von Glaube, Hoffnung und Gemeinschaft, Zeugnis und Dienst.[36]

Die Bibliografie zur Geschichte der deutschen evangelischen Diakonie im 19. und 20. Jahrhundert, hg.v. Volker Herrmann, Jochen-Christoph Kaiser/Theodor Strohm, Stuttgart 1997, weist unter den Überschriften »Diakonie im Kontext städtischer Wohlfahrtspflege« (180–187) im wesentlichen Festschriften zu Jubiläen der Stadtmissionen auf. Stadtmissionen haben für die Sozialarbeit in einer Stadt eine wichtige Bedeutung. Es fehlen aber Darstellungen und Reflexion der Arbeit der Diakonischen Werke im Kirchenkreis sowie der Diakonischen Werke der Großstädte. Vgl. aber Lars Eisert-Bagemihl/Ulfrid Kleinert (Hg.): Mandat statt Mission. Soziale Arbeit in Kirchenkreisen. Akzente der Entwicklung sozialer Arbeit in Gesellschaft und Kirche, Band V, Leipzig 1999; Theodor Strohm: Diakonie zwischen Gemeindepraxis und sozialstaatlicher Wirklichkeit, in: Das Recht der Kirche, Band 3, hg.v. Gerhard Rau, Zur Praxis des Kirchenrechts, 203–237.

34 Vgl. Martin Ruhfus: Diakonie-Lernen in der Gemeinde, Ökumenische Studien, Rothenburg 1991, 90ff., der die Anregungen Ernst Langes zur Erwachsenenbildung entfaltet. Zur Cityarbeit: Stephan Dedring: Überlegungen zur City-Kirchenarbeit, PTh 90 (2001), 450; Peter Stolt: Kirche in der Stadt (Buchbericht), PTh 89 (2000), 298ff. In besonderer Weise haben sich die Diakonischen Werke in den Kirchenkreisen und Großstädten um die Herausgabe von Armuts- und Reichtumsberichten bemüht.

35 Rita Sahle: Lokale Ökonomie. Aufgaben und Chancen für die Soziale Arbeit, Blätter der Wohlfahrtspflege 5 und 6 (2001), 97–99; Kirche in der Stadt. Die ökumenische Zukunft der Metropolen, Jahrbuch Mission 2001, Hamburg/Stuttgart 2001; Zukunft Stadt. Die Stunde der Bürger in Zeiten der Globalisierung, hg.v. Wolfgang Schuster/Warnfried Dettling, Stuttgart 2002.

36 Über die Weiterentwicklung des DW der EKD informiert der Rechenschaftsbericht 2004, Diakonie Korrespondenz 01/04, Stuttgart 2004. Ab 2005 bilden die Diakonischen Werke der Kirchenprovinz Sachsen, Sachsen-Anhalt und Thüringen das »Diakonische Werk Mitteldeutschland«.

4. Literatur zur Weiterarbeit

Benedict, Hans-Jürgen: »Der Kommunismus und die Hilfe gegen ihn«. Das antikommunistische Manifest Wicherns als Grundlage der berühmten Wittenberger Stegreifrede Wicherns und das verhängnisvolle Erbe der Inneren Mission, EvTh 61 (2001), 455–475.

Brunkhorst, Hauke: Solidarität. Von der Bürgerfreundschaft zur globalen Rechtsgenossenschaft, Frankfurt a.M. 2002.

Degen, Johannes: Diakonie und Restauration, Kritik am sozialen Protestantismus. Kritische Texte, Darmstadt 1975.

Falterbaum, Johannes: Caritas und Diakonie – Struktur und Rechtsfragen, Neuwied 2000, 56–63.

Kirchenamt der EKD (Hg.): Herz und Mund und Tat und Leben. Grundlagen, Aufgaben und Zukunftsperspektiven der Diakonie. Eine evangelische Denkschrift, Gütersloh 1998, 67 ff.

Maaser, Wolfgang: Gemeinnützige Wohlfahrtsverbände zwischen moralischem Selbstverständnis und operativen Zwängen, neue praxis 34 (2004), 338 ff. (Lit.).

Regionalisierung [Themenheft], PTh 92 (2003), bes. 60 ff., 75 ff.

Soziale Dienste als Chance, Studie der Kammer der Evangelischen Kirche in Deutschland für Soziale Ordnung, EKD-Texte 75. Hannover 2002.

Wischnath, Johannes Michael: Kirche in Aktion. Das Evangelische Hilfswerk 1945–1957 und sein Verhältnis zu Kirche und Innerer Mission. Göttingen 1986.

Vgl. auch die *Veröffentlichungen des DW der EKD*: Diakonie Korrespondenz, Diakonie Report sowie vor allem epd sozial, Frankfurt und die Internetauftritte des DW der EKD und der Landesverbände (vgl. im Anhang: Adressen der Diakonie/Caritas: Deutschland/Österreich/Schweiz/Europa).

XII.
Kirchliche Föderationen – das Beispiel Eurodiaconia
JÜRGEN GOHDE

1. Einführung

Es gehört zur Grundstruktur von Kirche und Diakonie, dass die Initiativen und Werke in größeren Zusammenschlüssen miteinander arbeiten und auf europäischer und internationaler Ebene orientiert sind. Kirchliche Hilfswerke leisten dabei solidarische Hilfe und Partnerschaft und tragen zur Entwicklungsarbeit bei. Weiter sind Verkündigung und Mission Teil der ökumenischen Diakonie. Als Netzwerk und Plattform auf europäischer Ebene soll im Folgenden das Beispiel Eurodiaconia dargestellt werden.

Die Diakonie hat in Europa in den letzten Jahren einen großen Aufschwung erlebt und die Chancen des Neuanfangs nach dem Zerfall der Machtstrukturen des Kommunismus genutzt. Die bewährten Netzwerke haben sich stabilisiert, neue sind entstanden. Diakonie ist Christsein in der Öffentlichkeit, ein Dienst der Versöhnung (2. Kor 5,17ff.). In Zeiten politischer und sozialer Transformation kommt ihr für die Kohäsion einer Gesellschaft und als Motor der sozialen Erneuerung besondere Bedeutung zu, sowohl hinsichtlich verlässlicher Angebote sozialer Dienstleistungen wie auch im freiwilligen Engagement. Freilich, die Zukunft sozialer Dienstleistungen hängt eng ab von der Architektur des Marktes. Der besondere Charakter der »services of general interest« muss z.B. in der Rechtsordnung der Europäischen Union abgesichert sein, ebenso wie der Beitrag, der zum Gemeinwohl geleistet wird in der Verfassungsdebatte. Wertgebundene Dienstleistungen, die Solidarität und Gerechtigkeit entsprechen, müssen sich in einem Qualitätswettbewerb behaupten können.

Die Vermeidung von Ausgrenzung und die Förderung von Integration ist das zweite große aktuelle Thema. Eurodiaconia und Caritas Europa haben gemeinsam in vielfältiger Kooperation die Lebenslagenkenntnis ihrer Dienste eingebracht in die sozialpolitische Gestaltung. Dabei bleibt der Grundsatz bestehen: service is local. Diakonie handelt auf der Ebene der Gemeinde, gemeinsam mit den

Betroffenen, und ist Lobby für die, die keine Lobby haben. Drittens nenne ich die Förderung des zivilen Dialogs und die Stärkung zivilgesellschaftlichen Engagements, nicht zuletzt wegen der Notwendigkeit einer qualitätsvollen Fachausbildung bis hin zu diakoniewissenschaftlichen Studienmöglichkeiten und internationalen Symposien. Die Motivation dazu und das Erkennen und Ausprobieren eigener Kompetenz gehören zusammen.

2. Historische Dimension

Diakonisches Handeln hat immer eine ökumenische Dimension gehabt. Weil Europa mehr ist als eine Wirtschaftsgemeinschaft, muss sich die Diakonie auf allen Ebenen in die Gestaltung der sozialen Zukunft Europas einbringen, besonders weil die Auswirkungen europäischer und weltweiter Wettbewerbsentwicklungen und Regelungen im Alltag zwischen Markt und Nächstenliebe spürbar werden. Dabei muss das Rad nicht neu erfunden werden. So sind die Impulse aus der Vergangenheit zu nennen: August Hermann Francke, die Herrnhuter Brüdergemeine, Johann Hinrich Wichern, die Kaiserswerther Generalkonferenz, der Internationale Verband theologischer Mitarbeiter, einer der ältesten Fachverbände des Diakonischen Werkes. Bedeutsam war die »Universal Christian Conference of Life and Work« (1925 in Stockholm), zu der vom schwedischen Erzbischof Nathan Söderblom eingeladen wurde. Auf dieser Konferenz wurde die Verbindung von Barmherzigkeit und Gerechtigkeit ebenso herausgestellt wie die Verpflichtung zu persönlicher und gesellschaftlicher Diakonie. Christliche Diakonie ist Frucht des Glaubens.

Weiter muss ebenso erinnert werden an das Wirken der lutherischen Kirchen im Prozess von »Life and Work«, an die Larnaca-Konsultation von 1986 mit dem Thema »Diakonia 2000«, die erstmals den Einfluss des Marktes auf die Lebensvollzüge und das diakonische Handeln thematisiert sowie die lokale gemeindliche und weltweite Verantwortung der Diakonie herausstellt und den Ansatz der prophetischen Diakonie entfaltet. Die europäische Diakonie hat zahlreiche ihrer Impulse neben den Praxiserfahrungen vor Ort durch Konferenzen und freundschaftliche Beziehungen gewonnen, nicht so sehr durch die strukturelle Verbundenheit der Werke und Einrichtungen, auch wenn es schon sehr früh zu verbandlichen Zusammenschlüssen kam, so zum »Kontinentalen Verband für Innere Mission und Diakonie« (München 1922) – gegründet von Nathan

Söderblom und Johannes Steinweg vom Central-Ausschuss für Innere Mission, der nach dem Zweiten Weltkrieg »Internationaler Verband für Innere Mission und Diakonie« heißt und 1992 in »Europäischer Verband für Diakonie« umbenannt wurde. Das Zeichen des Verbandes ist seit den zwanziger Jahren des letzten Jahrhunderts das Kronenkreuz (seit 1999 markenrechtlich geschützt).

Der Verband war eines der wichtigsten kirchlichen Bindeglieder in den Jahren der Teilung Europas. In dem Maße, in dem der Prozess des Zusammenwachsens der Europäischen Union Dynamik gewinnt, nimmt die Kooperation mit dem Schwerpunkt Brüssel zu: 1992 wird EURODIACONIA gegründet. Es ergibt sich eine enge Zusammenarbeit mit der Konferenz Europäischer Kirchen (KEK), mit dem Ökumenischen Rat und anderen Organisationen. Um die Zusammenarbeit weiter zu verbessern und Doppelstrukturen abzubauen, werden 1996 die beiden Verbände EURODIACONIA und Europäischer Verband für Diakonie zum »Europäischen Verband für Diakonie/EURODIACONIA« vereinigt, der seinen Sitz in Straßburg hat (Verein nach französischem Recht). Die Zahl der Mitglieder hat sich in den letzten Jahren verdoppelt.

Im Augenblick arbeiten in ihm 44 Mitglieder zusammen, Kirchen, diakonische Werke, kirchennahe Organisationen, klassische Nichtregierungsorganisationen (NGO), Netzwerke von Initiativen oder Selbsthilfegruppen, große diakonische Fachzusammenschlüsse aus West- und Osteuropa. Von der Diakonie Skandinaviens bis zu der russisch-orthodoxen Kirche reicht die Bandbreite, von Spanien, Portugal und Frankreich bis zu den Niederlanden.

Für die Entwicklung einer gemeinsamen Diakonie in Europa spielen die Konsultationsprozesse des Diakoniewissenschaftlichen Instituts (DWI) in Heidelberg eine wesentliche Rolle, oft gemeinsam mit dem Diakonischen Werk der EKD. Dabei stehen z.B. Fragen der Theologie der Diakonie, der internationale Forschungsaustausch, die Fragestellung der Diakonie auf dem europäischen Binnenmarkt, die Konsultation der Europäischen Diakonenkonferenz mit dem Katholischen Internationalen Diakonatszentrum im Vordergrund und nicht zuletzt der Prozess, der zur Bratislava-Erklärung 1994 führte, mit der die Konferenz Europäischer Kirchen eine Vision europäischer Diakonie beschrieben hat.

Als vorletztes Glied in einer Kette ist die Konsultation der Kirchen und ihrer Wohlfahrtsverbände zu Fragen der Armut und der sozialen Ausgrenzung 1997 zu nennen, die maßgeblich von EURODIACONIA durchgeführt worden ist.

»Trotz der unterschiedlichen Rechtsstellung der Kirchen in den Mitgliedsstaaten der Europäischen Union und trotz der – aus einem jeweils verschiedenen Selbstverständnis resultierenden – unterschiedlichen Rollen der kirchlichen Wohlfahrtsverbände besteht Einigkeit darin, dass der Bekämpfung von Armut und Ausgrenzung Vorrang gegeben werden muss. In diesem Punkt teilen die Kirchen und ihre Wohlfahrtsverbände auch die Sorgen und die Überzeugung der Kommission.«[1]

Nicht zuletzt die Bratislava-Erklärung hat einen Schub ausgelöst in der Arbeit des Verbands. Sie schließt mit der Bitte, die Implikationen der Erklärung zu erörtern, – letztlich Bratislava unter den neuen Bedingungen weiterzuschreiben – und in einem europäischen Prozess zu klären, wie die genannte Vision Gestalt gewinnen kann.

Die Programme »Kirchen helfen Kirchen«, die Partnerschaft zur Arbeit von gliedkirchlichen Werken und Gemeinden und nicht zuletzt die Kooperation mit den Diasporawerken und den Kirchen im Zusammenhang der Aktion »Hoffnung für Osteuropa« haben dazu beigetragen, die Gemeinsamkeiten zu stärken und nicht zuletzt auch Kräfte zu mobilisieren bei den kleineren Partnern, die oftmals als Initiativen der Nothilfe gegründet, inzwischen selbst als Partner im Rahmen der Nothilfeaktionen des europäischen Netzwerkes aktiv sind.

In diesem Rahmen muss ein für den europäischen Prozess wesentliches Projekt genannt werden, an dem sich seit über 40 Jahren eine Reihe von Ländern beteiligen: das Diakonische Jahr. Es ist das erste europäische diakonische Programm von Jugendlichen und übersetzt praktisch den modernen Gedanken der Freiwilligenarbeit. Ihm kommt auch künftig eine besondere Bedeutung zu.

3. Gegenwärtige Situation

EURODIACONIA arbeitet als Netzwerk.

»Der Verband fördert das diakonische Bewusstsein in Europa und sorgt für die Ausrichtung kirchlicher Arbeit auf die Bedürfnisse der Diakonie. Er bildet eine Plattform, die Kirche und Diakonie im gegenseitigem Austausch und in gemeinsamer Verantwortung auf europäischer Ebene ermöglicht, in Konfrontation mit den Herausforderungen durch das Evangelium von Jesus Christus und durch die Armen und Schwachen.«[2]

1 Konsultation der Kirchen und ihrer Verbände zu Fragen der Armut und der sozialen Ausgrenzung. Abschlußbericht, April 1997, in: Diakonie-Korrespondenz 3/97, 14.
2 Europäischer Verband für Diakonie – Eurodiaconia. Statuten, in der Fassung vom 15. Mai 1997, Artikel 4, Absatz 1 (unveröffentlichtes Dokument).

EURODIACONIA kommt ihrem Auftrag nach durch die Erarbeitung theologischer, ethischer und sozialer Grundlagen sowie die Vertretung diakonischer Anliegen in Staat, Kirche und Gesellschaft. Dabei stehen in der Europäischen Union die Stärkung der Beziehungen zwischen Kirchen und diakonischen Organisationen, die Förderung des ökumenischen Lernens in der Diakonie, die Erinnerung der Staaten an ihre soziale Verantwortung bei eigenständiger, partnerschaftlicher Zusammenarbeit in sozialen Aufgaben und die Verteidigung der Menschenrechte im Vordergrund. Auf diesem Hintergrund sind die Konsultationsprozesse gestaltet worden. Der Prozess über Armut und Ausgrenzung fand in einem gemeinsamen Projekt, an dem deutsche, finnische und englische Partner beteiligt sind, seine Fortsetzung. Die Interessen der Mitglieder richten sich auf Programme der Ausbildung von Leitern diakonischer Einrichtungen und Hilfen beim strukturellen Aufbau der Verbandsarbeit in den einzelnen Ländern. Dazu ist zu nennen der Aufbau der Fortbildung für diakonische Fragen unter Berücksichtigung der spezifischen Besonderheiten insbesondere der kleinen Partner, die Bildung von regionalen Konferenzen und die Schaffung leistungsfähiger diakonischer Strukturen.

Wer die Zukunft Europas mitgestalten will, muss es – wie es die Bratislava-Erklärung (1994) formuliert – als Teil einer Bewegung (tun), die Europa ein Zielbewusstsein gibt, das über das Wirtschaftswachstum hinausgeht.

»Diakonie wirkt auf eine Erneuerung der Menschenwürde in der Gemeinschaft mit anderen hin, die der Ebenbildlichkeit Gottes entspricht. Dies setzt voraus, daß Diakonie eine geistliche Grundlage hat, die in Gottes Handeln und Christi Dienst verwurzelt ist. Sie hat ihr Zentrum in der ganzen Kirche, im Gottesdienst, in der Verkündigung wie in der Teilhabe an der Eucharistie. Diakonie setzt unsere Verpflichtung gegenüber dem Evangelium Jesu Christi und dem Reich Gottes in der Kraft des Heiligen Geistes in Handeln um. Sie hat ihre Basis in den Ortsgemeinden, klösterlichen Gemeinschaften und diakonischen Schwestern- und Bruderschaften. Sie kann als sogenannte institutionelle oder politische Diakonie Gestalt annehmen. Diese verschiedenen Aspekte der Diakonie müssen voneinander lernen und sich miteinander verbinden.«[3]

Die Bratislava-Erklärung beschreibt im Kern Diakonie als wesentlichen Aspekt des Christseins und nennt die Aspekte für den Bereich

---

3 Bratislava-Erklärung – Auf dem Weg zu einer Vision von Diakonie in Europa, in: Theodor Strohm (Hg.): Diakonie in Europa. Ein internationaler und ökumenischer Forschungsaustausch, VDWI 8, Heidelberg 1997, 511 f.

der Bewusstseinsbildung und -förderung. »Im Leben der Kirche muss die Diakonie sich für eine Kultur der Solidarität und des opferbereiten Miteinander-Teilens von Personal und Ressourcen einsetzen.«[4] Gleichzeitig bemüht sie sich um die Förderung eines Lernprozesses im Blick auf die Realität und die Ursachen des Leidens und der Unterdrückung von Menschen in verschiedenen Kontexten. Es ist das Bild einer Diakonie *mit* und nicht für Menschen.

Ausgehend von dieser Erklärung, beschäftigt sich EURODIACONIA mit theologischen Grundfragen (Charta, Diakonie und Liturgie) und stößt den Prozess der Konsultationen immer wieder an. Es werden Ausbildungsprogramme aufgelegt, z.B. Leadership-Training für den mittelosteuropäischen Bereich. Diese Entwicklung entspricht einem Prozess, den auch Caritas Europa durchläuft. Diakonie und Caritas sind herausgefordert, sozialpolitische Vorstellungen zu entwickeln, die in der Europäischen Union helfen, eine Sozialpolitik auszuformen, die sich an ethischen Grundlagen wie Solidarität, Partizipation, Gleichheit, Offenheit, Menschengerechtigkeit und Subsidiarität orientiert.

Zu den weiteren Arbeitsaufträgen von EURODIACONIA zählt der Diakonat. Das geordnete diakonische Amt hat sich in den Kirchen Europas unterschiedlich entwickelt. Es geht dabei um die persönliche Qualifikation der Mitarbeitenden, das geistliche Fundament und die kirchliche Ausrichtung der Arbeit, dem sich alle anderen Qualifikationen zuordnen lassen. Die europäische Diakonie befindet sich in einem offenen Lernprozess, der durch die vielfältigen Traditionen und Erfahrungen der Mitglieder bestimmt wird.

Entscheidende Bedeutung hat der in der Bratislava-Erklärung sichtbare Prozess innerhalb der KEK. Die Frage nach der Zukunft der Diakonie ist von diesem Hintergrund her zunächst als Frage nach dem lebendigen Erbe ihrer Tradition zu verstehen und auf der anderen Seite als Frage nach dem spezifischen Beitrag des Protestantismus zur künftigen sozialstaatlichen und geistigen Entwicklung Europas. Das Diakonie-Forum in Järvenpää (2001) hat sich mit dieser grundlegenden Orientierungsfrage beschäftigt.

---

4   Strohm (Hg.): Diakonie in Europa, 513.

4. Diakoniewissenschaftliche Anstöße und diakonische Perspektiven

Peter Beier hat schon auf der Europäischen Versammlung in Budapest 1992 vier Herausforderungen genannt, die hier im Zusammenhang dargestellt werden:

- Den Streit um das Menschenbild, bei dem die evangelische Tradition gegenüber allen Versuchen des Machbarkeitswahns und der Selbsterlösung darauf hinzuweisen hat, dass sich menschliches Leben der Gnade Gottes verdankt.
- Den Hinweis, dass das Erbe des Protestantismus in Reformation und Aufklärung wurzelt und die moderne Säkularisierung nicht einfach als eine Bewegung beschrieben werden kann, die eine Zerstörung der christlichen Substanz beinhaltet. Säkularisierung ist eben auch eine Frucht des Christentums und seiner Verkündigung.
- Die besondere Bedeutung des allgemeinen Priestertums und die sich daraus ergebenden Folgen für die Gestaltung von Diakonie und Kirche; die Ablehnung zentralistischen Denkens, die Herrschaft von Männern über Frauen usw.
- Die Gestaltung einer Sozialcharta, um zu verhindern, dass Europa eine Festung wird, die sich abschottet gegen Armutswanderungen und nach innen einem brutalen Selektionswettbewerb ausgesetzt ist.

Was Peter Beier 1992 als Herausforderung beschrieb, ist in vielen Punkten Wirklichkeit geworden.

Die Diakoniewissenschaft unterstützt und begleitet diesen Prozess von Visionen auf europäischer und internationaler Ebene dadurch, 1.) dass die diakonisch-soziale Verantwortung in der jeweiligen Region reflektiert und operationalisiert wird; zur Reflexion gehören Fragen zur diakonischen Tradition in den jeweiligen Ländern, zu Defiziten und Hindernissen für eine produktive Entwicklung; 2.) dass sie Analysen zu den Herausforderungen an die diakonisch-soziale Verantwortung, zu Prioritätenfragen in den einzelnen Ländern erarbeitet.

Von Bedeutung ist in diesem Zusammenhang auch die im Jahr 2001 in Straßburg feierlich unterzeichnete »Charta Oecumenica«, in der sich die europäischen Kirchen zum Dialog verpflichten und dem Ziel allen ökumenischen Bemühens, der eucharistischen Gemeinschaft, entgegen gehen wollen, – eine »Selbstverpflichtung der europäischen Kirchen und ökumenischen Organisationen«.

»Aufgrund unseres christlichen Glaubens setzen wir uns für ein humanes und soziales Europa ein, in dem die Menschenrechte und Grundrechte des Friedens, der Gerechtigkeit, der Freiheit, der Toleranz, der Partizipation und der Solidarität zur Geltung kommen. Wir betonen die Ehrfurcht vor dem Leben, den Wert von Ehe und Familie, den vorrangigen Einsatz für die Armen, die Bereitschaft zur Vergebung und in allem die Barmherzigkeit« (Art. 7).[5]

5. Literatur zur Weiterarbeit

Weiterführende Literatur zur Diakonie in Europa sowie zu europäischen Fragestellungen für die Diakonie sind in nachfolgenden Publikationen zu finden. Daneben sind die Homepage des Europäischen Verbandes für Diakonie/EURODIACONIA (www.eurodiaconia.org) sowie die Internetseite des Diakonischen Werkes der EKD (www.diakonie.de) eine Fundgrube für weitere Informationen.

Füllkrug, Gerhard: Der Internationale Verband für Innere Mission und Diakonie, Berlin 1932.
Gohde, Jürgen (Hg.): Jahrbuch Diakonie 2000. Europa. Erfahrungen, Modelle, Projekte, Stuttgart 2000.
Hoburg, Ralf: Protestantismus und Europa. Erwägungen für eine Kirche der Konfessionen. Geschichte, Modelle, Aufgaben, Berlin 1999.
Kirchenamt der EKD (Hg.): Verantwortung für ein soziales Europa. Herausforderungen einer verantwortlichen sozialen Ordnung im Horizont des europäischen Einigungsprozesses, Gütersloh 1992.
Roser, Hans: Protestanten und Europa. Information, Meinungen, Dokumente, München 1979.
Strohm, Theodor (Hg.): Diakonie an der Schwelle zum neuen Jahrtausend. Ökumenische Beiträge zur weltweiten und interdisziplinären Verständigung, VDWI 12, Heidelberg 2000.
– (Hg.): Diakonie in Europa. Ein internationaler und ökumenischer Forschungsaustausch, VDWI 8, Heidelberg 1997.

---

5 Die Charta Oecumenica findet sich unter: www.ekd.de/EKD-Texte/2096 chartaoecumenica1 2001.html.

Lenken und Gestalten

# XIII.
Führung als Lenkung und Gestaltung im diakonischen Unternehmen

ALFRED JÄGER

1. Geschichte diakonischer Leitungskonzepte

Leitung in diakonischen Einrichtungen hat seit den großen Anfängen im 19. Jh. schon eine lange Geschichte hinter sich. Gründergestalten wie von Bodelschwingh, Fliedner u.a. bauten ihre wachsenden Werke scheinbar aus dem Nichts heraus, de facto aber ließen sie sich als *charismatische Führungspersönlichkeiten* von einer starken Sensibilität für die »soziale Frage« der frühen Industriegesellschaft und ihren neuen Bedürfnissen, von einer besonderen Fähigkeit, mit Menschen – Mitarbeitenden und Betreuten – umzugehen und von einer für ihre Zeit erstaunlichen Betriebsamkeit im Umgang mit den dafür nötigen Finanzen leiten.

Deren Nachfolger versuchten, über lange und schwierigste Zeiten – zwei Weltkriege mit allen Folgen auch für diakonische Einrichtungen, mehrere volkswirtschaftliche Zusammenbrüche etc. – das Gewachsene zu erhalten und den Umständen entsprechend fortzuentwickeln. Darin setzte sich schon früh ein *patriarchalisches Führungskonzept* fest, das über Generationen von diakonischen Chefs z.T. bis in neueste Zeit überleben konnte. Diese erstaunliche Dauerhaftigkeit verdankte es einer inneren Schlüssigkeit, die als Gestaltungskraft die ganze diakonische Einrichtung bis in letzte Details der gemeinsamen Motivation (»Glaubensgemeinschaft«), der Zusammenarbeit (»Dienstgemeinschaft«) und des Zusammenlebens (»Lebensgemeinschaft«) prägen konnte. Leitung hieß in diesen Generationen, als unbestrittener Patriarch einer christlich orientierten »Familie« vorzustehen. Das Leitbild der Führung war eine christlich legitimierte, bürgerlich orientierte Figur eines Vaters, der »seine« Einrichtung als seine Familie verstand. Entsprechend behandelte er Leitungspersonen im mittleren Bereich als »Söhne« (Diakone) und »Töchter« (Diakonissen), die seine Autorität in jeder Hinsicht zu respektieren hatten. Gemäß diesem Leitbild waren Betreute konsequent die Kleinkinder, die als Unmündige für alles Gute von oben zu danken hatten. Nach außen gestaltete sich dieses Leitungskonzept als »soziale Insel« in einem Meer der Unmenschlichkeit und schottete sich unter dem Schutz der verfassten Kirche entsprechend ab. Darin lebten Führungstraditionen aus dem 18. und 19. Jh. fort, die sich durch noch so viele Umbrüche von außen kaum erschüttern ließen.

Es ist rückblickend interessant, wenn auch verständlich, dass sich dieses Leitungsmodell bis zur Wende 1989 vor allem auch in diakonischen Einrichtungen auf dem Boden der *DDR* erhielt. Vom Nationalsozialismus gab es seinerzeit führungsmäßig für eine christliche Einrichtung nichts zu lernen (»Führerprinzip«), doch auch vom Sozialismus und seinem diktatorischen Herrschaftsanspruch hielt man sich in der Nachkriegszeit so weit wie möglich konzeptionell fern. So konnten sich Leitungskonzepte der fernen Vergangenheit z. T. bis in neueste Zeit konservieren. Um so schmerzlicher musste der Bruch in den 1990er Jahren empfunden werden, als es galt, mit einem Schlag den Sprung aus einer fernen Vergangenheit in eine unbekannte Moderne westlichen Zuschnitts zu wagen. Was sollte Leitung einer diakonischen Einrichtung für die Zukunft heißen, nachdem man sich doch über Generationen gegen zahllose Widrigkeiten von innen und vor allem von außen an eine resistente Normalität eines patricharchal-theologisch orientierten Führungskonzepts in allen Teilen gewöhnt hatte? Galt es wiederum Widerstand zu leisten wie schon zuvor, oder sollten unter dem Druck neuer Verhältnisse rechtlicher und damit vor allem finanzieller Natur ganz neue Lernschritte im Sinn eines zukunftsgerichteten diakonischen Managements gewagt werden? Derartige Fragen sind derzeit verbreitete Weichenstellungen, die lange Folgewirkungen nach sich ziehen werden. Leitungsmäßig wird Einrichtungen in den neuen Ländern zu empfehlen sein, längst problematisch gewordene Entwicklungen in den westlichen Ländern während der Jahrzehnte der Nachkriegsepoche nicht fraglos im Sinn einer Modernisierung zu kopieren, sondern sich gemeinsam auf neue Führungskonzepte der Zukunft zu konzentrieren. Eine in westlichen Einrichtungen üblich gewordene Führungsgeneration von Funktionären im Leitungsgremium wird damit zu überspringen sein.

Spätestens seit Ende der 1960er Jahre begannen sich in vielen Einrichtungen – zum Teil unter schweren persönlichen Kämpfen – patriarchale Strukturen aufzulösen. An deren Stelle trat häufig ein typisches *Funktionärsmodell*, das im Zeichen verstärkter Professionalisierung und stetig wachsender finanzieller Ressourcen in diakonischer Arbeit eine neue Ära der Entwicklung eröffnete. An die Stelle einer primär theologisch bestimmten Leitung trat das Fachwissen unterschiedlicher Funktionäre aus den Bereichen Pädagogik, Sozialwissenschaften, Psychologie etc. Faktisch und bildlich gesprochen brachten nicht selten die Söhne ihren Vater um, um gemeinsam das Ruder in die Hand zu nehmen. Führungsgremien wuchsen damit in der Zahl der Beteiligten zum Teil enorm an, indem sich Teilbereichsinteressen in der Leitung etablierten und – meist mühsam genug – auf vielfältige Weise zu einem Ganzen zusammenrauften. Legitimiert wurde dies unter einem nach wie vor christlichen Dach mit zeitgeschichtlich bedingten Argumenten wie »Demokratisierung«, »Teamarbeit« auch in der Leitung, »Spezialisierung« der Kompetenzen etc. Im Zeichen wachsenden Wohlstands auch im sozialen Netz der BRD vermochte der Verwalter, der sich vom Buchhalter zum Finanzmanager entwickelte, den vielfältigen Ansprüchen Jahr für Jahr zu entsprechen. Seine Rolle wurde zunehmend mehr die des »Weihnachtsmanns«, der aus vollen Kassen wahre Wachstumswunder zustande kommen ließ, manifest sichtbar besonders in einer explosiven Bautätigkeit, die dem Spezialistentum freie Entfaltungsmöglichkeiten erschloss. Diakonie erlebte mit diesem Wohlstandsmodell eine in der ganzen Geschichte einmalige Blütezeit, die sich von den patriarchalen Armuts- und Sparsamkeitsmodellen der Vergangenheit deutlich abhob.

2. Neue Rahmenbedingungen erfordern in der Leitung neues Denken

Das Funktionärsmodell konnte sich so lange mit Erfolg halten, als die finanziellen Rahmenbedingungen dies zuließen. Spätestens seit Mitte der 1980er Jahre wurde jedoch zunehmend deutlicher, dass bisherige Entwicklungstrends im Sozialbereich an *neue Grenzen* vorwiegend ökonomischer Art stießen. Die unternehmenspolitische Devise musste daher lauten: In neuen Grenzen leben lernen. Mit einigen finanziellen Abstrichen war der epochale Umbruch am Ende der Nachkriegszeit nicht mehr zu bewältigen. Unter anderem, darin jedoch zentral, ging es darum, die bisherige Qualität von Leitung grundsätzlich zu hinterfragen. Sowohl letzte Relikte patriarchaler Leitungstraditionen als auch Funktionärsmentalitäten erwiesen sich schnell als zu unflexibel, um den neuen Herausforderungen standzuhalten. Besonders die Summierung und Dominanz von Teilinteressen in der Leitung konnten sich rasch als tödlich erweisen. An deren Stelle mussten die Leitsätze treten: Gesamtinteressen gehen unternehmenspolitisch vor allen Teilinteressen; zwischen Geschäftsführung und mittlerem Management ist funktional und institutionell genau zu unterscheiden; von der Verwaltung zur Gestaltung; mit geringeren Mitteln Schaffung besserer Qualität; von der sozialen Insel zum diakonischen Unternehmen; von der bisherigen Leitung zum diakonischen Management der Zukunft.

Die Überlebenschancen diakonischer Einrichtungen und damit die Erhaltung des Gewachsenen in neuen Bedingungen erforderte an erster Stelle eine neue Qualität des Denkens in den Führungsbereichen. Es galt, von alten Führungskonzepten und deren Legitimationen Abschied zu nehmen, um statt dessen ein *neues Denken* in der Qualität der Leitung einzuüben. Noch Ende der 1980er Jahre konnten entsprechende Stichworte – »Wir sind ein diakonisches Unternehmen«; »Leitung heißt auch in der Diakonie zeitgemäßes Management«; »Die Neugestaltung diakonischer Unternehmenspolitik ist das A und O künftiger Entwicklungen« etc. – noch als Fremdsprache wirken, die verbreitet als Gefahr der Entfremdung erlebt wurde. Während Finanzmanager in dieser Phase rasch aufatmeten, kamen ganze Paletten von Einwänden vorwiegend von Seiten der Theologie und der Humandisziplinen, denen ein diakoniepolitisches Umdenken im Interesse des Ganzen besonders schwer fiel. Unter dem steigenden Druck der äußeren Verhältnisse war es nur eine Frage des Zeit, bis derartige Hemmnisse fielen. Neue Lernschritte in der Führung wurden zur Existenzfrage für das Ganze und alle seine Teile. Schlüssel zum neuen Denken wurde die Einsicht, dass diakonische Einrichtungen schon längst zu veritablen Unternehmen irgendwelcher Größe geworden sind, ohne sich dieser Realität angemessen bewusst zu sein. Dies erforderte einen Sprung in der Corporate Identity der Leitung und damit des ganzen Unternehmens, der anfänglich beängstigend wirken konnte, der jedoch auch neue Zukunft in veränderten Rahmenbedingungen eröffnete.

Faszinierend ist im Rückblick die Feststellung, dass sich zeitgleich mit derartigen Prozessen des Umdenkens in diakonischer Führung während der 1980er und 1990er Jahre eine Szene *professioneller Unternehmensberatung* zu etablieren begann, deren Bedeutung längst nicht mehr wegzudenken ist. Große Beratungsfirmen hatten bis zu diesem Zeitpunkt den sog. »Nonprofit-Bereich« und darin besonders Bereiche des Sozialen als völlig uninteressant vernachlässigt. Erste Ansätze zu einer spezifisch diakonisch-caritativ orientierten Beratung erwuchsen vorerst aus diesen »Branchen« selbst, die eine eigene, intime Ortskenntnis erfordern. Schon Mitte der 1990er Jahre tummelten sich in solchen Bereichen nach kleinen Anfängen bereits Dutzende von Anbieterfirmen unterschiedlicher Größe, die mit externem Management-Knowhow in einzelnen Unternehmen die Umgestaltungsprozesse begleiteten und bestimmten. Selbst große, bisher für den freien Markt tätige Firmen entdeckten zunehmend mehr den Reiz von Nonprofit-Unternehmen und drängten sich kräftig in die Szene ein. Was noch Mitte der 1980er Jahre unerhört war, externe Management-Beratung in einer christlichen Einrichtung mit entsprechenden Honoraren, wurde unter dem Druck der Entwicklungen rasch zur Selbstverständlichkeit. Wie Pilze schossen damit auch Bildungs- und Weiterbildungsangebote für Diakonie-Manager/innen aus dem Boden, die dafür sorgten, dass Leitung nicht mehr nur als »kirchliches Amt«, sondern als professionelle Kunst mit entsprechenden Management-Kompetenzen wahrgenommen wurde. Nachholbedarf hatten darin sämtliche an der Leitung beteiligten Professionen: Theologen, Verwaltungsleiter, Fachkräfte sozialer Art, Ärzte, Juristen etc. In kaum einem Ausbildungsgang dieser Professionen kam das Thema »Führung« bisher jemals vor. An die Stelle eines bloßen learning-by-doing im Leitungsbereich trat damit die Notwendigkeit einer eigenen Professionalität. Lange Zeit und häufig besonders schwer taten sich mit derartigen Entwicklungen ehrenamtlich besetzte Aufsichtsgremien, ohne deren Zustimmung jedoch kein Schritt in die neue Richtung eines diakonischen Managements möglich war.

Ebenso faszinierend ist rückblickend die Wahrnehmung, dass sog. *Leitbild-Prozesse* in einzelnen Einrichtungen zum Weg wurden, auf dem das neue Denken intern eingeübt und in entsprechenden Dokumenten der hauseigenen Unternehmenspolitik verbindlich fixiert wurden. Das Flaggschiff evangelischer Diakonie ging mit seiner Unternehmensverfassung »Grundsätze für das Leben und Arbeiten in den von Bodelschwinghschen Anstalten« (1988) exemplarisch und modellhaft für viele andere Einrichtungen voran. Daraus wurde in Kürze eine flächendeckende Lawine. Schon Ende der 1990er Jahre fand sich kaum mehr eine Einrichtung, die nicht ihr eigenes Leitbild entwickelt hatte. Verglichen mit anderen Großinstitutionen wie den Gewerkschaften oder den verfassten Kirchen lernten Diakonie und Caritas erstaunlich schnell dazu. Es galt, den Leitsatz »Wir sind ein christliches Unternehmen« im Ansatz und bis in letzte Details durchzubuchstabieren und für eine langfristige Zukunft tauglich werden zu lassen. Im Zug derartiger Leitbild-Prozesse wurden wie von selbst zahlreiche weitere Management-Instrumentarien ins Spiel gebracht, deren Auswirkungen in der alltäglichen Unternehmenspolitik rasch wirksam werden konnten. Der Einsatz bei einem Leitbild der Zukunft entsprach zwar nicht unbedingt einem zeitgemäßen Management-Handbuch, das der Einübung eines komplexen und integralen Denkens oberste Priorität einräumt, doch manifestierte sich auf diesem Umweg eines der akutesten Bedürfnisse diakonischer Einrichtungen, um aus der Mentalität bloßer Verwaltung heraus zu einer aktiven, zielgerichteten, sinn- und werthaft bestimmten Neuorientierung der Leitung zu gelangen.

3. Das Diakonie-Management-Modell

Nicht zufällig machte in diesen Entwicklungen diakonischer Leitung das »*St. Galler Management-Modell*« besonders Schule. Dessen Anfänge gehen auf die frühen 1970er Jahre zurück.[1] Seither wurde es von vielen Autoren im Bereich der Betriebswirtschaft aufgenommen und weiterentwickelt. Dessen »Erfinder« und spiritus rector Hans Ulrich führte es seinerseits zu einer fast klassisch zu nennenden Blüte in seinen Standardwerken.[2] Anfänglich wurde dieses Management-Konzept vorwiegend von Marktunternehmen rezipiert, um auf diesem Weg aus herkömmlichen Führungstraditionen heraus zu einer zeitgemäßen Leitungs-Konzeption zu gelangen. Die sich massiv steigernde Komplexität im Umgang mit Führungsfragen von Unternehmen rief nach einem entsprechend neuen Denken und dazu passenden Orientierungen im Bereich des Managements, das dadurch einen eigenen Professionalisierungsschub erfahren sollte. An die Stelle eines bloßen, handwerklich-technokratischen »how to do?« trat die oberste Devise: »*what and why to do?*« Das Modell zog somit von Grund auf auch Wert- und Sinnfragen einer zeitgemäßen Unternehmenspolitik ins Spiel. Die Fragen nach dem Was, Warum, Wozu hatten darin als »Unternehmensphilosophie« unbedingten Vorrang vor allen Fragen des Wie. Beachtlich aber ist daran auch, dass Ulrich das Modell von Anfang an nicht nur für Marktunternehmen, sondern für Unternehmen jeglicher Art, etwa auch im Nonprofit-Bereich, konzipierte. Damit war er seiner Zeit weit voraus. Erste Versuche, nach derartigen Maßgaben etwa ein Krankenhaus als Unternehmen zu gestalten, scheiterten noch Anfang der 1980er

---

1 Hans Ulrich/Walter Krieg: St. Galler Management-Modell, Bern 1972. (Gesammelte Schriften/Hans Ulrich, hg.v. der Stiftung zur Förderung der Systemorientierten Managementlehre, St. Gallen/Schweiz, Fünf Bände: Bd. 2, Bern/Stuttgart/Wien 2001 = Ges. Schr.: Bd. 2).
2 Hans Ulrich: Management. Aufsätze 1971–1981, Bern 1984 (= Ges. Schr.: Bd. 4); Ders.: Anleitung zum ganzheitlichen Denken und Handeln, Bern 1988 (= Ges. Schr.: Bd. 3).

Jahre, weil die Umstände und damit die beteiligten Köpfe noch nicht reif waren. Es waren epochale Umbrüche der 1980er Jahre im Sozialbereich nötig, um diesen Aspekt des St. Galler Modells zu entdecken, aufzugreifen und weiter zu entwickeln.[3] Es war die dezidierte Sinn- und Wertorientierung des Konzepts, die den Brückenschlag auch zu diakonischen Einrichtungen erleichterte. Als konfessionelle »Trendbetriebe« mit eigener, traditionell normativer Ausrichtung haben sie alles Interesse daran, dass zeitgemäßes Management nicht auf Kosten der geistlichen Prägung geht. In rechter Adaption fordert das St. Galler Modell im Gegenteil von innen heraus die Stärkung und Förderung der theologischen Achse, um die sich ein diakonisches Unternehmen aus eigener Motivation heraus bis in die Zielsetzungen wie ein Karussell dreht. Diakonie und normatives Management im Sinne Ulrichs und seiner Schule bilden insofern grundlegend keinen Gegensatz, sondern sie können sich bis in Details der Unternehmensführung ergänzen und unterstützen. Management im Bereich Diakonie ist kein Verrat am Evangelium, sondern unter den gegebenen Umständen ein Muss.

Elementar darin ist die Einsicht, dass ein Unternehmen – auch ein diakonisches Unternehmen – keine statische Größe, sondern ein *gesteuerter Prozess* und damit eine allseits dynamische Größe ist. Innere und äußere Bewegung ist Normalität, nicht als solche eine Gefahr. Zwischen Herkunft und langfristiger Zukunft ist unternehmenspolitisch von innen her eine Linie zu legen, die auf Dauer gilt und der Erhaltung und Gestaltung des Gewordenen dient. Mit weniger Mitteln ist u. a. eine bessere Qualität in allen Teilen, an erster Stelle auch in der Führung anzustreben.

Elementar ist zweitens die Einsicht, dass im Zentrum der Neuorientierung die hauseigene *Unternehmenspolitik* steht, d.h. das alltägliche Lenken und Gestalten des Unternehmens mit langfristigem Blick voraus. Politik ist darin im ursprünglich griechischen Sinn als Gestaltung einer Polis, eines Gemeinwesens, zu verstehen, zu der alles gehört, was darin und darum herum lebt: Götter und Menschen, Priester und Könige, erwachsene Männer und Frauen, Kinder und Gesinde, Sklaven und Tiere, Bäume und Pflanzen, Häuser und Mauern, Wiesen und Weinberge vor der Stadt, Nachbarn, Freunde und Feinde etc. Management im integralen Sinn beschränkt sich somit nicht auf Facts und Beziehungen zwischen Menschen, sondern beinhaltet die Gestaltung des Unternehmens in jeder Hinsicht.

3 Peter Schwarz: Management in Nonprofit Organisationen, Bern 1992; (2., aktual. Aufl., Bern 1996).

Dies erfordert bei Führungspersönlichkeiten ein besonderes Maß an Fähigkeit, mit *Komplexität* umzugehen. Das neue Denken gibt jeder Linearität und Monokausalität den Abschied. Komplexes Denken ist in der Lage, das eigene Unternehmen nach innen und außen als differenziertes Netzwerk wahrzunehmen und entsprechend zu gestalten. Dies gilt in besonderer Weise auch im Blick auf die relevanten Umwelten eines diakonischen Unternehmens: Gesellschaft, Kommune, Politik, Kultur, Wissenschaft und Therapie, Markt etc. Die Zeit der Inselvorstellung (Patriarchat) oder gar der gegen außen abgeschotteten, sozialen Festung (Funktionärsmentalität) ist vorbei. An deren Stelle tritt eine unternehmenspolitische Offenheit, die das eigene Unternehmen bewusst dem neuen Wind des Marktes, darin besonders des Arbeits- und Sozialmarktes, aussetzt, um sich darin möglichst optimal zu positionieren.

Dies hat eine besondere Konsequenz für den Faktor Ökonomie im Rahmen des Ganzen. Er tritt aus dem Schattendasein der Buchhaltung (Patriarchat) und der Verwaltung (Funktionärs-Modell) heraus, um neben den rechtlichen Maßgaben als die entscheidende, integrale Rahmenbedingung der Unternehmenspolitik zu fungieren. Ohne Finanzen geht gar nichts, dies hat jede andere Teilfunktion im Sinn eines neuen Kostenbewusstseins wahrzunehmen. Umgekehrt ist jedem Ökonomismus zu wehren, der finanzielle Ziele zur primären oder gar alles bestimmenden Maßgabe zu machen versucht. Dies ginge über kurz oder lang an die besondere Substanz einer diakonischen Einrichtung. Finanzmanagement ist die kluge, strategische Lenkung und Gestaltung des Finanzrahmens, der eine Vielzahl unterschiedlicher Unternehmensziele eröffnet und ermöglicht.

3.1 *Das diakoniepolitische Leitbild*

Ein Leitbild ist unternehmenspolitisch kein Ideal und keine Utopie, sondern die *Leitvorstellung* der Gestaltung für die nächsten Jahre. Darin wird die theologische Achse als innere Mitte möglichst konsensfähig definiert. Einige wenige, substantielle Aussagen sind relevanter als irgendwelche noch so richtigen Reflexionen. Umgekehrt muss z.B. die Selbstfestlegung auf ein Menschenverständnis aus biblischer Tradition harte und weiche Konsequenzen bis in ein Personal- und Therapiekonzept haben. Insofern sind Aussagen in christlicher Tradition keine nebulösen Formulierungen, sondern Bestimmungen mit Folgewirkung. Zeitgemäßes Management vermag theologisch bestimmter Orientierung neue Relevanz zu geben. Im Blick auf die heutige Pluralität der Mitarbeiterschaft ist von jeder glaubensmässigen Uniformität Abschied zu nehmen. Je vielfältiger jedoch die Motivation zur Mitarbeit in einer diakonischen Unternehmen ist, desto sicherer und bestimmter muss die Motivation des Ganzen sein, das eine reiche Vielfalt nicht nur ermöglicht, sondern auch fördert.

Das Leitbild beantwortet drei elementare Fragen der Unternehmenspolitik: *Wer sind wir?* (Corporate Identity); *Was sollen/wollen wir?* (Unternehmensziele); *Wohin soll es gehen?* (Strategische Ausrichtung). Diese Elemente werden als Dollpunkte fixiert, die in weiteren, methodischen Schritten zu präzisieren und zu operationalisieren sind.

Es reicht somit nicht aus, ein Leitbild als Glanzfolioprospekt zu erstellen. Im Sinn eines eingeleiteten Prozesses sind auch diese Essentials regelmäßig neu zu überprüfen (alle zwei bis drei Jahre). Es kommt statt dessen darauf an, diesen ersten methodischen Schritt in einem zweiten auf die Ebene alltäglicher Praktikabilität zu bringen, wenn er wirksam werden soll.

3.2 Themen des Hard-Managements

Hard-Management (Bleicher) lenkt und gestaltet die *harten Fakten*, die zu jeder Unternehmenspolitik als Gerüst gehören. Mit Brutalität oder gar Unmenschlichkeit hat dies nichts zu tun. Deren sachgemäße Stimmigkeit trägt alltägliche Entscheide durch irgendwelche Turbulenzen, die als Normalität immer gegeben sind.

An erster Stelle ist ein möglichst breit abgestützter Konsens über die *Unternehmensziele* zu erreichen. Darin ist die richtige Mischung zwischen Flexibilität und Nachhaltigkeit anzustreben. Je turbulenter die äußeren Rahmenbedingungen werden, desto nötiger ist von innen her eine klare Linie. Je höher die Wellen ins Schiff schlagen, desto sicherer muss der langfristige Kurs sein. In Krisenzeiten kann dies auch die geplante Konzeptionierung einer Fusion mit anderen Einrichtungen oder gar die vernünftige Liquidierung bedeuten. Die Definition von Zielen ersetzt jede Kopflosigkeit, sei es in kritischen Zeiten, sei es erst recht auf hoffnungsvoller Spur ganz neuer Entwicklungen.

An zweiter Stelle sind sachliche *Unternehmenskonzepte* zu entwickeln, die dem Alltagsbetrieb Richtung und Rahmen geben:

- Theologisches Konzept
- Finanzkonzept
- Personalkonzept
- Therapiekonzept
- Umweltkonzept
- Seelsorgekonzept
- etc.

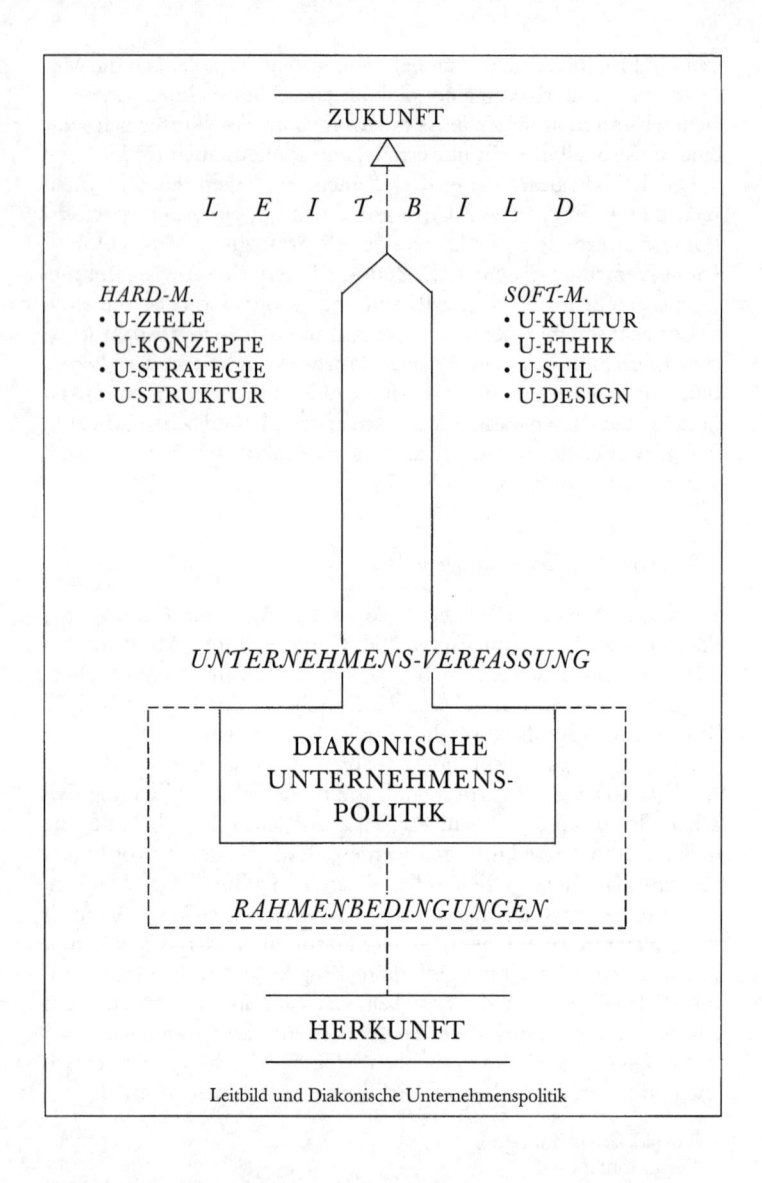

```
              ZUKUNFT
                 △
         L E I T B I L D

  HARD-M.                  SOFT-M.
  • U-ZIELE                • U-KULTUR
  • U-KONZEPTE             • U-ETHIK
  • U-STRATEGIE            • U-STIL
  • U-STRUKTUR             • U-DESIGN



         UNTERNEHMENS-VERFASSUNG

            DIAKONISCHE
            UNTERNEHMENS-
            POLITIK

            RAHMENBEDINGUNGEN


              HERKUNFT
```

Leitbild und Diakonische Unternehmenspolitik

In relevanten Fachgruppen werden nach bestem Stand der zeitgemäßen Erkenntnisse Arbeitsfelder definiert, die den daran Beteiligten eine sinnvolle Tätigkeit mit entsprechend sachlichen und persönlichen Entwicklungen eröffnen. Auf der Konzeptstufe muss sich die

Vorgabe des Leitbildes verifizieren, dass die theologische Achse bis in einzelne Konkretionen hinein wirksam wird. Dies erfordert neue Formen des Dialogs zwischen den einzelnen Disziplinen – Theologie und Ökonomie; Theologie und Personalpolitik; Theologie und Therapie; Theologie in einem zunehmend säkularen Umfeld. Ein besonderes Desiderat bildet die Entwicklung eines tauglichen, heutigen Einsichten entsprechenden Seelsorgekonzepts als essentielle Funktion der Unternehmenspolitik.

Im weiteren sind *strategische Leitlinien* zu entwickeln, die dem Ganzen und seinen Teilen eine vertretbare Richtung vorgeben. Dafür ist ein internes und externes Radar der Geschäftsführung erforderlich, das jede relevante Veränderung von innen und vor allem auch von außen frühzeitig wahrnimmt und passende Schritte andenkt und in die Wege leitet. In mittelgroßen und großen Unternehmen hat sich dafür schon eine Stabsstelle ergeben, da Entscheidungsgremien in der Regel zu sehr im Alltagsgeschäft stecken, um strategisch jederzeit auf der Höhe zu sein. Strategisches Denken erfordert eine eigene Sensibilität im Umgang mit hochkomplexen Faktoren, die häufig noch kaum greifbar sind, die sich jedoch auf die Länge als ausschlaggebend erweisen können. Wenn z.B. derzeit im europäischen Bankensektor über neue Finanzbasen und damit Kreditlimit nachgedacht wird, die vor allem mittelständische Unternehmen treffen können/werden, kann dies u.U. plötzlich auch auf eine Vielzahl diakonischer Einrichtungen durchschlagen. Noch sind die Signale erst am Horizont zu erkennen, deren Auswirkungen aber können über Nacht spürbar werden.[4]

Besondere Beachtung findet im Zug eines Revirements die Neugestaltung des *Unternehmenskonzepts* und damit eng verbunden des künftig gültigen *Führungskonzepts*. Wenn vom Leitbild der diakonischen »Familie« (Patriarchat) und vom Folgeleitbild der »sozialen Festung« Abschied genommen wird, hat dies Folgen bis in die Rekonstruktion des Unternehmensgerüsts, das alles stabilisiert und zukunftsgerichtet kanalisiert. An die Stelle einer Einrichtung mit relativ einsamem Führungskopf (Vaterfigur), aber auch an die Stelle einer überkomplexen Gremienstruktur mit häufig immobilen und unklaren Entscheidungsabläufen tritt ein Unternehmenskonzept, das in sich klar und schlüssig, flexibel und mobil, doch auch eindeutig zielgerichtet strukturiert ist. Die Erfahrung der letzten Jahre hat immer wieder gezeigt, dass sich selbst für kleinere und mittlere, mit

---

4 David Lohmann: Das Bielefelder Diakonie-Management-Modell, LLG 1, Gütersloh ²2003.

Sicherheit jedoch für große Unternehmen das Konzept einer Holding nahelegt. Es bietet die Möglichkeit einer klaren Trennung und Verbindung von unternehmenspolitischen Ganzheits- und Teilinteressen. Mit klarer innerer Linie wird ein Höchstmaß an innerer Differenziertheit ermöglicht, die dem Ganzen und seinen Teilen zugute kommt. Eine kleine Geschäftsführung von höchstens drei Personen – Theolog/in als Personalchef/in/Finanzmanager/in/Qualitätsmanager/in – bildet das ganzheitliche Kerninstrument, das seine Kompetenzen (Personal-, Finanzkompetenzen durch interne Budgetierung etc.) weitmöglichst an ein zahlenmäßig überschaubares, mittleres Management delegiert, das in Teilbereichen seinerseits besondere Management-Funktionen erfüllt. In einem Zwischen-Instrument – der Titel tut wenig zur Sache: »Hauskonferenz«, »Diakonischer Rat«, »Kompetenz-Zentrum« u.a. – werden Gesamt- und Teilinteressen regelmäßig aufeinander abgestimmt. Als hilfreich hat sich nach diesem Modell auch schon die Ausdünnung einer zentralen Verwaltung und deren Auslagerung, soweit möglich und nötig, in die Teilbereiche erwiesen. Entsprechend werden auch die Funktionen des Aufsichtsgremiums präzis neu bestimmt: Rahmenkompetenzen, Zielkompetenzen, Kontrolle, Krisenintervention. Eine Geschäftsordnung des Ganzen präzisiert sämtliche Knotenpunkte und deren Verbindungen neu im Sinn eines integralen Netzwerks. Dabei ist es nicht unerheblich, dass dieses Führungsmodell eindeutig geschlechtsneutral ist, dies im Unterschied zur klar männlichen Dominanz sowohl im Patriarchat als auch unter der Leitung der häufig von der 1968er Bewegung geprägten Funktionäre. Leitungskompetenz entscheidet, nicht das Geschlecht. Ebenso bedeutsam erscheint, dass das Holding-Modell jede überholte Oben-Unten-Struktur ausräumt. An deren Stelle tritt eine vertikale Innen-Aussen-Struktur mit der Geschäftsführung an der inneren Zugleine und den Teilbereichen als Außenfeldern unterschiedlicher Art. Man begegnet sich auf selber Sichthöhe, doch mit klar differenzierten Kompetenzen. Im übrigen kann es sich nahelegen, dass im Zug der Restrukturierung auch die bisherige Rechtsform des Unternehmens kritisch überprüft und neudefiniert wird. Im Blick auf die Vergangenheit kommen der traditionellen Vereins-Struktur aus vielerlei Gründen große Verdienste zu, im Blick auf die Herausforderungen der Zukunft aber kann sich deren Schwerfälligkeit auch rasch als gefährliches Hindernis herausstellen. Das Konzept einer gGmbH oder künftig gar einer gAG – sofern das neue Europa dies zulässt resp. fördert – bietet deutlich klarere und flexiblere Strukturen. Eine alte Rechtsform kann beibehalten werden, solange sie nicht hinderlich wird, eine neue verspricht mehr Konsequenz in der Neugestaltung des Unternehmens. Allemal wichtiger als derartige, meist besonders mühselige Auseinandersetzungen um Rechtsfragen ist um so mehr das neue Management-Konzept selbst, das als neuer Wein auch in alten Schläuchen wirksam werden kann.

3.3 Themen des Soft-Managements

Marktunternehmen haben schon längst bemerkt, dass sich Führung nicht auf harte Fakten beschränken kann, wenn eine dauerhafte Linie eingeschlagen werden soll. *Sanfte Faktoren* bestimmen das Leben und die Leistung langfristig still und leise, doch nachhaltig und folgewirksam. Sie sind nicht machbar im Sinn von harten Entscheiden, doch dürfen sie auch nicht mehr einer Beliebigkeit von einzelnen Führungspersonen überlassen bleiben. Eine neue Professionalität erfordert auch an dieser Stelle entsprechende Qualitäten der Leitung und der sanften Lenkung und Gestaltung, die erst mittel- und langfristig zur Auswirkung kommen. Wie essentiell derartige Aspekte eines Unternehmens sind, wird u. a. etwa darin sichtbar, wenn im Zug einer Fusion unterschiedliche Unternehmenskulturen zusammenzuführen sind. Unzureichende Sensibilität und Wahrnehmungsfähigkeit, doch auch lasche Vernachlässigung können in Kürze zu komplexen Friktionen führen, die zum Schaden des Ganzen gehen.

Diakonische Unternehmen verfügen darin aus langer Tradition über eigene Kompetenzen. Schon in patriarchalen Settings wurde solchen Elementen eine aus christlicher Prägung bestimmte Aufmerksamkeit zuteil, nicht selten bis in letzte Details der Normierung des Zusammenlebens und -arbeitens. Insofern vermag hier ein neuer Impuls an alte *Lebensformen* anzuknüpfen, um diese jedoch kritisch zu überprüfen und auf einen veränderten Stand der Entwicklung zu bringen. Die Hege und Pflege des Soft-Managements ist genau so eine essentielle Leitungsaufgabe wie die Beschäftigung mit harten Dingen. Eine Geschäftsführung wird darin ebenfalls schnell überfordert sein, so sehr diese Themen auch in ihr Feld der Sorge fallen. Die Aufmerksamkeit für den Geist und die Seele des Unternehmens kann in deren Auftrag auch an eine Stabsfunktion delegiert werden. Zu überlegen ist, ob sich damit auch Seelsorge als Markenzeichen des Hauses künftig nicht mehr nur auf traditionelle Individualsorge beschränkt, sondern als relativ freischwebende Funktion für die Seele des Unternehmens insgesamt in besonderer Weise verantwortlich wird. Der/die Seelsorger/in kann damit für das Soft-Management im Haus zuständig werden, unterstützt durch Mitarbeitende, die in ihrer seelsorglichen Kompetenz in besonderer Weise gefördert werden. Auf dieser Linie kann es zu einem zukunftsträchtigen Seelsorgekonzept kommen, das sich in das Ganze integriert, um darin jedoch trotzdem eine weitgehende Gestaltungsfreiheit zu genießen.

Unternehmenskultur ist die elementare und alltägliche Weise, wie zusammengelebt und gearbeitet wird: Führungskultur, Kommunikationskultur, Konfliktkultur, Beziehungskultur, Esskultur, Kleidungskultur, Sprachkultur, Baukultur, Gartenkultur, Gestaltungskultur etc. Psychologisch und beziehungsmäßig relevante Dinge spielen sich primär im Alltag ab, die je nachdem förderlich oder hinderlich, lebensdienlich oder -feindlich, krank- oder gesundmachend sein können. Eine schlechte Unternehmenskultur kann ein Unternehmen in Kürze auch in den Hard-Facts in Schwierigkeiten bringen, während eine gepflegte Kultur sogar in der Lage ist, gemeinsam schwierige Krisen zu überstehen. Darin zeigt sich in eigener Weise die Qualität eines Unternehmens, jederzeit bewußt oder auch unbewusst erfahrbar und erlebbar für alle Beteiligten. Einfache Kriterien und Raster vermögen an dieser Stelle in Kürze wichtige Aspekte aufzudecken, um damit angemessener umzugehen.

Unternehmensethik ist für das Ethos im Haus besorgt, d.h. für all dies, was gilt und nicht gilt. Mehrfach hat es sich schon als hilfreich erwiesen, dafür eigens eine interne Ethik-Kommission mit entsprechenden Fachkräften von innen und außen – je nach Thema – einzurichten. Deren Daueraufgabe liegt darin, ethische Konflikt- und Dunkelzonen, die es in jedem Unternehmen gibt, auch in einem christlich geprägten, zu erkennen, zu analysieren, zu gestalten, um auf dem Weg einer Neuorientierung für alle daran Beteiligten zu hilfreicheren Schritten zu gelangen. Ein solches Organ muss hochkarätig besetzt und der Geschäftsführung unmittelbar zugeordnet sein, damit neue Wege auch schnell wirksam zu werden vermögen.

Unternehmensstil ist das lebendig gewordene Ethos des Hauses, die gelebte Unternehmenskultur, die alltäglich erkennbar wird und werden soll. Ethos und Kultur haben guten oder schlechten Stil, je nachdem. Ein Stil kann in alle Sinne stechen, aber auch alle Sinne anregen und fördern. Stilfragen sind kein Problem des Geschmacks allein, sondern der angenehmen oder unangenehmen Befindlichkeit. Ungepflegter Stil schlägt sogleich negativ auf die Arbeitsmotivation durch, gehegter Stil kann selbst schwierige Situationen leichter meistern.

Unternehmensdesign ist das alltägliche Erscheinungsbild des Hauses nach innen und außen. Bei längerer Mitarbeit werden diese sanften, ästhetischen Faktoren häufig kaum mehr wahrgenommen, weil sie rasch zur Selbstverständlichkeit werden. Ein noch so glänzender Logo des Hauses kann Defizite an dieser Stelle auf die Länge kaum überdecken. Nicht zufällig haben sich zahlreiche Marktunternehmen schon längst auf Versuche eingelassen, das eigene Haus professionell neu durchgestalten zu lassen. Die Sorge für den Design geht weit über Öffentlichkeitsarbeit und Marketing hinaus, Elemente, die auch in diakonischen Einrichtungen schon längst zur Selbstverständlichkeit geworden sind. Ein zeitgemäßes Unternehmen verkauft nicht mehr primär Produkte, sondern sich selbst, indem es sich nach innen und außen in besonderer Weise zeigt. Dafür sind eigene Instrumentarien einzusetzen, die das Erscheinungsbild überzeugend wirksam werden lassen.

4. Neue Herausforderungen diakonischer Unternehmenspolitik

Insgesamt geht es im Zug des neuen Denkens darum, das eigene Unternehmen für die Herausforderungen der Zukunft fit zu machen. Dazu gehört einmal die Sorge für die Beständigkeit am sozialen Markt, der sich in Deutschland aus zahlreichen Gründen schon seit einigen Jahren zunehmend massiver bemerkbar macht. Auch wenn die Gründerväter des sozial-liberalen Gesellschaftsmodells in der ersten Nachkriegszeit jede Konkurrenz im sozialen Netz auszuschließen versuchten, sind längst Anzeichen einer Überversorgung in bestimmten Bereichen festzustellen, während andere noch darben. Wie viele Träger von diakonischen Unternehmen in welcher Größe die damit bedingten Umbrüche überleben werden, ist heute noch Spekulation. Fusionen, Übernahmen, Verbandsbildungen, Ketten und Liquidationen aber werden zunehmend mehr zur Alltäglichkeit. Der Trend wird sich mit Sicherheit fortsetzen und erfordert durchdachte Strategien, um das Gewachsene nicht irgendwelchen Zufällen zu überlassen.

Zeitgleich meldet sich auch für diakonische Unternehmen zunehmend deutlicher das Thema Europa zu Wort. Noch steckt die gegenseitige Anpassung der sozialen Netze zwischen den einzelnen Ländern in den Anfängen. Die Aufgabe des Aufbaus eines integralen Netzes für ganz Europa aber steht als Generationenaufgabe auf vielen Ebenen an. Nirgendwo hat sich bisher eine so hoch entwickelte Diakonie wie in Deutschland entwickelt, doch ist es keineswegs gesagt, dass sich deren Traditionen auf europäischer Ebene als Norm durchsetzen werden. Nichts Geringeres als die Grundpfeiler des sozialen Netzes in Deutschland stehen in Brüssel auf dem Prüfstand, in besonderer Weise die Prinzipien der »Gemeinnützigkeit« und der »Subsidiarität«. Ob damit auch europäisch Schule zu machen ist, steht dahin. Dafür werden sich Verbände der Diakonie noch einige Zeit stark machen müssen, wobei sich deren Einzelunternehmen, besonders auch die Großeinrichtungen, noch merkwürdig bedeckt halten.

Um so mehr entwickelte sich auf anderen Ebenen schon in den 1990er Jahren ein Sog von West nach Ost. Auf diesem Weg kann das Gewachsene in Deutschland rasch zu einem Exportschlager in Ländern Osteuropas werden, der sich weniger staatlichen als vor allem pragmatischen Lösungen auf Unternehmensebene verdankt. Kooperationen zwischen Starken und Schwachen können zur Normalität werden, die beiden Seiten auf die Länge dient. Elemente des neuen Denkens in der Führung sind in derartigen Gefilden vorerst noch exotisch, über zahlreiche Schienen des Austauschs von Knowhow aber kann es auch an dieser Stelle zu Entwicklungen kommen, die dem Wort »Management« auch in osteuropäischen Sprachen seine Befremdlichkeit nehmen.

5. Literatur zur Weiterarbeit

Bleicher, Knut: Das Konzept Integriertes Management. Das St. Galler Management-Konzept, Frankfurt a.M. 1991.
–: Normatives Management. Politik, Verfassung und Philosophie des Unternehmens, Frankfurt a.M. 1994.
Degen, Johannes: Diakonie als soziale Dienstleistung, Gütersloh 1994.
Doppler, Klaus/Lauterberg, Christoph: Change Management. Den Unternehmenswandel gestalten, Frankfurt a.M. ⁴1995.
Goll, Eberhard: Die freie Wohlfahrtspflege als eigener Wirtschaftssektor, Baden-Baden 1991.
Jäger, Alfred: Diakonie als christliches Unternehmen, Gütersloh ⁴1992.
–: Diakonische Unternehmenspolitik, Gütersloh 1992.
Lohmann, David: Diakonisches Corporate Financing, in: Güntert, Bernhard J./Kaufmann, Franz-Xaver/Krolzik, Udo (Hg.): Freie Wohlfahrtspflege und europäische Integration (FS A. Jäger), Gütersloh 2002, 133–140.
Malik, Fredmund: Führen – Leisten – Leben. Wirksames Management für eine neue Zeit, Stuttgart/München 2000.
Rückert, Markus: Diakonie und Ökonomie, Gütersloh 1990.
Schwarz, Peter/Purtschert, Robert/Giroud, Charles: Das Freiburger Management-Modell für Nonprofit-Organisationen (NPO), Bern 1995.
Ulrich, Peter/Fluri, Edgar: Management, Bern ⁴1986.
Wunderer, Rolf: Führung und Zusammenarbeit. Eine unternehmerische Führungslehre, Neuwied ³2000.

XIV.
Diakonie im Spannungsfeld von kirchlichem und staatlichem Recht

JÖRG WINTER

1. Einführung

In einem dem Diakonischen Werk angeschlossenen Altenpflegeheim, das von einem e.V. getragen wird, ist die Stelle der Pflegedienstleitung zu besetzen. Auf die Ausschreibung bewerben sich drei Damen. Davon ist eine römisch-katholischer Konfession, die zweite ist nicht getauft und gehört keiner Religionsgemeinschaft an, die dritte ist vor Jahren aus der evangelischen Kirche ausgetreten. Die Mitglieder des Vorstandes sprechen sich mit großer Mehrheit für die Einstellung der dritten Bewerberin aus, weil sich diese unter fachlichen Gesichtspunkten als die eindeutig am besten qualifizierte erwiesen hat. Der dem Vorstand angehörende Pfarrer hält diese Einstellung rechtlich nicht für möglich, da der Verein nach der Satzung des Diakonischen Werkes zur Anwendung kirchlichen Arbeitsrechtes verpflichtet sei.[1] Dieses verlange, dass die Mitarbeiterschaft der Kirche grundsätzlich der evangelischen Kirche angehöre. Ausnahmen davon seien nur in bestimmten Fällen möglich, jedenfalls aber verbiete das Kirchenrecht die Einstellung von Personen, die aus der Kirche ausgetreten sind.[2] Von anderen Vorstandsmitgliedern wird

1 Vgl. z.B. § 5 Abs. 4 a der Satzung des Diakonischen Werkes in Baden: »Die Mitglieder sind verpflichtet, das Dienst- und Vergütungsrecht der Evangelischen Landeskirche in Baden einschließlich der nach dem Arbeitsrechtsregelungsgesetz zustande gekommenen Arbeitsrechtsregelungen anzuwenden.«
2 Vgl. z.B. das kirchliche Gesetz über das Dienstverhältnis der kirchlichen Mitarbeiter im Bereich der Landeskirche und des Diakonischen Werkes der Evangelischen Landeskirche in Baden (Rahmenordnung) vom 1. Mai 1984 i.d.F. vom 20. Oktober 1994, nach dem die Anstellung im kirchlichen Dienst die Kirchenmitgliedschaft voraussetzt. Ausnahmen sind nur in den im Gesetz im Einzelnen geregelten Fällen möglich. Dabei bestimmt § 4 Abs. 5: »Keine Ausnahmen sind zulässig bei Diensten im Predigtamt (§§ 50 bis 65 Grundordnung) und für Personen, die sich durch Austritt von der evangelischen Kirche abgewandt haben, sofern sie nicht Mitglieder einer anderen christlichen Kirche geworden sind.« Für den Bereich

ihm entgegengehalten, die fachliche Qualifikation müsse in jedem Falle Vorrang haben vor der Frage der kirchlichen Bindung oder Konfessionszugehörigkeit. Außerdem stehe eine evangelische Bewerberin gar nicht zur Verfügung. Ein dem Vorstand angehörender Rechtsanwalt zieht in Zweifel, ob eine solche Einschränkung im kirchlichen Arbeitsrecht nach staatlichem Recht überhaupt zulässig sei. Er verweist in diesem Zusammenhang insbesondere auf die Antidiskriminierungsrichtlinie des Rates der Europäischen Union,[3] die bei einer Einstellung eine Benachteiligung aus religiösen Gründen verbiete. Daran sei auch die Bundesrepublik Deutschland gebunden. Der Pfarrer beruft sich demgegenüber auf das Selbstbestimmungsrecht, das den Kirchen in ihren eigenen Angelegenheiten in Art. 140 des Grundgesetzes in Verbindungen mit Art. 137 Abs. 3 der Weimarer Reichsverfassung garantiert sei. Das schließe auch das Recht ein, die Einstellung von Mitarbeiterinnen und Mitarbeitern von der Zugehörigkeit zu einer christlichen Kirche abhängig zu machen. Daran könne auch das europäische Recht nichts ändern, da die Europäische Union für Fragen des Staatskirchenrechts nicht zuständig sei. Im Übrigen müsse ernsthaft nach dem besonderen »Profil« einer diakonischen Einrichtung gefragt werden, wenn die kirchliche Bindung der Mitarbeiterschaft nicht mehr gewährleistet sei. Wenn die Kirche ihre diakonischen Einrichtungen nicht mehr mit eigenen an den christlichen Glauben gebundenen Kräften betreiben könne oder dürfe, solle sie sich besser aus der Trägerschaft verabschieden. Alles andere sei »geistliche Hochstapelei«. Die Einstellung von Mitarbeitern und Mitarbeiterinnen, die keiner Kirche angehören, gefährde auch die staatskirchenrechtliche Sonderstellung der kirchlichen Einrichtungen, z.B. hinsichtlich der Anwendung des Betriebsverfassungsgesetzes. Andere Vorstandsmitglieder betonen dem gegenüber, solche Ansichten seien unter den heutigen gesellschaftlichen und sozialpolitischen Bedingungen nicht mehr durchzuhalten. Diese Maßstäbe könnten jedenfalls für die »freie« Diakonie nicht gelten, schon deshalb nicht, weil sie sich weitgehend unabhängig von der Kirche finanziere. Man könne schließlich nicht eine

---

der römisch-katholischen Kirche ist die Frage der Kirchenzugehörigkeit einheitlich geregelt durch die Grundordnung des kirchlichen Dienstes im Rahmen kirchlicher Arbeitsverhältnisse vom 22. September 1993, in: Die deutschen Bischöfe, Heft 51, Bonn 1993, 15–35.

3 Richtlinie 2000/78/EG vom 27. November 2000 zur Festlegung eines allgemeinen Rahmens für die Verwirklichung der Gleichbehandlung in Beschäftigung und Beruf.

ganze Einrichtung schließen, nur weil sich keine geeignete evangelische Bewerberin für die Pflegedienstleitung finde.

Diese Auseinandersetzung im Vorstand des Trägervereins einer diakonischen Einrichtung über die Einstellung einer aus der Kirche ausgetreten Mitarbeiterin ist in der geschilderten Form eine erfundene Geschichte. Sie ist aber nicht unrealistisch und könnte durchaus so stattgefunden haben. Sie berührt nämlich zentrale Fragen des Selbstverständnisses der Diakonie und führt mitten hinein in die strittigen Rechtsfragen, die sich im Spannungsfeld zwischen kirchlicher und staatlicher Rechtsordnung in Bezug auf die Diakonie und ihre Einrichtungen heute ergeben. Dahinter verbirgt sich ein Grundthema, das die Geschichte der Diakonie seit der berühmten Rede von Johann Hinrich Wichern vor dem Kirchentag in Wittenberg am 22. September 1848 von Anfang an begleitet hat.

2. Historische Dimension

In dieser Rede, die als Geburtsstunde der »Inneren Mission« gilt, des einen Quellstromes des heutigen Diakonischen Werkes, hat Wichern ausgeführt:

»Von je her steht mir die hier ausgesprochene Überzeugung fest, daß die Kirche die innere Mission in die Hand nehmen muß. Jetzt wird sie zum Teil mit betrübtem Herzen betrieben, weil man von Seiten derer, welche die Kirche vertreten, die Tätigkeit als nicht berechtigt anerkennt. Es ist ein Mißtrauen gegen sie eingetreten, welches auch mit dem aufrichtigsten Bekenntnis: Die innere Mission will nur der Kirche und dem Staat als der anderen göttlichen Stiftung dienen, nicht hat entfernt werden können. Wenn nun diese Versammlung es ausspräche, daß der Kirchenbund Förderung und Schutz dieser Tätigkeit zukommen lasse, daß er die innere Mission in sich aufnehmen wolle, unbeschadet der notwendigen Freiheit derselben: so würde dieser Arbeit ein Stempel aufgedrückt, wovon ein Gottessegen ausgehen müßte.«[4]

Wichern hat die Innere Mission nicht als »eine Lebensäußerung außer oder neben der Kirche« verstanden, »sondern sie will eine Seite des Lebens der Kirche selbst offenbaren, und zwar das Leben des Geistes der gläubigen Liebe, welche die verlorenen, verlassenen,

---

4 Wicherns Rede auf dem Wittenberger Kirchentag (22. September 1848), in: Johann Hinrich Wichern: Sämtliche Werke (SW) 1, Berlin/Hamburg 1962, 155–165: 156.

verwahrlosten Massen sucht, bis sie sie findet.«[5] Der aus der Wittenberger Kirchenversammlung vom September 1848 hervorgegangene Central-Ausschuß für die Innere Mission[6] legte daher in seinem von Wichern entworfenen Programm von 1849 Wert auf die Feststellung, »daß er nur für eine der Kirche dienende Stelle angesehen werde.«[7] Dementsprechend heißt es in den ersten Statuten des Central-Ausschusses vom 9. Januar 1849 in §1:

> Die Aufgabe der Inneren Mission »umfaßt nur diejenigen Lebensgebiete, welche die geordneten Ämter der evangelischen Kirche mit ihrer Wirksamkeit ausreichend zu bedienen nicht imstande sind, so daß sie diesen in die Hände arbeitet und in demselben Maße ihre Aufgabe für gelöst ansieht, als die Wirksamkeit des kirchlichen Amtes sich erweitert.«[8]

Die Geschichte der Inneren Mission hat dann aber tatsächlich einen ganz anderen Verlauf genommen.[9] Wie sich aus den zitierten Passagen ergibt, hat die Innere Mission zwar ursprünglich eine enge Verbindung mit der verfassten Kirche angestrebt, ihre Rechtsform aber von Anfang an außerhalb der kirchlichen Verfassungsstrukturen entwickelt. Eine wesentliche Ursache dafür liegt in der Tatsache begründet, dass die evangelische Kirche im 19. Jh. eng mit der Staatsorgani-

---

5 Wichern: Die innere Mission der deutschen evangelischen Kirche. Eine Denkschrift an die deutsche Nation, in: Ders.: SW 1, 175–366: 183.
6 Der Central-Ausschuß war nicht mehr als eine Versammlung von Honoratioren, deren Aufgabe sich im wesentlichen darauf beschränkte, Kontakte zu pflegen, bestehende Einrichtungen zu fördern, die Gründung neuer anzuregen und die Tätigkeit der Inneren Mission zu koordinieren. Er hatte keinerlei Vertretungsrechte für den Gesamtbereich der Inneren Mission gegenüber den staatlichen Instanzen im Reich und in den Länden oder sonst in der Öffentlichkeit. Diese Situation änderte sich erst mit der Gründung des »Centralverbandes der Inneren Mission«, dessen Satzung am 1. Januar 1921 in Kraft trat. Mit der Gründung des Centralverbandes war ein wesentlicher Schritt zur organisatorischen Neuordnung getan, der es der Inneren Mission erlaubte, sich als moderner Verband der freien Wohlfahrtspflege darzustellen und als solcher gegenüber den Behörden aufzutreten.
7 Centralausschuß für die innere Mission der deutschen evangelischen Kirche. Programm und Statut, in: Wichern: SW 2, Berlin/Hamburg 1965, 17–27: 20.
8 Wichern: Die innere Mission, 360.
9 Vgl. Martin Gerhardt: Ein Jahrhundert Innere Mission, Gütersloh 1948; Jochen-Christoph Kaiser: Sozialer Protestantismus im 20. Jahrhundert. Beiträge zur Geschichte der Inneren Mission 1914–1945, München 1989; Theodor Strohm/Jörg Thierfelder (Hg.): Diakonie im Deutschen Kaiserreich, VDWI 7, Heidelberg 1995; Jochen-Christoph Kaiser (Hg.): Soziale Arbeit in historischer Perspektive. Zum geschichtlichen Ort der Diakonie in Deutschland (FS H. Talazko), Stuttgart 1998.

sation verflochten war. Das führte dazu, dass die Struktur der Inneren Mission zwar ideell von kirchlichen Amtsträgern getragen worden ist, ihre materielle Existenzgrundlage aber von wirtschaftlich potenten Laien geschaffen werden musste. Von daher bestand ein notwendiger innerer Zusammenhang zwischen der Finanzierung der Inneren Mission einerseits und ihrer privatrechtlichen Organisationsform andererseits. Es galt lange Zeit der Grundsatz, dass Kirchensteuermittel nicht für soziale Zwecke verwendet werden dürfen. Das Verhältnis der Inneren Mission zur verfassten Kirche war bis in die Zeit nach dem Zweiten Weltkrieg von der Vorstellung bestimmt, es sei nicht Sache der Kirche, diakonische Aufgaben selbst zu übernehmen:

»Soziale Arbeit muß auf dem Boden der evangelischen Kirche von freien Verbänden getragen werden. In erster Linie natürlich von den Organisationen der Inneren Mission. Diese Organisationen sind freie und selbständige Gebilde. Die ›amtliche‹ Kirche kann ihnen in ihre Arbeit nicht hineinreden. Sie kann es nicht, und sie will es nicht. Darin muß eben das Gegengewicht gegen das amtliche Kirchentum mit seinem Kirchenrecht und mit seinen Abhängigkeiten vom Staat liegen, dass neben diesem amtlichen Kirchentum die freien Vereine in völliger Unabhängigkeit arbeiten.«[10]

Zu einer prinzipiellen Verbindung institutionell-organisatorischer Art, die über rein persönliche Fühlungnahmen und Verbindungen vor allem in der Form personaler Unionen zwischen Kirchenämtern und wichtigen Stellen der Inneren Mission hinausgegangen wäre, ist es daher lange Zeit nicht gekommen. Die Entwicklung freier diakonischer Initiativen ist historisch gesehen der Ausdruck evangelischer Verantwortung der »Laien« und der Autonomie christlicher Gemeinschaften gegenüber den Strukturen der eng mit dem Staat verflochtenen, als Körperschaft des öffentlichen Rechts verfassten Kirche. Die kirchenrechtliche Anerkennung der diakonisch-missionarischen Werke als »*Wesens- und Lebensäußerung der Kirche*« ist erst das Ergebnis des Kirchenkampfes im »Dritten Reich« gewesen.[11] Die ursprünglich aus dem Erlass des Leiters der Kirchenkanzlei der Deutschen Evangelischen Kirche vom 12. Juli 1940[12] stammende Formel hat wegweisende Bedeutung erlangt und ist später in Art. 15 der Grundordnung der Evangelischen Kirche in Deutschland vom

---

10 Hermann Schumacher: Devaheim, Innere Mission und Kirche, Berlin 1931, 3.
11 Zur Diakonie im »Dritten Reich« vgl. den von Theodor Strohm/Jörg Thierfelder hg. gleichnamigen Sammelband, VDWI 3, Heidelberg 1990.
12 Zu diesem Erlass vgl. meinen Beitrag: Die Kirche und ihr Diakonisches Werk, in: Gerhard Rau/Hans-Richard Reuter/Klaus Schlaich (Hg.): Das Recht der Kirche. Bd. 3, FBESG 51, Gütersloh 1994, 238–258.

13. Juli 1948 übernommen worden. Der zunehmende staatliche Druck hat 1940 dazu geführt, dass die Innere Mission gezwungen war, sich unter den Schutz der von staatlicher Seite anerkannten offiziellen Kirchenleitung zu begeben, um der drohenden Eingliederung in die Nationalsozialistische Volkswohlfahrt zu entgehen. Diesem Erlass kommt über die historische Situation hinaus deshalb bleibende Bedeutung zu, weil er zu einer grundsätzlichen Veränderung der Beziehungen zwischen der Innerer Mission und der verfassten Kirche geführt hat. Die Innere Mission gewinnt seit dem ihre Freiheit gegenüber dem Staat nicht mehr durch ihre organisatorische Unabhängigkeit von der verfassten Kirche; sie kann diese im Gegenteil nur durch die organisatorische Verflechtung mit ihr bewahren. Die früheren Verhältnisse haben sich damit in ihr Gegenteil verkehrt. Der Kirchenkampf im »Dritten Reich« hat Klarheit darüber geschaffen, dass ein harmloses Programm eines gleichgesinnten Nebeneinanders keine tragfähige Grundlage mehr sein kann, das Verhältnis von Kirche und Diakonie zueinander zu bestimmen. Das kommt auch in der Gründung des Hilfswerkes der Evangelischen Kirche in Deutschland nach dem Zweiten Weltkrieg, dem anderen Quellstrom des Diakonischen Werkes, zum Ausdruck.[13] Unter dem maßgeblichen Einfluss des württembergischen Theologen Eugen Gerstenmaier[14] lag dem Hilfswerk ein ganz anderer programmatischer Ansatz zugrunde, als es der Tradition der Inneren Mission entsprach.[15] Das Hilfswerk verstand sich »als epochalen Neuansatz kirchlich-diakonischen Handelns, als ersten Schritt auf dem Weg von einer Kirche des Wortes und der Worte allein zu einer ›Kirche in Aktion‹, die ihre diakonische Aufgabe nicht mehr an privatrechtlich organisierte Vereine wie die Innere Mission delegieren, sondern als

13 Vgl. Johannes Michael Wischnath: Kirche in Aktion. Das Evangelische Hilfswerk 1945–1957 und sein Verhältnis zu Kirche und Innerer Mission, AKIZ 14, Göttingen 1986.
14 *Eugen Gerstenmaier* wurde am 25. August 1906 in Kirchheim/Teck geboren. Von 1936–1940 war er Mitarbeiter des Kirchlichen Außenamtes und gehörte zur Widerstandsgruppe des »Kreisauer Kreise«. Nach dem Zweiten Weltkrieg gründete er das Hilfswerk der Evangelischen Kirche in Deutschland. Bekannt geworden ist er als CDU-Politiker und langjähriger Präsident des Deutschen Bundestages (1954–1969). Gerstenmaier starb am 13. März 1986 in Remagen. Vgl. seine Autobiographie: Streit und Friede hat seine Zeit. Ein Lebensbericht, Frankfurt a.M. 1981.
15 Zum programmatischen Ansatz des Hilfswerks vgl. vor allem: Eugen Gerstenmaier: »Wichern Zwei«. Zum Verhältnis von Diakonie und Sozialpolitik, in: Herbert Krimm (Hg.): Das diakonische Amt der Kirche, Stuttgart ²1965, 467–518.

Hilfswerk, als ›Kirche im Akt des Helfens‹, selbst wahrnehmen würde.«[16] Mit der Entstehung des Hilfswerkes war auch die Innere Mission gezwungen, ihr Verhältnis zur verfassten Kirche neu zu überdenken. 1957 begann eine Entwicklung, die in einem langen und kontroversen Prozess zum Zusammenschluss von Innerer Mission und Hilfswerk zum »Diakonischen Werk der EKD e.V.« in seiner heutigen Form geführt hat. Dabei hat sich die Diakonie ihre organisatorische Eigenständigkeit in den Formen des privaten Vereinsrechts[17] gegenüber der öffentlich-rechtlich verfassten Kirche weitgehend bewahrt. Als wesentliches Erbe der Inneren Mission darf bis heute der Gedanke der Unabhängigkeit der Diakonie von der kirchlichen Bürokratie und damit auch der Gedanke der Unabhängigkeit von der öffentlich-rechtlichen Organisationsform der verfassten Kirche angesehen werden. Die privatrechtliche Organisationsform beruht heute aber weniger auf einer historisch überholten grundsätzlichen Differenz zur verfassten Kirche, sondern entspricht eher Gesichtspunkten der Zweckmäßigkeit und der sachlichen Notwendigkeit, wie sie sich aus der unterschiedlichen Aufgabenstellung ergeben. Darin liegt ein erheblicher Wandel gegenüber den Anfängen der Inneren Mission. Die Ursachen dafür liegen zum einen in den zunehmend komplizierten Lebensverhältnissen der modernen Gesellschaft, die eine auch rechtlich und institutionell engere Verbindung von Kirche und Diakonie erforderlich machen, zum anderen hat sich aber auch das Verständnis der Kirche für die christliche Liebestätigkeit und die sozialen Probleme seit der Zeit Johann Hinrich Wicherns grundlegend gewandelt.

3. Diakonie im sozialen Rechtsstaat

Wesentliche Weichenstellungen für die verfassungsrechtliche Einordnung der karitativen Tätigkeit der Kirchen und die Stellung rechtlich selbständiger diakonischer Einrichtungen sind durch die Rechtsprechung des Bundesverfassungsgerichts erfolgt. Zu erinnern ist in diesem Zusammenhang vor allem an das Sozialhilfeurteil von 1967, den

---

16 Wischnath: Kirche in Aktion, IX.
17 Der eingetragene Verein (e.V.) ist mit etwa 47 % die nach wie vor häufigste Rechtsform diakonischer Einrichtungen, gefolgt von der Körperschaft des öffentlichen Rechts (KdöR) mit etwa 30 %. Etwa 12 % sind als Gesellschaft mit beschränkter Haftung (GmbH) organisiert und etwa 8,3 % als Stiftung. Andere Rechtsformen spielen keine Rolle.

so genannten »Lumpensammlerfall« von 1968 und die wichtige »Goch-Entscheidung« von 1977.[18] Diese und andere Entscheidungen haben den verfassungsrechtlichen Rahmen weit gesteckt und wesentlich dazu beigetragen, dass sich die Kirchen und die ihnen zugeordneten Einrichtungen auf dem Felde der Diakonie weit entfalten können. Das Sozialhilfeurteil hat klar gestellt, dass das Sozialstaatsprinzip den Staat nicht verpflichtet, seine sozialstaatlichen Verpflichtungen nur mit Hilfe behördlicher Maßnahmen zu verfolgen. Er darf sich dafür auch der Mithilfe privater Wohlfahrtsorganisationen bedienen. Im »Lumpensammlerfall« hat das Gericht im Streit um die Zulässigkeit einer Altkleidersammlung einer katholischen Jugendorganisation entschieden, das die Wahrnehmung karitativer Aufgaben durch eine kirchliche Organisation unter den Schutzbereich der Religionsausübung nach Art. 4 GG fällt und das kirchliche Selbstverständnis dabei zu berücksichtigen ist. In der »Goch-Entscheidung« schließlich ging es um die Frage, ob ein katholisches Krankenhaus im niederrheinischen Goch verpflichtet ist, eine Betriebsratswahl zuzulassen, obwohl § 118 Abs. 2 des Betriebsverfassungsgesetzes bestimmt, das Gesetz »findet keine Anwendung auf Religionsgemeinschaften und ihre karitativen und erzieherischen Einrichtungen unbeschadet deren Rechtsform«. In seinem immer wieder zitierten Leitsatz zu diesem Beschluss hat das Bundesverfassungsgericht ausgesprochen:

Nach Art. 140 GG i.V.m. Art. 137 Abs. 3 WRV »sind nicht nur die organisierte Kirche und die rechtlich selbständigen Teile dieser Organisation, sondern alle der Kirche in bestimmter Weise zugeordneten Einrichtungen ohne Rücksicht auf ihre Rechtsform Objekte, bei deren Ordnung und Verwaltung die Kirche grundsätzlich frei ist, wenn sie nach kirchlichem Selbstverständnis ihrem Zweck oder ihrer Aufgabe entsprechend berufen sind, ein Stück Auftrag der Kirche in dieser Welt wahrzunehmen und zu erfüllen.«[19]

Mit dieser Entscheidung steht fest, dass auch die privatrechtlich organisierten diakonischen Einrichtungen an der verfassungsrechtlichen Garantie des kirchlichen Selbstbestimmungsrechtes in vollem Umfange teilhaben, sofern sie nach den vom Bundesverfassungsgericht entwickelten Maßstäben der Kirche zuzuordnen sind. Die Kriterien für diese Zuordnung hat das Gericht nicht in allgemeingültiger Form festgelegt. Im konkreten Fall hat es nicht nur verlangt, dass das katholische Krankenhaus erstens teilhat an der Verwirklichung

---

18 Die Entscheidungen sind abgedruckt in: Axel von Campenhausen/Hans-Jochen Erhardt: Kirche – Staat – Diakonie. Zur Rechtsprechung des Bundesverfassungsgerichts im diakonischen Bereich, Hannover 1982.
19 BVerfGE Bd. 46, 73.

eines Stückes des Auftrages der katholischen Kirche in der Welt, sondern dass dieses zweitens im Einklang mit dem Bekenntnis der katholischen Kirche geschieht und drittens die satzungsmäßige Verbindung mit den Amtsträgern der katholischen Kirche sichergestellt ist. Die Entwicklung solcher Zuordnungskriterien nach dem Selbstverständnis der evangelischen Kirche steht immer noch aus. Wichtig ist in diesem Zusammenhang die Feststellung, dass Träger des Selbstbestimmungsrechtes aus Art. 140 GG i.V.m. Art. 137 Abs. 3 WRV nur die Kirche selbst ist. Es ist also allein ihre Sache, die ihr zugeordneten Einrichtungen und Werke an den Garantien des Staatskirchenrechtes teilhaben zu lassen. Das bedeutet konkret, dass sich die in einer diakonischen Einrichtung bestehenden Regelungen – z.B. im Bereich des Arbeits- und Mitarbeitervertretungsrechts[20] – auf die Befugnisse der Kirche zur Normsetzung zurückführen lassen müssen, wenn sie unter Berufung auf das kirchliche Selbstbestimmungsrecht an die Stelle staatlichen Rechts treten sollen.[21] Träger des Selbstbestimmungsrechtes aus Art. 140 GG i.V.m. 137 Abs. 3 WRV ist nämlich nur die Kirche selbst. Es ist allein ihre Sache, die ihr zugeordneten Werke und Einrichtungen an den Garantien des Staatskirchenrechts teilhaben zu lassen. Diese Teilhabe besteht nicht neben oder außerhalb der Kirche, sondern kann nur durch sie bzw. über sie vermittelt werden. Im Verhältnis zu den selbständigen diakonischen Rechtsträgern geschieht dies nach den Bestimmungen der zivilrechtlichen Vereinssatzungen der Diakonischen Werke, die in der Regel z.B. die Anwendung des kirchlichen Arbeits- und Mitarbeitervertretungsrechtes als Verpflichtung aus der Mitgliedschaft enthalten. Hier wird nun freilich die ganze Ambivalenz deutlich, die in der Inanspruchnahme des kirchlichen Selbstbestimmungsrechts durch diakonische Einrichtungen liegt. Die Diakonie steht einerseits in der Gefahr, in die Abhängigkeit der sozialpolitischen Planungen des Staates zu geraten. Auch ist sie in ihrer Finanzierung weitgehend von Staatszuschüssen und von den Leistungen der Sozialversicherungsträger abhängig. In manchen Bereichen kommt ihr faktisch die Funktion einer Sicherstellung staatlicher Sozialaufgaben zu. Sie hat deshalb kaum noch die Möglichkeit, außerhalb staatlicher Sozialplanung und

---

20 Zum kirchlichen Arbeitsrecht vgl. Reinhard Richardi: Arbeitsrecht in der Kirche, München ³2000; zum kirchlichen Mitarbeitervertretungsrecht vgl. Joachim E. Christoph: Rechtsnatur und Geltungsbereich des kirchlichen Mitarbeitervertretungsrechts, ZEvKR 32 (1987), 47.
21 Vgl. Jörg Winter: Kirchenautonomie und Privatautonomie im Bereich der Diakonie, in: Diakonie in Bindung und Freiheit (FS Helmut Seifert), Schriftenreihe der Diakonie – Recht 2, Stuttgart 1988, 47–54.

öffentlicher Finanzierungssysteme neue Aufgaben aufzugreifen und eigene Strategien zu entwickeln. Zwar drohen der Diakonie keine gezielten und geplanten Übergriffe eines »totalen Staates« – wie es im »Dritten Reich« der Fall war –, sie hat sich aber lange mit dem Drang des demokratischen Sozialstaates »zum Aufbau und Ausbau einer egalitären, homogenen und flächendeckenden Versorgung aller Staatsbürger und zur Einebnung freier, nichtstaatlicher Aktivitäten«[22] konfrontiert gesehen. Dieser Gefahr eines Sozialdirigismus, der die freien Wohlfahrtsverbände zum verlängerten Arm des Sozialstaates macht, hat sich die Diakonie erfolgreich unter Berufung auf die verfassungsrechtlichen Garantien zugunsten der Kirche entziehen können. Die Rechtsprechung des Bundesverfassungsgerichtes bietet dafür in der Vergangenheit eine Reihe eindrucksvoller Beispiele. Die damit gewährte Freiheit aber ist nur um des Preises der engen Bindungen an das Rechtssystem der verfassten Kirche zu erreichen, die sich unter den Bedingungen einer veränderten sozialpolitischen Landschaft zunehmend als problematisch erweist. Gegen die Gefahren, die sich für die kirchlichen Wohlfahrtsverbände durch die Gesetzmäßigkeiten und Zwänge des »Marktes« ergeben, hilft nämlich die Berufung auf das kirchliche Selbstbestimmungsrecht nichts. Es ist ein geeignetes Instrument, um sich gegen Zumutungen des Staates zur Wehr zu setzen, wenn er seine Grenzen überschreitet. Gegen eine privatwirtschaftliche Konkurrenz aber kann es nicht in Ansatz gebracht werden. Insofern hat sich die Situation für die Träger der frei gemeinnützigen Wohlfahrtspflege in den letzten Jahren dramatisch verändert. Für die kirchlichen Verbände und ihre Einrichtungen ist durch diese Veränderungen die Frage entstanden, ob sich die Einbeziehung in das Selbstbestimmungsrecht der Kirchen und die damit gewährte Freiheit von staatlichen Einflüssen nicht inzwischen zu einer Fessel entwickelt hat, die ihre Konkurrenzfähigkeit auf dem Markt sozialer Dienstleistungen gefährdet.[23] Die Auseinandersetzungen entzünden sich dabei vor allem an der Frage der Bindung an die im Verfahren des »Dritten Weges«[24] zustande gekomme-

---

22 Michael Stolleis: Staatskirchenrechtliche Tendenzen im diakonischen Bereich, ZevKR 22 (1977), 124–134.
23 Siehe dazu die Dokumentation einer Tagung der Ev. Akademie in Bad Boll mit dem bezeichnenden Titel: Selbstbestimmungsrecht von Kirche und Diakonie – Freiheit oder Fessel?, epd-Dokumentation Nr. 16 vom 15. April 2002.
24 Zum »Dritten Weg« der Kirchen im Arbeitsrecht vgl. Gerhard Grethlein/ Eberhard Spengler: Der Dritte Weg der Kirchen. Entstehung – Darstellung – Rechtswirkungen. Betrieb – Berater, Beilage 10/1980 zu Heft

nen kirchlichen Arbeitsrechtsregelungen[25], die als Hemmschuh für die notwendige unternehmerische Freiheit empfunden werden.[26] Es wird damit immer schwerer, die Forderung nach einer weitgehenden Einheitlichkeit der rechtlichen Regelungen im Bereich des Arbeitsrechtes zwischen der Kirche und ihrer Diakonie durchzuhalten. Absehbar ist im übrigen, dass die bisherige Schutzfunktion des Selbstbestimmungsrechts zugunsten der Religionsgemeinschaften unter Einschluss der von ihr getragenen Wohlfahrtsverbände und der ihnen angeschlossenen Einrichtungen – die es in dieser Form nur in Deutschland gibt – durch die immer stärkeren Einwirkungen des europäischen Rechts auf die nationalen Rechtsordnungen mehr und mehr gefährdet ist. Es ist zwar richtig, dass die Europäische Union keine unmittelbare Kompetenz zur Regelung der rechtlichen Beziehungen ihrer Mitgliedstaaten zu den Religionsgemeinschaften besitzt, dennoch haben die allgemeinen europarechtlichen Regelungen darauf erhebliche Auswirkungen.[27] Daran ändert auch die Tatsache nichts, dass in das Vertragswerk der Europäischen Union in der Erklärung zur Schlussakte zum Vertrag von Amsterdam vom 2. Oktober 1997 eine Passage aufgenommen worden ist, nach der die Europäische Union den Status achten, den Kirchen und religiöse

30/1980; Albert Janssen: Das Streikrecht der Angestellten und Arbeiter im öffentlichen Dienst und der »Dritte Weg« der Kirchen, Freiburger Rechts- und Staatswissenschaftliche Abhandlungen 43, Heidelberg 1982; Armin Pahlke: Kirche und Koalitionsrecht, Jus Ecclesiasticum 29, Tübingen 1983; Ders.: Der »Dritte Weg« der Kirchen im Arbeitsrecht, NJW 1986, 350–359; Axel von Campenhausen: Die Verantwortung der Kirche und des Staates für die Regelung von Arbeitsverhältnissen im kirchlichen Bereich, in: Arbeitsrecht in der Kirche, EGTSK 18, Münster 1984, 9–39; Gregor Thüsing: Der Dritte Weg – seine Grundlagen und seine Zukunft, ZTR 1999, 298–301.

25 Diese werden durch paritätisch besetzte Arbeitsrechtliche Kommissionen beschlossen, die in der Regel auf landeskirchlicher Ebene eingerichtet sind. Auf der Ebene des Diakonischen Werkes der EKD besteht eine eigene Kommission, die für den Gesamtbereich der Diakonie die so genannten Arbeitsvertragsrichtlinien (AVR) beschließt.

26 Zur aktuellen Diskussion vgl. Zoltan Steinbächer: Arbeitsrechtssetzung in der Diakonie. Analyse aktueller Diskussionen, Entwicklungen und Vorschläge, Schriftenreihe des Verbandes von Dienstgebern im Diakonischen Werk der Evangelisch-Lutherischen Kirche in Bayern e.V., Bd. 1, Nürnberg 1999; Johannes Falterbaum: Caritas und Diakonie. Struktur und Rechtsfragen, Neuwied 2000, 65ff.

27 Vgl. Jörg Winter: Das Verhältnis von Staat und Kirche als Ausdruck der kulturellen Identität der Mitgliedstaaten der Europäischen Union, in: Joachim Bohnert u.a. (Hg.): Verfassung – Philosophie – Kirche (FS A. Hollerbach), Berlin 2001, 893–905.

Vereinigungen in den Mitgliedstaaten nach deren Rechtsvorschriften genießen, und ihn nicht beeinträchtigen will. Der rechtliche Wert dieser Erklärung ist umstritten. Inzwischen ist sie aber als Art. 51 Abs. 1 in den Vertrag über eine Verfassung für Europa aufgenommen worden, so dass ihr künftig größere Verbindlichkeit zukommen wird. Dennoch ist davon auszugehen, dass sich die europarechtlichen Regelungen gegenüber den Garantien des nationalstaatlichen Verfassungsrechts auch auf staatskirchenrechtlichem Gebiet tendenziell durchsetzen werden, diese zumindest überlagern und modifizieren.

4. Ausblick

Die künftige Entwicklung lässt erwarten, dass vor allem auf dem Gebiete des Arbeitsrechtes aus den genannten Gründen die Einheitlichkeit der rechtlichen Regelungen für Kirche und Diakonie eher abnehmen wird. Das ändert aber nichts daran, dass die in einem mühsamen historischen Prozess gewonnene wechselseitige geistlich – theologische Identifikation von Kirche und Diakonie einen auch rechtlich angemessenen Ausdruck finden muss. Die Diakonie ist in ihren speziellen Organisationsformen auch weiterhin auf eine institutionelle Rückbindung an die Kirche angewiesen Sie würde andernfalls nicht nur die verfassungsrechtliche Absicherung ihre Unabhängigkeit gegenüber dem Staat gefährden, sondern vor allem die Verbindung zur christlichen Gemeinde als dem Ursprung ihrer Identität und damit der Grundlage ihrer Legitimation als kirchliche Wohlfahrtspflege verlieren. Unabhängig von der Frage, wo aus pragmatischen Gründen die Grenzen für die Einstellung von Mitarbeiterinnen und Mitarbeitern zu ziehen sind, die keiner christlichen Kirche angehören, bleibt die Diakonie existentiell darauf angewiesen, dass sie von Menschen getragen wird, die ihren Dienst als »Ausdruck aktiver Kirchenmitgliedschaft aus der Verantwortung gegenüber dem der Gemeinde in all ihren Gliedern gegebenen Auftrag und aus der geistlichen Vollmacht des in der Taufe begründeten Priestertums aller Gläubigen«[28] verstehen. Diesen grundsätzlichen Anspruch können die Kirche und ihre Diakonie bei aller notwendigen Flexibilität im Einzelnen nicht aufgeben, wenn sie ihren diakonischen Auftrag nicht verleugnen und verfehlen wollen.

---

28 So die Formulierung in § 1 der in Anm. 2 zitierten Rahmenordnung der Evangelischen Landeskirche in Baden.

5. Literatur zur Weiterarbeit

Brenner, Tobias: Diakonie im Sozialstaat, Staatskirchenrecht und Evangelische Kirche, Tübingen 1994.

Christoph, Joachim E.: Kirchliche Rechtssetzung im diakonischen Bereich, ZEvKR 34 (1989), 409–435.

Isensee, Josef: Die karitative Betätigung der Kirchen und der Verfassungsstaat, HdbStKirchR ² Bd. 2, Berlin 1995, 665–756.

Liermann, Hans: Recht und Rechtsstellung des Diakonischen Werkes – Innere Mission und Hilfswerk der Evangelischen Kirche in Deutschland, ZEvKR 16 (1971), 131–170.

Schober, Theodor (Hg.): Das Recht im Dienst einer diakonischen Kirche, Freiheit und Bindung, Handbücher für Zeugnis und Dienst in der Kirche. Bd. 3, Stuttgart 1980.

Strohm, Theodor: Diakonie zwischen Gemeindepraxis und sozialstaatlicher Wirklichkeit, in: Rau, Gerhard/Reuter, Hans Richard/Schlaich, Klaus (Hg.): Das Recht der Kirche. Bd. 3, FBESG 51, Gütersloh 1994, 203–237.

Winter, Jörg: Die Bedeutung der Barmer Theologischen Erklärung von 1934 für die Arbeit der Diakonie im sozialen Rechtsstaat, Jahrbuch der Diakonie 1988/89, 273–279.

XV.
Finanzen und Finanzierung

MARKUS RÜCKERT

1. Der Paradigmenwechsel

Es hat ein Paradigmenwechsel stattgefunden in der Bewertung kirchlicher Sozialarbeit: Das schöne, schlichte Bild von der Diakonie als dem Barmherzigen Samariter (Lk 10,30–35) stimmt in seiner liebenswürdigen Eindimensionalität nicht mehr. Es ist richtig, dass dieses Gleichnis mit seiner erstaunlichen Wirkungsgeschichte das Selbstbild von Diakonie und damit auch ihre Außenwirkung geprägt hat, denn die karitative Arbeit des vorletzten und letzten Jahrhunderts ist ohne es nicht denkbar. Sich dessen zu erinnern, ist eine Frage der Kontinuität in der Identität.

Die Leitfigur ist dabei der barmherzige Samariter; er ist in den letzten 150 Jahren zum Prototyp des Helfers geworden, ein Gutmensch, der ganz im Gegensatz zu den Hilfeprofis, dem Priester und dem Leviten, von denen man Rettung erwartet hätte, Not sieht und spontan[1] in Aktion tritt. Und die Mitarbeiter in diakonischen Betrieben und die vielfältigen Einrichtungen des Diakonischen Werks oder selbstredend auch der Caritas sind seine Nachfolger. So weit, so bekannt, so gut, so selbstverständlich.

Die Veränderungen in unserem sozialen Staat seit den 1970er Jahren, seit dem Zusammenwachsen Europas und der Wiedervereinigung Deutschlands haben es allerdings bewusst gemacht, dass sich ein Paradigmenwechsel vollzogen hat, dessen Konsequenzen für das Selbstverständnis sozial-diakonischer Arbeit kaum übersehbar sind. Die Identifikationsfigur des barmherzigen Samariters scheint nicht mehr angemessen die Realität des Sozialstaates und seiner Akteure zu beschreiben. Die Selbstverständlichkeit diakonischen Selbstverständnisses ist verloren gegangen!

Es ist eine gespaltene Identität, die Diakonie seither lebt, weil sie ihre Arbeit jedenfalls nicht unentgeltlich tut, weil sie den von der

---

[1] Vgl. Trutz Rendtorff: Ethik. Grundelemente, Methodologie und Konkretionen einer ethischen Theologie. Bd. 2, Stuttgart 1981, besonders 135 ff.

Straße Aufgelesenen weit überwiegend nicht ihr eigenes Geld zu deren Pflege überlässt, weil sie – im Gegenteil – Geld für deren Betreuung nimmt, nicht gibt. Und: Die Mitarbeitenden erhalten einen guten Tariflohn, die Einrichtungen werden finanziert, oft pauschaliert, über viele Jahrzehnte hinweg unter dem Vorzeichen einer ausreichenden Selbstkostendeckung, heute in weiten Bereichen der sozialen Arbeit eher wie Dienstleister nach einem vereinbarten Preis-Leistungsverhältnis. Diakonie ist, das sollte sie sich eingestehen, bezüglich der Finanzierung eher mit dem Wirt in der Herberge zu identifizieren als mit dem barmherzigen Mann aus Samaria. Denn alle Unternehmen der Diakonie geben das Geld anderer Leute aus, das der Steuerzahler und das der über Zwangsabgaben für die Finanzierung sozialer Dienste ermächtigten Sozialkassen, aber nicht ihr eigenes, schon allein deshalb, weil sie selber als Gemeinnützige gar keines übrig haben.

Die Stützen von Glaubwürdigkeit und Vertrauen, die dem verbreiteten und gepflegten Image des barmherzigen Samariters entgegengebracht wurden, sind bis heute das echte Desinteresse am gewerblichen Profit und die hohe soziale Kompetenz und existenzielle Ehrlichkeit der Hilfsbereitschaft in den Herbergen moderner Sozialarbeit; Diakonie versucht täglich mit den Augen des Samariters zu sehen, ihr Anliegen sind tatsächlich die am Wegesrand Liegenden und deren bestmögliche Versorgung, sie kämpft als organisierter Wohlfahrtsverband dafür, dass die Räuberei am Rande des Weges von Jerusalem nach Jericho wirtschafts- und sozialpolitisch nach Möglichkeit unterbunden wird. Christen wollen sich den Samariter auf dem Hintergrund des offensichtlichen Versagens des Priesters und des Leviten in ihrer Einstellung zu den Problemen der Gesellschaft auch weiterhin zum Vorbild nehmen. Er bleibt das Ideal. Die Realität des Wohlfahrtsstaates aber ist es ebenfalls schon lange, dass diakonische Unternehmen zudem als (Betriebs-)Wirte am Marktgeschehen direkt beteiligt sind. Das ist der eine Paradigmenwechsel.

Der andere ist der, dass auch der sozialstaatliche Samariter mittlerweile gemerkt hat, dass seine Mittel nicht unbegrenzt sind, dass die Herbergen immer teurer werden, dass der Esel unter der Last der Vielen zusammenzubrechen droht, und dass es den einen oder anderen Simulanten am Wegesrand gibt. Denn der gemeinnützige Sozialstaat, die sozialen Sicherungssysteme in Deutschland sind die Kinder und Kindeskinder des reisenden Samariters. Sie sind an ihre Grenzen gekommen. Daher ordnet der Sozialstaat derzeit seine Mittelverwendung neu.

Diakonie versucht in Reaktion darauf ihre doppelte Identität, die innere Identifikation mit dem Samariter und die äußere mit dem Wirt durchzuhalten. Sie muss dabei nur aufpassen, dass die Rollen nicht durcheinander geraten, und darauf, dass die Gleichgewichtigkeit von liebenswürdiger Zuwendung und ökonomischer Absicherung in der Balance bleibt. Dazu muss sie weiter unermüdlich und unbeirrbar über die Liebe reden, aber auch – ehrlicher als bisher, gelassener und kompetenter – über das Geld, mit dem sie finanziert wird.

2. Kleine Geschichte der Finanzierung (Mittelbeschaffung) in der Diakonie

Diakonie der Christen gibt es seit den Anfängen der Kirche. Von Anfang an waren auch Geldmittel verfügbar, mit denen diakonische Arbeit begonnen und durchgehalten werden konnte. Für die Versorgung der Kranken in der Gemeinde, auf die häufig genug das Armutsschicksal der nicht mehr Arbeitsfähigen wartete, für die Vergütung der Witwen als (Kranken-) »Schwestern«, für den Freikauf von Sklaven, Gefangenen oder zum Tode verurteilten Mitgliedern der Gemeinden, für alle diese Zwecke musste Geld in nicht unerheblichem Maße zur Verfügung stehen, um diesen vorbildlichen Dienst zu tun, der sogar nach dem Urteil ihrer Gegner »die Religion der Christen hauptsächlich gefördert hat«.[2] Die Geldmittel für die laufende Finanzierung diakonischer Aufgaben in den Gemeinden der alten Kirche stammten meist aus großzügigen Einzelspenden reicher (Neu-)Christen oder aus dem »Zehnten«[3], der für soziale und diakonische Arbeit erhoben wurde. An der Finanzierung beteiligten sich außerdem alle möglichen und unmöglichen[4] Geldgeber. Dies blieb so bis zum Mittelalter.

Die Finanzierung karitativer, kirchlicher Sozialarbeit zwischen dem 7. und dem 15. Jh. war eine feudalgesellschaftliche, eine von au-

---

2 Aus einem Brief des Kaisers Julian Apostata (361–363) an den Priester Arsakios in Galatien, in: Herbert Krimm (Hg.): Quellen zur Geschichte der Diakonie. Bd. 1, Stuttgart 1960, 77.
3 Aus den Apostolischen Constitutionen, Krimm: Quellen, 73 f.
4 Nach Krimm: Quellen, 75, verwahrt man sich ausdrücklich gegen Spenden von »ruchlosen Geldgebern«, Übeltätern, Götzenbildnern, Dieben, ungerechten Zöllnern und Betrügern; es müssen also auch Gelder von dieser Seite geflossen sein.

ßerhalb der Kirchen durch großzügige Schenkungen ermöglichte. Zur Urbarmachung und Besiedelung weithin verödeter Landstriche wurden europaweit von den jeweiligen Landesherren Orden um Klostergründungen gebeten und mit oft weitreichenden Ländereien und bisweilen auch Steuer- und sogar Gerichtsbarkeitsbefugnissen ausgestattet. Insbesondere Benediktiner, daraus hervorgehend Zisterzienser, Franziskaner und Augustiner, aber auch Dominikaner und Barfüßer, Karmeliter und Kartäuser haben über Jahrhunderte karitative Sozialarbeit in der Betreuung von Kranken und Armen sowie in der grundlegenden Bildung für die Bevölkerung erbracht. Dabei war es vor allem den Armenorden vorgegeben, nur vom Ertrag selbst erwirtschafteter Güter zu leben; Einnahmen von Zinsen und Pachten waren nach den Regeln zunächst unstatthaft.[5] Da aber alle Klöster Höfe und Grundstücke übereignet bekamen, mussten zur Bewirtschaftung auch Laien herangezogen werden, die Pachten zu bezahlen hatten. Den geschätzten Geldwert eines Wohnhauses, Stalles, von Scheunen und Gebäuden, Wiesen, Feldern und Wäldern schrieb man untereinander, addierte und nannte die oben »am Kopf des Blattes« zu verzeichnende Summe »capitalis«. Die auf der Basis von Erbpachtverträgen vergebenen Immobilien mussten zumeist innerhalb von zwanzig Jahren aus dem Ertrag von diesem Grund und Boden zurückgezahlt werden, wobei sie im Besitz des Klosters verblieben. Die Kapitalrückzahlung nannte man Rente (aus lat. rendere: zurückgeben, erstatten) oder Zins (aus lat. census: Abgabe). Die im übrigen stets den Aufwand für das einfache Leben der Mönche übersteigenden Erträge, die aus deren Arbeit flossen, dienten der Finanzierung des laufenden Betriebs eines Klosters, der Erhaltung der Bauten (insbesondere der Kirchen), der Altersvorsorge nicht mehr arbeitsfähiger Mönche und vor allem der sozial tätigen Nächstenliebe.

Diakonie entwickelt sich nach der Reformation und im Gefolge der Konfessionskriege und der großen Seuchen vor allem des 17. Jh. zur Armenhaus-, Kinderrettungs- und Anstaltsdiakonie.[6] Für die Finanzierung der riesigen Investitionen, den Ankauf von Grundstücken, die Errichtung der nicht selten bis heute existenten Bauwerke

---

5 Vgl. David Gutierrez, O.S.A.: Die Augustiner im Mittelalter 1256–1356. Geschichte des Augustinerordens Bd. 1, Würzburg 1985 und ders.: Die Augustiner im Spätmittelalter 1357–1517. Geschichte des Augustinerordens Bd. 2, Würzburg 1981.
6 Vgl. Erich Beyreuther: Geschichte der Diakonie und Inneren Mission in der Neuzeit, Berlin ³1983, 30 ff.

sowie für den laufenden Unterhalt der entstandenen Anstalten waren neue, verlässliche und nachhaltige Formen der Finanzierung unerlässlich. Zudem brachte der Übergang von der mittelalterlich-agrarischen zur merkantilistischen und mehr und mehr industriellen Wirtschaft Europas nicht nur gesellschaftliche Umwälzungen mit neuen sozialen Brennpunkten, für die sich Diakonie zuständig wusste, sondern auch erhebliche Veränderungen der nationalen und internationalen Finanzwirtschaft. Die Vereinheitlichung der Währungen und die Kompatibilität des Zahlungsverkehrs sowie die Herausbildung von Banken zu Geldvermittlungsinstitutionen[7] waren wichtige Voraussetzungen für die Ideen, auch in der Finanzierung diakonischer Arbeit neue Wege zu gehen.

Gleichwohl war diakonische Arbeit immer auch auf das politische Wohlwollen der Herrschenden angewiesen, diese Arbeit in der jeweils geeigneten Weise durch entsprechende Rahmenbedingungen zu fördern. Die diakonischen Einrichtungen des 18. und 19. Jh. waren dabei streng darauf bedacht, sich nach Möglichkeit selber zu finanzieren, um nicht in Abhängigkeit von staatlichen Geldmitteln zu gelangen.[8] Dabei ergab sich das alltägliche Dilemma, dass die vorfindlichen und zu behebenden Notlagen in ihrer Summe die monetären Möglichkeiten der Einrichtungen überstiegen und trotzdem geholfen werden musste. Wenn es Aufgabe des barmherzigen Samariters Diakonie ist, »die Hilfsbedürftigen und Ärmsten am ersten zu berücksichtigen«[9] und dabei die Finanzierungsfrage nach Möglichkeit nicht zum Hinderungsgrund der Hilfe werden zu lassen, dann zeigt sich darin die grundlegende Bedeutung der aktiven Mittelbeschaffung zur Finanzierung diakonischen Engagements bis heute.

3. Finanzierung diakonischer Arbeit seit dem Zweiten Weltkrieg

Im Folgenden soll zunächst die Finanzierung der verbandlichen Diakonie, also des Diakonischen Werks der EKD und der regionalen

---

7 Vgl. Peter-Heinz Seraphim: Deutsche Wirtschafts- und Sozialgeschichte, Wiesbaden 1962, 79–146.
8 Besonders August Hermann Francke hat in Halle/Saale ein diakonisches Unternehmen mit florierenden gewerblichen Betrieben aufgebaut, deren Gewinne nur dazu dienten, die Arbeit seiner Diakonie zu finanzieren, vgl. Markus Rückert: Diakonie und Ökonomie, Gütersloh 1990, 162–186.
9 Vgl. Friedrich von Bodelschwingh: Über die öffentliche Fürsorge für Epileptische, in: Ders.: Ausgewählte Schriften 2, hg.v. Alfred Adam, Bielefeld 1964, 42–66: 58.

Diakonischen Werke der Landeskirchen, in einem groben Überblick hinsichtlich ihrer Finanzierungsstruktur dargestellt werden, und in einem zweiten Schritt wird die davon grundsätzlich zu unterscheidende Finanzierung der Einrichtungsdiakonie in Deutschland summarisch beschrieben mit dem Ergebnis, dass diese sich derzeit unter erheblichem externem Einfluss – ob sie will oder nicht – zunehmend zu einer klassischen Unternehmensfinanzierung wandelt.

3.1 Finanzierung der Diakonischen Werke

Das Diakonische Werk (DW) der Evangelischen Kirche in Deutschland (EKD) e.V. mit Sitz in Stuttgart (und mit Vertretungen in Berlin und Brüssel) legt seinen Haushalt nicht offen; der wird in der Regel im Herbst für das folgende Jahr vom zuständigen Gremium des DW der EKD festgestellt und ist in der Form einer Plan-Gewinn-und-Verlust-Rechnung gegliedert; eine Vermögensaufstellung ist dem Haushaltsplan nicht beigefügt.

Der Haushalt 2004 des DW der EKD erscheint ausgeglichen und umfasst geplante Erlöse und Aufwendungen in Höhe von T€ 36369.[10]

Auf der Einnahmenseite rechnet das DW mit Umsatzerlösen aus eigener Tätigkeit in Höhe von T€ 1398 (3,8%), Beitragseinnahmen von T€ 1194 (3,3%) und Zuschüssen und Zuwendungen für den laufenden Betrieb von T€ 13799 (37,9%), wobei Gelder von der EKD mit rund 16,8% (T€ 6137) und Steuermittel der zuständigen Bundesministerien[11] in Höhe von ca. 14,4% (T€ 5232) wiederum die größten Posten sind; die übrigen Mittel (immerhin über 40% des Jahresbudgets) stammen aus anderen Quellen.[12]

---

10 Die Ausgabenseite des Haushalts ist im Wesentlichen geprägt von den Personalaufwendungen (ca. 57% oder T€ 20948) und den sonstigen üblichen Aufwendungen einer Verbandszentrale (Reisekosten, Mieten, Honoraren und sonstigen Verwaltungskosten in Höhe von rund 25% oder T€ 8929).
11 Inwieweit die Finanzierung immer auch das Verhältnis des Staates zu den Kirchen widerspiegelt und inwiefern aus einer Partnerschaft mittlerweile ein Konkurrenzverhältnis geworden ist, wäre sicher nicht uninteressant untersucht zu werden.
12 Es fällt auf, dass allein ca. 17% des Haushalts 2004 (T€ 6040) aus Finanzerträgen (mutmaßlich der Spendensammelstellen Brot für die Welt und Diakonie Katastrophenhilfe) und zudem weitere 25% (T€ 9246) aus Erstattungen aus Zweckvermögen herrühren; diese Erstattungen sind wohl die Abgeltung von Werbungs- und Verwaltungsdienstleistungen des DW

Der Anteil der Mitgliedsbeiträge[13] an der Gesamtfinanzierung macht gerade einmal 3,3 % aus und lässt den faktischen Einfluss der Mitglieder auf die Politik des DW der EKD erkennen. Ähnlich ergeht es den Diakonischen Werken der 24 Landeskirchen.[14] Auch diese sind in hohem Maße abhängig von landeskirchlichen und staatlichen Landes- und Bundeszuschüssen an die Verbände der freien Wohlfahrtspflege,[15] wenngleich dort der Anteil der Mitgliedsbeiträge deutlich mehr zur Finanzierung beiträgt.[16]

Insgesamt ist festzuhalten, dass die Finanzierung der Verbände überwiegend auf klassischen Subventionen[17] und auf Umla-

zugunsten der genannten Sondervermögen, die anderweitig nicht so fachkompetent und preiswert eingekauft werden könnten. Allerdings ist, da dem Wirtschaftsplan 2004 keine Vermögensaufstellung beiliegt, die beispielsweise über die Höhe der Rücklagen und den Umfang der Spendenkonten Auskunft gäbe, eine sachgerechte Beurteilung der Finanzierung des DW nicht möglich.

13 Beim Spitzenverband DW-EKD sind die EKD, die evangelischen Freikirchen, die Landesverbände des DW und die freikirchlichen DW sowie derzeit noch annähernd 90 sogenannte Fachverbände Mitglied; die einzelnen diakonischen Unternehmen sind (bis auf wenige Ausnahmen) Mitglieder in den regionalen Landesverbänden, in denen sie ihre Aufgaben wahrnehmen bzw. in denen ihr Firmensitz liegt.

14 Allein diese Vielzahl weist auf eine nicht länger verantwortbare Verschwendung von Ressourcen hin. Die heutige Formation der Landeskirchen und »ihrer« Diakonischen Werke ist theologisch nicht begründet, entstammt sie doch allein der Zeit der politischen Neuordnung der deutschen Landkarte durch den Wiener Kongress 1815; auch Eckhart von Vietinghoff: Reform ist nötig – Reform ist möglich, in epd-Dokumentationen 6 a/2002, 4–12, meint: »Die gegenwärtige Aufbau- und Leistungsstruktur der Gemeinschaft der 24 Landeskirchen ist weithin nur noch historisch erklärbar und orientiert sich im Wesentlichen an binnenkirchlichen Kriterien. Diese Struktur ist extrem komplex. Sie wird selbst den innerkirchlichen Anforderungen kaum noch gerecht. Noch viel weniger ist sie außerkirchlich vermittelbar. Sie schwächt die kirchliche Präsenz in der Öffentlichkeit. Ihre Plausibilität ist weitestgehend verloren gegangen« (5).

15 Der dem Autor vorliegende Wirtschaftsplan 2004 des Diakonischen Werks Bayern e.V. rechnet bei einem Gesamtvolumen von rd. T€ 7600 mit Einnahmen von Kirche und Staat in Höhe von T€ 4486 (ca. 50% oder T€ 3681 von der Bayerischen Landeskirche, ca. 5,5% oder T€ 425 Landes- und 1,2% oder T€ 145 Bundesmittel); in anderen Diakonischen Werken hat sich die Landeskirche aus der Finanzierung aufgrund erheblicher eigener Einnahmeausfälle spürbar zurück gezogen.

16 Der Haushalt plant mit 17% oder T€ 1300 Beitragsfinanzierung der Mitgliederunternehmen.

17 Subventionen sind zweckgebundene Mittel der steuerfinanzierten kirchlichen oder öffentlichen Hände zur Unterstützung bestimmter Geschäfte.

gen[18] aufgebaut ist, denen stets die je aktuelle Problematik der Abhängigkeit von Zuwendungen kirchlicher bzw. öffentlicher Hände eignet.[19]

Das Selbstverständnis von Diakonie hatte sich im 19. Jh. und auch noch nach dem Zweiten Weltkrieg in unzähligen Predigten und Beiträgen auf das des Samariters verfestigt; Diakonie war die Stimme der Schwachen, das soziale Gewissen in penetranter Erinnerung an die jeweils gesellschaftlich an den Rand Gedrängten. Das Kapital ihrer Glaubwürdigkeit und sozialen Überzeugungskraft bezog diakonisches Handeln dabei häufig aus vielerlei Pionierleistungen, die nicht nach öffentlicher Finanzierung fragten, sondern in der Lage waren, spontan und paradigmatisch Hilfe zu leisten durch hohen freiwilligen und bewusst unterbezahlten menschlichen Einsatz (Diakone und Diakonissen!) und mit der Gewinnung privater Förderer und Spender. Zudem leisteten freie, diakonische Dienste unter dem Leitgedanken der »inneren Mission« wichtige wertbildende Beiträge zum sozialen Frieden. Mit dem Ausbau des Sozialstaates wurde zunehmend die Forderung nach einer staatlich garantierten Daseinsfürsorge zur Pointe des sozialanwaltlichen Engagements des Wohlfahrtsverbandes Diakonie. Gleichzeitig erodierten allerdings mit der staatlichen Legitimation sozialer Ansprüche für das Individuum die private Hilfsbereitschaft und das persönliche Engagement und damit das alte Fundament der Glaubwürdigkeit. Diakonie geriet in den Widerspruch zwischen altruistischem Samaritertum und egozentrisch verteidigter Besitzstandswahrung.[20] Die Finanzierung nicht nur der Verbände, sondern im Folgenden noch mehr der diakonischen Unternehmen zeigt, wie die Barmherzigkeit des Sozialstaates die Abhängigkeit des Wirts befördert – und damit auch die Freiheit des unter die Räuber Gefallenen tendenziell aus dem Auge verliert.

18 Eine Umlage ist die Verteilung einer aufzubringenden Summe, die nicht nach Marktpreisen bemessen werden muss, auf beispielsweise mehrere Institutionen, die aus dem damit zu finanzierenden Vorhaben Vorteile ziehen.
19 Gemeint sind vor allem die Abhängigkeiten vom politischen Willen der Geldgeber, deren Verteilungsspielräumen, d.h. im wesentlichen der Entwicklung von deren Steuereinnahmen und deren eigenen gesellschaftlichen Zielen und Leitbildern, sowie von der veröffentlichten Meinung und Kommentierung dieser (Quer-) Subventionen.
20 Vgl. Adrian Ottnad/Stefanie Wahl/Meinhard Miegel: Zwischen Markt und Mildtätigkeit. Die Bedeutung der Freien Wohlfahrtspflege für Gesellschaft, Wirtschaft und Beschäftigung, München 2000, 68ff.

3.2 Finanzierung der diakonischen Unternehmen

Die Mittelbeschaffung »diakonischer Unternehmen«[21] gestaltet sich nach dem Willen des Sozialstaates vielfältig.[22] Je nachdem, aus welchen öffentlichen, d.h. staatlichen oder quasistaatlichen Töpfen und unter welchen Bedingungen die Gelder fließen und abhängig davon, ob auf sie ein gesetzlicher Anspruch besteht oder nicht, lassen sich drei zentrale Finanzierungsformen unterscheiden:[23] die Zuwendungsfinanzierung, die Finanzierung durch Pflege- bzw. Kostensätze und die mittels Leistungsverträgen. Dabei ist für den Träger diakonischer Arbeit nicht nur die Kenntnis der Finanzierungsart, sondern auch die der Finanzierungsträger sowohl für die Investitions-, als auch für die Betriebsmittelfinanzierung im Rahmen dieser Kategorien wichtig; diese variieren für die stationäre, teilstationäre, ambulante und offene Arbeit jeweils mit der Zuständigkeit des überörtlichen oder örtlichen oder Finanzierungsträgers (bzw. Sozialversicherungsträgers) und das von Bundesland zu Bundesland. Die Bundesrepublik Deutschland selbst finanziert soziale Arbeit im Wesentlichen indirekt.[24]

---

21 Von diakonischen Unternehmen wagte als erster zu sprechen: Alfred Jäger: Diakonie als christliches Unternehmen. Theologische Wirtschaftsethik im Kontext diakonischer Unternehmenspolitik, Gütersloh 1986.
22 Auf der Internetseite des DW-EKD: www.diakonie.de, Homepage/Die Diakonie/Selbstdarstellung/Finanzierung ist zu lesen: »Wie die Arbeit der Diakonie finanziert wird, hängt von der einzelnen Aufgabe ab und ist sehr unterschiedlich: Medizinisch-pflegerische Aufgaben werden in der Regel von den Kranken- und Pflegekassen finanziert. Nach dem Subsidiaritätsprinzip vergibt der Staat die Finanzierung sozialer Aufgaben zum Beispiel auf der Basis des Bundessozialhilfegesetzes an freie Träger. Allerdings werden selten die gesamten Kosten übernommen. Kaum ein Angebot der Diakonie kommt ohne Eigenmittel aus, etwa in Form von Kirchensteuern oder Spenden, die auch für Investitionen oder viele Projekte benötigt werden.« Mehr nicht.
23 Im weiteren folge ich dem profunden Aufsatz von Bernd Halfar: Finanzierungsarten und Finanzierungsformen in der Sozialen Arbeit, in: Finanzierung sozialer Dienste und Einrichtungen, hg.v. Bernd Halfar, Baden-Baden 1999, 43–64; vgl. Hans Flierl: Freie und öffentliche Wohlfahrtspflege. Aufbau – Finanzierung – Geschichte – Verbände, München ²1992, insbesondere 77–112.
24 Hauptsächlich über Gelder, die an die Verbände der Freien Wohlfahrtspflege, an Forschungsinstitute oder für einmalige Modellvorhaben und Pilotprojekte aus Steuermitteln zur Verfügung gestellt werden.

3.2.1 Die Finanzierung als soziale Bedarfssteuerung

Zuwendungen der öffentlichen Hände[25] sind regelhaft zweckgebundene Zuschüsse, auf die kein dauerhafter Rechtsanspruch besteht und die grundsätzlich widerruflich sind. Es wird unterschieden zwischen einer institutionellen, d.h. Trägerbezuschussung, und Projekt-, d.h. Einzelmaßnahmenförderung. Die Finanzierung kann entweder vollständig[26] erfolgen, zumeist wird sie nur anteilig ermöglicht, wobei wiederum drei verschiedene Modelle vorherrschen, die sowohl bei der Projektförderung als auch bei der Trägerförderung vorkommen:

Bei der *Fehlbedarfsfinanzierung* schließt die öffentliche Hand die Finanzierungslücke, die nach Einsatz der Eigenmittel des Trägers oder von Geldern von anderen Seiten sich noch auftut; gleichwohl wird diese Finanzierung stets so ausgelegt, dass dem Träger genug Anreize zur Anwerbung von Drittmitteln bleiben, wobei eine Offenlegung der Gesamtfinanzierung sowie der Rücklagen des Trägers zum Nachweis der Finanzierungsnotwendigkeit durch öffentliche Haushalte die Regel ist.

Die *Festbetragsfinanzierung* bezuschusst die zuwendungsfähigen Ausgaben eines Projekts mit einem festgelegten Betrag, der auch dann nicht korrigiert wird, wenn sich die Kalkulation nach oben oder unten verändert; der Zuschuss dokumentiert das öffentliche bzw. politische Interesse an der Vorhaltung einer bestimmten sozialen Dienstleistung.

Die *Anteilsfinanzierung* schließlich bemisst einen prozentualen Beitrag an der Finanzierung im Rahmen eines festzusetzenden Höchstbetrages. Solche Zuwendungen sind in der Regel an Finanzierungszusagen weiterer Geldgeber gebunden; diese Art der Finanzierung kann sich auch lediglich auf bestimmte Kostenarten (z.B. Personalkosten, Fortbildung etc.) beschränken. In jedem Fall werden nur sogenannte »zuwendungsfähige Kosten« mitfinanziert, wobei die Zuwendungsfähigkeit häufig starr festgelegt, in manchen Fällen allerdings auch Verhandlungs- und damit Ermessenssache des Sachbearbeiters der öffentlichen Finanzierungsinstanz ist.

---

25 Zuwendungen werden nach der Bundeshaushaltsordnung oder den Landeshaushaltsordnungen im jeweiligen Jahresetat ausgewiesen und ihre Gewährung unterliegt den im öffentlichen Haushaltsrecht verankerten Grundsätzen der Wirtschaftlichkeit und Sparsamkeit.

26 Vollfinanzierung ist die Ausnahme staatlicher Förderung und kommt nur dort infrage, wo das staatliche Interesse der Vorhaltung bestimmter sozialer Dienstleistung bei freien Trägern auf kein eigenes Interesse stößt oder diesen das ökonomische Risiko nicht zumutbar erscheint.

Eine Wissenschaft für sich ist das »Zuwendungsmanagement«[27], also die pure Form der verschlungenen Wege, wie ein Träger an die verschiedenartigen Finanzmittel der öffentlichen Hände kommt. Schon das *Antragsverfahren* ist grundlegend und ausgeklügelt, um die missbräuchliche Verwendung staatlicher Gelder möglichst auszuschließen. Dabei muss die Gesamtfinanzierung dargelegt werden, nicht selten bis hinein in eine detaillierte Personalkostenplanrechnung mit den tarifvertraglich vorgegebenen Vergütungsgruppen.[28] Dem Antrag folgt eine *Bewilligung* der Mittel als ein den Träger und/oder ein Projekt begünstigender Verwaltungsakt.[29] In der Folge der Realisierung des Projektes überprüft die öffentliche Hand vermittels eines angeforderten *Verwendungsnachweises* und der Vorlage entsprechender Belege durch den Träger abschließend die ordnungsgemäße Verwendung der Finanzmittel.

Das klassische Finanzierungsmittel der laufenden Betriebstätigkeit auch in der Diakonie ist seit Jahrzehnten der kostendeckende *Pflegesatz*, worunter die Deckung der erforderlichen und angemessenen Kosten[30] zugunsten eines Hilfeempfängers zu verstehen ist.[31] Mit der Einführung prospektiver Pflegesätze seit 1994 wurde aller-

---

27 Diesen Begriff verwendet, wenn ich recht sehe, als erster Halfar: Finanzierungsarten, 53.
28 Mittlerweile und immer öfter werden von den Kostenträgern allerdings pauschalierte Bruttopersonalkosten angesetzt, die oft deutlich unter den Richtlinien des BundesAngestelltenTarifs BAT oder der kirchlichen ArbeitsVertragsRichtlinien AVR kalkulieren, weil und sofern es neben öffentlichen und kirchlichen immer mehr private Anbieter gibt, die nicht tarifgebunden sind und nicht selten mit deutlich geringeren Bruttolohnkosten operieren. Hier argumentiert dann die öffentliche Hand, dass sie die kostengünstigste Alternative ihren Bezuschussungen zugrunde zu legen gehalten sei.
29 Auf die damit entstehenden Risiken für den Träger aus ihn bindenden Verträgen mit Dritten (kündigungsgeschützte Arbeitsverträge, langfristige Mietverträge, unkündbare Heimverträge etc.) hat hingewiesen BBJ Consult: Wahrnehmung sozialstaatlicher Aufgaben. Risiko und Chancen gemeinnütziger Träger, Berlin 1996: BBJ Consult Info 46.
30 Zumeist in stationären oder teilstationären Einrichtungen der Jugend-, Behinderten- und Altenhilfe, vgl. Flierl: Wohlfahrtspflege, 108f., wobei Geldleistungen, auf die der Hilfeempfänger individuelle, gesonderte Rechtsansprüche hat, nicht einfließen dürfen.
31 Den Rahmen dafür setzt das Konstrukt des »Sozialhilferechtlichen Dreiecks«, das Gerhard Igl beschrieben hat: Die rechtlichen Beziehungen zwischen Sozialhilfeempfänger, Einrichtungsträger und Sozialhilfeträger, in: Das sogenannte Dreiecksverhältnis, hg.v. Verband evangelischer Einrichtungen für geistig und seelisch Behinderte e.V., Stuttgart 1987, 17–41.

dings die Selbstkostendeckung aufgegeben zugunsten der Vergütung vereinbarter tatsächlicher Leistungen. Der Pflegesatz setzt sich nunmehr zusammen aus einer Leistungsvereinbarung, einer Vergütungsvereinbarung und einer Prüfungsvereinbarung, wobei der einheitliche Pauschalpflegesatz sich in die Komponenten Unterkunft und Verpflegung, einen Investitionsbeitrag und eine Maßnahmenpauschale untergliedert, die sich ihrerseits an einem zu vereinbarenden Hilfebedarf orientiert.[32] Mit dem Wegfall der Zusage der Selbstkostendeckung und der gleichzeitigen Aufkündigung des bedingten Vorrangs freier Träger vor öffentlichen und privaten[33] sowie mit der Entwicklung leistungsgerechter Pflegesätze wurden bewusst Wettbewerbsstrukturen mit Angebotscharakter in einen sich entwickelnden und politisch gewollten Markt sozialer Dienste implementiert, soweit gewisse Mindestqualitätsstandards bei der Vorhaltung und Erbringung der Dienstleistung garantiert werden.

Parallel zu dieser an Marktmechanismen orientierten Veränderung der alten Finanzierungsform des Pflegesatzes entstehen *Leistungsverträge*, die die klassische Finanzierung über Zuwendungen mehr und mehr ablösen. Von der öffentlichen Hand gesetzlich vorzuhaltende Dienstleistungen werden ausgeschrieben und dem Leistungsanbieter übertragen und bezahlt, der das qualitativ beste und wirtschaftlichste Angebot unterbreitet, was zu einem natürlichen Wettbewerb unter den Trägern sozialer Dienstleistungen führt. Dabei kann sich die Konkurrenz allein über den Preis ergeben, wenn Leistungsart und -menge vorgegeben sind (z.B. ist dies derzeit bei vielen Kur-Leistungen im Rahmen der Gesundheitsreform erkennbar). Es kann aber auch – insbesondere bei neuen sozialen Phänomenen – das soziale Problem beschrieben werden und die interessanteste fachliche und ökonomische Variante den Zuschlag bekommen. Und schließlich können die Leistungsart und der dafür durch öffentliche Hände zu zahlende Preis einen bundesweiten Wettbewerb um die anzubietende Leistungsmenge herausbilden (derzeit zu beobachten bei den Fallpauschalen für einen großen Teil der medizinischen Leistungen im Krankenhaus, die nach einer

---

32 Zwangsläufig kommt es nun bei der Pauschalierung eines aus diakonischer Trägersicht anamnetisch festgestellten differenzierten Hilfebedarfs zum Streit über die Praktikabilität und Qualität der Instrumente zur Festsetzung des individuellen Hilfebedarfs.
33 Ein solcher Vorrang wurde ehedem abgeleitet aus einem Urteil des Bundesverfassungsgerichts vom 18. 7. 1967 zu §§ 10 und 93 BundesSozialHilfeGesetz BSHG, vgl. Flierl: Wohlfahrtspflege, 42f.

neuen gesetzlichen Grundlage DiagnosisRelatedGroups DRGs[34] genannt werden). Bei alledem wird der Hilfeempfänger zunehmend durch Eigenbeteiligung (z.B. Praxisgebühr) nicht nur zum Mitfinanzier seiner Situation, sondern auch zum – die Leistungserbringung schon aus Eigeninteresse kontrollierenden – Kunden im Markt sozialer Dienste ermächtigt.

Der Anreiz für Träger, sich in diesem entstehenden Wettbewerb bewähren zu wollen, besteht in den Möglichkeiten, die Dienstleistungserbringung im Rahmen der Vereinbarungen ohne ständige begleitende Reglementierung freier zu gestalten als bisher und bei entsprechender Wirtschaftlichkeit der innerbetrieblichen Prozesse und der personellen Organisation Gewinne zu generieren, die ihm zur gemeinnützigen Disposition und damit möglicherweise zur Subventionierung nicht kostendeckend zu führender diakonischer Aufgaben verbleiben.[35]

3.2.2 Die Finanzierung als Chance zur betriebswirtschaftlich optimalen Allokation von Ressourcen
Der kalte Wind der Globalisierung kühlt nun auch die bislang warmen Stuben diakonischer Sozialarbeit. Mit der Diskussion um »Basel II«[36] ist die Mittelbeschaffung auch für soziale Anliegen stärker in den Blick geraten. Ziel der neuen Bankrichtlinien ist zunächst nur die Verbesserung der Risikostruktur der Banken; diesen werden strengere Mindestkapitalanforderungen zugemutet, die aufsichtsrechtliche Überprüfung wird verschärft und ihnen werden erweiterte Offenlegungsverpflichtungen auferlegt. Diese Anforderungen entfalten allerdings für alle kreditnehmenden Unternehmen indirekt eine nicht zu unterschätzende Wirkung. Entscheidend bei einer Kreditvergabe ist künftig das Eigenkapital des diakonischen Unternehmens, seine angebotenen Sicherheiten, die Ertragskraft inklusive

---

34 Vgl. Martin Schölkopf: Das Fallpauschalengesetz, in: das Krankenhaus 94 (2002), 274–279.
35 Mit Marktmechanismen ist allerdings die hie und da auftauchende, aus alten Zeiten der Selbstkostendeckung stammende Forderung der Offenlegung der Kostenrechnung des Trägers nicht länger vereinbar.
36 Deutsche Bundesbank: Monatsbericht April 2001, Die neue Baseler Eigenkapitalvereinbarung (Basel II), 15 ff., und Martin Wambach/Thomas Kirchmer: Unternehmensrating. Weit reichende Konsequenzen für mittelständische Unternehmen und für Wirtschaftsprüfer, in: Betriebsberater 57 (2002), 400–405, sowie Baseler Ausschuss für Bankenaufsicht: Konsultationspapier. Überblick über die Neue Baseler Eigenkapitalvereinbarung, Bank for International Settlements, April 2003.

verdienter Abschreibungen und schließlich das Management; diese Faktoren werden einem Rating unterzogen, das die Bonität des Unternehmens beurteilt. Risikoreichere Darlehen müssen von der Bank künftig mit mehr Eigenkapital unterlegt werden, was zur Folge hat, dass die Kreditkonditionen für bonitätsmäßig schwächere Kunden (und dazu gehören gemeinnützige Dienstleister immer!) sich spürbar verteuern. Nachdem dies für alle Bankkunden gilt, werden selbstverständlich auch diakonische Unternehmen solchen Ratings unterzogen, die nach Länder-, Branchen- und Unternehmensrisiken analysieren. Unternehmen, die auf Fremdkapital angewiesen sind, weil sie selten eigenes haben und auf Zuwendungen der verschiedenen öffentlichen Hände nicht mehr bauen können, sind so gezwungen, künftig verstärkt ihre Bonität zu pflegen.

Diakonische Unternehmen sind in der Regel unterkapitalisiert,[37] d.h. sie haben ein nicht ausreichendes Eigenkapital, um künftige Risiken, sprich Verluste, aus eigener Kraft zu schultern. Sie verfügen daher auch nicht über die erforderlichen Sicherheiten, die sie als Kreditnehmer den Banken attraktiv erscheinen ließen. Und sie sind es als gemeinnützige Einrichtungen gar nicht gewohnt, Renditeerwartungen in Bezug auf den Umsatz ihres Unternehmens zu erfüllen; die Frage, die bei aller sozialen Verpflichtung auch diakonischen Unternehmen zunehmend gestellt werden wird, ist die nach der Höhe ihres Gewinns.[38] Diakonie ist noch nicht geübt, so denken zu sollen.

Die Folge wird sein, dass sich im Management der meisten diakonischen Unternehmen ein grundlegender Prozess der Umorientierung vollziehen muss. Diakonische Unternehmen müssen Erträge generieren, sie müssen tatsächlich künftig Geld verdienen, um sich Rücklagen und Eigenkapital[39] zu schaffen. Ihre Dienstleistungen müssen so erbracht werden, dass von 100 umgesetzten € zwei oder drei oder fünf € übrig bleiben zur Substanzerhaltung des dienstleis-

---

37 Ausnahmen sind Unternehmen, die aufgrund ihrer langen Geschichte die Möglichkeit hatten, über Erbschaften und Vermächtnisse im Laufe der Zeit einen hohen Grundstock an Immobilien- und Wertpapiervermögen aufzubauen.
38 Das impliziert möglicherweise auch die Aufgabe von Einrichtungen oder »Geschäftsfeldern«, die am Markt und bei den Kostenträgern keinen zukunftsfähigen (kostendeckenden, substanzerhaltenden und evtl. gewinnbringenden) Preis mehr erzielen.
39 Die klare Marktorientierung der EU auch im Sozialbereich wird die überkommenen Regeln der steuerlichen Gemeinnützigkeit in Deutschland verändern müssen; das Gebot der zeitnahen Mittelverwendung macht es diakonischen Unternehmen grundsätzlich schwer, Gewinne auszuweisen und Rücklagen im Eigenkapital zu bilden.

tenden Unternehmens selbst. Sonst geraten diese Unternehmen aus der goldenen Abhängigkeit des Sozialstaates in die eiserne der Banken. Und das kann nicht nur bedeuten, dass aufzunehmende Darlehen teurer werden, es kann auch dazu kommen, dass man überhaupt keine mehr bekommt.

Und noch eines müssen diakonische Unternehmen werden: transparenter. Es muss zur Selbstverständlichkeit werden, dass sie ihren Jahresabschluss mit Bilanz und Gewinn- und Verlustrechnung samt Lagebericht und Anlagen veröffentlichen, dass sie einen Geschäftsbericht erstellen und damit öffentlich Rechenschaft ablegen über ihre diakonische und fachliche Arbeit und ihr ökonomisches Gebaren. Auch von der Durchsetzung solcher »vertrauensbildenden Maßnahmen« werden die Beurteilung ihres Managements und letztlich ihr Rating[40] abhängen. Und damit ihre Bonität in den Augen der Kreditgeber.

Auf diese Weise werden neue Allokationsmechanismen herausgebildet, die die jahrzehntelang eingeübte Zuteilung von Zuwendungen der öffentlichen Hände an die Diakonie, die damit Nutznießer einer kartellartigen Angebotsstruktur der Wohlfahrtsverbände war, ablösen werden. Soziale und gar kirchlich motivierte Arbeit wird nicht länger selbstreferenziell vermarktet werden können, sondern muss sich dem Wettbewerb und damit neben der fachlichen auch der ökonomischen Überprüfung stellen. Das Klagelied von der »Ökonomisierung« verstellt dabei den Blick auf faktische Ökonomiedefizite in der Diakonie.

»Erst wenn die wirtschaftlichen Instrumente zum routinisierten Standardrepertoire gehören, wenn die wirtschaftlichen Konsequenzen von Entscheidungen transparent sind, lässt sich die Ökonomie relativieren. Erst wenn die ökonomischen Instrumente zu Hilfsinstrumenten in der fachlichen Entscheidungslogik der sozialen Arbeit regrediert werden, wird der Primat der Logik sozialer Hilfe dominieren können.«[41]

Über die grundlegende ethische Verpflichtung, mit den anvertrauten Pfunden auch in der kirchlichen Sozialarbeit sparsam umgehen

---

40 Selbstverständlich gibt es Überlegungen, ob soziale Unternehmen den harten Kriterien von Basel II entnommen und im Rahmen des Rating anders oder niederschwelliger beurteilt werden könnten; entsprechende Versuche der Bank für Sozialwirtschaft und der genossenschaftlichen Kirchenbanken dürften allerdings an der globalen Betrachtung der Kapitalmärkte scheitern.
41 Bernd Halfar: Geld und das System Sozialer Arbeit, in: Finanzierung sozialer Dienste und Einrichtungen, hg.v. Bernd Halfar, Baden-Baden 1999, 21–42: 29.

zu sollen, sollte alleine schon deshalb kein Dissens gerade in den kirchlichen Organisationen bestehen, weil nur die Kenntnis und Anwendung der strengen Grammatik ökonomischer Effizienz des Wirts die oft besseren Argumente für die weicheren Zielorientierungen in den diakonischen Anliegen der Nächstenliebe des Samariters zu deklinieren hilft und letztlich künftig auch ermöglicht. Ja, noch mehr: »Geboten ist deshalb, Ressourcen *ökonomischer, also effizienter zu nutzen als andere,* weltanschaulich neutrale Anbieter. Zwangsläufig muss [...] das Gewicht betriebswirtschaftlicher Rationalität steigen.«[42] Kurz: Diakonie muss zunächst die Hausaufgaben des Wirts besser als andere erledigen, bevor und damit sie sich den Gestus des Samariters leisten kann.

Selbstredend geschieht nun auch künftig nicht alle Finanzierung diakonischer Arbeit über Märkte und die schlichte Beziehung zwischen Anbieter und Nachfrager. Dazu ist soziale Arbeit zu vielfältig und häufig genug an Menschen orientiert, die sich auf dem Markt nicht zurechtfinden und bewegen können; dort sind die Kunden auch weiterhin nicht unbedingt mit den Nachfragern und diese nicht unbedingt mit den Bezahlern identisch; es wird auch oft genug im Sozialwesen keine freie Wahl zwischen verschiedenen Hilfeangeboten geben, weil diese gar nicht zur Verfügung stehen. Viele Dienstleistungen gerade kirchlicher Anbieter stellen sich bedarfsorientiert und ohne den Rahmen eines Marktes dar. Das bedeutet auch, dass – politisch und kirchlich gewollt – die Entscheidung für die Inanspruchnahme sozialer Dienste bisweilen ganz bewusst von der Zahlungsbereitschaft und Zahlungsfähigkeit des Kunden abgekoppelt ist und bleibt.[43] Dies ist aber eine ideelle Prämisse, die durch entsprechende gesellschaftliche Strömungen über politische Mehrheitsentscheidungen schnell verändert werden kann. Die Abhängigkeit von externen Bedarfsentscheidern bei Nicht-Markt-Produkten bleibt bestehen.

Dort, wo marktförmige Finanzierungsformen auch in sozialer Arbeit gewagt werden können, sind diese tendenziell vorzuziehen, weil

---

42 So zurecht Friedrich Wilhelm Graf: Wie viel Ökonomie verträgt die soziale Arbeit? Zur ethischen Rationalität funktionierender Sozialmärkte, in: Diakonie Jahrbuch 2003. Nachhaltig solidarisch leben, Jahrbuch des Diakonischen Werkes der EKD, hg.v. Jürgen Gohde, Stuttgart 2003, 73–79: 78 (Hervorhebung: M.R.).
43 Ausgangspunkt solcher Überlegungen ist die Theorie des Marktversagens, vgl. Eberhard Goll: Die Freie Wohlfahrtspflege als eigener Wirtschaftssektor. Theorie und Empirie ihrer Verbände und Einrichtungen, Baden-Baden 1991, 53 ff.

der innere Nutzen für den Betroffenen in der letztlichen Entscheidung über das Preis-Leistungs-Verhältnis die ehrlichste Form der Wahl auch diakonischer Dienste ist.

4. Literatur zur Weiterarbeit

Degen, Johannes: Freiheit und Profil, München 2003.
Jäger, Alfred: Diakonie als christliches Unternehmen, Gütersloh ³1990.
–: Diakonische Unternehmenspolitik, Gütersloh 1992.
Miegel, Meinhard: Die deformierte Gesellschaft, Berlin/München 2002.

XVI.
Qualitätsentwicklung

UWE SCHWARZER

1. Einführung

Das Nachdenken über Qualitätsentwicklung in den Diensten und Einrichtungen der Diakonie hat nicht erst mit der derzeit aktuellen Qualitätsdiskussion, den jetzigen gesetzlichen Forderungen nach Qualitätssicherung oder gar mit der Einführung der Pflegeversicherung begonnen. Die ehemals schon von Wichern geführte Qualitätsdiskussion wurde insbesondere in den letzten 5 bis 15 Jahren immer verdichteter und differenzierter geführt und letztlich in einen systematischen Prozess der Qualitätsentwicklung überführt.

Zielstellung diakonischer Qualitätsentwicklung
Auch die Zielstellung der Weiterentwicklung von Qualität in der diakonischen Arbeit wurde differenziert. War sie zunächst einmal eng begrenzt auf den Fokus »Qualität der einzelnen Dienstleistung«, so entwickelte sie sich letztlich hin zum »Anspruch nachhaltigen Handelns«.

Nachhaltigkeit als Anspruch
Mit der Verpflichtung der Kirchen zur Bewahrung der Schöpfung und dem schonenden Umgang mit Ressourcen wird das Thema Nachhaltigkeit auch zu Anspruch und Auftrag in der Diakonie und den verschiedensten Feldern ihrer sozialen Arbeit.

Nachhaltigkeit aus Sicht der Diakonie
Nachhaltigkeit muss im Blick auf den Menschen und seine Umwelt definiert werden. Für die Diakonie muss Nachhaltigkeit durch das Zusammenwirken wirtschaftspolitischer Regelungsgedanken, umweltpolitischer Vorstellungen, politischer Prinzipien und in engerem Sinne sozialer Anforderungen, hoher Dienstleistungsqualität und nicht zuletzt hohem Schutz von Klientenrechten erreicht werden. Diese ist nach innen und nach außen zu erreichen. Nach innen muss die Diakonie fragen, inwieweit sie die Kriterien der Nachhal-

tigkeit in ihrer eigenen Arbeit methodisch und im praktischen Handeln berücksichtigt. Nach außen ist darzustellen, wie sie Nachhaltigkeit in der Gesellschaft beeinflusst und damit zugleich auch die Anforderungen an die Rahmenbedingungen für ihre eigene soziale Arbeit beschreibt.

2. Historische Dimension

Was Qualität ist, darüber lässt sich trefflich streiten. Die Qualitätsdefinition der letzten Jahrzehnte und Jahrhunderte unterliegt deutlichen Veränderungen. Im Sozialbereich hängt sie vom Zeitgeist, dem jeweiligen Wissen über soziale Probleme und deren Lösungen sowie der Weiterentwicklung der Methoden sozialer Arbeit ab. Wichtig scheint aber der Hinweis, dass Qualität eine Wertedimension hat.

2.1 *Wertorientierung der Qualität diakonischer Arbeit*

Qualität ist nicht immer nur gut. Wenn es darum geht, dass ein Soldat mit seinem Gewehr einen Menschen aus 200 Meter Entfernung möglichst trifft und dies an einem Schießstand übt, so hat auch dies mit hoher Qualität zu tun, berührt aber nicht die Wertorientierung, um die es in Kirche und Diakonie geht. Im evangelischen Bereich gibt es eine lange Tradition der Qualitätsbestimmung. So kommt der Begriff Qualität bei *Johann Hinrich Wichern* rund ein Dutzend mal vor, mal bezieht er sich auf sächliche Dinge wie z.B. die Güte und Qualität des Essens, andererseits auch auf die Qualität der Menschen wie z.B. die Qualität seiner sogenannten Zöglinge. Liebe und Vergebung waren dabei nicht nur Kriterien für die Güte der Erziehung und den »guten Geist« seines (Rauhen) Hauses, sondern auch der Qualität der Zöglinge als Ergebnisqualität. Damit war die beschriebene diakonische Qualität ein Unterscheidungsmerkmal zu den damaligen Straf- und Korrektionshäusern, Häusern, in denen gestraft, aber eben nicht vergeben wurde. Qualität wurde im Sinne Wicherns aus der Orientierung an der Relation Gottes zu seinen Menschen theologisch definiert.«[1]

---

1 Vgl. Wicherns Ansprache auf der Gründungsversammlung des Rauhen Hauses vom 12. 9. 1833 in Hamburg, in: Johann Hinrich Wichern: Sämtliche Werke (SW) IV/1, Berlin 1958, 97–114.

2.2 Diakonische Dienstleistungsqualität

Sich ableitend aus der Wertorientierung der Qualität (z.B. in Satzungen und Leitbildern von Einrichtungen nachlesbar) hat die Diakonie traditionellerweise auch die These vertreten, dass ihr Handeln – heute würde man sagen ihr Dienstleistungsangebot – hohen Ansprüchen von Qualität entspricht. Das Label Diakonie, das Kronenkreuz, sollte von sich aus schon Ausdruck einer wertorientierten Dienstleistungsqualität sein. Die formale Nachvollziehbarkeit dieser Aussage konnte in der Vergangenheit dabei allerdings nicht immer erreicht werden: Einerseits konnten – z.b. gemessen an dem Kriterium der Kundenzufriedenheit – mangels Erhebung von Klientenbedürfnissen und Klientenzufriedenheit gar keine Aussagen zur Dienstleistungsqualität getroffen werden, andererseits hatte man z.T. gar nicht Art und Güte des Dienstleistungsspektrums sowie die Struktur-, Prozess- und Ergebnisqualität von Leistungskomplexen oder gar der Gesamtorganisation dokumentiert. Von daher gab es in der Tat oftmals ein qualitativ hochwertiges Hilfehandeln, jedoch ohne das Vorhandensein von Messkriterien und Ergebnisdokumentationen. Mit der Einführung einer systematischen Qualitätsentwicklung in den Diensten und Einrichtungen ergaben sich folgende Entwicklungen:

2.3 Zertifizierte diakonische Einrichtungen und Dienste

Noch vor Inkrafttreten des Pflegeversicherungsgesetzes und anderen von Politik und Gesetzgeber formulierten Verpflichtungen zur Einführung eines Qualitätsmanagements haben Dienste und Einrichtungen der Diakonie nicht nur Prozesse der Qualitätsentwicklung begonnen, sondern sie waren zu einem überaus frühen Zeitpunkt auch schon nach der DIN EN ISO 9001 zertifiziert: Man denke hier beispielsweise auch an Werkstätten für Behinderte, die z.B. im Rahmen ihrer Arbeit auch eine Zulieferfunktion gegenüber der Autoindustrie hatten. Eine ganze Reihe Dienste und Einrichtungen haben sich nach DIN EN ISO zertifizieren lassen, ohne dass es einen von außen gesetzten (gesetzlichen) Zwang gab wie z.B. auch ambulante Suchtkrankenhilfeeinrichtungen, Altenhilfeeinrichtungen und Krankenhäuser. Zunächst handelte es sich jedoch um Einzelaktivitäten besonders engagierter Avantgardisten in Einrichtungen.

Fallbeispiel: Vertreterinnen und Vertreter von Trägern in der ambulanten Suchtkrankenhilfe trafen sich 1999 mit Vertretern des Diakonischen Instituts für Qualitätsmanagement und Forschung in einer Frankfurter Suchthilfeeinrichtung. Nachdem die Träger ausführlich über das Für und Wider der Einführung eines Qualitätsmanagements debattiert und z.T. auch sehr kritisch die Übertragung der DIN EN ISO 9001 auf die Suchtkrankenhilfe bzw. sogar als undurchführbar kommentiert hatten, blickte jemand auf die Wand des Besprechungsraumes und stellte fest: Hier hängt ja schon die Urkunde der Zertifizierung nach DIN EN ISO 9001.

Als typisch an diesem Beispiel kann herausgestellt werden, dass es in nahezu allen Arbeitsfeldern der Diakonie einerseits eine Mehrzahl an Kritikern der Qualitätsentwicklung gab, andererseits aber auch immer eine Reihe von Avantgardisten, die außerhalb eines Verbandskonsenses sehr früh schon die Einführung eines Qualitätsmanagements (QM) erreicht hatten. Dies kann auch anhand anderer Beispiele belegt werden: Während gliedkirchlich-diakonische Werke, Landeskirchen, Dienste und Einrichtungen über eine mögliche Einführung eines Umweltmanagements kontrovers diskutierten, hatten große Träger wie z.B. die Rummelsberger Anstalten bereits die Zertifizierung nach dem EU-Öko-Audit hinter sich. Gleiches traf auch auf die Anwendung von QM-Methoden zu: Zum Beispiel zum Zeitpunkt, als in diakonischen Publikationen die Methode der Balanced Score Card[2] publiziert wurde, war die Anwendung dieses Verfahrens in einigen Einrichtungen bereits ein alter Hut.

2.4 Erfahrungen bei der Auditierung und Zertifizierung diakonischer Einrichtungen

Der Zusammenhang, dass diakonische Einrichtungen für ihre Arbeit eine hohe Qualität behaupteten, die aber gemessen an QM-Kriterien und -Verfahren gar nicht nachweisbar war, stellt nicht notwendigerweise einen Gegensatz dar: Dies soll nur an einem Beispiel kurz erläutert werden: So stellte sich bei Audits gemäß der DIN EN ISO 9001 heraus, dass die Einrichtung eine ganze Reihe guter und innovativer Ideen zur Qualitätssicherung und Qualitätsentwicklung in die tägliche Arbeit hat einfließen lassen, dass aber diese hohen Standards sehr unsystematisch und z.T. auch zufällig zustande gekommen sind und dass sie vor allen Dingen nicht Endpunkt einer Planung waren und deshalb auch keine Grundlage für ein QM-System bildeten. Typisch war z.B., dass die Satzung veraltet war (hier ging man z.T. von einem völlig überkommenen Hilfeverständnis aus wie

---

2 Methode, um strategische, inhaltliche sowie ökonomische Ziele in einem Gesamtzusammenhang zu definieren und umzusetzen.

z.B. dem Schutz geistig behinderter oder alter Menschen durch die Einrichtung), man hatte darüber hinaus weder ein Organisationshandbuch noch ein Qualitätsmanagementhandbuch noch Stellenbeschreibungen; Arbeits- oder Dienstanweisungen befanden sich eher ungeordnet in unterschiedlichsten Ordnern und Ablagen, Dienstleistungsprozesse (wie stellt man sich eigentlich eine optimale Heimaufnahme einer Bewohnerin vor?) waren nicht beschrieben. Ohne jeweilige Hinweise auf normative Grundlagen, systematische Vorgehensweisen und Verfahrensabläufe etc. wäre es somit niemals möglich gewesen, ein ISO-Zertifikat zu erteilen, obwohl die Arbeit des Dienstes oder der jeweiligen Einrichtung vielleicht sogar überdurchschnittlich gut war.

3. Gegenwärtige Situation

Seit Beginn der 1990er Jahre haben Dienste und Einrichtungen QM-Prozesse systematisch eingeführt. Diakonische Landesverbände sowie Fachverbände und auch das Diakonische Werk der EKD haben sich an diesen Prozessen beteiligt.

3.1 QM-Rahmenhandbücher

In einem Bottom-up-Prozess[3] haben die Hauptgeschäftsstelle und die auf Bundesebene tätigen Fachverbände in jeweiligen Arbeitsfeldern QM-Rahmenhandbücher erstellt, die einerseits aus den QM-Erfahrungen der Einrichtungsebene abgeleitet und andererseits so aufbereitet wurden, dass sie z.T. auch in ihren etwas globaleren Aussagen den Rahmen für eine gute fachliche und inhaltliche Arbeit in einem spezifischen Arbeitsfeld beschreiben. Die Aufgabe, die sich auf der Bundesebene stellte, war dabei nicht einfach: Einerseits sollte die Wertorientierung diakonischer Arbeit zum Ausdruck kommen und auch fachlich inhaltlich Qualitätsstandards arbeitsfeldspezifisch dargestellt werden, andererseits sollten Dienste und Einrichtungen auch noch die Möglichkeit haben, diesen Rahmen für sich selbst individuell auszugestalten. Auch sollte es für eine Einrichtung nicht möglich sein, ein solches Rahmenhandbuch einfach abzuschreiben und unreflektiert zu übernehmen. Entsprechende Handbücher sind dabei entstanden z.B. für

---

3 Angefangen von der Einrichtungsebene über diakonische Landesverbände bis hin zur Hauptgeschäftsstelle.

- evangelische Krankenhäuser
- ambulante und stationäre Einrichtungen der Altenhilfe
- die Psychiatrie
- das Freiwillige Soziale Jahr.

3.2 Diakonische QM-Beratung

Die Erarbeitung von Handbüchern und deren Umsetzung, sowie aber auch die individuelle Beratung von Diensten und Einrichtungen wurden durch das eigens zur Begleitung der QM-Implementation in den Einrichtungen gegründete Diakonische Institut für Qualitätsmanagement und Forschung (DQF) geleistet.

3.3 Diakonische QM-Ausbildung

Die Diakonische Akademie Deutschland hat eine Reihe Kursangebote entwickelt, um einerseits allgemeine Ausbildungsgänge anzubieten wie z.B. zum TQM-Sytemauditor[4], zum Qualitätsmanager oder zum EQA-Assessor[5] oder spezielle Kursangebote in jeweiligen Fachbereichen wie z.B. Kindertagesstätten.

3.4 Zertifizierung

Das Diakonische Werk der EKD hat sich neben der Beauftragung externer Zertifizierer sehr früh an der proCum Cert-Zertifizierungsgesellschaft beteiligt. Geplant war, dass auf der Basis normativer Dokumente die Zertifizierung z.B. von Krankenhäusern, aber auch anderen sozialen Einrichtungen erfolgen kann.

3.5 Steuerung diakonischer Qualität und nachhaltigen Handelns

Steuerung von Nachhaltigkeit und Qualität findet mit dem Instrument der Handbücher statt. Die mittlerweile sehr reichhaltigen Erfahrungen der Diakonie machen deutlich, dass verbandliche Steuerung – im Konsens aller Beteiligten – auf einem höheren Abstraktionsgrad stattfinden kann und im Sinne von »Rahmenvorgaben« zu verstehen ist. Dies beinhaltet, dass Einrichtungen einen

---

4 TQM = Total Quality Management als umfassender Qualitätsmanagement-Ansatz.
5 Assessoren-Ausbildung auf Basis der Kriterien des European Quality Award (EQA).

individuellen Gestaltungsraum finden mit dem Ziel, dass diese einerseits Verbandsziele verfolgen (wertorientierte, arbeitsfeldspezifizierte und ökonomische), aber auch ihre unverwechselbare Individualität aufrecht erhalten können. Die individuelle Ausgestaltung von Rahmenvorgaben kann dabei durchaus auch präzise den Erwartungen z.B. der DIN EN ISO 9001 entsprechen, wenn dies bei der Konzeption des Rahmens sehr frühzeitig bedacht wurde.

Gerade unter dem Gesichtspunkt nachhaltigen Handelns im Sozialbereich sind folgende Wirkungen von besonderer Bedeutung, die im Folgenden auch mit Praxisbeispielen belegt werden sollen:

Qualitätssteuerung
Qualität zu steuern wird häufig als das Hauptanliegen des Qualitätsmanagements empfunden. Dies ist einerseits richtig, leider aber auch noch zu undifferenziert, will man beispielsweise ökonomische Steuerungsaspekte wie z.B. die Setzung ökonomischer Standards mit berücksichtigen. Qualitätssteuerung sollte sich an dieser Stelle zunächst einmal sehr spezifisch auf die Qualität der sozialen Dienstleistung beziehen. Sie schließt dabei auch die Erbringer der Dienstleistung wie auch den Nachfrager mit ein, so wie im Übrigen auch das Konzept der Nachhaltigkeit zwischen sozialen und ökonomischen Interessen einerseits und den Interessen der Leistungsanbieter und der Leistungsempfänger andererseits unterscheidet.

In vielen QM-Beiträgen ist auf den Aspekt der qualitäts- und wertebezogenen Qualitätssteuerung eingegangen worden, so dass hier auf detailliertere Ausführungen verzichtet werden soll mit dem Hinweis, dass natürlich mit Qualitätssteuerung auf der Leistungsanbieterseite die jeweilige Formulierung und Erreichung neuer Qualitätsziele gemeint ist; auf der Nachfrageseite die ständige Einbeziehung betroffener Menschen in die Verbesserung der Dienstleistung und zwar nicht nur auf der Basis des Standards »Kundenbefragung«, sondern auch unter Einbeziehung in die Neukonzeptionierung von Dienstleistungsangeboten.

Ökonomische Steuerung
Ökonomische Steuerung als Verbandsaufgabe kann in vielfältiger Weise geschehen, wobei das Instrument QM nur eine der Möglichkeiten darstellt. Differenziert man noch weiter, so lassen sich wiederum auch verschiedene Methoden aus dem QM-Spektrum ableiten, die allesamt auf eine ökonomische Steuerung hinauslaufen:
– Zum Beispiel die Anwendung bestimmter Methoden wie die derzeit sehr populäre Balanced Score Card führt zu einer strategisch-

ökonomischen Ausrichtung (ohne die sozialen Interessen von Menschen aus dem Auge zu verlieren).
– Daneben – und hier soll ein Schwerpunkt liegen – findet ökonomische Steuerung natürlich durch Handbücher statt, dem Gesagten entsprechend auf Spitzenverbandsebene durch sogenannte Bundesrahmenhandbücher. Im Folgenden sollen nun einzelne Forderungen beispielhaft herangezogener Bundesrahmenhandbücher für die Teilbereiche Ökonomie und Personalmanagement sowie Ökologie dargestellt werden:

Betriebswirtschaftliche Steuerung am Beispiel Pflege
Im sogenannten »Bundesrahmenhandbuch Qualität in der Pflege« findet Steuerung statt, indem in differenzierten Einzelbereichen der Betriebswirtschaft Ziele und Qualitätsniveaus genannt werden und dabei Struktur-, Prozess- und Ergebnisqualitäten als für die Einrichtungen zu erfüllende Anforderungskriterien festgelegt werden.

Buchhaltung
Die zu erfüllenden Buchhaltungsziele einer Pflegeeinrichtung beziehen sich auf gesetzliche Forderungen wie z.B. die Vorschriften der Pflegebuchführungsverordnung oder Bestimmungen der Abgabenordnung einerseits, der strategischen Ausrichtung einer Betriebswirtschaft zur Steuerung der Einrichtung anhand einer vollständigen und korrekten Datenbasis sowie zusätzliche verbands- und wertbezogene Erwartungen andererseits. Als Strukturkriterien werden unabdingbare Anforderungen z.B. im Bereich Lohn- und Gehaltsbuchhaltung ebenso eingefordert wie bei den Ergebniskriterien die Erstellung eines monatlichen Abschlusses, ein zeitnaher Überblick über Liquidität und Vermögensstruktur, zu vereinbarende Zahlungsziele, die Standardisierung von Mahnverfahren und zeitnahen Buchungen.

Controlling
Anforderungen an die Kosten- und Leistungsrechnung dienen der finanziellen Steuerung durch Träger und Einrichtungen. Auf dieser Informationsbasis kann die Wirtschaftlichkeit einer Einrichtung besser beurteilt werden; die Entscheidungssicherheit bei allen relevanten Entscheidungen wird erhöht. Zu den Zielen gehören u.a. Aufbau und kontinuierliche Weiterentwicklung einer Kostenträgerrechnung (Entgeltkalkulation). Auf der Seite der Ergebniskriterien sollen die Kostenstellen- bzw. Einrichtungsergebnisse die entsprechenden Daten zur Beurteilung der Wirtschaftlichkeit liefern.

Finanz- und Investitionscontrolling
Zu den Zielen gehören u.a. die Darlegung einer langfristigen Investitionsplanung der Einrichtungen, die Ermittlung des Kapitalbedarfs sowie die Sicherung der Zahlungsfähigkeit von Trägern bzw. Einrichtungen. Als Strukturkriterium ist u.a. relevant der Aufbau und/oder Ausbau einer Finanzplanung unter Einbeziehung der relevanten Zahlungsströme (inklusive Spenden) sowie die Darstellung geeigneter Kennzahlen wie Eigenkapitalquote, Kapitalumschlag, Cash-Flow der Betriebsleistung sowie die Gesamtkapitalrentabilität.

Kennzahlensystem
Kennzahlen dienen als prägnante Grundlage für die betriebliche Steuerung. Angezielt sind geeignete Kennzahlen wie:

- Kosten pro Pflegetag (differenziert nach Kostenarten)
- Heimauslastungsgrad
- Durchschnittliche Verweildauer
- Umsatz pro Mitarbeiter
- Fachkraftquote.

Dabei wird als Strukturkriterium ein Kennzahlensystem mit ausgewählten prägnanten, aussagefähigen Kennzahlen erwartet. Im Ergebnis soll das Kennzahlensystem Informationen zur Verfügung stellen, um eine effiziente Steuerung des Unternehmens bzw. der Einrichtung zu gewährleisten. Empfohlen wird auch, dass die Kennzahlen mit Einrichtungen anderer Träger vergleichbar sind (Benchmarking), dass solche Vergleiche dann auch – falls nötig – zu Prozessen der Verbesserung der Wirtschaftlichkeit genutzt werden.

Personalschlüsselrechnung
Die Personalkosten sind der mit Abstand größte Kostenblock in sozialen Einrichtungen. Personalschlüsselrechnungen werden somit zu einem wesentlichen und wichtigen Bestandteil des Controllings in der Diakonie. Die Personalschlüsselrechnungen sollen nach dem in den Pflegesatzverhandlungen vereinbarten Personalschlüssel durchgeführt werden.

Personalverwaltung
Auch für die Personalverwaltung werden Ziele sowie Qualitätskriterien vorgegeben. Personalverwaltung umfasst dabei alle administrativen personalbezogenen Maßnahmen, d.h. die Umsetzung gesetzlicher Bestimmungen, des Personaleinsatzes sowie Urlaubs-, Seminar- und Schulungsanträge sowie die Abwicklung der Lohn-

und Gehaltszahlungen, ferner die Verwaltung der Mitarbeiterdaten und Arbeitszeitnachweise.

Wirtschafts- und Finanzpolitik am Beispiel Krankenhaus
Die verbandliche Steuerung der Wirtschafts- und Finanzpolitik von Krankenhäusern (über gesetzliche Vorgaben hinaus) soll ebenfalls über Rahmenhandbücher erfolgen. Als ein Beispiel der praktischen Umsetzung kann genannt werden:
- Offenlegung der wirtschaftlichen Ziele und Stellenwert der Profitorientierung im Verhältnis zu Dimensionen der christlichen Nächstenliebe
- Art und Weise, wie ein finanzielles Gleichgewicht angestrebt und sichergestellt wird
- Erfragung von Kriterien für eine Prioritätenliste im Wirtschaftsplan.

Diese und weitere Erwartungen gehen über gesetzliche Verpflichtungen hinaus wie etwa die regelmäßige Erstellung eines Lageberichtes gemäß den Anforderungen nach §§ 289 und 315 HGB.

EFQM und wirtschaftliche Steuerung von Geschäftserfolgen
Greift man einmal das EFQM-Modell[6] als spezifisches Instrument zur Weiterentwicklung von Qualität heraus, so ergeben sich auch bei den EFQM-Kriterien zahlreiche Ansätze, um ökonomische Steuerung auszuüben. Dies ist z.B. zum einen das Kriterium Ressourceneinsatz mit der konkreten Verpflichtung zum Nachweis, wie die Organisation ihre finanziellen Ressourcen handhabt (Kriterium 4.a). Zum anderen ist dies aber auch das Kriterium des Nachweises von Geschäftserfolgen und u.a. der Frage, mit welchen finanziellen Messgrößen der Erfolg der Organisation gemessen wird und wie sich diese entwickeln. Die Diakonie – hier auf der Ebene einer konkreten Altenhilfeeinrichtung – belegt dieses Kriterium sehr häufig mit einem Nachweis der Verbesserung bei der Entwicklung der finanziellen Ergebnisse.[7] Steuerung kann dabei auch durch Benchmarking erfolgen, insbesondere wenn sich das Benchmarking wie beim angegebenen Beispiel auf betriebswirtschaftliche Daten und Analysen bezieht. Benchmarking als ökonomisches Steuerungselement ist insbesondere auch dann weiterführend, wenn sich wie hier eine Altenpflegeeinrichtung mit einem Hotelbetrieb vergleicht.

---

6 Das von der European Foundation of Quality Management (EFQM) konzipierte QM-Modell.
7 Z.B. Qualitätsmanagement-Handbuch, Samariterstift Gärtringen, Samariterstiftung, 1998, 147.

Ökologische Steuerung
Nachhaltiges Wirtschaften schließt die ökologische Steuerung mit ein: Für die Diakonie bedeutet dies unter dem Grundsatz »Bewahrung der Schöpfung« auch das Eintreten für die Schonung der Umwelt.

Am Beispiel Pflege
Für den Pflegebereich bedeutet dies die Orientierung am ressourcensparenden und umweltschonenden Umgang mit den betreffenden Ressourcen sowie der Einhaltung ökologischer Standards. Bei den Strukturkriterien sollten Orientierungen an ökologischen Standards z. B. auch aus dem Inhalt geschlossener Verträge hervorgehen. Beim Umweltschutz als Teil der Unternehmenskultur sollten ökologische Grundgedanken jeweils Inhalt sein auch bei Investitionen, Gebäude- und Geräteschutz, Verbrauchsmaterial, der Energieversorgung, Instandhaltung, Abgasregelungen, Entsorgung.

Am Beispiel Krankenhaus
Für Krankenhäuser ergeben sich die vielfältigsten Ansatzpunkte für ökologisches Handeln. Entsprechend differenziert und umfangreich sind dabei auch die Erwartungen an konfessionelle Krankenhäuser, wie sie im entsprechenden Qualitätshandbuch niedergelegt sind. Umweltschutz bezieht sich auf differenzierte Möglichkeiten der Abfallvermeidung sowie bei der Beschaffung von Gütern wie z. B. beim Zentraleinkauf oder in Apotheken. Auch Beschaffung, Transport, Umgang und Entsorgung radioaktiver Stoffe spielen hier – da in vielen Krankenhäusern relevant – eine große Rolle. Auf knapp 20 Seiten werden differenzierte Erwartungen an Krankenhäuser gestellt sowohl hinsichtlich zu verfolgender ökologischer Ziele als auch deren konkrete Umsetzung und Bewältigung bis hin zur Prüfung des Erreichungsgrads der Ziele und entsprechenden Nachweisen gemäß DIN EN ISO 14001 oder aber auch der Erfüllung der Kriterien der EG-Öko-Audit-Verordnung.

3.6 Diakonische Qualität zwischen ISO und EFQM

Auch wenn der Vergleich von ISO und EFQM etwas vom Vergleich von Äpfeln und Birnen hat, so findet jedes Modell doch seine Befürworter. Dient die ISO doch im Wesentlichen zur Implementation eines QM-Systems und als Grundlage für eine externe Zertifizierung, so ist das EFQM-Modell deutlicher ein Selbstbewertungsmodell, das eigentlich schon ein QM-System voraussetzt und dann nur noch nach der Verbesserung einer schon guten Arbeit fragt.

Für die Diakonie kann der Streit um das eine oder andere Modell als beendet gelten. Dies hat folgenden Grund: Diakonische (Rahmen-)Handbücher haben zunächst einmal unter Berücksichtigung von QM-Standards und Arbeitstechniken Anforderungen an diakonisches Handeln – wie oben beschrieben – zusammengestellt. Wird dies in einem systematischen Prozess vorangetrieben, so ist die Erfüllung der Anforderungskriterien nach ISO nahezu ein Nebenprodukt. Darüber hinaus wurden sehr bewusst – insbesondere im Krankenhaushandbuch – Elemente des EFQM-Modells mit in den Anforderungskatalog hineingenommen insbesondere auch durch die hohe Erwartung der Diakonie, zusätzlich die Ergebnisqualität eingehend zu beschreiben und sich nicht nur auf die Struktur- und Prozessqualität zu beschränken. Die im Jahrbuch der Diakonie 2001 vorfindliche Synopse[8] macht deutlich, dass die ISO sowie ausgewählte Elemente des EFQM-Modells gleichermaßen ein diakonisches Handeln im Sinne der Anforderungen in den QM-Handbüchern ausmachen.

4. Diakonische Perspektiven

Aus der Qualitätsdiskussion heraus lassen sich Perspektiven entwickeln, die für die gesamte organisierte Dienstleistungsdiakonie nicht nur entscheidend wichtig sind, sondern auch deren deutliche Umgestaltung und permanente Wandlungsfähigkeit und damit Zukunftsfähigkeit sichern. Dabei lassen sich folgende Elemente und Phasen unterscheiden:

Qualitätsmanagement und hohe Qualität der Dienstleistungen
Zukünftig sollten alle Dienste und Einrichtungen in allen Arbeitsfeldern ein QM-System implementiert haben.

Nachhaltiges Handeln in der Diakonie
Diakonieintern sollten entsprechend den diakonischen Kriterien zur Nachhaltigkeit die ökonomischen, ökologischen und sozialen Ziele erreicht werden, verbunden mit der Erreichung der Ziele Geschlechtergerechtigkeit, Generationengerechtigkeit und internationaler/weltweiter Orientierung nachhaltigen Handelns.

---

8 Diakonie und Qualität, Diakonie-Jahrbuch 2001, 128.

Diakonie als intelligente und lernende Organisation
Der Umbau der traditionellen tayloristischen Organisation zur wissensbasierten »intelligenten Firma«[9] erfordert auch in der Diakonie Umgestaltungsprozesse. Das Managen von Wissen innerhalb einer Organisation muss entwickelt bzw. systematisiert werden. Es steht dabei möglicherweise im Widerspruch zu überkommenen hierarchischen Strukturen und Machtstrukturen und erfordert möglicherweise ein völlig anderes Arbeiten.

Wissensarbeit
Auch die Bereiche Kommunikation, Transaktion und Interaktion in diakonischen Organisationen müssen kontinuierlich revidiert und vor allem ständig als verbesserungsfähig angesehen werden. Veränderung muss dabei als Ressource betrachtet werden.

Intelligente Dienstleistungen
Auch soziale Dienstleistungen können auf der Basis wissensbasierter und intellektueller Prozesse weiterentwickelt, sprich: optimiert und zukunftsfähig gestaltet werden. Dienstleistungen sind dann insofern als intelligent zu betrachten, als sie – dem EFQM-Modell entsprechend – in kontinuierlichen Reviews und unter Hinzuziehung aktueller Expertisen ein reales Problem von Klienten lösen.

Kulturen der Qualität
Die Orientierung am Regelkreis des EFQM-Modells
– Habe ich ein Konzept?
– Setze ich es um?
– Hinterfrage und verbessere ich es regelmäßig? (Review)
führt zu einem Selbstläufermodell diakonischer Qualitätsentwicklung. Dies wird auch organisatorische Konsequenzen haben. Nach Helmut Willke[10] lassen sich dabei drei Ebenen der Kultur der Qualität unterscheiden, die auch die Entwicklungslinie für die Diakonie vorzeichnen:

---

9 James Brian Quinn: Intelligent enterprise. A knowledge and service based paradigm for industry, New York u.a. 1992.
10 Helmut Willke: Welche Zukunft? Solidarität und Kompetenz, in: Caritas im Wandel. Strategisch-strukturelle Spannungsfelder der verbandlichen Caritas, Caritasverband der Diözese Rottenburg-Stuttgart, 2000.

Drei Kulturen der Qualität	
Erstarrte Komplexität (Hierarchie)	Die Spitze des Systems definiert Qualität
Unorganisierte Komplexität (Anarchie)	Jeder definiert Qualität für sich
Organisierte Komplexität (Vernetzte Systeme)	Qualität als Prozess in einem systematischen Kontext

5. Schlussbetrachtung

Die Diskussion um die Qualitätsentwicklung in der Diakonie ist multidimensional. Der Einstieg in die Implementation eines QM-Systems, die Orientierung an best-practise gemäß dem EFQM-Modell und die Verfolgung umfassender nachhaltiger diakonischer Ziele wird nicht nur die konkret nachweisbare Dienstleistungsqualität verbessern, sondern auch die Wettbewerbsfähigkeit diakonischer Dienste und Einrichtungen gerade angesichts ökonomischer Wettbewerbsbedingungen. Organisatorisch und verbandlich notwendige drastische Veränderungsprozesse bedeuten aber auch den Abschied von vielen gewohnten traditionellen Handlungsweisen in den strukturellen und Machtverhältnissen der Diakonie. Von daher ist die noch derzeitige Vorstellung der Verbesserung der Dienstleistungsqualität über individuelle personelle Verrichtungen am Klienten zu eindimensional. Vielmehr wurde mit dem Sich-Einlassen auf QM ein Fass geöffnet, dessen Ergüsse nicht mehr so einfach in bestehende Kanäle, Rinnsale oder Töpfchen traditioneller Abwasserstrukturen aufgefangen werden können. Dabei darf aber keinesfalls der aktuelle Stand der Qualitätsentwicklung in der Diakonie als niedrig eingeschätzt werden; im Gegenteil: Es ist bereits ein recht weit entwickelter Stand in der QM-Implementation erreicht. Er ist so hoch, dass diejenigen, die bisher am stärksten vom Sozialbereich Qualitätsentwicklung abgefordert haben, wie z.B. Fachministerien, Kostenträger, medizinische Dienste, Aufsichtsbehörden, Fachhochschulen und Universitäten sowie auch Journalisten, bei der Rückfrage nach eigenen QM-Systemen schlichtweg passen müssen. Hier muss es – wie anfangs erwähnt – Aufgabe der Diakonie bleiben, Nachhaltigkeit und Qualität nicht nur nach innen zu praktizieren, sondern auch nach außen gerichtet von anderen abzufordern. Die

Diakonie muss somit den fachlichen Dialog mit den Genannten weiterführen. Streng genommen fordert das EFQM-Modell ja geradezu, dass darauf zu achten ist, dass auch Kooperationspartner eingeführte QM-Systeme haben bzw. vielleicht sogar zertifiziert sind.

6. Literatur zur Weiterarbeit

Bundesrahmenhandbuch Diakonie-Siegel: Pflege. Leitfaden für die Altenhilfe und ambulanten Dienste, Version 0 (Erprobung) Dezember 1999 (Software); Version 1 (seit Jan. 2003 lieferbar), Diakonisches Institut für Qualitätsmanagement und Forschung GmbH, Berlin.
Diakonie und Qualität. Diakonie Jahrbuch 2001, Stuttgart 2001.
Mehr Qualität im Dienst am Nächsten. Das »EFQM-Modell« in der Altenhilfe – erfolgreich umgesetzt, Dokumentation des Projektes »Anwendung des EFQM-Modells im Samariterstift Gärtringen«, 1999.
FSJ Freiwilliges Soziales Jahr, Diakonisches Jahr: Handbuch für Qualitätsentwicklung und Qualitätsmanagement, (pdf-Format) 1998.
Nachhaltigkeit als Aufgabe der Kirchen, Wittenberger Memorandum der Bilanztagung »Von Rio über Johannesburg nach ...« vom 14. bis 16. Mai 2002, Ev. Akademie Sachsen-Anhalt, (pdf-Format + html-Version), Wittenberg.
proCum Cert-Qualitäts-Handbuch (Software/Holl-GmbH), München 2000.
PPQ Pro Psychiatrie Qualität, Handbuch zur Qualitätsentwicklung in der Sozialpsychiatrie, hg.v. Bundesverband Ev. Behindertenhilfe e.V., Stuttgart 1998.
Schwarzer, Uwe: Theologie der Qualität – Qualität der Theologie, in: Theologie der Qualität – Qualität der Theologie, Theorie-Praxis-Dialog über die christliche Qualität moderner Diakonie, Freiburg 2001.
–: Nachhaltigkeit durch Qualität, Steuerung wirtschaftlichen und verantwortlichen Handelns durch Qualitätsmanagement, Blätter der Wohlfahrtspflege 148 (2001), 189–205.
–: Strategische Steuerung durch Qualitätsmanagement in der Freien Wohlfahrtspflege, in: Maelicke, Bernd (Hg.): Strategische Unternehmensentwicklung in der Sozialwirtschaft, Baden-Baden 2002.
Willke, Helmut: Welche Zukunft? Solidarität und Kompetenz, in: Caritas im Wandel. Strategisch-strukturelle Spannungsfelder der verbandlichen Caritas, Caritasverband der Diözese Rottenburg-Stuttgart 2000.

XVII.
Öffentlichkeitsarbeit

HORST SEIBERT

1. Einführung: Öffentlichkeitsarbeit – Begriff und Sache

Der Begriff ist vergleichsweise spät – in den späten 1950er und frühen 1960er Jahren des 20. Jh. – in den deutschen und speziell den kirchlich-diakonischen Sprachgebrauch geraten;[1] er übersetzte die englischen »Public Relations« und signalisierte damit grundlegend die Verbesserungsbedürftigkeit und -möglichkeit des Öffentlichkeitsverhältnisses von Kirche und Diakonie.

Der Sache nach sind Elemente von Öffentlichkeitsarbeit in der Diakonie seit langem Gang und Gäbe. Etwa August Hermann Francke kann als eine Art Fundraising-Genie und als Meister der offensiven Spendenwerbung angesehen werden. Oder: Theodor Fliedner betrieb höchst erfolgreich internationale Spendenakquisition und z.b. allgemeine, fachliche und zielgruppenorientierte Publizistik. Im Unterschied zu gegenwärtigen Praktiken wurden Erfolge und Erträge freilich nicht ausgefuchsten Strategien zugerechnet, sondern Gottes Handeln.[2]

---

1 Rekonstruktion der kirchlich-diakonischen Adaption z.B. bei Claus-Jürgen Roepke: Information, Werbung und Kontaktpflege, in: gep-texte 1/1983, 1–41; Hans-Jürgen Holzhauer: Öffentlichkeitsarbeit im Wandel der Zeit. Public Relations zwischen Glaubwürdigkeit und Marketing-Appendix, in: Horst Seibert (Hg.): Kommunikation der Nächstenliebe. Chancen und Erschwernisse kirchlich-diakonischer Öffentlichkeitsarbeit, Darmstadt 1998, 41–74. Das erste deutschsprachige Standardwerk von Albert Oeckl (Handbuch der Public Relations. Theorie und Praxis in der Öffentlichkeitsarbeit in Deutschland und der Welt) erschien 1964. Die m.W. erste systematische Reflexion kirchlicher Öffentlichkeitsarbeit stammt von Waldemar Wilken: Brücken zur Kirche – Public Relations der Kirche, Berlin 1967.
2 Francke beschreibt in seinen »Segens-vollen Fußstapfen« (1709), wie ihm in eigentlich aussichtsloser Lage Gott das »Herz einer Standes-Person erweckte« oder »ein Christliches Gemüth bewogen ward«, der Halleschen Anstalt aufzuhelfen; »[...] so ließ ichs getrost auf den Herrn ankommen«; zit. nach Herbert Krimm (Hg.): Quellen zur Geschichte der Diakonie.

Auch Johann Hinrich Wichern war mit Sicherheit ein großer Kommunikator. Die These von Wicherns Scheitern gegenüber der Moderne[3] wird rasch brüchig, wenn Wicherns dreifache Strategie – Verkündigung der rettenden Liebe Gottes in Jesus Christus, Apologetik gegenüber dem Atheismus und hingebende soziale Arbeit – unter den Gesichtspunkten kommunikationswissenschaftlicher Theorien und gesamtpublizistischer Praxis betrachtet wird.[4]

Vor den Anfängen von Sozialpolitik und geregelten Finanzierungsmodellen für die freie Wohlfahrtspflege war Diakonie eigenwirtschaftlicher als zu weiten Teilen des 20. Jh. und auch stärker angewiesen auf öffentliche Wahrnehmung und Öffentlichkeitsarbeit ähnliche Verkehrsformen.

2. Allgemeine Trends

Albert Oeckl lieferte in den 1960er Jahren die auf Jahre hinaus integrierende Definition: »Öffentlichkeitsarbeit ist das bewußte, geplante und dauernde Bemühen, gegenseitiges Verständnis und Vertrauen in der Öffentlichkeit aufzubauen und zu pflegen«;[5] ein

---

Bd. 2, Stuttgart 1963, 114. Vgl. auch Markus Rückert: Diakonie und Ökonomie, Gütersloh 1990. Zu Fliedner vgl. seine beiden Bände: Collektenreise nach Holland und England, Essen 1831, oder seinen von ihm herausgegebenen und 90 Jahre lang erschienenen »Armen- und Kranken-Freund«.

3 Klassisch vertreten von Günter Brakelmann: Die soziale Frage des 19. Jahrhunderts, Witten ³1966.

4 M.W. zuletzt durch Jörg Kniffka: Johann Hinrich Wichern. Impulse und Irritationen für eine intellektuelle Diakonie heute, Beilage zum Hochschulbrief der Ev. Fachhochschulen Nr. 25, Darmstadt 1999, 14–32.

5 Oeckl: Handbuch, 36. Bei allen Eindeutschungsversuchen erwies sich vor allem die Mehrdeutigkeit von »Öffentlichkeit« als Problem. Nach Joachim Westerbarkey: Öffentlichkeit als Funktion und Vorstellung. Der Versuch, eine Alltagskategorie kommunikationstheoretisch zu rehabilitieren, in: Wolfgang Wunden (Hg.): Beiträge zur Medienethik. Bd. 2: Öffentlichkeit und Kommunikation, Frankfurt a.M. 1994, strebt »Öffentlichkeit« zum einen nach gemeinsamer Meinung und nach Vereinheitlichung und ist zum andern immer wieder irrational; das bedinge, dass »Mehrdeutigkeit [...] für die Karriere politisch-programmatischer Begriffe vorteilhaft [ist], weil jeder (auch kontrafaktisch) behaupten kann, darunter dasselbe zu verstehen wie andere« (60); ihre Hauptfunktion sei halt gar nicht die Verbreitung von Wahrheit oder von ethisch effektiven Theorien, sondern die Stiftung von Identität, die inhaltliche Einigung hetero-

dialogisches Modell. Andere Übertragungen und Definitionen von »Public Relations«, die man in Deutschland zu popularisieren versuchte, hatten z.B. stärker abgehoben auf *Zielerreichungsinteressen* (F. Korthe):

»Es geht um die Herstellung eines guten Beziehungsverhältnisses auf der Basis gegenseitigen Verständnisses, Vertrauens und Wohlwollens, damit dieser Beziehungsträger sein Ziel – ganz gleich, ob es eine Verwaltungsaufgabe einer Behörde oder der Absatz von Waren oder Dienstleistungen ist – günstiger und schneller, unter Umständen überhaupt erreichen kann.«[6]

oder auf *personale Dimensionen* (A. Schmidt):

»[...] Doch das immer wieder Entscheidende, das, wonach ein Unternehmen letztlich in der Öffentlichkeit beurteilt wird, ist sein menschliches Antlitz, sind seine Menschen und sind die Unternehmerpersönlichkeiten, die diese Menschen führen.«[7]

Die Abgrenzung gegenüber den älteren, auch in der Inneren Mission gebrauchten Begriffen Propaganda und Reklame und vor allem gegenüber dem Begriff Werbung blieb bis heute zumindest Gesprächsgegenstand (auch Werbung appelliert ja u.a. an Vertrauen).

Mitte der 1970er Jahre erfasste in den USA Rex Harlow 427 Definitionen von Public Relations und versuchte eine Synthese, bei welcher vor allem die Aspekte der innerorganisatorischen Positionierung und die ethische Fundierung bedeutsam wurden – zwei auch für die deutsche Diskussion folgenreiche Gesichtspunkte:

»Public Relations ist eine unterscheidbare Management-Funktion, die dazu beiträgt, wechselseitige Kommunikationsverbindungen, Verstehen, Akzeptanz und Kooperation zwischen einer Organisation und ihren Öffentlichkeiten herzustellen und aufrechtzuerhalten. Sie bezieht die Handhabung von Problemen und Streitpunkten ein. Sie unterstützt das Management bei dem Bemühen, über die öffentliche Meinung informiert zu sein und auf sie zu reagieren. Sie definiert und unterstreicht die Verantwortung des Managements in seinen Aufgaben gegenüber dem öffentlichen Interesse. Sie unterstützt das Management dabei, mit dem Wandel Schritt zu halten und ihn wirksam zu nutzen. Sie dient als Frühwarnsystem, um Trends vorauszusehen. Und sie

---

gener Individuen – im Extrem komme es unter diesem Begriff zu Gruppenzwängen, zur Ausbildung von Formen sozialer Kontrolle. »Öffentliche Meinung« sei dementsprechend keine objektiv fassbare Größe, sondern bestehe aus selbstinitiierten zirkulären Prozessen, »vor allem aus Meinungen, die andere zu kennen glauben, weil sie sie aufgrund von Kommunikation anderen zuschreiben, also aus der imaginären Verbreitung und Akzeptanz von Meinungen« (61).

6 Zit. bei Roepke: Information, 15.
7 Zit. bei Roepke: Information, 21.

verwendet Forschung sowie ehrliche und ethisch vertretbare Kommunikationstechniken als ihre Hauptinstrumente.«[8]

In den 1980er Jahren kamen Definitionen auf, die Öffentlichkeitsarbeit als spezielle *System-Umwelt-Interaktion* verstanden: systemische Ansätze, die mehr und mehr Zusammenhänge zwischen Wahrnehmung, Wirklichkeit und Kommunikation realisierten. Eine knappe Definition lieferten Long und Hazelton:

»Public Relations ist eine Kommunikationsfunktion des Managements, mittels derer Organisationen sich anpassen, ändern oder ihre Umwelt verändern, um die jeweiligen Ziele der Organisation zu erreichen.«[9]

Die Definitionsgeschichte war also von pragmatischem Verständnis über organisations- und gesellschaftsbezogene Sichtweisen zu Interdependenzkonzepten fortgeschritten. Fast durchgängige Begleitmusik waren diverse Klärungsversuche: z.B. zur Frage nach dem Verhältnis von Öffentlichkeitsarbeit und *Marketing*;[10] oder zur Frage nach Gemeinsamkeiten und Unterschieden zwischen der Öffentlichkeitsarbeit von *Profit- und Non-Profit-Organisationen*.[11] Die Medien der

---

8 Zit. nach Werner Faulstich: Grundwissen Öffentlichkeitsarbeit, München 2000, 24.
9 Larry W. Long/Lyman Hazelton: Public Relations: A Theoretical and Practical Approach, in: Public Relations Review 2/1987, 6 [Übersetzung; H.S.].
10 Roepke: Information 14: »Die Aufgabe des Marketing ist es, die Bedürfnisse und Tendenzen am Markt zu erkunden, also den potentiellen Kunden bzw. Konsumenten mit seinen Wünschen und Bedürfnissen kennenzulernen. Die möglichst präzise Kenntnis des Verbrauchers und seiner Situation gilt in der modernen Wirtschaft als unerlässliche Voraussetzung nicht erst für eine wirksame Werbung, sondern bereits für eine sinnvolle Produktionsplanung. Marketing ist ein umfassender Prozeß, der mit der Planung beginnt und mit dem Verkauf noch nicht beendet ist«. Noch 1998 attackiert Holzhauer: Öffentlichkeitsarbeit, bes. 50ff., die geläufige »Vermischung« von Public Relations und Marketing auch in diakonischen Öffentlichkeitsreferaten u.ä., konstatiert den so verursachten Einbruch von »merkantilen und unternehmensbezogenen Ideen«.
11 Die einschlägigen Definitionen – z.B. von Detlef Luthe: Öffentlichkeitsarbeit für Nonprofit-Organisationen, Augsburg 1994, 4: »Gemeinsam ist allen Nonprofit-Organisationen [...], daß sie [...] nicht kommerziellen Zwecken im Sinne einer Profiterwirtschaftung zugunsten einzelner Personen dienen« – grenzten zwar von kommerziellen Wirtschaftsunternehmen ab, schlossen aber z.B. staatliche Einrichtungen, die ebenfalls nicht primär gewinn-orientiert betrieben werden, aus und ließen die Intermediarität der freien Wohlfahrtspflege außer Acht. Für Einrichtungen der Diakonie galt bzw. gilt z.T. noch: »Einerseits ist ihnen mit den öffent-

Öffentlichkeitsarbeit betreibenden Organisationen blieben weitgehend im Herkömmlichen: Printmedien (Plakate, Handzettel, Flyer, Zeitschriften usw.), audiovisuelle Medien (Diareihen, Filme, diverse Tonträger), Sammlungs- und Ausstellungsmaterialien, Unterrichts- und Spielmedien und Kleingeschenkmaterialien (Kugelschreiber, Luftballons, Frisbee-Scheiben u. ä. mit Firmenaufdruck). Referentinnen und Referenten für Öffentlichkeitsarbeit verfassten und sammelten Presseberichte und informierten Leitungen über wichtige öffentliche Termine. Eine gemütliche Geschäftigkeit kennzeichnete die Öffentlichkeitsarbeit in vielen sozialen Organisationen.

1994 wurde das Selbstkostendeckungsprinzip im Sozialhilferecht durch die Bundesregierung aufgehoben und durch den sog. prospektiven Pflegesatz, der keinen Gewinn- und Verlustausgleich mehr kannte, ersetzt, und gleichzeitig mit der stufenweisen Einführung der Pflegeversicherung wurde der soziale Anbietermarkt geöffnet.[12] Seitdem kam es nicht nur zur Massenflucht verbandlicher Sozialeinrichtungen in wirtschaftlichere Rechts- und Organisationsformen, sondern auch zur Ergänzung oder Ersetzung Public-Relations-orientierter Handlungsformen durch marktförmigere:

– *durch Fundraising*

Fundraising ist der Oberbegriff für Aktivitäten, die im Kontext der Ressourcenbeschaffung stehen; als Ressource gelten neben Geld Sachmittel, kostenlos zur Verfügung gestellte Dienstleistungen, immaterielle Förderung sowie ehrenamtliche Mitarbeit. Wichtigste Ressourcen-Quellen sind die öffentlichen Haushalte (von der EU bis zu Kommunen), Einzelpersonen, Unternehmen und Institutionen, Stiftungen u.a.;[13]

---

lichen Haushalten gemeinsam, daß ihr Vermögen nicht handelbar ist, soweit es satzungsgemäß an den Organisationszweck gebunden ist. Im Unterschied zum Staat sind die Entscheidungsrechte in diesen Organisationen jedoch privaten Individuen zugeordnet. Dieses Charakteristikum haben sie andererseits mit erwerbswirtschaftlichen Unternehmen gemeinsam, von denen sie sich jedoch wegen des fehlenden Gewinnstrebens bei der Verfolgung ihrer gemeinnützigen Zwecke unterscheiden« – so Dietrich Dickertmann/Viktor Piel: Informationsbedarf auf dem Spendenmarkt, in: Wirtschaftsdienst 1/1995, 43.

12 Vgl. Horst Seibert/Winfried Noack: Die Krise der Sozialarbeit und ihre autopoietische Chance, in: Soziale Arbeit Spezial, hg.v. Deutschen Zentralinstitut für soziale Fragen, Berlin 1997.

13 Vgl. Luthe: Öffentlichkeitsarbeit, 56f. Bei alldem gilt:»The mission is the magnet« (Henry A. Rosso, Gründer der Fundraising School in Indianapolis, zit. n. Luthe: Öffentlichkeitsarbeit, 57); das Angebot muss den potentiellen Fundgiver überzeugen können.

– *durch Social-Sponsoring*

Sponsoring lehnt sich tendenziell an ältere Modelle wie Mäzenatentum, Patronage und überhaupt altruistisches Geben an; in der Regel geht es um vertraglich-verbindlich festgelegte Tauschleistungen zwischen Partnern: der eine gibt z.B. Geld, bestimmt mit, wofür es verwendet wird, und macht Sponsorenansprüche geltend (meist Namensnennung auf Produkten, Dienstleistungsinstrumenten). Hier entscheiden maßgeblich Imageaspekte. Zunehmend wird Sponsoring ein unternehmerisches Kommunikationsinstrument; es entstehen z.B. Sponsoren-Clubs, Gemeinschaftsanzeigen, regelrechte Lizenzvergaben, Internet-Sponsoring usw.;[14]

– *Beziehungsmarketing*

z.B. durch Spendenakquisition mit EDV-Unterstützung;[15]

– *Lobbying*

Lobbying meint das Kommunizieren einer Organisation mit der Politik. In Deutschland ist Lobbying rechtlich abgesichert und gründet auf einem klar formulierten Eintrag in der Geschäftsordnung des Deutschen Bundestages; zu dieser Ordnung gehört die sog. Lobby-Liste, in der z.Z. ca. 1700 Organisationen eingetragen sind, die potentiell »ihre Meinung zu Vorhaben des Gesetzgebers [...] den Ausschüssen des Deutschen Bundestages vortragen wollen« und dürfen. Im diakonischen Bereich bestehen seitens der Hauptgeschäftsstelle des Diakonischen Werkes der EKD, aber auch seitens einzelner Landesverbände Verbindungsstellen, auch zu Organen der EU (z.B. existiert im Diakonischen Werk in Westfalen eine eigene Europa-Stabsstelle);[16]

– *durch Mix-Formen dieser Methoden*

Zahlreich sind Beschaffungsmarketing-Mix-Formen, z.B. Direkt-Marketing-Kombinationen mit Spenderwerbung (Adresse, Telefon und Mailing); z.B. Verbindungen von Sponsoring- und Co-Marketing, von Fundraising und Social-Sponsoring u.a.m.

– *Einen unbestreitbaren Öffentlichkeitsaspekt enthalten auch die seitdem entstandenen und noch entstehenden Leitbilder sozialer Organisationen.*

Die gesetzliche Verpflichtung zur Qualitätsentwicklung erreicht immer weitere Bereiche auch der sozialen Arbeit. Staatliche, kommunale und auch private Geldgeber fordern neuartige Nachweise dafür, dass ihre Mittel sinnvoll – d.h. vor allem: wirtschaftlich – angelegt sind. Diesen Anforderungen versuchen Organisationen durch Leitbilder zu entsprechen; teilweise sind die For-

---

14 Vgl. Claudia Fischer: Öffentlichkeitsarbeit einer Nonprofit-Organisation: Die deutsche Lebensrettungsgesellschaft, Bochum 1995, 27f.
15 Neuerdings häufig auch als Telefon-Marketing usw.
16 Vgl. Hermann Schulte-Vennbur: Lobbying. Die Kommunikation des Unternehmens mit der Politik, in: Michael Krzeminski/Clemes Neck (Hg.): Praxis des Social Marketing, Frankfurt a.M. 1994, 222.

mulierungsversuche auch »dadurch gekennzeichnet, daß die Ideen des TQM (Total Quality Management) sowie im wesentlichen auch die Prinzipien der DIN ISO 9004 aufgenommen« und auf die Profile auch sozialer Arbeit übertragen werden[17]. Leitbilder enthalten »das verdichtete [...] Selbstverständnis einer Organisation«, »Aussagen zu den übergeordneten Zielen« und »externe und interne Vorgehensweisen«[18]. Diese Texte werden weit gestreut, vor allem auch auf Webseiten.

3. Diakonische Linien

Ende der sechziger, Anfang der siebziger Jahre des 20. Jh. halfen Initialzündungen von oben der diakonischen Öffentlichkeitsarbeit auf: Es erschienen motivierende Publikationen[19], die Zusammenarbeit der Öffentlichkeitsverantwortlichen in diakonischen Landes- und Fachverbänden und in der Hauptgeschäftsstelle des Diakonischen Werkes der EKD wurde organisiert, und ein Hauch von modernisierter Volksmission wehte durch die Szene der Öffentlichkeitsarbeiter[20], gemeinsame Public Relations-Aktionen wurden begonnen[21], und das Nachdenken über eine Corporate Identity setzte ein.[22] Corporate Design/CD meinte ein einheitliches Erscheinungsbild, das z.B. die Wiedererkennung eines Angebots, einer Organisation etc. erleichtern sollte, das aber vor allem auch die Zusammengehörigkeit von Beziehungsträgern signalisieren sollte. Für deren identitätsorientiertes Handeln steht Corporate Identity/CI.

17 Franz Peterander/Otto Speck: Qualitätsmanagement in sozialen Einrichtungen, Basel 1999, 170.
18 Bundesministerium für Familie, Senioren, Frauen und Jugend (Hg.): Leitfaden für Qualitätsbeauftragte Nr. 28, 2000, 84.
19 Vor allem: Theodor Schober (Hg.): Handbuch für die Praxis: Öffentlichkeitsarbeit in der Diakonie, Stuttgart 1969.
20 Heinrich-Hermann Ulrich: Direktor im Diakonischen Werk der EKD und zugleich Generalsekretär der Arbeitsgemeinschaft Missionarische Dienste, versammelte seinerzeit regelmäßig eine große Zahl diakonischer Öffentlichkeitsarbeiter in einem »Arbeitskreis Öffentlichkeitsarbeit«, in dem Theoriediskussionen und Überlegungen zu konzertierten Aktionen breiten Raum einnahmen. Ulrich vertrat ein moderates IM-Konzept: »Evangelisieren und Humanisieren«, das er auch für die diakonische Öffentlichkeitsarbeit propagierte; vgl. Heinrich-Hermann Ulrich: Evangelisierung und Humanisierung, in: Hans Christoph von Hase/Peter Meinhold (Hg.): Reform von Kirche und Gesellschaft, Stuttgart 1973, 127ff.
21 Z.B. die erste gemeinsame Public Relations-Aktion der Diakonie: »Nächstenliebe – Deine Sache«.
22 In Zusammenarbeit mit der Ulmer Hochschule für Gestaltung entstand Anfang der siebziger Jahre das quadratisch stilisierte Kronenkreuz-Signet.

Eine Zeit der Grundsatzklärungen und der Aufbrüche: der renommierte Theologe Arnd Hollweg wurde verantwortlicher Redakteur der neu konzipierten zentralen Zeitschrift DIAKONIE; erste Evangelische Fachhochschulen für Sozialwesen entstanden, und der seinerzeit in der Diakonie sehr geschätzte Dietrich von Oppen empfahl die Installation des Lehrfaches »Öffentlichkeitsarbeit der Sozialarbeit«; denn: »Die Öffentlichkeitsarbeit der Diakonie ist ebenso wichtig wie ihre tägliche Arbeit mit den Behinderten und anderen Ratsuchenden.«[23] Dietrich von Oppen behauptete eine die Öffentlichkeitsarbeiter der Diakonie ansprechende Strukturanalogie zwischen diakonischem Handeln im engeren Sinne und diakonischer Kommunikation.[24]

Das wurde das neue Thema: Öffentlichkeitsarbeit ist gar nichts Abgeleitetes, Sekundäres, sondern gehört unmittelbar zum diakonischen Proprium, ja, Öffentlichkeitsarbeit *ist* Diakonie. Aus dieser Einsicht erwuchsen neues Selbstvertrauen – und Kämpfe um eine neue Einschätzung (und Positionierung) in den Diakonischen Werken und in diakonischen Komplexanstalten. Diese Kämpfe sind mancherorts noch nicht abgeflaut.[25] Wenigen Öffentlichkeitsarbeitern gelang damals der Aufstieg aus untergeordneten Funktionsstellen zur wirklichen Mitsprache oder geregelten Mitverantwortung in diakonischen Leitungsgremien – und am ehesten gelang es, wenn man außer einer journalistischen Ausbildung ein abgeschlossenes Theologiestudium vorweisen konnte.

23 Dietrich von Oppen: Diakonie und Öffentlichkeit, in: Diakonie 1/1980, 50–54.
24 »Körperliche Mängel, Verhaltensstörungen, psychische Störungen, Verhärtung und Verzweiflung, aber auch Vorurteile und Verschüchterungen sind Hindernisse, die dem gewohnten Umgang von Mensch zu Mensch, mit sich selbst und mit den Dingen, im Wege stehen. So staut sich hinter ihnen ein ungelöster Drang nach Mitteilung, nach Selbstbestätigung, nach Bildung, nach Weltverstehen. Rehabilitation heißt, diesen Stau zu lösen durch Abbau der Hindernisse. Den Weg freizumachen für menschliche Kommunikation – durch menschliche Kommunikation«; von Oppen: Diakonie, 52.
25 Z.B. noch in der 1998 erschienenen Festschrift für Helmut E. Thormann (mit der Goldenen Brücke der Deutschen Public Relations-Gesellschaft ausgezeichneter Öffentlichkeitsarbeiter von Hephata/Treysa) werden die Autoren nicht müde, Öffentlichkeitsarbeit als eine Führungsaufgabe zu behaupten – offensichtlich in Auseinandersetzung mit Thormanns tatsächlicher Positionierung; vgl. Albert Oeckl: Glaubwürdigkeit und Werterfüllung. Öffentlichkeitsarbeit – Eine Führungsaufgabe auch für diakonische Einrichtungen, in: Horst Seibert (Hg.): Kommunikation der Nächstenliebe, Darmstadt 1998, 15–27.

Ein offenbar anders gelagertes Professionalisierungsinteresse in der nunmehr akademisierten Sozialarbeit ließ die Anregung von Oppens weithin unbeachtet – wie heute zu sehen ist: zu ihrem Schaden.[26] Aus der Sozialen Arbeit heraus erhielt die Öffentlichkeitsarbeit so gut wie keine unterstützenden Impulse.

Das Zusammengehen landes- und fachverbandlicher Öffentlichkeitsarbeit nahm an der Corporate Identity-Problematik[27] auch Schaden. Zahlreiche Landesverbände gingen bei der farblichen, typologischen usw. Gestaltung ihres Signets eigene Wege – vor allem auch viele Diakonie-Einrichtungen, deren spezifische Signets altehrwürdig und von hohem regionalen Wiedererkennungswert waren und sind. Gleichwohl setzte der Arbeitskreis für Öffentlichkeitsarbeit des Diakonischen Werkes der EKD seine Zusammenarbeit fort – und teilte sich fortan zunehmend die fachliche Diskussion mit dem Fachbereich Werbung und Public Relations des Gemeinschaftswerkes der Evangelischen Publizistik/gep. Dieser bestand schon seit 1974, um die föderalistische Kleinstaaterei bei kirchlicher Werbung und öffentlicher Kontaktnahme einzudämmen.[28] Seit 1984 publizierte das gep zentrale Sammelbände, in denen jeweils auch der Diskussionsstand um diakonische Öffentlichkeitsarbeit dokumentiert wurde.[29] Als das gep in den 1980er Jahren begann, Public Rela-

---

26 Die Sozialarbeit/Sozialpädagogik hat bis heute ein Öffentlichkeitsdefizit; vgl. z.B.: Ria Puhl: Die Hassliebe. Vom schwierigen Verhältnis der Sozialen Arbeit zur Öffentlichkeit – und umgekehrt, in: Sozialmagazin 7–8/2002, 19: »Öffentliche Debatten um soziale Probleme, deren Lösung von Sozialer Arbeit erwartet wird, zeigen das Dilemma am deutlichsten: Soziale Arbeit meldet sich in diesen Auseinandersetzungen kaum zu Wort, sie wird allerdings auch kaum befragt.«
27 Holzhauer: Öffentlichkeitsarbeit 63f., weist darauf hin, dass CI neuerdings stärker in Richtung »Profil« und im Zusammenhang mit »Unternehmenskultur« akzentuiert wird.
28 Zur gep-Geschichte, vgl. z.B.: Hanspeter Neumann: Von der Werbung zur Öffentlichkeitsarbeit, in: Holger Tremel/Rainer Lange (Hg.): Öffentlichkeitsarbeit der Kirche, Frankfurt a.M. 1995, 13–23.
29 In der zweiten Auflage des von Holger Tremel hg. und von Rainer Lange völlig neu bearbeiteten Bandes Öffentlichkeitsarbeit der Kirche, Frankfurt a.M. 1990 resummierten für die diakonische Öffentlichkeitsarbeit: Horst Seibert: Das Bild der Diakonie und diakonische Öffentlichkeitsarbeit, 85–96; Helmut E. Thormann: Öffentlichkeitsarbeit im diakonischen Unternehmen, 159–174; Hans-Jürgen Holzhauer: PR-Programm für ambulante pflegerische Dienste, 235–246. – In der dritten Auflage (siehe Anm. 28) vertraten die diakonische Öffentlichkeitsarbeit: Horst Seibert: Die neuen Glaubwürdigkeitsfallen. Diakonische Öffentlichkeitsarbeit vor

tions-Fortbildungskurse für Personen, die in Presse- und Öffentlichkeitsreferaten der Kirche und der Diakonischen Werke tätig sind, anzubieten und diese Kurse seit 1990 zu einem Fernstudiengang mit dem Abschluss »Kommunikationswirt/-in« ausbaute, holten und holen sich dort viele, die in der Diakonie Öffentlichkeitsarbeit verantworten, theoretische und praktische Kompetenz.

In einem kommunikativen Kraftakt schuf der Arbeitskreis für Öffentlichkeitsarbeit des Diakonischen Werkes der EKD bei einer Tagung 1983 in Freudenstadt ein Positionspapier, das erstmals u.a. Grundsätze diakonischer Öffentlichkeitsarbeit und die Voraussetzungen für Mitarbeiter in der diakonischen Öffentlichkeitsarbeit aus der Sicht derer, die diese Arbeit tun, formulierte.[30] Das Positionspapier war ein letztes Aufbäumen der klassischen Public Relations-Konzeption, betonte die ethischen Implikationen diakonischer Öffentlichkeitsarbeit, artikulierte Wünsche nach Beteiligung und spiegelte die allgemein eingeschränkte Autonomie und die Defizite bei der Gestaltung der internen Kommunikation.

Waren zuvor soziale Meinungsbildung, die Schärfung sozialer Wahrnehmung, die Ermutigung zu sozialer Kommunikation u.ä. zentrale Anliegen diakonischer Öffentlichkeitsarbeit, so verlagert sich Ende der achtziger und anfangs der neunziger Jahre das Anliegen in Richtung *Glaubwürdigkeit*. Grund dieser Verschiebung ist die zunächst langsam wachsende Sorge um den Sozialstaat, dessen Selbstrücknahme spürbar wird. »Wie kann man glaubwürdig bleiben, wenn man soziale Dienstleistungen, die sich zunehmend an ökonomischen Maßgaben ausrichten, als Diakonie verkaufen soll?«, lautete die zentrale ethische Frage. Es zeigte sich: Die vorigen, bewusstseinsbildenden Inhalte waren (wie auch die einfach ästhetisierenden, sehr erfolgreichen Diakonie-Plakate mit Sonnenuntergängen, Pflanzen und Landschaften, versehen mit einem Sinnspruch) sozusagen ein Luxus – und so wurde Öffentlichkeitsarbeit auch von vielen Leitungsverantwortlichen gesehen. Die Jahrzehnte der subsidiären Privilegierung hatten eigentliche Werbung unnötig gemacht: Die Diakonie hatte ihre Klientels und die Finanzierung ihrer Arbeit

---

den Herausforderungen des Sozialmarktes, 50–65; Helmut E. Thormann: Öffentlichkeitsarbeit im diakonischen Unternehmen – das Beispiel Hephata, Hessisches Diakoniezentrum, 125–143; Herbert G. Hassold: Aktion »Brot für die Welt«, 155–169; Klaus Schuhmacher: Spendenmarketing und Sponsoring, 229–245.
30 Als Anhang bei Holger Tremel (Hg.): Öffentlichkeitsarbeit der Kirche, Frankfurt a.M. 1990, 121f.

sicher. Und mit Ausnahme von »Brot für die Welt«/Katastrophenhilfe war die Bedeutung der damaligen Spendenwerbung für die Finanzierung diakonischer Arbeit relativ marginal.

Die Diskussion um glaubwürdige Öffentlichkeitsarbeit bildet den Übergang zwischen milder Ökonomisierung sozialer Arbeit und der Abschaffung des Selbstkostendeckungsprinzips mit der zeitgleichen Öffnung des sozialen Konkurrenzmarktes. Fortan wird Öffentlichkeitsarbeit, freilich eine marktförmige, existentiell wichtiger für diakonische »Unternehmen« – und das neue Beschaffungsmarketing, das Social Sponsoring, das Fundraising-Gewerbe etc., rückt in den Organisationen sichtlich auf.

Häufig existieren in diakonischen Geschäftsstellen und Unternehmen die alte und die neue Öffentlichkeitsarbeit noch nebeneinander – so wie sich in vielen diakonischen Einrichtungen die eher bürokratischen Verwaltungs- und die neuen Managementstrukturen aneinander reiben. Das in der Diakonie öfter vorfindliche »Kommunikationsmanagement« ist eine Kompromissbildung. Dem Kommunikationsmanagement obliegen:

- konzeptionelle Aufgaben (Dokumentation: die gezielte Archivierung aller unternehmens- bzw. institutionsrelevanter Dokumente, Protokolle, Artikel, Veröffentlichungen, Werbungen, Rundfunk- und Fernsehsendungen, Internetpräsentationen usw.; Zeitplan: konkrete Planung soll die anstehenden Aufgaben, die dafür nötige Bearbeitungszeit und die dafür Verantwortlichen enthalten; eigentliche Konzeption: das Zusammenfügen der erarbeiteten Grundlagen sowie ihre modellhafte Implementierung);
- die Dokumentation der eigenen Arbeit mit dem Ziel perspektivischer Planung und der Reproduzierbarkeit von Abläufen, die Selbstevaluation;
- die Wahrung der Kontinuität (die standardisierte Abgleichung von Terminen der eigenen Institution, anderer konkurrierender oder assoziierter Institutionen und festliegender äußerer Ereignisse, die die eigene Institution interessieren);
- die Beteiligung an der »Philosophie« (mit der Grundfrage: »Wem bieten wir welchen Nutzen?«) und
- Innovationen (bevor Arbeit und Betriebsphilosophie nach außen getragen werden, sollten ihr internes standing, die Positionierung am Markt und ggf. notwendige Reformprozesse evaluiert werden).[31]

Die neue marktförmige Öffentlichkeitsarbeit begründet sich weithin, aber nicht ausschließlich durch Mittelbeschaffungszwänge:

- sie ist teils Reaktion, teils vorauseilender Gehorsam auf europäische Wettbewerbsrechtsvorstellungen, die – vielleicht! (die Dinge sind noch nicht

---

31 So im Konzept von Gerhard Pfannendörfer: Kommunikationsmanagement. Das ABC der Öffentlichkeitsarbeit für soziale Organisationen, Baden-Baden 1995.

endgültig geklärt[32]) – die subsidiaritätsgestützte und gemeinnützigkeitsbegründete Existenzform der früheren Diakonie obsolet machen;
- sie passt vielleicht in ein wiedervereinigtes Deutschland, in dessen Osten intermediäre Organisationen unbekannt waren, zivilgesellschaftliche Strukturen zerschlagen worden waren und eine affirmative Kirchenmitgliedschaft kaum existiert – so dass klassische Public Relations schwer andocken können;
- sie ist vielleicht auch Reaktion auf einen Wandel in der Wahrnehmungsfähigkeit moderner Menschen, die auf technischen Zugangswegen, z.B. per Internet, z.T. eher erreicht werden können als auf herkömmlichen;
- sie ist in ihrer Tendenz zur Grenzüberschreitung gegenüber Politik und Gesellschaft vielleicht eine wirkungsvolle Kompensation sozialpolitischen Bedeutungsverlustes.[33]

4. Strukturen und Positionierungen

Diakonische Öffentlichkeitsarbeit, alte und neue und Zwischenformen, existiert auf vielen Plateaus: auf EKD- und landesverbandlicher Ebene, bei einzelnen Rechtsträgern und Einrichtungen, in Kirchenkreisen und Gemeinden. Dieser Vielfalt, die nur selektiv darstellbar ist, entspricht auch das Erscheinungsbild. Aufwand und unmittelbarer Ertrag bilden in demoskopischer Sicht allerdings eine herbe Diskrepanz.[34] Die »neue Öffentlichkeitsarbeit« kann als Be-

---

32 Vgl. Jürgen Gohde/Katharina Erdmenger/Gottfried Class: Zur Rechtsgeltung europäischer Wettbewerbsbestimmungen im Sozialbereich, in: Nachrichtendienst 6/2000, 168ff.

33 Was z.B. durch Pflegesatzverhandlungen nicht mehr erreicht werden kann, kann evtl. bewirkt werden, indem man Politik durch Kampagnen u.ä. dem öffentlichen Druck aussetzt. Beispiel: die Kommunikationskampagne der beiden hessischen Landeskirchen und Diakonischen Werke zum Pflegenotstand im Vorfeld der Bundestagswahl 2002 mit großem Materialaufwand; z.B. wurde auf die Homepage der Kampagne rd. 80000 mal zugegriffen. – Eine ähnliche Intention hatte die Kampagne »Altersverwirrten helfen« des westfälischen Diakonischen Werkes im Jahr 2000; das von den Bezirksstellen an der Basis intensiv vorbereitete Projekt mündete in eine Großdemonstration in Bochum, bei der 15000 Menschen dem Ruf des Diakonischen Werkes folgten. Die Diakonie *kann* Menschen mobilisieren. – Sehr wirkungsvoll sind auch Kooperationen mit Massenmedien: wie etwa die Aktion »Lichtblicke«, eine Gemeinschafts-Aktion des Diakonischen Werkes in Westfalen und der Lokalradios in Nordrhein-Westfalen. – Die Intentionen der alten Public Relations, instrumentell modernisiert und ausgeweitet!

34 Daniel Wagner: Teilhabe einfordern: Kernkompetenzen kommunizieren, in: Diakonisches Werk Bayern e.V. (Hg.): Jahresbericht 2001, Nürnberg 2002, 11: »Das Bild ist durchaus zwiespältig. Acht Prozent der deutschen

schaffungsmarketing erfolgreich sein – und gleichzeitig wenig öffentlichkeitswirksam.

Vielleicht *ist* eine wirtschaftliche Diakonie nicht angemessen öffentlich kommunizierbar.

Wo Diakonie sich allerdings am gesellschaftlichen Diskurs über bedrängende Fragen beteiligt und wenn der Focus auf anwaltschaftlichem Einsatz und weniger auf Selbstdarstellung etc. (wie wohl notwendigerweise beim Beschaffungsmarketing) liegt, kann Diakonie viele Menschen in Bewegung setzen.

4.1 Zentrale Öffentlichkeitsarbeit

Das Diakonische Werk der EKD unterhält öffentlichkeitsarbeitsrelevante Dienststellen in Berlin und Stuttgart, wobei die Printmedien-Arbeit in Stuttgart verblieben ist und modernere Funktionen – wie Pressestelle oder Online-Kommunikation – in Berlin platziert wurden. Die zentrale Webseiten-Präsentation ist umfänglich und jeweils aktuell aufbereitet, enthält Pressemitteilungen, informiert über Kampagnen und Aktionen, über die traditionellen Frühjahrs- und Herbstsammlungen, über spezielle Arbeitsfelder, über Strukturen und Verantwortlichkeiten. Die Aktion Brot für die Welt gehört zum Bereich »Ökumenische Diakonie« und hat eine eigene Abteilung Presse und Advocacy sowie ein eigenes Referat Werbung.

Die Printmedien-Produktion des Diakonischen Werkes der EKD ist nach wie vor voluminös und differenziert: Es beliefert Interessierte mit »Statistischen Informationen« oder mit der Reihe »Stellungnahmen« (offizielle Texte der Geschäftsführung); weiterhin publiziert das Diakonische Werk der EKD die »Diakonische Korrespondenz« (unregelmäßig erscheinend; Rechenschaftsberichte, Positionspapiere, Stellungnahmen zu aktuellen Themen usw. enthaltend) und die »Diakonie-Dokumentation« (ebenfalls unregelmäßig erscheinend; Untersuchungen, Kommentare und Vorträge usw. enthaltend). Der »diakonie-report« firmiert als Mitarbeiterzeitschrift, berichtet häufig aus diakonischer Praxis und Berufsalltag, hat Magazincharakter und eine vergleichsweise hohe Auflage (fast 50000); das Magazin ist am weitesten verbreitet in Schleswig-Holstein und in Niedersachsen; etwa die Hälfte der Auflage geht an Kirchengemeinden.

> Bevölkerung nennen auf die Frage, welche Wohlfahrtsorganisationen es in Deutschland gebe, die Diakonie: So das wenig begeisternde Ergebnis einer Emnid-Umfrage, die das Kirchenamt der EKD im Herbst 2001 durchführte.«

Die »Diakonie Impulse« sind ein sechsmal jährlich erscheinendes und zu abonnierendes Verlagsprodukt, firmieren als professionelles Fach- und Managementmagazin für Führungskräfte der Diakonie; in Erscheinungsbild, (Groß-)Format, Gestaltung und Inhalt deutlich unterschieden von der jahrzehntelangen Vorläuferzeitschrift DIAKONIE. Etwa 1500 Exemplare werden verkauft, davon jeweils etwa 20 % in Nordrhein-Westfalen, Baden-Württemberg und Niedersachsen; in den neuen Bundesländern ist die Führungszeitschrift fast nicht vertreten.[35]

4.2 Landesverbandliche Öffentlichkeitsarbeit

Die Präsenz spezifischer Öffentlichkeitsarbeit in den landesverbandlichen Leitbildern ist nicht sehr ausgeprägt; meist beschränkt sie sich auf die Erwähnung, dass Diakonie auch öffentlich eintrete für Menschen am Rande. Häufig ist die organisatorische Positionierung besser als die ideologische Verankerung.

Alles in allem sind organisatorische Platzierung, Stellenausstattung und Arbeitsformen diakonischer Öffentlichkeitsarbeit höchst unterschiedlich. In großen wie in kleinen Diakonischen Werken ist zur Zeit die Verantwortung für Öffentlichkeitsarbeit in der Regel bei den leitenden Persönlichkeiten oder Gremien angesiedelt. In kleineren Diakonischen Werken geschehen Leitungsverantwortung und Öffentlichkeitsdarstellung häufig in Personalunion,[36] gelegentlich in starker Anlehnung an die Öffentlichkeitsarbeit der jeweiligen Landeskirche oder in direkter Abhängigkeit von ihr.[37] Wenn diese Leitungs- bzw. Vorstandspersönlichkeiten eine zusätzliche Qualifikation in Öffentlichkeitsarbeit erworben haben, ist dies eher die Ausnahme.

Große Diakonische Werke verfügen demgegenüber meist über Presse- und Kommunikationsabteilungen, einen Fachbereich Kommunikation oder auch sog. Stabsstellen (wie im Diakonischen Werk in Westfalen), die mittelbar oder unmittelbar dem Landespfarrer, Präsidenten, Hauptgeschäftsführer o. ä. zugeordnet sind. Zwei Beispiele:

---

35 http://www.diakonie.de/de/html/fachforum/publikationen/D-Impulse/2626.
36 Wie z.B. im Diakonischen Werk Bremen, wo vom Mitglied des Vereins für IM Öffentlichkeitsarbeit mitgeleistet wird.
37 Wie z.B. im Diakonischen Werk der Lippischen Landeskirche.

- Der Fachbereich Kommunikation des Diakonischen Werkes Bayern umfasst die Stelle eines Pressesprechers sowie die Abteilungen »Öffentlichkeitsarbeit«, »Internet/Intranet« und »Sammlungen/ Spenden/Brot für die Welt«.[38] Bemerkenswert ist, dass das Stichwort und der darin liegende Anspruch »Kommunikation« die Arbeit des Fachbereichs Kommunikation mit anderen Fachbereichen, die ebenfalls direkt der Leitung der Geschäftsstelle zugeordnet sind, verbindet (z. B. mit dem Fortbildungsbereich »Person, Religion und Kommunikation«). Diese Struktur lässt Rückschlüsse zu sowohl auf Leitungsanbindung als auch auf die Einbindung in konzeptionelle Gesamtzusammenhänge.
- Zur Abteilung »Presse und Kommunikation« des Diakonischen Werkes in Württemberg gehören z. Z. ein Pressesprecher (Journalist und Dipl.-Päd.) und eine Pressereferentin (Journalistin und Theologin), eine Online-Redakteurin (Journalistin), ein Corporate Design-Beauftragter (Grafiker) und ein Fundraiser (Diakon und Kommunikationswirt).

Leistungsrepertoires, Produktpaletten, medialer Modernisierungsgrad usw. sind entsprechend unterschiedlich. Manche kleineren Diakonischen Werke haben keine eigenen Medien.[39] Pressearbeit findet freilich durch alle Diakonischen Werke statt; ebenso machen alle von den Möglichkeiten des Internets und des direct mailing Gebrauch.[40]

In großen Landesverbänden wie dem o.g. württembergischen gehören zu den Aufgaben der Presse- und Kommunikationsabteilungen: Pressearbeit, Kampagnen-Planung und -Durchführung, Fundraising, Gestaltung und Corporate Design, Informationsbroschüren, online-Auftritte, Herausgabe regelmäßiger Medien, Sammlungen in Kirchengemeinden, Beratung und Fortbildung, Öffentlichkeits- und Pressearbeit für Mitglieder. Die regelmäßig eigenproduzierten Medien bestehen aus einem monatlichen Infodienst an Mitglieder, Politiker und interessierte Journalisten; aus der zweimonatlich erscheinenden Abonnentenzeitschrift »Konsequenzen« und aus dem zentralen Internet-Auftritt. Zu den herkömmlichen Verteilwegen kommen vermehrt Extranets für die Mitglieder.

In manchen Diakonischen Werken haben die Außenstellen (Kreis-, Bezirks-, Dekanatsstellen) einen Auftrag zu eigener regionalisierter Öffentlichkeitsarbeit.

---

38 Lt. Organigramm des Diakonischen Werkes Bayern, Stand Mai 2002.
39 Wie z. B. in Bremen.
40 Wie z. B. im Diakonischen Werk in der Pommerschen Evangelischen Kirche.

Einzelne Rechtsträger, Mitgliedseinrichtungen, diakonische Holdings u. ä. verfügen über Öffentlichkeitsabteilungen, die an Ausstattung und Personal auch gut und effektiv strukturierte Fachbereiche der Landesverbände übertreffen. Im Verfolg ökonomischer Strategien lässt sich als neue Tendenz die Entregionalisierung der Öffentlichkeitsarbeit solcher Diakonie-Unternehmen konstatieren[41]. Auch nationale Entgrenzungen im Zusammenhang mit EU-Entwicklungen sind künftig nicht auszuschließen.

5. Die Zukunft der Kommunikation der Nächstenliebe

Auch angesichts einer anscheinend überwältigenden Bedeutung der Mittelsicherungs und der -beschaffungsproblematik ist es sinnvoll und hoffnungsträchtig, Nächstenliebe zu kommunizieren; alter Glaube und neues Wissen weisen diesen Weg.

Kommunikation als Begriff und Vorstellung erfuhr in den letzten Jahren im wissenschaftlichen Diskurs ermutigende Ausweitungen und damit auch Entgrenzungen.

Zu den kommunikationswissenschaftlichen Essentials gehören zur Zeit Thesen wie diese:

- Wir eignen uns Wirklichkeit sprachlich bzw. kommunikativ an.[42]
- Wir erschaffen Wirklichkeit sprachlich bzw. kommunikativ.[43]
- Sprache entscheidet über die Wahrnehmung – und umgekehrt.[44]
- Die Seele, das Unterbewußtsein o. ä. kommuniziert selbständig mit uns (z. B. im Traum).
- Das Gehirn ist ein zumindest z. T. selbständiges Kommunikationsorgan.[45]

---

41 Z.B. anlässlich des Europäischen Jahres der Menschen mit Behinderungen 2003 plakatierten die Bodelschwinghschen Anstalten Bethel auf 18 000 Werbeflächen im gesamten Bundesgebiet.
42 Vgl. Paul Watzlawick/Janet H. Beavin/Don D. Jackson: Menschliche Kommunikation, Bern/Stuttgart/Wien ³1972.
43 Vgl. u. a. Humberto R. Maturana/Francisco J. Varela: Der Baum der Erkenntnis. Die biologischen Wurzeln des menschlichen Erkennens, Bern/München 1987; P. Watzlawick: Selbsterfüllende Prophezeiungen, in: Ders.: Anleitung zum Unglücklichsein, München 1983, 55–59.
44 Hermann Timm: Zwischenfälle, Gütersloh 1983; Ludwig Wittgenstein: Logisch-philosophische Abhandlungen, New York 1951.
45 John Eccles: Art. Geist-Leib-Problem, in: Helmut Seiffert/Gerard Radnitzky (Hg.): Handlexikon der Wissenschaftstheorie, München 1989/²1994, 101 f.

- Im Grunde kommuniziert alles mit allem; jedes (lebende) System tauscht mit anderen Systemen unentwegt Information, Materie, Energie, Zeit aus.[46]
- Religiöse Kommunikation »funktioniert«
z. T. gesteuert (z. B. in Liturgien),
z. T. als Geist-Geist-Kommunikation.[47]
- Der Ausgang von Kommunikationsprozessen ist nicht wirklich vorherbestimmbar,[48] was z. b. eine auch nur in etwa exakte Wirkungsforschung obsolet macht.

Alter Glaube und neues Wissen haben sich aufeinander zu bewegt. Eine wahrscheinlich gewordene Strukturanalogie zwischen religiösen und Kommunikationsprozessen hat allgemein das Gespräch zwischen religiösen Positionen und Kommunikationswissenschaften verändert[49] und hat Konsequenzen für die Öffentlichkeitsarbeit auch der Diakonie:

46 Maturana/Varela: Der Baum der Erkenntnis.
47 Walter Rebell: »Alles ist möglich dem, der glaubt«. Glaubensvollmacht im frühen Christentum, München 1989. Rebell beschreibt die Macht eines »semantischen Universums« und die Wirksamkeit des darin kommunizierten Glaubens; dass es bei Gott keine hoffnungslosen Fälle gibt, wäre ein selbsttherapeutischer Inhalt diakonischer Öffentlichkeitsarbeit. Eckhard Etzold: Schafft sich der Glaube seine Wirklichkeit selbst? Religiöse Phänomene in konstruktivistischer Weltsicht, PTh 81 (1992), 429–442.
48 Jens Asendorpf: Keiner wie der andere. Wie Persönlichkeitsunterschiede entstehen, München 1988, 296: »Die Wirkung eines Umweltfaktors ist eine Funktion der gesamten Geschichte der Person-Umwelt-Transaktion. Und diese läßt sich nicht additiv aus der Geschichte der Person und der Geschichte der Umwelt zusammensetzen. So, wie das gleiche Verhalten derselben Person zu verschiedenen Zeitpunkten unterschiedliche Wirkungen auf die Umwelt hervorrufen kann (diese Vorstellung ist uns eher vertraut), kann die gleiche Umwelt zu verschiedenen Zeitpunkten der Persönlichkeitsentwicklung unterschiedliche Wirkungen auf die Persönlichkeit haben. Unsere Geschichte holt uns immer wieder ein. Und so, wie kleine Verhaltensänderungen große Umweltwirkungen entfachen können und große Verhaltensunterschiede in ihrer Wirkung auf das Gleiche hinauslaufen können, können kleine Umweltunterschiede zu großen Persönlichkeitsänderungen führen und große Umweltunterschiede die Persönlichkeit nicht tangieren.« Kleine kommunikative Impulse können wenig bewirken – oder unglaublich viel oder gar nichts. Große kommunikative Impulse können Großes bewirken – oder wenig oder gar nichts.
49 Vgl. die Beiträge von Peter Carlberg: Wo bleibt der neue Paulus? und Holger Tremel: Niemand flickt ein altes Kleid mit einem Lappen von neuem Tuch, in: Seibert: Kommunikation der Nächstenliebe, 129 ff., 156 ff.

- Sie geschieht z. B. grundsätzlich im Wechselspiel von Machbarem und Unverfügbarem, von Handwerk und Inspiration. Es lohnt, diesen Gedanken neu zu verfolgen.
- Und: Öffentlichkeitsarbeit ist, so verstanden, noch viel stärker an Wirklichkeitsgewinnung und möglicherweise -verlust eines Diakonischen Werkes o. ä. beteiligt, als herkömmliche Öffentlichkeitsstrategien darlegten.
- Sie ist der Membran im autopoietischen Wirklichkeitsmodell vergleichbar, die Innen und Außen für einander durchlässig macht, an der sich die *Identität* definiert.[50]
- Weiterhin gilt in diesem Verstehenshorizont für die Produkte diakonischer Öffentlichkeitsarbeit die zeitliche Unwägbarkeit kommunikativer Prozesse; einerseits haben diakonische Produkte nicht viel Zeit, um Wirkung zu erzielen: Ideen »springen« häufig nur in kurzen Intervallen über – oder gar nicht; andererseits gibt es immensurable Spätwirkungen: Bilder, Texte, gedankliche Anstöße waren weg und sind plötzlich wieder da. Dieses Wissen ist angesichts einer um sich greifenden Kontrollmentalität entlastend.

Ein objektives Erschwernis gegenwärtiger diakonischer Öffentlichkeitsarbeit dürfte angesichts aktueller Paradigmatik darin bestehen, dass auf Management-Ebene zunehmend die Sprache der Techniker und der Militärs[51] gesprochen wird, die zu kommunizieren weder sinnvoll noch funktional ist. Vielmehr ist es hoffnungsvoll, den Komplex »Nächstenliebe« weiter zu kommunizieren, weil so sowohl die soziale Wirklichkeit als auch die soziale Wahrnehmung wie auch das diakonische »Betriebsklima« und – bei religiöser Unterfütterung des Komplexes Nächstenliebe – auch die religiöse Kommunikation in Kirche, Diakonie und Gesellschaft verändert werden (können).

---

50 Asendorpf: Keiner wie der andere, 291: Autopoiese »bedeutet, daß ein System durch ständige Aufbau- und Abbauprozesse seine Identität, definiert durch einen gegenüber der Umwelt autonomen Rand (z. B. Zellmembran, Haut) erhält [...]«.
51 So Werner Burgheim: Acht Lernpfade für das lernende Unternehmen, in: Harvard Businessmanager 3/1996, 53–61.

6. Literatur zur Weiterarbeit

Die 8 Studienhefte des Studiengangs Öffentlichkeitsarbeit des Gemeinschaftswerks der Evangelischen Publizistik e.V., hg.v. Holger Tremel/ Abtlg. Öffentlichkeitsarbeit, Frankfurt a.M. ²1993, sind zu empfehlen (H. 1: Kommunikation, H. 2: Kommunikationsfeld Kirche, H. 3: Medien, H. 4: Journalismus, H. 5: Planung der Öffentlichkeitsarbeit, H. 6: Kreation, H. 7: Produktion, H. 8: Öffentlichkeit und Gesellschaft; darin jeweils umfängliche Literaturangaben).

Fischer, Kai/Neumann, André: Multichannel-Fundraising. Innovative Mittelakquisition für Verbände und Vereine, Wiesbaden 2003.

Gemeinschaftswerk der Evangelischen Publizistik (Hg.): Öffentlichkeitsarbeit für Non-Profit-Organisationen, Wiesbaden 2004.

Gregory, Alexander/Lindlach, Peter: Fundraising, Neu Ulm 2002.

Kraus-Weysser, Folker: Praxisbuch Public Relations, Weinheim/Basel 2002

Empfehlung für Internetnutzer:
die jeweils aktualisierte Schriftenliste von Joachim Dettmann:
http://www.nonprofit-manager.de/schriftenliste_dettmann.htm.

Personen und Kompetenzen

XVIII.
Hilfebedürftigkeit und Hilfsbereitschaft

DIERK STARNITZKE

1. Einführung

Fallbeispiel: Zwei inzwischen über neunzigjährige Ehepartner haben in den letzten Jahren in verschiedener Weise Hilfe in Anspruch nehmen müssen. Die beiden leben immer noch recht selbständig in ihrer Wohnung und erfahren in Bezug auf die alltäglichen Bedürfnisse von ihrem Sohn und seiner Lebenspartnerin Hilfe. In den letzten Jahren war die Ehefrau darüber hinaus zwei Mal akut erkrankt und musste ins Krankenhaus. Während sie dort versorgt wurde, zeigte sich, dass der Ehemann nicht mehr allein bleiben konnte, sondern ebenfalls in einem Krankenhaus gerontopsychiatrisch betreut werden und bleibend mit Psychopharmaka behandelt werden musste. Im Anschluss an den ersten Krankenhausaufenthalt wurden beide zunächst für einige Wochen gemeinsam in einem Altenheim untergebracht. Nach Rückkehr in die gemeinsame Wohnung mussten beide neben der privaten Hilfe durch den in der Nachbarschaft lebenden Sohn zusätzlich durch einen Pflegedienst betreut werden. Dazu wurden mehrere medizinische Untersuchungen durchgeführt, die den Pflegebedarf zu verschiedenen Zeitpunkten der Erkrankungen feststellten und eine entsprechende Einstufung im Rahmen der Pflegeversicherung vornahmen. Der größte Teil der Kosten für den Pflegedienst wird seitdem durch die Pflegeversicherung abgedeckt. Das erforderte jedoch mehrere Widersprüche gegen durch die Versicherung zunächst abgelehnten Anträge. Die Organisierung der professionellen Hilfe geschieht für die beiden Hilfebedürftigen durch den Sohn und dessen Lebenspartnerin.

An diesem Beispiel lässt sich zeigen: Für die Sicherstellung der Hilfe bei Hilfsbedürftigkeit älterer Menschen existieren deutlich differenzierte Hilfeangebote. So kann z.B. im Falle der Pflegebedürftigkeit die private Pflege durch Angehörige von ambulanten Pflegediensten professionell unterstützt werden, es gibt aber auch die Möglichkeit der stationären Kurzzeitpflege und daneben stationäre Angebote.[1] Die Finanzierung professioneller Hilfe geschieht in der Regel durch die Pflegeversicherung, die Sozialhilfe des Hilfebedürftigen oder

---

[1] Vgl. zu den neueren Entwicklungen im Pflegebereich: Diakonisches Werk der Evangelischen Kirche von Westfalen (Hg.): Auch in Zukunft würdig pflegen, Münster 2003.

auch durch dessen Vermögen und das seiner Angehörigen. Die Einschätzung der Hilfebedürftigkeit erfolgt dabei jeweils durch die Kostenträger in bestimmten Zeitabständen. Form und Umfang der Hilfe werden zwischen den professionellen Hilfeanbietern und – sofern sie selbst noch dazu in der Lage sind – den Hilfebedürftigen, sonst den Angehörigen, vereinbart.

Gerade für den Bereich der ambulanten Hilfen, aber auch im stationären Bereich, gilt dabei inzwischen eine offene Konkurrenzsituation zwischen den verschiedenen Anbietern, seien es solche der Diakonie, anderer Wohlfahrtsverbände oder auch private Träger.[2] Es ist zu beobachten, dass gerade angesichts des ökonomischen und damit zusammenhängenden zeitlichen Druckes, unter dem die Hilfeleistung steht, auch die persönliche Belastung der professionell Helfenden zunimmt. Das führt gerade dann auch zu inneren Konflikten, wenn die Hilfe von Seiten der professionellen Hilfeleistenden mit hohem Engagement und einer inneren Bereitschaft zu persönlichem Kontakt mit den Hilfebedürftigen verbunden ist. Gerade bei Mitarbeitenden in der Diakonie kommt oft noch eine religiöse Motivation zur Hilfe hinzu, die den inneren Konflikt zusätzlich steigern kann.[3]

2. Historische Dimension

Für den Begriff der Hilfe ergibt sich zunächst die Schwierigkeit einer klaren Definition. Nach dem Grimmschen Wörterbuch bedeutet das deutsche Wort primär: »unterstützung, beistand zur rettung, zum übergang aus einer schlechtern lage in eine bessere, befreiung aus üblen umständen«. Das Wort kann aber auch weniger zugespitzt meinen: »nicht beistand in ungemach und gefahr, sondern mehr unterstützung und förderung für erreichung eines zweckes, obschon,

---

2 Nach den Neuerungen des § 93 des Bundessozialhilfegesetzes (BSHG) werden für die Finanzierung solcher Hilfen Vereinbarungen zwischen den Kostenträgern und den Hilfsorganisationen nur noch auf der Basis des Vergleiches mit anderen Organisationen getroffen.
3 Vgl. zu diesem schwierigen Verhältnis von »Werte- und Nutzenorientierung«: Fritz Rüdiger Volz: Religion als Motivation? Einige Überlegungen zum Ehrenamt und zum Ethos des Helfens, in: F.R. Volz/Ernst-Ulrich Huster/Michael Sprünken (Hg.): »Zweifelhafte Beziehungen« – Zum Verhältnis von sozialer Arbeit, Ehrenamt und Zivilgesellschaft (FS M. Bellermann), Bochum 2003, 133–143.

wie wiederholt wird, beide bedeutungen sich nicht immer scharf sondern lassen.«[4]

Dieser allgemeine Hilfebegriff lässt sich im diakonischen Kontext konkreter fassen. Horst Seibert hat es bereits unternommen, diakonische Hilfe vom Hilfehandeln Jesu her zu definieren. Er benennt zwölf Kriterien, an denen die Besonderheiten des Hilfehandelns Jesu deutlich werden.[5] Die Kriterien weisen sicherlich auf wichtige Elemente des Handelns Jesu hin, wie es in den Evangelientraditionen überliefert ist. Es handelt sich bei Seibert aber um moderne und stark systematisierende Formulierungen, bei denen man fragen muss, ob sie den biblischen Texten und ihrem Kontext gerecht werden. Man kann jedoch, abgesehen von diesen Anfragen, durchaus der Strategie Seiberts folgen, sich bei der Frage nach einem diakonisch-theologischen Verständnis von Hilfe an den neutestamentlichen Texten und besonders am Hilfehandeln Jesu zu orientieren.[6] Dies soll jedoch im Folgenden nicht durch eine Herleitung allgemeiner Kriterien erfolgen, sondern durch eine nähere Analyse biblischer Textstellen.

Überraschend ist zunächst, dass die griechische Wortgruppe boeth- für Hilfe, Helfer, helfen[7] sich im NT recht selten findet und dort

---

4 Jakob und Wilhelm Grimm: Deutsches Wörterbuch, Vierter Band, Zweite Abteilung, Leipzig 1877, Nachdruck [Bd. 10], München 1984, 1323–1326: 1323 und 1325.

5 Vgl. Horst Seibert: Hilfehandeln Jesu und soziale Arbeit des Diakonischen Werkes. Eine Überprüfung der gegenwärtigen Diakonie an ihrem theologischen und sozialen Anspruch, Gütersloh ²1985, 38 ff., siehe auch 170 ff. Die Kriterien lauten: 1. Befähigung bzw. Ermächtigung zur Hilfe, 2. Besonderes Verhältnis zum Recht, 3. Orientierung an Tradition, Erfahrung und Zukunftsvisionen, 4. Mittlere Ebene, 5. Integration, 6. Kein technisch-funktionales Hilfeverständnis, 7. Reich-Gottes-Bezug, 8. Mit-Therapieren der Öffentlichkeit, 9. Gegenwirkung – Mangelerhebung – Bewusstseinserweiterung, 10. Ganzheit, 11. Ich-Autonomie, 12. Erweiterung des Gemeinschaftsverständnisses.

6 Daneben wäre es auch möglich, auf alttestamentliche und jüdische Traditionen des Hilfehandelns einzugehen. Dies würde jedoch den hier gegebenen Rahmen überschreiten. Vgl. dazu z.B. Klaus Müller: Diakonie im Dialog mit dem Judentum. Eine Studie zu den Grundlagen sozialer Verantwortung im jüdisch-christlichen Gespräch, VDWI 11, Heidelberg 1999.

7 Neben boethos sind im Griechischen für das Wort Helfer z.B. noch gebräuchlich epikouros, symmachos, parastates und synergos. Diese Worte spielen aber – bis auf das in den Paulusbriefen im Sinne der Mitarbeit in der Mission gebrauchte synergos – in der neutestamentlichen Tradition keine besondere Rolle.

zumeist nicht eine diakonische Form der Hilfe meint.[8] An anderen Stellen, wie z.B. den innerhalb der diakonischen Theologie häufig herangezogenen Perikopen vom barmherzigen Samaritaner (Lk 10,25–37) und vom richtenden Menschensohn (Mt 25,31–46), steht der Hilfebegriff dagegen nicht.[9] Wenn es auch an diesen wie zahlreichen anderen neutestamentlichen Stellen implizit um Hilfe geht, so empfiehlt es sich doch um des klaren methodischen Vorgehens willen, in Bezug auf das Thema vor allem solche Texte aus dem NT zu berücksichtigen, an denen der entsprechende Begriff explizit vorkommt. Neben den genannten und für unsere Thematik wenig weiterführenden Stellen zur Wortgruppe boeth- gibt es zwei Evangeliumstexte, an denen von der Hilfe Jesu die Rede ist und die für das theologische Verständnis von Hilfebedürftigkeit und Hilfsbereitschaft weiterführend sind: Mt 15,25 (Jesus wird von einer kanaanäischen Frau wegen ihrer von einem »Dämon« geplagten Tochter um Hilfe gebeten) und Mk 9,22 sowie 24 (Ein Mann mit einem an Epilepsie erkrankten Sohn bittet Jesus um Hilfe).

Es ist zunächst zu beachten, dass beide Perikopen in einen größeren thematischen und theologischen Zusammenhang eingebunden sind, der über das erzählte Hilfegeschehen deutlich hinausgeht.[10] Wenn man die beiden genannten Bibeltexte miteinander vergleicht, so ergeben sich einige bemerkenswerte Beobachtungen zur Frage von Hilfebedürftigkeit und Hilfsbereitschaft. Hilfe ist danach ein komplexes Geschehen, welches etwa folgende Elemente umfasst:

1. Es geht zunächst um den Hilfebedürftigen, der sich selbst nicht mehr helfen kann und auch nicht angemessen gegenüber Dritten um Hilfe bitten kann (in Mt 15,21–28 die kranke Tochter und in Mk 9,14–29 der an Epilepsie erkrankte Sohn).

---

8 Vgl. für das Verb Apg 16,9; 21,28; Hebr 2,18; Offb 12,16 und 2. Kor 6,2 (Zitat aus Jes 49,8) sowie für boethos Hebr 13,6 (Zitat aus Ps 117,6) und für boetheia Apg 27,17; Hebr 4,16.
9 Vgl. dennoch die unter dem Aspekt der Universalisierung christlicher Hilfe interessante Untersuchung von Gerd Theißen: Universales Hilfsethos im Neuen Testament? Mt 25,31–46 und Lk 10,25–37 und das christliche Verständnis des Helfens, Glaube und Lernen 15 (2000), 22–37.
10 Zum komplexen Aufbau von Mk 9,14–29 und den Parallelen und Differenzen zu Mt 17,14–20 und Lk 9,37–43a vgl. Bernd Kollmann: Jesus und die Christen als Wundertäter. Studien zu Magie, Medizin und Schamanismus in Antike und Christentum, FRLANT 170, Göttingen 1996, 209–215. Zum Aufbau von Mt 15,21–28 und zum Zusammenhang mit Mk 7,24–30 siehe Ulrich Luz: Das Evangelium nach Matthäus, EKK I/2, Neukirchen-Vluyn 1990, 430–438.

2. In Bezug auf das Hilfegeschehen sind deshalb zunächst die Angehörigen wichtig, die sich um den Hilfebedürftigen kümmern, bei Mt die Mutter und bei Mk der Vater.
3. An einem bestimmten Punkt reicht deren Hilfsbereitschaft nicht mehr aus. Sie müssen sich deshalb an Dritte wenden, von denen sie annehmen können, dass diese professionell helfen können, in beiden Perikopen Jesus.
4. Es erfolgt darum ein Hilfeappell des nahestehenden Angehörigen an den gewissermaßen professionellen Helfer Jesus. Nicht die Hilfebedürftigen selbst wenden sich also an Jesus, sondern ihre Eltern. Die Bitte des vermittelnden Angehörigen lautet in Mt 15,25 »Hilf mir« und in Mk 9,24 »Hilf meinem Misstrauen!«[11] Gefragt ist hier sozusagen eine Hilfe zweiter Ordnung, also vor allem die Hilfe gegenüber dem Helfer, d.h. dem Angehörigen des Hilfebedürftigen.
5. In den beiden Bibeltexten findet sich fast schon in der Art eines festen Formulars das vorläufige Hinhalten der Bittenden durch den »professionellen Helfer« Jesus. Die Bitte der Mutter im Mt beantwortet er mit der sehr provokativen Metapher von den Hunden und das Flehen des Vaters im Mk mit einer hinhaltenden und nicht eindeutigen Formulierung.[12]
6. Es folgt das Insistieren des dem Hilfebedürftigen nahestehenden Helfers gegenüber dem »professionellen Helfer« Jesus. Bei Mt geschieht dies dadurch, dass die Mutter die provokative Metapher Jesu aufnimmt und im Sinne ihres eigenen Anliegens weiterentwickelt,[13] bei Mk durch ein Bekenntnis des Vaters und die Verstärkung des Hilferufes.[14]
7. Nach dem inständigen Appell des angehörigen Helfers findet schließlich die Gewährung der Hilfe durch den »professionellen Helfer« Jesus statt. In den Perikopen werden sowohl die Tochter im Mt als auch der Sohn im Mk geheilt.[15]

---

11 Vgl. aber zunächst einleitend in Mk 9,22: »Hilf uns!«
12 »Es ist nicht gut, das Brot der Kinder wegzunehmen und es vor die Hunde zu werfen«, antwortet Jesus in Mt 15,26. Die Formulierung spielt auf die kanaanäische Herkunft der Frau an. »Demjenigen, der vertraut, ist alles möglich«, heißt es in Mk 9,23. Offen bleibt dabei, ob Jesus sich selbst meint oder ob er den Vater kritisiert, dessen Vertrauen dann offenbar zu klein ist.
13 Die Frau erwidert: »Ja, Herr, aber die Hunde essen von den Brotresten, die vom Tisch der Herren fallen« (Mt 15,27).
14 Der Vater ruft: »Ich vertraue. Hilf meinem Misstrauen« (Mk 9,24).
15 Krankheit und Heilung wird dabei dem antiken Weltbild gemäß mit unreinen Geistern bzw. Dämonen verbunden.

8. Bemerkenswert ist in beiden Texten, dass als Voraussetzung der Hilfe das Vertrauen genannt wird. In Mt 15,28 geschieht die Hilfe aufgrund der Feststellung: »Oh Frau, dein Vertrauen ist groß.« Und im Mk betont Jesus gegenüber dem Vater die Notwendigkeit des Vertrauens (Mk 9,23 f.). Das griechische Wort pistis verbindet hier die beiden Aspekte des Glaubens und des Vertrauens gegenüber Jesus.

In diesen beiden Texten lassen sich wichtige Bezüge zu dem in der Einführung entfalteten Beispiel der Versorgung hilfebedürftiger Angehöriger herstellen. Es ging dort zwar nicht um junge, sondern um alte Menschen und auch nicht nur um Heilung, sondern auch um andere, alltägliche Hilfeleistungen, aber der Ablauf der Sicherstellung der Hilfe folgt einem analogen Schema: 1. Eintritt der Hilfebedürftigkeit bei einem bestimmten Menschen, 2. Übernahme der Verantwortung zur Sicherstellung der Hilfe durch einen Angehörigen oder Nahestehenden, 3. Suche nach einer professionellen Hilfe durch Dritte in einem bestimmten Stadium der Hilfebedürftigkeit, 4. Hilfeappell gegenüber den professionell Helfenden, 5. möglicherweise Verzögerung der Hilfe, 6. intensiveres Anstreben der Hilfeleistung, 7. Gewährung der Hilfe, 8. nötiges Vertrauen gegenüber dem professionell Helfenden.

Diese Überlegungen lassen sich über die beiden biblischen Texte und das eingangs genannte Beispiel der Hilfe gegenüber älteren Menschen hinausgehend auch für andere Formen von Hilfebedürftigkeit und Hilfsbereitschaft weiterführen. Dabei ist zu fragen, wie die Aspekte der Hilfebedürftigkeit des Einzelnen, der Hilfsbereitschaft eines Nahestehenden und der weitergehenden Hilfe durch professionell Helfende im Bereich der diakonischen Arbeit heute miteinander kombiniert sind.

3. Gegenwärtige Situation

3.1 Die Koordinierung der Hilfeleistungen in der BRD auf der Basis des Subsidiaritätsprinzips

Für die Kombination der genannten Aspekte spielt das aus der katholischen Soziallehre stammende Subsidiaritätsprinzip eine wichtige Rolle. Es basiert im Wesentlichen auf der Enzyklika »Quadragesimo anno« von Papst Pius XI. aus dem Jahre 1931.[16] Die dort

---

[16] Siehe dazu im Detail: Ursula Schoen: Subsidiarität – Bedeutung und Wandel des Begriffs in der katholischen Soziallehre und in der deutschen

vorausgesetzte Gesellschaftsordnung geht vom einzelnen Menschen aus. Sie sieht dann als weitere wichtige Bestandteile der Gesellschaft zunächst die kleineren Gemeinschaften und Gemeinwesen, die dem Einzelnen besonders nahe stehen und dann die nächsten größeren. Das Subsidiaritätsprinzip geht analog zu dieser Gesellschaftsordnung davon aus, dass zunächst der einzelne Mensch für sich selbst verantwortlich ist. Wenn er die Hilfe anderer benötigt, so soll zuerst die kleinste nahestehende Gemeinschaft (z.B. die Familie) Hilfe leisten, dann das nächste größere Gemeinwesen und erst in letzter Hinsicht die Gesellschaft insgesamt. Die entsprechende Formulierung aus Quadragesimo anno lautet:

»Wie dasjenige, was der Einzelmensch aus eigener Initiative und mit seinen eigenen Kräften leisten kann, ihm nicht entzogen werden kann und der Gesellschaftstätigkeit zugewiesen werden darf, so verstößt es gegen die Gerechtigkeit, das, was die kleineren und untergeordneten Gemeinwesen leisten und zum guten Ende führen können, für die weitere und übergeordnete Gemeinschaft in Anspruch zu nehmen [...] Jedwede Gesellschaft ist ja ihrem Wesen nach subsidiär; sie soll die Glieder des Sozialkörpers unterstützen, darf sie aber niemals zerschlagen oder aufsaugen.«[17]

Der einzelne Mensch ist also zunächst einmal selbst für die Eigenhilfe verantwortlich. Sämtliche fremde Hilfe hat in dieser Sicht den Sinn, die Fähigkeit zur Selbsthilfe zu unterstützen. »Das Prinzip handelt von der *Hilfe*, die das Gemeinwesen seinen Gliedern schuldet (subsidium = Hilfeleistung, subsidiarum officium = Pflicht zur Hilfeleistung). Die beste (Gemeinschafts-)Hilfe ist die Hilfe zur *Selbsthilfe*.«[18]

Wesentliche Auffassungen dieses Subsidiaritätsprinzips sind in die Ordnung des Hilfesystems in der BRD durch die Sozialgesetze in den 1960er Jahren eingeflossen. Sie bilden bis heute eine wichtige Grundlage z.B. im Bundessozialhilfegesetz (BSHG), auch wenn das Prinzip selbst nicht explizit gesetzlich festgeschrieben wurde. So geht das System der Sozialhilfe zunächst von der Fähigkeit des Einzelnen zur Selbsthilfe aus. Wenn diese nicht mehr gegeben ist, stehen zu-

---

Sozialpolitik. Eine diakoniewissenschaftliche Untersuchung, Neukirchen-Vluyn 1998.

[17] Quadragesimo anno, Nr. 79, zitiert nach: Bundesverband der katholischen Arbeitnehmerbewegung (Hg.): Texte zur katholischen Soziallehre, Kevelaer ³1976, 120f.

[18] Oswald von Nell-Breuning: Soziallehre der Kirche. Erläuterungen der lehramtlichen Dokumente, hg.v. der katholischen Sozialakademie Österreichs, Wien 1977, 52, Hervorhebungen im Original.

nächst die Angehörigen in der Verantwortung.[19] Erst wenn auch die Angehörigen oder andere Träger nicht helfen, tritt die öffentliche Sozialhilfe ein.[20] Aber auch in diesem Falle sollen gemäß § 10,4 BSHG die Träger der Sozialhilfe erst dann tätig werden, wenn die Hilfe durch die freie Wohlfahrtspflege nicht geleistet wird.[21] Hier wird offenbar davon ausgegangen, dass es sich bei den Trägern der freien Wohlfahrtspflege, zu denen auch die Diakonie gehört, um ein »kleineres Gemeinwesen« im Sinne des Subsidiaritätsprinzips handelt, das dem Hilfebedürftigen näher steht und deshalb zunächst die Hilfe leisten soll, bevor das größere Gemeinwesen durch die Träger der Sozialhilfe tätig wird. Dass die Hilfe geschieht, muss jedoch durch die Träger der Sozialhilfe sichergestellt werden, z.B. durch angemessene Bedarfsplanung und Finanzierung. Aus dieser subsidiären Ordnung des Hilfesystems der BRD ergibt sich also gesetzlich eine deutliche Präferenz der organisierten Hilfe freier – auch konfessioneller – Träger der freien Wohlfahrtspflege gegenüber den öffentlichen Trägern. In diesem Zusammenhang spielt vielleicht auch der Aspekt des Vertrauens zu den professionell Hilfeleistenden eine Rolle, auf den schon hingewiesen wurde. Solches Vertrauen kann von Seiten der Hilfebedürftigen möglicherweise leichter solchen Hilfsorganisationen entgegengebracht werden, denen sie sich nahe fühlen, zumal den konfessionell-diakonischen.

3.2 Hilfe im Wandel gesellschaftlicher Bedingungen

Wenn man soziologische Analysen aus der Systemtheorie berücksichtigt, so ist das moderne Hilfesystem dadurch gekennzeichnet, dass sich drei Typen von Hilfe nebeneinander finden.[22] Sie findet

---

19 So heißt es in § 2,1 BSHG: »Sozialhilfe erhält nicht, wer sich selbst helfen kann oder wer die erforderliche Hilfe von anderen, besonders von Angehörigen oder von Trägern anderer Sozialleistungen, erhält.«
20 Das sind gemäß § 96 BSHG Landkreise und kreisfreie Städte sowie von den Ländern bestimmte, überörtliche Träger.
21 Die Formulierung im BSHG § 10,4 lautet: »Wird die Hilfe im Einzelfall durch die freie Wohlfahrtspflege gewährleistet, sollen die Träger der Sozialhilfe von der Durchführung eigener Maßnahmen absehen; dies gilt nicht für die Gewährung von Geldleistungen.«
22 Vgl. zum Folgenden Niklas Luhmann: Formen des Helfens im Wandel gesellschaftlicher Bedingungen, in: Hans-Uwe Otto/Siegfried Schneider (Hg.): Gesellschaftliche Perspektiven der Sozialarbeit, Erster Halbband, Neuwied/Berlin 1973, 21–43. Siehe dazu auch die Unterscheidung von drei Elementen des Helfens: organisatorische Gestalt, Ethos, sozial-kultureller Kontext durch Volz: Religion als Motivation?, 133–143.

erstens statt als Interaktion,[23] zweitens in speziellen Organisationen und drittens im Gesellschaftssystem.[24] Diese Differenzierung der drei Systemtypen für Hilfe kann als spezielle Entwicklung in der modernen Gesellschaft westlicher Prägung verstanden werden. Sie trägt der hohen Komplexität des modernen Gesellschaftssystems Rechnung. Um unter modernen Bedingungen Hilfsbereitschaft bei Hilfebedürftigkeit garantieren zu können, reicht es nicht mehr aus, wie in einfacher strukturierten Gesellschaften die Hilfeleistungen nur interaktional zwischen einander gut bekannten Personen zu gewährleisten. Angesichts der Entwicklung zu kleinen Haushalten und Familien, zur Berufstätigkeit beider Geschlechter und zu häufigen Wechseln des Wohnortes wird die Hilfe durch Angehörige oder nahe stehende Personen zunehmend unsicherer. Deshalb muss die moderne Gesellschaft als Ganze zum einen auf gesellschaftlicher Ebene Hilfeleistungen verlässlich strukturieren. Zum anderen bilden sich Organisationen heraus, die ihrerseits genau den Zweck haben, die Hilfe sicherzustellen. Unter diesen Voraussetzungen lässt sich überlegen, ob es sich bei dem Hilfesystem nicht sogar um ein eigenes Funktionssystem innerhalb der modernen Gesellschaft handelt.[25]

Einerseits wird durch die Entwicklung dieser drei Systemtypen die Hilfe auch unter komplexen Bedingungen halbwegs sichergestellt, andererseits erfordert diese Parallelität der drei Systemtypen einen hohen Koordinierungsbedarf, der auch für die diakonische Hilfe wichtig ist. So müssen z.B. diakonische Organisationen die beiden anderen Systemtypen jeweils in ihrer Arbeit mit berücksichtigen: einerseits die Interaktionsbezüge und andererseits die gesellschaftlichen Strukturen. Dadurch sieht sich die organisierte diakonische Arbeit vor der Aufgabe, zusätzlich zu den eigenen organisatorischen Notwendigkeiten zum einen jeweils den einzelnen Hilfebedürftigen und die ihm nahestehenden Personen in den Blick zu nehmen und für einen angemessenen Umgang der eigenen Mitarbeiter mit diesen Personen zu sorgen. Zum anderen müssen dabei

---

23 Interaktionen arbeiten dabei auf der Basis der Anwesenheit von Personen.
24 Die Gesellschaft besteht systemtheoretisch gesehen aus Kommunikation. Organisationen operieren in dieser Sicht auf der Basis von Entscheidungen.
25 Siehe dazu Georg Weber: Soziale Hilfe – ein Teilsystem der Gesellschaft? Wissenssoziologische und systemtheoretische Überlegungen, Opladen 1999. Vgl. auch bereits Dirk Baecker: Soziale Hilfe als Funktionssystem der Gesellschaft, Zeitschrift für Soziologie 2 (1994), 93–110.

aber auch die gesellschaftlichen Entwicklungen, z.B. die sozialpolitischen, ökonomischen, rechtlichen und fachlichen Vorgaben und Veränderungen, berücksichtigt werden. Professionell organisierte diakonische Hilfe vollzieht sich notwendigerweise in dieser Spannung. Daneben existieren aber auch vor allem im Bereich der Kirchengemeinden persönlich sehr engagierte Formen diakonischer Hilfe wie Besuchsdienste, Nachbarschaftshilfen, ehrenamtliche Tätigkeiten in diakonischen Gemeindeprojekten usw. Auch sie sind mit ihrem primär interaktionalen Bezug in ihrer Bedeutung nicht zu unterschätzen.

4. Diakoniewissenschaftliche Anstöße und diakonische Perspektiven

4.1 Individualisierung der Hilfe

Das theologische Hilfeverständnis kann von der Hilfebedürftigkeit des einzelnen Menschen ausgehen und fragen, wie Hilfsbereitschaft zunächst durch nahe stehende und dann durch weiter entfernte, professionell Helfende wahrgenommen werden kann. Im Laufe der letzten Jahrzehnte haben sich jedoch durch die fortschreitende Differenzierung der Hilfeangebote Formen der Hilfe entwickelt, die stark von systemischen Abläufen geprägt sind.[26] Dabei drohen die Eigenständigkeit der einzelnen Person und ihre individuelle Hilfebedürftigkeit angesichts der immer komplexer werdenden Abläufe in den Hintergrund zu treten. Die Finanzierung, Organisierung, Strukturierung und Konzipierung der Hilfe sind für den einzelnen Hilfebedürftigen und den ihm Nahestehenden – zumal in einer schwierigen persönlichen Situation – kaum noch überschaubar. Auch die professionell Helfenden sind in komplizierte organisatorische Abläufe eingebunden, so dass sie ebenfalls in der Gefahr stehen, die Eigenständigkeit der hilfebedürftigen Person und damit verbunden die persönliche Dimension ihrer eigenen Hilfe auszublenden.

Es gibt jedoch auch Tendenzen, den Hilfebedürftigen mit seinen individuellen Ansprüchen und Verantwortungen deutlicher in den Blick zu nehmen. Diskussionen über ein persönliches finanzielles »Budget«, auf das der Einzelne einen Anspruch hat und über das er

---

26 Zu systemischen Prozessen innerhalb der Diakonie vgl. Dierk Starnitzke: Diakonie als soziales System. Eine theologische Grundlegung diakonischer Praxis in Auseinandersetzung mit Niklas Luhmann, Stuttgart 1996.

im Falle der Hilfebedürftigkeit selbst verfügen kann, zeigen, dass hier die Eigenverantwortung des Einzelnen stärker in den Vordergrund treten soll. Auch neuere Ansätze innerhalb der Sozialarbeit wie z.B. Empowerment (Selbstbefähigung) versuchen, die Eigenständigkeit des Hilfebedürftigen zu stärken. Diese Veränderungen betonen einerseits die Rechte und Ansprüche des Hilfebedürftigen, sie stellen andererseits auch wesentlich höhere Anforderungen an ihn. Deshalb müssen jeweils auch in angemessener Weise die eingeschränkten Möglichkeiten des einzelnen Hilfebedürftigen zur Selbstbestimmung der Hilfe mit in den Blick genommen werden.

Insgesamt wird jedenfalls die Eigenverantwortung des Hilfebedürftigen, auch was die Vorsorge für möglichen Hilfebedarf betrifft, deutlich zunehmen. Möglicherweise wird eine kollektive soziale Sicherung nur noch für die finanziell sehr aufwändigen Hilfebedarfe realisiert werden können. Darüber hinaus wird für weitere gewünschte Hilfen individuelle Vorsorge getroffen werden müssen. Aber diese Betonung der Eigenverantwortung in der Hilfevorsorge entspricht durchaus dem Subsidiaritätsprinzip mit seinem Ansatz bei der Selbsthilfe, wenn soziale Härten dabei angemessen berücksichtigt werden.[27]

4.2 Die Motivation der Mitarbeitenden in der Diakonie

Das starke Wachstum der diakonischen Mitarbeiterschaft in den letzten Jahrzehnten auf derzeit etwa 450 000 Beschäftigte, die vor allem unter fachlichen Gesichtspunkten eingestellt sind, bewirkt, dass man zukünftig nur bei einem Teil der Mitarbeitenden eine spezifisch christliche Motivation zur Hilfe voraussetzen kann. War in den Ursprüngen der modernen Diakonie im 19. Jh. der Gedanke der inneren Mission zentral, bei dem es auch um die geistliche Hilfe und Erbauung ging, so gerät dieser Aspekt zunehmend außer acht. Aktuelle Systematisierungs- und Systembildungsprozesse im Bereich sozialer Hilfen führen außerdem dazu, dass es Mitarbeitenden immer schwerer fällt, sich mit der in der diakonischen Arbeit ge-

---

27 Vgl. dazu die Vorschläge in: Institut der deutschen Wirtschaft Köln (Hg.): Das deutsche Sozialsystem im Umbruch. Mit Sicherheit sozial, Köln 2002, 46: »Konzentration der kollektiven sozialen Sicherung auf die wirksame Absicherung großer Risiken muss die Devise lauten. Kleinere soziale Risiken, das heißt Risiken mit finanziell geringen Auswirkungen, sollten der individuellen Eigenvorsorge überantwortet werden – Ausnahmeregelungen für sozial Schwache vorbehalten. Das Subsidiaritätsprinzip muss stärker in den Vordergrund treten.«

schehenden Hilfe persönlich zu identifizieren. Bürokratisierung und Überregulierung des professionellen Hilfegeschehens, aber auch die ständige Notwendigkeit zur Umstrukturierung und Ausgabenreduzierung führen dazu, dass die positive innere Motivation zur Hilfe schwindet. Es wird deshalb zukünftig von großer Wichtigkeit sein, gerade angesichts der Frage nach dem Spezifikum diakonischer Arbeit die Motivation der Mitarbeiterschaft gezielt zu fördern. Dabei sollten auch theologische Aspekte der geistlichen Zurüstung der Mitarbeitenden und der Hilfebedürftigen nicht aus dem Blick geraten.

4.3 Neuordnung des Hilfesystems in der BRD

Aufgrund starker demographischer Veränderungen wird es in der BRD zu einem radikalen Umbau des Hilfesystems kommen, das vor allem durch ökonomischen Druck beschleunigt und sich auch auf die diakonische Arbeit wesentlich auswirken wird. Wenn aus finanziellen Gründen künftig weniger Hilfe von professionell Helfenden geleistet wird, werden die persönlichen, ehrenamtlichen und auch informellen Formen der Hilfe zunehmen müssen. Das wird vielleicht ein noch größeres ehrenamtliches Engagement und noch stärkere persönliche Hilfsbereitschaft in Kirche und Diakonie bewirken können, die im guten theologischen Sinne »umsonst« und ohne Berechnung geschieht. Im persönlichen Kontakt in Kirchengemeinde und Nachbarschaft, der kirchlich und diakonisch organisiert und gefördert werden könnte, wird sich in besonderer Weise zeigen müssen, ob diakonische und kirchliche Einrichtungen tatsächlich gemäß dem Subsidiaritätsprinzip die kleineren Gemeinwesen sind, die eine größere Nähe zu den Hilfebedürftigen haben und deshalb ihr Vertrauen gewinnen können.

4.4 Hilfe im europäischen Kontext

Für die zukünftige Gestaltung des Hilfesystems in der BRD werden auch die weiteren Entwicklungen im europäischen Kontext bedeutsam sein. Die Aufnahme osteuropäischer Staaten in die Europäische Union (EU) wird dazu führen, dass zahlreiche Arbeitnehmende aus diesen Regionen in die professionelle Hilfe in Mitteleuropa streben werden. Dies kann einerseits z.B. im Pflegebereich dazu führen, dass dringend nötige neue Pflegekräfte gewonnen werden können. Andererseits werden diese dann sprachlich, kulturell, fachlich und in der Diakonie auch in Bezug auf das besondere Selbstverständnis des jeweiligen Trägers für ihre helfende Tätigkeit vorbereitet und dabei begleitet werden müssen.

Was die zukünftige Ordnung der EU betrifft, gibt es derzeit Tendenzen, die auf eine mögliche Stärkung des Subsidiaritätsprinzips auch im europäischen Kontext hinweisen. Nach einer ersten Phase der Zentralisierung in den europäischen Gremien nimmt derzeit die Einsicht zu, dass das in den Vertragswerken der EU an prominenter Stelle festgeschriebene Subsidiaritätsprinzip mehr zu berücksichtigen ist und die Gegebenheiten in den einzelnen Mitgliedstaaten bei zentralen Gesetzgebungsverfahren deutlicher zu beachten sind. Auch wenn das Subsidiaritätsprinzip juristisch im Kontext der EU bislang nur auf Ebene des Verhältnisses zwischen EU und Mitgliedsstaaten geregelt ist, könnte diese Tendenz dazu führen, darüber hinaus auch die einzelnen Regionen mit ihren spezifischen Hilfebedarfen und Hilfeformen politisch mehr zu berücksichtigen.

Die jeweils von Land zu Land sehr verschiedenen Fragen und Problemstellungen im Bereich sozialer Hilfen werden jedenfalls zukünftig weitaus mehr in einem gesamteuropäischen Kontext betrachtet werden müssen. Die mögliche Einflussnahme der EU auf die diakonischen Hilfeangebote in der BRD wird dabei zurzeit kontrovers eingeschätzt. Dies erfordert wohl weitere, nach Arbeitsbereichen differenzierte Untersuchungen.

5. Literatur zur Weiterarbeit

Abs, Hermann Josef: Freiwilliges Engagement in der Reflexion. Zur Selbstdeutung helfender Tätigkeit bei jungen Erwachsenen im Kontext unterschiedlicher Organisationen, Freiburg i.B. 2001.
Hermsen, Thomas: Soziale Hilfe im Wandel. Sozialmanagement im Caritasbereich. Hintergründe – Chancen – Risiken, Dissertation Bielefeld 1999.
Schmidbauer, Wolfgang: Wenn Helfer Fehler machen. Liebe, Missbrauch und Narzißmus, Reinbek 1997.
Strohm, Theodor: Die unerwartete Renaissance des Subsidiaritätsprinzips, ZEE 45 (2001), 64–72.

XIX.
Ehrenamtliche Mitarbeiterinnen und Mitarbeiter

REINHARD LIEBIG / THOMAS RAUSCHENBACH

1. Zur Aktualität des »Ehrenamts«

In den letzten Jahren ist die Zahl der Debatten, der Veröffentlichungen und der Aktivitäten rund um den Themenkomplex »Ehrenamt« sprunghaft angestiegen. Auf allen Ebenen des gesellschaftlichen Lebens – von der Bundesebene über die Länder bis zur lokalen Ebene – hat das Thema ehrenamtliches Engagement an Bedeutung und Beachtung gewonnen.[1] »Ehrenamt« hat Konjunktur und mit diesem oder artverwandten Etiketten sind heute viele Themen, eine Vielzahl von Begriffen sowie – nicht zuletzt – eine Fülle von Diskursen verbunden.

1.1 Die Konjunktur des Themas

In Politik und Öffentlichkeit hat das Themengebiet Ehrenamt im letzten Jahrzehnt eindeutig einen konjunkturellen Aufschwung erfahren: Keine Non-Profit-Organisation, kein gemeinnütziger Verband, der nicht seither irgendeine Kampagne, nicht irgendeinen Workshop oder ähnliches veranstaltet hat, keine politische Partei, die nicht früher oder später ihre Positionsfindung in Sachen Ehrenamt betrieben hat, kaum ein Bundesland – mit Auftakt in Berlin Ende der 1980er Jahre durch den damaligen Senator Ulf Fink[2] –, das nicht »seinen« Kongress, sein Hintergrundgespräch durchgeführt und dessen jeweils amtierender Ministerpräsident nicht längst die große Bedeutung des ehrenamtlichen Engagements in Regierungserklärungen, Reden und Broschüren zum Ausdruck gebracht hat.

---

1 Vgl. etwa zu den vielfältigen Aktivitäten im Jahr 2001 die Kursbeschreibungen: Geschäftsstelle Internationales Jahr der Freiwilligen im DV (Hg.): Materialband zum Internationalen Jahr der Freiwilligen, Frankfurt a.M. 2002.
2 Vgl. Ulf Fink: Die neue Kultur des Helfens. Nicht Abbau, sondern Umbau des Sozialstaats, München/Zürich 1990.

Gleiches gilt für die Ebene der Bundespolitik: Im Nachgang zur Antwort der damaligen Bundesregierung auf die Große Anfrage der Regierungs-Fraktionen von CDU/CSU und FDP vom 1. Januar 1996 beschloss der Bundestag nach dem Regierungswechsel im Jahre 1999 die Einrichtung der Enquete-Kommission »Zukunft des bürgerschaftlichen Engagements«, die inzwischen ihre Arbeit mit umfangreichem Material abgeschlossen hat.[3] Kurz zuvor hatte aus gleichem Anlass das zuständige Fachministerium, das Bundesministerium für Familie, Senioren, Frauen und Jugend (BMFSFJ), eine umfangreiche, repräsentative Bevölkerungsumfrage zum ehrenamtlichen Engagement in Auftrag gegeben – im folgenden »Freiwilligensurvey« genannt –, um auf diese Weise erstmalig für Deutschland ein einigermaßen zuverlässiges und differenziertes empirisches Fundament zu Umfang und Ausmaß des ehrenamtlichen, freiwilligen Engagements in Deutschland zu erhalten.[4] Mit dem von den Vereinten Nationen für 2001 ausgerufenen »Internationalen Jahr der Freiwilligen« wurde auch in der Öffentlichkeit ein erster Höhepunkt in der Renaissance dieses Themas erreicht. Und inzwischen hat sich schließlich auch für Deutschland erstmalig ein »Bundesnetzwerk Bürgerschaftliches Engagement« gegründet, in dem alle auf bundesweiter Ebene tätigen Akteure des bürgerschaftlichen Engagements zusammengeschlossen sind. Dies alles wäre noch vor ein, zwei Jahrzehnten undenkbar gewesen, wurde das Ehrenamt doch von vielen als ein sich selbst erledigendes, zumindest als ein sozialpolitisch immer marginaler werdendes Thema betrachtet.

1.2 Die Konjunktur der Begriffe

Bis zu Beginn der 1990er Jahre war die Lage noch vergleichsweise überschaubar. »Ehrenamt« war der Inbegriff für eine Form des Engagements von Menschen jedweden Alters, die – jenseits von Beruf und Familie – aus freien Stücken, ohne garantierte Aussicht auf materielle Entlohnung, aber auch ohne Gewährleistung einer formalen Qualifikation im Rahmen eines Vereins, Verbandes, einer Initiative oder einer sonstigen freien Assoziation für eine Idee, für andere Menschen,

3 Vgl. Enquete-Kommission »Zukunft des Bürgerschaftlichen Engagements« Deutscher Bundestag: Bürgerschaftliches Engagement: auf dem Weg in eine zukunftsfähige Bürgergesellschaft, Opladen 2002.
4 Vgl. Bernhard von Rosenbladt (Hg.): Freiwilliges Engagement in Deutschland. Ergebnisse der Repräsentativerhebung zu Ehrenamt, Freiwilligenarbeit und bürgerschaftlichem Engagement. Gesamtbericht, Stuttgart 2000.

für eine gute Sache oder für ihren Verein einen Teil ihrer freien Zeit »spenden«. Diese Art der Zeitspende war in aller Regel auf Dritte gerichtet, war im Fall des sozialen Ehrenamtes so etwas wie Fremdhilfe und damit klar abgrenzbar zu den in den 1980er Jahren aufgekommenen neuen Formen der Selbsthilfe, die zuallererst durch das Merkmal der Gleich- und Selbstbetroffenheit gekennzeichnet waren.

Diese Klarheit ist in den letzten Jahren merklich geschwunden.[5] Irritierenderweise wurde zunächst die Selbsthilfe zu einer neuen Variante, bisweilen sogar zu dem »neuen Ehrenamt« schlechthin umdefiniert – vermutlich nicht zuletzt auch deshalb, um von dem sichtbaren Aufwind, den das Ehrenamt in dieser Zeit erlebte, noch ein wenig mitgetragen zu werden. Daneben wuchs aber auch das Unbehagen, dass es sich bei dem Begriff Ehrenamt nicht nur um einen etwas antiquierten, leicht angestaubten und gerade auch für junge Menschen nicht sehr attraktiven Begriff handelt, sondern dass dieser zugleich auch noch den unangenehmen Nachteil mit sich bringt, dass es sich bei diesen Formen des Engagements in aller Regel um Tätigkeiten handelt, die heutzutage weder etwas mit »Amt« noch mit »Ehre« zu tun haben.

Danach ging alles sehr schnell. Der Dortmunder Jugendring beschloss Mitte der 1990er Jahre, fortan nur noch von »Freiwilligenarbeit« und nicht mehr vom Ehrenamt zu sprechen. Der »schwäbische Kommunitarismus« verlieh dem Begriff des »bürgerschaftlichen Engagements« und den Formen lokalen Engagements (vor allem von Senioren) jenseits der vorhandenen Kommunalparlamente und der etablierten Verbände zusätzlichen Auftrieb. Das Projekt »Zivilgesellschaft« wurde zugleich als ein Alternativentwurf zu einer Gesellschaft der Global Player, der Stakeholder, des dereguliert freien Marktes und der ausschließlichen Macht des Geldes als neuer Hoffnungsschimmer in die Diskussion eingebracht. Und Ulrich Beck warf darauf hin mit dem Begriff der »Bürgerarbeit« alsbald ein eigenes Konzept in den Ring – revidierte dieses jedoch nach anhaltender Kritik fast wieder genauso schnell. Schließlich entdeckten auch andere in der Soziologie ihr Interesse an der Thematik, versuchten sich mit einer eigenen Lesart zu profilieren und sprachen fürderhin von »Sozialkapital« oder »sozialem Zusammenhalt«.

All dies hat zwischenzeitlich nicht unbedingt zu mehr Klarheit geführt. Ungeklärt ist beispielsweise weiterhin, ob denn nun alle Be-

---

5 Vgl. Thomas Rauschenbach: Ehrenamt, in: Hans-Uwe Otto/Hans Thiersch (Hg.): Handbuch Sozialarbeit Sozialpädagogik, Neuwied/Kriftel 2001, 344–360.

griffe das Gleiche meinen – nur eben mit einem anderen Schlüsselbegriff –, oder ob mit den begrifflichen Alternativen nicht doch merklich andere Optionen, divergierende Blickrichtungen, unterschiedliche Akzentsetzungen verbunden sind. Bisweilen muss man jedenfalls den Eindruck gewinnen, als würde mit den Begriffen sehr viel mehr um dahinter liegende Positionen gerungen, um Hoffnungen – gegenüber Mitbewerbern und deren Konzepten einen Startvorteil um Anerkennung, Ressourcen und ähnliches zu erhalten –, um wünschbare Zustände einer anderen Gesellschaft – etwa zwischen den Alternativen einer individualisierten »Zweiten Moderne« oder einer eher gemeinwesen- und gemeinschaftsorientierten »Zivilgesellschaft« –, um ein »Ich-« oder ein »Wir-Projekt«. Die Konturen hinter dem Nebel dieser begrifflichen Diffusion sind jedenfalls noch nicht so deutlich, dass man mit Fug und Recht behaupten könnte, ein einheitsstiftender Begriff zeichne sich allmählich ab.

1.3 Die Konjunktur der Diskurse

Das freiwillige bzw. ehrenamtliche Engagement der Menschen zeigt beabsichtigte und unbeabsichtigte Wirkungen, die sich sowohl bei den freiwillig Tätigen selbst verorten lassen[6] als auch das organisatorische Dach, das System der beruflich ausgeführten Arbeit und die vom Engagement berührten Aufgabenfelder betreffen. Gerade diesem letzten Punkt, der auf die sozialen Effekte des freiwilligen Engagements rekurriert und die Handlungsdimension »Gemeinwohl« fokussiert, wird in der letzten Zeit verstärkt Aufmerksamkeit geschenkt. In einer Situation der knappen öffentlichen Haushalte und einer anhaltend hohen Arbeitslosigkeit findet das »Ehrenamt« seinen Platz in verschiedenen Diskursen, die sowohl um neue (Sozial-) Staatskonzepte bzw. -aufgaben als auch um veränderte Modelle der Arbeitsgesellschaft kreisen. In dem zuerst genannten Kontext ist etwa die Rede von den Konzepten des »aktivierenden Staates«[7] oder

---

6 So spricht etwa Hildegard Müller-Kohlenberg in diesem Zusammenhang von der »Helferrückwirkung«; Dies.: Die Helferrückwirkung. Was profitiert der Helfer von seiner Hilfeleistung?, in: Rolf G. Heinze/Claus Offe (Hg.): Formen der Eigenarbeit. Theorie, Empirie, Vorschläge, Opladen 1990, 212–224.
7 Vgl. Thomas Olk: Der »aktivierende Staat«. Perspektiven einer lebenslagenbezogenen Sozialpolitik für Kinder, Jugendliche, Frauen und ältere Menschen, in: Siegfried Müller (Hg.): Soziale Arbeit. Gesellschaftliche Bedingungen und professionelle Perspektiven, (FS H.-U. Otto), Neuwied/Kriftel 2000, 99–118.

der »Zivilgesellschaft«[8], vom »Sozialkapital«[9] oder dem »Kommunitarismus«[10], wenn über die Neugestaltung der Verantwortungsbereiche zwischen Staat, Drittem Sektor und Bürgern bzw. zwischen individuellen und kollektiven Akteuren gestritten wird. Innerhalb dieser Modelle wird dem freiwilligen Engagement der Bürger einerseits ein aktiver Beitrag zum gesellschaftlichen Leben zuerkannt und andererseits wird dieser Anteil – mehr oder weniger stark – als Verpflichtung eingefordert. Die Aktualität dieser Konzepte speist sich dabei nicht nur aus der Geldnot der staatlichen Agenturen, sondern auch aus der Überzeugung, dass das Engagementpotential unserer Gesellschaft zur Zeit nicht ausgeschöpft wird.[11]

Parallel dazu lassen sich Debatten um Entwürfe identifizieren, die die langfristigen und strukturellen Veränderungen auf den nationalen Arbeits- und den globalisierten Absatzmärkten zum Anlass genommen und neue Modelle gesellschaftlicher Arbeitsverteilung konzipiert haben. In Deutschland scheinen in diesem Zusammenhang vor allem einerseits das Leitbild der »Tätigkeitsgesellschaft«[12] und andererseits der äußerst konträr diskutierte Vorschlag der »Bürgerarbeit«[13] von Wichtigkeit, auf den bereits oben hingewiesen wurde. In beiden Fällen geht es um eine systematische Aufwertung von Tätigkeitsformen jenseits der traditionellen Erwerbsarbeit, zu denen insbesondere auch der nicht entgoltene Einsatz der eigenen Arbeitskraft im Rahmen des freiwilligen Engagements gehört.

Zusammenfassend ist nicht zu übersehen, dass heute vor dem Hintergrund dieser Diskurse bestimmte Funktionen der Thematik

---

8 Vgl. Ansgar Klein: Der Diskurs der Zivilgesellschaft. Politische Hintergründe und demokratietheoretische Folgerungen, Opladen 2001.
9 Vgl. Claus Offe: »Sozialkapital«. Begriffliche Probleme und Wirkungsweise, in: Ernst Kistler/Heinz-H. Noll/Eckard Priller (Hg.): Perspektiven gesellschaftlichen Zusammenhalts: empirische Befunde, Praxiserfahrungen, Messkonzepte, Berlin 1999, 113–120.
10 Vgl. Amitai Etzioni: Ein kommunitaristischer Ansatz gegenüber dem Sozialstaat, in: Theorie und Praxis der sozialen Arbeit 48 (1997), 25–32.
11 Vgl. Helmut Klages: Der Freiwilligenbereich und das Engagementpotenzial der Bürger. Anforderungen an eine neue Politik des aktivierenden Staates, in: Joachim Braun/Gabriele Wahlen: Die Freiwilligen: das Sozialkapital des neuen Jahrhunderts. Förderpolitische Konsequenzen aus dem Freiwilligensurvey 1999, Köln/Leipzig 2001, 18–32.
12 Vgl. Gerhard Mutz: Zukunft der Arbeit. Chancen für eine Tätigkeitsgesellschaft, in: Aus Politik und Zeitgeschichte B 48/49 (1997) 31–40.
13 Vgl. Ulrich Beck: Schöne neue Arbeitswelt. Vision: Weltbürgergesellschaft. Frankfurt a.M./New York 1999.

breit diskutiert werden, die lange Zeit keine bedeutende Rolle spielten. So wird das Ehrenamt bzw. werden die Ehrenamtlichen wichtig
- als Fundament des Wirtschaftens bzw. als Standortvorteil eines Wirtschaftsraumes;
- als wesentliche Säule des Zusammenhalts, die gewissermaßen als »Sozialkitt« gesellschaftliche Strukturen aufrecht erhält;
- als freiwillige Alternative zum mit staatlicher Gewalt erzwungenen Zivildienst;
- als Ressource zur Erlangung von sozialen und kommunikativen Kompetenzen;
- als möglicher Übertragungsweg für bestimmte Werte, Haltungen und Leitbilder, die andere Instanzen der Sozialisation – wie Familie und Schule – zunehmend weniger allein vermitteln können;
- als Möglichkeit, die (Lohn-)Arbeitszentriertheit unserer Gesellschaft zu relativieren und
- als Auffangbecken für nicht mehr finanzierbare sozialstaatliche und kulturelle Angebote.

2. Wandlungsprozesse im Kontext des Ehrenamts

Seit der »organisatorischen Geburt« der sozialdiakonischen Bewegung auf evangelischer Seite im Jahr 1848 hat sich sowohl die äußere Gestalt als auch die innere Struktur des konfessionellen Sozialengagements erheblich gewandelt.[14] In Johann Hinrich Wicherns Konzept der »Inneren Mission« verbanden sich humanitäre Motive und soziales Engagement mit kirchlich-religiösen Bestrebungen einer Erneuerung der Amtskirche und der Missionierung bzw. Re-christianisierung. Die evangelische Kirche sollte nach Wichern offensive Handlungselemente herausbilden, die Aspekte der Evangelisierung mit der sozialen Verantwortung verbinden, um die Menschen im Sinne einer umfassenden »Liebestätigkeit« gleichzeitig aus sozialer und seelischer Not zu retten. Zu diesem Vorhaben trugen vor allem

14 Vgl. Jochen-Christoph Kaiser: Von der christlichen Liebestätigkeit zur freien Wohlfahrtspflege, in: Thomas Rauschenbach/Christoph Sachße/Thomas Olk (Hg.): Von der Wertgemeinschaft zum Dienstleistungsunternehmen. Jugend- und Wohlfahrtsverbände im Umbruch, Frankfurt a.M. 1995, 150–174; Thomas Olk/Rolf G. Heinze: Die Bürokratisierung der Nächstenliebe. Am Beispiel von Geschichte und Entwicklung der »Inneren Mission«, in: Christoph Sachße/Florian Tennstedt (Hg.): Jahrbuch der Sozialarbeit 4. Geschichte und Geschichten, Reinbek 1981, 233–271.

ehrenamtliche Helferinnen und Helfer bei. So wird beispielsweise in einem Handbuchartikel zur ehrenamtlichen Arbeit in der freien Wohlfahrtspflege aus dem Jahr 1929 die Rolle der Ehrenamtlichen folgendermaßen beschrieben und gewürdigt: »Der ehrenamtliche Helfer ist der erste Wohlfahrtspfleger. Er ist der Helfer seiner Not leidenden Brüder und Schwestern [...] Die ehrenamtlichen Kräfte waren [...] auch die Pioniere der beruflichen Arbeit«.[15] Es wird explizit darauf hingewiesen, dass die ehrenamtlichen Kräfte den hauptamtlichen, beruflichen Dienst in der Wohlfahrtspflege zuallererst hervorgebracht haben. Dennoch, so der Grundtenor der weiterführenden Ausführungen, sei die ehrenamtliche Arbeit auch künftig für die Wohlfahrtspflege unverzichtbar.

Diese Maxime beschreibt auch heute noch die proklamierte Stellung der Ehrenamtlichen im System der Wohlfahrtsverbände bzw. der Diakonie. Dennoch sind erhebliche einander beeinflussende Veränderungsprozesse auszumachen, die einerseits mit der Erosion der traditionellen Milieus bzw. dem (Motivations-)Wandel der Ehrenamtlichen und andererseits mit dem Organisationswandel der Verbände und Vereine zu tun haben.[16]

2.1 Der (Motiv)Wandel der Ehrenamtlichen

Etwa seit der zweiten Hälfte der 1980er Jahre wird sowohl in den Vereinen und Einrichtungen, die das freiwillige Engagement der Menschen gewissermaßen »einfangen«, auf bestimmte Aktivitätsfelder lenken und organisieren, darauf hingewiesen, dass sich hinsichtlich des Ehrenamts Grundlegendes verändert hat. Auch in den wissenschaftlichen Veröffentlichungen wird konstatiert, dass sich die Erwartungen und Werte der Menschen gewandelt haben und die Einrichtungen ihre Praxis in neuer Weise ausrichten müssen. Diese nun seit längerem identifizierte Entwicklung bekommt mit der Rede vom »neuen« oder »modernisierten« Ehrenamt ihr Etikett. Damit soll ausgedrückt werden, dass das freiwillige und unentgoltene Engagement sich in mehrerer Hinsicht wandelt – etwa mit Blick auf

---

15 Otto Ohl: Ehrenamtliche Arbeit in der freien Wohlfahrtspflege, in: Julia Dünner (Hg.): Handwörterbuch der Wohlfahrtspflege, Berlin 1929, 184–186: 184f.

16 Nimmt man beide Veränderungsprozesse gleichzeitig in den Blick und werden die Wechselbeziehungen betont, dann ist von dem »Strukturwandel des Ehrenamts« die Rede; vgl. Karin Beher/Reinhard Liebig/Thomas Rauschenbach: Strukturwandel des Ehrenamts. Gemeinwohlorientierung im Modernisierungsprozess, Weinheim/München 2000.

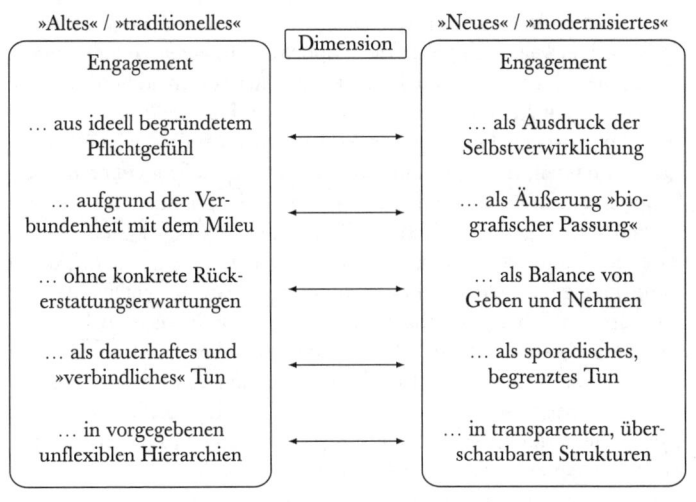

»Altes« / »traditionelles« Engagement	Dimension	»Neues« / »modernisiertes« Engagement
... aus ideell begründetem Pflichtgefühl	⟷	... als Ausdruck der Selbstverwirklichung
... aufgrund der Verbundenheit mit dem Mileu	⟷	... als Äußerung »biografischer Passung«
... ohne konkrete Rückerstattungserwartungen	⟷	... als Balance von Geben und Nehmen
... als dauerhaftes und »verbindliches« Tun	⟷	... als sporadisches, begrenztes Tun
... in vorgegebenen unflexiblen Hierarchien	⟷	... in transparenten, überschaubaren Strukturen

Abbildung 1: Die Idealtypen des »alten« und »neuen« Ehrenamts

die Dimensionen Motivation, Anlass, Erwartung, Verpflichtung und Strukturen (vgl. Abb. 1). Das »neue« Ehrenamt grenzt sich gegenüber dem »alten« bzw. »traditionellen« Ehrenamt ab.[17]

Die vielfach beschriebene Erfahrung ist, dass das Ehrenamt nicht mehr als Selbstverständlichkeit – als sich immer wieder selbst erneuernd – vorausgesetzt werden kann. Es folgt immer seltener einer Pflichtethik; stattdessen gewinnen Handlungsweisen und -strategien an Gewicht, die auf Selbstentfaltung und Selbsterfahrung zielen. Statt eines ideell begründeten Pflichtgefühls wird das Engagement eher als Ausdruck der Selbstverwirklichung verstanden.[18] Bei den Fragen, ob Ehrenamt überhaupt zustande kommt, in welchem orga-

17 Vgl. zusammenfassend Reinhard Liebig: Soziales, ehrenamtliches und Bürgerengagement. Zum Selbstverständnis freiwillig Tätiger, in: Rundbrief des Verbands für sozial-kulturelle Arbeit, Heft 1, 2000, 54–59, 99; Thomas Olk: Von »alten« zum »neuen« Ehrenamt. Ehrenamtliches soziales Engagement außerhalb etablierter Träger, in: Blätter der Wohlfahrtspflege 136 (1989), 7–10; Thomas Rauschenbach: Gibt es ein »neues Ehrenamt«? Zum Stellenwert des Ehrenamtes in einem modernen System sozialer Dienste, in: Sozialpädagogik 33 (1991), 2–10.
18 Hans-Werner Bierhoff/Thomas Burkart/Christoph Wörsdörfer: Einstellungen und Motive ehrenamtlicher Helfer, in: Gruppendynamik, 1995, H. 1, 373–386.

nisatorischen Rahmen, in welcher Form und mit welchem zeitlichen Aufwand, erweist sich heute die Koppelung an eigene Erfahrungen, an eigene Fähigkeiten und Erwartungen als entscheidender als die Zugehörigkeit zu einem bestimmten Milieu. Das heißt, nur wenn in einer spezifischen Lebensphase Motiv, Anlass und Gelegenheit zusammenpassen, dann kommt ein ehrenamtliches Engagement überhaupt erst zustande. Ehrenamt ist somit als Äußerung einer »biografischen Passung« zu verstehen.[19] Diese Entwicklung bedeutet u.a., dass die Option des Ehrenamts vor allem dann attraktiv wird, wenn es in die eigene Lebensplanung integrierbar ist und vielleicht seine Funktion in Übergangsphasen zwischen Schule und Ausbildung, zwischen Ausbildung und Beruf oder zwischen Kindererziehung und Wiedereinstieg in das Berufsleben erfüllen kann. So neu scheint dies gar nicht zu sein – auch zu früheren Zeiten haben diese Motive eine Rolle gespielt. Neu ist allerdings, dass diese Motive nicht mehr im Verborgenen wirken, sondern von den engagierten Menschen offensiv vertreten werden und sich in Erwartungen an die Organisationen verwandeln, die um Ehrenamtliche werben.

In diesem Zusammenhang gehört auch die Erwartung der Ehrenamtlichen, dass sich eine Balance von Geben und Nehmen einstellt. Die Rückerstattungserwartungen der Ehrenamtlichen sind konkreter als früher, sie basieren auf der Vorstellung, dass ein gleichzeitiges Engagement für sich und für andere möglich ist, und auf dem Bestreben, den eigenen Nutzen einzufordern. Insofern sind die ehrenamtlich tätigen Personen nicht mehr völlig »unbezahlt« zu gewinnen. In der Folge überlagert sich ehrenamtlich ausgeführte Arbeit vielfach immer stärker mit Honorartätigkeiten, Billiglohnarbeit oder »Ersatz-Erwerbsarbeit«. Als eine Folge dieser Entwicklung lässt sich beobachten, dass große Teile des Engagements zunehmend an Konstanz verlieren. Der Idealtyp des »modernisierten« Ehrenamts ist kaum noch fest in den geregelten Ablauf eines Verbandes bzw. eines Vereins eingebunden, die »neuen« Ehrenamtler stellen ihre Arbeitskraft einer Organisation nicht mehr pauschal zur Verfügung, sondern sie arbeiten – idealtypisch – nur noch relativ autonom und selbständig in befristeten Projekten. Bei der Ausgestaltung des Ehrenamts verlieren die Notwendigkeiten der Organisation zugunsten

---

19 Vgl. Gisela Jakob: Wie kommen freiwillige MitarbeiterInnen dazu, sich zu engagieren? Zur Bedeutung ehrenamtlichen Engagements in der Lebensgeschichte. Vortrag im Rahmen der von der Bremer Senatorin für Frauen, Gesundheit, Jugend, Soziales und Umweltschutz organisierten Veranstaltungsreihe (Manuskript), 1999.

der individuellen Präferenzen an Wertigkeit. Vorgegebene, wenig beeinflussbare, unflexible und hierarchisch aufgebaute Organisationen erscheinen für ein Engagement weniger attraktiv als transparente, überschaubare Strukturen, in denen Gestaltungsspielräume für Ehrenamtliche vorhanden sind.

2.2 Der Wandel der Wohlfahrtsorganisationen

Als die wohl augenfälligste Veränderung, die die Organisation des gesamten System der Freien Wohlfahrtspflege betrifft und damit auch die Gestalt der Diakonie verwandelte, ist – neben dem enormen Wachstum der Verbände und deren strukturellen Anpassungen an die Aufbauorganisation der staatlichen Bürokratie – der Prozess der Verberuflichung. Mit der steigenden Bedeutung der Wohlfahrtsverbände für den deutschen Sozialstaat hat sich die Diakonie von einer ehrenamtlich getragenen Inneren Missionsbewegung zu einem fachlich ausgerichteten, bürokratisierten und verberuflichten Wohlfahrtsverband fortentwickelt. Heute muss die Säule der berufstätigen Mitarbeiter und Mitarbeiterinnen als entscheidend für die Erbringung der Organisationsleistungen angesehen werden, die sich immer stärker unter marktähnlichen Rahmenbedingungen zu behaupten haben. In den Reihen der Diakonie sind heute rund 400 000 Menschen beschäftigt, was umgerechnet – unter Berücksichtigung der Teilzeitstellen – etwa einem Arbeitsvolumen von über 12 Mio. Std. entspricht.[20]

Gemessen an dieser – rechnerisch ermittelten – Größe erscheint der Anteil der geschätzten Arbeitsleistung der 350 000 bis 400 000 ehrenamtlichen Mitarbeiter und Mitarbeiterinnen in diakonischen Einrichtungen bzw. Vereinen eher als gering.[21] Parallel zu dem Größenwachstum des nach Tarif entgoltenen, berufsmäßig arbeitenden Personals bzw. dem vergrößerten Anteil der beruflichen Arbeit an

---

20 Vgl. Diakonisches Werk: Einrichtungsstatistik. Stand 1. 1. 2000, Statistische Informationen 01/01, Stuttgart 2001.
21 Vgl. Karin Beher/Reinhard Liebig/Thomas Rauschenbach: Strukturwandel des Ehrenamts. Gemeinwohlorientierung im Modernisierungsprozess, Weinheim, München 2000, 35 ff.; Adrian Ottnad/Stefanie Wahl/Meinhard Miegel: Zwischen Markt und Mildtätigkeit, München 2000, 38 ff.; Thomas Rauschenbach/Matthias Schilling: Die Dienstleistenden: Wachstum, Wandel und wirtschaftliche Bedeutung des Personals in Wohlfahrts- und Jugendverbänden, in: Rauschenbach/Sachße/Olk: Von der Wertgemeinschaft zum Dienstleistungsunternehmen, 321–355.

den Leistungen hat sich die Rolle und die Funktion der Ehrenamtlichen gewandelt – egal, ob sie in eher politischen Ämtern mit Mandat (z.B. als Vereinsvorstand) oder als freiwillig Engagierte bei personenbezogenen Dienstleistungen (z.B. als Gruppenleitung einer Ferienfreizeit) tätig sind. Der Kernbereich der Verbandstätigkeiten wird immer mehr von beruflichem Personal getragen, während die Ehrenamtlichen ihre Arbeitsleistungen vor allem in den Bereichen einsetzen, die nicht durch öffentliche Kostenträger refinanziert werden. Allerdings kommt damit den Ehrenamtlichen auch weiterhin eine wichtige Rolle zu: Sie fungieren gewissermaßen als »personelle Garanten« für die Handlungsspielräume des Verbandes.

Vor diesem Hintergrund lässt sich die veränderte ambivalente Funktion der ehrenamtlichen Mitarbeiterinnen und Mitarbeiter folgendermaßen thesenartig und zugespitzt formulieren: Einerseits scheinen die Ehrenamtlichen mit all ihrer Unberechenbarkeit, mit ihren Ansprüchen an die Organisation und an ihr Funktionieren, mit ihrer häufig anzutreffenden Distanz gegenüber Dienstplänen, Verwaltungsvorschriften oder betriebswirtschaftlichen Notwendigkeiten nicht so recht zu einem Dienstleistungsangebot zu passen, das sich immer mehr auf einem Markt zu behaupten hat und sich immer stärker an Standards und Vorschriften der Kostenträger gebunden sieht. Andererseits sind die ehrenamtlich Mitarbeitenden – gerade, weil sie als »Lückenfüller« organisatorische Freiräume eröffnen – als ein konstitutives Element sozialdiakonischer Arbeit zu betrachten.

3. Empirische Befunde zum Ehrenamt

Das Wissen über die ehrenamtlichen Mitarbeiterinnen und Mitarbeiter, die sich in diakonischen Arbeitsfeldern engagieren, ist insgesamt gesehen – jenseits der Arbeit vor Ort in den einzelnen Einrichtungen und Vereinen – relativ gering. Trotz einer Vielzahl von Einzelstudien[22] kann aufgrund von definitorischen oder regionalen Differenzen sowie unterschiedlichen Aussagebereichen und Er-

---

22 Vgl. Werner Hübinger: Das soziale Ehrenamt. Teil II: Grunddatenerhebung. Struktur- und Bedarfsanalyse zum sozialen Ehrenamt in Einrichtungen von Diakonie und Caritas in Ostdeutschland, Frankfurt a.M. 1997; Katholische Frauengemeinschaft Deutschlands (Hg.): Ergebnisbericht: Nachweis über ehrenamtlich, freiwillig und unentgeltliche Arbeit und Nachweis über Teilnahme an Fort- und Weiterbildung, Düsseldorf 1998; Sigrid Reihs: Im Schatten von Freiheit und Erfüllung. Ehrenamtliche Arbeit in Bayern. Das Ehrenamt in der Kirche, Bochum 1995.

kenntnisinteressen kein Gesamtbild entstehen.[23] Nicht zuletzt aufgrund dieses grundsätzlichen Dilemmas wurde von Seiten der Bundesregierung der »Freiwilligensurvey« in Auftrag gegeben, aus dem sich einige empirisch fundierte Anhaltspunkte zu den ehrenamtlich Tätigen in einzelnen gesellschaftlichen Bereichen diakonischer Arbeit schließen lassen.[24] Die Befunde dieser Untersuchung sind (bislang) nicht auf einzelne Verbände oder Vereine rückführbar, sondern ausschließlich auf ausgesuchte Bereiche des gesellschaftlichen Lebens. Mit anderen Worten: Das Forschungsdesign des Freiwilligensurveys ermöglicht keine direkten Aussagen zu einzelnen Strukturdaten der ehrenamtlichen Mitarbeiter und Mitarbeiterinnen der Diakonie, es liefert allerdings repräsentative Befunde zu den Arbeitsfeldern diakonischen Engagements.

3.1 Besonderheiten diakonischer Arbeitsfelder

Im Vergleich zu den Durchschnittsdaten, in die alle Aussagen von freiwillig Tätigen[25] eingeflossen sind, zeigen sich in Bezug auf vier Bereiche diakonischer Arbeit – kirchlich/religiöser, sozialer und Gesundheitsbereich sowie den Bereich der außerschulischen Jugendarbeit und der Bildungsarbeit für Erwachsene – deutliche Unter-

---

23 Vgl. Karin Beher/Reinhard Liebig/Thomas Rauschenbach: Das Ehrenamt in empirischen Studien – ein sekundäranalytischer Vergleich. Schriftenreihe des Bundesministeriums für Familie, Senioren, Frauen und Jugend 163, Stuttgart/Berlin/Köln 1998.
24 Nach dieser für die Erforschung des Ehrenamts basalen Untersuchung (Befragungszeitraum: Mai bis Juni 1999), in die fast 15 000 Interviews mit Personen ab 14 Jahren eingeflossen sind, ist in Deutschland jeder dritte Bürger nach eigener Aussage in irgendeiner Form freiwillig unentgeltlich engagiert. Insgesamt 34 % (entsprechend ca. 21. Mio. Menschen) sind in Vereinen, Initiativen, Projekten, Selbsthilfegruppen oder Einrichtungen aktiv und üben dort unbezahlt oder gegen eine geringe Aufwandsentschädigung Aufgaben oder Arbeiten aus; vgl. Bernhard von Rosenbladt (Hg.): Freiwilliges Engagement in Deutschland. Ergebnisse der Repräsentativerhebung zu Ehrenamt, Freiwilligenarbeit und bürgerschaftlichem Engagement. Gesamtbericht, Stuttgart 2000.
25 Bei dieser Untersuchung wurde den Befragten u. a. eine Liste von sechs Begriffen vorgelegt, von denen sie denjenigen auswählen sollten, der am besten das eigene Engagement charakterisiert. Mit 48 % wurde der Ausdruck »Freiwilligenarbeit« am häufigsten ausgesucht, den Terminus »Ehrenamt« wählten (nur) 32 % der Befragten zur Beschreibung des eigenen Tuns. Aus diesem Grund ist hier in den weiteren Ausführungen, die auf die Befunde des Freiwilligensurveys Bezug nehmen, von »Freiwilligenarbeit« oder den »freiwillig Tätigen« die Rede.

Merkmal	Freiwillig Engagierte (insgesamt)	Davon: im/in der ...			
		kirchlich/ religiösen Bereich	sozialen Bereich	außerschul. Ju'arb/ Bild'arbeit für Erwachsene	Gesundheits- bereich
%-Anteil an der Wohn- bevölkerung ab 14 Jahre	34	5	4	2	1
Monatlicher Durch- schnitts-Zeitaufwand (in Std.) für das freiw. Engagement	14,5	11,8	20,0	17,5	23,5
%-Anteil derjenigen im jeweil. Bereich, die für ihr freiw. Engag. eine finanzielle Vergütung[26] erhalten	13	5	11	26	18
%-Anteil der Frauen an den freiw. Engagierten des jeweiligen Bereichs	45	65	67	38	66

Tabelle 1: Zeitaufwand, Vergütung und Geschlechterverteilung bei den frei- willig Engagierten in ausgewählten gesellschaftlichen Bereichen (aus: Pro- jektverbund Ehrenamt [1999]; eigene Darstellung)

schiede (vgl. Tabelle 1). Hierbei sind allerdings für die genannten Bereiche keine einheitlichen Abweichungen vom Gesamtbefund zu erkennen, sondern nur bereichsspezifische Differenzen, die einer ge- sonderten Interpretation bedürfen.

Für die Kernbereiche der Wohlfahrtspflege und der diakonischen Arbeit fällt das relativ große zeitliche Engagement der freiwillig Tä- tigen auf. Im sozialen und im Gesundheitsbereich liegt der Zeitauf- wand für das Engagement mit 20 bzw. 23,5 Stunden pro Monat deutlich über dem Durchschnitt (14,5 Std.). Hingegen scheint im kirchlich/religiösen Bereich, in dem etwa 5 % der Wohnbevölkerung über 14 Jahre bzw. knapp über 3 Mio. Menschen freiwillig tätig sind, ein wenig zeitlich aufwändiges Engagement die Regel zu sein. Gleichzeitig liegt hier der Anteil derjenigen, die für ihr Tun eine Ver- gütung erhalten, mit 5 % erkennbar unter dem Durchschnitt aller gesellschaftlichen Bereiche – nur etwa jede/r Fünfte erhält eine finan- zielle Gegenleistung. In dieser Hinsicht ist der große Anteil im Bereich der außerschulischen Jugendarbeit und der Bildungsarbeit für Erwachsene augenfällig: Dort erhält jede/r vierte Freiwillige eine Vergütung. Dies ist gleichzeitig der einzige – hier dargestellte – Bereich, in dem mit 62 % mehr Männer als Frauen tätig sind. In den anderen drei Bereichen ist von einer deutlichen Frauendominanz auszugehen. Die Menge der freiwillig Engagierten lässt sich in diesen Fällen dahingehend beschreiben, dass etwa zwei Drittel Frauen und (nur) ein Drittel Männer sind. Damit zeigt sich hier ein Bild, das vom Durchschnitt aller Freiwilligen erheblich abweicht.

3.2 Die freiwillig Engagierten im kirchlich/religiösen Bereich

Für den – eingeschränkteren – kirchlich/religiösen Bereich lassen sich nach dem Freiwilligensurvey u.a. Daten zum (Erwerbs)Status und zum Alter der freiwillig Engagierten angeben (vgl. Abb. 2). Insbesondere die im Vergleich zu den Gesamtdaten relativ großen Anteile der Hausfrauen bzw. -männer einerseits (19 % und mit 10 % über den Durchschnittszahlen) und der Rentner/Pensionäre (21 % und mit 5 % über dem Durchschnitt) andererseits sind in diesem Kontext augenfällig (vgl. Tab. 2). Entsprechend geringer fällt das Kontingent der erwerbstätigen Ehrenamtlichen aus, das zwar auch im kirchlich/religiösen Bereich mit 43 % das mit Abstand größte Seg-

(Erwerbs)Status	%-Anteil	Alter	%-Anteil
Erwerbstätige Personen	56	Bis unter 30 Jahre	21
Arbeitslos gemeldete Personen	3	30 bis unter 40 Jahre	20
Schüler oder Auszubildende	13	40 bis unter 50 Jahre	21
Hausfrauen oder Hausmänner	9	50 bis unter 60 Jahre	18
Rentner/ Pensionäre	16	60 bis unter 70 Jahre	12
Sonst. (Erwerbs-Status)	3	70 Jahre und älter	7

Tabelle 2: (Erwerbs-)Status und Alter der freiwillig Engagierten über alle Bereiche (aus: Projektverbund Ehrenamt [1999], eigene Darstellung)

ment darstellt – allerdings liegt dieser Wert deutlich (mit 13 %) unter dem Durchschnitt aller freiwillig Tätigen.

Diese Besonderheiten bezüglich einiger sozialstruktureller Merkmale der Ehrenamtlichen zeigen sich auch mit Blick auf das Alter: Das durch viele ältere Untersuchungen gespeiste Bild für diesen gesellschaftlichen Bereich, nachdem hier die freiwillig Engagierten vergleichsweise alt sind, scheint auch heute noch zuzutreffen. Bis zu der Kategorie der Vierzig- bis unter Fünfzigjährigen liegen die Werte des kirchlich/religiösen Bereichs unter den Durchschnittswerten, entsprechend sind bei den Kategorien oberhalb der über Fünfzigjährigen im Vergleich Abweichungen nach oben auszumachen. Während

□ Erwerbstätige Personen
■ Arbeitslos gemeldete Personen
▨ Schüler oder Auszubildende
■ Hausfrauen oder Hausmänner
▨ Rentner/Pensionäre
■ Sonstige (Erwerbs-)Status

■ bis unter 20 Jahre
▨ 20 bis unter 30 Jahre
□ 30 bis unter 40 Jahre
■ 40 bis unter 50 Jahre
▨ 50 bis unter 60 Jahre
■ 60 bis unter 70 Jahre
▨ 70 Jahre und älter

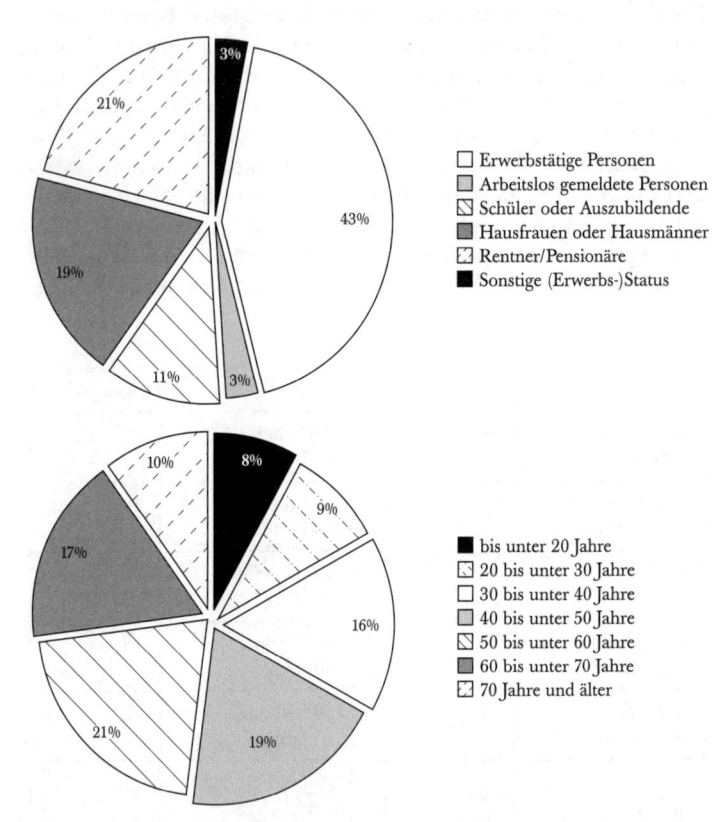

Abbildung 2: Freiwillig Engagierte im kirchlich/religiösen Bereich nach (Erwerbs)Status und Alter (in %); (aus: Projektverbund Ehrenamt [1999], eigene Darstellung)

also fast die Hälfte (48%) der freiwillig Engagierten im kirchlich/religiösen Bereich über 50 Jahre alt ist, sind es über alle Bereiche hinweg »nur« 37%.

4. Perspektiven für die Diakonie

Vor dem Hintergrund der oben angesprochenen Veränderungen im Kontext des Ehrenamts muss es auch innerhalb von Kirche und Diakonie heute und in Zukunft darum gehen, vermehrt darauf hinzuarbeiten, dass ein Passungsverhältnis zwischen den organisatorischen Settings und den Einstellungen und Erwartungen der (potenziellen) Ehrenamtlichen entstehen kann. Dies bedeutet hinsichtlich einer gelingenden Einbindung von Ehrenamtlichen in die sozialdiakonische Arbeit vor allem, dass vermehrt Einsatzoptionen geschaffen werden sollten, die sowohl definierte zeitliche Begrenzungen als auch Partizipationschancen außerhalb der traditionell entscheidungsbefugten Gremien erlauben und Möglichkeiten zur Selbstverwirklichung bereitstellen. Insgesamt ist die Organisation und die Pflege des Ehrenamts als eine wichtige Aufgabe für das Management von Vereinen bzw. Einrichtungen anzusehen, die sich nicht nebenbei und von alleine erledigt, sondern planvoll und durch entsprechend qualifizierte Kräfte angegangen werden sollte. Dabei gilt es zu beachten, dass die Funktion des Ehrenamts nicht eindimensional zu fassen ist. Vor allem dann, wenn in diesem Zusammenhang Entwicklungsprozesse vor dem Hintergrund der oben angedeuteten gesellschaftlichen Wandlungsprozesse betrachtet werden, muss dem Ehrenamt ein durchaus ambivalenter Charakter zuerkannt werden. So lassen sich bilanzierend – in eher analytischer Weise – zumindest folgende Funktionen benennen.

Ehrenamtlich tätige Mitarbeiterinnen und Mitarbeiter in der Diakonie
- bilden die Legitimationsgrundlage für bestimmte Privilegien von Vereinen und Verbänden;
- verkörpern die Vision von einer humaneren und gerechteren Welt und eines solidarischen Miteinanders aus freien Stücken;
- sind das Fundament für selbstbestimmte, innovative organisatorische Freiräume;
- bedeuten Behinderung in einer professionalisierten, rational-strukturierten Organisation;
- stellen eine konstruktive, lebensweltliche Unruhe in latent bürokratisierten Verbandsstrukturen dar;

- tragen zu einer Profilbildung und zu einer corporate identity bei;
- erweitern die Handlungsfähigkeit der verberuflichten Organisationen unter Kompetenz- und Flexibilitätsgesichtspunkten;
- stehen für eine ökonomisch reizvolle, kostengünstige Personalgruppe;
- werden unter bestimmten Bedingungen von den beruflich tätigen Personalgruppen als Bedrohung erlebt;
- fungieren als Aufbauhilfe für die Etablierung von neuen Arbeitsplätzen.

5. Literatur zur Weiterarbeit

Enquete-Kommission »Zukunft des Bürgerschaftlichen Engagements« Deutscher Bundestag: Bürgerschaftliches Engagement: auf dem Weg in eine zukunftsfähige Bürgergesellschaft, Opladen 2002.

Fischer, Ralph: Ehrenamtliche Arbeit, Zivilgesellschaft und Kirche. Bedeutung und Nutzen unbezahlten Engagements für Gesellschaft und Staat, Stuttgart 2004.

Foitzik, Karl: Mitarbeit in Kirche und Gemeinde. Grundlagen, Didaktik, Arbeitsfelder, Stuttgart/Berlin/Köln 1998.

Klages, Helmut: Der Freiwilligenbereich und das Engagementpotenzial der Bürger. Anforderungen an eine neue Politik des aktivierenden Staates, in: Braun, Joachim/Wahlen, Gabriele: Die Freiwilligen: das Sozialkapital des neuen Jahrhunderts. Förderpolitische Konsequenzen aus dem Freiwilligensurvey 1999, Köln/Leipzig 2001, 18-32.

Klein, Ansgar: Der Diskurs der Zivilgesellschaft. Politische Hintergründe und demokratietheoretische Folgerungen, Opladen 2001.

Liebig, Reinhard: Soziales, ehrenamtliches und Bürgerengagement. Zum Selbstverständnis freiwillig Tätiger, in: Rundbrief des Verbands für sozialkulturelle Arbeit, H. 1, 2000, 54-59; 99.

Müller, Siegfried (Hg.): Soziale Arbeit. Gesellschaftliche Bedingungen und professionelle Perspektiven, Neuwied/Kriftel 2000.

Olk, Thomas: Von »alten« zum »neuen« Ehrenamt. Ehrenamtliches soziales Engagement außerhalb etablierter Träger, in: Blätter der Wohlfahrtspflege 136 (1989), 7-10.

Projektverbund Ehrenamt: Freiwilligenarbeit, ehrenamtliche Tätigkeit und bürgerschaftliches Engagement. Repräsentative Erhebung 1999, Materialband, München 1999.

Rauschenbach, Thomas: Gibt es ein »neues Ehrenamt«? Zum Stellenwert des Ehrenamtes in einem modernen System sozialer Dienste, in: Sozialpädagogik 33 (1991), 2-10.

XX.
Hauptamtliche Mitarbeiterinnen und Mitarbeiter

REINHARD TURRE

1. Einführung

Die Gewinnung von Mitarbeiterinnen und Mitarbeitern wird in den nächsten Jahren zunehmend zu einem zentralen Thema der diakonischen Arbeit werden. Schon heute wird es auf dem Arbeitsmarkt trotz vieler Arbeitsloser immer schwieriger, geeignetes Personal für die soziale Arbeit zu gewinnen. Ein Beispiel: In einer mittleren Stadt in Ostdeutschland mit einem einzigen Krankenhaus, das sich in diakonischer Trägerschaft befindet, soll die Stelle des Chefarztes der Chirurgischen Abteilung neu besetzt werden. Neben einem Oberarzt aus dem Haus, der schon in seiner jetzigen Stellung Schwierigkeiten im Umgang mit dem Personal hat, liegt nach mehrmaligen Ausschreibungen nur eine Bewerbung eines Arztes vor, der bisher keinen Kontakt zur Kirche hat und in einem kommunalen Krankenhaus tätig ist. Die Stelle verlangt fachliche Kompetenz und die Fähigkeit, Mitarbeiter zu leiten und zu motivieren. Sie ist aber als eine der wichtigen Leitungsstellen mit einem Menschen zu besetzen, der zugleich Repräsentant für die diakonische Ausrichtung des Unternehmens sein kann. Die Verantwortlichen für die Personalentscheidung fragen sich, ob die Loyalität gegenüber dem diakonischen Auftrag des Hauses ausreicht und wie weit sie mit finanziellen Sonderangeboten gehen können, ohne die Wirtschaftlichkeit, aber auch ohne den inneren Frieden des Hauses zu gefährden.

2. Gegenwärtige Situation in Zahlen

Im Jahre 2000 waren in der Freien Wohlfahrtspflege in Deutschland 1 164 329 hauptamtliche Mitarbeiterinnen und Mitarbeiter tätig.[1]

---

[1] Die statistischen Zahlen sind der Gesamtstatistik der Bundesarbeitsgemeinschaft der Freien Wohlfahrtspflege vom 16. August 2001 entnommen; vgl. Diakonie Jahrbuch, Stuttgart 2001, 271 ff.

Für Aktivitäten der Auslands- und Katastrophenhilfe sowie mobile Dienste kommen noch Mitarbeitende in etwa 28 000 Selbsthilfe- und Helfergruppen hinzu. Damit beschäftigt die Wohlfahrtspflege etwas über 3 % aller Erwerbstätigen in Deutschland. Die Zahl der in der Wohlfahrtspflege freiwillig und ehrenamtlich Engagierten wird auf 3 Mio. geschätzt. Die Bruttowertschöpfung der Freien Wohlfahrtspflege betrug – ausgedrückt in Preisen von 1999 – 33,5 Milliarden Euro. Das entspricht einem Anteil am Bruttoinlandsprodukt von 1,9 %. Darin ist die Wertschöpfung durch ehrenamtliche Tätigkeit nicht enthalten.

Die Diakonie bietet etwa über 400 000 Mitarbeitenden in über 26 000 Einrichtungen Möglichkeiten zur Erwerbsarbeit. Davon sind 227 288 in Vollzeit und 173 192 in Teilzeit tätig. Hauptamtliche Mitarbeitende sind vor allem in folgenden Bereichen tätig: Krankenhilfe 108 017, Jugendhilfe 92 127, Altenhilfe 81 928, Behindertenhilfe 63 353, Familienhilfe 31 463. Es ist vorauszusehen, dass es in den nächsten Jahren vor allem einen erheblichen Zuwachs in der Altenhilfe geben wird. Es wird sowohl durch bezahlte wie durch unbezahlte Mitarbeitende eine erhebliche Arbeitsleistung erbracht, die sich im Vergleich zu anderen Zweigen der Volkswirtschaft durchaus sehen lassen kann. Ihr Wert ist in den letzten Jahren beachtlich gestiegen. Hinzu kommen die Leistungen der hier statistisch nicht erfassten Mitarbeitenden: Auszubildende, ABM-Kräfte, Praktikantinnen und Praktikanten, Zivildienstleistende, Mitarbeitende im Freiwilligen Sozialen Jahr und nebenberuflich in der Diakonie Tätige.

Fast zwei Drittel der hauptamtlichen Mitarbeitenden der Diakonie sind im Jahre 2000 in stationären Einrichtungen beschäftigt (248 734), ein Viertel in teilstationären Einrichtungen (102 424) und 11 % in Beratungsstellen (42 437). Von den Mitarbeitenden im stationären Bereich arbeiten 42 % im Krankenhaus (105 052), 32 % in der Altenhilfe (79 718) und 16 % in der Behindertenhilfe (39 671). Die meisten Mitarbeiter in den teilstationären Einrichtungen sind in der Jugendhilfe tätig (71 931). Die hauptsächlichen Berufsbereiche in der Diakonie sind in der Reihenfolge der Häufigkeit die Pflege, die Erziehung, die Ärztinnen und Ärzte, Sozialarbeiterinnen und Sozialarbeiter, medizinische Berufe und die Verwaltung.

Im Jahre 1996 wurde ermittelt, dass 25,5 % der Mitarbeitenden in der Diakonie männlich und 74,5 % weiblich waren. Das Verhältnis drei Viertel weibliche Mitarbeitende zu einem Viertel männliche Mitarbeitende wird bis heute stimmen.

3. Motivation und Arbeitsrecht

Der Aufbruch diakonischer Arbeit im 19. Jh. war mit der Gründung von Mutterhäusern und Brüderhäusern verbunden. Sie verliehen den Mitarbeiterinnen und Mitarbeitern der Diakonie zugleich Schutz und Status. Die Entwicklung der Schwesternschaften und Bruderschaften im 19. Jh. kann im Rückblick nur mit Bewunderung registriert werden. Die Diakonie, noch Innere Mission, bezog ihre zunehmende Wirkung aus den inneren Kräften und beachtlichen Zahlen schwesternschaftlich und brüderschaftlich verbundener Mitarbeiterinnen und Mitarbeiter. Diakonissen verstanden sich als Dienerinnen Christi, Dienerinnen aneinander und Dienerinnen für andere. Die geistliche Konzentration auf den Auftrag Jesu Christi zum Dienst an den hilfebedürftigen Menschen war die Voraussetzung einer beachtlich wachsenden Aktion. Die Zentren der weiblichen und männlichen Diakonie waren Orte der Gemeinschaftsbildung, von denen aus in die verschiedenen sozialen Handlungsfelder geprägte Persönlichkeiten entsandt werden konnten. Diese verstanden sich als zum Dienst an den Nächsten Berufene. Sie erhielten dafür ihre geistliche und fachliche Ausbildung und Weiterbildung in den Mutterhäusern und Bruderschaften. Dort wurden sie auch eingesegnet und für ihren besonderen Dienst beauftragt.

Mit dem Wachstum der von diakonischen Einrichtungen übernommenen Arbeitsfelder stellte sich mehr und mehr die Aufgabe, auch hauptamtliche Mitarbeitende zu beteiligen, die sich ausdrücklich nicht an der Lebensgemeinschaft in den Mutterhäusern und Brüderhäusern beteiligen wollten. Die Zugehörigkeit zu einer Berufsgruppe wurde wichtiger als die Bindung an eine Schwesternschaft oder Bruderschaft. Die berufliche Professionalität fand stärkere Berücksichtigung bei Anstellungen als die geistliche Prägung. Kam man ursprünglich aus einer Glaubens-, Lebens- und Dienstgemeinschaft, so wurde es sogar schwierig, Mitarbeitende als Mitglieder einer Dienstgemeinschaft zu begreifen. So wurde eine Entwicklung eröffnet, die heute ein differenziertes Bild der Zusammensetzung der Mitarbeiterschaften ergibt: Die einen sind vom christlichen Glauben geprägt und tun ihre Arbeit aus innerer Berufung. Sie wollen Mitarbeitende Gottes sein zum Heil und zum Wohl der hilfebedürftigen Menschen. Sie sind bereit zu persönlichen Opfern und verstehen die Arbeit als Dienst im Auftrag des Herrn Jesus Christus. Andere kommen in die diakonische Einrichtung, weil sie mit und für Menschen arbeiten wollen. Sie suchen persönliche Wärme und Nähe. Sie wollen ihre Persönlichkeit vielseitig entfalten und nicht unter dem Druck nur einseitiger Beanspruchung verkümmern. Sie suchen die Mitarbeit in der Diakonie, weil sie sich für ein menschliches Gemeinwesen engagieren wollen und sind entweder kirchlich gebunden oder gehören einer anderen Religion an. Dies kann auch für die zunehmende Zahl nichtkirchlicher oder nichtreligiöser Mitarbeitender gelten. Schließlich kommen wiederum andere in die Diakonie, weil sie an ihrem Ort nur hier einen sicheren Arbeitsplatz bekommen. Sie können, wie die Erfahrung zeigt, loyal zur diakonischen Arbeit und zu ihren Zielen stehen, ohne sich aber persönlich ausdrücklich damit zu identifizieren.

Für die Weckung und Stärkung diakonischer Motivation haben die Träger der Diakonie in den letzten Jahren mehr eingesetzt. Sie mussten dabei der Tatsache Rechnung tragen, dass die Binde- und Prägekraft der Kirchen in der Gesellschaft abgenommen hat. Aus den Gemeinden stehen weniger kirchlich geprägte Menschen zur Verfügung, als Mitarbeitende in der Diakonie nötig wären. Dies hat in vielen Einrichtungen dazu geführt, dass mit viel Fantasie und einem vielfältigen Angebot von Mitarbeitertagen, Kursen, Rüstzeiten, Retraiten und anderen geistlichen Angeboten das Verständnis für den diakonischen Auftrag geweckt und gestärkt wird. Die Erarbeitung und Verarbeitung eines Leitbildes für die einzelne Einrichtung hat sich als gutes Instrument erwiesen, die heute so verschieden geprägten Mitarbeitenden zu veranlassen, sich über ihre eigene Motivation Gedanken zu machen und sich mit anderen auf eine gemeinsame Basis ihrer Tätigkeit zu einigen. Diakonische Einrichtungen sind Tendenzbetriebe, die als Teil der Evangelischen Kirche ihre Unternehmen und Aktivitäten selbständig ordnen können. Das gilt auch im Rahmen der allgemeinen Gesetze für das Arbeitsrecht. Entsprechend ist in den Arbeitsvertragsrichtlinien des Diakonischen Werkes der EKD festgelegt:

»Alle in einer diakonischen Einrichtung tätigen Mitarbeiter bilden eine Dienstgemeinschaft. Von den Mitgliedern dieser Dienstgemeinschaft wird erwartet, dass ihr Verhalten innerhalb und außerhalb des Dienstes der Verantwortung für den Nächsten entspricht [...] Der diakonische Dienst geschieht im Auftrag Jesu Christi. Wer sich aus anderen Beweggründen zu diesem Dienst bereit findet, ist Mitarbeiter mit gleichen Rechten und Pflichten; er muß jedoch die evangelische Grundlage der diakonischen Arbeit anerkennen.«[2]

Zwischen den hauptamtlichen Mitarbeitern verschiedener geistlicher Prägung und unterschiedlicher weltanschaulicher Überzeugung ist

---

2 Reinhard T. Scheffer/Rudolf Mayer: Kommentar zu den Arbeitsvertragsrichtlinien des Diakonischen Werkes der EKD, Stuttgart ³1999.

immer neu das Gespräch über das sie in einer diakonischen Einrichtung Verbindende zu inszenieren. Dieses Gespräch ist Bestandteil der in der gesamten evangelischen Kirche immer neu zu aktualisierenden Aussage der vierten These der Barmer Theologischen Erklärung:

»Die verschiedenen Ämter in der Kirche begründen keine Herrschaft der einen über die anderen, sondern die Ausübung des der ganzen Gemeinde anvertrauten und befohlenen Dienstes.«[3]

Mit der Verwendung des theologischen Begriffes der Dienstgemeinschaft im Arbeitsrecht für die hauptamtlichen Mitarbeitenden soll dem Charakter diakonischer Arbeit Rechnung getragen werden. Er begründet auch den sogenannten Dritten Weg bei der Vereinbarung und der Durchsetzung des für die Mitarbeitenden in der Diakonie geltenden Arbeitsrechtes. Dieser geht davon aus, dass der eigentliche Auftraggeber aller Diakonie der in den Armen und Elenden begegnende Christus selbst ist. Was die Hilfebedürftigen nötig haben, ist von den sogenannten Dienstgebern und Dienstnehmern als gemeinsame Aufgabe zu begreifen. Das schließt die im Zweiten Weg üblichen gewerkschaftlichen Kampfmittel wie den Streik aus. Die Mitarbeitervertretungsgesetze und -ordnungen gehen dagegen von einer gemeinsamen Verantwortung der Dienstnehmer und der Dienstgeber für die Gestaltung der Arbeit und den Schutz der Mitarbeitenden aus. Beide Seiten sind aber den Hilfebedürftigen als eigentlichen Arbeitgebern für die Leitung und die Mitarbeitenden verpflichtet. Es wird sich in den nächsten Jahren zeigen, ob unter den Bedingungen knapper werdender Kassen dieser Weg durchgehalten werden kann. Bei guter Handhabung der eigenständigen Gestaltungsmöglichkeiten könnten Dienstgemeinschaften flexibler und zügiger auf Veränderungen im Sozialstaat reagieren. So könnten sie sowohl hinsichtlich der Einhaltung unverzichtbarer Standards in der medizinischen, sozialen und pädagogischen Arbeit wie auch in der Beteiligung der Mitarbeitenden aller Ebenen konkurrenzfähig bleiben vor allem gegenüber den auf den Dienstleistungsmarkt drängenden privaten Anbietern. Das Niveau der Arbeit und der Schutz der Mitarbeitenden werden sich schon auf mittlere Sicht als Wettbewerbsvorteil herausstellen. Die wichtigste Aufgabe bleibt, die Motivation der Mitarbeitenden immer wieder zu wecken und zu stärken. Die arbeitsrechtlichen Regelungen sind ein Bestandteil dieses Prozesses.

3 Die Theologische Erklärung der Bekenntnissynode von Barmen von 1934 im Anhang des Evangelischen Gesangbuches.

4. Das sich wandelnde Arbeitsverständnis

Die hauptamtlichen Mitarbeiter haben Anteil an dem sich wandelnden Verständnis der Erwerbsarbeit in der Gesellschaft. Lange Zeit war, was man in der Arbeitswelt tat, Ausdruck der Berufung, die für das Leben und das Arbeiten gilt. Nicht zufällig sind unsere deutschen Worte Beruf und Berufung sprachlich aufeinander bezogen. Entsprechend hat Johann Hinrich Wichern den für die Innere Mission geeigneten Mitarbeiter so beschrieben:

»Für einen recht geeigneten Mitarbeiter der Art würden wir den gelten lassen, der durch keinen nur äußeren Einfluß, durch keine Lockungen bürgerlicher Verheißungen, sondern allein durch den inneren Trieb der rettenden Liebe Christi sich ohne Selbsttäuschung veranlasst wüsste, sein Leben den verlorensten [...] christlichen Brüdern zu widmen und der um deswillen bereit wäre, teils allen zu dienen und ihnen zu helfen, teils alle, die ihn zu diesem Dienst berufen, zum Werk der Liebe so zu reizen, daß die Gemeinde in seinem Kreise ein Volk von Boten und Arbeitern Christi würde, wenn und wo sie es noch nicht wären.«[4]

Für die abendländische Sozialgeschichte war von großer Bedeutung, dass Benedikt von Nursia (um 480/90–547) in seiner Regel das »ora et labora«, das Beten und das Arbeiten, gleichwertig nebeneinander stellte. Diakonische Aktivitäten waren dort am wirksamsten und dauerhaftesten, wo Kontemplation und Aktion gut aufeinander bezogen waren. Aus der Besinnung auf die Inhalte des Glaubens erwuchs die Kraft für die Dynamik des Glaubens, der in der Liebe tätig wurde. Im evangelischen Raum ist zudem Luthers Wertschätzung der alltäglichen Arbeit als von Gott gewolltem Dienst für die weitere Entwicklung bedeutsam geworden. Gottes Segen garantiert danach in jedem Beruf und Stand sinnvolles Tun und vermehrt über die menschliche Tätigkeit hinaus die Ergebnisse allen Tuns. Was gelungen war, konnte als Frucht der Gnade angesehen werden, die Gott gewährt. So konnte zu einem gelassenen Wechsel von Kontemplation und Aktion eingeladen werden.

Das Arbeitsethos in den diakonischen Einrichtungen war im 19. und in der ersten Hälfte des 20. Jh. noch ganz von dieser abendländischen christlichen Tradition bestimmt. Max Weber[5] hat dieses so beschrieben:

---

4 Wichern: Über Dilettantismus in der inneren Mission; Orden der römischen Kirche; die feste Beamtung im Dienst der inneren Mission (1847), in: Ders.: Sämtliche Werke (SW), Bd. 1, Berlin/Hamburg 1962, 85–88.
5 Max Weber: Protestantische Ethik und Geist des Kapitalismus, zitiert in: ZdZ 34 (1980), 322.

»Gott segnet unser Tun, wenn unser ganzer Ernst und unsere ganze Hingabe dahinter stehen. Hingebungsvolle Arbeit ist zum Sinn unseres Lebens geworden. Einsatz, Strebsamkeit, Fleiß sind Grundtugenden des abendländischen und besonders des deutschen Menschen geworden.«

Wer in den Jahresberichten diakonischer Einrichtungen blättert, wird finden, dass diese Einstellung bestimmend für die Mitarbeitenden gewesen ist. Das Leben sollte in den Dienst der Einrichtung gestellt werden. Arbeit wurde zum Weg der Vervollkommnung des Menschen.

Mit dem Zeitalter der Aufklärung und besonders mit der Industrialisierung wird freilich dieses Arbeitsethos zunehmend problematisiert. Auch in der sozialen Arbeit trat an die Stelle eines am Beruf orientierten Selbstverständnisses ein am Selbst orientiertes Berufsverständnis. Die persönliche Selbstverwirklichung bekommt für viele einen höheren Wert als die berufliche Entwicklung. Man strebt auch nicht wie in den Schwesternschaften und Brüderschaften einen besonderen Status an. Vielmehr versteht man auch den Beruf im sozialen Bereich wie eine Beschäftigung in anderen Arbeitsbereichen. Man möchte nicht mehr herausgehoben sein, nicht mehr immer im Dienst sich sehen. Der damit auch in der diakonischen Arbeit immer häufiger neue Helfertyp hat zweifellos das Arbeitsklima verändert. Die Mitarbeitenden wollen nicht mehr Dienende sein, sondern Partner in einem komplexer gewordenen Prozess des Helfens, Begleitens und Unterstützens gegenüber den Hilfebedürftigen. Diese neuen Helferinnen und Helfer sprechen offener von ihren Ängsten und Schwächen und ehrlich von ihren Grenzen. Sie bringen ihre eigene Sehnsucht nach Einfühlung, Verständnis und Harmonie zum Ausdruck und beanspruchen mehr Aufmerksamkeit, Förderung und Unterstützung als frühere Generationen.

Das »Ausbrenn-Syndrom« signalisiert ein bei den länger Mitarbeitenden vorliegendes Verlangen nach mehr Zuwendung. So wird für die Mitarbeiterpflege heute mehr eingesetzt als früher. Es gilt der Grundsatz, dass Mitarbeitenden nur das fachlich und persönlich abverlangt werden kann, was ihnen zuvor in Aus- und Weiterbildung selbst angeboten worden ist. So wird auch der seelischen Problematik der helfenden Berufe[6] in der Weiterbildung und in der Supervision große Aufmerksamkeit gewidmet. Dabei wird aufgedeckt, wie das Dienen zu einer sublimen Form des Herrschens werden kann.

---

6 Wolfgang Schmidbauer: Die hilflosen Helfer. Über die seelische Problematik der helfenden Berufe, Hamburg 1977, überarbeitete Neuausgabe 1996; Ders.: Helfersyndrom und Burnoutgefahr, München 2002.

Auch sind Überforderungen häufig nicht in der objektiven Situation begründet, sondern können die Folge eines überhöhten Selbstverständnisses sein.

Das Gefühl der Ohnmacht einerseits und die Fantasie der Allmacht andererseits sind dann die Kehrseiten derselben Fehlhaltung, durch die hauptamtlich Mitarbeitende gefährdet sind. Es gibt die maßlose Selbstüberschätzung, in der Helfende ihre eigene Bedingtheit übersehen und dem Hilfebedürftigen mehr geben wollen als sie können. Hier ist an das christliche Menschenbild zu erinnern. Es täuscht nicht über Grenzen hinweg und achtet den Helfenden und den Hilfebedürftigen auch in seiner Unvollkommenheit. Es gibt freilich auch das depressive Hinnehmen von Missständen und das ohnmächtige Reagieren gegenüber den durchaus zu bewältigenden Nöten. Hier darf das diakonische Handeln in der Perspektive der Ewigkeit gesehen werden. Mitarbeitende brauchen nur so weit zu helfen, wie Menschen helfen können, und dürfen dies im Vertrauen darauf tun, dass Gott in seiner Ewigkeit vollenden und erneuern wird, was Helfende hier nur begrenzt zu leisten brauchen. Nur so kommen die Handelnden aus der Falle zu immer größerer Perfektion und zur Erfüllung immer weitreichenderer Forderungen heraus. Es darf mit Maß für das Mögliche und mit Mut an dem Notwendigen gearbeitet werden.

In diesem Sinne darf durchaus kritisch die neuerlich starke Herausstellung der Selbstliebe im Prozeß des Helfens angesehen werden. In der Tat: Der Mensch kann nur seinen Nächsten lieben, wenn er sich selbst lieben kann. Sich selbst aber lieben, ohne Egoist zu werden, kann nur, wer sich die Liebe Gottes gefallen lässt. Den Nächsten lieben, ohne Altruist werden zu müssen, kann nur, wer im Nächsten einen Menschen sieht, dem Gott auch schon seine Liebe zugewandt hat. Das ist in der hauptamtlichen Mitarbeit nur durchzuhalten, wenn man selbst aus der Liebe Gottes schöpfen kann.

Der hauptamtliche Mitarbeitende steht in einem Beziehungsgeflecht zu dem gleichfalls in der Mitarbeit Beteiligten wie auch zu den Hilfebedürftigen. Soziale und medizinische Arbeit kann heute nur als Gemeinschaftsaufgabe begriffen werden. Das entlastet die Mitarbeitenden von der Notwendigkeit, sich nur als einzelne Akteure sehen zu müssen. Organisationspläne und Organigramme weisen ihnen den in Stellenbeschreibungen näher bestimmten Platz zu. Kooperationsbereitschaft ist eine wichtige Voraussetzung, in der Belastung des Alltages zu bestehen. Nicht jeder kann alles können, und nicht jeder muß alles tun. In der Dienstgemeinschaft gibt es aber für jeden eine genau beschriebene Aufgabe, Zuständigkeit und Einordnung. Es ist in den letzten Jahren gelungen, die Aufgaben genauer zu beschreiben und die Organisationen übersichtlicher zu ordnen.

Auch die Hilfe selbst ist ein Beziehungsgeschehen, weil ja mit und für Menschen gearbeitet wird. So setzt sich mehr und mehr die Einsicht durch, die Arbeit als Assistenz für die Hilfebedürftigen zu begreifen. Mitarbeitende und Hilfebedürftige begreifen sich mehr und mehr als Partner bei der Bewältigung der Not. Beide Seiten sind darauf angewiesen, dass in den Belastungen Kraft geschenkt und Hoffnung erhalten bleibt. Da ist es noch nicht ausgemacht, wer in einer solchen Beziehung Gebender und wer Nehmender ist. Die Stärken der Schwachen und die Schwächen der Starken werden sich einander ergänzen. Hauptamtliche Arbeit begreift sich dann als Unterstützung für den Hilfebedürftigen, der mit seiner Krankheit, Störung oder anderen Not trotzdem seinen eigenen Weg selbst gehen muss. In der Erziehung kommt zur Assistenz für die eigene Entwicklung freilich auch die Aufgabe, junge Menschen zu führen und zu leiten. Die Hilfebedürftigen sind sehr sensibel dafür, ob Hilfe von oben herab geschickt, oder ob Helfende sich selbst in die Gemeinschaft der Hilfebedürftigen stellen. Es gibt auch eine bedrückende und verletzende Professionalität.

Hauptamtliche Mitarbeit ist so gut, wie sie sich als Service an den Hilfebedürftigen versteht.

Es ist in Deutschland schon heute zu beobachten, dass einerseits eine hohe Arbeitslosigkeit herrscht, aber andererseits Mangel in den sozialen Berufen zu verzeichnen ist. Der Trend zu mehr Beschäftigung in den sozialen Diensten wird sich verstärken, obwohl die dafür aus öffentlichen Kassen zur Verfügung stehenden finanziellen Mittel nicht wesentlich erhöht werden können. Damit wird die Frage dringlich, in welchem Umfang und nach welchen Maßstäben private Mittel in der sozialen Arbeit in Anspruch genommen werden können. Sowohl die fachlichen Standards wie auch die finanzielle Einstufung der Mitarbeitenden ist bisher von einer öffentlichen Förderung ausgegangen, die zugleich die bisher üblichen Maßstäbe zugrundegelegt hat. Diese haben schon zunehmend regionale Unterschiede, die Rationalisierung im Gesundheits- und Sozialwesen sowie die Wettbewerbs- und Marktorientierung berücksichtigt. Die Diakonie wird künftig einer unter anderen öffentlichen, freigemeinnützigen und privaten Anbietern auf dem Markt der Dienstleistungen sein. Das setzt die hauptamtlich Mitarbeitenden einem zunehmenden Konkurrenzdruck aus. Sie werden sich vor allem gegenüber der privaten Konkurrenz zu behaupten haben. Darauf sind weder die arbeitsrechtlichen noch die tariflichen Festlegungen innerhalb der Diakonie bisher ausgerichtet. Eine größere Durchlässigkeit ist nötig zwischen dem, was der Hilfebedürftige selbst leisten kann, was in freiwilliger Hilfe für ihn getan werden kann, was privat liquidiert und was öffentlich erstattet wird. Die starren Hilfesysteme wie die hauptamtlich Mitarbeitenden selbst werden flexibler werden müssen, um den künftigen Herausforderungen zu genügen. Dabei sind die Hilfebedürftigen vor unseriösen Anbietern und die Mitarbeitenden vor Ausbeutung zu schützen. Die Diakonie hat eine gute Tradition, um sich in dem bevorstehenden Wettbewerb gut behaupten zu können. Da die sozialen Dienste sich im Wandel befinden, werden hauptamtliche Mitarbeitende eine gute Chance haben, die sich lernbereit auf Veränderungen einstellen. Ihre Motivation wird in der Diakonie weiter aus dem Glauben kommen, der in der Liebe tätig ist.

5. Literatur zur Weiterarbeit

Aufhauser, Rudolf/Bobke, Manfred H./Wurga, Norbert: Einführung in das Arbeits- und Sozialrecht der Bundesrepublik Deutschland, Bonn [3]1995.
Beyer, Heinrich/Nutzinger, Hans G.: Erwerbsarbeit und Dienstgemeinschaft. Arbeitsbeziehungen in kirchlichen Einrichtungen, Bochum 1991.
Diakonie Jahrbuch. Jahrbuch des Diakonischen Werkes der EKD, hg.v. Jürgen Gohde, Stuttgart 2001/2002/2003.
Dettling, Warnfried: Wirtschaftskummerland? München 1998.
Götzelmann, Arnd/Herrmann, Volker/Stein, Jürgen (Hg.): Diakonie der Versöhnung. Ethische Reflexion und soziale Arbeit in ökumenischer Verantwortung (FS Th. Strohm), Stuttgart 1998.
Guarini, Orio/Liedtke, Patrick M.: Wie wir arbeiten werden, Hamburg 1998.
Kirchenamt der EKD (Hg.): Herz und Mund und Tat und Leben. Grundlagen, Aufgaben und Zukunftsperspektiven der Diakonie. Eine evangelische Denkschrift, Gütersloh 1998.
Krupp, Hans-Jürgen/Weeber, Joachim: Mehr Arbeitsplätze im sozialen Dienst? Die Bedeutung des Strukturwandels zu den Humandiensten für die Diakonie, in: Diakonie der Versöhnung (FS Th. Strohm), Stuttgart 1998, 492–511.
»Menschen im Schatten« – Erfahrungen von Caritas und Diakonie in den neuen Bundesländern. Diakonie Sondernummer, Stuttgart Juni 1997.
Kirchenamt der EKD (Hg.): Mündigkeit und Solidarität. Sozialethische Kriterien für Umstrukturierungen im Gesundheitswesen. Studie der Sozialkammer der EKD, Gütersloh 1994.
Rauschenbach, Thomas/Sachße, Christoph/Olk, Thomas (Hg.): Von der Wertgemeinschaft zum Dienstleistungsunternehmen. Jugend- und Wohlfahrtsverbände im Umbruch, Frankfurt a.M. 1995.
Sölle, Dorothee: Lieben und arbeiten, Stuttgart 1985.
Turre, Reinhard: Diakonik – Grundlegung und Gestaltung der Diakonie, Neukirchen-Vluyn 1991.
–: Diakonische Einsichten, Stuttgart 2001.

XXI.

Diakonat und Diakonische Gemeinschaften

CORNELIA COENEN-MARX

1. Einführung: Geordnetes Amt und bunte Gemeinschaft

Seit einigen Jahren bieten einige große diakonische Einrichtungen eine diakonisch-theologische Fortbildung für haupt- und ehrenamtlich Mitarbeitende an.[1] Neben Ethik und Organisationskompetenz wird auch der Umgang mit biblischen Texten eingeübt und die eigene spirituelle Erfahrung erweitert und vertieft. Diese »Einführung ins Diakonat« ist unterschiedlich lang und differenziert: Das Spektrum reicht von 12 Tagen bis zu 660 Stunden im Grund- und Aufbaukurs. Manche Kurse sind landeskirchlich anerkannt und gefördert, anderen fehlt bislang ein entsprechendes Zertifikat. Auch die Beziehung zum Ausbildungsabschluss von Diakoninnen und Diakonen ist in den meisten Kirchen offen. Erst mit der zweiten Initiative der EKD-Synode zum »Evangelischen Diakonat als geordnetem Amt der Kirche« im November 2002 begann das Diakoniewissenschaftliche Institut in Heidelberg die unterschiedlichen Fort- und Weiterbildungsgänge im Diakonat zu sichten und die Curricula und Abschlüsse vergleichend darzustellen, um einen Abstimmungsprozess zu ermöglichen.[2]

Dabei fällt auf, dass die jüngsten Impulse zur Einführung ins Diakonat – in manchen Häusern »Diakonikum« genannt – von der Mutterhausdiakonie ausgingen, von den Häusern also, in denen über lange Jahrzehnte Diakonissen ausgebildet und eingesegnet wurden. Seit Ende der 1960er Jahre sind Krankenschwestern, Altenpflegerinnen, Erzieherinnen aus kirchlich-diakonischen, aber auch aus staatlichen Ausbildungstätten an ihre Stelle getreten. Mit zunehmender Säkularisierung von Kirche und Diakonie nahm auch die

---

1 So das Johanneswerk Bielefeld, die von Bodelschwinghschen Anstalten Bethel, das Diakoniewerk Witten/Ruhr, die Kaiserswerther Diakonie, die Kreuznacher Diakonie, die Diakonie Neuendettelsau.
2 Auf Beschluss des Theologischen Ausschusses der Diakonischen Konferenz.

kirchliche Bindung dieser Mitarbeitenden ab. Anders als in den ehemaligen Brüderhäusern mit ihren Diakonenausbildungsstätten fehlte in den Pflegeeinrichtungen und -schulen der Mutterhausdiakonie ein diakonisch-theologisches Fort- und Weiterbildungsangebot. Dabei war ein – im Verhältnis zur immerhin dreijährigen Diakonenausbildung – niedrigschwelliges Angebot gefragt, das die Möglichkeit zum »Durchstieg« in die Diakonenausbildung eröffnen sollte. Die entsprechenden Kurse gelten darüber hinaus in einigen Mutterhäusern als Eingangsvoraussetzung für die Einsegnung von Frauen in die Schwesternschaft. Ihr Status im Blick auf Zertifizierung, Anerkennung durch die Landeskirche und anschließende Einsegnung ist jedoch unklar oder mindestens uneinheitlich. Das »Diakonikum« begründet auch kein Amt wie das des Diakons/der Diakonin.

Ähnlich diffus und vielfältig stellt sich inzwischen auch die Gestalt und Verbindlichkeit diakonischer Gemeinschaften dar. So kann man Diakon oder Diakonin sein, ohne überhaupt zu einer Bruder- und Schwesternschaft zu gehören; in das Diakonenamt kann man – wie in das Pfarramt – auch ohne diese Bindung berufen werden. Für Diakonissen allerdings ist die Gemeinschaft nach wie vor konstitutiv. Ob es sich dabei allerdings in Deutschland um ein kirchliches Amt handelt, muss im Zusammenhang der Diakonatsdiskussion neu geklärt werden – ebenso wie die Frage, was heute unter einer Diakonisse zu verstehen ist. Schließlich reicht das bunte Bild von Kommunitäten der ursprünglichen Form, die im Sinne der evangelischen Räte – Armut, Keuschheit, Gehorsam – auf eigenes Einkommen verzichten und ehelos in familienähnlicher Gemeinschaft leben bis hin zu diakonischen Frauengemeinschaften, die ähnlich wie andere Schwesternverbände[3] in verschiedenen Lebensformen unterschiedlichen Berufen nachgehen und sich als spirituelle Gemeinschaft in der sozialen Arbeit begreifen. Gerade in diesen Gruppen sind neue Aus- und Weiterbildungsangebote, ökumenisch-diakonische Projekte und Formen geistlicher Begleitung entstanden.

2. Von Monbijou zur EKD-Synode: Liegengebliebene Fragen

In den letzten 160 Jahren hat sich die Rolle diakonischer Gemeinschaften grundlegend verändert. Während sie heute oft nur eine kleine Gruppe im diakonischen Unternehmen sind, spielten sie zur

---

3 Z.B. Zehlendorfer Verband oder Ravensberger Schwesternschaft, Bielefeld.

Zeit der Mutter- und Bruderhausgründungen eine entscheidende Rolle in der übergemeindlichen diakonischen Arbeit. Seit Mitte der 1830er Jahre war nämlich durch die Initiativen aus der späteren »Inneren Mission« und der Mutterhausdiakonie ein neues, kirchennahes Arbeitsfeld in Pflege- und Erziehungseinrichtungen entstanden. In Kranken- und Siechenhäusern, in Schwesternstationen, Fürsorgeeinrichtungen und Kleinkinderschulen arbeiteten Diakonissen oder Diakone. Sie verfügten neben professionellen Kenntnissen in den entsprechenden Arbeitsfeldern über eine theologisch-diakonische Grundausbildung. Denn für ihre Lehrer wie für die erweckten Christinnen und Christen in den Gemeinden, aus denen diese Brüder und Schwestern kamen, war ihr soziales Engagement Ausdruck des Glaubens und Auftrag des Herrn. So heißt es in der »dreifachen Regel des Dienstes« der Diakonissenanstalt Kaiserswerth:[4] »Diakonissen sind Dienerinnen des Herrn Jesus Christus und um seinetwillen Dienerinnen der Hilfsbedürftigen aller Art und Dienerinnen untereinander.« Gelebte Gemeinschaft war damit Modell und Ausgangspunkt für die Erneuerung der Gesellschaft in Familien, Nachbarschaften und Vereinen.

Dass auch die Kirche selbst diesen diakonischen Auftrag als ihren eigenen begriff, war für die Gründergeneration unverzichtbar. Prägnant erinnert daran Wicherns berühmtes Zitat: *»Die Liebe gehört mir wie der Glaube.«*[5] Über die Zuordnung der diakonischen Initiativen und Gemeinschaften zu Gemeinden und Kirche wurde allerdings schon damals gestritten. In der Zeit des landesherrlichen Kirchenregiments waren dabei die Königs- und Fürstenhäuser entscheidende Größen – was die rechtliche Zuordnung, die Gründung von Körperschaften und die Errichtung von Pfarrstellen, die Finanzierung wie die geistlichen Fragen angeht. So lud im Jahre 1856 der preußische König Friedrich Wilhelm IV. Theologen und Beamte der staatlichen Verwaltung zu einer Konferenz nach Schloss Monbijou ein, um die Frage des Diakonats als Amt der Kirche zu diskutieren. Der König war der Überzeugung, dass es zwei apostolische Ämter gäbe, nämlich das Amt der Wortverkündigung und das Diakonen- oder Diakonissenamt; beide hätten ursprünglich zur Gemeindeleitung gehört. Ihm ging es darum, die eingetretene Schieflage, die Entwicklung zur »Pastorenkirche«, zu korrigieren und eine neue Synodal-

---

4 Von Theodor und Friederike Fliedner 1836 gegründet.
5 Rede beim Wittenberger Kirchentag am 22. September 1848, in: Johann Hinrich Wichern: Sämtliche Werke (SW) 1, Berlin/Hamburg 1962, 155–165: 165.

ordnung einzuführen. Neben den Presbytern und Pfarrern, deren Vertretung in einer »Ältestenordnung« geregelt werden sollte, wollte er auch den Diakonissen und Diakonen, für die eine »Dienerordnung« vorgesehen war, kirchenpolitischen Einfluss in der Generalsynode geben – genauso wie den Hausvätern als Vertretern der Familienverbände, für die eine »Gemeindeordnung« ausgearbeitet werden sollte.[6] Wer die heutigen Debatten um die »Verfasste Kirche«, die freien Träger bzw. diakonischen Unternehmen und die Bürgergesellschaft kennt, findet hier manches Kirchenreformprojekt vorgedacht. Und das gilt auch, was die Frage des Diakonats angeht. Denn die Mitarbeiterinnen und Mitarbeiter, die ihre diakonische Arbeit als christlichen Auftrag verstehen, sind ja bis heute das entscheidende Bindeglied zwischen Kirche und Diakonie. Ob sie allerdings ein Amt innehaben, war bereits in Monbijou heftig umstritten. So sah Theodor Fliedner das Diakonenamt nach reformierter Tradition als ein verantwortliches Laienamt im Leitungsgremium der einzelnen Kirchengemeinde. Von dort aus sollte die praktische Arbeit der »Gehilfen« – Fliedner spricht bei Erziehern und Sozialfürsorgern eben nicht von Diakonen – wie der Diakonissen gesteuert werden. Der Lutheraner Wichern dagegen dachte gesamtkirchlich und wollte im Gegenüber zu den öffentlichen Trägern die eigenständige Stellung diakonischer Träger innerhalb der Kirche stärken.

»Wir meinen, die Kirche, die einen lebendigen, geisterfüllten, einen der Kirche würdigen Diakonat will, muß in den Garten der freien Diakonie eintreten, der bereits in ihr selbst bestellt wird. Blüten treibt, Früchte zeitigt. [...] Aus diesen in unsern Tagen gottlob wieder zahlreich gewordenen Christenherzen und Christenhäusern, die diese freie Diakonie kennen und üben, hören wir etwas, das [...] nicht anders zu deuten ist als der Ruf nach dem Diakonat; in diesen Kreisen ist auch der Beruf zum Diakonat, in ihnen muß auch von der Kirche aus die Berufung in den Diakonat erfolgen. [...] Die Menschen [...] sind da und wollen sich ›regen‹, die Kirche hat sie nur zu rufen und in ihren Dienst zu locken.«[7]

So schrieb Wichern in seinem Gutachten für den König und plädierte für ein eigenständiges diakonisches Amt auf allen Hierarchieebenen.

Der Direktor des Wittenberger Predigerseminars, Heinrich Eduard Schmieder, nahm eine vermittelnde Position ein, die sich schließlich durchsetzte. Die Mehrheit der Anwesenden auf der Monbijou-Konferenz begriff das Diakonenamt zwar als eigenständiges Amt,

---

6 Diese Dreiteilung entspricht Johann Hinrich Wicherns Version der Dreiständelehre für die Diakonie – als kirchliche, freie und bürgerliche Diakonie.
7 J. H. Wichern: Gutachten über die Diakonie und den Diakonat, in: Ders.: SW 3/1, Berlin/Hamburg 1968, 130–184: 177f.

sah es jedoch dem Pfarramt zu- bzw. untergeordnet. So hielt man zwar eine Einsegnung der Diakone für möglich, lehnte jedoch eine »Ordination« ab.[8] Das konfessionelle Ringen um Hierarchie der Ämter oder Gliederung des einen Amtes und die damit verbundene Debatte um die Ordination wie um die Anstellungsverpflichtungen der Kirche hemmt bis heute die Entscheidung über die EKD-Richtlinie zum Diakonat als geordnetem Amt der Kirche, die auf der EKD-Synode 2002 an die Landeskirchen zur Beratung verwiesen wurde.

Beim Rückblick auf Monbijou gibt es vieles wieder zu entdecken, aber auch eine Irritation: Warum konnte Theodor Fliedner, der bewusst nicht »Diakone«, sondern »Gehülfen« ausbildete, die Kaiserswerther Schwestern »Diakonissen« nennen? Der »Erneuerer des apostolischen Diakonissenamtes« hatte kein kirchliches Amt im Sinn, wenn er an die weiblichen Aufgaben in der Gemeinde- und Krankenpflege dachte. Er hatte die damals noch weitgehend selbstverständliche Geschlechterhierarchie so verinnerlicht, dass er auch die biblischen Quellen zum Diakonat entsprechend interpretierte. Nicht nur die Diakonissenordnung folgte seiner schöpfungstheologisch begründeten Vorstellung von der Unterordnung der zur Nächstenliebe geborenen Frau, auch in den ehelichen Briefwechseln mit Friederike Münster und nach deren Tod mit seiner zweiten Frau Caroline Bertheau wird um diese Frage gerungen. Denn was für Theodor noch selbstverständlich schien, wurde es zunehmend weniger für die Frauen des 19. und 20. Jh.

Als sich in den 1960er Jahren die Diakonenausbildungsstätten auch für Frauen öffneten, sanken die Eintritte in den Schwesternschaften dramatisch. Jetzt wurde sichtbar, was vorher durch Armut und Elend, aber auch durch den Frauenüberschuss nach den beiden Weltkriege überdeckt war: Nach einem Jh. der Frauenbewegung, nach Frauenwahlrecht und Recht auf freie Berufsausübung waren nur noch wenige Schwestern bereit zum Verzicht auf Selbstbestimmung, Privatsphäre und persönliches Einkommen. Auf den Schutz eines Mutterhauses oder Schwesternverbandes, auf den Schutz der Tracht war keine mehr angewiesen, um ihren Dienst zu tun – und entsprechend gründlich war der Emanzipationsprozess der freien Schwestern und zivilen Mitarbeiterinnen von Mutterhaus und Kirche. Genau betrachtet, begann er allerdings schon im 19. Jh. »Ich

---

8 Dazu: Jochen Christoph Kaiser: Ist Kirche Diakonie? Überlegungen zu einem schwierigen Verhältnis in historischer Perspektive, in: Diakonie ist Kirche – Informationen und Materialien aus dem DW der EKD 03/99, 25–32.

entsinne mich keiner Predigt, die mir besonderen Eindruck gemacht hätte«, schrieb Fliedners erste Schülerin Florence Nightingale. »Gott hat mich immer mit eigener Hand geführt.«[9]

Ob es im Neuen Testament ein eigenständiges diakonisches Leitungsamt auch für Frauen gab, ist exegetisch wohl nicht abschließend zu klären. Während Gerhard Lohfink in der Diakonin Phoebe, die in Röm 16,1 erwähnt wird, eine Gemeindevorsteherin sah, meint Paul Philippi, allenfalls Jungfrauen und Witwen seien in der frühen Kirche gottesdienstliche Funktionen zugewiesen worden. Dabei bleibt strittig, ob man um das Jahr 55 n. Chr. überhaupt von einem geordneten Amtsverständnis in der Gemeinde ausgehen kann. Ähnlich kontrovers sind die Positionen zu der Frage, ob es in 1. Tim 3,11 um ein spezifisch weibliches Amt, z.B. ein Witwenamt, oder um weibliche Amtsträgerinnen geht.[10] Diese und andere Quellen zeigen aber in jedem Fall, dass die alte Kirche einen ständigen Diakonat wie das Verkündigungsamt kannte und dass auch Frauen in diesen Dienst einbezogen waren oder ihn ausübten. Dabei sind – wie Apg 6 zeigt – Zeugnis und Dienst nicht nur aufeinander, sondern immer auch auf die Gemeinschaft bezogen. Wenn wir die Quelle der christlichen Gemeinschaft in der Eucharistie sehen, ist sie einladende Tischgemeinschaft und in die Welt gesandte Dienstgemeinschaft zugleich. Dann wird das diakonische Amt lebendig im Zusammenhang des allgemeinen Diakonats aller Christen, den es unterstützt und anregt. Es ist – wie das Amt der Verkündigung – Teil des einen Zeugnisses der Kirche und lebt aus der sakramentalen Erfahrung der geistlichen Gemeinschaft beim Herrenmahl, in der Fußwaschung und in der Begegnung mit Christus in seinen geringsten Brüdern und Schwestern.

Dieser Zusammenhang zwischen Gemeinschaft und Dienst ist im Blick auf die Ämterlehre in der Barmer Theologischen Erklärung von 1934 wegweisend so beschrieben worden: »Die verschiedenen Ämter der Kirche begründen keine Herrschaft der einen über die anderen, sondern die Ausübung des der ganzen Gemeinde anvertrauten Dienstes« (Barmen IV). Vielleicht hat es mit den Erfahrungen des Kirchenkampfes – von Gleichschaltung einerseits und Bekennender Kirche andererseits – zu tun, dass der diakonische Dienst und die Dienstgemeinschaften in Barmen kaum mitgedacht oder diskutiert wurden. Und das, obwohl zu dieser Zeit noch über 30 000

---

9 Vgl. »Florence Nightingale: Kaiserswerth und die Britische Legende«, Kaiserswerther Diakonie 2001.
10 Vgl. die Zusammenfassung der Diskussion bei Dorothea Reininger: Diakonat der Frau in der Einen Kirche, Ostfildern 1999, 56ff.

Diakonissen zum Kaiserswerther Verband gehörten und in Gemeinden und Kindergärten, in Krankenhäusern und Erziehungsheimen Dienst taten, nach den Hausordnungen der Schwesternschaften ihren Pfarrer und Ärzten als deren »Gehilfinnen« »Gehorsam schuldeten«[11] und dabei unter erheblichen politischen Druck gerieten. Dass Anpassung und Verzicht die Gewissenskonflikte der einzelnen nicht lösen konnten, wo es um Fragen von Zwangssterilisation und Euthanasie, um Zwangsarbeiter und die Deportation jüdischer Mitschwestern ging, wurde bald schon deutlich.[12]

Das tragende Motiv der Mutterhausdiakonie war die dankbare und gehorsame Liebe zu Christus, die in der Bereitschaft zur Selbstverleugnung ihren Ausdruck fand. Die entlastende Funktion, die ein klar strukturiertes Amt, ein selbständiger Auftrag haben kann, fiel dabei weg. Diese problematische Festlegung der »weiblichen Diakonie« auf die tätige Liebe belastet Frauen in Pflege- und Erziehungsberufen bis heute und kommt noch immer in den institutionellen und professionellen Geschlechterhierarchien zum Ausdruck. Ein diakonisches Amt, das durch Nachrangigkeit und Abhängigkeit gegenüber dem Pfarramt gekennzeichnet ist, kann deswegen kaum noch Attraktivität entfalten. Die »Erneuerung des apostolischen Diakonissenamtes«[13] im 19. Jh. blieb selbst reformbedürftig.

Für die vor uns liegende Aufgabe sind die Impulse aus der Ökumene hilfreich. Zum Beispiel aus der Evangelisch-Lutherischen Kirche in Brasilien, die – bei gleicher Grundausbildung – unterschiedliche Aufbaustudien für die Ämter der Wortverkündigung und der Diakonie, für das katechetische und das missionarische Amt anbietet, alle aber »ordiniert«. Allerdings ringt auch die Schwesternschaft in Porto Alegre um das Verhältnis von Amt und Lebensgemeinschaft.[14] Denn die Vorstellungen über die Verbindlichkeit christlicher Lebensformen verändern sich weltweit. Während die Zugehörigkeit zu einer Schwesternschaft bis in die 1970er Jahre hinein mit gemeinsamem Leben, dem Verzicht auf ein eigenes Einkommen und Ehelosigkeit verbunden war – und mit der Beachtung der »evangelischen Räte«, weit mehr als die Mutterhausgründer wollten, dem

11 Vgl. die Hausordnung und Dienstanweisung für die Schwestern des Diakonissen-Mutterhauses Kaiserswerth von 1940.
12 Vgl. Heide-Marie Lauterer: Liebestätigkeit für die Volksgemeinschaft. Der Kaiserswerther Verband deutscher Diakonissenmutterhäuser in den ersten Jahren des NS-Regimes, Göttingen 1994.
13 So die Inschrift auf dem Grabstein Theodor Fliedners in Kaiserswerth.
14 Vgl. dazu: Ruthild Brakemeier: Die Mutterhausdiakonie und ihr Weg in die Zukunft, Kassel 2002.

Ordensleben glich – begann seitdem eine Loslösung aus diesen Verpflichtungen, an manchen Orten auch eine Auflösung der Schwesternschaften wegen mangelnder Neuzugänge. Nicht wenige Schwesterngemeinschaften in Skandinavien oder Indonesien, aber auch in Deutschland definieren sich heute als diakonische Gemeinschaft mit diakonisch-theologischer Ausbildung und Ordination oder Einsegnung, gemeinsamen Projekten, Konventen, Liturgien, Gebetszeiten und Retraiten. Sie gleichen damit in vielem den Gemeinschaften der Diakoninnen und Diakone und haben sich in manchen diakonischen Einrichtungen auch mit ihnen zusammengeschlossen.

Wenn wir heute vom Diakonat der Kirche sprechen, sind also beide gemeint – Diakone und Diakoninnen wie Mitglieder von Schwesternschaften, darüber hinaus allerdings auch andere haupt- und ehrenamtlich Mitarbeitende in der Diakonie. Eine Unterscheidung und Abgrenzung zwischen dem diakonischen Amt als Amt der Kirche und den Berufsträgern in der Diakonie fällt schwer, weil einerseits auch zum diakonischen Amt ein Ausgangsberuf gehört und andererseits auch andere Mitarbeiter in der Diakonie ein kirchliches Selbstverständnis oder – wie ordinierte Theologinnen und Theologen oder vocierte Religionslehrerinnen und -lehrer – ein anderes kirchliches Amt haben. Die systematisch-theologische Diskussion zur Ämterfrage ist dabei genauso wie zugrundeliegende exegetische Arbeit an den biblischen Quellen durch die jeweilige Theologie und Konfessionalität, aber auch durch den Kontext und das Geschlecht geprägt. So lässt sich auch verstehen, dass Fliedner vom Diakonissenamt sprechen konnte, ohne darin einen Widerspruch zu seiner Position in Monbijou zu sehen, und dass gerade die Schwester in Tracht, deren kirchliches Amt umstritten blieb, mit ihrer Haltung zum Inbegriff der Diakonie werden konnte.

3. Amt und Gemeinschaft in der Dienstleistungsgesellschaft

Laut einer Umfrage an der Evangelischen Fachhochschule Darmstadt besteht gegenüber einer Aufwertung des Diakonats verbreitete Skepsis. Wenn der Diakonat neben dem Pfarramt eine herausgehobene Stellung in der Kirche bekäme, könnte das andere Mitarbeiterinnen und Mitarbeiter degradieren, fürchten viele. Muss es, so wird gefragt, statt dessen nicht vielmehr um die Entwicklung einer Dienst- und Arbeitsgemeinschaft gehen, in der Bezogenheit und Verbundenheit der Verschiedenen gefördert werden? Nach diesem Verständnis, meint Martin Zentgraf, der die Umfrage durchgeführt hat, sind die Aufgaben im Diakonat eben nicht individuell zu erfüllen, sondern verweisen auf den gemeinsamen Auftrag.[15] Deswegen muss das Verständnis des Diakonats zwar einerseits im Gegenüber zum Pfarramt entwickelt werden, braucht aber andererseits die Verortung in der Arbeits- und Lebenswirklichkeit diakonischer Einrichtungen und Dienste mit ihrem interprofessionellen Dialog, ihrer ökumenischen Offenheit und unternehmerischen Initiativkraft. Gerade hier, wo inzwischen ein neues Verständnis diakonischen Dienstes als Begleitung, Unterstützung und Assistenz entwickelt wird, wo Ethikberatung und ethische Dialog eingeübt werden und wo bei zunehmender Ökonomisierung der Respekt vor dem Unverfügbaren wächst, muss über das Verhältnis von Ämtern und Charismen, von Bewegung und Institution, von Öffnung und Signifikanz neu nachgedacht werden. In der mobilen, arbeitsteiligen Gesellschaft mit ihrem Zwang zu Funktionalisierung und Kooperation, in einer Welt, in der viele Menschen mehrere Berufe in ihrem Leben ausüben, lohnt eine Erinnerung an die reformierte Tradition des gegliederten Dienstes, die von Anfang an auf die Vielfalt der Gaben und Aufgaben wie auf die Funktion angelegt war und keinen Menschen besonders heraushob. Denn letztlich wird der Diakonat daran gemessen werden, ob er im Kontext professioneller diakonischer Arbeit im Blick auf ethische Orientierung, lebendige Spiritualität und tragfähige Gemeinschaft neue Perspektiven eröffnet – in Wicherns Sprache: »zur Erweckung der kirchlichen Diakonie«.

Denn in der Rund-um-die-Uhr-Gesellschaft mit ihren individuellen Rhythmen, die längst auch in Krankenhäusern, Altenheimen und Einrichtungen der Jugend- und Behindertenhilfe eingezogen sind, sehen sich viele Menschen nach einer inneren Ordnung, nach Fixpunkten und Ritualen, die helfen, sich zu erden und zur Ruhe zu kommen. Die diakonischen Gemeinschaften mit ihren Stundengebeten, gemeinsamen Essens- und Fastenzeiten, Abendmahlsfeiern und liturgischen Traditionen, mit Paramentenwerkstätten und Oblatenbäckereien, Festtagsbräuchen und Bibellesetafeln gewinnen für manche neue Anziehungskraft. Was daran fasziniert, ist der ganzheitlich gelebte Glaube im Kontext von Pflege und Erziehung, von Leiblichkeit und innerem Wachstum – eine Spiritualität, die den Lebensrhythmus prägt, Alltagsunterbrechungen und Rituale für die Schwellenzeiten anbietet und mit ihren Konventshäusern Gastlichkeit ausstrahlt. Die

---

15 Vgl. Martin Zentgraf: Erneuerung des Diakonats, in: Cornelia Coenen-Marx (Hg.): Ökonomie der Hoffnung. Impulse zum 200. Geburtstag von Theodor und Friederike Fliedner, Düsseldorf 2000, 186–190.

Gemeinschaften der Schwestern und Brüder in der Diakonie erinnern daran, dass wir unsere Identität nicht nur selbst entwerfen – wie die Moderne es von uns fordert, sondern dass sie uns auch zugesprochen wird. Wer eine so geprägte Gemeinschaft – auch auf Zeit – erlebt, kann dabei die entlastende Erfahrung machen, dass es befreit, Verantwortung loszulassen und anzunehmen, was kommt.

Dass auch und gerade die diakonischen Gemeinschaften vielfältigen Säkularisierungsprozessen ausgesetzt sind, erklärt sich nicht zuletzt aus ihrem Wurzelboden im diakonischen Dienst mit seinen vielfältigen Umbrüchen. Am Auseinanderfallen der Einrichtungen in einzelne Subsysteme, am Auseinanderfallen des persönlichen Lebens aller Mitarbeitenden in Arbeit, Freizeit, Eigenzeit, in Wohnort und Arbeitsort, Beruf und Familie, an der Vielfalt der kulturellen und religiösen Ausgangserfahrungen bricht sich die Sehnsucht nach Ganzheitlichkeit und Gemeinschaft. So gibt es wohl keinen anderen Weg, als in kleinen Gruppen die alten Traditionen neu zu gestalten und in großen Netzwerken zusammenzuarbeiten. Das geschieht zum Beispiel in den Arche-Gemeinschaften, die mit behinderten Menschen leben, oder auch in Hospizgruppen – beides ganz neue Verknüpfungen von Diakonat und Gemeinschaft. Wie die Initiativen des 19. Jh. erinnern sie daran, dass Glaube und Respekt vor dem Leben zusammengehören, dass Dienst auch Wachstum ermöglicht und Verzicht Gemeinschaft stiften kann. Damit bleiben sie Stein des Anstoßes in einer ökonomisierten Sozialwirtschaft, in der auch Medizin-, Pflege- und Erziehungsleistungen nach Modulen und Diagnosebausteinen berechnet werden und der Beruf zum Job wird, und wo die überlasteten Mitarbeiter Spiritualität oft nur als persönliche Religiosität begreifen.

4. Welche Gemeinschaft braucht der Diakonat?

Die Kommunitäten in der Diakonie »bilden Räume, in denen die unterschiedlichen Charismen ihrer Mitglieder gewollt, entdeckt und gebraucht werden.«[16] Sie stehen für ein Christentum mit Leib und Seele, mit Arbeit und Festen in der Spannung von Kontemplation und Aktion, von Gottes- und Weltbezogenheit.[17] Mit ihren Gottes-

---

16 Peter Zimmerling: Evangelische Spiritualität, Göttingen 2003, 165.
17 So heißt es im Leitbild der Kaiserswerther Diakonie (2000): »Bei aller Notwendigkeit von Planung, Einsatz und Effizienz sind wir überzeugt, dass unsere Arbeit nur gelingt, wenn wir dem Ungeplanten, dem Unberechenbaren und der Spontaneität Raum geben können. Mit unseren

diensten und Andachten, die häufig von Laien verantwortet werden, halten sie die evangelische Einsicht des Priestertums aller Gläubigen fest. Im Kontext dieser Gemeinschaften muss deshalb auch der Diakonat als Ordination unterschiedlicher Gaben und Professionen in der Diakonie verstanden werden. Umgekehrt ist um dieser Bezogenheit willen der Diakonat auf Gemeinschaft angewiesen.

Das Netzwerk einer Gemeinschaft kann Mitarbeiterinnen und Mitarbeitern in der Diakonie Entlastung bieten und Kraftquelle sein – mit Gesprächsgruppen, Supervision und Mentorat oder auch mit Retraiten, wie sie inzwischen z.B. in Bethel angeboten werden. Darüber bieten die Gemeinschaften vielfältige Fortbildungen – nicht nur für ihre Mitglieder. Ziel ist, die beruflichen und persönlichen Erfahrungen auf dem Hintergrund biblischer Texte und christlicher Traditionen zu reflektieren, ethische und diakonische Kompetenz zu entwickeln, aber auch im Gespräch mit anderen Überzeugungen, Kulturen und Religionen dialogfähig zu werden. Manche der Fortbildungsangebote sind bereits jetzt Grundlage für einen Eintritt in die Gemeinschaft. Es wird die Aufgabe der Verbände im Diakonat[18] sein, dafür zu sorgen, dass diese Angebote vom Einführungskurs bis zur Diakonenausbildung wie auch die entsprechenden Zertifikate im Sinne eines Baukastensystems aufeinander abgestimmt werden.

5. Literatur zur Weiterarbeit

Brandt, Wilfried: Für eine bekennende Diakonie. Beiträge zu einem evangelischen Verständnis des Diakonats, Neukirchen-Vluyn 2001.
Chittister, Joan: Unter der Asche ein heimliches Feuer. Spiritueller Aufbruch heute, München 2000.
Der evangelische Diakonat als geordnetes Amt der Kirche. Ein Beitrag der Kammer für Theologie der Evangelischen Kirche in Deutschland, EKD-Texte 58, Hannover 1996.
Schottroff, Luise: Dienerinnen der Heiligen. Der Diakonat der Frauen im Neuen Testament, in: Gerhard K. Schäfer/Theodor Strohm (Hg.): Diakonie – biblische Grundlagen und Orientierungen. Ein Arbeitsbuch zur theologischen Verständigung über den diakonischen Auftrag, VDWI 2, Heidelberg ³1998, 222–242.

Festen und Gottesdiensten laden wir deshalb ein zum Atemholen und Feiern, zur Unterbrechung des Alltags und zum Entdecken einer Gemeinschaft, die Arbeit und Leben tragen kann.«
18 Verband Evangelischer Diakone und Diakoninnen (VEDD): Kaiserswerther Verband Deutscher Diakonissenmutterhäuser, Zehlendorfer Verband für Diakonie.

Strohm, Theodor: Erneuerung des Diakonats als ökumenische Aufgabe: Einführung, in: Elsie Anne McKee/Risto Ahonen: Erneuerung des Diakonats als ökumenische Aufgabe, hg.v. Th. Strohm, Diakoniewissenschaftliche Studien 7, Heidelberg 1996, 11–34.

Vanier, Jean: In Gemeinschaft leben. Meine Erfahrungen, Freiburg 1993.

Spiritualität und Bildung

XXII.
Diakonische Spiritualität

GÜNTER RUDDAT

1. Zwei ganz persönliche Erinnerungen an diakonische Spiritualität

1.1 Der gespiegelte Segen – eine Erfahrung aus einer diakonischen Gemeinde

Im Kontext einer »Gemeinde ohne Stufen«, die auch integrative Arbeit mit Konfirmandinnen und Konfirmanden zu entwickeln versucht, hat mich ein überraschender Segen besonders beeindruckt und geprägt:

> Wir feiern Konfirmation. Die Jugendlichen aus der Schule für Geistigbehinderte sind auch dabei. Als letzte in ihrer Gruppe wird Birgit eingesegnet, eine auch sprachlich schwer behinderte junge Frau. Gerade habe ich Birgit gesegnet und will zurück treten, um die Konfirmationsurkunden zu verteilen, da zieht sich Birgit an mir hoch, legt mir behutsam die Hände auf den Kopf und stammelt leise: »Du auch!« Sie spürt meine Überraschung, und sie sagt noch einmal mit Nachdruck: »Du auch!« In der Gemeinde ist es ganz still. Ich bin bewegt und verwirrt. Und diese spürbare Bewegung breitet sich aus. Auf einmal klatscht jemand, und da löst sich die Spannung, die ganze Gemeinde klatscht mit. Birgit dreht sich um und lacht. Sie verbeugt sich und strahlt überglücklich. Da finde ich meine Worte wieder: »Danke, Birgit, jetzt bin auch ich so richtig konfirmiert!«[1]

Bei dieser spontanen Handauflegung sind zwei Menschen geistesgegenwärtig herausgeholt worden aus ihren vertrauten Rollen, etwas vom Priester- und Diakonentum aller Gläubigen leuchtet einen Augenblick auf.

---

1 Vgl. Günter Ruddat: (Wie) Können sich Behinderte und Nicht-Behinderte verstehen? Annäherungsversuche im Umfeld liturgischer Didaktik, in: Dietrich Zilleßen/Stefan Alkier/Ralf Koerrenz/Harald Schroeter (Hg.): Praktisch-Theologische Hermeneutik, (FS H. Schröer), Rheinbach 1991, 433–444: 437; Ders.: Wenn der Pfarrer eingesegnet wird ... unbehindert Taufe und Konfirmation entdecken. Elementare Theologie auf Sendung, in: Martin Cordes/Ilona Herrmann (Hg.): Lernen – zwischen Tradition und Herausforderungen der Zukunft (FS J.-Chr. Emmelius), Hannover 2001, 180–192.

1.2 Der spirituelle Dreiklang: Zeitung, Bibel und Handtuch

In der weltweiten Diakonie, in der Solidaritätsarbeit mit den Philippinen, ist mir der spirituelle Dreiklang von Zeitung, Bibel und Handtuch da begegnet, wo jemand in Kirche und Diakonie einen neuen Auftrag übernimmt und so dreifach beschenkt wird:

Diese drei zutiefst ökumenisch kommunikativen Gaben (sie stehen für Information, Meditation/Diskussion und Aktion) erinnern symbolisch an den befreiungstheologischen Dreischritt der Gemeinwesenarbeit:
Sehen – Beurteilen – Handeln.

- Als erstes: eine Zeitung, eine Tageszeitung vor Ort. In der Begegnung mit Menschen vor Ort ist jeden Tag neu elementar zu lernen, die Situation »ehrlich« zu sehen, den Alltag aufrichtig und aufmerksam wahrzunehmen und Nachrichten kritisch zu hinterfragen.
- Als zweites: eine Bibel in einer Sprache, die die Menschen verstehen. In der Begegnung mit Gott lässt sich miteinander die »Bibel teilen« und der gemeinsame Horizont des Glaubens erweitern, lassen sich »freimütig« Maßstäbe suchen und finden, wie die Welt achtsam zu verstehen und zu beurteilen (= auszurichten) ist.
- Als drittes: ein Handtuch, um den Schweiß abzuwischen oder die Tränen zu trocknen: In der Begegnung mit Gott und den Menschen ist auch das Handeln nicht zu vergessen, wo und wann es »not-wendig« ist, sich die Hände schmutzig zu machen und anderen die Füße zu waschen und – gelegentlich – sich auch selbst den Kopf waschen zu lassen.

Zwei ganz persönliche Erinnerungen, die repräsentieren, was diakonische Spiritualität ausmachen und umgreifen kann: eine Spiritualität voll Leben, die vor Ort wahrgenommen, bedacht und eingeübt werden kann.

2. Diakonische Spiritualität – historische Reminiszenzen

2.1 »Reizwort« Spiritualität zwischen »Beten und Tun des Gerechten«

Das aus dem französischen »spiritualité« eingedeutschte Kunstwort[2] taucht erst in den letzten drei Jahrzehnten häufiger im Wortschatz der deutschen Theologie auf und ist umgangssprachlich rasch eingebürgert worden. Dabei bleibt der Sprachgebrauch dieser »verges-

---

2 Im gegenwärtigen Sprachgebrauch mischen sich einerseits die europäisch kommunitäre Herkunft aus der katholischen Ordenstheologie Frankreichs und andererseits die Färbung durch die vor allem fernöstlichen Wurzeln »neuer Religiosität«.

senen Dimension evangelischer Theologie«[3] zwischen (Heiligem) Geist (spiritus) und einer wie immer geordneten Haltung und Handlung (Ritus, Ritual) diffus und vage, wenn es über den ursprünglichen Wortsinn »geistliche Lebensform/alltägliche Glaubenspraxis« als kleinstem gemeinsamen Nenner hinausgehen soll (in Lexika o. ä. wird häufig verwiesen: Spiritualität siehe Frömmigkeit, geistliches Leben).[4]

»Gleich einem der vielen anderen gegenwärtigen Reizworte stellt Spiritualität eher ein Ausrufzeichen dar oder eine ungefähre Geste, dessen genaue Bedeutung sich fast nur aus dem Zusammenhang ergibt.«[5]

Im besonderen Zusammenhang mit »Diakonie« als Attribut von »Spiritualität« bekommt dieses strapazierte »Modewort«[6] und aufgeladene »Hoffnungswort«[7] ein doppeltes Gesicht, eine wort-wörtliche und eine hand-greifliche Seite im Kontext der not-wendigen »Gestaltwerdung des Glaubens«[8] in Konzentration und Grenzüberschreitung[9].

Diakonische Spiritualität umfasst demnach den ganzheitlichen Zusammenhang von Glauben und Leben, von christlicher Existenz zwischen »Beten und Tun des Gerechten« (Dietrich Bonhoeffer). Diese zum Thema immer wieder herangezogene Formel von den zwei Grundelementen des Christseins, Diagnose und Prognose zugleich, findet sich in den »Gedanken zum Tauftag von D(ietrich) W(ilhelm) R(üdiger) Bethge), Mai 1944«:

»Darum müssen die früheren Worte kraftlos werden und verstummen, und unser Christsein wird heute nur in zweierlei bestehen: im Beten und Tun des

3 Peter Zimmerling: Evangelische Spiritualität. Wurzeln und Zugänge, Göttingen 2003, 15.
4 Einen Eindruck von der Breite des römisch-katholischen Spektrums der »Spiritualitäten« vermittelt das vierbändige Werk: Anton Rotzetter (Hg.): Seminar Spiritualität 1–4, Zürich/Einsiedeln/Köln 1979–1982.
5 G. Greshake zit. nach Christian Schütz: Art. »Spiritualität: Christliche Spiritualität«, in: Ders. (Hg.): Praktisches Lexikon der Spiritualität, Freiburg 1992, 1170–1180: 1170.
6 Vgl. Josef Sudbrack: Vom Geheimnis christlicher Spiritualität: Einheit und Vielfalt, in: Geist und Leben 39 (1966), 24–44: 27.
7 Vgl. Evangelische Spiritualität. Überlegungen und Anstöße zur Neuorientierung. Hg.v. d. Kirchenkanzlei im Auftr. d. Rates d. EKD, Gütersloh/Göttingen 1979, 9.
8 Vgl. Gerhard Ruhbach: Theologie und Spiritualität. Beiträge zur Gestaltwerdung des Glaubens, Göttingen 1987.
9 Unter diesen beiden Stichworten beschreibt Zimmerling: Spiritualität, 27–48 »Herausforderungen evangelischer Spiritualität heute«, blendet aber die diakonische Dimension weitgehend aus.

Gerechten unter den Menschen. Alles Denken, Reden und Organisieren in den Dingen des Christentums muß neugeboren werden aus diesem Beten und diesem Tun. Bis Du groß bist, wird sich die Gestalt der Kirche sehr verändert haben [...] Bis dahin wird die Sache der Christen eine stille und eine verborgene sein; aber es wird Menschen geben, die beten und das Gerechte tun und auf Gottes Zeit warten.«[10]

Christsein wird weder nur auf das Beten (Meditation) noch nur auf das Tun (Aktion) reduziert, sondern nur auf das zusammengehörige, aufeinander angewiesene und voneinander abhängige Beten *und* Tun. In diesem erwartungsvollen Zusammenhang »im Horizont des Reiches Gottes« besteht die Vorbereitung auf eine Zeit einer neuen Sprache und einer neuen Gerechtigkeit, als Verheißung neuen Lebens.

2.2 Evangelische Spiritualität – Erinnerungen an die Zukunft der Diakonie

Hier ist nicht der Ort, die Geschichte der (diakonischen) Spiritualität[11] nachzuzeichnen, vielmehr nur daran zu erinnern, dass eine solche Grunddimension der Diakonie sich aus einer Legierung unterschiedlicher Traditionen und Kreationen, unterschiedlicher »Spiritualitäten« jeweils aktuell vor Ort entwickelt.

Dabei sind einerseits Elemente *biblischer* Spiritualität[12] wirksam, in einer Kultur des vergegenwärtigenden Erinnerns und Gedenkens – im Reden und Handeln der Propheten, etwa eines Amos oder eines Jesajas, oder im Beten (Vaterunser!), Reden (Seligpreisungen als

---

10 Dietrich Bonhoeffer: Widerstand und Ergebung. Briefe und Aufzeichnungen aus der Haft, hg.v. Eberhard Bethge, Gütersloh [15]1994, 149–157: 156f.; vgl. Henning Schröer: Besteht Christsein heute nur im Beten und Tun des Gerechten? Überlegungen zu einem Liturgie und Diakonie verbindenden Grundmotiv der Theologie Dietrich Bonhoeffers, in: Hans Christoph von Hase/Ansgar Heuer/Paul Philippi (Hg.): Solidarität + Spiritualität = Diakonie. Gottesdienst als Menschendienst. Ein ökumenisches Symposion (FS H. Krimm), Stuttgart 1971, 13–25.
11 Vgl. neben den Darstellungen zur Geschichte der Diakonie, die allerdings auf diesen Aspekt nur am Rande eingehen, etwa unter dem Vorzeichen der liturgischen Bedeutung bzw. Rolle des Diakonats: Geschichte der christlichen Spiritualität, 3 Bände, Würzburg 199–1997: Bd. 1: Von den Anfängen bis zum 12. Jahrhundert, Würzburg 1993; Bd. 2: Hochmittelalter und Reformation. Würzburg 1995; Bd. 3: Die Zeit nach der Reformation bis zur Gegenwart, Würzburg 1997; Gordon Mursell (Hg.): Die Geschichte der Christlichen Spiritualität. Zweitausend Jahre in Ost und West, Stuttgart 2002.
12 Vgl. Klaus Berger: Was ist biblische Spiritualität? Gütersloh 2000.

»Magna Charta christlicher Spiritualität«[13]) und Handeln/Arbeiten des Jesus von Nazareth (vgl. Mt 25) und der Apostel. Jegliche zum äußerlichen Ritual pervertierte, nicht sozial (diakonisch) gegründete Spiritualität wird verurteilt.

Andererseits wird *christliche* Spiritualität auch beeinflusst durch diakonisch prägende Gestalten in der Geschichte des Christentums und ihre diakonischen Modelle geistlichen Lebens (von Basilius und Caesarea als »Stadt der Liebe« bis hin zu den Bodelschwinghs und Bethel als »Stadt der Barmherzigkeit« u.a.m.) und die jeweiligen Wellenbewegungen in der spirituellen Wahrnehmung, Einbindung und Ausgestaltung der Diakonie im Mönchtum und den Klöstern, in den von Frauen geprägten Gemeinschaften und Bruderschaften, in den bürgerlichen Kreisen der städtischen Kultur und seinen Stiftungen. Die sich schon im Mittelalter anbahnende – gerade auch diakonisch geprägte – »Demokratisierung, d.h. die Befreiung der Spiritualität aus der Usurpation durch die religiösen Eliten«[14] prägt die im engeren Sinne *reformatorische*[15] Spiritualität als erfahrbare und nachdenkende Entfaltung des gelebten Glaubens in der individuellen Freiheit des Gewissens. Diese *evangelische*[16] Spiritualität bezieht sich auch auf die unterschiedlich deutlichen diakonischen Ansätze der Reformationszeit zwischen Ortsgemeinde und weltlicher Obrigkeit – bei gleichzeitig zunehmender Trennung von Theologie und Spiritualität – und gestaltet in deutlicher Reaktion über die »praxis pietatis« des Pietismus und das »geistliche Leben« der Inneren Mission des 19. Jh. die Formen der »Frömmigkeit« von Diakonissen und Diakonen, in diakonischen Einrichtungen[17] und Vereinen. Nach diesen Aufbrüchen und Visionen im Kontext der diakonischen Einrichtungen und Initiativen kommt es – einmal abgesehen von den seit den

---

13 Evangelische Spiritualität, 1979, 42.
14 Zimmerling: Spiritualität, 284.
15 Vgl. Christian Möller: Der heilsame Riss. Impulse reformatorischer Spiritualität, Stuttgart 2003.
16 Vgl. aktuell: Zimmerling: Spiritualität, und die älteren Arbeiten: Gerhard Ruhbach: Evangelische Spiritualität – Überlegungen und Kriterien, in: Ders.: Theologie, 122–130 (in Auseinandersetzung mit der u.a. von Manfred Seitz und ihm erarbeiteten Studie: Evangelische Spiritualität, 1979); Hans-Martin Barth: Spiritualität, Bensheimer Hefte 74, Göttingen 1993, bes. 44–58).
17 Vgl. z.B. Christel und Michael Schibilsky: Professionalität – Spiritualität – Ökonomie. Das Beispiel von Friederike und Theodor Fliedner, in: Beate Hofmann/Michael Schibilsky (Hg.): Spiritualität in der Diakonie. Anstöße zur Erneuerung christlicher Kernkompetenz, Diakoniewissenschaft 3, Stuttgart 2001, 89–101.

bewegten 1920er Jahren sich ausgestaltenden evangelischen Kommunitäten[18] – erst gegen Ende des 20. Jh. – zu einer Erneuerung der verdrängten, verschütteten oder gar versiegten Spiritualität. Das Verhältnis von Spiritualität und diakonischer Identität und Professionalität ist darum zu Beginn des 21. Jh. gerade nicht zu vernachlässigen, sondern auch in Erinnerung an den wieder zu entdeckenden Reichtum in Freiheit – ohne Kontrolle, Uniformität und Zwang – neu und lebendig zu gestalten – im jeweiligen diakonisch virulenten Organismus oder System. Dabei hat entscheidend *ökumenische* Spiritualität[19] dazu beigetragen, aus der binnenkirchlichen Perspektive herauszuführen und auch in der Diakonie den Dialog mit den spirituellen Traditionen anderer Kulturen und Religionen zu suchen und dabei angesichts der Subjekt- und Gemeinschafts-Orientierung der Diakonie der Vielfalt Raum zu geben und Pluriformität zu pflegen.

Die dem Heidelberger Nestor der Diakoniewissenschaft, Herbert Krimm (1905–2002), 1971 zum 65. Geburtstag zugedachte Festschrift: *»Solidarität + Spiritualität = Diakonie«*[20] und die 2003 nach seinem Tod herausgegebene Gedenkschrift: »Liturgie und Diakonie«[21] umgreifen die neuere Entwicklung diakonischer Spiritualität, zugleich die neuere Geschichte dieses im Grunde alten, »Frömmigkeit« ablösenden Begriffs »Spiritualität«[22], der 1971 nicht nur im Buchtitel als Gleichung kreativ markiert wird, sondern mit dem ausdrücklich als *»Diakonische Spiritualität«* auch ein Abschnitt der Festschrift überschrieben ist, der den Bogen von der diakonischen Protesthaltung einer Elisabeth von Thüringen über das »neue Bild der Diakonisse« bis hin zur »schizoiden Trennung von Diakonie und Liturgie« in der Pfarrausbildung der Nachkriegszeit spannt.

18 Vgl. die umfangreichen, allerdings die diakonische Dimension ausblendenden Arbeiten: Christoph Joest: Spiritualität evangelischer Kommunitäten. Altkirchlich-monastische Tradition in ev. Kommunitäten von heute, Göttingen 1995; Zimmerling: Spiritualität, bes. 155–169.
19 Vgl. z. B. Konrad Raiser (Hg.): Ökumenische Diakonie – eine Option für das Leben. Beiträge aus der Arbeit des ÖRK zur theologischen Begründung ökumenischer Diakonie. Beiheft zur Ökumenischen Rundschau 57, Frankfurt a. M. 1988.
20 Vgl. von Hase/Heuer/Philippi (Hg.): Solidarität + Spiritualität = Diakonie.
21 Volker Herrmann (Hg.): Liturgie und Diakonie. Zu Leben und Werk von Herbert Krimm, DWI-Info Sonderausgabe 3, Heidelberg 2003, einerseits mit dem Beitrag H. Krimms (86–94): Diakonie und Liturgie (1963), andererseits mit dem »belebenden« Versuch einer Fortschreibung: Christian Möller: Zusammengehörigkeit u. gegenseitige Verwurzelung von Liturgie u. Diakonie in Lehre u. Forschung von Herbert Krimm, 17–28.
22 Vgl. Bernward Wolf: Diakonische Identität und Spiritualität, in: Hofmann/Schibilsky: Spiritualität, 61–71: 68.

3. »Solidarität + Spiritualität = Diakonie«

3.1 Gegenwärtige Konturen diakonischer Spiritualität

Nach der sogenannten »empirischen Wende« in fast allen Feldern der kirchlichen/diakonischen Praxis um 1970 veröffentlicht der Rat der EKD 1979 eine Studie mit dem Titel *»Evangelische Spiritualität«*[23], in der die jüngsten Entwicklungen in der Ökumene aufgenommen werden: So hat besonders die 5. Vollversammlung des Ökumenischen Rates der Kirchen in Nairobi 1975 festgestellt: »Wir sehnen uns nach einer neuen Spiritualität, die unser Planen, Denken und Handeln durchdringt.«[24]

Dahinter steht die befreiungstheologische Vorstellung einer »Spiritualität für den Kampf«[25]. Die Losungen »Kampf und Kontemplation« oder »Meditation und Engagement« prägen auch das von der Communauté (Gemeinschaft) von Taizé ausgehende, 1974 eröffnete »Konzil der Jugend«[26], das zusammen mit den vor allem seit Düsseldorf 1973 entsprechend akzentuierten deutschen Evangelischen Kirchentagen wesentlich für die volkskirchliche Gestalt der »spirituellen Landschaft« verantwortlich zeichnet.

Die Studie »Evangelische Spiritualität« kann diese angedeutete volkskirchliche bzw. religiös latente Spiritualität[27] noch nicht in ihrem bunten Patchwork-Charakter einordnen, sondern spricht von »drei Strängen erneuerter Spiritualität [...]:

23 Evangelische Spiritualität, 1979.
24 Harald Krüger/Walter Müller-Römheld (Hg.): Bericht aus Nairobi 1975. Ergebnisse – Erlebnisse – Ereignisse. Offizieller Bericht der Fünften Vollversammlung des Ökumenischen Rates der Kirchen. 23. Nov. bis 10. Dez. 1975 in Nairobi/Kenia, Frankfurt a.M. ²1976, vgl. 1; hier wird »spirituality« noch mit Frömmigkeit übersetzt; anders dann im Bericht über den Workshop »Spiritualität«, 321 ff.
25 Vgl. stellvertretend: Noriel C. Capulong: Spiritualität für Gerechtigkeit und Frieden, in: Mary Rosario Battung/Liberato C. Batusta/Sophia Lizares-Bodegon/Alice G. Guillermo (Hg.): Theologie des Kampfes. Christliche Nachfolgepraxis in den Philippinen, Münster 1989, 214–218; zusammenfassend: Barth: Spiritualität, bes. die Abschnitte »Spiritualität der Befreiung«, 65–78 und »Kampf und Kontemplation«, 148–158.
26 Frére Roger: Das Unverhoffte gestalten. Brief zur Eröffnung des Konzils der Jugend am 30. August 1974, in: Ders.: Die Regel von Taizé, Herderbücherei 365, Freiburg ⁷1974, 81–93; vgl. zum Kontext: Andreas Stökl: Taizé. Geschichte und Leben der Brüder von Taizé, Gütersloh 1977.
27 Vgl. Hans-Günter Heimbrock: Frömmigkeit als Problem der Praktischen Theologie, PTh 71 (1982), 18–32; vgl. Wolf-Eckart Failing/Hans-Günter Heimbrock: Gelebte Religion wahrnehmen. Lebenswelt – Alltagskultur – Religionspraxis, Stuttgart 1998; Wolf-Eckart Failing (Hg.): Religion als

a) von der bibelorientierten, evangelistischen Spiritualität, welcher die charismatisch-pfingstliche Spiritualität verwandt ist;
b) von der liturgischen, meditativen Spiritualität, die sich z.B. in den evangelischen Kommunitäten neu entfaltet hat – und
c) von der emanzipatorisch-politischen Spiritualität, die sich auf die prophetische Tradition beruft und in die Solidarität mit den Armen stellt«.

Diakonische Spiritualität als anstehende Aufgabe einer gegenseitigen Öffnung in Richtung einer Vernetzung und Vertiefung kommt für die Studie leider nur insofern in den Blick, als einseitig in der Kirche – jenseits der »nach wie vor im pflegerischen und sozialen gesellschaftlich geforderten« Diakonie – eine »spirituelle Diakonie« als »Kristallisationskern spiritueller Übung« aufgesucht werden soll[28]: Entsprechend einseitig wird in den abschließenden Empfehlungen des Rates der EKD für alle Stationen der theologischen Ausbildung ein in evangelischer Spiritualität »begründetes weltoffenes und diakonisches Christentum« als Auftrag formuliert.[29]

Neuere religiöse Bewegungen innerhalb und außerhalb des Christentums beziehen darüber hinaus etwa gleichzeitig spirituelle Aspekte einer »Wiederkehr des Religiösen« (Esoterik, Mystik usw.) ein und sprechen Menschen an, die zu den traditionellen Formen der Frömmigkeit keinen Zugang (mehr) finden. Spiritualität in der Diakonie kann hier gerade an den Rändern und jenseits der Grenzen volkskirchlicher Strukturen ohne Berührungsangst neuen Ausdrucksformen begegnen und diese kritisch begleiten und reflektieren.

Seit den 1980er Jahren entwickelt sich im Rahmen der Feministischen Theologie auch die Praxis einer feministischen Spiritualität, mit der sich im Kontext diakonischer Spiritualität z.B. in diakonischen Einrichtungen »überraschende Strukturparallelen und Kohärenzen«[30] entdecken lassen:

Zwang zur Elementarität, partizipative Elemente, diakonisches Andachtsrepertoire (Aufnahme von Kernstücken christlicher Spiritualität), Offenheit für sog. Kirchendistanzierte und verständliche Sprache, Stärkung der eigenen spirituellen Kompetenz (religiöse Sprachfähigkeit), Glaubwürdigkeit, Raum zur Verarbeitung von Grenzerfahrungen – bis hin zu den neu zu entfaltenden Potentialen der sinnlich erfahrbaren »Erbstücke« wie Hostienbäckerei, Werkstatt für Paramentik, musikalisches Leben, Vielfalt der Andachtsformen und das Bewusstsein für Gedenktage und eher vergessene Feste wie Michaelis.

Phänomen. Sozialwissenschaftliche, theologische und philosophische Erkundungen in der Lebenswelt, Berlin 2001.
28 Evangelische Spiritualität, 1979, 53–54.
29 Evangelische Spiritualität, 1979, 59.
30 Beate Hofmann: Feministische Spiritualität. Entdeckungen bei der Begegnung zweier Frauenkulturen, in: Hofmann/Schibilsky: Spiritualität, 27–45: 27.

In den 1990er Jahren hat nicht nur der »Lernprozess Gottesdienst« im Kontext von Erneuerter Agende und Ev. Gottesdienstbuch[31] neue – auch diakonisch akzentuierte – Gottesdienstformen (wie »Salbungsgottesdienste« oder die Stuttgarter »Vesperkirche«[32]), sondern auch die um sich greifende »Leitbildentwicklung«[33] in Gemeinden und diakonischen Einrichtungen darauf aufmerksam gemacht, dass in diesem Zusammenhang auch die Frage einer ausgesprochen »spirituellen« corporate identity[34] angesagt ist und dementsprechend »neues« und »spirituelles« Management[35].

Elemente einer damit anstehenden, nachhaltig besonders zu hegenden und zu pflegenden »diakonischen Unternehmenskultur« entwirft Klaus Hartmann – im Kontext eines im Dialog mit Alfred Jäger gewonnenen Ansatzes »Diakonie ist Kirche in Aktion«. Zu dieser Unternehmenskultur zählt neben einem diakonischen Seelsorgekonzept, einer Ethik-Kommission, einer mehrdimensionalen und visionären Führung ohne Hierarchie vorrangig auch »Diakonische Spiritualität«:

»Die Kirchlichkeit eines diakonischen Unternehmens wird erstlich und letztlich in einer besonderen Spiritualität manifest. Damit sind für die Zukunft gewiss nicht nur – wie in einer häufig pietistischen oder erwecklichen Tradition des Hauses – religiöse Riten und Gebräuche gemeint. Es gibt nicht nur eine Spiritualität der Andacht, des Gebets und der Lieder, sondern auch der Arbeit, des Umgangs mit Menschen und Dingen, des Alltags und des Feierns, des Kochens, Essens und Trinkens, der Wachheit und des Schlafs, der Sprache und des Schweigens, der Architektur und der Grünzonen etc.«[36]

---

31 Vgl. u.a. Fritz Baltruweit/Günter Ruddat: Gemeinde gestaltet Gottesdienst. Bd. 3: Ein Arbeitsbuch zum »Evangelischen Gottesdienstbuch«, Gütersloh 2002.
32 Z.B. Waldemar Pisarski: Gott tut gut. Salbungsgottesdienste. Grundlagen und Modelle, München 2000; Brigitte Jähnigen/Fritz Moser/Martin Friz: Die Vesperkirche. Ein Stuttgarter Modell, Stuttgart 1997.
33 Vgl. stellvertretend das »Leitbild Diakonie – damit Leben gelingt« (1997), abgedruckt z.B. in: Kirchenamt der EKD (Hg.): Herz und Mund und Tat und Leben. Grundlagen, Aufgaben u. Zukunftsperspektiven der Diakonie. Eine evangelische Denkschrift, Gütersloh 1998, 76–80.
34 Vgl. Heinrich Pompey/Paul-Stefan Ross: Kirche für andere. Handbuch für eine diakonische Praxis, Mainz 1998, 349.
35 Hans-Jürgen Abromeit u.a. (Hg.): Spirituelles Gemeindemanagement. Chancen – Strategien – Beispiele, Göttingen 2001 bzw. Alfred Jäger/Klaus Hartmann: Diakonische Kirche und neues Management, in: Michael Schibilsky/Renate Zitt (Hg.): Theologie und Diakonie, Gütersloh 2004, 350–369.
36 Jäger/Hartmann: Diakonische Kirche, 362.

Dabei bleibt allerdings kulturell offen, für wie viel »Spiritualität von unten«[37] in den angesagten Management-Konzepten jeweils Raum bleibt und wie Spiritualität in der Diakonie bzw. in der sozialen Arbeit[38] im Alltag und auch in der Aus- und Fortbildung zu entwickeln ist. Spiritualität hat jedenfalls Konjunktur um die Jahrtausendwende.

3.2 Dimensionen diakonischer Spiritualität

Die Entwicklung »diakonischer Spiritualität«, dieser christlichen Kultur der Lebensgestaltung im Kontext der Diakonie, ist nicht auf die institutionelle Unternehmenskultur (ob in Einrichtungen oder Verbänden) beschränkt, sondern ist ebenso gefragt in Gemeinden und Kommunitäten (Orden), in Initiativ- und Selbsthilfegruppen (Projekte) wie in der »Alltagsritualisierung als diakonischer Kernkompetenz« Einzelner.[39] In der Pluralität und Pluriformität dieser unterschiedlichen Subjekte gestaltet sich – jeweils spezifisch und aufeinander bezogen – neben der Vieldimensionalität der Ziele, Ansätze und Strategien, der Solidarität und der Subsidiarität als Konturen diakonischen Handelns Spiritualität als »entscheidende Kontur« einer zeit- und sachgemäßen Diakonie. »Diakonie muß von einer charakteristischen Spiritualität getragen und geprägt sein«[40], der es gelingt, den jeweiligen *Raum für die spirituelle Dimension der Diakonie* zu wahren und zu kultivieren, nach Möglichkeit zu eröffnen und zu erweitern.[41]

---

37 Vgl. Titus Neufeld: Christliche Basisgemeinschaften. Bewegung einer Spiritualität von unten, in: Rotzetter: Seminar Spiritualität 3, 163–197, der als erfahrbare »spirituelle Schwerpunkte« herausstellt: einerseits Neuentdeckung der Bibel und der Eucharistie, andererseits »Vergegenwärtigung von vielen notvollen Lebenswirklichkeiten« (über das Fürbittengebet hinaus) und als »Kernstück«: Diakonie in den Gemeinden.
38 Vgl. Hofmann/Schibilsky: Spiritualität; Marina Lewkowicz/Andreas Lob-Hüdepohl (Hg.): Spiritualität in der sozialen Arbeit, Freiburg 2003.
39 Pompey/Roß: Kirche für andere, 348–364 haben diesen Gedanken in ihrem diakonischen Ansatz integrativ entwickelt.
40 Pompey/Roß: Kirche für andere, 348.
41 Zimmerling, Spiritualität, 42–44 bleibt in seiner Beschreibung »evangelischer Spiritualität« demgegenüber merkwürdig schillernd: Da wird das »Eigenrecht der kontemplativen Dimension« einerseits mit der notwendigen »Offenheit für Gott« und dem »schweigenden Wahrnehmen der Wirklichkeit« unterstrichen, andererseits gegenüber den virulenten Tendenzen »zur Flucht aus der Wirklichkeit ... die soziale Ausrichtung der Kontemplation« betont: »eine nächstenorientierte Lebensweise«, die im

Wenn gegenseitig religiöse, spirituelle und diakonische Kompetenzen bejaht und gefördert, zugetraut und (aus-)gebildet werden, dann kann sich das ganze Spektrum diakonischer Spiritualität zwischen individueller diakonischer Identität und übergreifender »spiritueller« corporate identity entfalten und gestalten. Dazu können sensible Angebote der Auseinandersetzung mit privatisierten Formen persönlicher Religiosität treten, wenn etwa vertraute Formen der Ritualisierung oder der Profilierung (geistliche Impulse bei Sitzungen, Bibelarbeiten o. ä.) nicht reglementiert oder verordnet werden, sondern zu partizipativen Angeboten der spirituellen Reflexion des diakonischen Engagements verfremdet werden. Das kann besonders dann gelingen, wenn dazu regelmäßig (im viertel-, halb- und jährlichen Rhythmus) mehr Raum und Zeit zur Verfügung steht und wenn sich im Rahmen einer Infrastruktur zur Reflexion diakonischer Praxis so etwas wie ein Netzwerk diakonischer Spiritualität (u. U. als spirituelle Supervision) entsteht.

Dazu kann auch ein *spirituell geprägtes Zeitmanagement* beitragen, das in der Strukturierung des Tages, der Woche usw. Raum lässt, etwa für individuelle und gemeinsame Formen der Variation solchen Umgangs mit Zeit, wie sie die exemplarische Tradition eines benediktinischen »ora et labora« in Erinnerung rufen: Jeweils 8 Stunden Schlaf und (manuelle) Arbeit, jeweils 4 Stunden (Chor-)Gebet und Meditation, Bibelstudium, Lektüre geistlichen Schrifttums. Solcher Umgang will durchbuchstabiert und eingeübt sein, so wie im Grunde jede der von Michael Schibilsky assoziierten sieben Grunddimensionen von *Spiritualität im Alltag der Diakonie*[42]:

»Spiritualität hat es zu tun
1. mit Menschen – um Gottes willen;
2. mit Dunkelheit und Nacht;
3. mit Unfaßbarkeiten und flüchtigen Elementen;
4. mit Ängsten und Erlösung(swünsch)en;
5. mit Bildern, Symbolsprache(n) und Geschichten;
6. mit Erlernbarem und Einzigartigem [...]
7. mit Zeitunterbrechung(en) und ritualisierender Wiederholung.«

Alltag transparent macht: »Menschliches Leiden wird erkennbar als eingeborgen in Christi Leiden und somit tragbar.« Leider wird das nicht diakonisch näher in den Blick genommen, sondern gegen die Ethisierung des Gottesdienstes (und damit seiner diakonischen Dimension) polemisiert.

42 Michael Schibilsky: Spiritualität in der Diakonie. Annäherungen aus dem Alltag, in: Hofmann/Schibilsky: Spiritualität, 7–26: 11 (die Klammern markieren Abweichungen zwischen der Zusammenfassung und den Ausführungen zu den sieben Grunddimensionen!).

Diese notwendige *Einübung* hat einerseits allgemein mit dem Aufbau der spirituellen und diakonischen Kompetenz, andererseits mit der spezifischen Gestaltung auf den unterschiedlichen Handlungsfeldern diakonischer Spiritualität[43] zu tun, die hier nicht weiter behandelt werden können, zu denen aber inzwischen zunehmend intensive Reflexionen vorliegen, die über eine meditative Engführung hinausgehen und auch die politische Dimension diakonischer Spiritualität einbeziehen.

Als Beispiel für Annäherungen im Bereich der *Aus- und Fortbildung* skizziert Beate Hofmann den Ablauf einer Seminareinheit zum Thema »Leben gestalten«[44]:

1. Schritt: Meine Alltagsrituale entdecken
2. Schritt: Transfer: Wenn Sie an Ihren Arbeitsplatz denken
3. Schritt: Konkretionen (z.B. Sonntagsgestaltung oder Adventszeit)
4. Schritt: Vertiefung: Diakonische Kompetenz – was gehört für mich dazu?

Im Rahmen einer Entwicklung von Qualifizierungsprogrammen: »Theologie für Nichttheologen in der Diakonie« kann Beate Hofmann Spiritualität dann konsequent als eine von sieben Grunddimensionen mit dem Ziel beschreiben: »Auf der Basis einer Theologie der Alltagserfahrung werden eigene Kraftquellen gestärkt und dazu befähigt, Spiritualität für andere zu gestalten.«[45]

4. »Liturgie und Diakonie« als Test auf diakonische Spiritualität

Das *Verhältnis von Liturgie und Diakonie* kann sich als Vorder-, Hinter- und Untergrund diakonischer Spiritualität darstellen:
– Liturgie *vor* der Liturgie[46]: der Gottesdienst beginnt vor dem Gottesdienst, auch in der diakonischen Wahrnehmung: Wird im Ernst jede und jeder begrüßt, der kommt?
– Liturgie *hinter* der Liturgie: der Gottesdienst vertieft sich im Gottesdienst, auch im diakonischen Einander-Kennen und Mit(einander)-Teilen: Wird nach Möglichkeit jede und jeder einbezogen?

43 Vgl. stellvertretend: Daniela Tausch-Flammer/Lis Bickel (Hg.): Spiritualität der Sterbebegleitung. Wege und Erfahrungen, Freiburg 1997.
44 Beate Hofmann: Leben gestalten. Alltagsritualisierung als diakonische Kernkompetenz, in: Hofmann/Schibilsky: Spiritualität, 103–116: 111–113.
45 Beate Hofmann/Ulfried Kleinert: Theologie für Nichttheologen in der Diakonie, in: Schibilsky/Zitt: Theologie, 554–565: 562.
46 Vgl. Reinhard Turre: Liturgie vor der Liturgie, in: Ders., Diakonische Einsichten. Theologische Impulse und ethische Reflexionen, Diakoniewissenschaft 7, Stuttgart 2001, 49–58.

- Liturgie *nach* der Liturgie: der Gottesdienst wächst über den Gottesdienst hinaus, auch im diakonischen Handeln: Wird den Begegnungen im Umfeld des Gottesdienstes glaubwürdig nachgegangen?

Reinhard Turre hat im Gegenüber zu einem Gottesdienst, in dem »die Diakonie zu einer Randerscheinung (wird), die allenfalls bei der Kollektenabkündigung Erwähnung findet«[47], in klassischer Weise einerseits Impulse der Liturgie für die Diakonie[48] zwischen Introitus und Amen, zwischen Voraussetzung und Bestätigung durchbuchstabiert: u.a. das Bekenntnis der Schuld als Erinnerung, das Kyrie gegen die Vermessenheit, das Halleluja gegen die Verdrossenheit, das Bekenntnis als Hilfe zur Eindeutigkeit, die Verkündigung als Ermutigung, das Abendmahl als Ort der Gemeinschaft, das ora et labora, den Segen der Vergewisserung. Anderseits nimmt er nicht weniger klassisch auch die gottesdienstlichen Handlungen in der Diakonie[49] auf: Andacht, Fest, Beauftragungen, Einweihungen, Heilungsgottesdienste; schließlich als Anregungen aus der Diakonie für die Liturgie[50] die entgrenzende und belebende Beteiligung z.B. behinderter Menschen in einer Gemeinschaft der Starken und Schwachen, das Thematisieren von Leid und Armut, Informationen aus der Diakonie im Gottesdienst und die notwendige Umsetzung des Moments der Ganzheitlichkeit und von Elementen der Anschaulichkeit.

Über diese klassische Auseinandersetzung mit dem Thema hinaus soll abschließend die von Dirk Oesselmann[51] im brasilianischen Kontext erhobene »Bedeutung einer Liturgie des Lebens in der Arbeit mit Randgruppen« als fortzuschreibender *Test auf diakonische Spiritualität* aus der europäischen Distanz heraus gelten: Oesselmann hat das Verhältnis von »Liturgie und Diakonie: Auf der Suche nach erfülltem Leben« als »die Frage nach einem lebendigen Zeugnis christlicher Existenz«[52] befragt und »die Potentialität einer lebendigen Liturgie für soziales Hilfehandeln am Rande der Gesellschaft«[53] in sieben Thesen[54] herausgearbeitet:

»1. Die Liturgie kann in Grenzsituationen zur Errichtung eines konstruktiven Hoffnungshorizontes beitragen, indem sie auf der Vorgabe der Verheißung des Reiches Gottes zu realen Utopien anregt und diese gemeinschaftlich erfahrbar macht.

---

47 Turre: Liturgie, 51.
48 Vgl. Turre: Liturgie, 51–54; Theodor Schober: Gottesdienst und Diakonie, Stuttgart 1965.
49 Vgl. Turre: Liturgie, 54–55.
50 Vgl. Turre: Liturgie, 56–57.
51 Dirk Oesselmann: Spiritualität und soziale Veränderung, Gütersloh 1999.
52 Oesselmann: Spiritualität, 97.
53 Oesselmann: Spiritualität, 101.
54 Oesselmann: Spiritualität, 104–111.

2. Die gottesdienstlichen liturgischen Feiern können – vor allem im bewussten Teilen des Abendmahls – einen entscheidenden Beitrag zur Gemeinschaftswerdung leisten, indem sie die Subjekte immer wieder zusammenführen und zu neuen, befreiten Beziehungen miteinander anregen.
3. Liturgische Feiern können durch Leben inszenierende Riten und gemeinschaftliche Gesten ganzheitliche Lebenserfahrungen anregen, indem sie reale Konflikte des Alltags aufnehmen und in erneuernde Veränderungskräfte umwandeln.
4. Die Liturgie kann Menschen in Grenzsituationen auf ihrer Suche nach Sinn weiterhelfen, indem sie die gemeinschaftliche Feier mit einer kritischen Reflexion über den Sinn des Lebens im Licht einer universell geltenden Botschaft zusammenbringt.
5. Im Zusammenkommen von Reflexion über den Lebenssinn, Erfahrungen mit Leben und Verheißung einer lebensbestätigenden Utopie wird Liturgie zum Ausgangspunkt einer gemeinschaftlichen »Mission«, d.h. eines in die Lebenswirklichkeit drängenden, auf Zukunft ausgerichteten Veränderungshandelns.
6. In dem Maße, in dem liturgische Feiern einen Lernraum zur konstanten Einübung von Leben eröffnen, tragen sie entscheidend zu einer Lebens- und Handlungsbefähigung bei.
7. In ihrer Bedeutung als »Raum der Menschlichkeit« wird die Liturgie zu einem Fundament christlich motivierten Hilfehandelns.«

5. Literatur zur Weiterarbeit

Hofmann, Beate/Schibilsky, Michael (Hg.): Spiritualität in der Diakonie. Anstöße zur Erneuerung christlicher Kernkompetenz, Diakoniewissenschaft 3, Stuttgart 2001.
Lewkowicz, Marina/Lob-Hüdepohl, Andreas (Hg.): Spiritualität in der sozialen Arbeit, Freiburg 2003.
Oesselmann, Dirk: Spiritualität und soziale Veränderung. Die Bedeutung einer Liturgie des Lebens in der Arbeit mit Randgruppen, Gütersloh 1999.
Raiser, Konrad (Hg.): Ökumenische Diakonie – eine Option für das Leben. Beiträge aus der Arbeit des ÖRK zur theologischen Begründung ökumenischer Diakonie. Beihefte zur Ökumenischen Rundschau Nr. 57, Frankfurt a.M. 1988.
Ruhbach, Gerhard: Geistlich leben. Wege zu einer Spiritualität im Alltag, Geistlich leben 1, Gießen 1996.
Steffensky, Fulbert: Feier des Lebens. Spiritualität im Alltag, Göttingen ^{5}1991.
Ulrich-Eschemann, Karin: Diakonie und Spiritualität, Brennpunkt Gemeinde Studienbrief D 20/Diakonie, Stuttgart 2003.
Zimmerling, Peter: Evangelische Spiritualität. Wurzeln und Zugänge, Göttingen 2003.

Zur Einübung in Spiritualität:
Engelsberger, Gerhard: Kleines Spirituale für Menschen in geistlichen Berufen. Gütersloh 2004.
Gremels, Georg: Meine Zeit in deinen Händen. Sieben Säulen evangelischer Spiritualität. Göttingen 2003.

XXIII.
Diakonisches Lernen – diakonische Bildung

HEINZ SCHMIDT

1. Einführung

Geht es bei Diakonie um richtiges Helfen, so verwundert es nicht, dass die Praxis solcher Hilfe zum Ausgangspunkt und Ziel darauf bezogenen Lernens werden musste und geworden ist. Das Sozialpraktikum bzw. das diakonische Praktikum gilt als die primäre Form solchen Lernens. In der Schulpädagogik spielt es erst seit einigen Jahren eine Rolle.[1] Der folgende Auszug eines Berichts über ein eintägiges Kurzpraktikum bei der Bahnhofsmission München zeigt verschiedene Aspekte praxisbezogener diakonischer Lernerfahrungen:[2]

»Wie erwartet fühlte ich mich zunächst unsicher und heftete mich erst einmal an die Fersen der Leiterin. Sie stellte mir eine ehrenamtliche Mitarbeiterin vor, bei der ich sofort an einer Sozialberatung teilnehmen konnte. Der Klient: 18 Jahre, von der Mutter zu Hause rausgeworfen, Gemeinde außerhalb Münchens, mit der Frage: Wo kann er übernachten, wer ist zuständig, wer bezahlt, wer ist erreichbar. Ich lernte schnell kennen, dass das Telefon eines der wichtigsten Arbeitsinstrumente bei der Bahnhofsmission ist, wo die Fäden zusammenlaufen zwischen Klienten/innen, Mitarbeiter/innen, Zuständigen bei Ämtern und Institutionen (z.B. ASD, Unterkünfte für Obdachlose, für Männer und Frauen, Pension für Jugendliche, Hotel For You, Kreissozialamt, Sozialamt München, [...]). Ich war nicht unglücklich darüber, dass ich mich schon einmal mit Sozialrecht beschäftigt hatte [...]

Danach übte ich mich im Teeausschank aus den Plastiktassen, lernte, dass der Süßstoff immer wieder hinter der Theke zu verschwinden hat, es muss

---

1 Gottfried Adam: Diakonisches Lernen in der Schule, in: GlLern 15 (2000), 73–77 berichtet über die Vorreiterrolle verschiedener Evangelischer Schulen (Michelbach, Meinerzhagen, Leipzig). Vgl. die Beiträge von Lothar Kuld/Stefan Gönnheimer zum Praxisprojekt Compassion (80–87) und von Britta von Schubert zur Von-Thadden-Schule Heidelberg (88–98) im gleichen Heft.
2 Der ganze Bericht von Renate Zitt, München, die einen Praxiseinsatz von Studierenden durch eine entsprechende Selbsterfahrung vorbereitete (2002), findet sich unter: http://www.evtheol.uni-muenchen.de/pt2/.

schon dezidiert danach gefragt werden. Ich lernte auch, dass ich tunlichst bei der Bitte nach Brot danach zu fragen habe, ob Schweineschmalz oder Margarine, denn die Gäste sind international und interkulturell zusammengesetzt. Es kommen mehr Männer, aber auch Frauen. Und besonders lieb gewinne ich an diesem Tag eine 65-jährige Frau, die mit zwei Krücken und drei Plastiktüten unterwegs ist, wache Augen hat, viel erzählt, die auch im Wanderverein engagiert ist [...] Sie kann nicht in ihre Wohnung (›kein Platz‹). Die Vermüllung ist auch der Grund, warum sie sonst keine Bleibe hat. Sie soll einen Betreuer bekommen, sagt ihre Anwältin. Dagegen wehrt sie sich: ich habe doch noch meine Würde und bin doch richtig im Kopf. Die Mitarbeiterinnen helfen ihr und versuchen das Problem so zu fokussieren, dass es handhabbar wird. Jetzt geht es also erst einmal darum: Wo wird sie heute Nacht schlafen? Die Bekannte, bei der sie in der letzten Nacht war, habe ihr den letzten Nerv geraubt [...] Sie ist eine nette Frau, finde ich. Später wird sie mich fragen, ob es in der kleinen Kleiderkammer (Kämmerchen) vielleicht eine Schildkappe gibt. Ich werde dort suchen gehen und abends wird sie mit einer schicken braunen Mütze im Aufenthaltsraum sitzen, wir werden beide stolz über die kluge Wahl sein und ich werde mit diesem Bild dieser Frau in meinen Alltag gehen, nachdem ich mich freundlich winkend verabschiedet habe [...]

An der Theke ist gegen Abend viel los, ein Obdachloser kommt mit Radio und es herrscht Kleideranprobenstimmung. Ein kurzer Konflikt schwelt auf mit einem Freund eines von den Drogen loskommenden jungen Mannes. Aber es kann alles geschlichtet werden. Der junge Mann will telefonieren. Erst ist eine Praktikantin bei ihm, dann ich. Er ist sehr sympathisch und kämpft um sein Überleben. Mit der Praktikantin unterhalte ich mich. Ja, es war halt das DJ- und Techno-Milieu, da kommt man nicht drum herum, was auszuprobieren. Sie hofft sehr, dass Kinder so viel Selbstvertrauen mitbekommen, dass sie zwar mal als Jugendliche etwas ausprobieren können, aber nicht ›abrutschen‹.«

Der Bericht erfasst Selbsterfahrungen bereits unter pädagogischer Perspektive. Dabei gelten einige Aspekte unabhängig von der spezifischen Situation der Autorin für die gegenwärtige Lernform »diakonisches Praktikum« im Allgemeinen:

- die praktischen Erfahrungen werden in einer diakonischen Einrichtung im Kontakt mit hauptamtlich oder ehrenamtlich Tätigen gemacht;
- die Erfahrungen beziehen sich auf Personen am »Rande der Normalität«, die Leistungen der Einrichtung in Anspruch nehmen;
- um anderen helfen zu können, sind über die jeweils erforderlichen praktischen Fähigkeiten hinaus rechtliche, politische, organisatorische, gelegentlich auch religiöse Kenntnisse und Fähigkeiten gefragt;
- Kommunikation und Kooperation sind unabdingbar;
- Helfen ist immer auch eine Selbst- und Beziehungserfahrung, die Freude machen, aber auch verletzen kann;

- mit etwas Zuwendung und Aufmerksamkeit kann man Menschen eine Freude bereiten und ihre Lebenszuversicht stärken;
- gesellschaftliche Phänomene (z.B. DJ- und Technomilieu) können Lebenschancen minimieren (z.B. bei Drogenproblemen). Trotzdem muss zunächst individuell geholfen werden (was das Engagement bei gesellschaftlicher Veränderung nicht einschränken sollte).
- Neben Soforthilfe (= kurzfristige Hilfe), die für die Bahnhofsmission typisch ist, gibt es soziale und diakonische Einrichtungen, die bei andauernden Problemlagen langfristig helfen. Die Kontaktaufnahme mit solchen Einrichtungen ist Teil der kurzfristigen Hilfe.
- Kurzfristige und langfristige Hilfen haben unterschiedliche Effekte auf die Struktur einer helfenden Beziehung. Kurzfristige Hilfen dienen der Beseitigung aktueller Notstände. Die Beziehungsebene spielt dabei eine Rolle, bleibt aber in der Regel asymmetrisch. Je länger die Hilfe dauert, desto stärker wird die Beziehung selbst zur Hilfeleistung. Es besteht die Chance zum Abbau des Gefälles und der Abhängigkeit.

2. Historische Anstöße

Unter dem Eindruck einschneidender gesellschaftlicher Veränderungen (Wertewandel, Ökonomisierung, Entsolidarisierung) wurde im letzten Jahrzehnt des vergangenen Jahrhunderts soziales Lernen aufgewertet. Sozialpraktika fanden im allgemein bildenden Schulwesen einen festen Ort. Die Schulen in kirchlicher Trägerschaft haben mit ihren Diakonie-Praktika vielfältig Vorarbeit geleistet. Sie knüpften dabei u.a. an die Verbindung von sozialpädagogischen Zielen, Ausbildung in praktischen Berufen und Unterricht im Sinne moralischen Lernens an, die für die diakonische Pädagogik des 18. und 19. Jh. charakteristisch war. Deren Grundlagen finden sich schon in den Schulschriften Luthers. Die Befähigung zu weltlicher Verantwortung tritt gleichwertig neben die Vorbereitung auf geistliche Aufgaben:

»Denn das Predigtamt (wo es ist, wie es Gott geordnet hat) bringt und gibt ewige Gerechtigkeit, ewigen Frieden und ewiges Leben, [...] Aber das weltliche Regiment erhält zeitlichen und vergänglichen Frieden, Recht und Leben.«[3] Je-

---

3 Martin Luther: Eine Predigt, dass man Kinder zur Schule halten solle, WA 30 II, 554, 13 ff.

denfalls alle Knaben sollen lernen, »was unseres weltlichen Reiches Recht und Weisheit ist.«[4]

Im Pietismus wird die Praxis des Glaubens zum Erziehungsziel. August Hermann Francke (1663) verlangte, dass in seinen Anstalten durch Ermahnung und Vorbild zur »Praxis des Glaubens« angeleitet werden sollte.[5] Hier zeigt sich schon der für den Pietismus typische Zusammenhang von »Pädagogischer Diakonie« mit »Diakonischem Lernen«, ohne dass beide Begriffe verwendet wurden.[6] Samariterdienst und Rettung sind Leitvorstellungen, die Friedrich Oberlin von Francke übernehmen konnte. Oberlin gründete 1770 im Elsass Schulen für die ländliche Bevölkerung, in denen die Kinder neben häuslicher Textilverarbeitung elementare Bildungsinhalte erlernen konnten. Diese Kleinkinderschulen waren Vorläufer der ca. 50 Jahre später einsetzenden Kindergartengründungen, die damals schon versuchten, eine elementare religiöse Bildung mit sozialer Erziehung zu verbinden.

Im von den Befreiungskriegen verwüsteten Sachsen gründete Johannes Daniel Falk 1813 für elternlose und verwahrloste Kinder die »Gesellschaft der Freunde in der Not« sowie die Familienwohngemeinschaft des Lutherhofs. Er organisierte die handwerkliche Ausbildung der Jungen in christlichen Familien und ergänzte sie durch die moralische Unterweisung in der Sonntagsschule. »Falks Arbeit gab mancherlei Impulse zur Erziehungsschwierigenpädagogik der Inneren Mission, insbesondere in ihrer Wichern'schen Prägung. Mit Wichern dachte Falk darin gleich, dass pädagogische Rettungsarbeit der Kirche Volkserziehung sei.«[7]

Wicherns »Ruges Haus« (»Rauhes Haus« in Horn bei Hamburg, eröffnet 1833) war als ein Ensemble von Familienhäusern organisiert, in dem »sowohl die soziale Regelhaftigkeit als auch die mate-

---

4   Loc. cit. 560, 9f. Luther hat in seiner Schrift »An den christlichen Adel deutscher Nation« (1520) auch die schulische Erziehung von Mädchen gefordert. In der Schulpredigt spricht er aber durchgängig von Knaben.
5   Gerhard Bosinski/Paul Toaspern (Hg.): Wer mir dienen will, Berlin 1983.
6   Hans-Günter Heimbrock hat die Anfänge Pädagogischer Diakonie herausgearbeitet und auf diesen Zusammenhang hingewiesen: Nicht unser Wollen oder Laufen. Diakonisches Lernen in Schule und Gemeinde, Neukirchen-Vluyn 1990, 11–62, zu Francke: 44. Vgl. Heimbrock: Pädagogische Diakonie, in: Werner Böcker/Hans-Günter Heimbrock/Engelbert Kerkhoff (Hg.): Handbuch Religiöser Erziehung. Bd. 2, Düsseldorf 1987, 428ff.
7   So Heimbrock: Nicht unser Wollen oder Laufen, 13.

rial-räumliche Beschaffenheit des Lebenskontextes mit einer erzieherischen Erwartung verknüpft«[8] waren, nämlich der Wirksamkeit einer auf Liebe und Freiheit setzenden Erziehung. Die daran anknüpfende Rettungshausbewegung hat vergleichbare Einrichtungen für verwaiste, behinderte und verhaltensauffällige Jugendliche geschaffen. Mit der Entwicklung der Anstaltsdiakonie entstanden dann auch Sonderschulen und berufsbildende Schulen, besonders mit krankenpflegerischer, sozialpädagogischer und hauswirtschaftlicher Ausrichtung. Die Anstalten selbst wurden zu Lernorten einer Integration von Helfen, Ausbildung und geistlichem Leben. Außerdem wirkten sie durch ihre praktische Auseinandersetzung mit gesellschaftlichen Defiziten auf längere Sicht gesellschaftsverändernd. Insofern realisierten sie etwas von dem, was heute mit dem eher anstaltskritischen Konzept einer *diakonischen Gemeinde* (s.u.) intendiert wird. Besonders gilt dies für die Diakonissenanstalten und Ausbildungsstätten für Frauen, die im Gefolge des Wirkens von Theodor Fliedner in Kaiserswerth (Gründung 1836) an vielen Orten entstanden. Krankenpflege, Kleinkinder- und Sozialpädagogik wurden zu Feldern weiblicher Eigenständigkeit, was freilich an der Dominanz der männlichen Berufsrollen vorerst nichts änderte.[9] Auch die durch Friedrich von Bodelschwingh d.Ä. 1905 gegründete Theologische Hochschule Bethel kann als frühe Form einer diakonischen Gemeinde gelten. Die Theologiestudenten konnten hier lernen, wie Schriftauslegung und Verkündigung inmitten tiefster menschlicher Nöte durch praktisch-diakonisches Handeln existenziell beglaubigt werden können.[10]

Im Rahmen des Freiwilligen Sozialen Jahres (FSJ) haben seit 1954, als der Rektor der Anstalten in Neuendettelsau, Helmut Dietzfelbinger, dazu aufrief, ein Jahr für die Diakonie zu wagen, viele Tausende junger Menschen zwischen 17 und 25 Jahren 6 bis 12 Monate in diakonischen Einrichtungen unentgeltlich gearbeitet. Das Gesetz zur

---

8 Ralf Koerrenz: Diakonisches Lernen – strukturelles Lernen, in: ZPT 54 (2002), 16–25 (Zitat: 24) erörtert die Bedeutung Wicherns für heute aktuelle Bemühungen um eine strukturelle Religionspädagogik.
9 Juliane Jacobi: Erziehung als Mission, in: Ursula Röper/Carola Jüllig (Hg.): Die Macht der Nächstenliebe, Berlin 1998, 89. Langfristig hat diese Eigenständigkeit der Emanzipationsbewegung Vorschub geleistet.
10 Vgl. hierzu Anke Marholdt: Diakonie und theologische Ausbildung. Die Initiativen Friedrich von Bodelschwinghs (1831–1910) und ihre Entwicklung bis 1914, in: Theodor Strohm/Jörg Thierfelder (Hg.): Diakonie im deutschen Kaiserreich (1871–1918), VDWI 7, Heidelberg 1995, 396–420, bes. 405f.

Förderung des FSJ[11] legte neben versicherungsrechtlichen Regelungen als Minimalbedingungen eine fachliche Anleitung und begleitende Seminare fest. Daraus sind an vielen Orten verschiedene Formen kontinuierlicher Begleitung von freiwillig Tätigen erwachsen, in denen auch ethische Aspekte des Helfens zur Sprache kommen. Heute werden Jugendlichen, u.a. Schülerinnen und Schülern, auch kurzfristige Möglichkeiten eines begleiteten freiwilligen Engagements, z.B. während der Schulferien oder an Wochenenden, angeboten. Mancherorts wurden solche Formen auch von Schulen aufgegriffen und als ökumenisch-diakonisches Projekt ausgebaut.[12]

In den 1980er Jahren wurden in den beiden Großkirchen Konzepte einer *diakonischen Gemeinde* entwickelt,[13] die aus dem gemeindlichen Strukturprinzip Diakonie (Paul Philippi) die Notwendigkeit des »Diakonie-Lernens« der Gemeinde in ihrem sozialen Umfeld folgerten.[14] Hinzu kamen Impulse aus der Befreiungstheologie bzw. christlichen Basisgruppen und der Ökumene. Die einseitig katechetische Ausrichtung der vorherrschenden Gemeindeaufbaukonzepte sollte durch das neue Konzept eines »diakonischen Gemeindeaufbaus« korrigiert werden. Im Anschluss an Ernst Langes Sicht der Gemeinde als eines »Ensemble der Opfer der Zeit«[15] sind drei Aufgaben wahrzunehmen, die Stützung der Schwachen, die Befreiung der Unfreien und die Versöhnung der Feinde. Das diakonische Lernen in diesem Kontext zielt auf eine genaue Analyse der Situation der jeweils betroffenen Gruppen, auf das Herausfinden von Veränderungsmöglichkeiten in Zusammenarbeit mit den Betroffenen, auf den Aufbau eines Netzwerks der Hilfe und auf die Integration sol-

---

11 Bundesgesetzblatt I, 1964, 640.
12 Ein Beispiel ist die Osterfeldrealschule in Pforzheim. Vgl. Beate Kopp-Engel/Martin Engel: Handbuch zum Ökumenischen Sozialpraktikum. Modell Kopp-Engel. Eine Arbeitshilfe zur Einführung und Durchführung eines schuljahrbegleitenden Sozialpraktikums, Kontaktadresse: Lessingstr. 5, 75203 Königsbach-Stein. E-Mail: beatekoppengel@aol.com.
13 Hermann Steinkamp: Diakonie – Kennzeichen der Gemeinde, Freiburg 1985. Rolf Zerfaß/Klaus Roos – Art. »Gemeinde«, in: Gottfried Bitter/Gabriele Miller (Hg.): Handbuch religionspädagogischer Grundbegriffe. Bd. 1, München 1986, 132–142; Theodor Strohm: Lernende Kirche – Zwischenbilanz der Debatte um den Gemeindeaufbau, in: ThPr 23 (1988), 59–71.
14 Martin Ruhfus: Diakonie – Lernen in der Gemeinde. Grundzüge einer diakonischen Gemeindepädagogik, Rothenburg 1991.
15 Ernst Lange: Chancen des Alltags. Überlegungen zur Funktion des christlichen Gottesdienstes in der Gegenwart. Hg. und mit einem Nachwort von Peter Cornehl, Edition Ernst Lange. Bd. 4, München 1984, 295.

cher Aktivitäten in das Gemeindeleben. Diesem kritischen gemeindepädagogischen Impuls verdankt das Diakonische Lernen seine sozialräumliche Verortung verbunden mit einer Horizonterweiterung über die diakonischen Einrichtungen hinaus auf die strukturbedingten Probleme und Konflikte des Gemeinwesens.

3. Gegenwärtige Situation

Wenn heute von diakonischem Lernen die Rede ist, sind außer dem Freiwilligen Sozialen Jahr in der Regel Sozialpraktika in Schulen im Blick, die seit den 1990er Jahren zuerst von kirchlichen Schulen vorwiegend in den Klassen 8–12 eingerichtet wurden, inzwischen aber auch in einigen staatlichen Schulen ihren Platz gefunden haben. Es handelt sich dabei um ein- bis vierwöchige Praktika in diakonischen bzw. sozialen Einrichtungen, die meist im (Religions-) Unterricht vor- und nachbereitet und auch von Lehrkräften durch Besuche an den Praktikumsplätzen begleitet werden. Die Jugendlichen können dabei zwischen verschiedenen Schwerpunkten wählen, z.B. Kindergärten, Altenheimen, Krankenpflege, Arbeit mit Behinderten. Sie halten ihre Erfahrungen in einem Bericht fest, der dann Ausgangspunkt weiterführenden Unterrichts sein kann. Anlass zur Einrichtung solcher Praktika war die Tatsache, dass »soziale Erfahrungen heute für immer mehr Menschen nicht mehr von alleine zustande kommen«. Deshalb würden »neue gesellschaftliche Orte, neue ›soziale Lernarrangements‹« benötigt, »in denen Formen der Solidarität gelernt und erfahren werden«.[16]

Typisches Beispiel ist das Compassion-Projekt, das – von katholischer Seite initiiert – an neun verschiedenartigen Schulen (Hauptschule, Förderschule, Realschule, Gymnasium) unter wissenschaftlicher Begleitung der Pädagogischen Hochschule Karlsruhe von 1996–1998 durchgeführt wurde.[17] Vergleichbare Projekte wurden u.a. im Evangelischen Schulzentrum in Leipzig, am Kirchlichen Aufbaugymnasium Michelbach/Bilz, in Meinerzhagen und an der Elisabeth-von-Thadden-Schule in Heidelberg entwickelt. Alle diese Schulen haben das diakonische Praktikum inzwischen in einen umfassenden unterrichtlichen Zusammenhang gestellt, sei es durch Integration in ein

---

16 Kirchenamt der EKD (Hg.): Herz und Mut und Tat und Leben. Grundlagen, Aufgaben und Zukunftsperspektiven der Diakonie. Eine evangelische Denkschrift, Gütersloh 1998, 63f.
17 Lothar Kuld/Stefan Gönnheimer: Compassion – Sozialverpflichtetes Lernen und Handeln, Stuttgart 2000.

Hauptfach Religion/Diakonie, in einen sozial-diakonischen Lernbereich oder durch die Verbindung mit einem Grundkurs Diakonie bzw. mit einem fächerübergreifenden Seminarkurs.[18]

Nach Helmut Hanisch besteht die didaktische Struktur solcher unterrichtlich begleiteter Praktika:

»– in der Sensibilisierung junger Menschen für diejenigen, die ohne fremde Hilfe nicht leben können,
- in der Wahrnehmung persönlicher Motive, die die Grundlage diakonischen Handelns darstellen,
- in der anschaulichen Entfaltung des theologischen Fundaments dessen, was ›diakonein‹ im Neuen Testament bedeutet,
- im Kennenlernen diakonischen Handelns im persönlichen und institutionellen Bereich und
- in der Weckung der Bereitschaft, diakonisches Handeln mitzutragen und zu unterstützen.«[19]

Eine Ausweitung dieser Zielsetzung und besonders der damit verbundenen Inhalte ergibt sich aus der Einführung eines ganzen Diakoniecurriculums für die Klassen 5–13[20] oder der Einrichtung eines Kernfachs Diakonie als Schulprojekt ab Klasse 9.[21] Die Verbindung von praktischen Erfahrungen und unterrichtlicher Reflexion bleibt für die gesamte Unterrichtszeit konstitutiv. Es erfolgt eine Einführung in mehrere Praxisfelder und unterschiedliche Arten des Helfens. Im Unterricht werden ethische Grundlagen und Probleme des Helfens behandelt ebenso wie Sozialstaat, Sozialrecht und ökonomische sowie politische Fragen. Die biblischen Grundlagen und die Geschichte der Diakonie kommen ausführlicher zur Darstellung. Zusätzlich gibt es Möglichkeiten zur Verbesserung kommunikativer Fähigkeiten sowie Gelegenheiten zu gottesdienstlichen Feiern sowie zu spiritueller Erfahrung. Das bekannte Zielspektrum wird erweitert durch: die soziale Rolle des Christentums in Geschichte und Gegen-

18 Vgl. den Überblick von Gottfried Adam, Diakonisches Lernen in Schule und Gemeinde, in: GlLern 15 (2000), 72–77. Britta von Schubert: Grundkurs Diakonie, in: GlLern 15 (2000), 88–98.
19 Helmut Hanisch: Dimensionen diakonischen Lernens, in: Schule und Diakonie, Diakonie Dokumentation 03/00, 11–18, erhältlich über: vertrieb@diakonie.de.
20 So am Evangelischen Firstwaldgymnasium in Mössingen. Vgl. Regine Walter: Diakonie als Bildungsinhalt und Profil einer Schule, in: ZPT 54 (2002), 63–72.
21 So am Evangelischen Schulzentrum in Michelbach/Bilz. Vgl. Reinhart Gronbach: Kernfach Diakonie. Das Michelbacher-Modell für soziales Handeln und Lernen, in: Annebelle Pithan/Gottfried Adam/Roland Kollmann (Hg.): Handbuch Integrative Religionspädagogik, Gütersloh 2002, 386–395.

wart, Konzepte einer zivilgesellschaftlichen Kultur des Helfens, die Reflexion anthropologischer Grundlagen, z.B. der Geschöpflichkeit des geschädigten Menschen, und zentraler Glaubensfragen, z.B. des Theodizeeproblems.

Die Umsetzung ähnlicher Bestrebungen in staatlichen Schulen ist nicht immer einfach.[22] Meist geht die Initiative vom Religions- oder Ethikunterricht aus. Anlässe sind u.a. Projekttage für einzelne Klassen oder ganze Schulen oder Berufsfindungspraktika. Gelegentlich gelingt auch die Gründung einer Sozial-AG oder die Motivierung besonderer Gruppen wie Schülervertretungs- oder -zeitungs-AG. In jedem Fall muss die Zustimmung des Lehrerkollegiums und der Schulleitung gewonnen werden. Empfehlenswert ist die Einbeziehung mehrerer Wohlfahrtsverbände sowie die Gründung eines Runden Tischs aller Mitverantwortlichen. Die Eltern sind zu informieren. Aufgrund dieser Erfahrungen hat das Diakonische Werk begonnen, Modelle der Kooperation von Schule und Diakonie zu entwickeln und diese auf einem Bildungsforum in Bielefeld (Oktober 2002) vorgestellt. Geplant ist hier auch die Einbeziehung von Schulverwaltungen und Ministerien mit dem Ziel einer Einrichtung diakonisch-sozialer Lernbereiche in öffentlichen Schulen.[23]

Die Öffentlichkeitsabteilungen diakonischer Einrichtungen haben neuerdings ihrerseits damit begonnen, gezielte Angebote für Jugendliche und Schulen zu entwickeln. Über die traditionellen Broschüren, Videos und Unterrichtshilfen in den hauseigenen Zeitschriften hinaus bieten sie Erlebnis- und Lernmodule zur Auswahl für Schulen an. Dazu gehören u.a. eine Rallye durch die Einrichtung, eine Handlungs-Olympiade (spielerisches Leben mit Behinderung), das Sammeln von Sachspenden, Lernstraßen und Freiarbeitsmaterialien sowie Computerclubs mit Chatroom und Internetforen.[24] Ziele sind hier: Kennenlernen der Einrichtungen und der darin lebenden Men-

---

22 Vgl. zum Folgenden: Gerda Leitmann: Projekt Soziales Lernen, in: Schule und Diakonie, loc.cit., 25–35.
23 In Baden-Württemberg wurden in 2001/2002 in den staatlichen Akademien mehrere zentrale Fortbildungs-Tagungen zum Thema »Soziales Handeln und Lernen« durchgeführt, in denen verschiedene Organisationsmodelle für staatliche Schulen vorgestellt wurden, z.B. das »Alpirsbacher Modell«, bei dem Besuche und Wochenendpraktika mit einem Unterrichtsblock am Nachmittag verbunden sind, für den die Fächer Deutsch, Gemeinschaftskunde und Religion bzw. Ethik je eine Stunde abgeben.
24 Vgl. Wolfgang Kern: Vorstellung der Informationsarbeit des Evangelischen Johannesstifts gegenüber der Zielgruppe »Schule«, in: Schule und Diakonie, loc.cit., 43–49.

schen, Verstehen der Motive diakonischen Handelns, Impulse für soziales Verhalten und eine soziale Kultur, das Gewinnen von Freunden, Fürsprechern und natürlich auch potenzieller Sponsoren. Die guten Erfahrungen mit sozial-diakonischen Praktika in Schulen haben Mitarbeiter des Diakonischen Werks veranlasst, zusammen mit anderen Trägern eine Agentur für soziales Lernen[25] zu gründen, die neben unterrichts- und schulbezogenen Aktivitäten auch Ausbildungsbetrieben und Hochschulen Organisationshilfen für die Durchführung sozialer Praktika anbietet sowie Einführungs- und Auswertungsveranstaltungen unterstützt. So lernen z.B. angehende Bankkaufleute die Situation von Obdachlosen kennen und Handwerker machen sich Gedanken über geeignete Arbeitsabläufe für geistig Behinderte. Studierende der Sozial- und Verhaltenswissenschaften können dank dieser Hilfe ihre Praktika nicht nur in Schulen oder Kindergärten, sondern auch in Einrichtungen für Behinderte oder Pflegebedürftige ableisten. Ein Problem dieser kurzen Sozialpraktika ist allerdings die geringe Verankerung im sonstigen Lebens- und Lernkontext der Teilnehmenden.

Im Religionsunterricht ist das Thema Diakonie seit den Anfängen der so genannten Problemorientierung fast überall fest verankert.[26] Informationen über die verschiedenen Arbeitsfelder der Diakonie verbinden sich mit empathiefördernden und identifikatorischen Lernprozessen, die hilfsbedürftige Menschen in den Mittelpunkt stellen. Die Schulbücher stellen die Geschichte der Diakonie, Lebensbilder der Gründer und Gründerinnen und deren Konzepte sowie Ziele und Motive diakonischen Handelns dar. Die neueren Arbeitsmaterialien unterstützen insbesondere die Selbstorganisation und die kommunikativen Fähigkeiten der Lernenden.[27] Gesellschaftliche Ursachen von Marginalisierung, Hilfsbedürftigkeit und Menschenrechtsverletzungen werden – traditionell – an Problemen der Dritten Welt und Aktivitäten von »Brot für die Welt« behandelt. Neuerdings kommen sie auch im Zusammenhang mit Behinderung, Migration, Obdachlosigkeit, Armut, Arbeitslosigkeit und Drogenkonsum zur Sprache. Solide Informationen über Rechtsverhältnisse

---

25 Mehrwert Agentur für soziales Lernen, Firnhaberstraße 14, 70174 Stuttgart. www.agentur-mehrwert.de.
26 Siehe die Dokumentation für alle Schulstufen: Diakonie-Lernen. Auswahlbibliographie von Materialien für den Religionsunterricht, Konfirmandenunterricht und Christenlehre, bearbeitet von Markus Wild, unter Mitarbeit von Uwe Becker/Gerhard Büttner u.a., hg.v. Diakonischen Werk der EKD, Stuttgart 1998.
27 Vgl. die Themenhefte der Zeitschrift RELIPRAX.

und sozialstaatliche Strukturen fehlen ebenso wie Problemfelder sozialer Gerechtigkeit im Kontext von europäischer Integration und ökonomischer Globalisierung. Allenfalls gibt es diesbezügliche Versuche in Diakoniekursen der Oberstufe.
Die diakonischen Impulse, die im 18. und 19. Jh. zu erzieherischen Bemühungen um Menschen mit Behinderungen und schließlich zur Sonderpädagogik führten, setzen sich heute in Konzepten und Versuchen integrativer Erziehung fort, die zwar nicht in Diakonie und Kirche entstanden sind, hier aber schnell Fuß fassen konnten. Zusammen leben, arbeiten und lernen ist die große Herausforderung in allen gesellschaftlichen Bereichen, in Arbeit und Freizeit und ganz besonders in allen Bildungseinrichtungen. Das kürzlich erschienene Handbuch »Integrative Religionspädagogik«[28] erörtert nach den theologischen und pädagogischen Grundlagen die Situation und die Aufgabenstellung, ausgehend vom Elementarbereich über Schule, Arbeitswelt, Kirchengemeinde bis zur Aus- und Fortbildung und zur Gestaltung von Gemeinwesen. Integrative Bildung nötigt zu einer Umgestaltung aller Verhältnisse und Institutionen zu einer diakonischen Lebenskultur, in der sich jeder und jede als unendlich wertvoll erfahren kann, weil Gott und Mensch unwiderruflich das »Du gehörst zu uns« sagen und praktizieren.

4. Konturen eines diakonischen Bildungsbegriffs

Gemeinhin werden die bisher genannten Aktivitäten als diakonisches *Lernen* bezeichnet. Lernen heißt Kenntnisse, Fähigkeiten und Fertigkeiten erwerben. Das Adjektiv *diakonisch* verweist auf die diakonischen Handlungsfelder der Kirchen, in denen zu agieren die Lernenden in Stand gesetzt werden sollen. Schon die Begründungen und Zielvorstellungen der diakonischen Praktika und noch mehr der Kurs- und Schulprofilkonzepte gehen aber erheblich über diakoniefunktionale Lernziele hinaus. Es geht um soziales Bewusstsein und Wissen, um Nächstenliebe, persönliche Sinnorientierung, Erfahrungen des Gebrauchtwerdens, Empathie, Toleranz, Dialogfähigkeit u.a.m. Damit sind Erwartungen formuliert, die in der deutschen pädagogischen Diskussion der pädagogischen Leitvorstellung *Bildung* zugeordnet sind, durch die das Lernen in den Horizont einer

---

28 Herausgegeben von Annebelle Pithan/Gottfried Adam/Roland Kollmann – mit dem Untertitel: Reflexionen und Impulse für Gesellschaft, Schule und Gemeinde, Gütersloh 2002.

sinn- und wertorientierten und damit humanen Lebensgestaltung gestellt ist. Der deutsche Bildungsbegriff, der an der Schwelle des 19. Jh. seine Konturen gewann,[29] steht in einem kritischen Verhältnis zu gesellschaftskonformem funktionalen Lernen. Dieser kritische Anspruch wird seit einigen Jahren wieder gegen einen Sprachgebrauch zur Geltung gebracht, nach dem Bildung schlicht die Gesamtheit aller Lernprozesse bezeichnet. Karl Ernst Nipkow hat 1990 mit fünf »Grundmerkmalen« wichtige Dimensionen des kritischen Bildungsbegriffs aufgezeigt.[30] Es sind a) der Bezug auf die Gesamtheit der gesellschaftlichen Lebensverhältnisse (»Bildung und Politik«); b) der Bezug bzw. die Hoffnung auf humanere und gerechtere Lebensverhältnisse (»Bildung und Utopie«); c) die Ausrichtung auf persönliche Mündigkeit und sittliche Selbstverantwortung (»Bildung und Subjektivität«); d) die Rückbindung an die geschichtlich wirksamen Überlieferungen und deren Interpretation (»Bildung und Überlieferung«) und e) die Einbindung des sich bildenden Individuums in die menschliche Sprachgemeinschaft als Verständigungsgemeinschaft (»Bildung und Verständigung«).[31] Bildung wurde damit zu einer umfassenden lebensgeschichtlichen und lebensbegleitenden Kategorie individueller Sinn- und Wertorientierung in sozial-ökologischen Kontexten, in deren Gefolge auch eine Umgestaltung der Schule zu einem Erfahrungs- und Handlungsraum gefordert werden musste. Durch den Bezug auf überlieferte Sinnpotenziale ist die hermeneutische Aufgabe unabweisbar, weshalb von einer ganzheitlich-erfahrungshermeneutischen Bildungskonzeption gesprochen werden kann. Die verschiedenen Projekte diakonischen Lernens fügen sich aufgrund ihrer didaktischen Grundprinzipien – Erfahrung, Verstehen, verantwortliches Handeln – nahtlos in diese Bildungskonzeption ein. Diakonische Bildung wäre dann nur ein vielleicht wünschenswerter Aspekt der intendierten geschichtsbewussten und erfahrungsbezogenen Identität, eine Konkretion der davon erhofften sozialen Verantwortlichkeit.

Die erfahrungshermeneutische Bildungskonzeption setzt freilich ein historisch-genetisches Verhältnis zwischen einer Überlieferungsgeschichte und den gegebenen Lebensverhältnissen voraus. Weil

---

29 Zur Geschichte: Ernst Lichtenstein, Art. »Bildung«, HWP 1 (1971), Sp. 921–937, bes. 926f.
30 Karl Ernst Nipkow: Bildung als Lebensbegleitung und Erneuerung, Gütersloh 1990, 32–36.
31 Seither ist die ökologische Perspektive hinzugekommen, die auch Nipkow (Bildung) schon angesprochen hatte.

das Gewordene selbst die Frucht einer Interpretationsgeschichte ist, können weitere erfahrungsbezogene Interpretationen auch erneuernde Impulse der fundierenden Tradition zur Wirkung bringen, so bestimmt es der hermeneutische Zirkel. Funktionale gesellschaftliche Differenzierung und radikale Pluralisierung haben aber die gegenwärtigen Lebensverhältnisse von ihrer Geschichte abgekoppelt. Die gesellschaftliche Entwicklung folgt primär funktionalen, nicht geschichtlichen Imperativen. Sie kann dennoch von überlieferungsabhängigen Impulsen beeinflusst werden, wenn genügend Menschen von der Relevanz und der Wirksamkeit dieser Impulse überzeugt sind.

Die Religionsdidaktik hat aufgrund dieser Situation ihre Subjektorientierung noch radikalisiert. Subjektive Selbstbestimmung wird nicht mehr als Ergebnis überlieferungs- und erfahrungsbezogener Bildungsprozesse gesehen, sondern als deren Voraussetzung. Schülerinnen und Schüler sind nicht Adressaten, sondern Autoren der eigenen Lernprozesse, nicht Produkte, sondern Konstrukteure ihrer Lebenswelt. Geschichte, Kultur, Kunst, Wertvorstellungen, religiöse Überlieferungen, Wissen und Kompetenzen sind Materialien individueller Identitätskonstruktion[32], die ganz unterschiedliche Ergebnisse haben kann.

Die zwischenmenschliche Verstehens- und Verständigungsaufgabe ist weiterhin virulent, jedoch erschwert. Pluralisierung und Funktionalisierung haben zwar die Forderung nach einem allgemein verbindlichen Bildungskanon obsolet gemacht, nicht aber die nach einem minimalen Bestand von Wissen, Fähigkeiten und Normen, der für die gesellschaftliche Verständigungs- und Handlungsfähigkeit unabdingbar ist. Dazu gehört ein ethischer Minimalkonsens, der neben den Grund- und Menschenrechten die verhaltenssichernden Alltagsregeln (z.B. nicht stehlen, töten, lügen usw.) sowie elementare Gerechtigkeitsnormen enthält. Zum Minimum zählen auch sprachliche, historische, mathematisch-naturwissenschaftliche und religiöse Grundkenntnisse.[33] Was darüber hinaus sinnstiftender und

---

32 Zu Subjektorientierung und Konstruktivismus, vgl. Hermann Josef Röhrig: Religionsunterricht mit geistig-behinderten Schülern – aber wie? Perspektivenwechsel zu einer subjektorientierten Religionsdidaktik, Neukirchen-Vluyn 1999, 179–233; Georg Hilger/Stephan Leimgruber/Hans-Georg Ziebertz: Religionsdidaktik, München 2001, 97–101.
33 Die konkrete Festlegung dieses Minimums führt immer wieder zu Diskussionen unter Pädagogen, Wissenschaftlern aller Richtungen und Bildungspolitikern. Letztlich wird aber politisch entschieden.

persönlichkeitsbestimmender Bildungsgehalt werden darf, ist von subjektiver Aneignung abhängig. Auch diese ereignet sich nicht willkürlich, sondern rückgebunden an Lebensbereiche, Beziehungen und Medien, die freilich in bunter Vielfalt nebeneinander bestehen und auch aufeinander einwirken. Subjektive Sinnkonstruktionen sind daher u. U. heterogen, prekär und auch zeitlich begrenzt, aber nicht willkürlich oder beliebig. Sie erwachsen aus Interaktionen mit anderen Menschen in Lebens- und Sachbereichen. Sie müssen gleichzeitig gesamtgesellschaftlich kommunizierbar und bis zu einem gewissen Grad auch plausibilisierbar sein.

Bildung vollzieht sich heute als eine reflexive Vermittlung subjektiver Erfahrung in einzelnen Lebensbereichen mit den pluralen gesellschaftlich-kulturellen Kommunikationen, nicht mehr als bloß subjektive Aneignung gesellschaftlich anerkannter Kulturbestände. *Diakonische Bildung besteht demnach in einer sinn- und wertorientierten reflexiven Durchdringung diakonischer Handlungsfelder und Herausforderungen unter Beachtung ihrer Vermittelbarkeit in gesellschaftlichen Diskursen.* Als solche ist sie ein Angebot kontextuellen Lernens, das den oben genannten Minimalbestand überschreitet und die Chance diakonisch reflektierter Subjektivität eröffnet, die auch über Kollektive kulturelle Anerkennung finden kann. Kontextuelles Lernen vollzieht sich hier als begleitete, handlungs- und reflexionsorientierte Begegnung mit Menschen in Notlagen, in Situationen des Helfens und der Hilfsbedürftigkeit sowie mit kulturellen, institutionellen und gesellschaftlichen Ausprägungen diakonisch-sozialer Arbeit.

Diese Bestimmung des diakonischen Bildungsbegriffs bestätigt die bisherige Stellung diakonisch-sozialer Praktika in Handlungsfeldern und die damit arrangierten Begegnungen mit hilfsbedürftigen Menschen. Gleichzeitig legitimiert sie die Verknüpfung von Theorie und Praxis, wie sie in Diakoniekursen und Schulprofilen vorgesehen ist. Praktika allein mit Einführung und Nachbereitung können ein guter Anstoß sein und auch wertvolle Einsichten vermitteln, genügen aber dem Anspruch diakonischer Bildung nicht. Denn eine reflexive Durchdringung der Handlungsfelder schließt zum einen eine Auseinandersetzung mit den Motiven und Lebensgeschichten der Helfenden und der Hilfsbedürftigen, mit ihren Erinnerungen, Erfolgen und Niederlagen, mit ihren positiven und negativen Leitbildern ein. Zum andern ist die gesellschaftliche Situation mit ihren rechtlichen, ökonomischen und moralischen Strukturen zu erfassen, die das Hilfe-Leisten und Hilfe-Empfangen ermöglichen und begrenzen. Zum dritten sind die einschlägigen Traditionen, Normen und Werte eigenständig zu erschließen, obgleich sie schon in den Personen und den Strukturen mehr oder weniger deutlich begegnen können. Aber hier sind sie bereits in festgefügte Lebenskontexte und kulturelle Formen eingebunden, die sie relativieren und selektieren. Ihr ganzes, auch veränderndes Potenzial können sie nur entfalten, wenn sie in ihren Ursprüngen und in ihrer geschichtlichen Entwicklung sichtbar werden. Aus Traditionen und Erfahrungen zusammen erwächst das Ethos diakonischer Praxis, das zu erschließen und sich anzueignen allen Lernenden ihren Verstehensmöglichkeiten entsprechend möglich sein sollte.

Neben den neutestamentlichen Grundlagen der Diakonie, mit deren Hilfe sich ein »universales Hilfsethos« realistisch konzipieren lässt[34], ist es insbesondere das »konnektive« Gerechtigkeitsdenken[35] des Alten Testaments, das die jeweils bestehenden Gerechtigkeitsverhältnisse kritisch zu überschreiten veranlassen sollte. Denn über Gesetzestreue, Verteilungs- und Tauschgerechtigkeit (Aristoteles), die Grundlagen des säkularen Gerechtigkeitsdenkens, hinaus postuliert das Alte Testament mit den zusammengehörigen Begriffen Zedaka (Gerechtigkeit) und Schalom (Friede) ein durch Gott begründetes Gemeinschaftsverhältnis, das durch »aktive, kommunikative und intentionale Solidarität geprägt«[36] ist. Das jeweils geltende Recht bleibt hinter diesem Gemeinschaftsverhältnis insofern zurück, als es die Differenz zwischen Schwächeren und Stärkeren nicht aufheben kann, wenn die Prinzipien Freiheit und Gleichheit gleichermaßen gelten. Das Recht legitimiert dann wachsende Ungleichheiten, obwohl es jedem das Seine proportional zubilligt. Aus der prophetischen Intervention für die Schwachen wird so notwendigerweise die (eschatologische) Verheißung solidarischer Lebensverhältnisse, in der die Dialektik von Freiheit und Gleichheit zu ihrem Ziel kommt. Diese Verheißung begründet eine generelle »Option für die Armen« als Richtschnur für eine dynamische Rechtsentwicklung und als Grundlage diakonisch-sozialer Praxis. Weil zu den Armen auch die beschädigte und seufzende Kreatur gehört, ist neben Gerechtigkeit und Frieden (im biblischen Sinn) die Bewahrung der Schöpfung das dritte Leitmotiv des diakonischen Ethos.[37]

34 Gerd Theißen: Universales Hilfsethos im Neuen Testament. Mt 25,31–46 und Lk 10,25–37 und das christliche Verständnis des Helfens, in: GlLern 15 (2000), 22–37.
35 So die Charakterisierung durch Wolfgang Huber: Gerechtigkeit und Recht, Grundlinien christlicher Rechtsethik, Gütersloh ²1999, 159–162 – im Anschluss an Jan Assmann: Ma'at. Gerechtigkeit und Unsterblichkeit im Alten Ägypten, München 1990, 60 ff.
36 So Huber: Gerechtigkeit, 160.
37 Wie auch des konziliaren Prozesses: Schlussdokument der Weltversammlung für Gerechtigkeit, Frieden und die Bewahrung der Schöpfung in Seoul, Korea, März 1990, in: epd Dokumentation Nr. 1b, Frankfurt a.M. 1990.

5. Entwicklungspsychologische Voraussetzungen

Die Psychologie des Helfens ist noch wenig erforscht, während kritische Gesichtspunkte wie Hilfe als Machtausübung, als Ersatz für sonst fehlende Selbstbestätigung (Helfersyndrom) oder als Überlebens- bzw. Fortpflanzungsstrategie (Soziobiologie) in aller Munde sind. Von einem ursprünglichen Hilfe-Motiv, das bei alltäglichen Interaktionen mit Hilfsbedürftigen in bestimmten Mustern wirksam wird, kann ausgegangen werden.[38] Die Empathieforschung bestätigt eine von der sozialkognitiven Entwicklung abhängige Differenzierung der Wahrnehmung innerer Befindlichkeiten und Situationen von Hilfsbedürftigen, die mit der Adoleszenz erreicht wird. Sie weist aber auch Abwehr- und Abwertungsmechanismen in Situationen persönlicher Überforderung und eigener Hilflosigkeit nach. Die Theorie der Entwicklung des moralischen Denkens berücksichtigt das Helfen nicht. Sie erfasst aber Gerechtigkeitskonzepte, jedoch in unzureichender Weise. Denn allein auf den letzten beiden Stufen, die nur von den wenigsten Menschen je erreicht werden, könnte Gerechtigkeit als eine allgemein gültige Norm verstanden werden, zuvor aber nur in Bezug auf Autoritäten, Bezugspersonen oder geltende Gesetze. Dem widersprechen Piagets Einsichten, nach denen Kinder schon ab dem Grundschulalter zunehmend komplexe Gerechtigkeitsvorstellungen entwickeln.[39] Neuerdings hat G. Minnameier eine strukturgenetische Entwicklungstheorie vorgelegt, die an Piaget anknüpft. Danach erkennen schon Kinder aus ihrer subjektiven Perspektive die Andersartigkeit der Ansprüche von Bezugspersonen und versuchen zunächst einen schematischen »gerechten« Ausgleich, bevor sie aus einem übergreifenden Gerechtigkeitskonzept verbindliche Regeln gewinnen. Auf einem weiteren Entwicklungsniveau können Jugendliche zwischen unterschiedlichen Vorstellungen proportionale Gerechtigkeitsvorstellungen erreichen.[40]

---

38 Es sind: Helfen als Randereignis, als wechselseitige Vorteilsgewährung, als Zupacken in akuten Notsituationen und als Ausdruck normativer Orientierung. Vgl. Hans Werner Bierhoff: Motivation prosozialer Aktivität, in: Hans Thomae (Hg.): Psychologie der Motive, Göttingen 1996, 440–504.
39 Jean Piaget: Das moralische Urteil beim Kinde, Zürich 1954.
40 Gerhard Minnameier: Strukturgenese moralischen Denkens, Mainz 2000. Eine erste gerechtigkeitspädagogische Auswertung bei Heinz Schmidt: Gerechtigkeit und diakonisches Lernen, in: Peter Dabrock/Traugott Jähnichen/Lars Klinnert/Wolfgang Maaser (Hg.): Kriterien der Gerechtigkeit. Begründungen – Anwendungen – Vermittlungen (FS Ch. Frey), Gütersloh 2003, 413–429.

Dem neuen Konzept fehlen noch die psychologisch-methodische Ausgestaltung und die empirische Überprüfung.

6. Didaktik diakonischer Bildung als Desiderat

Ansätze zu einer Didaktik diakonischer Bildung zeigen sich sowohl in den ersten Konzepten der oben erwähnten Grund- und Seminarkurse wie der Profilfächer Diakonie, insoweit bestimmte Lerninhalte zu sachlich begründeten Unterrichtseinheiten zusammengefasst, nach Schwierigkeitsgraden angeordnet und Zielvorstellungen zugeordnet sind. Für die inhaltliche Auswahl sind einerseits die durch die Praxisphasen zugänglichen Erfahrungsfelder maßgebend, andererseits die dort virulenten Wissensbestände und Wertorientierungen. Hierbei folgen die jeweiligen Verantwortlichen weitgehend den Vorgaben der diakoniewissenschaftlichen und sonstigen fachwissenschaftlichen Literatur (Soziologie, Politikwissenschaft, Medizin, Psychologie, Gerontologie usw.). Dokumentationen von zuständigen Behörden, Einrichtungen, Verbänden und auch Selbsthilfegruppen werden eifrig benutzt. Insgesamt lässt sich eine fast ausschließliche Sach- und Wissenschaftsorientierung feststellen. Die Implementierung oder auch Entwicklung didaktischer Kategorien und pädagogischer Methoden steht noch am Anfang. Einzelne Unterrichtsmaterialien haben Anregungen aus der Didaktik und Methodik des Religions- bzw. Ethikunterrichts übernommen. In Anleitungen für diakonische Praktika und diesbezüglichen Berichten finden sich Hinweise auf erlebnispädagogische Ansätze. Zunächst sollten die bewährten Ansätze aus dem Religions- und Ethikunterricht für diakonische Bildung fruchtbar gemacht werden. Zu denken ist in erster Linie an Bibeldidaktik einschließlich narrativer Methoden, Problem- und Erfahrungsorientierung, Elementarisierung, Symboldidaktik, Dilemma-Diskussionen, sokratische Didaktik und moralische Argumentation. Dass die Handlungsorientierung als übergeordnete didaktische Perspektive zu gelten hat, die eine genaue Wahrnehmung und emotionale Beteiligung voraussetzt, dürfte für diakonisches Lernen unbestreitbar sein.

7. Literatur zur Weiterarbeit

Schule und Diakonie. Orte sozialen Lernens. Informationen und Materialien aus dem Diakonischen Werk der EKD 3/00, auch unter www.diakonie.de. Zum Thema diakonische Bildung sind weitere Hefte zu erwarten.

Glaube und Lernen 15 (2000): Diakonie.

Handbuch zum Ökumenischen Sozialpraktikum. Eine Arbeitshilfe zur Einführung und Durchführung eines schuljahrbegleitenden Sozialpraktikums, erstellt von Beate Kopp-Engel/Martin Engel. Zu beziehen bei den Autoren: Lessingstr. 5, 75203 Königsbach-Stein (beatekoppengel@aol.com).

Hanisch, Helmut/Schmidt, Heinz (Hg.): Diakonische Bildung. Theorie und Empirie, Heidelberg 2004.

Pithan, Annebelle u.a. (Hg.): Handbuch Integrative Religionspädagogik, Gütersloh 2002.

Zeitschrift für Pädagogik und Theologie 54 (2002): Bildung und Diakonie.

Nützliche Adressen für weitere Materialbeschaffung:

Zentraler Vertrieb des Diakonischen Werks der EKD, Karlsruher Str. 11, 70771 Leinfelden-Echterdingen.

mehrwert Agentur für soziales Lernen, Firnhaberstraße 14, 70174 Stuttgart. wwww.agentur-mehrwert.de.

Diakoniewissenschaftliches Institut, Karlstr. 16, 69117 Heidelberg.

XXIV.
Aus-, Fort- und Weiterbildung in der Diakonie

HANNS-STEPHAN HAAS

1. Einführung

Die Bedeutung von Aus-, Fort- und Weiterbildung ist heute weit über die Diakonie hinaus in der Gesellschaft unbestritten. Drei Schlaglichter können die Relevanz verdeutlichen:
- Der gesellschaftliche Zusammenhang von Ausbildungsstand und Arbeitslosigkeit ist erwiesen. Bildung gilt als der beste Schutz gegen Arbeitslosigkeit.[1] So waren im Jahr 2000 nur 3% aller Hochschulabsolventen arbeitslos, nur jeder zwölfte Meister war auf Arbeitssuche. Umgekehrt steigt unter den Arbeitslosen der Anteil der Geringqualifizierten. Während etwa Anfang der 1990er Jahre nur jeder Siebte ohne abgeschlossene Ausbildung keine Arbeit fand, so war im Jahre 2001 bereits jeder Vierte von ihnen ohne Anstellung. Mit steigender Tendenz wächst der Anteil der Geringqualifizierten an der Arbeitslosenquote (z.Zt. bei 37%) und offenbart damit die Relevanz der Aus- und Weiterbildung als arbeitsmarktpolitisches Postulat ersten Ranges. Auch für die Diakonie beinhaltet dies die Praxisanforderung, Bildungsarbeit umfassend als verantwortete Soziale Arbeit begreifen zu müssen.
- Berufsbiographien sind heute zunehmend durch lebenslanges Lernen geprägt. War noch bis vor wenigen Jahrzehnten der berufliche Weg durch eine klassische Zweiteilung von grundständiger Ausbildung und Berufsausübung geprägt, so tritt heute an die Stelle ein iteratives Phasenmodell von Lernen und beruflichem Einsatz. In fast keinem Praxisbereich kommt man mit dem einmal Gelernten aus. Entsprechend hat sich eine Fülle von Lernorganisationsformen gebildet, die diesem Modell des lebenslangen Lernens Leben verleihen: Neben die Weiterbildung zur Einarbeitung (»into the job«) sind die unterschiedlichen Arten der berufsbeglei-

---

[1] Das folgende Zahlenmaterial ist dem Informationsdienst des Instituts der deutschen Wirtschaft (iwd), 28. Oktober 2002, entnommen. Zu neuesten Zahlen siehe: www.iwkoeln.de.

tenden Bildungsansätze (»on the job«, »near the job«, »off the job«) und schließlich die Begleitung aus dem Beruf heraus (»out of the job«) getreten. Zusammengenommen sind sie zentrale Bestandteile eines »Integrierten Personal-Managements«[2]. Weiterbildung spielt dabei nicht nur eine Rolle für die Effizienz der Arbeit, sondern ist zugleich auch ein Schlüsselfaktor für die Zufriedenheit der Mitarbeitenden.

Fasst man es präziser, muss man dabei heute nicht nur von einem lebenslangen Lernen, sondern eher von einem lebenslangen *Neu*lernen sprechen. Immer weniger Menschen beschließen ihren beruflichen Weg in der Profession, die sie ursprünglich einmal gelernt haben. Ob als Zwang oder als selbst gewählte Chance wird der Berufswechsel zum durchschnittsbiografischen Ereignis und Weiterbildung damit zum Grundphänomen unserer Wissensgesellschaft.

– Schließlich braucht, mit besonderer Relevanz für den sozialen Bereich, nur kurz daran erinnert werden, dass viele Berufe von einer so kurzen Verweildauer geprägt sind, dass Aus- und Weiterbildung eine zunehmend zentrale Rolle spielen. Dem Pflegenotstand wird so etwa nicht beizukommen sein, wenn nicht neue Bildungswege eröffnet werden, auf denen Menschen den Zugang in dieses Arbeitsfeld finden und zugleich die Bedeutung der Bildungsarbeit für die berufliche Motivation verantwortet wird.

2. Historische Dimensionen

2.1 *Diakoniegeschichtliche Zugänge*

Für die Diakonie ergibt sich die Notwendigkeit von Aus-, Fort- und Weiterbildung nicht erst durch Herausforderungen der Gegenwart. Die Diakonie weiß aus Tradition um die Notwendigkeit des Lernens für ein verantwortliches Handeln aus Glauben.

2.1.1 *Biblische Bezüge*

Wichtiger als biblische Einzelbelege, in denen die Bedeutung des Lernens und die Verantwortung zur Weitergabe von Tradition und Erfahrung betont werden, ist der grundsätzliche Stellenwert von Lernen und Bildung in der Bibel. Für den jüdischen Glauben besteht

---

[2] Vgl. Martin Hilb: Integriertes Personal-Management. Ziele – Strategien – Instrumente, Neuwied 2002.

zwischen dem verantworteten sozialen Handeln und der Erfahrung der Befreiung aus der Sklaverei ein innerer Zusammenhang, der sich zur Bildungsverpflichtung der kommenden Generation gegenüber verdichtet:

»Wenn dich nun dein Sohn morgen fragen wird: Was sind das für Vermahnungen, Gebote und Rechte, die euch der Herr, unser Gott, geboten hat?, so sollst du deinem Sohn sagen: Wir waren Knechte des Pharao in Ägypten, und der Herr führte uns aus Ägypten mit mächtiger Hand [...] Und der Herr hat uns geboten, nach all diesen Rechten zu tun [...]« (Dtn 6,20ff.).

Soziales Handeln aus Glauben ergibt sich schon für den ersten Bund weder als eine menschliche Selbstverständlichkeit noch als Reaktion auf einen autoritären Befehl. Soziales Handeln setzt Lernen voraus, das über rein kognitive Aneignung hinaus auch die innere Annahme bedeutet.

Entsprechend vermittelt Jesus später seine Botschaft wesentlich im Zusammenhang eines gemeinsamen Lernens. Zusammen mit seinen Jüngern befindet er sich auf einem Lernweg, der alle Ebenen eines ganzheitlichen Lernens umfasst: Die Jünger sehen, was sie hören; sie erfahren an sich selbst, wozu sie aufgefordert werden; sie können leben, was sie verstanden haben. In seinem Zentrum ist dieses Lernen soziales Lernen: Zur Gemeinschaft derer, die Jesus nachfolgen, gehören gleichberechtigt Frauen, die Jesus immer wieder zum Vorbild werden läßt (z.B. Mk 14,9). Kinder werden im Gegensatz zur damals gängigen Auffassung geradezu zum Lernparadigma (Mk 10,15). Menschen mit Behinderungen und Kranke erfahren nicht nur Hilfe und Heilung; sie erleben auch nicht nur selbst die Befreiung von Vorurteilen und Stigmatisierungen (Lk 13,4) in der Verkündigung und dem Handeln Jesu; mehr noch werden sie selbst zum Lehrsubjekt für andere, die in solchen Vorurteilen verstrickt sind.

Es kann als Konsequenz dieses Lernens verstanden werden, dass schon in den ersten Gemeinden Menschen in soziale Funktionen berufen wurden. Neben den »Bischöfen« erwähnt so schon Phil 1,1 die »Diakone«, und die Apostelgeschichte berichtet von der Einsetzung des später in der Tradition als Diakone verstandenen Siebenerkreises durch und neben den Aposteln (Apg 6,1ff.). So sicher hier keine in unserem Verständnis zu identifizierenden Berufe mit entsprechender Ausbildung zu erkennen sind, finden wir hier und anderenorts doch schon deutliche Hinweise darauf, dass Lernen für die ersten Christen ebenso prägend war wie das deutliche Gespür für funktionale Differenzierungen.

2.1.2 Diakoniegeschichtliche Erinnerungen

Erst im Laufe der späteren Geschichte sollte der Zusammenhang von beruflicher Qualifizierung und verantwortetem sozialem Tun immer enger und ausdrücklicher werden. Deutliche Wurzeln können aber bereits in der monastischen Tradition gesehen werden und in den vielen Reformbewegungen des Christentums, die sich durch die soziale Not ihrer jeweiligen Zeit herausgefordert sahen. In ihnen bilden sich eine Reihe von Berufen heraus, die für die Soziale Arbeit tragend sind; vor allem aber wird schon hier deutlich, dass es zur Berufsausübung auch der qualifizierten Bildung bedarf. Nicht zufällig finden so Bildungsarbeit und karitative Tätigkeit im Kloster ihr gemeinsames Dach.

Dennoch kann mit Vorläufern im Pietismus vor allem das 19. Jh. als der entscheidende Meilenstein in der Entwicklung der berufsqualifizierenden Ausbildung zu pflegerischen und sozialen Berufen gesehen werden. Elisabeth Fry brach 1817 der sozialen Arbeit in den Gefängnissen Bahn, so wie es später Florence Nightingale (1820–1914) für die moderne Krankenpflege tat. Johann Hinrich Wicherns Breitenwirkung wäre nicht zu erklären, wenn er nicht mit seinen »Brüdern« eine soziale Not nach der anderen anging. Eben diese Brüder, aus denen sich die späteren Diakone entwickelten, wurden in einer erstaunlichen Intensität für ihre beruflichen Aufgaben ausgebildet und blieben lebenslang in verbindenden Lerngemeinschaften. Das Modell der differenzierten und am jeweiligen Praxisbedarf orientierten Bildung, die der ständigen Weiterentwicklung bedarf, kann so schon in Wichern ihren frühen Vertreter entdecken. Vor allem aber waren es Friederike und Theodor Fliedner, die der weiblichen Diakonie dadurch zu ihrem Durchbruch verhalfen, dass sie solide berufliche Bildungsgänge auf die sozialen Notlagen ihrer Zeit bezogen. Diese Bildungsarbeit, die zugleich in einen größeren Lebenszusammenhang eingebettet war, stand in der Perspektive einer effektiven Hilfe für die Betroffenen und der Verwirklichung einer Sinn gebenden und gesellschaftlich anerkannten Tätigkeit für die Träger sozialer, pädagogischer und pflegerischer Berufe selbst. Noch dürfte es viel zu wenig gesehen sein, dass insbesondere die Brüderhäuser und die Mutterhausdiakonie einen Quantensprung in der Berufsbildungsgeschichte darstellen.

Es sind so innere Gründe und geschichtliche Tradition, die die besondere Bedeutung der Aus-, Fort- und Weiterbildung für die diakonischen Handlungsfelder begründen. Immer wieder wurden in der Geschichte der Diakonie diese Herausforderungen ernst genommen und auf neue Herausforderungen bezogen. So bildeten sich beispielsweise schon zu Beginn des 20. Jh. die ersten Seminare und Schulen zur Ausbildung von Berufsarbeiterinnen der Inneren Mission.[3] Aus den Sozialen Frauenschulen in diakonischer Trägerschaft entstanden die »Wohlfahrtsschulen«, die weit über den Raum der Inneren Mission hinaus ihre Ausbildungsverantwortung auch für den staatlichen Bereich wahrnahmen und eine hervorragende Anerkennung genossen. Eine deutliche Antwort auf die Bildungsverantwortung in einer ständig sich professionalisierenden Sozialen Arbeit und Pflegewissenschaft stellen auch die Evangelischen Fachhochschulen dar. Den vielfältigen Anforderungen einer notwendigen theologischen Begründungsarbeit, einer professionellen Managementausbildung und Praxis bezogenen Weiterbildung, schließlich einer feldspezifischen Fortbildung widmen sich neben dem Diakoniewissenschaftlichen Institut (Heidelberg), der Diakonischen Akademie Deutschland (Berlin) und unternehmenseigenen Instituten eine Fülle von kaum mehr zu überschauenden Instituten, Verbänden und Verbandsabteilungen.

Der Versuch, diesen Organisationen in einer Bundesarbeitsgemeinschaft der Fort- und Weiterbildungsträger in der Diakonie eine gemeinsame Plattform zu geben und zugleich der inhaltlichen Arbeit verbindliche Qualitätskriterien für Bildungsarbeit zu geben, gehört zur jüngsten Geschichte dieses Teils der Diakonie. Sie verweist zugleich auf das später noch zu behandelnde Grundproblem, wer heute eigentlich den Bereich der Bildungsarbeit in der Diakonie verantwortet, der zu zentral sein dürfte, um allein einer zufälligen Entwicklung überlassen zu bleiben.

2.2 Die Entwicklung der Weiterbildung im bundesrepublikanischen Kontext

Spätestens seit PISA ist Bildung zu einem gesellschaftlich allgemein virulenten Thema geworden. Dabei stehen gegenwärtig andere Bereiche als die der Weiterbildung im Zentrum. Der Schwerpunkt des Interesses liegt zunächst bei den Lebensphasen, die für die individuelle Lernbiografie als besonders relevant angesehen werden müssen. Da der Bereich der Weiterbildung aber von wachsender, nicht nur ökonomischer Bedeutung ist, lohnt es, die Entwicklung der Weiterbildung[4] kurz geschichtlich zu skizzieren und einige Konsequenzen zu ziehen.

---

3 Vgl. z.B. Erich Beyreuther: Geschichte der Diakonie und Inneren Mission in der Neuzeit, Berlin ³1983, 184f.
4 Vgl. zum Folgenden vor allem Horst Siebert: Erwachsenenbildung und Weiterbildung, in: Leo Roth (Hg.): Pädagogik. Handbuch für Studium und Praxis, München ²2001, 704–714.

Dass Erwachsene gelernt, Bildung erworben und vermittelt haben, ist so alt wie die Menschheit selbst. Dennoch setzt die Entwicklung der modernen, stärker institutionalisierten Weiterbildung später ein und hat hier ökonomische und politische Ursachen, die uns auf das Ende des 18. Jh. führen. Auf der einen Seite schuf die Industrialisierung einen Bedarf an beruflicher Qualifikation, und auf der anderen Seite entstand im Zuge der Demokratisierungsbewegung eine wachsende Notwendigkeit politischer Urteilsbildung. In dem sich bildenden differenzierten und institutionalisierten Bildungssystem war die Weiterbildung ein Subsystem, das von Anfang an neben der bürgerlich-liberalen Volksbildung und der sozialistischen Arbeiterbildung durch die christlich-karitative Erwachsenenbildung geprägt war. Der Staat selbst hat auf diesem Gebiet keine aktive Bildungspolitik betrieben und erst in der Weimarer Zeit die Volkshochschulen finanziell und politisch gefördert.

Führte die Zeit des Nationalsozialismus und des Krieges auch in der institutionellen Weiterbildung zu Missbrauch (»Kraft durch Freude«) und Abbruch, so bauten die Militärregierungen nach Kriegsende in allen vier Besatzungszonen insbesondere die Volkshochschulen als Orte der demokratischen »Re-education« auf. Die Bildung der Arbeitnehmer wurde etwa durch die »Bildungsvereinigung Arbeit und Leben« u.a. als unverzichtbare Aufgabe wahrgenommen. Auch wenn es viele Angebote zur Berufsqualifikation gab, standen bis zu Anfang der 1960er Jahre kulturphilosophische Themen im Zentrum.

Dies änderte sich erst mit der in dieser Zeit einsetzenden »realistischen Wende«, die sich nicht an idealistischen Bildungsidealen orientierte, sondern vor allem an dem von Seiten der Wirtschaft definierten Qualifizierungsbedarf. Entsprechend wurden punktuelle Bildungsangebote immer stärker durch curricular ausgeformte, auf Abschlüsse orientierte Weiterbildungen ersetzt. Auch wenn dieses am Bedarf der Wirtschaft und Praxis orientierte »realistische« Bildungsverständnis zahlreich Kritik, z.B. an den Verschulungstendenzen und dem Fehlen politischer Bildung, und ebenso auch Gegenbewegungen hervorgerufen hat, ist der Trend zur Systematisierung und Rationalisierung der Weiterbildung mit starker Orientierung auf das Arbeitsleben ungebrochen und hat in jüngerer Zeit starken Auftrieb erfahren. Begünstigt wurde diese Entwicklung dadurch, dass neue Technologien Qualifizierungsschübe notwendig gemacht haben und auch die sozialpolitische Integration von gesellschaftlichen Problemgruppen stark über die Bildung für den Arbeitsmarkt gesucht wurde. Sozial- und arbeitsmarktpolitische Bemühungen sind damit für das gegenwärtige Weiterbildungsverständnis komplementär.

Der steigenden Bedeutung der Weiterbildung entspricht, dass sie als »vierter Bildungssektor« im öffentlichen Bildungssystem verstanden wird. Allerdings bedeutet dies nicht, dass der Staat sich verstärkt in diesem Bereich engagiert. Im Gegenteil ist es, von den erwähnten Versuchen zur Vorgabe von Qualitätsstandards abgesehen, zu beobachten, dass sich der Staat in diesem Bildungsbereich zunehmend aus der Finanzierung und Ordnungspolitik zurückzieht. An die Stelle einer Bildungspolitik treten damit, signifikant vielleicht für den gesamten Bildungsbereich, die Marktsteuerung und entsprechend die Verantwortung der Einzelnen für ihre eigene Weiterbildung.

2.3 Die Wissenschaftsgeschichte der Weiterbildung

Die Erwachsenenbildung als Wissenschaftsgebiet ist erst recht spät in den Focus der Pädagogik getreten. Erst die Anerkennung der Weiterbildung als gesellschaftlich anerkanntem Sektor des öffentlichen Bildungssystems mit der realistischen Wende schuf die Voraussetzung, der Erwachsenenbildung auch als Wissenschaft einen zentralen Stellenwert zu sichern. So wurden seit Mitte der 1960er Jahre an mehreren Universitäten Lehrstühle mit dem Schwerpunkt Erwachsenenbildung eingerichtet, seit Anfang der 1970er Jahre wurde an der Universität Bremen ein Fachbereich Weiterbildung aufgebaut.

Die Wissenschaftsgeschichte der Weiterbildung als Erwachsenenbildung vollzog mit ihrem Einsatz nach der realistischen Wende die Veränderung von einer geisteswissenschaftlich-hermeneutischen Pädagogik zu einer empirischen Erziehungswissenschaft. Zunächst standen dabei soziologische und psychologische Fragestellungen im Vordergrund. So untersuchte man bezogen auf die Bildung etwa Motive und Barrieren von Erwachsenen und fand Abhängigkeiten der Bildungsinteressen von Vorbildung, Beruf, Geschlecht, Alter etc. heraus. In psychologischer Perspektive wurde die Lernleistung von Erwachsenen untersucht und dabei die besondere Bedeutung soziokultureller Faktoren bestätigt. Das vergangene Jahrzehnt bereicherte die Fachdiskussion vor allem durch Methodenberücksichtigung (z.B. narrative Interviews, Biographieforschung), die der Verschiebung von einem empirisch-quantifizierenden hin zu einem qualitativ-hermeneutischen Paradigma entsprach. Indem der Beitrag der Bildung für die Entwicklung der Identität und die Bewältigung von Krisen betrachtet wird, gewinnt die Sozialisationsforschung eine entscheidende Rolle für die Pädagogik. Insbesondere das wachsende Interesse an der Wissenssoziologie und die damit zusammenhängende Einsicht in die zentrale Funktion von Bildung für die heutige Wissensgesellschaft hat eine Fülle von Studien angeregt, die die Effizienz von Bildungsarbeit z. T. umfassend und im Ländervergleich untersuchen. Von diesen Studien werden in den kommenden Jahren wesentliche Impulse ausgehen, die über die Fachdiskussion hinausgehend auch die Bildungspolitik entscheidend prägen werden.

Auch wenn die Geschichte der Erwachsenen- und Weiterbildung den Eindruck sich ablösender Orientierungen vermittelt, konkurrieren diese Grundverständnisse doch auch zugleich bis in die Gegenwart hinein zeitgleich miteinander. So stehen auch heute noch Bildungskonzepte, die sich dem Bildungsbedarf in Arbeitsleben und Wirtschaft verpflichtet sehen, stärker gesellschaftskritisch geprägten Ansätzen gegenüber, die die Weiterbildung im Kontext notwendiger gesellschaftlicher Veränderungen sehen. Letztlich steht hinter diesen Grundfragen die praxisrelevante Grundproblematik, nicht nur anzugeben, was Inhalt und Sinn von Weiterbildung ist, sondern vorgängig, wer dies überhaupt zu bestimmen hat. Diese vorausgehende Frage zu beantworten zieht nicht nur Standpunkte nach sich, sondern entlarvt gegebenenfalls auch unterschiedliche Orientierungen als Scheinalternativen. Denn möglicherweise wird sich so zeigen, dass Interessen des Einzelnen, der Gesellschaft und der Wirtschaft keinen wirklichen Gegensatz bilden. Es können so etwa die gleichen Metakompetenzen sein, die das Individuum, die Gesellschaft und das Arbeitsleben benötigen, um in Problem- und Alltagssituationen angemessen zu reagieren.

3. Gegenwärtige Situation. Konsequenzen und Überlegungen für die Diakonie

Die Zukunft der Diakonie entscheidet sich wesentlich an der Personalfrage. In der Diakonie arbeiten nicht nur Menschen ehrenamtlich oder hauptberuflich für andere Menschen, sondern Diakonie ist eben diese Arbeit. Die Qualität dieser Arbeit ist entsprechend vor allem abhängig von der Fachlichkeit und persönlichen Kompetenz von Menschen, die sich dafür entscheiden, sich in der Diakonie zu engagieren. Gilt es heute für alle Bereiche von Produktion und Dienstleistung, dass das so genannte Humankapital der Schlüssel-

faktor für den Unternehmenserfolg ist, so muss die Diakonie als hochsensitiver Bereich für die Personalfrage angesehen werden. Qualität und Profil diakonischer Dienstleistungen hängen an der Einstellung, Motivation, der fachlichen und persönlichen Kompetenz der Mitarbeitenden. Diese vier Profil entscheidenden Faktoren hängen unmittelbar an der Aus-, Fort- und Weiterbildung. Nur einige Bezüge seien dazu erwähnt, denen zugleich auch erste Problemanzeigen angefügt werden:
- Die Fachlichkeit hängt an der grundständigen Ausbildung. Da diese im sozialen Bereich und im Gesundheitssektor nicht nur am rein kognitiven Fachwissen hängt, ist die Theorie-Praxis-Verzahnung ein Grundkennzeichen der meisten Ausbildungen für die Handlungsfelder der Diakonie. So sehr die enge Verbindung von Theorie und Praxis auch didaktisch als unbedingt sinnvoll angesehen werden können, haben praxisorientierte Ausbildungen noch nicht in genügendem Maße die gesellschaftliche Anerkennung gefunden und werden gegenüber universitären Ausbildungen im Gehaltsgefüge meist schlechter honoriert. Dies ist ein Teilaspekt der mangelnden Attraktivität von sozialen und pflegerischen Berufen.
- Berufliche Ausbildung muss heute im europäischen Kontext gesehen werden. Die Anerkennung von Berufsabschlüssen und in ihrer Folge die Anpassung von Ausbildungsstandards liegen dabei durchaus auch im diakonischen Interesse. Auch wenn in Teilbereichen die Ausbildung in Deutschland einen berechtigt guten Ruf genießt, gibt es andererseits bei den Ausbildungen noch Nachholbedarf, die bei unseren europäischen Nachbarn bereits überwiegend auf Fachhochschulniveau stattfinden.
- Grundständige Berufsausbildungen legen bereits die Verbindungen für das spätere lebenslange Lernen im Beruf. Die engere Abstimmung von grundständiger Ausbildung und späteren Fort- und Weiterbildungsmodulen erlaubt Lernbiografien, die der eigenen Entwicklung genauso dienen wie der Qualität der Arbeit.
- Die veränderte Halbwertzeit von Wissen nötigt ebenfalls dazu, Aus-, Fort- und Weiterbildung als einen systemischen Zusammenhang zu verstehen und zu gestalten. Zudem zeigen Befragungen, dass kurzfristige Fort- und langfristige Weiterbildungen eine wichtige Voraussetzung für die eigene berufliche Zufriedenheit darstellen. Der wachsenden Bedeutung der Fort- und Weiterbildung steht aber immer noch die mangelhafte Finanzierung dieser Maßnahmen entgegen.
- Während die Ausbildung weitestgehend gesetzlich geregelt ist, ist der Markt für Fort- und Weiterbildung noch völlig unübersicht-

lich. Nach einer Schätzung des Bildungsministeriums sind in der Bundesrepublik ca. 35 000 Anbieter mit ca. 400 000 Produkten auf einem Markt tätig, der ein Volumen von vierzig Milliarden hat.[5] Da es hier um einen durchaus lukrativen Markt geht, ist die Konkurrenz nur nachvollziehbar und im Prinzip zu begrüßen. Allerdings wird allgemein beklagt, dass es aus Kundensicht nur eine unzureichende Möglichkeit gibt, sich über die Qualität von Angeboten ein zuverlässiges Bild zu verschaffen. Entsprechend werden zur Zeit Maßnahmen wie eine »Stiftung Bildungstest«, Qualitätsstandards und Zertifizierungsverfahren diskutiert und zum Teil bereits eingeleitet.

4. Diakoniewissenschaftliche Anstöße und diakonische Perspektiven

In der Diakonie ist die überragende Bedeutung der Aus-, Fort- und Weiterbildung längst erkannt. Es gibt eine Vielzahl von Fachschulen; die Landes- und Fachverbände unterhalten selbst Fortbildungsabteilungen und mindestens bei den größeren diakonischen Trägern finden sich in der Regel Fortbildungsabteilungen, die zum Teil ihrerseits über das eigene Unternehmen hinaus Angebote unterbreiten. Dazu kommen noch eigene Bildungsträger (Seminare, Institute und Akademien) und nicht zuletzt die kirchlichen Fachhochschulen, die ihrerseits Weiterbildungsinstitute unterhalten.

Die Diakonie ist damit ein Spiegelbild der gegenwärtigen gesellschaftlichen Situation in der Fort- und Weiterbildung. Die noch völlig ungestaltete Angebotsvielfalt bedeutet neben berechtigtem Wettbewerb auch eine unnötige Konkurrenz zur Erreichung gemeinsamer Ziele. Gegenwärtig sind dabei besonders folgende Herausforderungen zu sehen:
– Fort- und Weiterbildung in der Diakonie haben einen eigenen Qualitätsanspruch. Er betrifft neben den Inhalten auch den Prozess des Lernens. Angemessene Lerngruppengröße, die Notwendigkeit von Fach-, Feld- und Vermittlungskompetenz, ein angemessenes Lernsetting für die Entwicklung der Sozialkompetenz sind nur einige der hier zu nennenden Stichworte. Zur Zeit stecken Versuche, unverzichtbare Qualitätsstandards zu beschrei-

---

5 Vgl. neben den jeweils neuesten Zahlen des Ministeriums aus dem Internet auch die Berichterstattung in der Presse. Die Zahlen hier sind entnommen aus: Hannoversche Allgemeine, 20. Juli 2002, III/1.

ben, noch in den Anfängen und haben bisher nur Selbstverpflichtungscharakter.[6] Sie sind überdies nur in ungenügendem Umfang mit der empirischen Forschung verbunden, um in ihrer Validität hinreichend gestützt zu sein.
- Fort- und Weiterbildung gehören in den größeren Zusammenhang eines integrierten Personalmanagements. Sie sind ein Schlüsselfaktor für das fachliche Know-how und die Motivation von Mitarbeitenden. Sie dienen zugleich auch der Entwicklung der eigenen Berufsbiografie im Kontext einer umfassenderen Organisationsentwicklung. Entsprechend kann die Planung des Fort- und Weiterbildungsbedarfes nicht nur an dem Bildungsinteresse des Einzelnen, der momentanen Finanzlage von Einrichtungen oder dem überzeugenden Programm von Anbietern hängen. Vor jeder gesetzlichen Regelung sollte der Fort- und Weiterbildungsbedarf der Mitarbeitenden geplant und finanziell abgesichert werden.
- Zur gegenwärtigen Situation auf dem Bildungsmarkt gehört die Verzerrung durch völlig unterschiedliche Finanzierungsstrukturen der Anbieter. Fortbildung wird in den Unternehmen vor allem noch über die Gemeinkosten abgerechnet, andere Anbieter müssen völlig unterschiedliche anteilige Deckungsbeiträge erwirtschaften, wieder andere werden als Profitcenter geführt. Zur Zeit verschleiern die unterschiedlichen Finanzierungsstrukturen in der Diakonie noch weitestgehend die tatsächlichen Kosten von Fort- und Weiterbildung. Vermutlich werden erst verschärfte Marktbedingungen und Konkurrenz zu der notwendigen Transparenz führen.
- Gegenwärtig ist noch völlig unentschieden, wer in der Diakonie Bildungsverantwortung hat und wahrnimmt. Auch wenn Satzungen bis hin zum Bundesspitzenverband Zuständigkeiten beschreiben, wird die Gestaltung der Bildungslandschaft gegenwärtig eher dem freien Spiel der Kräfte überlassen. Als bewusste Strategie könnte dies Teil einer notwendigen Bildungsarchitektur sein. Als hingenommene Entwicklung kann dies nur dazu führen, dass sich auch der diakonische Bildungsmarkt nach guten oder schlechten Risiken segmentiert. Verlierer könnten dann in ihrem Bildungsbedarf die sein, deren Fort- und Weiterbildung sich öko-

---

6 Vgl. dazu die »Qualitätsstandards für Fort- und Weiterbildung in der Diakonie«, die von der Bundesarbeitsgemeinschaft der Fort- und Weiterbildung in der Diakonie herausgegeben werden; zu beziehen über: Diakonische Akademie Deutschland, Berlin.

nomisch nicht rechnet, und umgekehrt würden auf Anbieterseite die zu Gewinnern werden, die sich am ehesten marktgerecht zu verhalten wissen. Dass dies nicht im Interesse der Diakonie sein kann, bedarf dabei keiner eigenen Begründung.

5. Zur Weiterarbeit

Für die Zukunft der Bildungsarbeit in der Diakonie sind eine Reihe von Fragen offen, von denen einige abschließend aufgelistet werden sollen:
– Die Diakonie hat in einem doppelten Zusammenhang Bildungsverantwortung: Bildung ist (a) Teil der Sozialen Arbeit; folglich muss eine verantwortliche Diakonie Bildungsanbieter sein. Ihr besonderer Focus ist die Überwindung von gesellschaftlicher und ökonomischer Benachteiligung und die Partizipation an gesellschaftlichen Rechten. Beides ist in der heutigen Wissensgesellschaft entscheidend mit den Fragen von Bildung verknüpft. Bildungsverantwortung richtet sich (b) darüber hinaus auch nach »innen« auf die eigenen Mitarbeiterinnen und Mitarbeiter. Gute fachliche Ausbildung und lebenslange Weiterbildungsangebote spielen dabei nicht nur für die Fachlichkeit der Arbeit eine besondere Rolle, sondern sind zugleich auch eine entscheidende Voraussetzung für Persönlichkeitsbildung und die eigene Motivation.
Entsprechend wird es entscheidend darum gehen, die Bildungsarbeit umfassend nicht nur in den eigenen Angeboten zu berücksichtigen, sondern auch in der Mitarbeiterorientierung mit einem umfassenden integrierten Personalmanagement und damit mit der Organisationsentwicklung zu verbinden. Die lernende Organisation braucht Mitarbeiter, die gelernt haben und zum Lernen Gelegenheit finden.
– Bildungsarbeit in der Diakonie sollte jenseits falscher Alternativen gestaltet werden. Sie orientiert sich an dem sozialwirtschaftlichen Bedarf *und* der gesellschaftlichen Verantwortung, sie hat die Lerninteressen von Individuen im Blick *und* orientiert sich am Entwicklungsbedarf von Organisationen. Jenseits dieser falschen Alternativen wird die Bildungsarbeit zur komplexen Aufgabe, die eine hohe Fachlichkeit auf allen Ebenen erfordert.
– Aus-, Fort- und Weiterbildung bedürfen der klaren Ressourcenplanung, die weit über die gegenwärtige Kultur der Genehmigung von insbesondere Fort- und Weiterbildungsmaßnahmen

hinausgeht. Die Entwicklung von »Humankapital« erfordert zunächst einmal Kapitaleinsatz. Dieser Einsatz darf nicht der Beliebigkeit unterworfen sein, nicht weil dies um der Absicherung der Aus-, Fort- und Weiterbildung erforderlich ist, sondern weil die Entwicklung des »Humankapitals« eine Überlebensfrage der Diakonie geworden ist. Eben hier sind in der Zukunft Richtgrößen zu finden, nach der diese Entwicklung sinnvoll ausgerichtet werden kann.

- Ein ebenso offenes Problem ist die Frage, wie zukünftig Kapazitäten in der Bildungsarbeit der Diakonie geplant werden können. Der alleinige Verweis auf die Marktsteuerung kann hier nicht ausreichen, nicht zuletzt, weil es diesen Markt im strengen Sinne angesichts der vielfältigen Subventionen gar nicht gibt. Überdies ist die Frage offen, wie bei einer Marktsteuerung der Bildungsbedarf derer bedient werden kann, die kein interessantes Marktsegment darstellen.

Damit stellt sich das umfassendere Problem einer Bildungsarchitektur im Zusammenwirken der unterschiedlichen Interessenpartner in der Diakonie.

Literatur

Götzelmann, Arnd: Evangelische Sozialpastoral. Zur diakonischen Qualifizierung christlicher Glaubenspraxis, Stuttgart 2003 (besonders im Abschnitt II. Diakonische Qualifizierung: Schwerpunkt Mitarbeiterinnen und Mitarbeiter, 113–194).
Haas, Hanns-Stephan: Diakonie Profil. Zwischen Tradition und Innovation, LLG 15, Gütersloh 2004.
Schäfer, Gerhard K.: Die Kirchen als Initiatoren sozialer Berufe – Entwicklungsgeschichte, Bestandsaufnahme, Visionen, in: Dokumentation der Fachtagung »Die Zukunft sozialer Berufe«, Fulda, 10. 10. 2002, hg.v. Deutschen Caritasverband und dem Diakonischen Werk der EKD, Freiburg i.B. o.J. (2003), 7–20.
Schibilsky, Michael/Zitt, Renate (Hg.), Theologie und Diakonie, Gütersloh 2004 (besonders die Beiträge im Abschnitt V. Bildung – Lernprozesse – Didaktik).
Verband Evangelischer Diakonen- und Diakoninnengemeinschaften in Deutschland e.V. (VEDD): Was sollen Diakone und Diakoninnen können. Kompetenzmatrix für die Ausbildung von Diakoninnen und Diakonen im Rahmen der doppelten Qualifikation, Impuls III/2004, Kassel 2004.
–: Bildungswege im Diakonat. Ein Arbeitspapier der Verbände im Diakonat. Stand: Sommer 2004, Impuls IV/2004, Kassel 2004.

Aufgaben und Handlungsfelder

XXV.
Altenhilfe

Klaus Hartmann / Klaus Hildemann

1. Einführung

Fallbeispiel: Hanna F.
»Hanna F., geb. P., geboren am 5. August 1925 in Fallersleben, wohnhaft bei dem Sohn in der Meisenstraße 4.« So steht es in der Karteikarte der Diakonie-Sozialstation. Bis vor 3 Jahren hatte die Witwe allein gelebt und sich um alles, was anfiel, selbst gekümmert; bis da eines Tages das Telefon bei ihrem Sohn klingelte. Die Nachbarin von Frau F. war am Apparat: »Sie müssen sich unbedingt um ihre Mutter kümmern. Sie verhält sich so merkwürdig. Heute Nachmittag traf ich sie auf der Straße. Sie wusste gar nicht, wie sie nach Hause kommen sollte. Gestern hat sie unsere Mitbewohnerin aus dem Erdgeschoss beschimpft: ›Sie, Sie verstecken immer meine Sachen.‹ Sie wollte sich gar nicht beruhigen lassen. Sie müssen sich unbedingt um Sie kümmern. Wir werden damit nicht mehr fertig.«

Der Sohn wurde gleich tätig. Sprach seine Mutter auf die Vorfälle an. Suchte ihren Hausarzt auf. »Ja«, hatte der gesagt, »zu Hause kann sie nicht mehr allein bleiben. Altenpflegeheim. Oder wollen Sie sie zu sich nehmen? Aber überlegen Sie sich, was Sie da auf sich laden.« Der Sohn zog eine Neurologin hinzu. Die Diagnose lautete fortgeschrittene Altersdemenz, verdacht auf Alzheimer. Der Sohn beriet sich mit seiner Frau, mit dem Ergebnis die Mutter zu sich zu nehmen. Sie willigte ein, und zu Beginn ging es so einigermaßen. Sie übernahm kleinere Aufgaben. Man konnte sie auch mal eine Stunde allein lassen. Als es Probleme mit dem An- und Ausziehen gab, auch das Waschen ihr schwer fiel, wurde die Sozialstation der örtlichen Kirchengemeinde eingeschaltet. Seitdem kommt nun täglich jemand ins Haus. Aber das Krankheitsbild verschlechterte sich zunehmend. Hanna F. ist oft unruhig, auch nachts, verspürt einen großen Bewegungsdrang und kann nicht mehr ohne Aufsicht bleiben. Die Anforderungen drohen mittlerweile den Sohn und die Schwiegertochter zu überfordern. Sie leiden am »Auslöschen« der gemeinsamen Lebensgeschichte, sind hilflos gegenüber den Angstkrisen der Mutter und grübeln über potenzielle Gefährdungen. Da die auf die körperliche Pflege beschränkte Hilfe der Sozialstation nicht mehr ausreicht und es vor Ort keine Möglichkeit der Tagespflege gibt, bleibt nach einem Beratungsgespräch nur ein Umzug ins Pflegeheim als Ausweg. Es bietet unterhalb der Woche ein spezielles Betreuungsangebot für Demenzerkrankte an.

Demenz ist die häufigste Einzelursache von Pflegebedürftigkeit im Alter. Kennzeichnend für das Krankheitsbild ist ein fortschreitender Verlust an Gedächtnisleistungen und kognitiven Funktionen, der meist nach mehrjährigem Verlauf in geistigen Verfall mit Verlust an Sprachfähigkeit übergeht und schließlich zur völligen Pflegebedürftigkeit und zum Tode führt.[1] Mit großem Abstand ist sie der wichtigste Grund für den Eintritt in eine stationäre Alteneinrichtung. In mehr als der Hälfte aller Fälle ist sie für die Aufnahme in ein Pflegeheim ausschlaggebend. Schon heute beträgt der Anteil an allen in Einrichtungen der stationären Altenhilfe versorgten Menschen im Durchschnitt fast 60%, die an einer Demenz leiden.[2]

Die Hauptlast bei der Versorgung dementiell Erkrankter tragen aber nach wie vor die Familien. Oft werden sie zu Hause, in der Familie, von Kindern und in Gemeinschaft mit ihren Partnerinnen und Partnern versorgt und betreut – in Deutschland etwa 60% der Demenzkranken.[3] Hierbei handelt es sich um eine schwere und oft belastende Aufgabe, die sich die Angehörigen aufbürden bzw. aufbürden müssen, da die Unterstützung von Sozialstationen, ambulanten Diensten oder Tagespflegeeinrichtungen der Altenhilfe als nicht ausreichend erlebt wird.

Demenz als eine der häufigsten und folgenreichsten psychiatrischen Erkrankungen im höheren Alter stellt aber nicht nur hohe Anforderungen an Betreuung und Pflege, sie ist darüber hinaus mit hohen gesellschaftlichen Kosten verbunden. Diese altenpolitisch brisante Situation wird sich in naher Zukunft noch verschärfen, da mit der zu erwartenden demographischen Entwicklung bei gleichzeitig steigender Lebenserwartung der Bedarf und die Anforderungen an medizinischer und pflegerischer Versorgung sowie unterstützender Maßnahmen im Alter, vor allem im »hohen Alter«, noch steigen werden. Altenhilfe und ihre diakonischen Träger als ein Teil gesellschaftlicher Daseinsvorsorge sind hier besonders herausgefordert.

1 Der Oberbegriff Demenz umfasst dabei eine Reihe von Krankheitsbildern mit ähnlichen Symptomen. Die genaue Definition der Kriterien ist im ICD-10 (International Classification of Diseases, 10th Revision; WHO 1989) festgehalten. Es handelt sich um nachweisbare Beeinträchtigungen des Kurz- und Langzeitgedächtnisses, des abstrakten Denk- und Urteilsvermögens, um Veränderungen der Persönlichkeit sowie um Funktionsstörungen wie Aphasie, Apraxie oder Agnosie. Die beiden häufigsten Formen von Demenz sind die Alzheimerkrankheit (ca. 70%), und die vaskuläre Demenz (16%), eine auf Erkrankungen der Hirngefäße zurückgehende Demenz.
2 Vierter Altenbericht zur Lage der älteren Generationen in der Bundesrepublik Deutschland. Risiken, Lebensqualität und Versorgung Hochaltriger – unter besonderer Berücksichtigung demenzieller Erkrankungen, Berlin 2002, 140.
3 Vierter Altenbericht, 165 ff.

2. Historische Dimension

Zum Thema Alter und Altern finden sich im Alten und Neuen Testament eine Vielzahl ganz unterschiedlicher Altersbilder.[4] Die israelitisch-jüdische Tradition übermittelt Visionen und Hoffnungen vom langen Leben (Ex. 20,12; Dtn 4,40; 5,16; 11,9; Ps 21,5; 23,6; Spr 3,2; 3,16; Jes 53,10 u.a.); das Alter wird als Zeit der Blüte und Fruchtbarkeit erfahren (Ps 92,15); Menschen im hohen Alter brechen ins Ungewisse auf (Gen 12); Frauen, die nach menschlichem Maß nicht mehr gebären können, bekommen Kinder (Gen 18, 9–14). Das Geschenk langen Lebens wurde theologisch als Gehorsam gegenüber Gott und seinen Geboten gedeutet.

Das Alter(n) wird aber nicht nur optimistisch dargestellt, sondern auch als Belastung beschrieben. Mit ihm gehen körperliche Einbußen (Koh 12,1–7) und soziale Risiken einher. Das Nachlassen der Gesundheit, beispielsweise die Sehschwäche bei Isaak (Gen 27,1) und Jakob (Gen 48,10), das Frieren am ganzen Körper bei König David (1 Kön 1,1f.) oder die schwindende Lebenslust des Barsillai (2. Sam 19,36–38) werden genannt. Frauen leiden darunter, dass sie nicht mehr gebären können (Gen 18,13; Rut 1,12; Lk 1,18.36). Soziale Not im Alter stellt sich vor allem in Bezug auf ältere Witwen ein (Rut 1,20f.).

Die Sicherung der Lebensgrundlagen alter Menschen wird im Dekalog mit dem Gebot der Ehrung der Eltern verpflichtend festgeschrieben (Ex 20,12; vgl. auch Ex 21,15.17; Lev 19,32). Da es neben der Familie keine andere Form institutionalisierter Hilfe für hilfsbedürftige alte Menschen gab, handelt es sich hier um die biblische Form des Generationenvertrages. Die Ehrerbietung bezieht sich auf die körperliche und materielle Versorgung, aber auch auf die ethische Anerkennung der Würde und Weisheit älterer Menschen.

Auch im Neuen Testament steht das Alter für Hoffnung und Erfüllung. So etwa, wenn die Prophetin Hanna als alte Frau im Jesuskind ihre Hoffnung auf Erlösung durch Gott erfüllt sieht (Lk 2,36–38). Zudem werden herkömmliche Erwartungen an bestimmte Lebensphasen durch das Handeln Gottes aufgebrochen, indem traditionelle Rollenzuweisungen für Jung und Alt durch das Verhalten Jesu infrage gestellt werden (Lk 2,46–50).

Zeichnet die biblische Tradition das Alter in der Zweigesichtigkeit von Vollendung des Lebens einerseits und leidvollem Abbau ande-

---

4 Vgl. Ursula Schmitt-Pridik: Hoffnungsvolles Altern. Gerontologische Bibelauslegung, Neukirchen-Vluyn 2003, 92 ff.

rerseits, so bildet schon die Ebenbildlichkeit Gottes die grundlegende theologische Voraussetzung für die besondere christliche Wertschätzung alter Menschen. Aus christlicher Sicht ist die Personenwürde von Gott jedem Augenblick des Lebens, Alterns und Sterbens zugesprochen. Dieser hohen Wertschätzung folgend lassen sich durch die Geschichte des Christentums unterschiedliche karitative Initiativen für alte Menschen ausmachen.

Erfuhren alte Menschen schon in den Anfängen der Kirche, ähnlich wie Arme, Kranke und Schwache, eine besondere diakonische Zuwendung innerhalb der christlichen Gemeinde, so sind die Vorläufer der heutigen Altenhilfe eng mit der Entwicklung des mittelalterlichen Spitalwesens verbunden. Mit der Gründung von christlichen Hospitälern ab dem 6. Jh. entstand eine erste Form institutioneller Hilfe für bedürftige Menschen außerhalb ihrer Familien. Ihre vielfältigen Aufgaben reichten von der Armen-, Irren-, Kranken- und Altenpflege bis zur Betreuung von Waisen und Findelkindern. Im Zuge der Entwicklung der Medizin und Krankenpflege im 19. Jh. – Friederike und Theodor Fliedner (1800–1864) professionalisierten als eine der ersten mit der Diakonissenausbildung die Pflege – gliederten sich Krankenhäuser von Hospitälern aus, entstanden spezialisierte diakonische Einrichtungen für psychisch Kranke, gesunde Alte und Siechende. Die Entwicklung zur Kleinfamilie und das Verschwinden familialer Solidargemeinschaften angesichts von Urbanisierung und Industrialisierung bedingte die vermehrte Fürsorgebedürftigkeit alter Menschen, deren Zahl zugleich als Ergebnis von moderner Hygiene und Medizin anstieg. Dennoch dauerte es noch bis zum Beginn des 20. Jh., dass sich das Altersheim als Institution, abgestützt durch die Leistungen des Invaliditäts- und Altersversorgungsgesetzes Bismarck'scher Prägung, als Unterbringungsform für alte Menschen entwickeln konnte.

Die sozialen Nöte in der Weimarer Zeit und nach dem Zweiten Weltkrieg führten jeweils im Rahmen einer staatlich geförderten freien Wohlfahrtspflege zum Ausbau diakonischer Angebote für alte Menschen. Dabei wurde in den 1920er Jahren das aus den USA kommende Konzept einer dreigliederigen Einrichtung (Altenwohnung, Altenheim und Pflegeheim) eingeführt. Nach 1945 betrachteten sowohl die im Centralausschuss für die Innere Mission der Deutschen Evangelischen Kirche als auch die durch das Hilfswerk der Evangelischen Kirche in Deutschland seit 1945 neu gegründeten diakonischen Institutionen die Altenhilfe als einen wichtigen Bereich ihrer Arbeit, der aber erst Mitte der 1950er Jahre zunehmend an Bedeutung gewann. Mit dem Ausbau des Sozialstaates in den 1960er und 1970er Jahren (Rentenreform 1957, BSHG 1962, Heimgesetz 1974) hat sich ein weit gefächertes Angebot diakonisch-sozialer Hilfen für alte Menschen entwickelt.

3. Gegenwärtige Situation

Der Prozess des Alterns ist ein mehrdimensionaler Vorgang. »Die verallgemeinerte Feststellung eines Defizits geistiger Fähigkeiten mit zunehmendem Alter muss aufgrund von Längsschnittuntersuchungen korrigiert werden.«[5] Altern ist nicht nur Verlust, sondern ein lebenslanger Prozess der Veränderung und des Lernens, der eine biologische, psychologische und soziale Komponente beinhaltet. Gerade die Gerontologie als Querschnittswissenschaft, die neben medizinischen auch psychologische, soziologische u.a. Aspekte des Alterns mit einbezieht, hat gezeigt, dass ältere Menschen sehr verschieden voneinander sind und sehr unterschiedlich altern. Diese, mit dem Alter zunehmende »interindividuelle Varianz« wird durch Geschlecht, soziale Lage, gesundheitliche Situation, Art des Erlebens und Verarbeitens früherer und aktueller Lebensereignisse sowie der Bewältigung der Anforderungen des Alterns selber beeinflusst.

Ältere Menschen verfügen demnach über sehr unterschiedliche individuelle Ressourcen zur Aufrechterhaltung eines unabhängigen und aktiven Lebens. Die Unterstützungs- und Versorgungsangebote der Altenhilfe setzen genau hier an, indem sie versuchen die Fähigkeit älterer Menschen so zu stützen, dass sie solange wie möglich selbstbestimmt, selbstständig und unter Wahrung ihrer Individualität und Würde in einer stabilen und sicheren Umgebung leben können – auch dann, wenn alters- und krankheitsbedingte Einschränkungen auftreten. Das diakonische Angebot ist entsprechend vielfältig und setzt auf unterschiedlichen Ebenen an, die die Lebensqualität im Alter nachhaltig bestimmen: körperliche und seelische Gesundheit, soziale Kontakte, materielle Lage und Wohnform, Möglichkeiten zur Mobilität sowie die medizinische und soziale Betreuung. Neben der akuten und strukturellen Unterstützung in Notlagen – der Altenhilfe im engeren Sinn – stehen die Seniorenseelsorge als dialogische Vermittlung heilender und beratender Lebenshilfe (Besuchsdienst, Kasualien, Trauerarbeit) sowie die kulturell akzentuierten, kommunikationsstützenden Angebote der Seniorenarbeit.

5 Ursula Lehr: Psychologie des Alterns, Wiesbaden ^{8}1996, 90; vgl. Karl Ulrich Mayer/Paul B. Baltes: Die Berliner Altersstudie, Berlin 1996.

Vor allem in der Therapie und Pflege hat die Altenhilfe dem »Defizitmodell« des Alterns ein »Kompetenz- oder Aktivitäts-Modell«[6] entgegengestellt. War sie in der Vergangenheit oft zu sehr auf verwahrende und pflegerische Tätigkeit beschränkt, geht es ihr heute verstärkt um aktivierende Pflegeangebote und darüber hinaus um die Integration pflegerischer und medizinisch-rehabilitativer Versorgung, um psychosoziale Begleitung und Stützung sowie um präventive Maßnahmen. Dabei reicht das Angebot von Hilfen bei der Alltagsbewältigung, über pflegerische Unterstützung bei täglichen Lebensverrichtungen und bei Selbstversorgungseinbußen, über präventiv und rehabilitiv orientierter Pflege bis hin zur Schwerkranken- und Palliativpflege, Sterbebegleitung und Hospizarbeit.

Altenhilfe als Bestandteil eines abgestuften, integrierten Versorgungskonzeptes

	Institution	Versorgungsauftrag
Ambulant	Beratungsstelle	Beratung zur Gesundheitsvorsorge und Altenpflege
	Arztpraxis, Hausarzt	Medizinische Basisversorgung
	Ambulante geriatrische Rehabilitation	Rehabilitation, Behandlung, Prävention
	Ambulante Pflegedienste, Sozialstation	Betreuung und Pflege
	Therapeuten-Praxis	Rehabilitation und Erhaltungstherapie
Teilstationär	Kurzzeitpflege	Pflege und Erhaltungstherapie
	Tagespflege	Aktivierende Pflege, Erhaltungsprävention, Prävention
	Tagesklinik Akutbehandlung	Diagnostik, Rehabilitation
Stationär	Allgemeinkrankenhaus	Akutbehandlung, Diagnostik, Rehabilitation
	Akut-Geriatrie und Geriatrische Rehabilitation	Diagnostik, Therapie, Rehabilitation, Prävention
	Betreutes Wohnen	Verschiedene Hilfen und Beratungsangebote
	Pflegeheim	Pflege, dauerhaftes Wohnen, Erhaltungstherapie
	Hospiz	Sterbebegleitung

---

6 Vgl. Lehr: Psychologie.

Eine adäquate Betreuung kann nur durch kontinuierliche Anpassung der Unterstützung und Hilfe an die sich unterschiedlich schnell verändernden Bedürfnisse der alten Menschen erreicht werden. Benötigt wird somit in der Altenhilfe nicht eine Versorgungsform, in der einzelne Hilfsangebote und Wohnformen isoliert nebeneinander stehen, sondern ein Kontinuum an Betreuungsangeboten von der Unterstützung durch informelle und professionelle Helfer in der Häuslichkeit bis zu spezialisierten teilstationären Pflegeangeboten für spezifische mittelschwere Erkrankungen und besondere Pflegebereiche für bettlägerige, schwerst pflegebedürftige Menschen. Die kirchlich-diakonischen Hilfsangebote müssen entsprechend untereinander und mit den kommunalen Strukturen sozialer und medizinischer Versorgung vernetzt sein und den Kompetenzen der Betroffenen, ihrer sozialen Situation und möglichen Krankheitssymptomatik entsprechen.

Aktuelle Sozialstaatsentwicklungen stellen jedoch die Bereitstellung solcher diakonischer Angebote als Bestandteil einer integrativen Versorgung in naher Zukunft vor massive Probleme:

- Deutschland ist heute das Land mit dem dritthöchsten Anteil der Bevölkerung ab 60 Jahren in Europa. Die *demographische Entwicklung* wird sich auch in den nächsten Jahrzehnten fortsetzen. Das Statistische Bundesamt rechnet damit, dass die Anzahl älterer Menschen ab 60 Jahren in den nächsten fünf Jahrzehnten von gegenwärtig 19 auf ca. 25 Mio. zunehmen wird, d.h. rund 36 % der Bevölkerung wären dann 60 Jahre und älter.
- Aufgrund *steigender Lebenserwartung* wird auch die Zahl der Hochaltrigen in den nächsten Jahren kräftig zunehmen. Beträgt ihr Anteil an der Bevölkerung gegenwärtig 3,6 %, d.h. in absoluten Zahlen rund 2,9 Mio. Menschen, so wird für das Jahr 2050 damit gerechnet, dass 11 % 80 Jahre und älter sind, also knapp 8 Mio. Menschen.
- Mit steigendem Anteil hochbetagter Menschen in der Bevölkerung wird auch die *Zahl betreuungsbedürftiger Demenzkranker* weiter zunehmen. Treten Demenzen bei Menschen über 65 Jahren mit einer Häufigkeit von 7,2 % auf, so liegt der Anteil bei Menschen über 90 Jahren bei knapp 50 %. Insbesondere die Häufigkeit mittelschwerer und schwerer Demenzen nimmt bei den Hochaltrigen erheblich zu: Liegt ihr Anteil bei den 70- bis 74-jährigen bei 2,8 %, so erhöht er sich bei den 80- bis 84-jährigen auf 13,3 %, bei den 90- bis 94-jährigen auf 34,6 %.[7]

---

7 Vgl. Vierter Altenbericht, 139.

- Demographische Alterung und steigender Pflegebedarf bedeuten für die Altenhilfe nicht nur eine Herausforderung im Hinblick auf die Qualität der Pflege und der Versorgung, sondern stellen auch enorme Anforderungen an die *Finanzierung*. Die aktuelle Diskussion um die Rentenreform, um die Veränderung der Lebensarbeitszeit, um den Ruhestand, um die Pflegeversicherung, um die Krankenkassenbeiträge, um die Zuwanderung usw. macht die wachsenden finanziellen Schwierigkeiten der Sozialversicherungssysteme deutlich.
- Der in naher Zukunft steigenden Zahl an pflegebedürftigen alten Menschen steht gleichzeitig ein begrenztes *familiäres Pflegepotential* gegenüber. Denn die familialen Ressourcen, die heute einen großen Anteil an der Betreuung und Versorgung alter Menschen ausmachen, nehmen aufgrund niedriger Geburtenraten, flexibilisierter Arbeitszeiten und Berufsbiographien, doppelter Berufstätigkeit von Eltern, steigender Erwerbsquote bei Frauen, Scheidungsfolgen und Alleinerziehender u. a. ab. Die Bereitschaft und Fähigkeit, Familienmitglieder zu pflegen, wird deshalb in naher Zukunft schrumpfen.
- Für den Erfolg von Unterstützungs- und Versorgungsangeboten für Menschen im höheren Alter ist von zentraler Bedeutung, dass sie aufeinander abgestimmt und entsprechend vernetzt sind. Einer integrierten Versorgung steht jedoch entgegen, dass nicht nur verschiedene Professionen (Soziale Dienste, Pflege, Medizin) mit verschiedenen Funktionen (Beratung und Betreuung, Hilfe und Pflege, Prävention, Akutmedizin, Geriatrie und Rehabilitation), sondern auch unterschiedliche Kostenträger beteiligt sind. Sie folgen eher der Logik ihres sektoralen Budgets, als dass sie die Effizienz und Effektivität des Sozial- und Gesundheitssystems bzw. den Ertrag für den Betroffenen im Blick haben. So führt etwa die sozialrechtliche Trennung von Krankheit (SGB V) und Pflege (SGB XI) oft zur Vernachlässigung der medizinischen Rehabilitation im Alter.

4. Diakoniewissenschaftliche Anstöße und diakonische Perspektiven

Deutlich begrenzte Ressourcen bei gleichzeitig zunehmendem Bedarf an Betreuung und Pflege stellen die diakonische Altenhilfe vor neue Herausforderungen. Die entstehenden Versorgungslücken können allein durch professionelle Kräfte nicht ausgefüllt werden.

Mit Blick auf die Zukunft der Altenhilfe müssen Diakonie und Kirche vielmehr differenzierte, miteinander vernetzte Angebote zur Lösung aktueller Problemstellungen anbieten, die auch familiales und ehrenamtliches Engagement mit einbeziehen. Einige Beispiele für zukünftige, aufeinander abgestimmte Unterstützungs- und Versorgungsangebote sollen hier exemplarisch an der Gruppe Demenzkranker vorgestellt werden.

4.1 Beratung und Entlastung

Die häusliche Pflege älterer Menschen, die an einer Demenz erkrankt sind, ist in der Regel zeitintensiver und belastender als die Pflege von Nichtdementen. In dieser Situation benötigen sie außerfamiliale Unterstützung. Die professionelle Unterstützung ambulanter Dienste beschränkt sich dabei bisher auf rein körperbezogene Pflegetätigkeiten, wie sie nach der 1995 eingeführten Pflegeversicherung (SGB XI) abgerechnet werden können. Selbsthilfegruppen in Kirchengemeinden können hier eine wichtige informelle Unterstützung leisten. Neben Beratung und Informationsvermittlung regen sie Lernprozesse und Verhaltensänderungen im Umgang mit dem Erkrankten an und entlasten z.B. durch ein niederschwelliges Betreuungsangebot für ca. drei Stunden einmal pro Woche die pflegenden Angehörigen. Erfahrungen aus den USA zeigen, dass gerade auch Kirchengemeinden wichtige praktische Unterstützung und Entlastung bieten können.

4.2 Seelsorgliche Unterstützung

Die über 70-jährigen Westdeutschen partizipieren überdurchschnittlich häufig am kirchlichen Leben. Aufgrund des ihnen entgegengebrachten Vertrauens kann die örtliche Kirchengemeinde eine wichtige Rolle bei der Bewältigung zunehmender psychischer Belastungen pflegender Angehöriger spielen. Angehörige leiden vor allem an den Veränderungen der gemeinsamen Beziehung, dem »Auslöschen« der gemeinsamen Lebensgeschichte und der Ungewissheit über den weiteren Verlauf der Erkrankung. Bedarf besteht an möglichst individuell gestalteten Hilfsangeboten, aber auch an spirituellen Angeboten, die sowohl die Angehörigen als auch den Betreuten unterstützen. Darüber hinaus kann die Kirche über Möglichkeiten professioneller Unterstützung und Hilfsangebote im näheren Wohnumfeld informieren.

4.3 Professionalisierung von Laien

Im schwedischen »Circle-Model« werden Diakone, aber auch engagierte Gemeindemitglieder, ausgebildet, damit sie die Leitung der Gruppen für pflegende Angehörige und helfende Freiwillige übernehmen können, die stundenweise die Kranken versorgen und so betreuende Personen entlasten.[8] Diakone sind für diese Funktion besonders gut geeignet, da sie über seelsorgliche Erfahrung im Umgang mit Krisensituationen verfügen. Außerdem kennen sie die meisten älteren Menschen in ihrer Gemeinde und genießen ihr Vertrauen.

4.4 Teilstationäre Angebote im näheren Wohnumfeld

Eine weitere wesentliche Unterstützungsleistung für die häusliche Pflege sind die Kurzzeit- sowie die Tages- und Nachtpflege. Dient die Kurzzeitpflege in erster Linie pflegenden Angehörigen, denen Urlaub ermöglicht werden soll, stellen Tagespflegeeinrichtungen mit ihrer aktivierenden Pflege und sozialen Betreuung ein komplementäres Angebot zur häuslichen Pflege dar. Insgesamt wird die Anzahl solcher am ursprünglichen Wohnumfeld orientierten Angebote in der Altenhilfe gegenwärtig als zu gering bewertet.

4.5 Spezielle Angebote im stationären Bereich

Gute stationäre Betreuung Demenzkranker muss, unabhängig von der Größe der Einrichtung, personenzentriert sein und mit ihren Angeboten den Bedürfnissen der Kranken, ihrer Angehörigen und der Betreuenden entsprechen. Altenpflegeheime benötigen deshalb vermehrt Konzepte einer »integrativen Betreuung«, d.h. der Demente wohnt im normalen Pflegebereich eines Altenheims, verbringt aber einen großen Teil des Tages in einem besonderen Bereich, wo ein spezielles Betreuungsangebot (Tagesstrukturierung, aktivierende therapeutische Angebote etc.) vorgehalten wird.

4.6 Modellprojekte

Als Alternative zum Pflegeheim gewinnen Modellprojekte – etwa in Form von »Hausgemeinschaften« – mit kleineren Betreuungseinhei-

---

8 Wallis Jansson/Britt Almberg/Margarete Grafström/Bengt Winblad: The Circle Model – Support for Relatives of People with Dementia, in: International Journal of Geriatric Psychiatry 13 (1998), 674–681.

ten an Bedeutung. In dem Normalität, Vertrautheit und Geborgenheit den Alltag stärker bestimmen, hofft man insbesondere für desorientierte Bewohner, aber auch für Mitarbeiter mehr Lebensqualität und Zufriedenheit fördern zu können. Auch wenn solche Modellprojekte keine hinreichende Lösung angesichts der Zunahme schwer- und schwerstpflegebedürftiger Demenzkranker darstellen, so geben sie viel versprechende Anstöße, wie Grundgedanken einer diakonischen Altenhilfe, alte Menschen in ihrer Unabhängigkeit und weitestgehenden Selbstständigkeit zu fördern und damit mehr Lebensqualität zu ermöglichen, auf die Gruppe dementiell Erkrankter übertragen werden können.[9]

Der Erfolg diakonischer Altenhilfe bedarf darüber hinaus eines solidarischen gesellschaftlichen Klimas und verlässlicher sozialer Rahmenbedingungen. Kirche und Diakonie sind hier in ihrer gesellschaftlichen Mitverantwortung gefragt. Die demographische Alterung löst Befürchtungen der Gesellschaft vor den auf sie zukommenden Lasten der Versorgung aus. Alterstypische Krankheiten wie die Demenz korrelieren mit hohen Krankheitskosten. Solche Ängste und Befürchtungen werden noch zunehmen, je mehr die Erkenntnis wächst, dass unsere tradierten und bisher bewährten sozialen Sicherungssysteme in ihren Funktionsweisen nicht nur durch den demographischen Wandel, sondern auch durch globale und strukturelle wirtschaftliche Veränderungen bedroht sind. Wenn es nicht gelingt, angemessene Altersbilder zu entwickeln und eine entsprechende Alterssicherung fortzuschreiben, werden die finanziellen Aufwendungen sinnvoller medizinischer und pflegerischer Programme und Betreuungsmöglichkeiten der Altenhilfe sehr bald inhumane Fragestellungen aufwerfen. Das deutet sich etwa im gesellschaftlichen Diskurs von »noch« bezahlbaren und bald »nicht mehr« bezahlbaren Leistungen an. Einiges spricht dafür, dass eine zumindest implizite Leistungsrationierung in Abhängigkeit vom hohen Alter im Therapie- und Pflegealltag schon mancherorts de facto stattfindet. Der Umgang mit dem Alter(n) wird so auch zu einer ethisch-diakonischen Fragestellung. Fragen der Transfergerechtigkeit und Generationensolidarität rücken auf die Tagesordnung.

---

9 Ian Morton: Die Würde wahren. Personenzentrierte Ansätze in der Betreuung von Menschen mit Demenz, Stuttgart 2002.

5. Literatur zur Weiterarbeit

Um sich mit Fragen des Alter(n)s und der Altenhilfe zu beschäftigen, kann man verschiedene Wege wählen.
Einen guten Zugang zu der noch jungen Wissenschaft der *Gerontologie* liefern folgende Bücher:

Backes, Gertrud M./Clemens, Wolfgang: Lebensphase Alter. Eine Einführung in die sozialwissenschaftliche Alternsforschung, Weinheim/München 1998.
Baltes, Paul B./Mittelstraß, Jürgen/Staudinger, Ursula M.: Alter und Altern. Ein interdisziplinärer Studientext zur Gerontologie, Berlin/New York 2002.
Lehr, Ursula: Psychologie des Alterns, Wiesbaden [8]1996.
Mayer, Karl Ulrich/Baltes, Paul B.: Die Berliner Altersstudie, Berlin 1996.
Wahl, Hans Werner/Tesch-Römer, Clemens (Hg.): Angewandte Gerontologie in Schlüsselbegriffen, Stuttgart 2000.

Einen guten Überblick über *sozialpolitische Fragen des Alter(n)s* geben die drei letzten von der Bundesregierung herausgegebenen Altenberichte:
Zweiter Bericht zur Lage der älteren Generationen in der Bundesrepublik Deutschland. Wohnen im Alter. Bonn 1998.
Dritter Bericht zur Lage der älteren Generationen in der Bundesrepublik Deutschland. Alter und Gesellschaft. Berlin 2001.
Vierter Altenbericht zur Lage der älteren Generationen in der Bundesrepublik Deutschland. Risiken, Lebensqualität und Versorgung Hochaltriger – unter besonderer Berücksichtigung dementieller Erkrankungen. Berlin 2002.

Über *aktuelle Ergebnisse der Grundlagen- und anwendungsbezogenen Forschung* informieren wichtige Fachzeitschriften: »Altenhilfe«, »Gerontologie und Geriatrie«, »Gerontopsychologie und -psychiatrie«, »Pflege«, »Pro Alter«; ferner folgende internationale Zeitschriften: »Aging and Mental Health«, »Journal of Dementia Care«, »Journal of Gerontology«, »Psychology and Aging«, »The Gerontologist«.

Seelsorge in der Altenhilfe
Dessecker, Helmut/Koch-Straube, Ursula/Kunstmann, Wilfried/Schäfer, Gerhard K. (Hg.): Seelsorge an altersverwirrten Menschen. Berichte und Materialien zu einem Modellprojekt im Buchen-Hof, Bochum/Bielefeld 2003.
Lödel, Ruth (Hg.): Seelsorge in der Altenhilfe. Ein Praxisbuch, Düsseldorf 2004.

XXVI.
Arbeitslosenhilfe

TRAUGOTT JÄHNICHEN

1. Massenarbeitslosigkeit als fundamentale Krise moderner Gesellschaften

Die Zahl der offiziell registrierten Arbeitslosen in Deutschland liegt seit mehr als einem Jahrzehnt bei rund 4 Mio. Menschen. Vollmundige Programme von Regierungsverantwortlichen aus beiden politischen Lagern, die eine Halbierung der Arbeitslosenzahlen in einem kurzen Zeitraum versprachen, sind gescheitert. Für die Zukunft ist möglicherweise auf Grund der demographischen Entwicklung eine quantitative Entschärfung erwartbar, allerdings wird diese mit einer qualitativen Verschärfung einhergehen, da sich einerseits der Anteil der Langzeitarbeitslosen bei rund 35 % verfestigt hat und andererseits gering Qualifizierte einen ständig steigenden Anteil der Arbeitslosen bilden. Die millionenfache Ausgrenzung von Menschen durch Arbeitslosigkeit führt zu einer immer tieferen sozialen Spaltung der Gesellschaft und schließt die Leistungsfähigkeit vieler Menschen aus, oft mit dramatischen Identitätskrisen der Betroffenen.

Erwerbsarbeit ist nach wie vor ein Wesensmerkmal moderner Gesellschaft, da die Normalbiographie der überwiegenden Mehrzahl der Menschen von ihr zentral bestimmt ist: Das Bildungssystem und die grundlegenden sozialen Systeme sind auf die Erwerbsarbeit bezogen, indem sie erstens für die Erwerbsarbeit qualifizieren, zweitens Friktionen im Arbeitsleben (Unfall, Krankheit und Arbeitslosigkeit) überbrücken helfen und drittens durch aus Erwerbsarbeit erworbene Anrechte auf Rentenzahlungen den Übergang in den Ruhestand regeln. Erwerbsarbeit ist somit die Grundlage des bürgerlichen Lebens, auf welcher der soziale und demokratische Rechtsstaat gründet. Für den Einzelnen leitet sich aus dem Erwerbsarbeitsplatz nicht allein die Höhe des Einkommens und die Einbindung in die sozialen Versicherungssysteme ab, sondern auch die Zeitstruktur des alltäglichen Lebens, Aufstiegschancen, grundlegende Partizipationsmöglichkeiten und damit Ansehen und Stellung in der Gesellschaft. Arbeitslosigkeit kann als kurzfristiges konjunkturelles Problem integriert werden; Formen der Massen- oder Dauerarbeitslosigkeit jedoch, wie sie seit rund drei Jahrzehnten für die Bundesrepublik kennzeichnend sind, verursachen eine tiefe Krise der auf der Erwerbsarbeit beruhenden Leistungsgesellschaft.[1] Auch wenn die einseitige Würdigung der Erwerbsarbeit aus feministischer und zivilgesellschaftlicher Perspektive[2] durch den Hinweis auf die hohe Bedeutung der zumeist von Frauen geleisteten Familien- und Erziehungsarbeit sowie die vielfältigen Formen des Ehrenamtes und der Eigenarbeit[3] hinterfragt worden ist, ist die Erwerbsarbeit, wie insbesondere die regelmäßig durchgeführten Studien des Jugendwerks der Deutschen Shell AG belegen, die zentrale Lebensperspektive junger Frauen und Männer.

Arbeitslosigkeit wird als das Fehlen von Erwerbsarbeitsplätzen für alle Beschäftigung suchenden Erwerbspersonen bezeichnet. Neben den bei den Arbeitsämtern offiziell registrierten Arbeitslosen ist die geschätzte Zahl derjenigen hinzuzurechnen, die sich resigniert vom Arbeitsmarkt zurückgezogen haben, weil sie mit der Möglichkeit einer Arbeitsvermittlung nicht mehr rechnen und keinen Anspruch auf Lohnersatzleistungen haben – die sog. »stille Reserve«, die nach Schätzungen mindestens 50% der offiziell arbeitslos Gemeldeten beträgt, in Deutschland gegenwärtig ca. 2 Mio. Menschen, die zu den 4 Mio. Arbeitslosen hinzuzurechnen sind. In den entwickelten westlichen Gesellschaften ist längerfristig verfestigte Arbeitslosigkeit ein Krisenphänomen, das im 20. Jh. vor allem während der Weltwirtschaftskrise Ende der 1920er und Anfang der 1930er Jahre und erneut seit der Mitte der 1970er Jahre als internationale Erscheinung zu beobachten ist.[4] Im Unterschied zu den kurzfristigeren Phänomenen einer friktionellen, saisonalen und auch konjunkturell bedingten Arbeitslosigkeit ist Massenarbeitslosigkeit häufig die Folge eines tiefgreifenden ökonomischen Strukturwandels.[5] So liegt gegenwärtig die Ar-

1 Vgl. Hannah Arendt: Vita activa oder vom tätigen Leben, Stuttgart 1960; Jürgen Moltmann (Hg.): Recht auf Arbeit – Sinn der Arbeit, München 1979.
2 Vgl. Ulla Knapp/Marianne Weg: Arbeit teilen, schaffen, neu gestalten. Frauenbeschäftigungsprogramm, Pfaffenweiler 1995; Elisabeth Conradi/Sabine Plonz (Hg.): Tätiges Leben. Pluralität und Arbeit im politischen Denken Hannah Arendts, Bochum 2000.
3 Vgl. Hans Ruh: Arbeitsmarkt und Sozialstaat, in: ZEE 3 (1996), 205–210.
4 Marie Jahoda: Wie viel Arbeit braucht der Mensch? Arbeit und Arbeitslosigkeit im 20. Jahrhundert, Weinheim ³1995.
5 Vgl. Kurt W. Rothschild: Theorien der Arbeitslosigkeit, München ²1994; Siegfried Katterle: Alternativen zur neoliberalen Wende. Wirtschaftspolitik in der sozialstaatlichen Demokratie, Bochum 1989; Horst Siebert:

beitslosenquote in den Regionen weit über dem Bundesdurchschnitt, die – wie die neuen Bundesländer, das Ruhrgebiet, das Saarland oder die von der Werftenkrise betroffenen Küstenregionen – einen entsprechenden Umstrukturierungsprozess zu bewältigen haben.

2. Die materielle Absicherung durch die Arbeitslosenversicherung

Eine eigenständige allgemeine Arbeitslosenversicherung existiert in Deutschland seit dem Gesetz für Arbeitsvermittlung und Arbeitslosenversicherung vom 1. Oktober 1927. Vorher waren Arbeitslose auf die Armenfürsorge der Gemeinden angewiesen, seither wurde das Fürsorgeprinzip durch das Versicherungsprinzip abgelöst. Nach dem geltenden Recht sind grundsätzlich alle Personen beitragsberechtigt, die gegen Arbeitsentgelt oder zu ihrer Berufsausbildung beschäftigt sind. Deren Anteil an allen Erwerbstätigen liegt gegenwärtig bei knapp 80%. Die Beiträge werden zu gleichen Teilen von Arbeitgebern und Arbeitnehmern getragen; die Beitragshöhe beläuft sich zur Zeit auf 6,5% des Bruttoentgelts bis zu einer bestimmten, jährlich der Lohnentwicklung angepassten Bemessungsobergrenze. Für Defizite der Arbeitslosenversicherung haftet der Bund.

Der Anspruch auf *Arbeitslosengeld* setzt voraus, dass der Antragsteller kein Beschäftigungsverhältnis ausübt, das 15 oder mehr Stunden pro Woche umfasst; arbeitsfähig ist und der Arbeitsvermittlung zur Verfügung steht; aktiv eine Beschäftigung sucht; die Anwartschaft[6] erfüllt; sich beim Arbeitsamt arbeitslos gemeldet und Arbeitslosengeld beantragt hat. Die Mindestbezugsdauer von Arbeitslosengeld bei Erfüllung der Anwartschaftszeit beträgt sechs Monate. Dieser Zeitraum verlängert sich nach dem bis Ende 2004 geltenden Recht – abhängig von der Beschäftigungszeit innerhalb einer auf sieben Jahre erweiterten Rahmenfrist und abhängig vom Lebensalter des Arbeitslosen – bis auf maximal 32 Monate, ab dem 1. Januar 2005 soll dieser Zeitraum auf maximal 12 Monate begrenzt werden mit der Ausnahme von Arbeitnehmern/innen über 55 Jahre, für die eine maximale Gewährung von 18 Monaten vorgesehen ist.[7] Das Ar-

Geht den Deutschen die Arbeit aus? Wege zu mehr Beschäftigung, München 1994.
6 Die Anwartschaft hat erfüllt, wer in den letzten 3 Jahren vor der Arbeitslosmeldung mindestens 12 Monate versicherungspflichtig beschäftigt war.
7 So die Beschlüsse des deutschen Bundestages »Moderne Dienstleistungen am Arbeitsmarkt« (Hartz III und IV) vom 15. August 2003.

beitslosengeld beträgt bei Arbeitnehmern mit mindestens einem Kind 67%, für alle übrigen 60% des Nettoarbeitsentgelts. Arbeitsentgelt ist das durchschnittliche Wochenentgelt der letzten 52 Wochen vor der Entstehung des Anspruchs.

Eine Ausnahme vom Prinzip der Beitragsfinanzierung ist die steuerfinanzierte *Arbeitslosenhilfe*, die gegenwärtig im Anschluss an die Bezugsdauer des Arbeitslosengeldes für jeweils 12 Monate bei entsprechender Prüfung der Anwartschaft gewährt wird. Als Mischform zwischen Versicherungs- und Fürsorgeleistung soll sie arbeitslosigkeitsbedingte Armut verhindern. Eine grundlegende Veränderung dieser Leistungen hat der Deutsche Bundestag am 15. August 2003 beschlossen, die mit einigen weiteren Modifikationen durch den Bundesrat ratifiziert worden ist.[8] 1999 erhielten im Jahresdurchschnitt 1,4 Mio. Leistungsempfänger Arbeitslosenhilfe. Dies ist ein Anteil von etwa 30% der registrierten Arbeitslosen. Die bisher gewährte Arbeitslosenhilfe beträgt 57% des Nettoarbeitsentgelts für Arbeitslose mit mindestens einem Kind, das steuerlich berücksichtigt wird. In den übrigen Fällen beträgt der Prozentsatz 53%. Nach den neu geplanten Regelungen des Arbeitslosengeldes II werden im Unterschied zur bisherigen Praxis die entsprechenden Leistungen nur nach einer Bedarfsprüfung gewährt, wobei die Einkünfte von Partnern sowie eigene Ersparnisse bzw. Vermögen berücksichtigt werden sollen.[9]

Empfänger von Arbeitslosengeld und -hilfe sind zur Aufnahme von angebotener Erwerbsarbeit unter bestimmten Bedingungen ver-

---

8 Nach den Bundestagsbeschlüssen vom 15. August 2003 sollen die Arbeitslosenhilfe und die Sozialhilfe für erwerbsfähige Personen zum Arbeitslosengeld II zusammengelegt werden. Danach sollen Arbeitslose zusätzlich zu den Regelleistungen des Sozialgeldes (für Alleinstehende 345 € West, 331 € Ost, hinzu kommen Leistungen bei verschiedenen Formen des Mehrbedarfs) für ein Jahr zwei Drittel der Differenz zwischen ihrem bisherigen Arbeitslosengeld und dem Arbeitslosengeld II, maximal jedoch 160 € pro Erwachsenen und 60 € pro Kind erhalten. Dieser Zuschlag halbiert sich im zweiten Jahr und läuft danach ganz aus. Eine weitere Neuerung sind verschiedene Anreize bei Arbeitsaufnahmen und Sanktionen bei Verweigerung oder Abbruch einer Eingliederungsmaßnahme bzw. eines zugewiesenen Arbeitsplatzes. Nach Schätzungen der Sozialverbände würden rund 80% der bisherigen Arbeitslosenhilfebezieher/innen schlechter gestellt werden als bisher, rund 30% von ihnen werden vermutlich keine Leistungen mehr erhalten.
9 Um die konkrete Ausgestaltung der Berücksichtigung eigener Ersparnisse wird gegenwärtig – Sommer 2004 – in der Öffentlichkeit heftig gestritten, eine Einigung ist noch offen.

pflichtet, wobei die entsprechenden Zumutbarkeitsregeln (Qualifikationsniveaus, Höhe des Nettoarbeitsentgelts, Mobilität u.a.) durch Reformen des Arbeitsförderungsgesetzes in den letzten Jahren verschärft worden sind.

Die Zahl der Leistungsempfänger, die entweder Arbeitslosengeld oder -hilfe bezogen, lag 1999 im Jahresdurchschnitt bei 3,6 Mio. Dies ist ein Anteil von ca. 80% der registrierten Arbeitslosen.

Träger der Arbeitslosenversicherung ist die Bundesagentur für Arbeit mit Sitz in Nürnberg. Neben den Unterstützungsleistungen bei Arbeitslosigkeit übernimmt sie auch die Aufgabe der Berufsberatung sowie der Ausbildungs- und Arbeitsvermittlung. Sie erbringt ferner die Arbeitslosenhilfe bzw. in Zukunft das Arbeitslosengeld II im Auftrag des Bundes.[10]

3. Die ökonomische und psycho-soziale Lebenslage von Arbeitslosen

Seit der soziographischen Studie über »Die Arbeitslosen von Marienthal« (1933)[11] ist bekannt, dass alle ökonomischen, sozialen und psychischen Dimensionen der Lebenslage durch Arbeitslosigkeit erheblich beeinträchtigt werden. Insbesondere bei jungen Familien und bei Alleinerziehenden, deren finanzielle Situation durch den Aufbau des Familienhaushalts und durch Kinder schon vor Eintritt der Arbeitslosigkeit angespannt war, können die Einkommenseinbußen existenzbedrohend wirken. Die jährliche Armutsberichterstattung der Sozialverbände beweist, dass Arbeitslosigkeit, speziell Langzeitarbeitslosigkeit, und Kinder die beiden größten Armutsrisiken in Deutschland sind.

Darüber hinaus führt Arbeitslosigkeit zu starken psychischen Belastungen, häufig sogar zu psychosozialen Störungen:[12] Erfahrungen

---

10 Vgl. Werner Sesselmeier: Art. »Sozialversicherung«, in: Evangelisches Soziallexikon (Neuausgabe), hg.v. Martin Honecker u.a., Stuttgart 2001, Sp. 1491–1507. Im Rahmen verschiedener Gesetzgebungswerke mit dem Titel »Moderne Dienstleistungen am Arbeitsmarkt« (Hartz I–IV, 2002 und 2003) wird gegenwärtig eine weitreichende Umstrukturierung der Bundesagentur für Arbeit in die Wege geleitet.
11 Marie Jahoda/Paul F. Lazarsfeld/Hans Zeisel: Die Arbeitslosen von Marienthal. Ein soziographischer Versuch über die Wirkungen langanhaltender Arbeitslosigkeit (1933), Frankfurt a.M. ²1978.
12 Ali Wacker: Arbeitslosigkeit. Soziale und psychische Folgen, Frankfurt a.M. ³1983.

beruflichen Abstiegs und sozialer Ausschließung bewirken zumeist einen Verlust an Selbstvertrauen und Selbstachtung, woraus Apathie und Verbitterung bis hin zu gravierenden Identitätsstörungen folgen können. Empirische Untersuchungen belegen, dass sich die Häufung von Alkoholismus, psychischen Erkrankungen, Kriminalität und Suiziden in einer signifikanten Parallelität zu einem Anstieg der Arbeitslosenquote entwickelt.

In der Öffentlichkeit wird Arbeitslosigkeit häufig als individuelles Versagen bewertet und damit in falscher Weise individualisiert. Diese Bewertung wird durch eine problematische Verknüpfung von individuellen und gesellschaftlichen Faktoren scheinbar gestützt. Die mit den psychischen Belastungen von Arbeitslosen bis hin zu Formen der Depressivität oft einhergehende Passivität trägt dazu bei, dass Arbeitslose häufig als wenig leistungsmotiviert wahrgenommen werden, die nur schwer Arbeit finden und schließlich auch keine mehr suchen. Eine Negativspirale von Rückzugstendenzen, Ohnmachtserfahrungen und dem Verlust sozialer Bindungen lässt sich bei vielen beobachten.

Vor diesem Hintergrund ist auch zu erklären, dass es Arbeitslosen bisher nicht in nennenswerter Form gelungen ist, sich durch eine Organisation ihrer Interessen in der Öffentlichkeit als einflussreicher politischer Faktor zu erweisen. Viel häufiger tendieren Arbeitslose zu einem individuellen Rückzug oder zu irrationalen politischen Positionen. Arbeitslose und auch Menschen, die sich von Arbeitslosigkeit bedroht fühlen, dienen immer wieder als ein Reservoir für aggressive, oft fremdenfeindliche politische Bewegungen, die autoritäre Lösungen anstreben.

Neben diesen seit der Marienthal-Studie immer wieder bestätigten negativen Befunden wird in jüngster Zeit aber auch darauf verwiesen, dass zumindest eine Minderheit von Arbeitslosen als »good copers« (gute Bewältiger) ihrer Situation bezeichnet werden muss.[13] In der sozialpsychologischen Forschung wird dementsprechend nach protektiven Faktoren gesucht, welche eine gute Bewältigung der Arbeitslosigkeit ermöglichen. Solche Faktoren – genannt werden Unterstützung durch ein intaktes soziales Umfeld, finanzielle Ressourcen, Selbstvertrauen und ein Arbeitsmarktoptimismus – können helfen, die in der empirischen Gesamtbilanz eindeutig überwiegenden negativen Befindensveränderungen durch Arbeitslosigkeit zu begrenzen.

---

13 David Fryer: Unemployed People: Social and Psychological Perspectives, Stirling (Schottland) 1987.

4. Kirchliche Stellungnahmen

Die evangelischen Kirchen haben sich – spätestens seit der EKD-Synode 1977 in Saarbrücken – auf allen Ebenen kontinuierlich mit Problemen der Arbeitslosigkeit beschäftigt und diese als ernste Herausforderung der Gesellschaft interpretiert. In Anknüpfung an die Traditionen der protestantischen Arbeitsethik sind in verschiedenen Studien und Denkschriften[14] Bedeutung und Grenze der Erwerbsarbeit für die Humanität des Menschen aufgezeigt worden.

Die Übersteigerung von Arbeit in Industriegesellschaften mit einer *Tendenz zur Arbeitsreligion*, in der speziell Erwerbsarbeit und ihre Leistung als entscheidende Wertmaßstäbe des Menschseins fungieren, wird aus theologischer Sicht scharf kritisiert. Dabei wird vor allem der für die Neuzeit charakteristischen Annahme, der Mensch werde durch seine Arbeit zum Menschen, entschieden widersprochen. Der Mensch hat seine unverlierbare Würde in der Gottebenbildlichkeit, die vor aller eigenen Leistung gilt. Aus christlicher Sicht begründet »Arbeit« somit nicht die Identität und Authentizität des Menschseins; sie ist allerdings ein Grunddatum menschlicher Existenz und als solche fundamental für das Wohl des Menschen. Die Beauftragung des Menschen als Ebenbild Gottes zur Weltgestaltung vollzieht sich unter den Bedingungen moderner Gesellschaften wesentlich im Rahmen der Erwerbsarbeit. Daher ist allen arbeitsfähigen Gliedern der Gesellschaft die Möglichkeit einzuräumen, den eigenen Lebensunterhalt durch Erwerbsarbeit zu sichern und sich als an der Schaffung der Güter des gemeinsamen Lebens beteiligte und mitverantwortliche Personen zu erweisen.

Daher stellen sich aus theologischer Sicht grundlegende Anfragen an eine Wirtschaftsordnung, wenn eine hohe Zahl von Menschen langfristig aus dem Arbeitsprozess ausgeschlossen wird. Die in der Gottebenbildlichkeit des Menschen begründete Beauftragung zur Arbeit, die sich im Rahmen des Leistungsprozesses der Gesellschaft konkretisiert, impliziert sozialethisch die Forderung nach entschiedener wirtschaftspolitischer Bekämpfung der Arbeitslosigkeit, wie es in verschiedenen Stellungnahmen – zuletzt in der *Studie »Gemeinsame*

---

14 Kirchenamt der EKD (Hg.): Solidargemeinschaft von Arbeitenden und Arbeitslosen. Sozialethische Probleme der Arbeitslosigkeit, Gütersloh 1982; Kirchenamt der EKD (Hg.): Gemeinsame Initiative – Arbeit für alle!, Hannover 1995; Kirchenamt der EKD/Sekretariat der Deutschen Bischofskonferenz (Hg.): Für eine Zukunft in Solidarität und Gerechtigkeit, Hannover/Bonn 1997. Vgl. auch Lukas Vischer: Arbeit in der Krise, Neukirchen-Vluyn 1996.

Initiative: Arbeit für alle!« (1995) sowie in dem mit der katholischen Kirche gemeinsam verantworteten *Sozialwort »Für eine Zukunft in Solidarität und Gerechtigkeit«* (1997) – zum Ausdruck gebracht worden ist. Arbeitslosigkeit wird als eine »ernste Bedrohung der Humanität« bezeichnet. Massenarbeitslosigkeit und die durch sie ausgelösten Verarmungsprozesse zerstören das Leitbild einer solidarischen und gerechten Gesellschaft und sind weder für die Betroffenen noch für den sozialen Rechtsstaat hinnehmbar. Um das »ethisch begründete und verpflichtende Menschenrecht auf Arbeit« zu realisieren, fordern die Kirchen ein Bündel unterschiedlicher, aufeinander abgestimmter Maßnahmen – eine Verbesserung der wirtschaftspolitischen Rahmenbedingungen für höheres Wirtschaftswachstum, gerechtere Verteilung der Arbeit durch Förderung von Teilzeitarbeit und durch Arbeitszeitverkürzungen, Etablierung eines sog. »zweiten Arbeitsmarktes« für Langzeitarbeitslose u. a. –, welches die Sozialparteien und den Staat gleichermaßen in die Pflicht und zur Kooperation ruft. Generell wird in den kirchlichen Verlautbarungen ein hoher Beschäftigungsstand als öffentliches Gut bewertet, das in die Verantwortung der Gesellschaft gestellt ist.

Die in der Bundesrepublik bisher einzigartig hohe und lang anhaltende Massenarbeitslosigkeit hat neben diesen auf Expansion und bessere Distribution von Erwerbsarbeitsplätzen zielenden Strategien auch zu der Forderung geführt – vor allem bei Teilen des Kirchlichen Dienstes in der Arbeitswelt (KDA)[15] und neuerdings beim Diakonischen Werk der EKD[16] –, im Sinn einer Substitution oder Ergänzung von Erwerbsarbeit das Konzept einer erwerbsarbeitsunabhängigen Grundsicherung zu verfolgen. Eine Grundsicherung als ein prinzipiell allen Bürgern zustehender, ausreichender und sozial gerechter Anteil am Volkseinkommen würde den ökonomisierten Arbeitsbegriff der Neuzeit in Frage stellen, während gleichzeitig andere Formen von Arbeit wie Haus-, Ehren- oder Eigenarbeit aufgewertet werden könnten. Trotz einiger Skepsis gegenüber diesen Vorschlägen, da sie die in der christlichen Tradition enge Verknüpfung von Arbeit mit dem Bemühen um den eigenen Lebensunterhalt lösen würden, ist deren Berechtigung darin zu sehen, die neuzeitliche

---

15 Kirchlicher Dienst in der Arbeitswelt, Die Welt der Arbeit – Überlegungen des KDA in der EKD. Vorlage für die EKD-Synode 1982, in: epd-Dokumentation Nr. 49a/1982.
16 Vgl. hierzu die Ausführungen von Jürgen Gohde über die EU-Grundrechtecharta: Jürgen Gohde: Unbezahlbare Würde. Zur Zukunft sozialer Dienstleistungen. Bericht des Präsidenten vor der Diakonischen Konferenz 2001, in: Diakonie-Jahrbuch 2002, Stuttgart 2002, 13–29.

Tendenz der einseitigen Hochschätzung der Erwerbsarbeit aufzuheben und eine kulturelle Entwicklung einzuleiten, welche anderen Formen von Arbeit eine höhere gesellschaftliche Anerkennung verleiht.

5. Diakonische Handlungsstrukturen gegen Arbeitslosigkeit

In Entsprechung zu den verschiedenen Stellungnahmen von EKD, Gliedkirchen sowie diakonischen Verbänden ist seit dem Ende der 1970er Jahre ein weit verzweigtes Netz von kirchlichen und diakonischen Handlungsstrukturen entwickelt worden, mit dem auf die Herausforderung der Massenarbeitslosigkeit reagiert wird. Auf EKD- und landeskirchlicher Ebene dominieren sozialethische Stellungnahmen, welche in die Öffentlichkeit wirken, indem sie insbesondere gegen individuelle Schuldzuweisungen bei Arbeitslosigkeit deren strukturelle Ursachen herausstellen und arbeitsmarktpolitische Initiativen einfordern. Mit dem Ziel einer Institutionalisierung der Befassung mit diesen Fragen hat die EKD – ähnlich auch einige Landeskirchen – im Nebenamt einen Bevollmächtigten für Arbeitslosenfragen berufen.[17]

Auf der lokalen und regionalen Ebene sind im Rahmen unterschiedlicher Trägerschaften – z.T. von Kirchenkreisen, vereinzelt auch von Kirchengemeinden sowie von Dienststellen des KDA und der Diakonie – umfassende *Beratungsangebote für Arbeitslose* entwickelt worden. Neben einer Rechtsberatung liegt der Schwerpunkt dieses Arbeitszweiges darin, die proaktiven Faktoren für eine Bewältigung der Situation der Arbeitslosigkeit zu stärken. Die individuelle seelsorgliche, aber auch diakonische Hilfe für den Einzelnen prägt diese Arbeit. Eine besondere Herausforderung stellt in diesem Zusammenhang die *Jugendarbeitslosigkeit* dar, auf die insbesondere Einrichtungen der Diakonie mit sozialpädagogischen Projekten zu reagieren versuchen. Im Rahmen der beratenden und der sozialpädagogischen Arbeit spielt das Bemühen um die *Bildung von Gruppen von Arbeitslosen* eine zentrale Rolle, einerseits um einen Austausch mit anderen Betroffenen gegen die drohende Isolation zu organisieren und andererseits um *Möglichkeiten einer öffentlichen Vertretung und Artikulation der Anliegen von Arbeitslosen* zu eröffnen.

Das angesichts der Herausforderung der Massenarbeitslosigkeit vermutlich wichtigste kirchliche und diakonische Handlungsfeld ist

---

17 Gegenwärtig nimmt Ulf Claussen für die EKD diese Aufgabe wahr.

die *Schaffung von Beschäftigungsmaßnahmen für Arbeitslose*.[18] Die evangelischen Kirchen und die Diakonie gehören seit mehr als 20 Jahren zu den wichtigsten Trägerinstitutionen im Bereich des öffentlich geförderten Arbeitsmarktes. Nachdem die »Innere Mission« bereits im 19. Jh. für besondere Problemgruppen und zu Beginn der 1930er Jahre speziell für jugendliche Arbeitslose Beschäftigungsmöglichkeiten schuf, hat die Diakonie erneut seit dem Ende der 1970er Jahre eine Vielzahl von differenzierten Hilfeformen für benachteiligte Menschen am Arbeitsmarkt entwickelt. In den Einrichtungen der Beschäftigungsträger der Diakonie – häufig organisiert als »Neue Arbeit« GmbHs, die in den Bereichen des Recycling, im Garten- und Landschaftsbau, z. T. auch in der Gastronomie und in Pflegeeinrichtungen tätig sind – werden in der Regel Beschäftigungs- und Qualifizierungsmaßnahmen verknüpft. Ergänzend zur Vermittlung fachlicher Qualifikationen legt man auf die Einübung allgemeiner Schlüsselqualifikationen (Belastbarkeit, Zuverlässigkeit, Motivation u. a.) großen Wert und unterstützt diese durch besondere Trainingsprogramme, da vor allem viele jugendliche Arbeitslose auf diese Weise erstmals die Gelegenheit erhalten, positive Erfahrungen in einer geregelten Arbeits- und Lebensstruktur zu entwickeln. Neben diesen zunehmend wichtigen, vorrangig sozialpädagogisch ausgerichteten Beschäftigungs- und Qualifizierungsmaßnahmen – ca. 15 % eines Geburtsjahrgangs verlassen gegenwärtig die Schulen ohne einen formalen Bildungsabschluss, mit steigender Tendenz – sind die Angebote öffentlich geförderter Arbeit insbesondere für Langzeitarbeitslose, gering Qualifizierte, aber auch in strukturschwachen Regionen unerlässlich, da das sozialethisch normative Menschenrecht auf Arbeit – so das Sozialwort der Kirchen – »in absehbarer Zeit nicht im Bereich des regulären Arbeitsmarktes allein verwirklicht werden« (Zi. 174) kann. Daher fordern EKD und Diakonisches Werk, dass die öffentlich geförderte Beschäftigung und Qualifizierung zumindest beibehalten und im Idealfall gestärkt wird.

Landeskirchen und Diakonie stellen selbst nicht unerhebliche personelle und finanzielle Mittel im Bereich der Arbeitslosenhilfe bereit. So finanziert die Evangelische Kirche im Rheinland seit mehr als 15 Jahren einen Arbeitslosenfonds und stellte im Jahr 2002 rund 2 Mio. € zur Verfügung. Damit wurden 50 Beratungsstellen für Arbeitslose sowie knapp 50 Beschäftigungs- und Qualifizierungsträger gefördert, in denen ca. 5000 Menschen beschäftigt und für den

---

18 Vgl. exemplarisch für entsprechende Maßnahmen in der rheinischen Kirche: Ulrich Mergner (Hg.): Neue Arbeit braucht das Land, Aachen 1999.

ersten Arbeitsmarkt qualifiziert wurden. Auf Grund der finanziell schwieriger werdenden Situation haben einzelne Landeskirchen die Kirchensteuermittel für Arbeitslosenfonds gekürzt oder auch gestrichen, wobei diese Mittel bisher durch Spenden – vor allem durch festgelegte Spendensammlungen in den Sonntagsgottesdiensten – weitgehend kompensiert werden konnten. Für die Sicherung der Glaubwürdigkeit der kirchlichen Stellungnahmen zum Problem der Arbeitslosigkeit wird es in Zukunft wesentlich darauf ankommen, ob und inwieweit auch weiterhin in nennenswerter Weise eigene Mittel für Arbeitslosenprojekte aufgebracht werden können.

6. Literatur zur Weiterarbeit

Fryer, David/Payne, R.: Proactive behavior in unemployment: findings and implications, in: Leisure Studies 3/1984, 273–295.
Für eine Zukunft in Solidarität und Gerechtigkeit. Wort des Rates der EKD und der Deutschen Bischofskonferenz zur wirtschaftlichen und sozialen Lage in Deutschland, Hannover/Bonn 1997.
Sesselmeier, Werner/Blauermel, Gregor: Arbeitsmarkttheorien. Ein Überblick, Heidelberg ²1998.
Tobler, Sibylle: Arbeitslose beraten unter Perspektiven der Hoffnung. Lösungsorientierte Kurzberatung in beruflichen Übergangsprozessen, PTHe 67, Stuttgart 2004.

XXVII.
Begleitung Sterbender und Trauernder in der Hospizbewegung

DANIELA TAUSCH

1. Einführung

»Kurz nach der Geburt ihrer kleinen Tochter hat man bei Petra Krebs festgestellt. Das ist nun zwei Jahre her. Chemotherapie und Bestrahlungen haben ihr nicht geholfen. Sie bekommt nur mühsam Luft, da sie Wasser in der Lunge hat. Das schlimmste ist für sie der Gedanke, vielleicht ihre kleine Tochter, auf die sie und ihr Mann lange gewartet haben, alleine zu lassen. Werde ich noch erleben, wie sie in den Kindergarten kommt? Wird sich meine Tochter überhaupt an mich erinnern? Wie wird mein Mann mit der Situation zurechtkommen? Und sie hat Angst. Sie hat Angst vor dem, wie sie sterben wird. Welche Schmerzen kommen noch dazu? Wird sie ersticken? Wird sie sich sehr quälen? Wird es lange dauern? Sie würde gerne zu Hause sterben, aber ob das ihre Familie schafft?«

Die Zeit des Sterbens ist sowohl für diejenigen, die sterben, als auch für die, die weiterleben werden, eine sehr schwierige Zeit. Oftmals fühlen sich die Betroffenen einsam und mit ihren Sorgen und Fragen allein gelassen, weil sich Freunde und Bekannte aus Angst und Unsicherheit zurückziehen. Diese Not möchte die Hospiz-Bewegung aufgreifen.

2. Historische Erinnerung

Hospize waren im Mittelalter Herbergen, die von Nonnen und Mönchen geleitet wurden und Pilger ins Heilige Land aufnahmen. Die Motivation der Hospiz-Bewegung ist ursprünglich also geistlicher Natur, denn an erster Stelle steht, dem sterbenden Menschen Liebe und fürsorgende Pflege zu geben. Hospiz bedeutet eine einmalige Verbindung von Spiritualität und Medizin. Diesen Gedanken, dem sterbenden Menschen eine letzte Herberge zu geben, möchte die Hospiz-Bewegung aufgreifen. Es muss nicht immer eine gemauerte Herberge sein, sondern wir selber, als Mitmensch können Herberge, Hospiz, für den sterbenden und trauernden Mensch sein, in dem wir unser Herz für die Nöte und Ängste des anderen öffnen und ihn damit nicht alleine lassen.

1967 eröffnete die Ärztin, Sozialarbeiterin und Krankenschwester Cicely Saunders ein Haus für Sterbende in London, das sie Hospiz nannte (St. Christopher's Hospice).[1] Von dort aus breitete sich die Hospiz-Bewegung über die ganze Welt aus. In Deutschland stieß die Hospiz-Bewegung zunächst auf Skepsis und Kritik. 1977 äußerten sich die Kirchen, Krankenkassen und Wohlfahrtsverbände negativ gegenüber der Hospiz-Bewegung. Trotzdem wurde 1983 die erste Palliativstation in Köln eröffnet. Palliativstationen sind Stationen in Krankenhäusern, die sich auf die palliative Behandlung, also auf die Linderung von Schmerzen und Symptomen, die das Sterben bedingt, spezialisiert haben. Es geht hier nicht mehr um Heilung, sondern um Linderung und um ein würdevolles Sterben.

Heute (2004) gibt es in Deutschland ca. 1300 ambulante Hospizdienste, die sich bemühen, den sterbenden Menschen und seine Angehörigen zu Hause zu unterstützen, so dass die betroffene Person daheim sterben kann. 80 % der Menschen wünschen sich, zu Hause sterben zu dürfen. Tatsache ist aber, dass 80 % in Institutionen sterben. Inzwischen gibt es ca. 90 Palliativstationen und 112 stationäre Hospize. Die Palliativstationen wurden von Anfang an von den Krankenkassen finanziert, bei den stationären Hospizen war dies anders. Seit 1999 hat die Finanzierung endlich eine gesetzliche Grundlage im §39a SGBV bekommen. In einer Rahmenvereinbarung haben sich die Krankenkassen, die Bundesarbeitsgemeinschaft Hospiz und die Mehrzahl der Wohlfahrtsverbände darauf verständigt, die Kosten aus Mitteln der Kranken- und Pflegeversicherung, des Hospizträgers sowie durch Eigenbeteiligung der Patienten (wenn möglich) und bei Bedarf des Sozialhilfeträgers zu finanzieren. Die Bundesarbeitsgemeinschaft Hospiz hat hier viel erreicht. In Zukunft werden auch die ambulanten Hospizdienste neben einer Spendenfinanzierung eine finanzielle Unterstützung über Sozialleistungsträger für die Vorbereitung und Begleitung der Freiwilligen Begleiter und Begleiterinnen wie für die Koordination der Einsätze bekommen.

---

1 Anknüpfend an die Tradition mittelalterlicher Herbergen an den Pilgerwegen [s.o.]; vgl. Johann-Christoph Student: Art. »Hospizbewegung«, RGG⁴ 3 (2000), 1914f.

3. Zur Hospizarbeit – Äußere Hospizkriterien

Was kennzeichnet nun den Hospiz-Gedanken? Hospiz-Dienste berücksichtigen folgende allgemeine Kriterien:[2]

Der sterbende Mensch und seine Angehörigen sind gemeinsame Adressaten des Hospiz-Dienstes.
Normalerweise steht die Erkrankung, die Diagnose und Behandlung im Mittelpunkt des medizinisch-pflegerischen Handelns. Sterben betrifft aber den ganzen Menschen und auch seine Angehörigen. Die Angehörigen brauchen genauso die Aufmerksamkeit durch Gespräche und unterstützendes Handeln wie der sterbende Mensch selbst. Gerade in den letzten Tagen und Stunden des Sterbens benötigen die Angehörigen Hilfe, den sterbenden Menschen loszulassen.

Unterstützung durch ein interdisziplinäres Team.
Nur ein Team (Ärzte und Ärztinnen/Sozialarbeiter und Sozialarbeiterinnen/Seelsorger und Seelsorgerinnen/Psychologen und Psychologinnen sowie Freiwillige Begleiter und Begleiterinnen) können die vielfältigen Nöte, Bedürfnisse und Wünsche des sterbenden Menschen erkennen und dementsprechend handeln. Manche Sorgen und Nöte erzählt der Patient vielleicht eher einem Freiwilligen Begleiter, als einem beruflichen Helfer. Wichtig ist, dass die Personen im Team nicht konkurrieren, sondern sich gegenseitig unterstützen und fortlaufend Supervision erfahren. Dies ist besonders wichtig, weil die Arbeit jeden an persönliche und berufliche Grenzen führt.

Die Einbeziehung der Freiwilligen Begleiter und Begleiterinnen.
Die Freiwilligen Begleiterinnen sind ein sehr wichtiger Bestandteil der Hospiz-Bewegung. Sie werden auf ihre Aufgabe vorbereitet und darin supervidiert. Sie haben Zeit. Zeit um z. B. am Bett zu sitzen, bestimmte Wunschgerichte zu kochen, einzukaufen, vorzulesen, wichtige Gespräche zu führen, den sterbenden Menschen durch die Nacht zu begleiten. Oftmals entsteht eine sehr intensive und nahe Beziehung. Das ist etwas sehr Heilsames für den Patienten. Trotz seiner Hinfälligkeit, durch die er sich eher als Last und Belastung erlebt, wird er von jemanden besucht, der mit ihm zusammensein will und kein Geld dafür bekommt. Gleichzeitig werden die Angehörigen entlastet, sie können in dieser Zeit etwas für sich tun, und auch

---

2 Vgl. Johann Chr. Student: Das Hospiz-Buch, Freiburg 1989.

sie werden durch Gespräche mit dem Freiwilligen Begleiter unterstützt. Durch die Freiwilligen Begleiter und Begleiterinnen wird der Hospiz-Gedanke in die Gesellschaft heraus getragen, denn sie erzählen in ihrem Freundeskreis von ihrer Arbeit.

Spezielle Kenntnisse in der Symptomkontrolle.
Hier steht, neben Behandlung von Atemnot und Übelkeit, vor allem die Schmerzkontrolle im Vordergrund. Eine der stärksten Ängste vor dem Sterben ist die Angst, in dieser Zeit unter starken Schmerzen zu leiden. Hier hat sich die Hospiz-Bewegung sehr aktiv für eine gute Schmerztherapie eingesetzt. In etwa 95% können die Schmerzen durch die regelmäßige Gabe von Morphinen in Kombination mit anderen Schmerzmitteln genommen werden. Wichtig ist aber, Schmerz in seiner Ganzheit zu sehen: den physischen, aber auch den emotionalen Schmerz, z.B. durch Ängste und Sorgen, den sozialen Aspekt durch Einsamkeit und den religiösen Aspekt, denn auch ungelöste religiöse Fragen beeinflussen den körperlichen Schmerz.

Kontinuität der Fürsorge.
Zum einen bedeutet dies, dass der Hospiz-Dienst rund um die Uhr für die Betroffenen erreichbar ist. Denn gerade nachts oder in den frühen Morgenstunden treten Ängste und Schmerzen vermehrt auf.

Zum anderen bedeutet es die Begleitung der Angehörigen auch in der Zeit der Trauer, sei es Einzeln oder in Gruppen. Oftmals wird die Zeit der Trauer sowohl in ihrer Länge als auch in ihrer Intensität und Gesundheitsbelastung für den Angehörigen unterschätzt. Gerade eine Trauergruppe, in der sich mehrere Menschen zusammenfinden, die einen nahen Angehörigen verloren haben und die sich regelmäßig trifft, erfährt der Trauernde wichtige Solidarität und Unterstützung. Denn oftmals beschäftigt den Trauernden die Frage, ob die eigenen Reaktionen und Gefühle noch »normal« sind, aber hier erfährt er, dass es anderen genauso geht.

Dies sind die äußeren Kennzeichen der Hospiz-Bewegung.

4. Zur Hospizarbeit – Innere Hospizkriterien

Mir erscheinen die – wie ich sie nenne – *inneren Kriterien der Hospiz-Bewegung* genauso wichtig. Sie beinhalten einen anderen, bewussteren Umgang mit Sterben und Tod in unserer Gesellschaft.

Die Auseinandersetzung mit Sterben und Tod führt mich hin zum Leben.
In unserer Gesellschaft verdrängen wir den Tod, in der naiven Hoffnung, dass, wenn wir nicht an ihn denken, er uns auch nicht widerfährt. Wagen wir jedoch den Gedanken an unsere Endlichkeit in unser Leben hineinzunehmen, so verändert, vertieft sich unser Leben. Unsere eigene Endlichkeit kann Lehrmeister für unser Leben sein, indem wir uns mit folgenden Fragen immer wieder z.B. an Silvester oder am Geburtstag auseinandersetzen: Wenn das mein Leben war, habe ich es gelebt? Was habe ich versäumt? Was verschiebe ich immer auf später, ohne zu wissen, ob ich dann noch leben werde? Was würde ich verändern, wenn ich wüsste, dass ich nur noch ein Jahr zu leben hätte? Was ist wirklich wesentlich angesichts des Todes? Der Gedanke an die eigene Endlichkeit kann dann wie eine Lupe sein, unter der wir unser Leben betrachten und Unwichtiges von Wichtigem unterscheiden können. Wenn der Tod dann kommt, haben wir eher das Gefühl, wirklich gelebt zu haben, als nur gelebt worden zu sein, was uns hilft loszulassen.

Der Tod kommt auf jeden von uns zu, und doch bereiten wir uns auf nichts so wenig vor wie auf den Tod.
Wir scheuen uns, über unser eigenes mögliches Sterben nachzudenken und darüber mit anderen zu sprechen. Wir sind dann aber, wenn die Situation eintritt, hilflos und wissen nicht, was der andere sich gewünscht hätte, z.B.: Möchte ich künstlich ernährt oder künstlich beatmet werden? Habe ich eine Patientenverfügung? Welche Texte, welche Musik möchte ich hören, wenn ich im Koma liege? Wie und wo möchte ich beerdigt werden? Sprechen wir rechtzeitig mit einem anderen Menschen darüber, so ist es für ihn eine große Hilfe, weil er dann weiß, was wir uns wünschen, auch wenn wir vielleicht nicht mehr reden können. Mit wem möchten Sie darüber reden?

Die Zeit des Sterbens ist eine Zeit des Lebens.
Sterben ist nicht nur der verlorene Kampf gegen die Krankheit, sondern in dieser Zeit können trotz körperlicher Einschränkungen Freude und Erfüllung erfahren werden, z.B. das Hören von Musik neu entdecken, Zeit haben für Gespräche mit Freunden, stilles Sein mit sich selbst, Lesen, Lebensrückblick, die Suche nach einer tragenden Spiritualität. Für manche erschließen sich auch in dieser Zeit noch ganz neue Erfahrungsräume.

Jeder stirbt seinen eigenen Tod.
Wir neigen leicht dazu, Sterben zu bewerten: Das ist ein gutes Sterben und das ein schlechtes Sterben. Damit werden wir aber dem Sterbenden nicht gerecht. So wie jedes Leben einmalig und sehr verschieden ist, so ist auch das Sterben individuell und passt häufig zu dem Leben, was der Mensch geführt hat. Vielleicht passt es für den einen, bis zum Schluss zu kämpfen, weil er immer Kämpfer war, und für den anderen passt es, sich dem Prozess des Sterbens hinzugeben. Jeder stirbt seinen ganz eigenen Tod. Hierzu gehört auch, dass wir als Begleiter nicht wissen, was für den anderen richtig ist. Wir sind noch nie gestorben, wir wissen es nicht. In der Begleitung geht es vielmehr darum den Sterbenden zu hören, ihn wahrzunehmen, ihm durch unser Dasein Kraft zu vermitteln, so dass er seinen ganz eigenen Weg gehen kann. Wir begleiten ihn, aber wir führen ihn nicht. Wir haben oft die Erfahrung gemacht, dass es dem sterbenden Menschen leichter fällt in den Momenten, in denen er alleine ist, zu sterben. Darum ist es wichtig neben aller Begleitung auch das Alleinsein des Patienten zu schützen.

Würdiger Umgang mit dem Verstorbenen.
Dieser Bereich ist oft noch ein großes Tabu. Viele von uns haben noch nie einen verstorbenen Menschen gesehen. Wir wissen vom Physischen, wann der Tod eingetreten ist, aber ist dann dieser Prozess wirklich schon abgeschlossen?

In früheren Traditionen war es üblich, den Verstorbenen noch drei Tage aufzubahren und ihn zu begleiten. Ich meine, dass wir in dieser tiefen und stillen Zwiesprache mit dem Verstorbenen sehr viel für unser Leben lernen können. Wir können den Schrecken vor dem Tod verlieren, denn die meisten verstorbenen Menschen sehen, selbst wenn der Tod sehr mühsam war, hinterher wie erlöst und jünger aus. Wenn wir uns von unserer eigenen Angst befreien, spüren wir, wie oftmals ein tiefer Frieden von dem Verstorbenen ausgeht. Früher gab es das Ritual der Totenmaske, heute könnten wir ein Foto von dem Verstorbenen machen. Ich habe erlebt, wie dies für die Zeit der Trauer eine große Hilfe war.

Die Zeit der Trauer als eine Zeit der Heilung.
Die Zeit der Trauer ist eine schmerzliche, alles aufwühlende Zeit, die für den oder die zurückgebliebenen Menschen quälend und kräftezehrend ist. Und dennoch findet durchs Trauern Heilung statt. Trauern heißt nicht nur traurig sein, sondern genauso wütend sein, zu klagen und zu rufen, nicht schlafen können, Einsamkeit, ab-

grundtiefe Verzweiflung. Oftmals brechen Gefühle mit einer Intensität durch, wie wir sie vorher an uns gar nicht gekannt haben. Es ist eine Achterbahn der vielfältigsten Gefühle. Aber nur dadurch kann unser Herz wieder heilen und zum Leben zurückfinden. Trauer ist ein natürliches Empfinden und gehört zum Leben dazu. Sie ist das Bemühen und die Anstrengung der Seele, das Geschehen zu begreifen. Jeder und jede er- und durchlebt den Prozess der Trauer unterschiedlich, es gibt keine Norm, was richtig und was falsch ist. Auch wenn die Zeit der Trauer manchmal endlos erscheint, ist sie eine Zeit der Heilung.

Die Hospizbewegung möchte, dass die Zeit des Sterbens nicht nur eine Zeit der großen Krise und Tragik ist, sondern dass diese Zeit auch zu einer wichtigen Zeit unseres Lebens wird. Montaigne hat so treffend gesagt: »Wenn wir eine weise Frau brauchen, um uns ins Leben zu begleiten, so brauchen wir jemand ebenso weisen, um uns wieder hinauszubegleiten.«

4. Literatur zur Weiterarbeit

Beutel, Helmuth/Tausch, Daniela (Hg.): Sterben – eine Zeit des Lebens. Ein Handbuch der Hospizbewegung, Gütersloh (1989) ⁴1996.
Balzer, Reinhold: Die Entwicklung der Hospizbewegung in einem diakonischen Unternehmen: die Entstehung eines neuen Arbeitsfeldes in den v. Bodelschwinghschen Anstalten Bethel. Bethel-Beiträge 54, Bielefeld 2000.
Deutsche Hospiz-Stiftung (Hg.): Ergebnisse der Langzeituntersuchung zur Hospizarbeit in Deutschland, Dortmund 1998.
Gerstenkorn, Uwe: Hospizarbeit in Deutschland. Lebenswissen im Angesicht des Todes, Diakoniewissenschaft 10, Stuttgart 2004.
Kreisel-Liebermann, Hanna: Dem Leben so nah. Schwerstkranke und Sterbende begleiten, Transparent 63, Göttingen 2000.
Lamp, Ida (Hg.): Hospiz-Arbeit konkret: Grundlagen – Praxis – Erfahrungen, Gütersloh 2001.
Tausch-Flammer, Daniela: Die Hospizbewegung: ein anderer Umgang mit Sterben, Tod und Trauer, in: Brennpunkt Gemeinde. Studienbrief D14. AG Missionarische Dienste, Postfach 101142, 70010 Stuttgart, 1993.
–: Sterbenden nahe sein, Freiburg 2004.
–/ Bickel, Lis: Wenn Kinder nach dem Sterben fragen, Freiburg 1994.
–: Wenn ein Mensch gestorben ist – wie gehen wir mit dem Toten um? Anregungen und Hilfen, Freiburg 1995.
–: In meinem Herzen die Trauer. Texte für schwere Stunden, Freiburg 1998.

XXVIII.
Bekämpfung von Armut als Herausforderung an diakonisches Handeln

ERNST-ULRICH HUSTER

1. Einführung: Globalisierung und Re-Regionalisierung

Wir erleben derzeit zwei teils konträr zueinander verlaufende, teils komplementär zueinander stehende Prozesse in der Ökonomie und in der Politik. So entstehen immer größere Wirtschaftsräume und internationale Kooperationsformen. Die Errichtung des EU-Binnenmarktes stellt ganz offensichtlich nur einen Zwischenschritt zu einer umfassenden Erweiterung der Europäischen Union dar. Der nordamerikanische Kontinent hat sich ebenfalls auf den Weg zu einer »North American Free Trade Area (NAFTA)« begeben. Hinzu kommen Agglomerationen in Ostasien (Japan, Hongkong, Südchina, Südkorea), die zusammen mit Westeuropa und Nordamerika das globale Wachstumsdreieck bilden und die den Großteil des Welthandels unter sich ausmachen. Innerhalb dieser Triade kommt es zu einer immer umfassender werdenden Konzentration und Zentralisation im Unternehmensbereich.

Dieser weltweite Wettbewerb setzt neue Wachstumsimpulse. Zugleich suchen unterschiedliche »Modernisierungspolitiken« der einzelnen Länder bzw. Wirtschaftsregionen Wettbewerbsvorteile durchzusetzen, so durch eine Politik der Senkung von Steuern auf hohe Einkommen und Gewinne bei gleichzeitiger Absenkung von Sozialleistungen. Als Kehrseite dieser Politik drohen Teilregionen und vor allem randständige Gebiete innerhalb dieser Wirtschaftsgroßräume von der Gesamtentwicklung abgekoppelt zu werden. Somit kommt es zum einen zu sozialen Ausdifferenzierungsprozessen zwischen den Ländern, Regionen, Teilregionen und Städten, zum anderen zu Segregationsvorgängen innerhalb von Ländern, Regionen, Teilregionen und Städten.

2. Armut und soziale Polarisierung – weltweit und in Europa

Angesichts einer sich stärker abzeichnenden sozialen Polarisierung in den wohlhabenden Ländern selbst sowie den sozialen Umbrüchen vor der Haustür der Europäischen Union sind die in früheren Jahren sehr viel stärker politisch präsenten Probleme globaler Ungleichverteilung in den Hintergrund getreten. Millionenfacher Migrationsdruck und die Diskussion über sog. »Wirtschaftsflüchtlinge« zeigen, dass diese Ungleichverteilung nicht nur fortexistiert, sondern dass trotz oder auch wegen milliardenschwerer Entwicklungshilfe die Abhängigkeit der Länder der sogenannten Dritten Welt von den Industrienationen nicht nur nicht verringert worden ist, sondern dass Armut und Verelendung dort eher noch zugenommen als abgenommen haben. Parallel dazu steigt die Militarisierung dieser Regionen.

Würde man den Globus entsprechend der tatsächlichen Verteilung einmal nach Bevölkerung, zum anderen nach Wirtschaftsleistung grafisch aufbereiten, so zeigt sich ein beachtliches Missverhältnis: Während die reichen Industriestaaten lediglich 15 % der Bevölkerung aufweisen, konzentrierten sich auf sie 57 % der gesamten Wirtschaftsleistung, während umgekehrt die Entwicklungsländer nur 37 % der Wirtschaftsleistung, aber drei Viertel der Weltbevölkerung auf sich vereinigen. Dabei umfasst die Rubrik Entwicklungs- und Schwellenländer so ungleiche Gebiete wie die ölproduzierenden Golfstaaten wie auch Zonen absoluter Verelendung. Genauer ist da schon ein Blick auf die Welt-Einkommenspyramide. Mit weniger als einem Dollar im Jahr müssen 1,3 Milliarden Menschen auskommen, während die Bewohner Luxemburgs, Japans, der USA, Österreichs, Deutschlands, Großbritanniens, Frankreichs u.a.m. über 20 000 $ im Jahr erwirtschaften.

Auch in den 15 Ländern, die seit 1992 die Europäische Union bilden, gibt es nach wie vor beachtliche Unterschiede im Wohlstandsgefälle. Dabei fallen insbesondere die südlichen Teile Italiens auf, die im starken Kontrast zur Wirtschaftskraft Norditaliens stehen. Besonders unterdurchschnittlich ist die Wirtschaftsleistung in Ostdeutschland, Folge der wirtschaftlichen Entwicklung zu DDR-Zeiten und während des noch anhaltenden Transformationsprozesses. Auf der anderen Seite liegt aber auch in Deutschland ein Teil jener Gebiete, deren Wirtschaftsleistung je Einwohner besonders stark sind: Hamburg, das Rhein-Main-Gebiet und der Wirtschaftsraum um München, der in wirtschaftlich besonders starke Gebiete Österreichs übergeht. Von dem Gebiet Großlondon über die Beneluxstaaten, die Rheinschiene bis nach Norditalien erstreckt sich das wirtschaftlich besonders starke Rückgrat der Europäischen Union, auch unter dem Namen »blue banana« bekannt.

Nimmt man das verteilungspolitische Kriterium für Armut, das – bis zu dessen Modifikation (s.u.) – von der Kommission der Europäischen Gemeinschaft bei 50 % des durchschnittlichen, monatlichen nationalen nach Haushaltsgröße gewichteten Haushaltseinkommen festgelegt worden ist, dann haben sich Mitte der 1990er Jahre ca. 17 % der Bevölkerung in den Ländern der Union in einer entsprechenden sozialen Lage befunden. Dabei differieren die Armutsquoten zwischen den einzelnen Ländern z.T. beträchtlich; auch ist die Entwicklung in den 1980er und 1990er Jahren uneinheitlich.

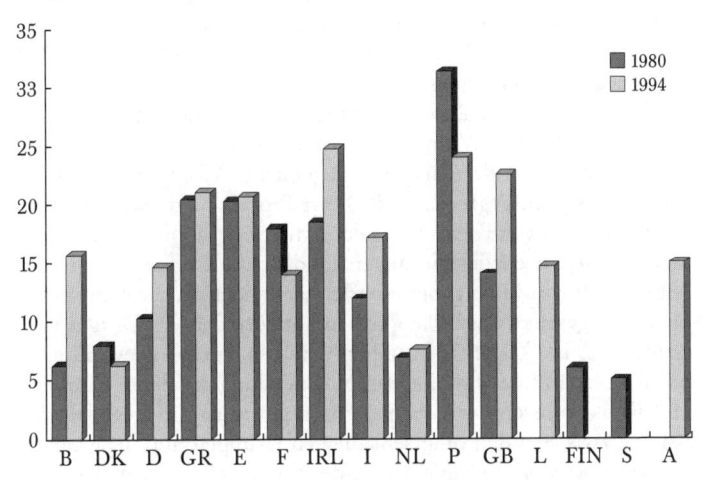

Schaubild: Armutsraten in den 15 Ländern der EU 1980–1994 (aus: Abrahamson und Hansen [1996] und EUROSTAT [1998])

2.1 Soziale Polarisierung als Prozess

Als Folge der Globalisierung der Märkte kommt es mehr denn je zu einer Kostenkonkurrenz zwischen Volkswirtschaften mit höchst unterschiedlichen Sozialstandards.
– In den Ländern der Europäischen Union wird, in unterschiedlichen Varianten zwar, aber im Tenor identisch, immer stärker das jeweilige Mindestsicherungsniveau in Frage gestellt, um so Spielraum für Lohnsenkungen zu bekommen. Auch in der bundesdeut-

schen Gesellschaft wächst der Niedrigeinkommensbereich mit der Folge, dass Menschen trotz Arbeit arm bleiben (»working poor«).
- In den sog. Schwellenländern etabliert sich immer stärker eine Abwehr gegen den Aufbau von sozialen Sicherungssystemen, weil dies deren wirtschaftliche Aufholjagd bzw. nachholende Entwicklung nur behindern würde.
- In den westlichen Industrieländern versuchen sich immer mehr Menschen außerhalb des allgemeinen Arbeitsmarktes zu etablieren: in Deutschland etwa Menschen aus Polen, den Ländern der GUS. Mit dem Fall des *Eisernen Vorhangs* sind nunmehr Landwege zwischen den besonders von Armut betroffenen Gebieten in Ost-, in Südosteuropa und in Asien sowie (West-)Europa geöffnet worden. Hinzu kommen Migrantinnen und Migranten aus dem Maghreb, die vor allem nach Südeuropa zu gelangen suchen. Aber auch andere Teile der Welt, so etwa die USA, sind das Ziel illegaler Einwanderung.

Als Folge dieser Globalisierung entsteht schon innerhalb der sozialstaatlich flankierten Wirtschaftszentren ein neues Armutspotential, das nicht trotz, sondern als Folge allgemeiner Wohlstandsmehrung sozialpolitisch ausgegrenzt wird. Dieser Prozess wird von einer legalen, mehr noch von Formen illegaler Arbeitsmigration verstärkt, woraus sich negative Rückwirkungen auf die bestehenden Lebens- und Arbeitsbedingungen ergeben, werden diese doch nicht selten auf ein Niveau abgesenkt, das bislang nur in Ländern der sog. Dritten Welt anzutreffen ist. Zugleich entstehen damit in ihren Folgewirkungen nicht abschätzbare Problemzusammenballungen, denn Konflikte und Konkurrenzen um Lebenschancen gewinnen im Regelfall ihre Brisanz zwischen den unterschiedlichen Gruppen und Teilgruppen *am unteren Ende der Sozialpyramide* und nicht global zwischen allen Teilen der Gesellschaft!

Doch die Gesellschaften in den Ländern der Europäischen Union haben sich offensichtlich damit abgefunden, dass parallel zum stetig steigenden Wohlstand, ja Reichtum, die Zahl der Personen dramatisch zunimmt, die ohne staatliche Hilfe ihr Auskommen nicht fristen können. Insgesamt hat sich die Verteilungsschieflage in den 1980er und 1990er Jahren in einem starken Maße zugespitzt: Von 1980 bis 1992 hatte sich beispielsweise in (West-)Deutschland die Zahl der Empfänger von Hilfen zum Lebensunterhalt in der Sozialhilfe mehr als verdoppelt (Index 1980 = 100, 1992 = 238), während sich die Anzahl der Haushalte mit einem monatlich verfügbaren Einkommen von 10 000 DM und mehr von 1983 bis 1993 mehr als versechsfacht hat. 1998 verfügten 2,5 Mio. Haushalte im Monat über ein Einkommen von 10000 DM und mehr, während im selben Jahr 2,9 Mio. Menschen Sozialhilfe bezogen (Jahresendzahlen). Die bundesdeutsche Gesellschaft ist reich, dieser Reichtum nimmt stetig zu; Reichtum ist sozial gesehen durchaus ein Massenphänomen. Nimmt man die Angaben von Richard Hauser und Irene Becker, wonach zum Reichtum nicht nur ein Leben oberhalb der 200-Prozentgrenze beim Einkommen, sondern auch beim Vermögen gehöre, so waren 1998 in Deutschland 1,1 Mio. Haushalte mit 1,8 Mio. Menschen diesem ohne Zweifel als reich einzustufenden Personenkreis zuzuordnen.[1]

Wiewohl Armut heute mehr denn je – neben den traditionellen Ursachen – in weltweiten wirtschaftlichen und politischen Entwicklungen begründet ist, tritt sie nach wie vor insbesondere auf der regionalen oder gar lokalen Ebene in Erscheinung. Wiewohl in globalen Zusammenhängen stehend, ist die Bearbeitung von Armut in den entwickelten westlichen Demokratien auf eine politische Ebene festgelegt, die zwar qua Bürgernähe und dem Nutzbarmachen von spezifischen Hilfsmöglichkeiten in hohem Maße dazu geeignet ist, die aber gleichzeitig in ihrer gesamten Politik von diesen globalen Rahmenbedingungen mehr denn je abhängt.[2]

2.2 »Schaffet Recht dem Armen und der Waise ...«

Armut meint im biblischen Kontext einen Zustand der Rechtlosigkeit, in dem der Mensch in seiner ihm durch die Ebenbildlichkeit Gottes gewährten Würde verletzt ist. Der Psalmist fordert: »Schaffet Recht dem Armen und der Waise und helft dem Elenden und Bedürftigen zum Recht. Errettet den Geringen und Armen und erlöst ihn aus der Gewalt der Gottlosen« (Ps 82,3.4). Dem Armen sind nicht Almosen zu geben, sondern ist Recht zu verschaffen, und nicht der Arme ist der »Gottlose«, sondern der, der den Armen in Armut hält! Nicht zuletzt das Schuldenerlassjahr sollte in Israel intergenerativ eingetretene soziale Verwerfungen wieder rückgängig machen. Im Neuen Testament wird der Umgang mit den Armen in einen heilsgeschichtlichen Kontext gestellt. Zugleich weist der biblische Maßstab der Gerechtigkeit über den irdischen Bezugsrahmen hinaus und macht deutlich, dass ir-

1 Richard Hauser/Irene Becker: Einkommensverteilung im Querschnitt und im Zeitvergleich 1973–1998. Lebenslagen in Deutschland. Der erste Armuts- und Reichtumsbericht der Bundesregierung, Forschungsbericht, Typoskript, Bonn 2001.
2 Walter Hanesch (Hg.): Überlebt die soziale Stadt? Konzeption, Krise und Perspektiven kommunaler Sozialstaatlichkeit, Opladen 1997.

dische Gerechtigkeit, bezogen auf die Gerechtigkeit Gottes und auf die seines zukünftigen Reiches, nur relativ sein kann. Gleichwohl soll die Mitwirkung an der Schöpfung auch das soziale Tun, etwas von der göttlichen Gerechtigkeit sichtbar werden lassen.

Die Theologie Luthers greift diesen Gedanken der Rechtsverletzung sowie den heilsgeschichtlichen Kontext auf. Ob arm oder reich: Vor Gott ist der Mensch allein aus Gnade gerechtfertigt. Wenn Gott aber eine Option hat, dann ist es die für die Armen, denn er ist »nicht ein vater der reichen, sondern der armen, witwen und waisen« (WA 18, 498, 9). Da alle Güter Gabe Gottes seien, müssten diese auch zur Überwindung von Armut eingesetzt werden; nicht zur Nächstenhilfe gebrauchtes Gut sei »gestolen vor got« (WA 10/3,275,7). Doch diese Nächstenhilfe solle nicht Hungeralmosen sein, »sondern *rechtes Almosen*, das selbstlos schon die Ursachen der Armut beseitigt, dem Recht Geltung verschafft und ehrliche Berufs- und Geschäftspraxis pflegt.«[3] Armut hat verschiedene Ursachen, zu denen neben der Sünde im Umgang mit zeitlichen Gütern eine falsche Einstellung zur Arbeit gehört: Arbeit begreift Luther als vollzogenes Tun Gottes; Müßiggang ist folglich unethisch. Das Empfangen von Almosen als Folge von Arbeitsscheu ist Raub und Diebstahl an von anderen Menschen mit Schweiß und Blut erarbeiteten Gütern. Luther entwickelt ausführlich praktische Vorschläge für die Neuordnung des kommunalen Armenwesens, zugleich wendet er sich scharf gegen die bestehenden Bettelorden.

»Es geschieht meines Erachtens auf keinem Handel so viel Bübereien und Trügereien wie auf dem Bettel, [...] Wer arm will sein, sollte nicht reich sein; will er aber reich sein, so greife der mit der Hand an den Pflug und suche es sich selbst aus der Erde. Es ist genug, dass geziemlich die Armen versorgt sind, dabei sie nicht Hungers sterben noch erfrieren; es füge sich nicht, dass einer auf des andern Arbeit müßig gehe, reich sei und wohllebe bei eines anderen Übelleben, wie jetzt der verkehrte Missbrauch gehet, denn St. Paul sagt: ›Wer nicht arbeitet, soll auch nicht essen.‹«[4]

Luthers theologische Bewertung der Armut und der Armenfürsorge zwischen einem Recht auf und einer Pflicht zur Hilfe bei unverschuldeter Armut als Ausfluss des Liebesgebotes Christi sowie von der Verpflichtung zur Mitwirkung an der Schöpfung hat die Diakoniegeschichte in hohem Maße geprägt. Von Luther wurden wichtige

---

3 Gerhard Krause: Art. »Armut, VII. 16.–20. Jahrhundert«, TRE 4 (1979), 98–105: 101.
4 Martin Luther: An den christlichen Adel deutscher Nation, zitiert nach M. Luther: Ausgewählte Werke, hg.v. H. Borchardt, Bd. 2, München ³1948, 130.

Grundsätze der Armenfürsorge entwickelt, so die Trennung zwischen würdigen und unwürdigen Armen, die Hilfe zur Selbsthilfe und schließlich eine Schlechterstellung des materiellen Umfangs der Hilfestellung gegenüber anderen Formen eigenständiger Subsistenzsicherung (»Lohnabstandsgebot«), die von den Vätern der Diakonie im 19. Jh. bruchlos übernommen wurden. Armenpflege war für sie direkter »Ausfluss des Evangeliums und des Wirkens der christlichen Gemeinde«. Daneben hat sich, ebenfalls in der Tradition Luthers stehend, ein stärker politisch denkender Protestantismus herausgebildet, der sich zu einer sozial-bürgerlichen Verantwortung einschließlich sozialer Gerechtigkeit bekannte und diese im politischen Raum verwirklicht sehen wollte.[5]

3. Armutsdefinitionen und Ausmaß

Armut ist das Ergebnis sozialer Ausgrenzungsmechanismen und bezeichnet einen Zustand am unteren Ende der sozialen Hierarchie, in dem der Einzelne nicht mehr imstande ist, aus eigener Kraft heraus an den sozialen Beziehungen in dem Maße teilzunehmen, das in der jeweiligen Gesellschaft als existenzminimal angesehen wird. Der Armutsbekämpfung kommt geschichtlich, vor allem aber in der Gegenwart häufig eine abschreckende Funktion zu: Mit materiellen und immateriellen Sanktionen soll über den Kreis der Betroffenen hinaus Leistungs- und Konkurrenzverhalten (Leistungsgesellschaft) verinnerlicht und die abhängige Erwerbsarbeit als vorherrschende Form der Lebenssicherung bei den sozialen Schichten durchgesetzt werden, die vom Besitz anderer Mittel zur Existenzsicherung (etwa Produktivvermögen, Erbschaften etc.) ausgeschlossen sind.

In der deutschen Armutsdiskussion wird immer wieder nach Kriterien dafür gefragt, ab wann ein Mensch arm ist bzw. welches die geldmäßige Schwelle ist, von der ab von Armut gesprochen werden kann. Dabei haben sich insgesamt nachfolgende Kriterien herausgebildet:
- Mit dem Bundessozialhilfegesetz gibt es eine gesellschaftlich festgelegte Interventionsschwelle, an der der Einzelne ein Recht hat, wenn auch nur »dem Grund nach«, dass ihm materiell geholfen wird. Es besteht allerdings Dissens darüber, ob dies nun eine absolute Armutsschwelle darstellt oder ob es sich bei der Sozialhilfe um »bekämpfte Armut« handelt.

---

5 Görtan Gellerstam: Art. »Armenfürsorge, V. Neuzeit«, TRE 4 (1979), 34–40: 35.

- Weit verbreitet ist ebenfalls eine Festlegung von relativen Armutsgrenzen. Hier wird im wesentlichen an die bisherige Grenzbestimmung durch die EU angeschlossen, wonach arm ist, wessen Einkommen unter 50% des nach Haushaltsmitgliedern gewichteten durchschnittlichen Haushaltseinkommens liegt.
- Neben dieser 50%-Grenze gibt es in der bundesdeutschen Diskussion weitere Grenzziehungen, die insbesondere auf Einkommensabstufungen abzielen, die unter- oder oberhalb der 50%-Marke liegen (40%, 60%).
- Die Europäische Kommission hat ihre Armutsdefinition nunmehr leicht modifiziert: Als arm gilt, wessen Einkommen unterhalb 60% des nationalen Äquivalenz-Medianeinkommens liegt.[6]

Nachdem die Sozialhilfestatistik seit 1994 nur noch die Jahresendzahlen veröffentlicht, ist es nicht mehr möglich, Aussagen über einen längeren Zeitraum zu treffen. Doch auch dieser erneute Versuch der Politik, durch Veränderung der statistischen Erhebungsmethoden *kleinere* Zahlen zu präsentieren, nützt wenig: Von 1994–1998 ist – entsprechend dieser jeweiligen Jahresendzahlen – die Anzahl der Empfängerinnen und Empfänger von Hilfe zum Lebensunterhalt im Rahmen des BSHG insgesamt um 28,7% gestiegen, bei den deutschen Empfängern war ein Plus von 23,3% und bei den ausländischen von 50,8% zu verzeichnen. Stärker als der Anstieg bei allen Hilfeempfängern war der Zuwachs bei den 18–21jährigen (+ 52,2%) und bei den 21–25jährigen (+ 34,7%). Bei den 18–21jährigen war der Anstieg bei den deutschen Hilfeempfängern mit 58,1% sogar größer als bei den ausländischen (35,1%). Insgesamt bezogen 1998 727 100 Kinder unter 11 Jahren und 348 100 Kinder bzw. Jugendliche zwischen 11 und 18 Jahren, damit insgesamt mehr als 1 Mio. Kinder und Jugendliche bis 18 Jahren, Hilfen zum Lebensunterhalt. Nimmt man weitere Indikatoren für Armut und soziale Ausgrenzung aus den Bereichen Schule, Bildung, Freizeit, soziale Kontakte, Wohnen und Gesundheit hinzu, so zeigt sich in Deutschland insgesamt ein massives Armutsrisiko gerade bei Kindern und Jugendlichen, deren individuelle und soziale Langfristwirkung der Forschung erst in Anfängen und der Politik bislang überhaupt noch nicht in den Blick ge-

---

6 Medianeinkommen meint im Gegensatz zum zuvor benutzten arithmetischen Mittelwert die exakte Grenzlinie zwischen der unteren und der oberen Hälfte der Einkommensbezieher. Dieser Medianwert liegt grundsätzlich unter dem des arithmetischen Mittels. Mit der Anhebung des Prozentsatzes von 50 auf 60% wird dem Rechnung getragen, die so ermittelten Armutsquoten weichen nicht wesentlich von den früheren ab.

raten ist. Die Statistik für 1999/2000 verzeichnet einen Rückgang bei den Leistungsbezieherinnen und -beziehern der Hilfen zum Lebensunterhalt um ca. 200000, davon ca. 120000 Personen im Alter zwischen 25–65 Jahren. Seit 2001 ist – parallel zum erneuten Anstieg der Arbeitslosigkeit – wieder ein Anstieg, vor allem auch bei den deutschen Sozialhilfempfängerinnen und -empfängern, zu verzeichnen.[7]

Das Fehlen ökonomischer Ressourcen ist ein notwendiger, aber kein hinreichender Maßstab für die Beschreibung der »Lebenslage Armut«. Der von der Europäischen Union in ihren sozialpolitischen Initiativen und den von ihr installierten Observatorien propagierte Begriff von der »Multidimensionalität von Armut« macht deutlich, dass Armut verschiedene Ursachenzusammenhänge und Auswirkungen hat: Arbeitslosigkeit, Bildungsdefizite und unzureichende Rentensicherungssysteme sind es zusammenfassend, die besondere Armutsrisiken in sich bergen. Hinzu kommen bestimmte familiale Konstellationen, die – bei zunehmenden Einelternfamilien – neue Sicherungsformen erfordern. Die Verteilung dieser besonderen Risikofaktoren differiert zwischen den einzelnen Ländern der EU.[8] Eine Politik gegen Armut macht folglich auch komplexe Interventionsmuster notwendig, so in den Bereichen Bildung/Ausbildung, Arbeit/Arbeitslosigkeit, Einkommen/Schulden, Gesundheit/Krankheit und Wohnen/Wohnungslosigkeit.

4. Politik gegen Armut oder gegen die Armen

Die Qualität der Armutsdefinition bestimmt auch die Art gesellschaftlicher Intervention. Je monokausaler Armut begriffen wird, um so stärker werden sich Interventionen auch auf diesen einen Grund zuspitzen. In Deutschland etwa dominiert in der öffentlichen und auch in der wissenschaftlichen Wahrnehmung ein erwerbsbezogener Ansatz: Armut ist hier die Folge im wesentlichen von nicht vorhandener, nicht möglicher oder nicht gewollter Erwerbsarbeit. Folglich zielen öffentliche Interventionen vor allem auf eine (Wieder-)Eingliederung Betroffener in das Erwerbsleben, flankiert ggf. von familienergänzen-

7 Statistisches Bundesamt, Sozialhilfe, div. Jahrgänge.
8 Vgl. Benjamin Benz/Joachim Schuy: Soziale Sicherung im Prozess der wirtschaftlichen Integration Westeuropas – Ein Vergleich der Mindestsicherung und der Alterssicherungssysteme in den Ländern der Europäischen Union, Bestandsaufnahme, Zuordnung und Perspektiven, hg.v. Ernst-Ulrich Huster, FESA-Transfer 5, Institut für Forschung und Entwicklung der sozialen Arbeit e.V., Bochum 1999.

den Betreuungsangeboten für Kinder und Pflegebedürftige. Dieses kann in unterschiedlichen Formen geschehen, von der Beratung, der (Nach-)Qualifizierung, der beruflichen Rehabilitation und Integration bis hin zur Einstellung finanzieller Leistung bei der Ablehnung zumutbarer Arbeit. In Deutschland hat es zahlreiche Ansätze gegeben, sei es auf kommunaler, auf regionaler oder auf föderaler Ebene, die Instrumente der passiven und/oder aktiven Arbeitsmarktpolitik in diesem Sinne anzusetzen, wenngleich angesichts der hohen Arbeitslosenzahlen und der zunehmenden Verfestigung von Langfristarbeitslosigkeit mit insgesamt nicht durchschlagendem Erfolg.

Nicht nur hier zeigt sich, dass die Erwerbsarbeitszentrierung die Lebenslage zu stark verkürzt. Auf die Probleme unwirtschaftlichen Verhaltens bis hin zur Überschuldung, Partnerprobleme bis hin zur Scheidung, neue soziale Lebensformen (»Single«, Einelternfamilien etc.) und das Leben mit physischen und/oder psychischen chronifizierten Behinderungen einschließlich Alkohol- und Drogenkonsum reagiert die Politik, allerdings im Regelfall nicht integriert und komplex. Interventionen beschränken sich auf je einen Aspekt (Drogenhilfe, Hilfen zur Erziehung, Unterhaltsvorschusskassen, Schuldnerberatung und vieles andere mehr), ohne die anderen Rahmenbedingungen bzw. Handlungserfordernisse mit in den Blick zu nehmen. Dieses betrifft selbst den Bereich der Erwerbsarbeit, wo eine Vielzahl von Initiativen, Modellprojekten und Leistungsträgern über Jahre hinweg neben einander her existierten. Allerdings gibt es zunehmend auch ein Verständnis dafür, in einigen Bereichen bzw. bei bestimmten Problemgruppen, verschiedene Handlungsformen und Träger zusammenzuführen. Angesichts der hohen Armutsquoten bei Kindern, Jugendlichen und jungen Erwachsenen sind in letzter Zeit auch verstärkt Überlegungen angestellt worden, wie man eine intergenerative Verfestigung von Armut (»Armutskreisläufe«) verhindern kann (AWO 2000). Insbesondere die Europäische Kommission bzw. die in den Vertragswerken von Maastricht und Amsterdam verankerte Methode der offenen Koordination hat wichtige Impulse für derartige integrative Ansätze gegeben, indem sie auf gemeinsam von den Mitgliedsstaaten getragene Kriterien für eine Politik gegen soziale Ausgrenzung drängt.

4.1 Diakonisches Handeln

Die kirchliche und klösterliche Armenfürsorge im Mittelalter und in der Neuzeit ist eine der entscheidenden Wurzeln für private und öffentliche Armutspolitik bzw. Hilfestellung für Arme gewesen. Des weiteren hat das Massenelend im Verlauf der Industrialisierung nicht nur in Deutschland vielfältige Formen diakonischen Handelns hervorgerufen. Materielle Hilfen wurden häufig kontextuell mit geistlichem Zuspruch, aber auch mit Disziplinierung verknüpft.

Diakonisches Handeln zielt seinem Anspruch nach immer auf den gesamten Menschen. Armut wird hier über den materiellen Aspekt hinaus immer als eine Störung menschlicher Entwicklung verstanden. Dem Anspruch nach will Diakonie folglich über Beratung, Vermittlung, Unterbringung bzw. Hilfe zur Selbsthilfe hinaus das seelische Gleichgewicht wieder herstellen. Dieses erfordert ein persönliches Engagement, dass häufig nicht durch Regelsätze etwa in der Sozialhilfe bzw. in stationären Einrichtungen finanziert werden kann. Wieweit hier die derzeit zunehmende Ökonomisierung sozialer Dienstleistungen eine Engführung dieses umfassenden Hilfeansatzes bedeutet, oder aber ob ein rationalerer Umgang mit materiellen Ressourcen zur Armutsbekämpfung keineswegs im Widerspruch zu dem intendierten Ziel treten muss und wird, ist derzeit in der diakonischen Praxis sehr umstritten.

Während der Bezug zu Einzelschicksalen und konkreten Hilfestellungen zum Allgemeingut diakonischen Handelns gehört, bleibt der soziale und der politische Bezug umstritten: Wieweit muss diakonisches Handeln über den einzelnen Menschen, das einzelne Schicksal hinaus auf die sozialen und politischen Strukturen zielen, die Ursache für Not und Hilfebedürftigkeit sind bzw. diesen zuzuordnen sind? Dies stellt zum einen die Frage nach anwaltlichen Funktionen der Diakonie im politischen Raum für die Opfer sozialer Ausgrenzung. Dieses gilt erst recht bezogen auf die Weltwirtschaftsordnung, die in hohem Maße für Armut und Unterentwicklung in den Ländern der sog. Dritten Welt mit verantwortlich zu machen ist. Der Ökumenische Rat sowie die Generalversammlung des Weltkirchenrates haben schon in den 1960er Jahren die Verantwortung der Kirchen für eine gerechtere internationale Gesellschaft unterstrichen. Auch zielte der weltweite konziliare Prozess in den 1980er Jahren auf Frieden, Gerechtigkeit und Bewahrung der Schöpfung; doch fehlt es nach wie vor an Strategien, wie denn diese Grundsätze im politischen Raum umgesetzt werden sollen und können.

4.2 Politik gegen soziale Ausgrenzung innerhalb der Europäischen Union und weltweit

1995 lud die UN in Kopenhagen zu einem Sozialgipfel der Welt ein, über 80 Staats- und Regierungschefs folgten dieser Bitte.

Juan Somavia, Vorsitzender des Vorbereitungskomitees für den Sozialgipfel 1995, formulierte, »daß die Bedrohung durch die Atombombe aus der Zeit des kalten Krieges der durch eine soziale Bombe gewichen ist. Zwar treten die durch Elend und Ungerechtigkeit hervorgerufenen Spannungen wesentlich dramatischer im Süden auf. Aber das Wiederaufleben von Fremdenhaß, die Anziehungskraft ultranationalistischer Appelle und autoritärer Konzepte und auch die nostalgische Betrachtung der kommunistischen Vergangenheit im Gebiet der ehemaligen Sowjetunion zeigen klar, daß der Norden dieser Bedrohung gleichermaßen ausgesetzt ist.«[9]

Analog zu den Bemühungen der EU in den 1980er Jahren sucht nun die Weltorganisation der UN nach Möglichkeiten, soziale Ausgrenzungsprozesse der armen Staaten auch im wohlverstandenen Interesse der »reichen« Nationen zu thematisieren. Es bleibt aber bei symbolischer Politik, weil der strukturelle Zusammenhang zwischen Globalisierung und sozialer Ausgrenzung zumindest bei den Globalisierungsbefürwortern nicht nur nicht als Problem angesehen wird, sondern vielmehr in forcierter Globalisierung das Allheilmittel aller – auch sozialer Probleme – gesehen wird. Dieses ist keineswegs bloß ein ideologisches Problem, es basiert vielmehr auf sozialen Interessen, in deren Verfolg die oben beschriebene soziale Polarisierung zwischen den Ländern, Regionen und Städten ebenso zunehmen wird wie die innerhalb dieser sozialräumlichen Einheiten selbst.

Verteilungskonflikte verlieren heute mehr denn je ihren vorrangig nationalen Bezug, gleichwohl können sie jederzeit auf nationaler Ebene eskalieren. Politik und sozialpolitischer Diskurs haben diese Entwicklung bislang nur höchst unzureichend zur Kenntnis genommen. Dabei steht das Konzept einer grenzenlosen Ökonomie und Globalisierung wirtschaftlicher Austauschprozesse ebenso vor seiner Vollendung wie zur Disposition. Die Entgrenzung der Ökonomie hat Wohlstandsmehrung, aber auch Wachstumsbedingungen geschaffen, die zunehmend externe soziale und ökologische Kosten verursachen, die mittelfristig auch Wirtschaftsinteressen in Frage stellen. Die Gründung der EWG war der Versuch, in einem den Nationalstaat zwar transzendierenden, aber gleichwohl begrenzten Gebiet Wirtschaftsprozesse zu forcieren. Entgrenzung ging in neuer Grenzsetzung auf. Dieser Zwischenschritt einer zwar global agierenden, letztlich aber binnengegliederten Wirtschaft wird derzeit übersprungen. Es bedarf feststrukturierter Subsysteme, die Bestand haben, eine eigene Identität entwickeln und Identifikationsmöglich-

---

9 Juan Somavia: Eine internationale Sozialpolitik? Mit dem Weltsozialgipfel gehen die UN ein drängendes globales Problem an, in: der überblick, Heft 3/1994, 28.

keiten für ihre (Wirtschafts-)Bürger zulassen. Der weltweit aufkeimende Nationalismus ist häufig die – ideologische – Reaktion auf die Aufgabe derartiger identitätsstiftender Subsysteme.[10]

Eine zweite Überlegung wird sich mit der Lösung des Dilemmas beschäftigen müssen, dass die Handlungsmöglichkeiten der verbliebenen nationalen Sozialstaaten und erst recht des kommunalen »Sozialstaates« immer weniger ausreichen, um die bei ihnen verbleibenden Prozesse und Ergebnisse sozialräumlicher Segregation aufzufangen, zu gestalten und ggf. aufzuheben, umgekehrt aber eine übernationale Handlungsebene für die Lösung dieser Probleme nicht vorhanden ist. Sozialstaatlichkeit aber ist an begrenzte volkswirtschaftliche und soziale Prozesse gekoppelt; sie kann nur bei einem kalkulablen Verhältnis zwischen Leistungsanforderungen und materiellen Ressourcen existieren, ausgebaut und dann auch ggf. zurückgefahren werden. Diese Grenzen sind historisch mit den Nationalstaaten identisch gewesen, müssen dies aber nicht bleiben. Ein europäischer Sozialstaat ist denkbar, zunächst erst ein westeuropäischer. Dabei hat allerdings die Süderweiterung der EU gezeigt, dass die wirtschaftliche und soziale Verknüpfung höchst unterschiedlicher Volkswirtschaften und sozialer Sicherungssysteme mit großen Problemen und Konflikten behaftet ist. Um so stärker ist vor dem Irrtum zu warnen, man könne gleichsam nebenbei die EU beliebig erweitern. Die daran gebundenen sozialen und politischen Konflikte sind antizipierbar. Umgekehrt ist eine gesamteuropäische soziale Dimension unverzichtbar. In jedem Falle kann ein Sozialstaat, wie auch immer geographisch ausgeweitet, nicht ohne Grenzen sein.

Eine derartige politische und soziale Perspektive hin auf Europa wäre nur dann zu verantworten, wenn sie an die Diskussionen innerhalb der EU über die Verwirklichung von sozialen Rechten als Beitrag zur Verwirklichung von Bürgerrechten anknüpfen würde. Denn es wäre zu klären, wieweit derartige soziale Rechte gewährleistet werden können, aber auch wieweit sie gewährleistet werden müssen. Dies knüpft an Überlegungen innerhalb der EU unter seinem vormaligen Kommissionspräsidenten Jacques Delors zur Gewährung einheitlicher Mindeststandards im System der sozialen Sicherung an.[11]

---

10 Benjamin Benz/Jürgen Boeckh/Ernst-Ulrich Huster: Sozialraum Europa. Ökonomische und politische Transformation in Ost und West, Opladen 2000.
11 Vgl. Stephan Leibfried/Paul Pierson (Hg.): Standort Europa, Europäische Sozialpolitik, Frankfurt a.M. 1998.

Soziale Differenzierung und Hierarchisierung innerhalb einer Gesellschaft und im Verhältnis zu Nachbarstaaten werden dann stärker sozial akzeptiert werden können, wenn diese auf der Grundlage von Mindeststandards erfolgen, die auch sozial stärker Ausgegrenzten einen menschenwürdigen Lebensstandard sichern und die sich nicht per se gegen Zuwanderer von außen abschotten. Dabei wird es sehr darauf ankommen, die Qualität dieser Mindeststandards so festzulegen, dass damit nicht wieder vorrangig ökonomische Ziele (derzeit im Regelfall: Absenkung des Lohnniveaus) verfolgt werden, sondern vielmehr der Gedanke des sozialen Rechts und der Partizipation, wie er schon in der kirchlichen Tradition einschließlich der Reformation entwickelt worden ist. Über die liberalen Grund- und Freiheitsrechte hinaus, deren Bedeutung gerade angesichts wachsender Gewalt auch in unserer Gesellschaft wichtiger denn je ist, bedarf es also sozialer Grundrechte, zu denen die angemessene Gewährung von Nahrung, Kleidung, Wohnung, Bildung, Arbeit, Versorgung im Alter und im Krankheits-/Pflegefall gehören. Dieses für einzelne Sozialräume und im wechselseitigen Bezug zwischen Regionen, Staaten und im Verhältnis von Nord-Süd anzumahnen und auf der Agenda politischen Handelns zu halten, wäre eine wichtige Aufgabe sozialer Diakonie in kirchlicher Verantwortung.

5. Literatur zur Weiterarbeit

Abrahamson, Peter/Hansen, Finn Kenneth: Poverty in the European Union, Kopenhagen 1996.
EUROSTAT, Amt für amtliche Veröffentlichungen der Europäischen Gemeinschaften: Beschreibung der sozialen Lage in Europa 2001, Luxemburg 2001.
Huster, Ernst-Ulrich: Armut in Europa, Opladen 1996.
– /Volz, Fritz Rüdiger: Theorien des Reichtums, Münster/Hamburg/London 2002.
Sachße, Christoph/Tennstedt, Florian: Geschichte der Armenfürsorge in Deutschland, 3 Bände, Stuttgart/Berlin/Köln/Mainz 1980, 1988, 1992.
Unicef: Central and Eastern Europe in Transition, Public Policy and Social Conditions, Regional Monitoring Report Nr. 1 ff., Florenz 1993 ff.
Werkstatt Ökonomie (Hg.): Reichtum und Armut als Herausforderung für kirchliches Handeln, Ein deutscher Beitrag im Umfeld des APRODEV-Projektes »Christianity, Poverty and Wealth in the 21st Century«, im Auftrag von Zentrum für Gesellschaftliche Verantwortung der Evangelischen Kirche in Hessen und Nassau, Zentrum Ökumene der Evangelischen Kirche in Hessen und Nassau, Diakonisches Werk in Hessen und Nassau, in Kooperation mit Evangelischer Entwicklungsdienst, Heidelberg 2002.

XXIX.
Behindertenhilfe

NORBERT STÖRMER

1. Einführung

Im Diakonischen Werk der EKD nimmt die Begleitung und Betreuung von Menschen mit Behinderungen und psychischen Problemen heute einen breiten Raum ein. Ihren fachlichen wie auch organisatorischen Rahmen finden diese Bemühungen in dem Bundesverband Evangelische Behindertenhilfe e.V. (BEB), einem Verband, der mit seinen Mitgliedseinrichtungen ca. 50 % der Angebote der Behindertenhilfe und wesentliche Teile der Sozialpsychiatrie in der Bundesrepublik Deutschland abdeckt.

Nach den 1998 verabschiedeten Leitlinien des BEB fühlt dieser sich den Traditionen der diakonischen Arbeit mit behinderten Menschen und psychischen Problemen verpflichtet und findet seine Wurzeln in der christlichen Hinwendung zu Menschen mit Behinderungen. Er sieht seine Aufgaben darin, für die Wahrung der uneingeschränkten Lebensrechte aller Menschen und der Unantastbarkeit der Menschenwürde zu arbeiten, die Teilhabe aller Menschen mit Behinderungen am Leben der Gesellschaft zu sichern und der Ausgrenzung von Menschen mit Behinderungen und ihren Angehörigen entgegenzutreten sowie Bedingungen schaffen zu wollen, in denen jeder Mensch würdig, selbständig und selbstbestimmt leben kann. Der Verband sieht es weiterhin als seine Aufgabe an, Voraussetzungen für menschenwürdige Lebensbedingungen für Menschen mit Behinderungen und psychischen Problemen zu schaffen und seine Mitgliedseinrichtungen und -dienste bei der Bewältigung dieser Aufgabe zu unterstützen und zu begleiten.[1]

---

1 Siehe zu den vorstehenden Ausführungen: Bundesverband Evangelische Behindertenhilfe e.V. (BEB): www.beb-ev.de.

2. Historische Dimensionen

Die ersten Impulse, die Zuwendung zu behinderten Kindern, Jugendlichen und Erwachsenen als ein Werk der christlichen Nächstenliebe zu sehen, ihnen Fürsorge angedeihen zu lassen, Anwalt für sie zu sein und ihnen einen Lebensraum geben zu wollen, reichen zurück bis in die 30er Jahre des 19. Jh. Die Innere Mission richtete dabei aber erst sehr spät ihren Blick auf die sozialen Probleme und Belange dieser Menschen, und lange Zeit blieben ihre auf Menschen mit Behinderungen und psychischen Problemen gerichteten Bemühungen eher marginal. So entstanden in der Zeit von 1838–1856 (der »ersten Phase« der Anstaltsgründungen) nur vier Einrichtungen, die im engeren Sinne als auf der Grundlage der christlichen Nächstenliebe entstanden angesehen werden können.[2] Selbst nach Johann Hinrich Wicherns Stegreifrede auf dem Kirchentag zu Wittenberg im Jahre 1848, durch die die Gedanken und Aktivitäten der Inneren Mission insgesamt in den evangelischen Landeskirchen verankert und gefestigt wurden, kann dies noch nicht für die Betreuung von Menschen mit Behinderungen und psychischen Problemen gesagt werden. Entscheidende Impulse für dieses Handlungsfeld der Inneren Mission lieferte erst eine Schrift von Julius Disselhoff aus dem Jahre 1857.[3] In ihr wurden die Unzulänglichkeiten der institutionellen Betreuung von Menschen mit Behinderungen und psychischen Problemen aufgedeckt und Veränderungen von Staat und Kirche sowie von Geistlichen und Laien eingefordert. Diese Schrift stieß in den Kreisen der Inneren Mission auf ein großes Interesse und regte zur Ausdehnung der diakonischen Arbeit auf Menschen mit Behinderungen und psychischen Problemen an. Tatsächlich kam es dann auch in den folgenden Jahren zur Gründung zahlreicher entsprechender Einrichtungen (»zweite Phase« der Anstaltsgründungen), so dass im Jahre 1901 immerhin auf 79 Einrichtungen verwiesen werden konnte, in denen ca. 15 000 Bewohner und Bewohnerinnen lebten, für deren Erziehung, Unterrichtung und Pflege ca. 3200 Personen angestellt waren.

---

2 Vgl. Norbert Störmer: Innere Mission und geistige Behinderung. Von den Anfängen der Betreuung geistig behinderter Menschen bis zur Weimarer Republik, Münster 1991, 159 ff.; vgl. aus religionspädagogischer Perspektive: Günter Ruddat: Religionsunterricht in der Hilfsschule von den Anfängen bis 1945, PTHe 6, Stuttgart 1993.
3 Julius Disselhoff: Die gegenwärtige Lage der Kretinen, Blödsinnigen und Idioten in christlichen Ländern. Ein Not- und Hilferuf für die Verlassensten unter den Elenden an die deutsche Nation, Bonn 1857.

Diakonische Einrichtungen wollten »Orte zum Leben« sein, wollten die »neue Welt« sein, in der der Segen des christlich-patriarchalischen Familiengeistes in Ruhe und Sicherheit erfahren werden kann. Mit der Herausnahme von Menschen aus ihren ursprünglichen sozialen Bezügen sollten mögliche negative Störfaktoren für ihre Entwicklung ausgeschlossen werden.
Die in der ersten Phase gegründeten Einrichtungen entsprachen als kleine überschaubare Einrichtungen strukturell durchaus diesem Prinzip. Doch bereits ab den 1860er Jahren wurde die Entwicklung zur »größeren Anstalt« – letztendlich auch durch die hohe Zahl von Aufnahmeanträgen initiiert – immer deutlicher. In diesem Trend zur Größe wurde jedoch auch die Möglichkeit zu einer Differenzierung der Arbeit gesehen. Denn die Anstalt konnte nun ihre Bewohner und Bewohnerinnen besser nach Ursache, Grad und Art der Behinderung gliedern. Verbunden wurde hiermit die Vorstellung, die pädagogische und medizinische Arbeit insgesamt verbessern zu können. Zunächst wollten die Anstalten »Bildungs-« bzw. »Heilanstalten« für solche Kinder und Jugendliche sein, bei denen »ein erheblicher Erfolg der Erziehung« zu erwarten sei. Für Kinder und Jugendliche, die diesen Anforderungen nicht genügen konnten, wurde die Einrichtung von »Pflegeabteilungen« – man sprach von »Bewahr-Anstalten« – als notwendig angesehen. Für Jugendliche, die nach einer gewissen Zeit der Erziehung und Bildung in der Anstalt nicht in freie Ausbildungs- und Arbeitsverhältnisse entlassen werden konnten, sollten in der Anstalt selbst Ausbildungs- und dauerhafte Beschäftigungsmöglichkeiten aufgebaut werden – man sprach hier von »Beschäftigungs-Anstalten«. Verbunden mit diesem Schritt war natürlich auch die Schaffung zusätzlicher Wohnmöglichkeiten. Doch auch in diesem Bereich gab es wiederum junge Erwachsene, die aufgrund ihrer Möglichkeiten für eine Beschäftigung nicht in Frage kamen, so dass auch hier neue pflegerische Abteilungen für Erwachsene erforderlich wurden. Eine Zuweisung zu den entsprechenden Abteilungen erfolgte entlang der Kategorien »bildungsfähig« – »bildungsunfähig«, und daran ausgerichtet wurden Menschen mit Behinderungen und psychischen Problemen hauptsächlich mit ihren Defiziten und in ihrer Unselbständigkeit wahrgenommen. Hilfen mit der Zielsetzung des Heilens und Förderns unterlagen damit auch der Dominanz der Defizitwahrnehmung. Weitere Differenzierungslinien ergaben sich dort, wo in einer Anstalt beide Geschlechter aufgenommen wurden und in getrennten Abteilungen unterzubringen waren. In einigen Anstalten gab es zudem noch besondere Abteilungen für »Epileptiker«. In vielen wurden auch »Behinderte

aus besseren Ständen« aufgenommen, denen in besonderen Abteilungen das geboten wurde, »was sie beanspruchen«.

Neben diesem Trend zur größeren Anstalt bekamen in diesen Jahren die Gedanken nochmals einen besonderen Auftrieb, die Anstalt als ein »Sozialgefüge eigener Art« aufzufassen. Die Anstalt sollte für die Bewohner und Bewohnerinnen selber »ein Stück Welt«, eine »Welt in der Welt« werden. Zudem verband sich hiermit die Vorstellung, dass Menschen am besten in den Kreisen gedeihen, dessen Glieder ihrem Geisteszustand am nächsten stehen. Die Anstalt – so die Auffassung des damaligen Leiters der Einrichtung Stetten, Johannes Landenberger – sei letztendlich nichts anderes als eine große christliche Familie, die nach innen zu stabilisieren und nach außen hin abzugrenzen sei. Friedrich von Bodelschwingh sah zwar die Anstalt als eine Institution der Gesellschaft an, jedoch könne diese ihre Arbeit nur dann richtig versehen, wenn sie in sich Gesellschaft verwirklicht und selber Gemeinde wird, die eine Gemeinschaft gestaltet, die als Abbild der Gesellschaft gelten kann. Unterstützt wurde diese Entwicklung zum »Sozialgefüge eigener Art« noch dadurch, dass viele Anstalten selbst Kirchengemeinde wurden. Hierdurch wurden die Grundsteine dafür gelegt, dass die Anstalten sich zunehmend als ein »Sozialgefüge eigener Art« – als Gemeinde besonderer Art neben der Gemeinde – ansahen, ein Trend, der für viele Einrichtungen mit unterschiedlichen Akzentuierungen prägend wurde.

Im Übergang vom 19. zum 20. Jh. setzten sich bezogen auf behinderte und problematische Menschen, basierend auf den philosophischen Strömungen der Zeit, verstärkt neue Sichtweisen durch. Diese neuen Sichtweisen beinhalteten spezifische »Umwertungen« von beobachtbaren Abweichungen von einer als »normal« angesehenen Entwicklung und prägten sich aus in Begriffen wie »erziehungsunfähig«, »bildungsunfähig«, »minderwertig«, »anormal« und »minderwertiges Leben«. Die in den Anstalten lebenden Menschen wurden als nutzlose »Ballastexistenzen« angesehen. Die Notsituation dieser Jahre schien es nicht mehr zuzulassen, Menschen mit Behinderungen und psychischen Problemen weiter »durchzufüttern«. Hinzu kam, dass die Gestaltung und Ausgestaltung wohlfahrtspflegerischer und gesundheitspolitischer Maßnahmen selbst utilitaristischen Rationalisierungs- und Sparprogrammen unterworfen wurde, in die sich auch die Innere Mission als einer der wichtigsten Träger von Einrichtungen für Menschen mit Behinderungen und psychischen Problemen aktiv einband. Durch das Programm der »differenzierten Fürsorge« statt der »individuellen Fürsorge«, für das die Bildungs- und Erwerbsfähigkeit als zentrales Kriterium fungierte, wurden Umschichtungen der Mittel begründet und abgesichert. Die Vorstellung wurde vertreten, die öffentlichen Ausgaben für so genannte »Minderwertige« seien dringend zu reduzieren. Zudem gewannen um 1900 Gedankengänge der sozialdarwinistischen Bewegung von der Auslese der »Tüchtigen« und die Zurückdrängung der »Minderwertigen« in der Gesundheits- und Sozialpolitik – auch in der Inneren Mission und speziell in der Arbeit mit Menschen mit Behinderungen und psychischen Problemen – eine große Bedeutung.[4] Insbesondere in den ersten Jahren nach dem Ersten Weltkrieg und dann in der Weimarer Republik entsprach es dem Zeitgeist, einer vermeintlichen Schwächung der Erbsubstanz des deutschen Volkes durch eugenische Maßnahmen entgegentreten zu müssen. Schon bald entwickelten sich Initiativen, die Gesetze forderten, nach denen Menschen mit Behinderungen und psychischen Problemen unfruchtbar gemachten werden können bzw. eine gesetzlich geregelte »Euthanasie« von »unwertem Leben« ermöglichen. Derartigen Vorstellungen wurde entsprochen mit dem zum 1. Januar 1934 in Kraft tretenden »Gesetz zur Verhütung erbkranken Nachwuchses«, das die Sterilisation – insbesondere die zwangsweise Sterilisation – gesetzlich regelte. Auf der Grundlage einer auf den Kriegsbeginn – 1. September 1939 – zurückdatierten Führerermächtigung wurde dann die Tötung von Bewohnerinnen und Bewohnern von Anstalten für Menschen mit Behinderungen und psychischen Problemen in die Wege geleitet.

Nach 1945 wurden die Anstalten erst nach und nach wieder ihren früheren Aufgaben zugeführt, und nach den vermeintlich bewährten Konzepten wurde die Arbeit wieder aufgenommen. In dieser Zeit wuchs der Aufnahmedruck auf die Anstalten unaufhaltsam, so dass sich die schon gegebenen schlechten räumlichen Bedingungen weiter verschlechterten. Zudem erwies es sich als problematisch, dass in diesen Jahren nicht genügend Mitarbeiter und Mitarbeiterinnen für die Betreuung der Bewohner und Bewohnerinnen gewonnen werden konnten.

Alsbald rutschten die Anstalten mit ihren Formen der Betreuung in eine ganz neue Auseinandersetzung hinein. Denn ab dem Ende der 1950er Jahre bemühten sich Eltern von behinderten Kindern und Jugendlichen – die sich später in der »Lebenshilfe« organisierten – sehr intensiv darum, Alternativen zu der Betreuung und Förderung in Anstalten zu finden. Im Aufgreifen von Erfahrungen aus anderen Ländern führten diese Bemühungen dazu, dass sich nach

---

4 Vgl. Wolfgang Jantzen: Sozialgeschichte des Behindertenbetreuungswesens, München 1982.

und nach neue Arbeitsformen und Institutionen für Kinder und Jugendliche mit Behinderungen etablieren konnten. Damit geriet die traditionelle Anstaltsbetreuung erstmals in ihrer Geschichte in eine fachliche Auseinandersetzung über ihre inhaltlichen und strukturellen Gegebenheiten.

Mit den 1970er Jahren verstärkten sich die politischen Anstrengungen, das Netz rehabilitativer Einrichtungen weiter aus- und umzubauen.[5] Hierdurch differenzierte sich zunächst einmal die parallel neben der bestehenden Anstaltsbetreuung etablierende Förderung und Unterstützung von Menschen mit Behinderungen und psychischen Problemen. Dadurch wurde jedoch die hauptsächlich aus großen stationären Einrichtungen bestehende diakonische Behindertenhilfe gezwungen, sich den neuen inhaltlichen wie auch strukturellen Herausforderungen zu stellen, ihre Einrichtungen den strukturell neuen Gegebenheiten anzupassen und die Fachlichkeit der Arbeit zu verbessern. So grandios die erzielten Veränderungen struktureller und fachlicher Art auch waren, so beeindruckend die diversifizierten Fachgebiete der Behinderten-Spezialisten sich auch entwickelten, wurde jedoch bereits Ende der 1970er Jahre eine unüberhörbare Kritik an der dem traditionellen Rehabilitationsdenken verhafteten Methode der Ausgliederung zum Zweck der Eingliederung laut und die bisherigen Wege der »Hilfe«, wie sie traditionell durch die spezialisierten Institutionen und Einrichtungen angeboten werden, als »nicht hilfreich« abgelehnt.

Erste Ansätze einer anders strukturierten Behindertenhilfe entstanden in den 1980er Jahren mit verschiedenen Versuchen einer »offenen Behindertenarbeit«. Hiermit sollte Menschen mit einer Behinderung ein individuelles Wohnen und Einbindung der notwendigen Hilfe ermöglicht werden. Zweifellos wurde durch diese Entwicklungen ein Wendepunkt in der Behindertenhilfe markiert, der jedoch nicht von den auf diesem Gebiet überwiegend tätigen Wohlfahrtsverbänden herbeigeführt wurde, sondern von Menschen mit Behinderungen und ihren Angehörigen selbst.[6] Selbsthilfeverbände und Vereinigungen von Betroffenen artikulierten vermehrt ihre eigenen Vorstellungen

---

5 Vgl. Norbert Störmer: Die Zuwendung zu Menschen mit geistigen Behinderungen und psychischen Problemen, in: Ursula Röper/Carola Jüllig (Hg.): Die Macht der Nächstenliebe. Einhundertfünfzig Jahre Innere Mission und Diakonie. 1848–1998, Berlin 1998, 294–301.

6 Vgl. zu der Thematik »Selbstbestimmung« beispielhaft Fib [Verein zur Förderung der Integration Behinderter] e.V.: Leben auf eigene Gefahr – geistig Behinderte auf dem Weg in ein selbstbestimmtes Leben, München 1995.

und Bedürfnisse, forderten die Wahrung ihrer Menschenrechte, die Durchsetzung ihrer Rechte auf gleiche Entscheidungsmöglichkeiten und die Wahlfreiheit bezüglich Wohnen, Mobilität, Ausbildungs- und Berufswahl sowie Partnerbeziehungen, auf die Trennung von Wohn- und Arbeitsplatz und gleichberechtigte Teilhabe an der Gesellschaft – und dies außerhalb großer separierender Sondereinrichtungen. Sie forderten ihre Anerkennung als Gesprächspartner in ihren Belangen und die Mitwirkung bei allen sie betreffenden Fragen und traten erstmals nach einer langen Epoche der Stigmatisierung, Verobjektivierung und ausschließlichen Behandlung durch fremde Experten als Experten in eigener Sache auf. Erwartet wurde, nicht mehr lediglich als defizitär angesehen zu werden, sondern als ausgestattet mit individuellen Stärken und Schwächen im Rahmen menschlicher Vielfalt. Ihr persönlicher Beitrag ermöglichte es nun, Behinderungen und psychische Probleme subjektorientiert und im lebensgeschichtlichen Zusammenhang als individuelle Reaktionen auf besondere Belastungen oder Konflikte zu verstehen.

Ziehen wir an dieser Stelle ein Fazit, dann lässt sich sagen, dass das Gestaltungs- und Arbeitsprinzip »Diakonie als Nächstenliebe« sich in der Geschichte der institutionellen Behindertenhilfe nur in einer großen Widersprüchlichkeit umgesetzt und durchgesetzt hat. Vieles, was gut gemeint war, erwies sich aus der Sicht der »Schwachen«, für die man ja die Stimme erheben, deren Anwalt man ja sein wollte, nicht immer als gut. Vielmehr ist zu konstatieren, dass Diakonie – insbesondere in der ersten Hälfte des 20. Jh. – immer auch als Verweigerung der Nächstenliebe, als Diskriminierung, als Stigmatisierung, als Verlassenheit, als Stillstand der Entwicklung persönlicher Lebenskompetenzen, als Fremdbestimmung und als institutionelle Anonymität erfahren werden konnte. Menschen mit Behinderungen und psychischen Problemen blieben über weite Strecken Objekte der Fürsorge, und es wussten andere Menschen schon immer viel besser, was für sie gut sei und was nicht. Vor dem Hintergrund derartiger Einschätzungen wurden sie zu oft als unerziehbar, bildungsunfähig, nicht förderbar bzw. als therapieresistent und auch als nicht konfirmierbar angesehen. Die Zuwendung zu ihnen konnte dadurch drastisch minimiert werden.

3. Gegenwärtige Situation

Im Blick auf die weitere Gestaltung und Ausgestaltung der Behindertenhilfe wird in letzter Zeit sehr intensiv über »Community

Care« diskutiert.[7] Der Begriff »Community Care« steht für ein fürsorgendes Gemeinwesen bzw. für die Fürsorge in einem Gemeinwesen, in dem es für Menschen mit spezifischen Lebenserschwernissen selbstverständlich ist und sein soll, dass sie in Nachbarschaft zu allen Einwohnern eines Dorfes, eines Stadtteils, einer Stadt leben und arbeiten. Spezifische Lebenserschwernisse (Behinderungen) von Menschen sollen nicht mehr zu deren Ausgliederung aus den gewohnten Lebensräumen und zur Unterbringung in Heimen führen, sondern dezentrale Wohn- und ambulante Unterstützungsformen sollen wohnortnah zur Verfügung stehen und Menschen mit spezifischen Lebenserschwernissen die Kontrolle über ihr eigenes Leben sichern – und dies auch bei einer notwendig werdenden Unterstützung. Dabei soll das Recht auf Eigenständigkeit und Selbstbestimmung in Unterstützungssystemen beachtet und Menschen sollen zudem ermutigt werden, ihr eigenes Leben selbst in die Hand zu nehmen. Zur Folge hätte dies, dass Menschen innerhalb ihres Wohnumfeldes verlässliche soziale wie auch partnerschaftliche Situationen vorfinden, in denen sie selbstbestimmt ihr Leben gestalten können, in denen sie aber auch eine Unterstützung in Anspruch nehmen können, die ein selbstbestimmtes Leben im erforderlichen Umfang absichert. Um diesen Ansprüchen entsprechen zu können, müsste sich aber auch das professionelle Verständnis der »helfenden Berufe« grundlegend verändern. Nicht mehr ein fürsorgerisches, versorgendes, betreuendes Prinzip, sondern ein assistierendes, Selbstbestimmung und Mitbestimmung absicherndes und förderndes Prinzip wäre nun gefragt. Unter Zugrundelegung dieser Aspekte können die Vorstellungen von »Community Care« auch als eine Kritik an den gewachsenen Versorgungsstrukturen und -prinzipien der traditionellen Behindertenhilfe gesehen werden,[8] in der auch heute noch immer Groß-/Komplexeinrichtungen dominieren, auch wenn parallel hierzu ambulante und individuell ausgerichtete Unterstützungsstrukturen aufgebaut werden konnten. Derartige Vorstellungen von »Community Care« implizieren, dass sich Hilfe- und Unterstützungssysteme verbieten, die gleichförmig strukturiert sind und sich gerade dadurch nicht als subjektorientierte zeigen können. Folglich steht die Forderung nach einer »Subjektorientierung der Behindertenhilfe«, einer Behindertenhilfe, die sich am einzelnen Menschen orientiert, im Raum.

7   Vgl. Zur Orientierung 26 (2002), (H. 1), Themenschwerpunkt: Community-Care.
8   Klaus Dörner: Aufbruch der Heime, Gütersloh 1991.

4. Diakonische Anstöße und Perspektiven

Der Weg einer diakonischen Arbeit mit Menschen mit Behinderungen und psychischen Problemen war zu keiner Zeit ein einfacher, klar strukturierter, sondern eher ein verschlungener und ambivalenter. Die Arbeit war vielen Anfechtungen ausgesetzt und immer wieder mit neuen Herausforderungen konfrontiert. Dort, wo Klärungen erfolgten, wurden alsbald auch immer wieder Forderungen nach Veränderungen laut. Was an Einsichten gewonnen werden konnte, wurde bald wieder verworfen bzw. musste verworfen werden. Insgesamt drängt sich heute der Eindruck auf, dass Kirche und Diakonie in ihrer Arbeit mit Menschen mit spezifischen Lebenserschwernissen verstärkt zu neuen Orientierungen im vorstehend skizzierten Sinn gelangen müssen. Diese Orientierungen verlangen nach Überlegungen zu einem subjekt- und kompetenzorientierten Menschenbild wie auch nach einer theologischen Verantwortung mit Blick auf die Gestaltung des Lebens in Nachbarschaften, auf das zwischenmenschliche Zusammenleben in der Gemeinde. Dieses Zusammenleben und Leben in Nachbarschaften muss jedoch davon ausgehen, dass eine selbstverantwortliche und zugleich solidarische Lebensführung sich am besten entwickeln lässt, wenn man selbstbestimmt und autonom leben kann und erst damit das Lebens- und Integrationsrecht faktisch eingelöst wird. Zur Voraussetzung hat dieses selbstbestimmte und autonome Leben jedoch, dass die Bevormundung durch Eltern und Helfer nach dem Prinzip der Fürsorge überwunden wird. Ausgeschlossen werden muss, dass sich institutionelle Zwänge gegen diese Prinzipien durchsetzen können bzw. der Mensch sich ihnen ohnmächtig unterwerfen muss bzw. diese Prinzipien durch aufgezwungene Strukturprinzipien des Förderns, des Pflegens und des Helfens eliminiert und dadurch wieder durch eine gedankenlose Hilfebereitschaft bedingt weiterhin versorgungstechnische, pädagogische und therapeutische Eigenwelten geschaffen werden.

Denn Menschen mit Behinderungen und psychischen Problemen haben auch dann, wenn sie auf Unterstützung, Hilfe und Pflege angewiesen sind, ihre eigenen Lebensentwürfe und Lebenspläne, und deshalb muss in einem Unterstützungs- und Betreuungssystem eine diesbezügliche individualisierende Differenzierung möglich sein bzw. werden. Hierzu werden Strukturen benötigt, in denen diese Entwürfe und Pläne auch real werden können. Diese setzt die Aufgabe einer professionell orientierten fürsorgerischen Belagerung zugunsten der Vorstellungen von Empowerment ebenso voraus wie auch die Aufgabe der an die Strukturen von diakonischen Einrichtungen gekoppelte Macht im Sinne einer Gewaltenteilung. Die Auflösung strukturell gebundener Machtkomplexe ist vonnöten, wenn diakonisches Handeln dialogisches Handeln sein soll. Wenn der Mensch nach Martin Buber[9] »am Du zum Ich« wird und die Qualität einer Begegnung sich dadurch auszeichnet, dass man »den Menschen im Menschen« findet, stehen machtvoll gesicherte und funktionalisierte, zweckgebunden gestaltete Begegnungen einem dialogischen Handeln konträr gegenüber. Ein gewandeltes diakonisches Profil müsste sich weniger in dem Prinzip der Dienstgemeinschaft zeigen, sondern in dem der Lerngemeinschaft, wodurch zentral die Frage aufgeworfen wäre, wie Diakonie Leben werden und sein kann und wie Formen der Kommunikation sowie der Kooperation in den vielfältigen Begegnungen gestaltet werden können. Solidarität muss sich in einer wirksamen Praxis äußern – und dies kann nur eine Praxis im Sinne der Leitlinien sein, die die vorstehenden Orientierungen versuchen real werden zu lassen.

Diakonie muss sich selbst – weitaus aktiver als bisher – als gesellschaftliches Weiterentwicklungs- und Veränderungspotential begreifen. Sie darf sich nicht mehr allein damit begnügen, Zufluchtsorte für Menschen zu bieten und hierauf bezogen gesellschaftspolitische Funktionen kompensatorisch zu nutzen. Vielmehr muss sich Diakonie stärker als Bündnispartner der Ausgegrenzten und von Ausgrenzung Bedrohten offensiv einbringen sowie mit Gemeinden und mit der Gemeindediakonie dafür eintreten, dass Gemeinden sich als Orte zum Leben qualifizieren. Formen der Gemeindediakonie – im Sinne einer Gemeinschaftsentwicklungsarbeit – hätten sich mit anderen sozialen Bewegungen und mit anderen Menschenrechtsinitiativen zu verbinden, um notwendige Veränderungen im Sinne einer menschlicheren Gemeinde, ein Leben in Nachbarschaften für alle gemeinsam erfolgreicher zum Ziel zu führen.

---

9 Vgl. Martin Buber: Ich und Du, Hegner Bücherei, Köln 1972, 18.

5. Literatur zur Weiterarbeit

Lotze, Rudolf/Behr, Heinrich: Ein Jahrhundert für Menschen mit Behinderungen. Die Geschichte des Verbandes Evangelischer Einrichtungen für die Rehabilitation Behinderter e.V. 1901–1997, Reutlingen 1998.

Lüpke, Klaus von: Für eine Demokratisierung diakonischer Behindertenhilfe, Zur Orientierung 22 (1998), 44–45.

McManama, Brigitte: Normalisierung. Prinzipien, die das Leben von Menschen mit Behinderungen verändern sollten. Eine Wegbeschreibung, Zur Orientierung 19 (1995), 7–11.

Ruddat, Günter: Religionsunterricht in der Hilfsschule von den Anfängen bis 1945, PTHe 6, Stuttgart 1993.

Schubert, Britta von: Entwicklung der Behindertenhilfe bis heute, Zur Orientierung 21 (1997), 14–21.

Störmer, Norbert: Innere Mission und geistige Behinderung. Von den Anfängen der Betreuung geistig behinderter Menschen bis zur Weimarer Republik, Münster 1991.

–: Neue Ziele – neue Strukturen. Organisations- und Interaktionsstrukturen verändern sich, Zur Orientierung 26 (2002), 31–35.

Wohlhüter, Herbert: Das Normalisierungsprinzip und andere Leitideen für die Gestaltung der Behindertenhilfe, Zur Orientierung 19 (1995), 16–21.

XXX.
Ehe- und Familienberatung

MICHAEL KLESSMANN

1. Einführung

Ehe- und Familienberatung bezeichnet die psychologische Arbeit mit Personen, die in einer Partnerschaft, in Ehe oder Familie leben und unter Beziehungsstörungen in diesem System leiden. Ziel ist die Aufhebung oder Reduzierung der Störung, die Verbesserung der Kommunikations- und Interaktionsfähigkeit der Beteiligten. Ehe- und Familienberatung ist Bestandteil einer umfassenden psychosozialen Beratungsarbeit, die die Kirchen in unterschiedlichen Strukturen anbieten (Seelsorge, Erziehungsberatung, Lebensberatung, Schwangerschaftskonfliktberatung, Ausländerberatung, Schuldnerberatung, Suchtberatung, Telefonseelsorge etc.).

Psychologische Beratung meint nicht, wie es die Alltagsbedeutung des Begriffs nahe legt, jemandem einen Rat zu erteilen, sondern die Ratsuchenden zu befähigen, selber konstruktive Wege der Bewältigung von Kommunikations- und Verhaltensproblemen zu suchen und zu finden.

Eine typische Beratungssituation: Eine 28-jährige Frau ruft in der evangelischen Beratungsstelle einer Großstadt an und bittet um einen ersten Beratungstermin; etwas zögernd sagt sie gegenüber der Sekretärin der Beratungsstelle, dass es Probleme zwischen ihrem Mann und ihr gäbe, mit denen sie allein nicht mehr zurecht kämen. Bei dem vereinbarten Termin berichtet sie der Eheberaterin, dass sie und ihr Mann jetzt 5 Jahre verheiratet seien, ihr Mann sei Bankkaufmann, sie sei mit einer halben Stelle als Grundschullehrerin tätig. Vor 2 Jahren hätten sie ihr erstes Kind bekommen, der kleine Junge sei ihre (der Mutter) ganze Freude, der Vater habe jedoch lange und unregelmäßige Arbeitszeiten und erlebe deswegen den Kleinen vorwiegend nur am Wochenende. Die Berufstätigkeit und die Fürsorge für das Kind nähmen ihre ganze Kraft in Anspruch, sie fühle sich manchmal am Abend regelrecht erschöpft. Auf Rückfrage der Beraterin erzählt Frau X., dass seit der Geburt des Kindes die gemeinsame Sexualität deutlich beeinträchtigt sei, ihr sei aufgefallen, dass ihr Mann noch häufiger abwesend sei als vorher, manchmal habe sie den Verdacht, dass er vielleicht in seiner Bank eine Geliebte habe. Gespräche über dieses Problem mit ihrem Mann seien bisher ergebnislos verlaufen; sie möchte aber nicht so weiterleben und habe deswegen die Bera-

tungsstelle aufgesucht. Die Beraterin bittet Frau X., ihren Mann zu motivieren, zu einem nächsten Termin mitzukommen. Als mögliche Ziele der Beratung nennt sie:
- Es geht darum, das Problem und seine Hintergründe aus der Sicht beider Partner möglichst genau zu beschreiben; schon das Erzählen eröffnet in der Regel eine erste Distanznahme und damit verbesserte Problemlösungsfähigkeiten.
- Die Fähigkeit beider Partner, offen miteinander zu sprechen und ihre Konflikte konstruktiv anzugehen, soll verstärkt und unterstützt werden.
- Der Zusammenhang der gegenwärtigen Konfliktkonstellation mit den biographischen Erfahrungen der beiden Beteiligten soll herausgearbeitet werden.
- Lösungsmöglichkeiten, die nach Möglichkeit beide zufrieden stellen, sollen entwickelt werden.

2. Entstehung von Ehe- und Familienberatung

Beratung im Sinn von »Hilfestellung anbieten« in Entscheidungssituationen und einen Rat geben aus dem Schatz vergangener Lebenserfahrung hat es in traditionsgeleiteten Gesellschaften durch die jeweilige Elterngeneration oder durch religiöse Autoritäten immer gegeben. In einer geschlossenen gesellschaftlichen Lebenswelt war es angemessen und hilfreich, aus Erfahrungswissen abgeleitete Ratschläge zu befolgen. In einer pluralisierten Gesellschaft stehen die Einzelnen jedoch vor der Notwendigkeit, selber ihren Weg zu wählen und zu gehen; Beratung kann hier nur den Charakter von unterstützender Begleitung und von Hilfe zur Selbsthilfe haben.

Die Vorläufer einer Ehe- und Familienberatung im engeren Sinn sind zu Beginn des 20. Jh. auszumachen: 1911 wurde die erste Eheberatungsstelle in Dresden vom Monistenbund eingerichtet; Vereine und freie Verbände boten in den 1920er Jahren eugenische Beratung im Rahmen gesundheitspolitischer Erwägungen, Sexualberatung und Beratung in Fragen der Empfängnisverhütung an.[1] Kirchliche Kreise wollten diesen Initiativen, durch die sie die »Heiligkeit der Ehe« und die Sexualmoral bedroht sahen, bewusst evangelisch ausgerichtete Beratung entgegen stellen. In der Zeit des Nationalsozialismus wurde eine solche Beratungsarbeit durch das »Gesetz über die Vereinheitlichung des Gesundheitswesens« von 1934 deutlich erschwert, teilweise auch unterbunden.

---

[1] Vgl. ausführlicher: Helmut Halberstadt: Psychologische Beratungsarbeit in der evangelischen Kirche. Geschichte und Perspektiven, Stuttgart 1983.

Ehe- und Familienberatung im heutigen Sinn entstand in den Nachkriegsjahren meistens in Großstädten und vorwiegend auf Initiative von Einzelpersonen hin.[2] Man kann grob gesehen drei Phasen oder Ansätze der Ehe- und Familienberatung unterscheiden.

– Schöpfungs- und ordnungstheologische Positionen überhöhen die Ehe und ihre Unauflöslichkeit; Th. Bovet beschreibt die Ehe in seinem gleichnamigen, einflussreichen Buch (1946) als etwas Überindividuelles, als dritte »Person der Ehe«; symbiotische und bewahrende Zielvorstellungen konnten sich daraus für die Eheberatung entwickeln.

– Ein psychoanalytisch geprägter Ansatz konzentrierte sich auf Einzelne als Gegenüber in der Beratung; Paarberatungen fanden in der Regel nicht statt. Auf Grund einer vertieften Einsicht der Einzelnen in ihre Ängste, Enttäuschungen und neurotischen Anteile, meinte man, würden sich auch die Partnerprobleme lösen lassen. Diese Aufgabe mussten jedoch die Betroffenen selbstständig leisten.

– Seit den späten 1960er Jahren hat sich, angestoßen durch Erkenntnisse der Kommunikationsforschung und der verschiedenen Schulen der Familientherapie, die Einsicht durchgesetzt, dass Störungen Einzelner nur im System der Ehe bzw. Familie als ganzer sinnvoll angegangen werden können. Eine individuelle Verhaltensauffälligkeit (das Bettnässen eines Kindes, die Untreue des Mannes, sexuelle Unzufriedenheit der Partnerin etc.) muss als Symptom einer tiefer liegenden Störung im gesamten System Ehe bzw. Familie gesehen werden: »Jedes Verhaltensproblem ist ein Beziehungsproblem«;[3] so lange dieses Beziehungsproblem nicht bearbeitet wird, verschwindet das zunächst ins Auge springende Symptomverhalten nicht.

3. Gegenwärtige Lage

3.1 Der gesellschaftliche Kontext

Gegenwärtige Ehe- und Familienberatung ist zu sehen vor dem Hintergrund der Pluralisierung der Lebensformen und Wertvorstellungen in unserer Gesellschaft und der damit verbundenen hohen Zahl

---

2 Vgl. dazu die detaillierte Tabelle bei Halberstadt: Psychologische Beratungsarbeit, 24 f.
3 Wolfram Lüders: Psychotherapeutische Beratung, Göttingen 1974, 22.

von Scheidungen, Trennungen und Wiederverheiratungen: Ehe und Kleinfamilie mit zwei Elternteilen im herkömmlichen Sinn ist inzwischen zu *einer* Lebensform neben anderen geworden, neben Alleinlebenden, hetero- wie homosexuellen Partnerschaften, Patchwork-Familien, Familien mit alleinerziehenden Müttern oder Vätern etc. Sexualität ist für die meisten nicht mehr an die Ehe gebunden, Heirat bildet häufig nicht mehr den Beginn eines gemeinsamen Lebens, sondern soll den notwendigen Schutzraum bieten, wenn ein Paar Kinder haben will. Trotzdem werden Ehe und Familie nicht grundsätzlich in Frage gestellt; das zeigen die vielen Zweit-Partnerschaften und -Familien. Familie gilt nach wie vor als unverzichtbare Sozialisationsinstanz für Kinder und als erstrebenswertes Ziel für privates Glückserleben.

Die Vielfalt der Lebensformen wird von einigen als Chance zur freien Lebensgestaltung begriffen, von anderen als bedrohliche und belastende Verunsicherung erlebt. Wenn man mit Ulrich Beck die Pluralisierung der Gesellschaft als Freisetzungsprozess aus vorgegebenen Traditionen, Geschlechterrollen und schichtspezifischen Vorgaben begreift,[4] wird einsichtig, dass der Orientierungs- und Beratungsbedarf in der Bevölkerung insgesamt kontinuierlich zunimmt. In diesem Kontext sind die Erwartungen der Öffentlichkeit an das Engagement der Kirchen im Bereich Beratung und Seelsorge – das zeigen Umfragen mit großer Regelmäßigkeit[5] – unverändert erstaunlich hoch.

3.2 Der organisatorische Rahmen von Ehe- und Familienberatung

Träger von Beratungsstellen mit in der Regel drei bis vier hauptamtlichen und einigen nebenamtlichen Mitarbeitenden sowie einem Sekretariat waren und sind Gemeinden, Kirchenkreise, Diakonische Werke oder freie Vereine. Die Mitarbeiterschaft setzt sich aus Fachleuten aus Psychologie, Sozialarbeit, Pädagogik, Medizin und Theologie, oft auch in Verbindung mit Juristen, zusammen. Die evangelischen Beratungsstellen sind zusammengeschlossen in der Evangelischen Konferenz für Familien- und Lebensberatung (EKFuL), einem Fachverband des Diakonischen Werkes der EKD. Aus- und Fortbildung in Ehe-, Partner-, Lebens- und Familienberatung

---

4   Ulrich Beck: Risikogesellschaft, Frankfurt a.M. 1986.
5   Zuletzt etwa die EKD-Umfrage »Fremde Heimat Kirche«, hg.v. Klaus Engelhardt/Herrmann von Loewenich/Peter Steinacker, Gütersloh 1997, 131.

bietet das Evangelische Zentralinstitut für Familienberatung (EZI) in Berlin an.

Die katholische Kirche unterhält ebenso Beratungsstellen wie der Deutsche Paritätische Wohlfahrtsverband (DPWV) und andere gemeinnützige Träger sowie freie Vereine, als deren bekanntester vielleicht »Pro Familia Deutsche Gesellschaft für Familienplanung, Sexualpädagogik und Sexualberatung e.V.« anzusehen ist. Alle Beratungsstellen sind im »Deutschen Arbeitskreis für Jugend-, Eheund Familienberatung« (DAK) zusammengeschlossen, der verbindliche Standards für die fachliche Qualifizierung der Personen, die in der Ehe- und Familienberatung tätig sind, festlegt.

Ehe- und Familienberatung wird aus öffentlichen Mitteln vor allem des Bundesministeriums für Familien, Senioren, Frauen und Jugend gefördert. Bei Inanspruchnahme von Fördermitteln muss natürlich auch die kirchliche Beratung staatlichen Qualifikationsanforderungen genügen.

Neben dem in Beratungsstellen institutionalisierten Angebot an Ehe- und Familienberatung gibt es im Bereich der Kirchen Seelsorge in Gemeinden und Institutionen (Krankenhäuser, Altenheime, Gefängnisse etc.), die sich – in relativ unstrukturierter Form – natürlich auch an Ehepartner und Familien richtet.

3.3 Das Angebot an Beratung

Ehe- und Familienberatungsstellen in evangelischer, katholischer und freier Trägerschaft sind als Bestandteile der öffentlichen psychosozialen Versorgung zu verstehen. Nach einer Untersuchung aus dem Jahr 1994 gibt es knapp 10000 Beratungsstellen in Deutschland, von denen etwa 2600 Ehe- und Familienberatung anbieten.[6] Das Angebot der Beratungsstellen ist in aller Regel kostenfrei, niedrigschwellig, aber gut qualifiziert, nicht zuletzt durch die Zusammenarbeit eines multiprofessionellen Teams von Beratern und Beraterinnen. Wartezeiten von einigen Wochen müssen leider bei vielen Beratungsstellen in Kauf genommen werden. Die Mitarbeitenden unterliegen selbstverständlich der Pflicht zur Verschwiegenheit. Ratsuchende werden nicht nach Erfolgswahrscheinlichkeit oder sonstigen Kriterien ausgewählt; sie werden nur weiter verwiesen, wenn anderswo bessere therapeutische Möglichkeiten gegeben sind; in

---

6 Bundesministerium für Familie, Senioren, Frauen und Jugend (BmFSFJ): Bestandsaufnahme in der institutionellen Ehe-, Familien- und Lebensberatung, Stuttgart 1994, 3f.

diesem Faktum ist ein wichtiger Unterschied zu freien therapeutischen Praxen zu sehen, die nach anderen Kriterien arbeiten müssen. Beratungsstellen haben präventive Funktionen; außerdem betreuen sie auch Menschen, denen psychotherapeutisch oder psychiatrisch nicht (mehr) geholfen werden konnte.

Das Spektrum der Anlässe für die Inspruchnahme von Beratung ist ausgesprochen breit gefächert, es umfasst Beziehungskonflikte zwischen Paaren, zwischen Eltern und Kindern, Entwicklungskrisen (z.b. »midlife-crisis«), aber auch akute Krisen, die durch Krankheit, Suchtverhalten oder sozial verursachte Ereignisse (z.B. Arbeitslosigkeit) ausgelöst sind. Das gängige Kategoriensystem von »krank – gesund« ist hier häufig nicht anwendbar; es geht stärker um subjektives Erleben entlang den Achsen »unzufrieden – zufrieden«, »unglücklich – glücklich«, »unerträglich – erträglich« etc.

3.4 Beratung zwischen Seelsorge und Psychotherapie

Eine exakte Begriffsbestimmung von Beratung ist außerordentlich schwierig.[7] Beratung kann als spezielle Form der Seelsorge verstanden oder aber als methodisch eigenständiges Angebot *zwischen* Seelsorge und Psychotherapie eingeordnet werden. Eine Differenzierung entsprechend der Ausbildung der Beratenden, nach Schweregrad der Probleme der Klienten und Klientinnen oder nach der Länge des Beratungsprozesses erweist sich immer nur vorläufig als aussagekräftig. Trotzdem wird man insgesamt sagen können: Lebens-, Ehe- und Familienberatung kann definiert werden als eine spezifische Form der psychotherapeutischen Behandlung, die in der Regel in einem zeitlich begrenzten Rahmen stattfindet, in der ein mehr oder weniger umgrenzter Problembereich im Vordergrund steht, die weniger mit Regression und Übertragung arbeitet, sondern sich stärker auf die Arbeit an Kommunikationsstörungen im »Hier und Jetzt« zwischen den Beteiligten konzentriert.

Mit Seelsorge teilt Beratung in kirchlicher Trägerschaft den christlichen Auftrag im Sinn von Mt 25 oder Mt 10,7f. In der Situation der Beratung kommt dieser Auftrag zum Ausdruck in der Glaubensüberzeugung der Beratenden: Deren Überzeugung kann einerseits als christliche Lebensdeutung in den Beratungsprozess einfließen,

---

7 Vgl. dazu die umfangreiche Untersuchung von Hartwig von Schubert/ Wolfgang Kinzinger/Heiner Lücke-Jansen (Hg): Von der Seele reden. Eine empirisch-qualitative Studie über psychotherapeutische Beratung in kirchlichem Auftrag, Neukirchen-Vluyn 1998.

andererseits lässt sie dem Gegenüber alle Freiheit und arbeitet auf eine selbstverantwortliche Lebensgestaltung hin.

3.5 Ziele und Methoden

»Gegenstand des Beratungsangebots sind Konflikte, Belastungen und Krisen des partnerschaftlichen und generationalen Zusammenlebens in ihren unterschiedlichen Lebensformen. Dabei geht es nicht zunächst um Vermittlung von Expertenwissen, sondern um die Begleitung im Verstehensprozeß, im Rahmen der Bearbeitung von Konfliktsituationen, beim Aushalten von leidvollen Lebenswirklichkeiten und bei der Suche neuer Lebensperspektiven.«[8]

Bewältigungskompetenz, Selbsthilfebereitschaft, Selbststeuerung und Handlungskompetenz im jeweiligen Beziehungsgeflecht sollen gestärkt werden.

Daraus lassen sich eine Reihe von Teilzielen ableiten:

- »Durchsichtigwerden der aktuellen Konflikte auf dem Hintergrund der Lebensgeschichte; Einsicht in die Bedingtheit von Beziehungsstörungen;
- Befähigung, eigene und fremde Bedürfnisse besser wahrzunehmen, realitätsgerechter mit ihnen umzugehen und die Verwirklichungsmöglichkeiten eigener Wünsche kritischer abzuschätzen;
- Abbau von Erstarrungen, Gehemmtheiten und verfestigten Beziehungsmustern; Veränderung gegenseitiger Rollenzuschreibungen;
- Verbesserung der Beziehungsfähigkeit, Erlernen und Einüben neuer Interaktionsmuster;
- Aktivierung der Selbsthilfefähigkeiten der Ratsuchenden, Stärkung der Entscheidungs- und Verantwortungsfähigkeit und in der Folge ein vom Ratsuchenden kontrolliertes Verhalten […];
- Entwicklung der Fähigkeit, mit seinem Problem zu leben;
- Stützung und Begleitung in den als leidvoll erlebten Situationen, wenn eine Situationsverbesserung oder eine Minderung des Leidens nicht zu erreichen ist.«[9]

Ehe- und Familienberatung arbeitet eklektisch mit Methoden aus dem Bereich der Psychotherapien, bevorzugt aus Psychoanalyse, Kommunikations-, Gesprächs- und Gestalttherapie je nach Diagnostik, die die Beratung prozesshaft begleitet, und entsprechender Indikation; in zunehmendem Maß werden Ansätze aus der Familientherapie einbezogen, die die Konzentration auf Einzelne überwinden und das System Ehe bzw. Familie im Blick haben. Verhaltensauffälligkeiten von Einzelnen gelten als Symptom einer Störung im System Ehe bzw. Familie; dessen Kommunikationsstruktur gilt es be-

---

8   BmFSFJ: Bestandsaufnahme, 123.
9   Siehe Anm. 12.

wusst zu machen (z.B. durch zirkuläres Fragen) und zu verstehen und, wenn möglich, durch Verstörung der eingeschliffenen Muster (u.a. durch Symptomverschreibung) zu verändern.[10]

3.6 Klientel

Unter den Ratsuchenden in Ehe- und Familienberatung sind Frauen deutlich überrepräsentiert, ebenso Angehörige gehobener sozialer Schichten. Ältere Menschen, ausländische Mitbürger sowie Menschen aus den Unterschichten sind, obwohl psychische Probleme unter diesen Gruppen sogar häufiger auftreten, unterrepräsentiert. Naturgemäß steht der Wunsch nach Beziehungsklärung und Bearbeitung von Differenzen und Streitverhalten im Vordergrund; interessanterweise werden eher Beratungsstellen nicht-konfessioneller Träger aufgesucht, wenn es um sexuelle Funktionsstörungen, Schwangerschafts- und Familienplanungsfragen geht.[11]

3.7 Mitarbeitende

Die besondere Stärke institutioneller Beratung besteht in dem multidisziplinären Team der Mitarbeitenden. Auch wenn in der Regel nur eine Person aus dem Team die Beratung durchführt, können die anderen durch regelmäßige Teamsitzungen und gemeinsame Supervisionen ihre Perspektiven und Beobachtungen einbringen und dadurch das Verständnis der beratenden Person für den Fall vertiefen. Für eine beraterische Qualifikation braucht man in der Regel eine mehrjährige therapeutische Weiterbildung, die zugleich hohe Anforderungen an die Integration und Wahrnehmungsfähigkeit der Person stellt.

4. Diakonische Perspektiven

Kirchliche Beratung wird verstanden als ein Bestandteil des Heilungsauftrags Jesu, als ein Teil der diakonischen Gestalt von Kirche. »Menschen zu heilen, ihnen zur Konfliktbewältigung und zu Rei-

---

10 Vgl. Arist von Schlippe/Jochen Schweizer: Lehrbuch der systemischen Therapie und Beratung, Göttingen/Zürich ²1996/⁷2000, 193–197 (bes. 195f.).
11 BmFSFJ, 128.

fungsschritten zu verhelfen« gehört zum »Mandat Christi«,[12] das in Mt 10,7f als Auftrag an die Jünger so beschrieben wird: »Geht aber und predigt und sprecht: Das Himmelreich ist nahe herbeigekommen. Macht Kranke gesund, weckt Tote auf, macht Aussätzige rein, treibt böse Geister aus.« Das Verb »*therapeuein*«, das heilen, pflegen, therapieren bedeutet, wird hier an zentraler Stelle genannt. Die EKD-Stellungnahme von 1981 setzt das Mandat folgendermaßen um:

»Psychologisch qualifizierte Beratung bemüht sich, seelisch belastete oder kranke Menschen zum Verstehenkönnen, Vertrauen, Lieben und verantwortlichen Handeln zu stärken und zu befähigen. Sie will dem Menschen helfen, sein ihm geschenktes Leben vor Gott, für sich selbst und in der Gemeinschaft, in der er steht, mit Zuversicht leben zu können.«[13]

So verstandene Beratung gilt als eine Form der »Praxis des Evangeliums«, der helfenden Zuwendung Gottes zum Menschen.

Eine wichtige Voraussetzung jeder Beratungsarbeit, in der sich eine christliche Grundhaltung konkretisiert, ist die vorbehaltlose Annahme des ratsuchenden Menschen, so wie es Röm 15,7 heißt: »Nehmet einander an, wie Christus euch angenommen hat«. Diese Annahme äußert sich als Respekt vor anderen Lebensentwürfen und Werthaltungen, bedeutet jedoch nicht, dass die Beratenden ihre eigenen Glaubensüberzeugungen verleugnen müssten. Respekt vor der Würde des Ratsuchenden äußert sich ebenfalls in einer ethisch verantworteten Grundhaltung, die sich aller Manipulationsversuche und missbräuchlicher Ausnutzung der Beratungsbeziehung enthält.

5. Offene Fragen

Angesichts der Finanzknappheit der Kirchen zeigt sich immer wieder, dass im Bereich der Beratungsarbeit Stellen und damit das Beratungsangebot gekürzt werden. Damit stellt sich die Frage, ob Ehe- und Familienberatung wirklich zum Kernbereich diakonischer Arbeit der Kirche gehört, wie es der zitierte EKD-Text formuliert. Wenn Beratung, wie auch Telefonseelsorge und ähnliche Aktivitäten, das »Ohr der Kirche« bilden, sollte diese Arbeit nicht eingeschränkt, sondern eher noch ausgebaut werden.

---

12 So der EKD-Text: Kirchenamt der EKD (Hg.): Psychologische Beratung in der Kirche. Leitlinien für die Psychologische Beratung in evangelischen Erziehungs-, Ehe-, Familien- und Lebensberatungsstellen, EKD-Texte Nr. 5, Hannover 1981, 3.
13 Kirchenamt der EKD, Psychologische Beratung, 3.

Die Unterscheidung und Überschneidung psychologisch orientierter Beratung mit Seelsorge einerseits und Psychotherapie andererseits muss immer wieder neu bestimmt werden und Gegenstand eines interdisziplinären Diskurses sein.

6. Literatur zur Weiterarbeit

Dietzfelbinger, Maria/Haid-Loh, Achim (Hg.): Qualitätsentwicklung – eine Option für Güte. Qualitätsmanagement in Psychologischen Beratungsstellen evangelischer Träger. Bd. 1 und 2, Berlin 1998.

Lüders, Wolfram: Psychotherapeutische Beratung, Göttingen 1974.

Oetker-Funk, Renate/Dietzfelbinger, Maria/Struck, Elmar: Psychologische Beratung. Beiträge zu Konzept und Praxis, Freiburg 2003.

Rauchfleisch, Udo: Arbeit im sozialen Feld. Beratung, Begleitung, Psychotherapie, Seelsorge. Göttingen 2001.

Schrödter, Wolfgang: Gutachten »Regeln des fachlichen Könnens in der psychosozialen Beratung, WzM 44 (1992), 351–371.

Schubert, Hartwig von/Kinzinger, Wolfgang/Lücke-Jansen, Heiner (Hg): Von der Seele reden. Eine empirisch-qualitative Studie über psychotherapeutische Beratung in kirchlichem Auftrag, Neukirchen-Vluyn 1998.

XXXI.
Flüchtlingshilfe

WOLF-DIETER JUST

1. Einführung

Unter der Schlagzeile »Nach seiner Abschiebung landete Singh Bhullar in der Todeszelle« war in der Zeitung[1] zu lesen: »Einem Sikh-Aktivisten, der 1995 nach Indien abgeschoben wurde, droht die Hinrichtung. Davinder Pal Singh Bhullar wird die Beteiligung an einem Bombenanschlag angelastet. Das Todesurteil basiert nach Angaben des Verurteilten auf einem erpressten Geständnis.« Singh Bhullar, hochrangiges Mitglied einer Separatistenorganisation, war 1994 nach Deutschland geflohen und hatte Asyl beantragt. Aus Angst, die deutschen Behörden könnten die indische Polizei informieren, hat er im Asylverfahren zunächst falsche Angaben zu seiner Identität gemacht. Als dies herauskam, wurde sein Antrag als »offensichtlich unbegründet« abgelehnt. Auch Abschiebehindernisse lägen nicht vor. Es kam zur Abschiebung, die in der Todeszelle endete. 1997 stellte das zuständige deutsche Verwaltungsgericht fest, dass die Abschiebung rechtswidrig war – leider zu spät. Grund für diese und ähnliche Fehlentscheidungen sind nach Auffassung von Organisationen der Flüchtlingshilfe die Mängel des deutschen Asylverfahrens – in diesem Fall des Flughafenverfahrens, das eine gründliche Überprüfung der Fluchtgründe kaum zulässt.

Das Beispiel zeigt in dramatischer Weise, dass Flüchtlingshilfe mit Menschen zu tun hat, die sich in existentieller Not und Bedrängnis befinden und dass es im Extremfall um Tod oder Leben gehen kann. In unser geordnetes, durch Sicherheit und Wohlstand gekennzeichnetes Leben treten Flüchtlinge ein als Zeugen einer ganz anderen Welt von Kriegen und Bürgerkriegen, von Verfolgung und Menschenrechtsverletzungen, von Hunger und Unterentwicklung. Sie brauchen unseren Schutz, Mitgefühl und Solidarität, rechtliche Unterstützung, soziale Beratung und praktische Hilfe.

Das Beispiel zeigt aber auch, dass solche Solidarität wenig Rückhalt findet in staatlicher Asylpolitik, -gesetzgebung und -verfahrenspraxis. Seit den 1980er Jahren gibt es in Deutschland und Westeuropa die Tendenz, sich gegen Flüchtlinge abzuschotten.

---

1 Frankfurter Rundschau, 13. Juli 2002.

Flüchtlinge werden nicht als Herausforderung zu globaler Solidarität und Verteidigung von Menschenrechten begriffen, sondern als Bedrohung für Wohlstand und innere Sicherheit. Vor diesem Hintergrund ist Flüchtlingshilfe auch als *gesellschafts*diakonische Aufgabe zu begreifen. Sie muss kritische Anfragen an eine Politik und Gesetzgebung richten, die Schicksale wie die Singh Bhullars möglich machen, und die Einhaltung humanitärer Grundsätze und internationaler Standards des Flüchtlingsschutzes politisch einklagen.

2. Zur Geschichte des Flüchtlingsschutzes

Die Institution des Asyls gilt als das älteste Recht des Menschen überhaupt. Es existiert seit mindestens 3500 Jahren und hat religiöse Wurzeln. Der Asylschutz im Heiligtum – an Kult- und Grabstätten, Tempeln und Götterstatuen – findet sich in praktisch allen Hochkulturen. Der Begriff des »Asyls« kommt aus dem Griechischen: Ein »asylos topos« war ein heiliger Ort, an dem es verboten war, Personen oder Sachen wegzuführen. Wer mit dem heiligen Ort in Berührung kam, erhielt Anteil an der Sphäre des Heiligen und war damit unverletzlich. Eine Übertretung dieses Verbots war darum nicht nur gesetzeswidrig, sondern religiöser Frevel.

Auch im alten Israel war der Asylschutz des Altars und des ihn umgebenden Heiligtums bekannt (1. Kön 1,50 ff.; 2,28–30; Ps 23,5 f.). Er galt den unschuldig Verfolgten und sollte der privaten Blutrache wehren. Wichtiger noch für die Orientierung diakonischer Flüchtlingshilfe heute ist das alttestamentliche Fremdenrecht, das dazu verpflichtet, die Fremden zu lieben, zu schützen und sie sogar den Einheimischen gleichzustellen (Lev 24,22; Num 15,5 f.). Begründet wird dieses Recht im AT mit dem Hinweis auf die eigene Erfahrung Israels während der Knechtschaft in Ägypten (Ex 22,20; 23,9) und die Liebe Gottes zu den Fremden (Dtn 10,18 f.). Das Fremdenrecht galt als von Gott selbst eingesetzt. In seiner Gegenwart kann es keine Rechtsungleichheit geben, keine Bevorzugung des Einheimischen vor dem Fremden. In einer Reihe von Texten des AT und des NT geht es beim Schutz von Fremden um nichts geringeres als das Verhältnis zu Gott selbst. Im Gleichnis vom großen Weltgericht sagt Christus: »Ich bin ein Fremdling gewesen, und ihr habt mich beherbergt [...] Was ihr getan habt einem unter diesen geringsten Brüdern, das habt ihr mir getan« (Mt 25,31–46: 35.40).

In frühchristlicher Zeit ging der Asylschutz von den römischen Tempeln auf die Kirchen über. Schon aus dem vierten Jh. ist bekannt, dass Verfolgte in Kirchen flüchteten, um vorübergehend Schutz zu finden. Die örtlichen Bischöfe wurden verpflichtet, sich für die in Bedrängnis Geratenen einzusetzen. Das Konzil von Serdica (347) bestimmt »ausdrücklich, das Institut der Interzession als Pflicht der Kirche zum Eintreten für ungerecht Verfolgte«.[2] Durch diese Regelung hat kirchliches Recht das weltliche Recht beeinflusst und zu dessen Versittlichung beigetragen.

Im Mittelalter hat das kirchliche Asylrecht eine große Rolle gespielt. Es war weiterhin geprägt durch zwei Kerngedanken: die Heiligkeit des Asylortes (loci reverentia) und die Beistandspflicht der Kleriker (intercessio). Die Kirchenasylbewegung erinnert heute an diese Tradition. Sie betont die christliche Beistandspflicht, bestreitet allerdings nicht mehr dem Staat das prinzipielle Recht, auch in kirchlichen Räumen Zugriff auf sich dort aufhaltende Flüchtlinge zu machen. Erst mit der Herausbildung des modernen Rechtsstaates verlor das kirchliche Asylrecht seine Bedeutung. Während des 18. und 19. Jh. wurde es in den meisten Ländern durch staatliche Gesetze abgeschafft. Die katholische Kirche hat allerdings bis in die Gegenwart an diesem Recht festgehalten. Erst im codex iuris canonici von 1983 wird es nicht mehr erwähnt. Heute gelten die Gesetze und Ordnungen des Staates allgemein und überall im Staatsgebiet. Das Asylrecht liegt allein in staatlicher Verantwortung.

3. Die Aufnahme von Flüchtlingen in Deutschland
   seit dem Zweiten Weltkrieg

»Politisch Verfolgte genießen Asylrecht« – so lautete kurz und ohne Einschränkung der Artikel 16 im Grundgesetz von 1949. Viele Mitglieder des Parlamentarischen Rates, der unter Vorsitz des SPD-Politikers Carlo Schmid das GG erarbeitet hat, waren selbst zwischen 1933 und 1945 politisch Verfolgte. Die Erfahrungen des Dritten Reiches und die begrenzte Bereitschaft anderer Länder, Flüchtlinge aus Nazi-Deutschland aufzunehmen, waren wesentlicher Anlass für die Hereinnahme dieses Artikels in das GG.

In den folgenden Jahren waren die Zahlen asylsuchender Flüchtlinge gering – von der Zeit des Ungarn-Aufstands 1956 und des

---

2   Georg Flor: Asylrecht – Von den Anfängen bis heute, Berlin 1988, 128.

»Prager Frühlings« 1968 abgesehen. In dieser Phase kamen die meisten Flüchtlinge aus Osteuropa. Es gab wenig Streit um das Asylrecht, waren doch diese Flüchtlinge zu Zeiten der Systemkonkurrenz »ein willkommener Nachweis für die Anziehungskraft der Freiheit des Westens«.[3] Erst in der zweiten Hälfte der 1970er Jahre änderte sich dies: die Zahl der Asylgesuche zog kräftig an, und die Flüchtlinge kamen nun vornehmlich aus der »Dritten Welt«. 1980 wurde mit über 100 000 asylbegehrenden Flüchtlingen ein erster Höchststand erreicht. Das gesellschaftliche Klima für Flüchtlinge verschlechterte sich zusehends. Die Bundesregierung reagierte mit fortschreitenden Restriktionen – Verfahrensbeschleunigungen, Unterbringung in Lagern, Einschränkungen der Bewegungsfreiheit, erweiterter Sichtvermerkspflicht (1980), später mit dem Verbot für Fluggesellschaften, visumpflichtige Ausländer ohne gültige Einreisepapiere zu befördern und mit der Sperrung der Einreisewege über die DDR (1986). Diese Maßnahmen konnten aber nur kurzfristig die Zahl der Asylantragsteller senken. Mit der Wende von 1989 nahm der Andrang von Flüchtlingen wieder stark zu und entwickelte sich von 128 000 im Jahr 1989 über 256 000 im Jahr 1991 bis 438 000 im Jahr 1992. Dies hing insbesondere mit dem Zerfall der ehemaligen Sowjetunion, dem Systemwechsel in Osteuropa und den blutigen Konflikten in Südosteuropa zusammen – d.h. mit einer historisch singulären Situation in Europa und temporären Problemen. Dennoch entwickelte sich eine heftige innenpolitische Debatte über das deutsche Asylrecht, insbesondere über den als zu großzügig angesehenen Artikel 16 GG. Sie war begleitet von zahlreichen tätlichen Übergriffen auf Flüchtlinge und nächtlichen Brandanschlägen auf ihre Wohnheime. Die Zahl fremdenfeindlicher Straftaten wuchs von 2400 in 1991 auf 6300 in 1992 und 6700 in 1993.

Die politische Auseinandersetzung endete mit einer Änderung des Artikels 16 GG, die am 1. Juli 1993 in Kraft trat. Der neue Artikel 16a GG schränkt das Grundrecht auf Asyl erheblich ein. Asylbewerber, die über einen sogenannten »sicheren Drittstaat« (Staaten, in denen die Anwendung der Genfer Flüchtlingskonvention als sichergestellt gilt und von denen Deutschland lückenlos umschlossen ist) einreisen, können sich nicht auf das Asylrecht berufen und bereits

---

3 Kirchenamt der EKD/Sekretariat der Deutschen Bischofskonferenz (Hg.): »... und der Fremdling, der in deinen Toren ist«. Gemeinsames Wort der Kirchen zu den Herausforderungen durch Migration und Flucht, Bonn 1997, Ziffer 42.

an der Grenze zurückgewiesen werden. Flüchtlinge aus sogenannten »sicheren Herkunftsländern« gelten in der Regel nicht als politisch verfolgt. Ihre Asylanträge sind in einem verkürzten Verfahren als »offensichtlich unbegründet« abzulehnen, es sei denn, sie können im Einzelfall die vermutete Verfolgungsfreiheit widerlegen (Art. 16a GG Abs. 2 und 3). Die Einreise über den Luftweg wird erheblich erschwert. Schließlich werden – mit der erklärten Absicht abzuschrecken – die Lebensbedingungen für Flüchtlinge weiter verschlechtert. Seitdem werden Asylsuchende in den ersten drei Monaten ihres Aufenthalts in zentralen Erstaufnahmeeinrichtungen mit Lagercharakter untergebracht. Da man gleichzeitig die Dauer der Asylverfahren erneut drastisch verkürzt hat, werden viele Flüchtlinge innerhalb dieses Zeitraums wieder abgeschoben. Diejenigen, die dann noch da sind, werden auf kommunale Gemeinschaftsunterkünfte verteilt. Sie bekommen Leistungen nach dem Asylbewerberleistungsgesetz – d.h. etwa 25 % unter dem Sozialhilfe-Niveau und in der Regel in Form von Sachleistungen (Fertiggerichte, Lebensmittelpakete) oder Gutscheinen.[4] Das Arbeitserlaubnisrecht ist für sie stark eingeschränkt und gibt nur wenigen Flüchtlingen die Chance, sich den Lebensunterhalt selbst zu verdienen.[5] Seit der Asylrechtsänderung wird rigoroser Abschiebehaft verhängt und abgeschoben. Dabei ist es wiederholt zu Abschiebungen in Folter und erneute Verfolgung gekommen.

Eine Reaktion hierauf ist die Kirchenasylbewegung, die seit 1993 stark zugenommen und sich in der »Ökumenischen Bundesarbeitsgemeinschaft Asyl in der Kirche« bundesweit organisiert und vernetzt hat (s.u.). Die genannten Restriktionen haben zu einem starken Rückgang der Asylanträge geführt: 1996 waren es nur noch 160 000, seit 1999 liegen die Zahlen unter 100 000, 2003 nur noch bei 50 500. Die desolate Lage von Flüchtlingen in Deutschland wird in einem Konzeptionspapier des Diakonischen Werks treffend zusammengefasst:

»Zwangsunterbringung, Begrenzung des Aufenthaltsbereiches, faktisches Arbeitsverbot, Abhängigkeit von Hilfen, Warten, drohende Abschiebung,

---

[4] Näheres: Georg Classen: Menschenwürde mit Rabatt: Das Asylbewerberleistungsgesetz und was wir dagegen tun können, Karlsruhe ²2000.
[5] Näheres: Beauftragte der Bundesregierung für Ausländerfragen: Bericht der Beauftragten der Bundesregierung für Ausländerfragen über die Lage der Ausländer in der Bundesrepublik Deutschland, Berlin 2002, 82–85.

offene und verdeckte Diskriminierung, Angst und Verzweiflung charakterisieren mehr oder weniger die Situation der meisten Flüchtlinge in Deutschland«.[6]

4. Theologisch-ethische Begründungen christlicher Flüchtlingshilfe

Die unsichere und menschlich entwürdigende Lage der Flüchtlinge in Deutschland steht im Widerspruch zur Frohen Botschaft von der Menschenfreundlichkeit Gottes und zu den ethischen Grundsätzen des christlichen Glaubens von Gerechtigkeit und Nächstenliebe. Sie ist darum eine Herausforderung für Christen und Kirche. Nach biblischem Zeugnis sind alle Menschen Geschöpfe Gottes und wurden von ihm nach seinem Bilde geschaffen (Gen 1,27 f.). Als Ebenbild Gottes kommt jedem Menschen eine unaufgebbare und unverletzliche Würde zu, unabhängig von Herkunft, Nationalität, Rasse, Geschlecht oder Religionszugehörigkeit. Dies impliziert einen prinzipiellen Achtungsanspruch und eine Gleichstellung aller Menschen. In Gen 1 steht die Erschaffung des Menschen zum Ebenbild Gottes in direktem Zusammenhang mit seiner Beauftragung zur Weltgestaltung. Auch diese Verantwortung ist jedem Menschen übertragen – niemand darf daran gehindert werden, ihr nachzukommen, niemand darf zum bloßen Objekt der Herrschaft anderer herabgewürdigt werden. Die Botschaft von der Gottebenbildlichkeit begründet für Christen das Recht jedes Menschen auf Teilhabe an den Gestaltungsaufgaben in Gottes Schöpfung. Im NT findet die Würde aller Menschen, ihre prinzipielle Gleichheit und ihr Recht auf Teilhabe, einen sichtbaren Ausdruck in den ersten christlichen Gemeinden. Die Gemeinden, die Paulus in Korinth und Philippi gegründet hatte, waren ihrer Zusammensetzung nach multinational und multikulturell. Ihre Mitglieder kamen zudem aus verschiedensten sozialen Schichten und waren beiderlei Geschlechts. Menschen, die vorher nach Kulturen, Geschlechtern und Klassen getrennt lebten, fanden hier gleichberechtigt in einem neuen Lebensstil zusammen. »Hier ist nicht Jude noch Grieche, hier ist nicht Sklave noch Freier, hier ist nicht männlich noch weiblich; denn ihr seid alle eins in Christus«

---

6 Diakonisches Werk der EKD: Aufnahme und Schutz von bedrohten Menschen – den Flüchtlingen eine Chance. Rahmenkonzeption des Diakonischen Werkes der EKD zur Flüchtlingsarbeit, Diakonie-Korrespondenz 2/1996, 18.

(Gal 3,28). Diese alle Grenzen überschreitende Einheit aller Menschen wird auch in der Pfingstgeschichte gefeiert (Apg 2,7–11): Unter Einwirkung von Gottes Geist werden Menschen verschiedenster Nationalitäten und Sprachen zusammengeführt.

Die christliche Lehre von der Gottebenbildlichkeit des Menschen ist neben philosophischen Traditionen (Stoa, Aufklärung) eine Wurzel der modernen Auffassung von Menschenwürde und Menschenrechten. Diese Fundamentalnormen der Neuzeit gelten der Intention nach universal für jeden Menschen und begründen einen Achtungsanspruch gegenüber jedem verletzenden Zugriff von Staat oder Gesellschaft. Das GG bekennt sich zu dieser Norm in seinem ersten Artikel und erhebt sie damit zum obersten Rechtsmaßstab. Solidarische Flüchtlingshilfe hat die Regierenden und die für den Umgang mit Flüchtlingen Verantwortlichen immer wieder an diesen Maßstab zu erinnern.

5. Flüchtlingsgruppen

Nach Angaben der Beauftragten der Bundesregierung für Migration, Flüchtlinge und Integration hielten sich Ende 2002 1,1 Mio. Flüchtlinge im Bundesgebiet auf.[7] Unter den Flüchtlingen sind danach zehn Gruppen zu unterscheiden. Sie haben unterschiedlichen Aufenthaltsstatus und brauchen in unterschiedlicher Weise Begleitung und Hilfe.

1. Asylberechtigte: Flüchtlinge, deren Asylantrag nach Artikel 16a anerkannt wurde. Nur sie haben z.Zt. einen relativ sicheren Aufenthaltsstatus und die Arbeitserlaubnis (131 000 Personen);
2. Familienangehörige von anerkannten Flüchtlingen (schätzungsweise 170 000 Personen);
3. Konventionsflüchtlinge: Flüchtlinge, die nach der Genfer Flüchtlingskonvention anerkannt worden sind (sog. kleines Asyl; 75 000 Personen);
4. Kontingentflüchtlinge: Flüchtlinge, die als Gruppe aufgenommen wurden, wie z.B. die vietnamesischen »boat-people« (6800 Personen);
5. Jüdische Zuwanderer aus den Nachfolgestaaten der ehemaligen UDSSR (173 000 Personen);

---

[7] www.integrationsbeauftragte.de.

6. Ausländer mit Aufenthaltsbefugnis nach §30 und §32 AuslG; diese sind aus völkerrechtlichen, humanitären oder politischen Gründen aufgenommen worden (166 000 Personen);
7. Heimatlose Ausländer (11 000 Personen);
8. De-facto-Flüchtlinge: dies sind Flüchtlinge, deren Asylantrag zwar abgelehnt wurde, deren Abschiebung aber aus rechtlichen (z.B. drohende Folter oder Todesstrafe) oder tatsächlichen (z.B. Krankheit, Reiseunfähigkeit, kein Passbesitz; kein zwischenstaatliches Rückübernahmeabkommen) Gründen zeitweise ausgesetzt wird; sie haben in der Regel eine »Duldung« (210 000 Personen);
9. Asylbewerber: Flüchtlinge, über deren Asylantrag noch nicht entschieden ist (164 000 Personen);
10. Flüchtlinge aus Bosnien und Herzegowina, die aus verschiedenen Gründen (z.B. Traumatisierung) nach dem Bürgerkrieg nicht zurückkehren konnten (40 000 Personen).

Neben diesen von der Ausländerbeauftragten unterschiedenen Gruppen sind noch die *Flüchtlinge in der Illegalität* zu nennen. Dies sind Flüchtlinge, die illegal ins Land gekommen sind und sich bei keiner offiziellen Stelle gemeldet haben oder abgelehnte Asylbewerber, die sich der Abschiebung entzogen haben und untergetaucht sind. Ihre Zahl geht in die Hunderttausende, kann aber naturgemäß nicht genau beziffert werden. Formal gelten auch für sie Menschenrechte – z.B. das Recht auf medizinische Versorgung, Schulbildung der Kinder, gerechten Lohn für geleistete Arbeit und eine menschenwürdige Existenz. De facto aber können sie in der Regel keines dieser Rechte in Anspruch nehmen, ohne Gefahr zu laufen, dass ihr illegaler Status aufgedeckt wird, was zur Abschiebung führt. So werden Krankheiten verschleppt und Babys ohne ärztliche Betreuung zur Welt gebracht. Kinder werden nicht zur Schule geschickt und wachsen als Analphabeten auf. Viele werden durch skrupellose Arbeitgeber ausgebeutet, erhalten Hungerlöhne oder werden ganz um ihren Lohn geprellt, ohne etwas dagegen unternehmen zu können. Frauen werden mit falschen Versprechungen ins Land gelockt und hier in Bordellen zur Prostitution gezwungen etc. Hilfe erhalten diese Menschen innerhalb ihrer ethnischen Milieus. Zunehmend melden sie sich auch bei kirchlichen und anderen, nicht-staatlichen Beratungsstellen. Oft stehen dahinter erschütternde Schicksale. Kirchen, Flüchtlingshelfer und Wissenschaftler haben in den letzten Jahren immer wieder auf die Not dieser Menschen aufmerksam gemacht und gefordert, dass sie ohne Aufdeckung ihres Status wenigstens die elementarsten Menschenrechte wahrnehmen können. Die

Politik war bisher jedoch – anders als z. B. in unseren Nachbarländern – nicht bereit, sich dieses Problems anzunehmen.[8]

Im Jahr 2003 haben 50 563 Flüchtlinge Asylanträge gestellt. Die Hauptherkunftsländer waren Türkei (6301), BR Jugoslawien (4909), Irak (3850), Russ. Föderation (3383), China (2387), Vietnam (2096), Iran (2049), Indien (1736), Afghanistan (1473), Aserbaidschan (1291).

6. Aufgaben und Formen der Flüchtlingshilfe

Die Formen der Flüchtlingshilfe haben sich in den letzten zwei Jahrzehnten sehr stark ausdifferenziert. Die großen Unterschiede des Rechtsstatus, der allgemeinen und individuellen Lebenslagen, der nationalen und soziokulturellen Herkunft der Flüchtlinge etc. erfordern sehr unterschiedliche Ansätze der Flüchtlingshilfe und Spezialisierungen der Mitarbeitenden. Folgende Aufgaben und Arbeitsfelder seien erwähnt:

6.1 Verfahrensberatung. Sie klärt Flüchtlinge über das komplizierte Asylverfahren auf, berät und begleitet sie in den verschiedenen Stadien. Sie versucht ein Minimum an rechtsstaatlichen Grundsätzen in der Praxis des Asylverfahrens zu sichern und wirkt darauf hin, dass der einzelne Mensch im Mittelpunkt steht und nicht die Interessen von Politik und Verwaltung. »Die Verfahrensberatung durch unabhängige – z. B. diakonische Träger erhöht das notwendige Vertrauen von Flüchtlingen bei der erforderlichen Mitteilung von sensiblen, persönlichen Daten und von traumatischen Erfahrungen.«[9] Leider sind bisher alle Versuche gescheitert, eine unabhängige Verfahrensberatung *vor* der für das weitere Verfahren entscheidenden Erstanhörung der Asylsuchenden als verbindlich durchzusetzen. Derzeit ist dies eher die Ausnahme als die Regel.

6.2 Gemeinwesenarbeit. Angesichts der Zunahme von Fremdenfeindlichkeit und Rassismus in Deutschland kann Flüchtlingssozialarbeit sich nicht auf individuelle Hilfe und Einzelmaßnahmen beschrän-

---

8 Auch das neue Zuwanderungsgesetz hat diese Problematik ausgeklammert. Näheres bei Jörg Alt: Illegal in Deutschland, Karlsruhe 1999; Kirchenleitung der Ev. Kirche von Westfalen: Ohne Recht auf Aufenthalt – illegal, Bielefeld 2000.
9 Diakonisches Werk: Aufnahme und Schutz, 33.

ken. Sie muss vielmehr träger- und fachdienstübergreifend auf kommunaler Ebene organisiert und koordiniert werden und sollte ein beachtetes kritisches Gegenüber für Politik und Verwaltung sein. Gerade auf kommunaler Ebene ist im Blick auf die Unterbringung von Flüchtlingen, die Art ihrer Behandlung durch Behörden, Arbeitgeber, Schulen, Gesundheitswesen, Nachbarschaft etc. viel durch die engagierte Arbeit von Sozialarbeitern, Flüchtlingsräten, Kirchengemeinden u.a. erreicht worden.

6.3 Psychosoziale Beratung und Therapie. Flüchtlinge sind vor und während der Flucht großen psychischen Belastungen ausgesetzt: Kriegserlebnisse, Verfolgung, Haft, Vergewaltigung und Folter; Trennung von Familie, sozialem Umfeld, Beruf, Besitz und Heimat; unvorbereitete Konfrontation mit einer fremden und oft feindlichen neuen Umwelt. Folgen sind oft Unsicherheit, Desorientierung, Verzweiflung und Verlust des Selbstwertgefühls. Psychosoziale Beratung zielt darauf, Flüchtlinge zu befähigen, ihre eigenen Angelegenheiten faktisch und emotional zu bewältigen. Wo es zu psychischen Erkrankungen kommt, bieten die Psychosozialen Zentren der Diakonie und anderer Träger professionelle psychotherapeutische Hilfen an. Die Zahl dieser Zentren und deren Kapazitäten reichen allerdings bisher nicht aus, um den tatsächlichen Bedarf annähernd zu decken.

6.4 Arbeit mit unbegleiteten Minderjährigen. Die Belastungen von Verfolgung, Flucht, Fremde und Unsicherheit des Aufenthalts wirken sich für Kinder besonders schwerwiegend aus und beeinträchtigen ihre Entwicklung. Dies gilt umso mehr, wenn sie ohne Eltern fliehen müssen. Fachleute schätzen, dass jährlich 5000 bis 10000 unbegleitete Minderjährige nach Deutschland kommen. Sie brauchen in besonderem Maß Hilfe, Rücksichtnahme und Geborgenheit. Rechtlich sind für sie z.T. andere Grundlagen relevant: die Artikel der UN-Kinderrechtskonvention, das Haager Abkommen für den Schutz von Minderjährigen und das Kinder- und Jugendschutzgesetz. In der UN-Kinderrechtskonvention sind die Menschenrechte der Kinder präzise formuliert. Bei allen Maßnahmen, die Kinder betreffen, ist »das Wohl des Kindes ein Gesichtspunkt, der vorrangig zu berücksichtigen ist« (Art. 3 Abs. 1 KRK). Die Praxis in Deutschland sieht leider anders aus. Wesentliche Bestimmungen der Konvention werden unterlaufen – schon bei der Frage, wer als Kind gilt. Hier werden Kinderflüchtlinge ab 16 Jahren im Sinne der asylrechtlichen Vorschriften als »handlungsfähig« angesehen und wie Erwachsene behandelt. Für die KRK liegt die Altersgrenze bei 18 Jahren. Die Abkehr von den Bestimmungen der Konvention ist möglich, weil die Bundesregierung 1992 bei der Ratifizierung Vorbehalte geltend gemacht hat, nach denen u.a. keine Bestimmung der Konvention dahin ausgelegt werden könne, »dass sie das Recht der Bundesrepublik Deutschland beschränkt, Gesetze und Verordnungen über die Einreise von Ausländern und Bedingungen ihres Aufenthalts zu erlassen oder Unterschiede zwischen Inländern und Ausländern zu machen.« Dieser Vorbehalt wirkt sich für die betroffenen Kinder in der Praxis oft verheerend aus. Darum wird die Bundesregierung seit Jahren von Kirchen, Diakonie, Menschenrechtsorganisationen und Pro Asyl aufgefordert, die Vorbehaltserklärung zurückzunehmen – bisher ohne Erfolg.

Unbegleiteten Flüchtlingskindern müssen in gleichem Maß wie deutschen die erforderlichen erzieherischen Hilfen nach dem KJHG gewährt werden. Für entsprechende Maßnahmen sind die Jugendämter zuständig. Es ist eine Vormundschaft oder Pflegschaft zu beantragen. Auf keinen Fall sollten sie in Erstaufnahmeeinrichtungen oder Sammelunterkünften untergebracht werden, sondern bei Verwandten, Pflegefamilien oder in geeigneten Jugendhilfeeinrichtungen.

6.5 Arbeit mit Flüchtlingsfrauen. Neben den allgemeinen Verfolgungsgründen gibt es auch frauenspezifische Gründe wie die Übertretung von Normen, die Frauen diskriminieren (z.B. Bekleidungsvorschriften), sowie Vergewaltigung und sexuelle Folter. Frauen scheuen sich oft, über solche Fluchtgründe zu sprechen und bleiben mit ihren demütigenden Erfahrungen allein. Im Asylverfahren müssen sie in solchen Fällen von weiblichen Anhörern befragt werden, was inzwischen auch in der Regel geschieht. Geschlechtsspezifische Verfolgungsgründe sind anzuerkennen. Bei der Unterbringung sind alleinstehende Frauen oft gefährdet. Es sollten für sie, wenn sie es wünschen, separate Wohneinheiten zur Verfügung stehen. Wichtig sind darüber hinaus spezifische Fördermaßnahmen, die ihre Isolation durchbrechen, Hilfen zur Alltagsbewältigung vermitteln und Fortbildungsmöglichkeiten bieten.

6.6 Arbeit mit Menschen in Abschiebehaft. Wenn über die Ausweisung eines Ausländers nicht sofort entschieden werden kann und diese ohne Festnahme erschwert würde, wird der Ausländer in Abschiebehaft genommen (§ 57 Abs.1 AuslG). Die Lebensbedingungen in der Abschiebehaft sind in der Regel von denen in einem Gefängnis nicht unterschieden. Die Haft kann bis zu 18 Monaten dauern. Den Abschiebehäftlingen ist ihre Inhaftierung unverständlich, denn sie haben keine Straftat begangen. Sie empfinden die Haft als ungerecht und sinnlos. Die unbestimmte Dauer und die Angst vor einer Abschiebung in erneute Gefahr und Verfolgung machen die Haft schwer erträglich. So kommt es oft zu Ungeduld, Verzweiflung, Depression bis hin zum Selbstmord. In den Abschiebehaftanstalten kümmern sich Seelsorger und ehrenamtliche Betreuungsgruppen um die Betroffenen. Sie versuchen, ihnen menschlich beizustehen, und in Verhandlungen mit der Anstaltsleitung die Haftbedingungen zu erleichtern. Kirchen und Organisationen der Flüchtlingshilfe wie Pro Asyl und die Ökumenische BAG Asyl in der Kirche fordern seit Jahren die Abschaffung der Abschiebehaft.

6.7 Gewährung von Kirchenasyl. Wenn Kirchengemeinden zu der Überzeugung gelangen, dass einem Flüchtling nach seiner Abschiebung Gefahren für Leib, Leben oder erneute Verfolgung drohen und alle rechtlichen Möglichkeiten ausgeschöpft sind, kommt es in letzter Zeit immer wieder zu der Gewährung von Kirchenasyl. Dabei geht es darum, erst einmal eine Abschiebung zu verhindern und Zeit zu gewinnen, um eine erneute Überprüfung des Falles unter Berücksichtigung aller rechtlichen, sozialen und humanitären Gesichtspunkte zu erreichen. Tatsächlich hat sich in vielen Fällen herausgestellt, dass im Verfahren Asylgründe oder Abschiebehindernisse nicht erkannt wurden. Nach Untersuchungen der Ökumenischen BAG Asyl in der Kirche konnten bisher in über 70 % der Kirchenasylfälle Abschiebungen verhindert und rechtliche oder humanitäre Lösungen gefunden werden.[10]

Trotzdem bleibt die Praxis der Kirchenasyls umstritten, besonders wenn sie zum Konflikt mit staatlichen Stellen führt. Die Kirchen nehmen damit jedoch keinen rechtsfreien Raum für sich in Anspruch. Vielmehr wollen sie auf diese Weise »dem Recht zum Recht verhelfen« und zugleich ihrer Beistandspflicht für Bedrängte nachkommen.

Die hohe Erfolgsquote beim Kirchenasyl ist zudem auch – wie die Kirchen in ihrem Gemeinsamen Wort zu den Herausforderungen durch Migration und Flucht feststellen – »eine Anfrage an die Politik, ob die im Asyl- und Ausländerrecht getroffenen Regelungen in jedem Falle die Menschen, die zu uns gekommen sind, beschützen und vor Verfolgung, Folter oder Tod bewahren. Kirchengemeinden, die sich für die Verwirklichung dieser Menschen- und

---

10 Wolf-Dieter Just/Beate Sträter: »Unter dem Schatten Deiner Flügel ...«. Eine empirische Untersuchung über Erfolg und Misserfolg von Kirchenasyl, Bonn 2001; Wolf-Dieter Just/Beate Sträter (Hg.): Kirchenasyl. Ein Handbuch, Karlsruhe 2003, 164–177.

Grundrechte einsetzen, stellen daher nicht den Rechtsstaat in Frage, sondern leisten einen Beitrag zum Erhalt des Rechtsfriedens und der Grundwerte unserer Gesellschaft. Sie verdienen für ihr Eintreten für ethische Prinzipien, die zu den Grundlagen unseres Glaubens gehören, grundsätzlich Unterstützung und Anerkennung«.[11]

6.8 Bildungs- und Öffentlichkeitsarbeit. Sie ist wichtig, um in Kirche und Öffentlichkeit das Problembewusstsein über die Herkunft der Flüchtlinge, die Fluchtursachen, die deutschen Asylgesetze, die Asylpolitik und den Umgang mit Flüchtlingen zu verstärken. Es geht um Versachlichung und Differenzierung in der oft emotional geführten Debatte, um das Werben für Verständnis, Toleranz und Nächstenliebe. Dies geschieht durch geeignete Veröffentlichungen, Veranstaltungen – z.B. am Tag des Flüchtlings –, Gemeindeseminare, Begegnungen mit Flüchtlingen, Akademietagungen u.ä.

6.9 Weitere Arbeitsfelder. Hierzu gehört u.a. die Beratung von Flüchtlingen über Möglichkeiten der Weiterwanderung in ein aufnahmebereites Land; die Rückkehrberatung, wenn sich die Lage im Herkunftsland soweit verbessert hat, dass existentielle Gefährdungen nicht mehr gegeben sind; die Unterstützung von Selbstorganisationen der Flüchtlinge u.ä.

7. Wer ist in der Flüchtlingshilfe engagiert?

So wie sich die Arbeit mit Flüchtlingen stark ausdifferenziert hat, so komplex ist auch das Netz der Organisationen und Initiativen der Flüchtlingshilfe. Dabei sind neben den professionellen Helfern sehr viele Ehrenamtliche engagiert. Sie arbeiten in Flüchtlingsräten, amnesty-Gruppen, gemeindlichen Asylarbeitskreisen oder projektbezogenen Initiativgruppen. Sie engagieren sich durch Besuchsdienste in Übergangsheimen und Abschiebehaftanstalten, durch Beratungstätigkeiten, Sprachkurse, Kinder- und Hausaufgabenbetreuung, Teestuben, Begleitung zu Ämtern, Ärzten und Schulen bis hin zur Organisation und Begleitung eines Kirchenasyls.

Im professionellen Bereich sind insbesondere die Wohlfahrtsverbände tätig: mit Verfahrensberatung (z.B. in Erstaufnahmeeinrichtungen), gemeinwesenorientierter Arbeit, Psychosozialen Zentren, Flughafensozialdienst, Weiterwanderungs- und Rückkehrberatung,

---

[11] Kirchenamt der EKD/Sekretariat der Deutschen Bischofskonferenz: ... und der Fremdling, Ziffer 257.

Bildungs- und Öffentlichkeitsarbeit, speziellen Hilfen für Flüchtlingsfrauen und -kindern.
Auf Bundesebene arbeiten u.a. das Amt des Hohen Flüchtlingskommissars der UN (UNHCR) in Berlin, die Deutsche Stiftung für UNO-Flüchtlingshilfe in Bonn, das Kirchenamt der EKD in Hannover, das Kommissariat der Deutschen Bischöfe in Bonn, die Bundesweite Arbeitsgemeinschaft für Flüchtlinge Pro Asyl in Frankfurt a.M., amnesty international in Bonn/Berlin, die Wohlfahrtsverbände, der Informationsverbund Asyl/ZDWF in Bonn, die Gesellschaft für bedrohte Völker in Göttingen, die Ökumenische Bundesarbeitsgesellschaft Asyl in der Kirche in Bonn, der Bundesfachverband Unbegleitete minderjährige Flüchtlinge in Donauwörth, das Komitee für Grundrechte und Demokratie in Köln, medico international in Frankfurt a.M., Pax Christi in Bad Vilbel, terres des hommes Deutschland in Osnabrück u.a.[12]

8. Ausblick

Arbeit und Erfolg der Flüchtlingshilfe hängen entscheidend von den politischen Rahmenbedingungen und dem gesellschaftlichen Klima ab. Die Rahmenbedingungen werden sich ändern, wenn am 1. 1. 2005 das neue Zuwanderungsgesetz in Kraft tritt. Es sieht einige Verbesserungen beim Flüchtlingsschutz vor wie das Asyl auch bei »nichtstaatlicher und geschlechtsspezifischer Verfolgung«, eine Härtefallregelung und die Einschränkung von Kettenduldungen. Dem stehen Verschlechterungen gegenüber: Selbstgeschaffene Nachfluchtgründe gelten nicht mehr als Abschiebehindernis, Asylanerkennungen werden spätestens nach drei Jahren überprüft und gegebenenfalls widerrufen, ausreisepflichtige Ausländer sollen unter haftähnlichen Bedingungen in sog. »Ausreisezentren« untergebracht werden. Eine humanitäre »Altfallregelung« für bereits langjährig in Deutschland geduldete Flüchtlinge ist nicht vorgesehen. In kaum einem Feld der gesellschaftlichen Auseinandersetzung sahen sich Kirchen bisher genötigt, so kritisch aufzutreten wie in dem der Ausländer- und Asylpolitik der verschiedenen Bundesregierungen – und dies seit über dreißig Jahren. Es gibt wenig Anzeichen dafür, dass dieses kritische Engagement überflüssig wird.

12 Siehe Von Loeper Literaturverlag (Hg.): Adressbuch Flüchtlingsberatungsstellen in Deutschland, Karlsruhe 2000.

9. Literatur zur Weiterarbeit

Außer der in den Anmerkungen erwähnten Literatur werden empfohlen:
Heinold, Hubert/Classen, Georg: Das Zuwanderungsgesetz. Hinweise für Flüchtlingssozialarbeit, Karlsruhe 2004.
Just, Wolf-Dieter/Sträter, Beate (Hg.): Kirchenasyl. Ein Handbuch, Karlsruhe 2003.
Kopp, Karl: Asyl, Wissen 3000, Hamburg 2002.
Kühne, Peter: Zur Lage der Flüchtlinge in Deutschland, hg. von der Friedrich-Ebert-Stiftung, Bonn 2001.
von Loeper, Dankwart und Angelika: Handbuch der Asylarbeit, Karlsruhe 2000.
Pro Asyl u.a.: Memorandum für der Schutz des Flüchtlinge, Frankfurt a.M. 2000.
Pro Asyl: diverse Faltblätter und Broschüren zu allen asylrelevanten Themen.

XXXII.
Kinder- und Jugendhilfe

ARND GÖTZELMANN

1. Einführung

Fallbeispiel: Benjamin und Paul[1]
Paul (7 Jahre) und Benjamin (8 Jahre) haben zwei ältere Schwestern: Greta (11) und Katharina (15). Der Vater ist 40 Jahre alt, die Mutter 35. Vor 4 Jahren wandte sich der Kindergarten an das Jugendamt wegen bei Benjamin und Paul beobachteter Entwicklungsverzögerung, Aggressivität und Überaktivität. Die Erzieherinnen fühlten sich überfordert. Gegenüber den Eltern bestand der Verdacht auf Vernachlässigung und Überforderung. Das Jugendamt nahm mit den Beteiligten Kontakt auf. Hilfen zur Erziehung wurden als notwendig erachtet, die Eltern stellten einen entsprechenden Antrag beim Jugendamt, 3 Wochen nach der Meldung des Kindergartens nahm die Sozialpädagogische Familienhilfe ihre Arbeit auf. Über 2 Jahre lang klärte sie die Kindergartensituation, unterstützte bei der Wohnungs- und Arbeitssuche, beim Umzug und führte Elternberatung durch. Ein dreiviertel Jahr später kam es zu einer akuten Familienkrise, die zur psychiatrischen Dekompensation des Vaters und zu Kontrollverlusten der Mutter mit körperlichen Misshandlungen von Paul und Benjamin führte. Benjamins Schulsituation, mittlerweile in der ersten Klasse, wurde schwieriger (Aggressivität, Störverhalten); die Schule beantragte die Überprüfung der Sonderschulbedürftigkeit. Eine vollstationäre Heimunterbringung wurde anberaumt. Benjamin wurde in die Schule für Erziehungshilfe aufgenommen, wohin Paul auch bald kam. Pauls Diagnose lautete »Hyperkinetisches Syndrom« mit mild verlaufender Epilepsie, die auch medikamentös behandelt wurde. Ergänzend zur Sonderschule wurden gruppen- und heilpädagogische Maßnahmen (Antiaggressionstraining u.a.) durchgeführt, begleitet von intensiver Familienberatung und Elternarbeit. Besuche der Eltern am Wochenende im Heim und Beurlaubungen der Kinder nach Hause mit unterstützenden Hausbesuchen der Jugendhilfemitarbeitenden fanden statt. Nach zweieinhalb Jahren wurden die beiden Jungs von der stationären Unterbringung im Heim in eine Tagesgruppe überführt. Bald konnte Benjamin auch wieder zurück in die Regelschule unter kontinuierlicher Reduktion der Tagesbetreuung mit dem Ziel,

---

1 Das Fallbeispiel ist entnommen: Rolf Schüler-Brandenburger: Der Fachbereich Kinder- und Jugendhilfe an der Schwelle zum 21. Jh., in: 100 Jahre Jugendhilfe der Evangelischen Diakonissenanstalt Speyer, Phöbe H. 1/2000, 22–29: 23 f.

den Eltern die volle Erziehungsverantwortung zu geben. Paul bleibt weiterhin in Sonderschule und Tagesgruppe. Die Familienberatung wird noch über ein Jahr lang mit abnehmender Frequenz fortgesetzt.

Das diakonische Arbeitsfeld der Kinder- und Jugendhilfe ist gekennzeichnet durch eine große Vielfalt von Angeboten und Diensten. Es lässt sich systematisch nur dadurch zusammenhalten, dass mit dem Kinder- und Jugendhilfegesetz (KJHG, Achtes Sozialgesetzbuch) von 1990/1991 die sozialrechtlichen Rahmenbedingungen gesetzt sind. Kind ist nach § 7 SGB VIII, wer noch nicht 14 Jahre alt ist; Jugendlicher, wer 14, aber noch nicht 18 Jahre alt ist.

Systematisch lässt sich das Arbeitsfeld den historischen Entwicklungen folgend in drei Bereiche differenzieren:[2]
- die *Kinder- und Jugendfürsorge* als ältester Bereich, der historisch eng an die Armenfürsorge gekoppelt war und sozialpolitisch motiviert ist;
- die *Jugendarbeit*, entstanden aus dem Kontext von Jugendverbänden, Jugendbewegung und öffentlicher Jugendpflege, die eher in das Feld von Erziehung und Bildung gehören;
- die freie und öffentliche *Kleinkinderziehung in Tageseinrichtungen*, die aus dem ersten Bereich entwachsen ist und heute den finanziell und zielgruppenbezogen größten Bereich diakonischer Kinder- und Jugendhilfe ausmacht.

2. Historische Dimension

Die Kinder spielen für Jesus eine besondere Rolle. Als Schlüsselstelle des Neuen Testaments gilt die sog. »*Kindersegnung Jesu*« (Mk 10,13–16). Mit ihr hängt die Geschichte vom *Rangstreit der Jünger* zusammen, in der Jesus den Kindern eine Vorbildfunktion zuweist (Mk 9,33–37). Jesus zeigt, dass Gottes Solidarität den Kindern auf spezielle Weise gilt, und er stellt ein Kind als Gegenbeispiel zu den Machtspielen seiner Jünger hin. Beide Gedanken, der der besonderen Nähe Gottes zu den Kindern und der der Vorbildlichkeit von Kindern, finden sich in der Geschichte der Kindersegnung wieder. Im Matthäus- (Mt 18,2–5; 19,13–15) und im Lukasevangelium (Lk 9,46–48; 18,15–17) werden die beiden Geschichten sehr ähnlich

---

2 Zu der Dreiteilung vgl. Karin Boch/Udo Seelmeyer, Art. »Kinder- und Jugendhilfe«, in: Handbuch der Sozialarbeit/Sozialpädagogik, hg.v. Hans-Uwe Otto/Hans Thiersch, Neuwied ²2001, 985–1000.

überliefert, auch mit dem Fazit der diakonischen Umkehrung der Werte und Hierarchien: die Kleinsten sind die Größten vor Gott. Letztlich bildet schon die *Menschwerdung Gottes* in Jesus Christus, die *als »Kindwerdung«* beginnt, die grundlegende theologische Voraussetzung für die besondere christliche Wertschätzung jedes Kindes. Denn im Jesuskind in der Krippe (Lk 1 f.) ist dem Christentum die Basis für eine allgemeine Wertschätzung der Kinder gelegt. So passt es auch in die Anfänge der Diakoniegeschichte des christlichen Glaubens, dass Jesus nach dem Johannesevangelium (Joh 4,43–54) den *todkranken Sohn* eines königlichen Beamten heilte. Nach Mt 9,18–26 (vgl. Lk 8,40–56) heilte Jesus die *Tochter des* Synagogenvorstehers *Jairus* bzw. auferweckte sie (Mk 5,21–43).

Die hohe Wertschätzung von Kindern im Neuen Testament basiert auf den Vorgaben der *Hebräischen Bibel*. So wird in Ps 8 das Kind ganz in die Nähe Gottes gerückt und Gott in Erwartung einer positiven Antwort gefragt: »Was ist des Menschen Kind, dass Du Dich seiner annimmst?« Nach Ps 90,16 wird Gott angesichts der Vergänglichkeit des Lebens gebeten: »Zeige [...] deine Herrlichkeit ihren Kindern!« Ps 127,3 bringt nochmals den Geschenkcharakter der Kleinen zum Ausdruck: »Kinder sind eine Gabe des Herrn.« Zahlreiche Sozialgebote markieren einen diakonischen Umgang mit *Waisenkindern* (Ex 22, 21; Dtn 10,18; 24,17). Ps 10,14 spricht von Gott als dem Helfer der Waisen, Ps 68,6 von Gott als dem Vater der Waisen. Jak 1,27 bezeichnet es als Gottesdienst, die Witwen und Waisen in ihrer Trübsal zu besuchen.

Von diesem biblischen Fundament aus lassen sich viele karitative Initiativen durch die Geschichte des Christentums hindurch ausmachen, die für kranke, verwaiste, arme, behinderte und andere gesellschaftlich ausgegrenzte Kinder ins Leben gerufen wurden.

Schon in den Anfängen der Kirche waren Waisenkinder eine soziale Gruppe, die eine besondere diakonische Zuwendung der christlichen Gemeinden erfuhr. Im Mittelalter traten Kinder und Jugendliche als Subjekte und Objekte des *Bettel- und Almosenwesens* auf. Nach ihrer Verwahrung in *Zucht- und Arbeitshäusern* bot im ausgehenden 17. und im 18. Jh. die erste private Fürsorgeeinrichtung für Kinder und Jugendliche, das *Waisenhaus* der Stiftungen von August Hermann Francke in Glaucha bei Halle, sozialpädagogische Betreuung, religiöse Bildung und allgemeine Arbeitserziehung.

Die moderne Diakonie des beginnenden Zeitalters der industriellen Revolution und ihrer sozialen Notlagen hat mit Hilfsaktionen und -einrichtungen für Waisenkinder begonnen. Im Jahre 1769 wurde die institutionalisierte *Kleinkindbetreuung* mit den sog. Strickschulen von Sara Banzet (1745–1774) und dem evangelischen Pfarrer Johann Friedrich Oberlin (1740–1826) in seiner Vogesengemeinde begonnen. Er begründete auch andere diakonisch-soziale Initiativen wie etwa zur Ausbildung von Erzieherinnen und Pflege-Diakonissen, zum Aufbau des Schulwesens oder der Schülerselbstverwaltung.

Als *der* diakonische Kinder- und Jugendfreund gilt Johannes Daniel Falk (1768–1826), der sich um verelendete Waisen und verwahrloste Jugendlichen sorgte. Mit seiner Konzeption vom »Vaterhaus« gelang es Falk ab 1813, sie aus den Strafhäusern und Verwahranstalten zu holen und ihnen in einem familiär geführten Haushalt – einem später sog. »Rettungshaus« – Fürsorge, Bildung und christliche Erziehung zukommen zu lassen. Zur »Rettungshausbewegung« werden neben Falk Christian Heinrich Zeller (1779–1860) und Christian Friedrich Spittler (1782–1867) in Basel sowie Adelberdt Graf von der Recke-Volmerstein (1791–1878) im Rheinland gezählt. Schon 1845 bestanden zwanzig Kinderrettungshäuser in der Schweiz, 19 in deutschen Landen und einige mehr im weiteren Europa bis nach Russland. Mit seiner »männlichen Diakonie« vertiefte Johann Hinrich Wichern (1808–1881) die sozialpädagogische Arbeit für Kinder im Rauhen Haus zu Horn bei Hamburg ab 1833. Die sog. »weibliche Diakonie« von Friederike und Theodor Fliedner (1800–1864) mit den Diakonissen sorgte sich in ihrem ersten Mutterhaus in Kaiserswerth ab 1836 um Kinder- und Krankendiakonie.

In der Geschichte der Kinder- und Jugendhilfe haben insbesondere im 19. Jh. die unterschiedlichen Gewichtungen der drei Grunddimensionen Betreuung – Bildung – Erziehung eine wesentliche Bedeutung gespielt. Die religiöse Erziehung und die Betreuung von Kindern im Kontext der industriellen Revolution wurden von den christlichen Gründungspersönlichkeiten als notwendige familienfürsorgerische, d.h. sozialpädagogische Maßnahme besonders an Arbeiterkindern verstanden. Bei Johann Georg Wirth in Augsburg wurden die entsprechenden Institutionen seit 1834 zu katholischen »*Kleinkindbewahranstalten*«, bei Friederike und Theodor Fliedner in Kaiserswerth zu evangelischen »*Kleinkinderschulen*« (seit 1835).[3] Der »*Kindergarten*« Fröbelscher Richtung (seit 1840) hingegen stellte ins Zentrum seines Konzeptes den Erziehungsgedanken einer kindgemäßen Frühpädagogik, die sich an die bürgerlichen Familien richtete.

---

3 Vgl. Günter Erning/Karl Neumann/Jürgen Reyer (Hg.): Geschichte des Kindergartens (2 Bd.). Bd. 1, Freiburg 1987, 30–41.

Die sozialen Nöte nach dem Ersten und Zweiten Weltkrieg führten jeweils im Rahmen einer staatlich geförderten freien Wohlfahrtspflege zum *Ausbau diakonischer Dienste und Einrichtungen für Kinder und Jugendliche.* Sowohl die im Centralausschuß für die Innere Mission der Deutschen Evangelischen Kirche verbundenen als auch die durch das Hilfswerk der Evangelischen Kirche in Deutschland seit 1945 neu gegründeten diakonischen Institutionen hatten als einen wichtigen Schwerpunkt die Kinder- und Jugendhilfe. Durch den Ausbau des Sozialstaates in den 1960er und 1970er Jahren und seinen Umbau seit den 1980er Jahren hat sich ein weit aufgefächertes und hoch spezialisiertes Angebot diakonisch-sozialer Institutionen für Kinder und Jugendliche entwickelt.

3. Gegenwärtige Situation

Kinder- und Jugendhilfe lässt sich heute allgemein bestimmen »als ein ausdifferenziertes Teilsystem innerhalb der Sozialen Arbeit, das die Sozialisationsbedingungen für Kinder, Jugendliche und ihre Familien vor dem Hintergrund der durch andere Instanzen und Milieus (Schule, Familie usw.) geprägten Lebens- und Aufwachsbedingungen öffentlich organisiert und dafür einen gesellschaftlichen Auftrag hat«.[4]

Wurde mit dem *Reichsjugendwohlfahrtsgesetz* von 1922 in der Weimarer Republik und mit dem *Jugendwohlfahrtsgesetz* von 1961 in der Bundesrepublik Deutschland der Ausbau der Kinder- und Jugendhilfe auf sozialrechtliche Füße gestellt, so bildet das 1990/1991 in den neuen und alten Bundesländern in Kraft getretene *Kinder- und Jugendhilfegesetz* den aktuellen Rahmen. Es gibt folgende Arbeitsformen und Angebote vor (s. Schaubild, nächste Seite).[5]

Die diakonischen Angebote für Kinder, Jugendliche und ihre Familien versuchen sich stets an den *gesellschaftlichen Entwicklungen* auszurichten, die durch Ambivalenzen gekennzeichnet sind:
– Der Faktor der *Individualisierung* impliziert einerseits Trends der persönlichen Befreiung und Selbstbestimmung, andererseits Trends der sozialen Entsolidarisierung des familialen, nachbarschaftlichen und kleinräumlichen Zusammenhaltes.

4 Boch/Seelmeyer, Art. »Kinder- und Jugendhilfe«, 985.
5 Vgl. Bundesministerium für Familie, Senioren, Frauen und Jugend (Hg.): Kinder- und Jugendhilfe (Achtes Sozialgesetzbuch), Berlin [10]2000, 22 et passim.

Arbeits-formen	Angebote	KJHG §	Hauptzielgruppe
Familien-unter-stützende Hilfen	Erziehungsberatung	16,17,28	Eltern mit Kindern jeden Alters
	sozialpädagogische Familienhilfe	31	Familien mit jüngeren Kindern
	soziale Gruppenarbeit	29	ältere Kinder und Jugendliche
	Erziehungsbeistände	30	ältere Kinder und Jugendliche
Familien-ergänzende Hilfen	Tageseinrichtungen für Kinder	22	Kinder bis Ende Grundschule
	Tagespflege	23	Kinder bis Ende Grundschule
	gemeinsame Wohn-formen für Väter/ Mütter und Kinder	19	alleinerziehende Eltern mit Kindern unter 6 Jahren
	Tagesgruppen	32	Kinder bis 14 Jahre
Familien-ersetzende Hilfen	Vollzeitpflege	33	insbes. jüngere Kinder
	Heimerziehung/ sonstige Wohnformen	34	Kinder/Jugend-liche/Junge Voll-jährige
	intensive sozial-pädagogische Einzelbetreuung	35	Jugendliche und Heranwachsende

- In der sog. »Postmoderne« kommt es durch eine verwirrende Vielfalt von Lebensdeutungs- und Gestaltungsmöglichkeiten zu *Orientierungskrisen*, die Menschen nötigen, sich aus verschiedenen Traditionen die für sie passenden Elemente zu holen und sie zu sog. *Patchwork-Biographien* zusammenzusetzen.
- Städtebauliche Faktoren, die Folgeerscheinungen des Mobilitäts-druckes, die Zunahme der Gefahren durch Gewalt und der Verlust von Kommunikations- und Solidarnetzwerken im Nahbereich führen zur *Verinselung der Lebenswelten* und zur *Segmentierung der* – auch im ideellen, psychosozialen und kulturellen Sinn verstandenen – *Sozialräume*.
- *Mangelnde Bewegung und Beteiligung* von Kindern gelten als zwei von vielen Bedingungsfaktoren für Gewaltbereitschaft, ungesunde körperliche Konstitution und Vereinsamung.
- Das Phänomen *»Medienkindheit«* zeitigt Chancen medialen Lernens und Teilhabens. Kinder und Jugendliche werden aber auch

immer stärker zu Objekten der Werbung und des Marketings und zu verführbaren Kunden.
- Im Zuge der *demographischen Verschiebung* unserer Gesellschaft steigt die Anzahl der alten Menschen gegenüber den Kindern stetig. Kinder werden zunehmend zu einer quantitativ an Bedeutung verlierenden Gruppe in unserem Land. Ihre Lobby wird dadurch schwächer im Vergleich zu der der älteren Generationen.
- Hinzu kommen *flexibilisierte Arbeitszeiten und -berufsbiographien*, doppelte Berufstätigkeiten von Eltern, gesteigerte Berufstätigkeiten oder -wünsche bei Frauen und Alleinerziehenden, Scheidungsfolgen u. ä. Sie machen ein flexibilisiertes Angebot von Betreuungs-, Erziehungs- und Hilfsinstitutionen nötig. Die feministische Diskussion hat auf Karrierebrüche bei Frauen und *Chancenungleichheiten* zwischen den Geschlechtern durch Mehrfachbelastungen der Mütter mit Kindererziehung und Familien- und Berufsarbeit aufmerksam gemacht.
- Im Blick auf das *komplexe System des deutschen Sozial- und Gesundheitswesens* lassen sich Tendenzen hochgradiger Spezialisierung und Arbeitsteilung sowie Überweisungs- und Delegationsmechanismen identifizieren, die die Angebotspalette sozialer und gesundheitlicher Hilfen für die »Nutzer« zuweilen völlig undurchsichtig werden lässt.

Die Diakonie versucht Kindern, Jugendlichen und ihren Familien auf ihrem Weg durch das undurchsichtige und vielfältige Angebot der Kinder- und Jugendhilfe beratend zur Seite zu stehen, die passenden Angebote zu empfehlen und die eigenen kirchlich-diakonischen Dienstleistungen so anzubieten, dass sie an den individuellen Bedürfnissen des Kindes und seiner Familie orientiert sind.

4. Diakoniewissenschaftliche Anstöße und diakonische Perspektiven

Kirche und Diakonie sind angesichts dieser gesellschaftlichen Entwicklungen herausgefordert, Kinder und Familien in besonderem Maße zu integrieren, zu unterstützen und zu fördern.[6] Das geschieht in verschiedenen Bereichen:

---

6 Vgl. Familie und Kirche: Auf in die Zukunft, Dokumentation des Wettbewerbes, hg.v. EAF Westfalen-Lippe/Rheinland, Münster 2000; Die Perspektive wechseln. Kirchliche Arbeit mit Kindern. Beiträge zu einer Kultur des Aufwachsens, hg.v. Comenius-Institut, Münster 2001.

4.1 Kinder- und familienfreundliche Kirchengemeinden

»Von der Wiege bis zur Bahre« sollen Menschen in ihrer Kirchengemeinde Platz und Lebenssinn, Erziehung und Betreuung, Pflege und Hilfe, Gemeinschaft und Glaube finden. Vom gottesdienstlichen Angebot der Kindertaufen, Krabbel- und Familiengottesdienste u.a. über die sozial- und religionspädagogische Arbeit der kirchlichen Kindertagesstätten, der Jugend- (z.B. »Offene Tür«) und Konfirmandenarbeit sowie Krabbelgruppen, Mütterkreise und Elternseminare bis hin zu (familien-)pflegerischen Angeboten der Diakonie-/Sozialstationen oder Selbsthilfeinitiativen bietet die Kirchengemeinde vor Ort eine meist breite Angebotspalette für Kinder, Jugendliche und Familien.

4.2 Evangelische Kindertageseinrichtungen

Im gemeindlichen Angebot spielt der evangelische Kindergarten ein besondere Rolle, denn er kann zum Familien- und Nachbarschaftszentrum im Gemeinwesen werden,[7] das für geregelte Kinderbetreuung, Erziehung und Bildung[8] sorgt. In ca. 9000 Kindertagesstätten bieten evangelische Träger in Deutschland mit etwa 62000 pädagogischen Fachkräften rund 540000 Kindern Plätze an. Das sind 30 % aller Plätze in deutschen Kindertageseinrichtungen.[9] Alle anderen gut 500 diakonischen Tageseinrichtungen der Jugendhilfe bieten mit ihren rund 10000 Mitarbeitenden weitere gut 30000 Plätze an.[10] Der Bedarf an Ganztags-, Krippen- und Hortplätzen steigt und wird vonseiten der kirchlichen Diakonie versucht zu decken. Im Übergang zur Ganztagsschule machen die evangelischen Kindertagesstätten und Jugendwerke ein umfangreiches Kooperationsangebot zur Schulkindbetreuung.

---

7 Vgl. Friedrich Schmidt/Arnd Götzelmann (Hg.): Der evangelische Kindergarten als Nachbarschaftszentrum in der Gemeinde. Dokumentation zum Modellprojekt des Diakonischen Werkes Pfalz, Heidelberg 1997.
8 Vgl. Arnd Götzelmann: Die evangelische Kindertageseinrichtung als Kommunikations- und Bildungszentrum für Kinder und Familien, in: Kaleidoskop. erfahren – erleben – entwickeln, 75 Jahre Rheinischer Verband Evangelischer Tageseinrichtungen für Kinder e.V., hg.v. Rheinischen Verband Evangelischer Tageseinrichtungen für Kinder e.V., Düsseldorf 2002, 151–194.
9 Die katholischen Träger halten weitere gut 30 % aller Plätze vor.
10 Vgl. Wolfgang Schmitt/Yvonne Kellermann: Der soziale Dienst der Kirche. Statistik des Diakonischen Werkes der EKD – Stand 1. Januar 2000, in: Diakonie Jahrbuch 2001, hg.v. Jürgen Gohde, Stuttgart 2001, 271–345: 279.

4.3 Diakonische Heimerziehung und teilstationäre Hilfen

Die stationären Angebote der Diakonie in der Kinder- und Jugendhilfe sind meist unter dem Begriff »Heimerziehung« bekannt; das Angebot ist heute jedoch weiter differenziert. Zum 1. Januar 2000 gab es 783 diakonische Einrichtungen der stationären Jugendhilfe und Heime für Kleinstkinder bis junge Volljährige mit insgesamt rund 31000 Plätzen und fast 18000 hauptamtlichen Mitarbeitenden in Voll- und Teilzeit.[11] Allerdings hat sich auch hier das Angebot von zentralen Dauerwohnformen mit sozialpädagogischer Regelbetreuung ausdifferenziert in andere Formen etwa betreuten Wohnens in Außenwohngruppen, therapeutischen Wohngemeinschaften, Tagesgruppen oder ambulanten Diensten.

4.4 Diakonische Beratungsarbeit und ambulante Dienste

Die Diakonie trägt ein weit gefächertes Angebot ambulanter Hilfen, die von Erziehungs-, Ehe-, Familien- und Lebensberatungsstellen über Allgemeine Sozialberatung, Schwangerschaftsberatung und Suchtberatung bis hin zur Sozialpädagogischen Familienhilfe und anderen Formen nachgehender und aufsuchender sozialer Arbeit für Kinder und Familien, wie etwa dem Streetwork oder der Gemeinwesenarbeit, reichen. Über 500 diakonische Beratungsstellen und ambulante Dienste der Kinder- und Jugendhilfe (incl. Erziehungsberatung) bieten mit ca. 2500 Mitarbeitenden ein bundesweit vertretenes evangelisches Hilfesystem.[12] Die Telefonseelsorge kann von Kindern ebenso genutzt werden wie von Jugendlichen oder ihren Eltern. Kinderschutzdienste ergänzen das Angebot.

4.5 Diakonische Familienerholung und -bildung

Familienfreundliche Urlaubsmöglichkeiten mit Bildungsangeboten und Kur- und Erholungsmaßnahmen sind wichtig. Dazu betreibt z.B. das evangelische Müttergenesungswerk verschiedene Häuser. Auch in Sachen Familienbildung kann die Diakonie auf ein breites Angebot verweisen. Elternbildung gewinnt stetig an Bedeutung. Die Diakonie arbeitet mit der Evangelischen Arbeitsgemeinschaft für Familienfragen zusammen.

---

11 Vgl. Schmitt/Kellermann: Der soziale Dienst, 281.
12 Vgl. Schmitt/Kellermann: Der soziale Dienst, 283, 290.

4.6 Evangelische Gesundheitsdienste

Im Gesundheitswesen bietet die Diakonie vielfältige Dienste medizinischer, pflegerischer und rehabilitativer Institutionen für Kinder, Jugendliche und Familien an. Sie reichen von den Entbindungs- und Kinderstationen evangelischer Krankenhäuser über die Sozial- bzw. Diakoniestationen bis hin zu Suchtkliniken für Mütter und Kinder.

4.7 Diakonische Hilfen für behinderte Kinder und Jugendliche

Behinderte Kinder und Jugendliche finden in stationären Einrichtungen diakonischer Behindertenhilfe ebenso ihre Möglichkeiten wie in Kindertagesstätten oder Ausbildungs- und Lehrwerkstätten für behinderte Menschen. Dabei legt die Diakonie Wert auf die Integration, Partizipation und Selbstbestimmung behinderter Menschen.

4.8 Perspektiven diakonischer Kinder- und Jugendhilfe/Ausblick

In Zukunft sollten Diakonie und Kirche im Blick auf ihre Arbeit mit Kindern und Jugendlichen folgende Perspektiven realisieren:
1. Diakonie und Kirche müssen den gesellschaftlichen Trend zur sozialen Entsolidarisierung ernstnehmen und mit geeigneten Angeboten ihrerseits flexible Formen kirchlich-diakonischen Handelns schaffen, um zu einer Verbesserung der Lebenssituationen von Kindern und Jugendlichen zu kommen. Dabei gilt es nicht allein den »Einzelfall« zu betrachten, sondern eine *Sozialraumorientierung* einzuführen, die das gesamte Angebot der Kinder- und Jugendhilfe, der Kultur-, Sport- und Religionsanbieter abstimmt und zur »Entsäulung« der Kinder- und Jugendhilfe beiträgt.
2. Die Arbeit mit Kindern und Jugendlichen in Diakonie und Kirche sieht sich im Umfeld der *Familie und Nachbarschaft*. Eltern und Geschwister, Erziehungsberechtigte und im Haushalt mitlebende Personen sind in die Arbeit einzubeziehen, nachbarschaftliche Netzwerke zu fördern. Die Pluralität der Familienformen (z.B. Patchworkfamilien) stellt alle vor große Herausforderungen.
3. Die Arbeit mit Kindern und Jugendlichen in der Gemeinde hat immer der geschlechterspezifischen Förderung von Kindern und der Chancengleichheit von Mädchen und Jungen Rechnung zu tragen. Kinder- und Jugendhilfe benötigt die *Genderperspektive*.
4. Diakonische und spirituelle *Grundmomente des Christentums* haben die Kraft, der Armut, Ausgrenzung, Vermarktung und Sinnent-

leerung von Kindern, Jugendlichen und ihren Familien entgegenzuwirken. Arm und Reich, Einheimisch und Fremd, Alt und Jung sollen in der Arbeit der Diakonie und in der Kirche eine gemeinsame Plattform finden. Relevanter für die Perspektive werden zukünftig Elemente der Bildung werden.
5. Kinder und Jugendliche sind *Herausforderung und Basis der Gemeinde*. Obwohl sie noch pädagogische und religiöse Begleitung brauchen, sind sie idealerweise immer schon als aktive Mitgestaltende des gesellschaftlichen und kirchlichen Lebens zu verstehen. Deshalb sind sie als Partner und Subjekte ernst zu nehmen, an Willensbildungs- und Entscheidungsprozessen zu beteiligen und ihnen Möglichkeiten echter Partizipation einzuräumen.

5. Literatur zur Weiterarbeit

Elfter Kinder- und Jugendbericht der Bundesregierung, Berlin 2002 (www.bmfsfj.de).

Götzelmann, Arnd: Evangelische Sozialpastoral. Zur diakonischen Qualifizierung christlicher Glaubenspraxis, Stuttgart 2003.

Hamburger, Franz: Einführung in die Sozialpädagogik, Stuttgart 2003.

Jordan, Erwin/Sengling, Dieter: Kinder- und Jugendhilfe, Weinheim/München 2000.

Lechner, Martin: Kirchliche Kinder- und Jugendhilfe, München 2001.

Schmidt, Friedrich: Kindergarten als Nachbarschaftszentrum in der Gemeinde, Waltrop 1999.

Schröer, Wolfgang/Struck, Norbert/Wolff, Mechthild (Hg.), Handbuch Kinder- und Jugendhilfe, Weinheim/München 2002.

Unsere Jugend. Die Zeitschrift für Studium und Praxis der Sozialpädagogik, 1949 ff.

XXXIII.
Obdachlosen-/Wohnungslosenhilfe

REINHARD VAN SPANKEREN

1. Alle Jahre wieder: Soziale Not zu Weihnachten

Sichtbare soziale Not ist selten – aber medienwirksam. Alljährlich um die Weihnachtszeit geraten die in den Blick, die auf der Straße leben. »Überlebenshilfe für Obdachlose. Diakonie verzeichnet starken Anstieg bei Notübernachtungen«, titelt eine Pressemeldung des Diakonischen Werkes der EKD fünf Tage vor Heiligabend 2002. Im Text heißt es: »›Gerade im Winter muss obdachlosen Menschen unbürokratisch geholfen werden‹, fordert der Präsident des Diakonischen Werkes, Pfarrer Jürgen Gohde. In den Einrichtungen der Diakonie sei seit einigen Monaten ein starker Anstieg bei Notübernachtungen zu verzeichnen. Dies liege zum einen an zunehmenden sozialen Notlagen bei Langzeitarbeitslosen, zum anderen an der kalten Witterung.« Im Grundsatz ähnlich argumentiert die in Bielefeld-Bethel angesiedelte Bundesarbeitsgemeinschaft Wohnungslosenhilfe, der wichtigste der Verbände, die sich die Lobbyarbeit für Obdachlose auf ihre Fahnen geschrieben haben. »Experten warnen vor Anstieg der Obdachlosigkeit«, meldet epd Anfang Februar 2002. Allerdings kann auch die Bundesarbeitsgemeinschaft mitteilen, dass die Zahl der Wohnungslosen zwischen 1996 und 2000 kontinuierlich von rund 930 000 auf 500 000 abgenommen hat. Im Jahr 2002 gibt es den Schätzungen der BAG Wohnungslosenhilfe zufolge etwa 390 000 Menschen ohne Wohnung. Das heißt: In 5 Jahren hat sich die Zahl der Wohnungslosen halbiert. Ähnliche Erfolge, zumindest am nordrhein-westfälischen Beispiel, meldet die zuständige Sozialministerin: Im Jahr 2002 sei die Obdachlosigkeit in diesem Bundesland erneut um 8 % gesunken, seit 1996 insgesamt um 59 %.[1]

---

1 Nach: Caritas in NRW-aktuell 1/03 Februar 2003; www.caritas-nrw.de.
Für hilfreiche Einwürfe und Anmerkungen zum Manuskript danke ich Jan Orlt, Referent für Wohnungslosenhilfe und Geschäftsführer des Westfälischen Herbergsverbandes im Diakonischen Werk Westfalen.

Kältetote erregen periodisch Mitleid und vermögen kurzfristig zu erschüttern; auch stößt der immer wieder praktizierte Versuch der Deutschen Bahn AG, auffällige Arme aus der Glitzerwelt der postmodernen Konsumtempel mit Gleisanschluss zu vertreiben, auf den gewiss berechtigten Widerstand gerade auch kirchlich-diakonischer Aktivisten, Initiativen und Verbände. Aber Sensibilisierung durch Skandalisierung als vorrangige publizistische Strategie scheint in diesem Feld der Sozialarbeit eigentlich nicht mehr sinnvoll und glaubwürdig, um auf die sozialen Menschenrechte Armer und Ausgegrenzter aufmerksam zu machen. So schwierig es im Einzelnen auch ist, Erfolge oder Misserfolge der sozialen Arbeit zu messen, wählt man den Blick einer historischen Langzeitperspektive, dann zeigt sich, dass die Wohnungslosenhilfe in den letzten Jahren offensichtlich erfolgreich gearbeitet hat. Mit guten Konzepten, einer adäquaten fachlichen Betreuung und einer relativ einvernehmlichen Zusammenarbeit von Kostenträgern und sozialen Dienstleistern ist es gelungen, ein Hilfesystem aufzubauen, dessen Hilfe auch wirklich ankommt. Viele Frauen und Männer, die im Elend lebten, konnten buchstäblich von der Straße geholt und in Wohnungen vermittelt werden. Hierzu hat die gute Konjunktur auf dem Wohnungsmarkt erheblich beigetragen. Die Abschwächung dieser Konjunktur wiederum bedroht die positive Entwicklung der 1990er Jahre. Insbesondere in den Großstädten scheint sich der Trend wieder umzukehren. Eine zunehmende regionale Differenzierung lässt sich beobachten: In Regionen mit schlechten Lebensperspektiven gibt es Wohnungsleerstände, in attraktiven Ballungsräumen sind adäquate Wohnungen wieder schwer zu bekommen, zumal Bund, Länder und Kommunen aus dem sozialen Wohnungsbau weitgehend ausgestiegen sind. Gegenwärtig steht die diakonische Wohnungslosenhilfe somit wieder vor größer werdenden Herausforderungen.

Wie ist die evangelische Wohnungslosenhilfe entstanden? Wie hat sich dieses klassische diakonische Arbeitsgebiet entwickelt und gewandelt? Welche Perspektiven zeichnen sich ab?

Siehe auch: Jürgen Scheffler (Hg.): Bürger und Bettler. Materialien und Dokumente zur Geschichte der Nichtseßhaftenhilfe in der Diakonie. Bd. 1: 1854 bis 1954. Vom Herbergswesen für wandernde Handwerksgesellen zur Nichtseßhaftenhilfe, Bielefeld 1987. – Im Jahr 2005 wird Band 2 von »Bürger und Bettler« erscheinen; hier wird die Geschichte der Wohnungslosenhilfe von 1954 bis 2004 detailliert aufgearbeitet.

2. Historische Entwicklung

Die Wohnungslosenhilfe ist ein zentrales, exponiertes und paradigmatisches diakonisches Handlungsfeld, von der Forschung schon vor etlichen Jahren als (evangelisches) »Monopol mit Tradition«[2] charakterisiert. Fast ein Jahrhundert nach dem Tod von »Vater« Bodelschwingh befinden sich heute gut 40 % aller Einrichtungen in diakonischer Trägerschaft. In seiner schlichten Jesusfrömmigkeit sah Friedrich von Bodelschwingh der Ältere (1831–1919) neben den Kranken, vor allem den Epilepsiekranken, gerade in seinen »Brüdern von der Landstraße«, in der Sprache Bethels auch als »Fallsüchtige der Landstraße« charakterisiert, das Antlitz des Herrn selbst. Bodelschwinghs Einsatz für die Wanderarmen ging so weit, dass er für diese Klientel sogar seine sonst geübte Politikabstinenz aufgab und sich 1903 in den preußischen Landtag wählen ließ, um das Wanderarbeitsstättengesetz durchzubringen, das 1907 schließlich verabschiedet wurde. Gerade dieser Aktivität war zwar kein allzu großer Erfolg beschieden, aber der Bodelschwinghsche Einsatz erregte öffentliche Aufmerksamkeit, sein Konzept wurde stilbildend, seine Publikationen wurden breit rezipiert und seine Haus- und Anstaltsgründungen arbeiteten erfolgreich und entfalteten damit eine nachhaltige Wirkung über Jahrzehnte hinweg.

In der Praxis der Versorgung stand der Aufbau einer Hilfekette aus Herbergen zur Heimat, Wanderarbeitsstätten und Arbeiterkolonien im Zentrum. Nachdem der Bonner Rechtsgelehrte Clemens Theodor Perthes 1854 im Kontext des Bonner Lokalvereins für innere Mission die erste Herberge zur Heimat gegründet hatte, entwickelte sich die Wandererfürsorge als wichtiges Arbeitsfeld der Inneren Mission in den frühen 80er Jahren des 19. Jh. Dabei galt Westfalen bald als »klassisches Land«, und das evangelische Vorgehen erschien den Protagonisten des karitativen Katholizismus so vorbildlich, dass sie es zum Modell für die eigene Arbeit erhoben.

»Der Aufbau der Wandererfürsorge, der mit den Herbergen zur Heimat um die Jahrhundertmitte begann, war eine Reaktion des Protestantismus auf die sozialen Probleme, die mit den Wanderungsbewegungen in der Zeit der Industrialisierung und Urbanisierung verbunden waren. Vor allem die ar-

---

2 Vgl. Günther Albrecht: Wohlfahrtsverbände und Nichtseßhaftenhilfe – Ein ungeliebtes Entsorgungsmonopol im Bereich der sozialen Dienste, in: Dietrich Thränhardt (Hg.): Wohlfahrtsverbände zwischen Selbsthilfe und Sozialstaat, Freiburg 1986, 37–53.

beits- und obdachlosen Wanderer, deren Zahl sich im Gefolge der Wirtschaftskrise der 1870er Jahre stark vermehrt hatte, waren der Gefahr ausgesetzt, von den Behörden und der Justiz zu Bettlern und Vagabunden stigmatisiert zu werden. Mit der Gründung der Herbergen, der Arbeiterkolonien und Verpflegungsstationen entstand ein Hilfesystem, das sich der besonderen Notlagen dieser Wanderer annahm. Die Hilfe beruhte auf dem Gedanken der christlichen Nächstenliebe, aber sie war zugleich von bürgerlichen Ordnungsvorstellungen geprägt. Dem arbeits- und obdachlosen Wanderer wurde die Rolle des Objektes der Fürsorge zugewiesen, dem eine Mitwirkung an der Verwaltung der Einrichtung oder gar eine Beeinflussung der Ziele der Fürsorge nicht eingeräumt wurde.«[3]

Als anschauliche Belege für die wenig würdevolle Behandlung der Wanderarmen in den Einrichtungen der evangelischen Wandererfürsorge können allein schon die Hausordnungen der Herbergen und Wanderarbeitsstätten angesehen werden. Das viel zitierte Konzept »Arbeit statt Almosen« führte in der Konsequenz für die Betroffenen dazu, dass sie einem System von Repression und Kontrolle unterworfen wurden, das sich seine eigene Klientel schuf. Nachdem schon im Ersten Weltkrieg die Strategie, die eher Armen- als Armutsbekämpfung darstellte, gerade auch von kirchlichen Vertretern verfolgt wurde, sahen es die Repräsentanten der protestantischen Wandererfürsorge in der Weimarer Republik als eine ihrer Hauptaufgaben an, halbwegs fortschrittliche Sozialgesetze wie das Gesetz über Arbeitsvermittlung und Arbeitslosenversicherung von 1927 zu bekämpfen. Vom NS-Staat erwartete die evangelische Wandererfürsorge dann, dass er noch energischer gegen ungeordnetes Wandern vorgehe, und die Hausväter in den Einrichtungen zeigten sich dankbar für die »größere Zucht und Ordnung in den Herbergen, Asylen und Wanderarbeitsstätten«.[4] Als »vorauseilenden Opportunismus« kennzeichnet ein Autor am regionalen Beispiel das Verhalten der konfessionellen Wandererfürsorge im »Dritten Reich«.[5] Auch wenn weitere Detailstudien das Gesamtbild ergänzen und modifizieren mögen, ergibt sich bisher, dass die evangelische Liebestätigkeit im Bereich der Wandererfürsorge nicht als barmherzig, geschweige denn als widerständig einzuschätzen ist. Mit dem Fazit von Hartwig

3 Jürgen Scheffler: Die wandernde Bevölkerung, in: Ursula Röper/Carola Jüllig (Hg.): Die Macht der Nächstenliebe. 150 Jahre Innere Mission und Diakonie 1848–1998, Berlin 1998, 174–181: 180f.
4 Zit. n. Ulrich Sondermann-Becker: Arbeitsscheue Volksgenossen – Evangelische Wandererfürsorge im »Dritten Reich« in Westfalen, Bielefeld 1995, 53.
5 Sondermann-Becker: Arbeitsscheue Volksgenossen, 53.

Drude: »Nicht ›Arbeit statt Almosen‹ fanden Wanderarme nun, sondern Tötung durch Arbeit.«[6]

Das Jahr 1945 markierte keine deutliche Zäsur für Leitbild und Hilfepraxis der evangelischen Wandererfürsorge. Noch 1959, im Kontext der sozialpolitischen Diskussionen um die Einführung des Bundessozialhilfegesetzes, erinnerte man an die »Jahrzehnte alten [!] Bemühungen um ein Bewahrungsgesetz« und forderte, »[...] daß dem schwer Gefährdeten die notwendige Hilfe auch gegen seinen Willen vermittelt werden kann.« Das Bundessozialhilfegesetz 1961/1962 befreite die Hilfsbedürftigen dann freilich von solchen »Angeboten« und in einem jahre-, wenn nicht jahrzehntelangen Lernprozess ließ die evangelische Obdachlosenfürsorge ihre patriarchalischen Traditionen und autoritären Betreuungsformen hinter sich. Die eher von außen kommenden Anstöße des Bundessozialhilfegesetzes wurden in diesem Handlungsfeld besonders konsequent intern umgesetzt. Im Kontext des 1968er Reformklimas löste sich die evangelische Nichtsesshaftenfürsorge von medizinisch-psychologischen Deutungen sozialer Not und öffnete sich für psychologische und soziologisch-interaktionistische Erklärungsmodelle des »gefährdeten Menschen«. Im Kontext der Kulturrevolution von 1968 schien manchen jungen Sozialarbeitern bei ihrer »Gemeinwesenarbeit« die »Randgruppe« der Obdachlosen besonders geeignet für mancherlei Experimente mit sozialrevolutionärem Anstrich. Die Expansion der sozialen Arbeit insgesamt und die konsequente Strategie der De-Institutionalisierung waren aber langfristig bedeutsamer für die Umformung der Wohnungslosenhilfe. Die diakonische Hilfe veränderte sich grundlegend durch den Aufbau ambulanter sozialer Dienste ab etwa 1980. Die Zahl der ambulanten Fachberatungsstellen stieg in zwei Jahrzehnten von Null auf etwa 350. Unterfüttert wurde diese neue Praxis durch eine starke Orientierung an Rechtsverwirklichung und Rechtsdurchsetzung als wesentlichen Strategien sozialer Arbeit.

---

6 Hartwig Drude: Christliche Wanderarmenhilfe im Dritten Reich am Beispiel einer Arbeiterkolonie, in: Hans Otte/Thomas Scharf-Wrede (Hg.): Caritas und Diakonie in der NS-Zeit. Beispiele aus Niedersachsen, Hildesheim, 2001, 261–277, hier: 276. Damit ist, das sei prophylaktisch zur Klarstellung gesagt, die Behandlung der »Asozialen« durch die NS-Organe gemeint, nicht die Fürsorgepraxis in evangelischen Einrichtungen. Diese hat sich allerdings der NS-Vernichtungspolitik offensichtlich (noch) weniger entgegengestellt als Segmente anderer diakonischer Handlungsbereiche.

In der Grundsatzposition des Evangelischen Fachverbandes Obdachlosenhilfe vom Dezember 2002 wird diese Transformation unter die Überschrift »Von der Vollversorgung zur Integrationshilfe« gestellt.

Hier heißt es: »Bis in die frühen 80er Jahre bestanden die Angebote der Hilfe fast ausschließlich aus Einrichtungen, die den Hilfesuchenden mangels Alternativen faktisch eine Vollversorgung aufnötigten – unter anderem mit Essen, hauswirtschaftlichen Dienstleistungen, arbeitsähnlicher Beschäftigung und therapieähnlichen Maßnahmen. [...] Im Zuge der Entwicklung eines neuen Hilfeverständnisses wurde von den Diensten und Einrichtungen der Evangelischen Obdachlosenhilfe ein breites und stellenweise auch dichtes Netz von bedarfsgerechten Angeboten entwickelt. Wichtiger als die institutionelle Unterscheidung in ›ambulant‹ oder ›stationär‹ ist dabei der Charakter und die Qualität der angebotenen Hilfe. Das Maß der jeweiligen Unterstützung im Einzelfall wird mit dem individuellen Hilfeplan ermittelt.

Die Beratung in Fragen der Existenzsicherung, zur Durchsetzung der Ansprüche auf Sozialleistungen, Hilfen bei der Wohnungssuche und der Sicherstellung der medizinischen Versorgung, Unterstützung bei Konfliktlösungen im sozialen Umfeld und der Wiederherstellung verloren gegangener verwandtschaftlicher oder nachbarschaftlicher Beziehungen sowie die Form der Hilfe als unserem Land kontinuierliches, verlässliches und offenes Angebot haben dazu beigetragen, dass die Obdachlosigkeit in unserem Land erheblich verringert werden konnte.«[7]

3. Von der Wanderfürsorge zur Wohnungslosenhilfe

Im November 1999 wurde in Bethel die traditionsreichste stationäre Einrichtung, die 1882 gegründete Arbeiterkolonie Wilhelmsdorf, nach 117 Jahren endgültig geschlossen. Symbolträchtig kommt in Gestalt der Gebal GmbH die altehrwürdige evangelische Obdachlosenhilfe im Sozialmarkt der Gegenwart an.

»Jeder Mensch braucht eine Wohnung. Eine Bank ist kein Zuhause«, lautete vor wenigen Jahren ein Slogan im Handlungsfeld Wohnungslosenhilfe. Die evangelische Wohnungslosenhilfe hat erstaunliche Erfolge erringen können, die Folgen des Erfolgs aber vielleicht noch nicht recht verarbeitet. Die Wohnungslosenhilfe hat an vorderster Front die Reform von Kirche und Gesellschaft mitbewirkt, die im Gefolge der 1968er Kulturrevolution mit dem wesentlichen und bis heute nachwirkenden Paradigmenwechsel von der Barmher-

---

7 Evangelische Obdachlosenhilfe e.V., Fachverband des Diakonischen Werkes der Evangelischen Kirche in Deutschland: Grundsatzposition für die Mitgliederversammlung am 10./11. 12. 2002 in Eisenach, 4. Hieraus auch die folgenden Zitate.

zigkeit zum Recht stattfand. Das ist bleibendes Verdienst. Und der tatkräftige Einsatz im Sinne der vorrangigen Option für die Armen lässt die diakonische Wohnungslosenhilfe als wesentlichen Akteur im Sinne politischer Anwaltschaft erscheinen. Außerdem gehört die kirchliche Arbeit mit Wohnungslosen zu den wenigen Arbeitsfeldern, die das theoretisch maßgebende Leitbild »ambulant vor stationär« in die Praxis umgesetzt haben – in einem konsequenten Lernprozess, der Besitzstände und Befindlichkeiten nicht geschont hat.

Eine starke Neigung zu Statistik und Dokumentation kennzeichnete schon die traditionelle Nichtsesshaftenfürsorge. Diese Tradition wurde auch im Zeitalter des Aufbruchs seit den 1960er Jahren beibehalten. Hinzu trat in jenen Jahren eine intensive theologische Arbeit, allgemeiner gesagt, ein starker Hang zu Theoriebildung mit einer Öffnung gegenüber den Humanwissenschaften. Sozialwissenschaftliche Erklärungsansätze lösten medizinisch-psychologische Konzepte ab. Geht es bei »Wohnungslosen«, die nicht mehr »Nichtsesshafte« oder »Obdachlose« heißen sollen, um Menschen »in« sozialen Schwierigkeiten oder um Menschen »mit« sozialen Schwierigkeiten? Solche Fragen bewegten die Praktiker der Hilfe ebenso wie die Gremienvertreter auf Verbandsebene und die wenigen Sozialwissenschaftler, die über Armut in der Wohlstandsgesellschaft forschen. Charakteristisch für die diakonische Wohnungslosenhilfe wurde auch die Entwicklung einer vielfältigen und selbstkritischen Geschichtskultur. Man öffnete die Archive und förderte die Erforschung von außen durch die kritische sozialhistorische Geschichtswissenschaft.

4. Diakonische Wohnungslosenhilfe

Als Dachorganisation im diakonischen Handlungsfeld Wohnungslosenhilfe fungiert die Evangelische Obdachlosenhilfe e.V., die als Fachverband dem Diakonischen Werk der EKD in Stuttgart angeschlossen ist. Dem Fachverband gehören die diakonischen Landesverbände an; indirekt sind damit etwa 400 Einrichtungen vertreten (Stand: Anfang 2003). Bei ihrer Mitgliederversammlung in Eisenach im Dezember 2002 hat die Evangelische Obdachlosenhilfe eine neu formulierte »Grundsatzposition« vorgelegt. Dem Grundsatzpapier wird Jesaja 58,7 als Leitwort vorangestellt: »Brich mit den Hungrigen dein Brot, und die so im Elend sind, führe ins Haus; so du einen nackt siehst, so kleide ihn, und entziehe dich nicht deinem Fleisch und Blut.« Sein »diakonisch-ethisches Profil« bringt der Fachverband mit folgenden Worten auf den Punkt:

»Die Evangelische Obdachlosenhilfe steht in der Tradition der christlichen Armenhilfe. Dabei steht für den Fachverband, ungeachtet vieler Fehlentwicklungen der Vergangenheit, fest: Armenhilfe, die sich auf die christliche Überlieferung beruft, kann Herrschaft von Menschen über Menschen nicht legitimieren. Dies gilt auch für Herrschaft in Gestalt eigenen Helfens.

Christliche Armenhilfe ist vielmehr Hilfe zur Befreiung. Sie tritt, bevor sie hilft und heilt, für die Würde der Entrechteten und Armen ein, das heißt sie achtet diese und verschafft ihr darüber hinaus grundsätzlich und überall Geltung.«

Am Umgang mit Randgruppen bemisst sich der demokratische Reifegrad einer Gesellschaft. Die Art und Weise, wie Bürger mit Bettlern umgehen, ist ein wichtiger Indikator für soziale Kohärenz. Und parallel zum Abbau des Sozialstaats vollzieht sich der Aufbau des Repressionsstaats. Diese Phänomene und Prozesse lassen sich besonders gut an der Fürsorge für die Ärmsten der Armen beobachten. Evangelische Obdachlosenhilfe ist in diesem Sinne immer auch ein bedeutendes gesellschaftliches Frühwarnsystem. Der analytische Blick auf Geschichte und Gegenwart diakonischer Wohnungslosenhilfe bleibt somit wichtig und verspricht nach wie vor Erkenntnisgewinn.

5. Literatur zur Weiterarbeit

Ayaß, Wolfgang: »Asoziale« im Nationalsozialismus, Stuttgart 1995.
Bundesarbeitsgemeinschaft Wohnungslosenhilfe e.V. (Hg.): Für eine bürger- und gemeindenahe Wohnungslosenhilfe. Grundsatzprogramm der BAG Wohnungslosenhilfe e.V., Bielefeld 2001.
Gillich, Stefan: Zur Selbsthilfe Wohnungsloser – Zwischen Ignoranz und Verkennung, in: Theorie und Praxis der Sozialen Arbeit, Nr. 3/2002, 169–175.
Henke, Martin (Hg.): Hilfen vor Ort – 10 Jahre Beratungsstellen für Wohnungslose in Westfalen-Lippe, Materialien zur Wohnungslosenhilfe, H. 23, Bielefeld 1994.
Künstlerhaus Bethanien (Hg.): Wohnsitz: Nirgendwo. Vom Leben und vom Überleben auf der Straße, Berlin 1982.
Paegelow, Claus: Literatur-Datenbank Wohnungsnot und Obdachlosigkeit, Bremen 2002, (CD-ROM).
Spankeren, Reinhard van/Stockhecke, Kerstin: Die Nichtsesshaftenhilfe auf dem Weg zum Sozialstaat (1950–1970), in: 50 Jahre BAG Wohnungslosenhilfe e.V. – Rückblick und Ausblick, Wohnungslos 46 (2004), 91–96.
Westfälischer Herbergsverband e.V. (Hg.): Grundsätze der Arbeit. Gemeinsam gegen Armut, Ausgrenzung und Wohnungslosigkeit, Münster 2001.

XXXIV.
Schwangerschaftskonfliktberatung

HELGA KUHLMANN

1. Einführung

»Eine Schwangerschaft ist« – so die stellvertretende Vorsitzende der CDU/CSU-Bundestagsfraktion Maria Böhmer – »eines der natürlichsten und schönsten Ereignisse in der Welt.«[1]

Das Zitat verschweigt allerdings, dass eine ungewollte Schwangerschaft Schwangere zu allen Zeiten in tiefe Konflikte gestürzt hat, und dass Schwangerschaft nie nur ein natürliches, sondern immer auch ein soziales und ein gesellschaftliches Ereignis ist. Außerdem lässt sich vom Schwangerschaftskonflikt seit ungefähr 30 Jahren nicht mehr nur im Singular sprechen. Damals wie heute haben junge Frauen und ihre Eltern häufig Angst vor einer Schwangerschaft, weil die Schwangere noch in der Schule oder in der Ausbildung ist und ihr Leben sowie den guten Ruf der Familie zerstören würde. Ein *Schwangerschaftskonflikt* bedeutete zunächst, dass eine Schwangere gegen ihren Willen schwanger geworden ist, oft hat das Paar nicht oder nicht ausreichend verhütet. Mit der Erfindung, Akzeptanz und Durchsetzung der Pille und anderer Verhütungsmethoden in den 1970er Jahren wurde diese Art des Schwangerschaftskonfliktes seltener. In den 1990er Jahren entwickelte sich Schwangerschaft generell zu einem Risiko und zu einer Zeit schwerer Konflikte, die die Schwangere und den werdenden Vater häufig überfordern.

2. Gegenwärtige Problemlage

Der Bedarf an Konfliktberatung ist inzwischen erheblich gewachsen. Gleichzeitig steigen in den letzten Jahren die Zahlen minderjähriger Schwangerer, die Periode setzt früher ein, und noch immer sind nicht alle 12-jährigen über Verhütung aufgeklärt.

Spätestens wenn die werdende Mutter das dreißigste Lebensjahr erreicht, häufig aber auch schon früher, wird eine Schwangerschaft zu einer Zeit regelmäßiger medizinischer Kontrollen und Eingriffe. Dadurch nähert sich inzwischen die Schwangerschaftserfahrung einer Krankheitserfahrung an. Auch die Wahrnehmung des Unge-

---

[1] FAZ, 20. August 2002.

borenen hat sich durch die Ultraschallbilder deutlich verändert. Während noch vor wenigen Jahrzehnten die ersten »Kindsregungen« der Schwangeren die Existenz eines anderen Lebens in ihr bestätigten, wird dies inzwischen mehrere Wochen vor den ersten Kindsregungen vorweggenommen. Statt durch die Aussage der Schwangeren wird die Schwangerschaft durch den Teststreifen und später das Ultraschallbild dokumentiert.

Durch die rasche Entwicklung der Pränataldiagnostik und die zunehmende Anwendung genetischer Methoden in der medizinischen Diagnostik Schwangerer werden Schwangere mit Fragen und Entscheidungsmöglichkeiten konfrontiert, die früher als nicht menschlich beeinflussbar, als Schicksal und als natürlich galten. Während in den 1970er Jahren die vorgeburtlichen Kontrollen den Zweck hatten, Behinderungen frühzeitig zu erkennen, gehören seit 1996 drei Ultraschalluntersuchungen zur normalen medizinischen Schwangerschaftsbetreuung. Obwohl nur etwa 2 bis 3 % der Behinderungen eine genetische Ursache haben, werden einer Schwangeren bis zu etwa zweihundert Kontrolluntersuchungen angeboten. Keine ist 100 %ig eindeutig. Jede kann negativ ausfallen. Bei dem Anzeichen eines ersten unregelmäßigen Untersuchungsergebnisses sind in der Regel weitere diagnostische Maßnahmen erforderlich, ehe die Besorgnis um das Wohlergehen des ungeborenen Kindes und die weitere Entwicklung der Schwangerschaft ein Ende finden könnte. In vielen Fällen erweist sich die Angst später als unbegründet. Zur Untersuchung werden nicht-invasive Verfahren angewandt – in der Regel Bluttests ohne direkte Nebenwirkungen – sowie invasive Verfahren. Der Vorteil nicht-invasiver Verfahren liegt in der Unkompliziertheit, ihr Nachteil ist eine hohe Ungenauigkeit. Eine der am häufigsten eingesetzten Methoden ist der Triple-Test, nach dessen positivem Ausgang mit der Fruchtwasser-Untersuchung (Amniozentese) das Risiko weiter getestet werden kann, ein Kind mit Trisomie 21 (umgangssprachlich Mongolismus) bekommen zu können. Das Ergebnis der Amniozentese liegt in der Regel nicht vor der 16. Schwangerschaftswoche vor, häufig später. Invasive Verfahren wie die Amniozentese sind mit einem Risiko von ca. 1,5 % verbunden, den Embryo zu verletzen oder eine Fehlgeburt zu verursachen. Neben diesem Risiko unterliegt die Amniozentese zwei weiteren gravierenden Einschränkungen. Die Schwere der wahrscheinlichen Behinderung kann bei dem derzeitigen Stand pränataldiagnostischer Methoden nicht ermittelt werden. Eine Therapie der diagnostizierten Behinderungen oder Krankheiten ist bisher erst in Ausnahmefällen gelungen. Viele Schwangere erfahren erst im Lauf der Schwangerschaft, welche Risiken diagnostisch geprüft werden und was ein negatives Ergebnis konkret bedeutet. Insbesondere über die möglicherweise gravierenden Folgen des Triple-Tests sind sich Schwangere nicht immer im Klaren. Zwar wird keine Untersuchung ohne ihr Einverständnis durchgeführt, jedoch bleibt ihnen häufig wenig Zeit, die Entscheidung für oder gegen eine diagnostische Maßnahme zu treffen. Der Zeit- und der Entscheidungsdruck erhöht sich, wenn eine Wahrscheinlichkeit für ein bestimmtes Risiko gegeben ist. Soll weiter untersucht werden? Sollen die Gefahren der Untersuchungsmethode in Kauf genommen werden, weil im Anschluss daran eine Ungewissheit, etwa ob das Kind mit einer bestimmten Wahrscheinlichkeit eine bestimmte Behinderung bekommen wird, zur Gewissheit werden könnte?

Seit Ende der 1970er Jahre können Eizellen im Reagenzglas (in vitro) befruchtet und später in die Gebärmutter eingepflanzt werden. In Deutschland wird diese Behandlung ausschließlich ungewollt kinderlosen Ehepaaren angeboten. 1978 wurde das erste »Retortenbaby« geboren, inzwischen werden jährlich in Deutschland ca. 25000 Fertilisationsbehandlungen durchgeführt und ca. 4000 Kinder geboren, die in vitro gezeugt wurden. Mit genetischen Methoden kann das genetische Potential der Embryonen inzwischen sehr detailliert untersucht werden, dafür ist es notwendig, eine Zelle des befruchteten Embryos zu entnehmen und mit genetischen Methoden zu diagnostizieren. Präimplantationsdiagnostik (PID) dient ausschließlich dem selektiven Zweck, genetisch normale Embryonen in die Gebärmutter einzusetzen und die genetisch anomalen zu vernichten.

Die von der Pränataldiagnostik zu unterscheidende Präimplantationsdiagnostik ist bisher in Deutschland durch das Embryonenschutzgesetz verboten, in vielen Ländern aber zugelassen. Angehörige von erblich belasteten Familien und die Bundesärztekammer fordern die Zulassung der PID in genau festgesetzten Fällen, sie wird derzeit heftig diskutiert. Die Zahl der Medizinerinnen und Mediziner wächst, die das hohe Alter einer Schwangeren als eine Indikation für Präimplantationsdiagnostik betrachten.

3. Rechtliche Situation

1995 wurde der Schwangerschaftsabbruch gesetzlich neu geregelt. Wie zuvor bleibt der Schwangerschaftsabbruch rechtswidrig. In dieser Beurteilung kommt die staatliche (Selbst)verpflichtung zum Schutz ungeborenen Lebens zum Ausdruck. Im Unterschied zu früheren Regelungen des §218 allerdings kann in den ersten drei Monaten einer Schwangerschaft nach der Durchführung einer Pflichtberatung die Schwangerschaft straffrei abgebrochen werden. In diesem Punkt orientiert sich die Gesetzgebung an der historischen Erkenntnis, dass Schwangerschaften selbst dann abgebrochen werden, wenn sie verboten sind und streng bestraft werden. Die Beratung hat den definierten Zweck des Lebensschutzes. In ihr ist intendiert, der Schwangeren plausibel zu machen, dass die Schwangerschaft aufrechterhalten werden kann. Ihr sollen akzeptable Möglichkeiten geboten werden, mit dem Kind zu leben oder es zur Adoption frei zu geben. Das Gespräch bleibt aber eine Beratung, über deren Folgen die Schwangere die Entscheidung trifft. Die Schwangerschaft kann und soll nicht gegen, sondern mit dem Willen der Schwangeren fortgesetzt werden.

Seit 1995 ist die embryopathische Indikation nicht mehr zulässig, nach der genetische Unregelmäßigkeiten und die Wahrscheinlichkeit einer genetisch bedingten Krankheit des Ungeborenen einen Schwangerschaftsabbruch erlaubten. Behindertenverbände und die Kirchen hatten zuvor gegen eine solche behindertenfeindliche Indikation protestiert. Vor und nach Ablauf der Dreimonatsfrist können seitdem außer Vergewaltigung nur medizinische Gründe den legalen Abbruch einer Schwangerschaft begründen. Sie liegen vor, wenn die physische oder die psychische Situation der Schwangeren zum Zeitpunkt der Schwangerschaft oder nach der Geburt medizinisch so beurteilt wird, dass eine Fortsetzung der Schwangerschaft der Schwangeren nicht zugemutet werden kann und eine ernsthafte gesundheitliche Gefährdung darstellt.

Die verpflichtenden Beratungen vor einem Schwangerschaftsabbruch wurden seit 1995 auch von der katholischen und der evangelischen Kirche angeboten, in der Caritas und im Diakonischen Werk. Seit dem Einspruch Papst Johannes Paul II. 1998 jedoch hat sich die katholische Kirche weitgehend aus der Beratungsarbeit zurückgezogen, als letzter bestand der Limburger Bischof Kamphaus bis zu seinem Rücktritt 2001 auf dem Angebot katholischer Beratung im Gebiet seiner Diözese. Der Vorwurf des Papstes lautet, die Katholische Kirche lizensierte die Tötung ungeborenen Lebens durch die Ausgabe eines Beratungsscheines. Seitdem hat die Lai/inn/enorganisation Donum Vitae die Beratungsarbeit innerhalb der Katholischen Kirche übernommen, ihre Beratungen werden von vielen katholischen Frauen in Anspruch genommen. Trotz einer auch in der Evangelischen Kirche neu aufgeflammten Diskussion unterstützen der Rat der EKD und die Landeskirchen weiterhin die Arbeit der evangelischen Beratungsstellen. Sie dient nicht nur dem Lebensschutz, sondern bietet zugleich Schwangeren in Not einen Ort der Zuflucht, der Begleitung und der Unterstützung. Seit 1999 haben in einigen Landeskirchen die Beratungsstellen ihr Angebot für Eltern in Konflikten durch Pränataldiagnostik erweitert.

Die rechtliche Situation für Medizinerinnen und Mediziner hat sich in den letzten Jahren dahingehend verschärft, dass sie verpflichtet sind, im Fall einer möglichen Behinderung eine Schwangere eingehend zu informieren und ihr pränataldiagnostische Maßnahmen anzubieten. Nach einem spektakulären Urteil des Bundesgerichtshofs 2002 wurde ein Arzt zur Zahlung von Unterhaltsgeld für ein behindertes Kind verpflichtet, weil er die Eltern nicht ausreichend über das Risiko einer Behinderung ihres Kindes aufgeklärt hatte. Dazu kommt, dass durch verbesserte neonatale Möglichkeiten inzwischen Kinder von einem Gewicht ab ca. 500 Gramm überleben können, die etwa im fünften oder sechsten Monat geboren werden. Da die medizinische Indikation erhebliche und teils langwierige Untersuchungen erfordert, die häufig erst kurz vor der zwanzigsten Woche abgeschlossen sind, kommt es wiederholt vor, dass die Föten, deren Schwangerschaft nach medizinischer Indikation abgebrochen werden soll, überlebensfähig sind und nach der künstlich eingeleiteten Frühgeburt tatsächlich leben. Einige Ärztegruppierungen haben sich aufgrund der unzumutbaren Situation für Schwestern und Ärzte in solchen Fällen entschlossen, die Föten vor der künstlichen Geburt durch Fetozid zu töten, damit diese nicht lebend zur Welt kommen.

4. Diakonische Beratung

In dieser komplexen Situation ist Schwangerschaftskonfliktberatung dringender als früher erforderlich. Vermutlich wird der Beratungsbedarf weiter wachsen, wenn es möglich sein wird, genetische Pränataldiagnostik an fötalen Zellen des mütterlichen Blutes mittels eines für die Schwangere und für den Embryo risikoarmen Verfahrens durchzuführen. Auch der Kreis der zu Beratenden ist gewachsen. Denn nicht mehr allein eine Schwangere oder ein Paar kann in einem schwierigen Schwangerschaftskonflikt hineingeraten, auch das medizinische Personal ist vor schwierigste Entscheidungen gestellt und muss als unzumutbar empfundene Situationen bestehen. Auch das ärztliche, das betreuende und das pflegerische Personal bedürfen der Beratung. Gleichzeitig ist der Beratungsbedarf inhaltlich stark erweitert. Es geht zum einen um eine erträgliche und möglichst gute *individuelle* Lösung eines Konflikts, und in diesem Kontext um psychologische, rechtliche, sozialpädagogische und seelsorgerliche Beratung, zum anderen aber um ethische Beratung. Nach welchen Kriterien soll sich eine Schwangere entscheiden? Welche Kriterien soll eine Ärztin im Gespräch mit der Schwangeren ansprechen und plausibilisieren?

Diakonischer Beratung kommt hier eine besondere Verantwortung und eine besondere Chance zu, denn sie kann einen Schutz- und Freiraum bieten, in dem die Distanz zu den Personen im Nahbereich der Schwangeren, das Gespräch mit einer unbeteiligten »neutralen«, gleichwohl aber erfahrenen Person der Schwangeren noch einmal neue Perspektiven zeigen kann. Außerdem zeichnet sich der Ort aus durch Offenheit für religiöse und theologische Fragen, Fragen von Schuld können ausgesprochen, Vergebung kann erbeten, Fragen nach verantwortlichem menschlichen Eingreifen am Lebensbeginn und am Lebensende können besprochen werden.

Diakonische Beratung ist dienende Beratung. Sie dient Gott, wie er sich in Jesus Christus gezeigt hat, und den Menschen, die sie brauchen. In besonderer Weise unterstützt sie schwache und benachteiligte Personen. Im Fall des Schwangerschaftskonflikts ist sie daran gebunden, die schwangere Frau und das Elternpaar zu stärken sowie dem Lebensschutz des Ungeborenen größtmöglichen Raum zu gewähren. In ihren Optionen orientiert sie sich an der Menschenwürde aller, die mit der Gottesebenbildlichkeit jeder Person, auch einer behinderten und erblich kranken Person allen zugesprochen ist. In allen Stadien der Konflikte bemüht sie sich darum, dass der Menschenwürde entsprochen werden kann, insbesondere im Respekt gegenüber ungeborenem, totem und getötetem menschlichen Leben, in der Zuwendung und Begleitung von Personen, die sich nicht zutrauen, mit einem erblich belasteten Kind zu leben, die schuldig oder mitschuldig geworden sind und einen Neuanfang suchen sowie in der finanziellen, sozialpädagogischen und psychischen Begleitung derer, die ein Leben mit einem behinderten Kind wagen. Sie stellt Raum und therapeutisch geschultes Personal zur Verfügung, um dazu beizutragen, dass die Wahrheit ausgesprochen werden kann, dass gefragt und geklagt, geweint und gebetet werden kann. Sie bemüht sich um Aufklärung über die möglichen Schwangerschaftskonflikte in der Bevölkerung und schützt zugleich das Recht des Nicht-Wissen-Wollens. Sie kritisiert die menschenunwürdige Praxis der Gerichte, Ärztinnen und Ärzte zur Zahlung von Unterhaltsgeld zu verpflichten, die von einem Schwangerschaftsabbruch abraten, und die Krankenkassen, die chronisch Kranke und Behinderte benachteiligen.

Zur groben Orientierung über Beratungsmöglichkeiten werden im Folgenden vier Situationen unterschieden, in denen Schwangerschaftskonfliktberatung erforderlich und gesucht wird: ein »klassischer« Schwangerschaftskonflikt (1); ein Schwangerschaftskonflikt nach pränataler Diagnostik mit positivem Befund (2); die Frage, ob ein unfruchtbares Paar versuchen sollte, eine In-vitro-Fertilisation (IVF) vornehmen zu lassen (3), und schließlich (4) die Frage, ob eine Frau aus einer erblich belasteten Familie oder eine Frau, die das dreißigste Lebensjahr erreicht hat, versuchen sollte, eine In-Vitro-Fertilisation mit Präimplantationsdiagnostik vornehmen zu lassen, die bisher in Deutschland verboten, in mehreren europäischen Ländern aber zugelassen ist. Die skizzenartigen Bemerkungen können der Tragweite der Fragen zwar nicht gerecht werden, aber eine Richtung anzeigen. *In allen vier Fällen* geht es um schwerwiegende ethische Probleme für die betreffenden Personen. Es ist damit zu rechnen, dass die wenigsten betroffenen Personen genügend über die erforderlichen Verfahren, um deren Chancen und um deren ethische Problematik wissen.

4.1 Beratung im Fall ungewollter Schwangerschaft

Trotz der in Deutschland guten Möglichkeiten der Verhütung werden noch immer 97% Schwangerschaften nach erfolgter Beratung in den ersten drei Monaten der Schwangerschaft abgebrochen, jährlich werden in Deutschland ca. 160000 Abbrüche (bei 900000 Geburten) gemeldet. Evangelische Beratungsstellen wurden 1998 von knapp 65000 Frauen besucht. Die wichtigsten Motive der Frauen, die einen Schwangerschaftsabbruch erwägen, sind neben Beziehungsproblemen und psychischer Überforderung soziale Gründe: finanzielle Probleme, Probleme der Ausbildungssituation, der Alleinerziehung, mangelnde Kinderbetreuung und Wohnungsprobleme. In den letzten Jahren sind die Zahlen der Schwangerschaften Minderjähriger gestiegen.

Die christlichen Kirchen und das Recht erkennen in jedem Schwangerschaftsabbruch eine Tötung menschlichen Lebens, die vermieden werden sollte. Einem zukünftigen Menschen wird die Lebensmöglichkeit genommen, seiner potentiellen Mutter und anderen Menschen die Chancen, mit ihm zu leben. Aufgrund der historischen Erfahrung mit der anthropologisch einzigartigen Schwangerschaftsbeziehung, die als Leben der »zwei in einer« zu verstehen ist, und der Einsicht, dass das Leben des ungeborenen Kindes nicht gegen den Willen der Schwangeren geschützt und erhalten werden kann, ist die Evangelische Kirche zu der Überzeugung gekommen, dass der beste Schutz des Lebens der Mutter und des Ungeborenen darin besteht, der Schwangeren beizustehen und sie zu stärken. In den Beratungsstellen geht es zunächst darum, die Schwangere in ihrer Not ernst zu nehmen, ihre Not und ihren schweren Konflikt zu verstehen und sie zu unterstützen. Die Unterstützung darf nicht daran gebunden werden, dass sich die Schwangere für das Leben mit dem Kind entscheidet, sondern die Beratenden müssen der Schwangeren zutrauen, dass sie eine angemessene Gewissensentscheidung zu fällen in der Lage ist.

Für eine Schwangere im Konflikt geht es nicht um ein unproblematisches Leben ohne ein Kind auf der einen Seite und um ein schwieriges Leben mit einem Kind auf der anderen Seite, sondern um die Vereinbarkeit mit anderen Beziehungen und Verantwortlichkeiten, in denen sie lebt. Sie muss die etwas weniger problematische Lösung finden in einer Situation, die nur mit Problemen lebbar ist. Nicht wenige Frauen empfinden zuweilen noch Jahre nach dem Abbruch Schuld gegenüber dem Ungeborenen und bedürfen auch in dieser Not der Zuwendung. Der christliche Umgang mit Schuld ist davon geprägt, dass Schuld vergeben werden kann und dass Gott und Menschen Schuldigen vergeben haben und vergeben können. Diakonische Beratung sollte auch im geistlichen und theologischen Sinn hier ihre Fähigkeiten ausbilden und anwenden.

Das Engagement für die Unterstützung von Schwangeren muss begleitet werden von sozialpolitischem Einsatz für die Situation Alleinerziehender und für das Leben mit Kindern in dieser Gesellschaft. Denn der Konflikt der Schwangeren spiegelt nicht nur eine individuelle Not, vielmehr dokumentiert er die Kinderfeindlichkeit der Gesellschaft. Noch immer bedeuten Kinder eine wirtschaftliche Benachteiligung der Familie, noch immer werden Wohnungen eher an Paare ohne Kinder vergeben. Restaurants und öffentliche Institutionen sind kinderfeindlich eingerichtet. Weder ist in Deutschland eine Ganztagskinderbetreuung ab zwei Jahren flächendeckend möglich noch die Ganztagsschule.

4.2 Beratung in einem Schwangerschaftskonflikt nach »positiver« Pränataldiagnostik

Schwangere, die in diesen Konflikt geraten, wollen einem Kind das Leben schenken. Viele erkennen erst im Prozess der Schwangerschaft, dass sie durch die positiven Ergebnisse der Pränataldiagnostik in so große Not und Zukunftsangst geraten, dass sie eine Erfüllung ihres Kinderwunsches unter diesen Bedingungen nicht mehr für möglich erachten. Sie trauen sich selbst nicht zu, mit einem Kind zu leben, das schwer behindert ist, und sie möchten außerdem dem Kind Leiden ersparen. Dass sie erwägen, die Schwangerschaft abzubrechen, weist nicht darauf hin, dass sie behindertenfeindlich sind, auch dann nicht, wenn sie sich persönlich dagegen entscheiden, dieses Kind zur Welt zu bringen. Ihre Angst resultiert in der Regel primär aus der Behindertenfeindlichkeit der Gesellschaft, die vorwiegend noch immer von den Müttern oder den Familien mit behinderten Kindern kompensiert wird.

Das erste Ziel der Beratungsarbeit müsste in diesem Fall sein, das Wissen über Pränataldiagnostik allgemein zu erweitern und die Frage zu einer Frage für jede und jeden zu machen, ob sich eine Frau bzw. ein Paar zur Fortsetzung einer Schwangerschaft entschließen könnte, wenn das ungeborene Kind mit großer Wahrscheinlichkeit an einer Behinderung leiden würde, unabhängig von dem Wissen, wie schwer diese Behinderung sein kann. Wenn eine Schwangere oder ein Paar bereits mit dem positiven Befund der Pränataldiagnostik konfrontiert ist, geht es zum einen um die Vermittlung möglichst breiter Kenntnisse, zum anderen um die Ermöglichung der gedanklichen Erprobung von Modellen des Lebens mit dem wahrscheinlich behinderten Kind. Zu empfehlen sind freiwillige Gespräche mit Müttern und Eltern von behinderten Kindern. Selbst die beste Beratung ersetzt nicht den weiteren Abbau der Diskriminierung Behinderter und ihrer Angehörigen. Zwar hat sich die Situation Behinderter in den letzten Jahrzehnten darin verbessert, dass sie rechtlich besser geschützt sind und finanziell besser gefördert werden. Die Zustimmung zur Integration sowie zur individuellen Förderung Behinderter sind gewachsen. Dennoch liegen hier weiterhin sozialpolitische Aufgaben der Gesellschaft und der Kirchen.

4.3 Humangenetische Beratung bei Unfruchtbarkeit und bei erblicher Belastung der Familie

Seitdem Kinderlosigkeit als Krankheit gilt und kinderlosen Paaren mit Kinderwunsch IVF angeboten wird, und zwar unabhängig von der Frage, ob die Ursachen für die Kinderlosigkeit physisch begründet sind, nehmen pro Jahr etwa 25 000 Frauen die körperlichen und psychischen Belastungen einer Hormontherapie auf sich. Die Erfolgsquote von IVF liegt trotz der nun schon 25jährigen Anwendungsdauer immer noch nur bei etwa 15 % (diese Zahl bezieht sich auf die geborenen Kinder, ohne die Mehrlingsgeburten abzuziehen), häufig enden die Schwangerschaften mit Mehrlingsgeburten. Eltern ohne Kinder unterschätzen häufig die Belastung, die Zwillinge oder Drillinge bedeuten. In Deutschland ist gesetzlich vorgeschrieben, alle befruchteten Embryonen einzupflanzen. Damit wenigstens ein Embryo überlebt, werden fast immer zwei oder drei Embryonen eingepflanzt. Würde nur ein Embryo eingepflanzt, erwarten Mediziner den Fall der Erfolgsrate auf unter zehn Prozent. Die Zahl der Mehrlingsschwangerschaften in Deutschland ist seit 1980 enorm gestiegen, die Zahl der Drillingsgeburten hat sich verfünffacht.

Mehrlingsschwangerschaften stellen eine hohe körperliche Belastung für die Schwangere dar und machen, wenn mehr als zwei Kinder heranwachsen, nicht selten die Tötung eines oder mehrerer ungeborener Föten im Mutterleib erforderlich, damit die anderen eine höhere Überlebenschance bekommen. Die Schwangere oder das Paar muss hier in Beratung mit den Ärzten die Entscheidung zum Fetozid treffen, eine Entscheidung, die alle Beteiligten eminent belastet, wenn nicht überlastet. Die davon betroffenen Frauen und Paare haben den hohen physischen und psychischen Aufwand in Kauf genommen, den IVF erfordert, nur um eigene Kinder zu bekommen, und müssen infolge des Verfahrens über die Tötung von Föten entscheiden. Darüber hinaus enden Mehrlingsschwangerschaften nicht selten mit einer Totgeburt oder mit einer Frühgeburt, die je früher, in desto höherem Ausmaß eine spätere Behinderung des Kindes nach sich zieht.

Viele ethisch und medizinisch Fachkundige verneinen, dass der Aufwand und die Beeinträchtigungen die Fortsetzung der Anwendung von IVF überhaupt rechtfertigen. Ethisch fragwürdig erscheint außerdem, dass nur verheiratete Paare IVF anwenden dürfen. Einige europäische Länder lassen auch die heterologe Insemination zu, die Samenspende eines nicht mit der Mutter verheirateten Mannes. In mehreren Ländern ist auch die genetische oder nicht genetische Embryonenselektion vor der Einpflanzung zugelassen, die für genau definierte begrenzte Fälle auch deutsche Mediziner fordern.

Aus theologischer Perspektive geht es wesentlich um folgende Gesichtspunkte gegenüber IVF: Ein starker Wunsch von Frauen oder Paaren nach eigenen Kindern ist zwar nachvollziehbar, aber gegen seine Erfüllung durch IVF sprechen der hohe finanzielle sowie der hohe physische und psychische Aufwand in Relation zum fraglichen und geringen Erfolg, die prinzipielle und auch in Zeiten genetischer Medizin bleibende Nichtverfügbarkeit über die Frage, ein eigenes gesundes Kind gebären zu können, das relativ hohe Risiko, über einen Fetozid entscheiden zu müssen, und die Möglichkeit, mit dem Kinderwunsch anders umzugehen. Kinderlosigkeit kann akzeptiert und durch soziales Engagement beispielsweise in der pädagogischen Arbeit ausgeglichen werden, Kinder können adoptiert oder zur Pflege aufgenommen werden. Ein menschenwürdiges Leben schließt nicht das Recht auf Schwangerschaft oder auf eigene Kinder ein. Allerdings müssten die Adoptionsgesetze erweitert und erleichtert werden. Auch theologisch ist nicht einsichtig, dass Kinder eher in einem Heim als mit alleinerziehenden, unverheirateten verschieden-geschlechtlichen oder gleichgeschlechtlichen Paaren aufwachsen dürfen.

4.4 Beratung von Paaren, die Präimplantationsdiagnostik wünschen

Wer Präimplantationsdiagnostik anwendet, verfolgt von Beginn an eine selektive Absicht. Die Selektion menschlichen Lebens widerspricht der Würde menschlichen Lebens und der Liebe Gottes, die sich uneingeschränkt auch auf behinderte, kranke und genetisch anormale Menschen richtet. In der Frage, ob die Zulassung der PID in streng begrenzten Fällen zu unterstützen oder abzulehnen ist, sind sich die protestantischen theologischen Ethikerinnen und Ethiker nicht einig, während die großen Kirchen beider Konfessionen sie deutlich ablehnen. Für die Zulassung von PID spricht, dass gerade Personen aus erblich belasteten Familien dieses Verfahren fordern, damit sie den Kindern und sich selbst als Eltern das Schicksal ersparen, das sie aus ihrer eigenen Geschichte kennen. Als Argument wird überdies angeführt, dass ein späterer Schwangerschaftsabbruch nach einem positiven pränataldiagnostischen Befund vermieden würde.

Zwar ist der Wunsch nach eigenen gesunden Kindern nachzuvollziehen und zwar ist gerade diesen Personen, die ihr bisheriges Leben mit Schwerbehinderten oder schwer Kranken geteilt haben, keine Behinderten- oder Krankenfeindlichkeit vorzuwerfen. Dass die Medizin weiter an der Entwicklung von Therapien gegen erblich bedingte Krankheiten arbeitet, kann theologisch als Ausdruck geschöpflicher Verantwortung und Kreativität beurteilt werden. Dennoch drängt sich aus christlicher Perspektive das ethische Urteil auf, das auch die beiden Kirchen und die meisten theologischen Ethikerinnen und Ethiker unterstützen, aufgrund der theologisch nicht akzeptablen absichtsvollen Selektion als Bedingung für die Schwangerschaft, in der Beratung diesen Paaren den Verzicht auf biologisch eigene Kinder nahe zu legen. Medizinisch ist in diesem Fall die prädiktive (vorhersagende) Diagnostik bei den beiden Eltern möglich, durch die festgestellt werden kann, ob die Eltern Träger der genetischen Anomalie sind, außerdem ist für sie eine Adoption möglich.

In allen vier Konfliktfällen ist das Ziel der Beratung, umfassende Information auch über das Leben mit behinderten Kindern, über finanzielle und sozialpädagogische Hilfen zu geben, die Schwangere und deren Partner individuell zu stärken, und sie über die Chance, das Recht und das »Risiko« des Nichtwissens zu informieren. In den letzten Jahren setzen sich die Kirchen verstärkt dafür ein, Eltern und Schwangere zu unterstützen, die pränataldiagnostische Maßnahmen ablehnen. Keine Medizinerin und kein Mediziner, keine Krankenkasse und kein Arbeitgeber hat das Recht, Schwangere zur Pränataldiagnostik zu drängen.

4.5 (Religions- und gemeinde-) pädagogische Aufgabe

Auf die notwendigen individuellen und ethischen Beratungen sind die Beratungsinstitutionen derzeit kaum vorbereitet. Ein überzeugendes Beratungskonzept ist darauf angewiesen, dass werdende Eltern die Informationen über mögliche Schwangerschaftskonflikte bereits *vor* der Schwangerschaft kennen und nicht erst unter dem Zeit- und Entscheidungsdruck der Schwangerschaft die Konflikte klären. Die Weitergabe dieser Informationen sowie das verantwortliche Nachdenken darüber sollte zum Pflichtkanon in den Schulen gehören, dafür eignen sich besonders die Fächer Sachunterricht, Biologie, Ethik/Praktische Philosophie, Evangelische und Katholische Religionslehre. Daneben sollten die Fragen weit stärker in öffentlichen Medien und Veranstaltungen – auch im gemeindepädagogischen Kontext – thematisiert werden.

5. Literatur zur Weiterarbeit

Duden, Barbara: Der Frauenleib als öffentlicher Ort. Vom Mißbrauch des Begriffs Leben, Hamburg/Zürich 1991.
Evangelische Frauenarbeit in Deutschland (Hg.): Von der Würde und der Verantwortung von Frauen. Arbeitshilfe zur Gen- und Reproduktionstechnik, Frankfurt a.M. 2002.
Falco, Arz de: Töten als Anmaßung – Lebenlassen als Zumutung. Die kontroverse Diskussion um Ziele und Konsequenzen der Pränataldiagnostik, Freiburg i.Ue. 1997.

Haker, Hille: Ethik der genetischen Frühdiagnostik, Paderborn 2002.
Höffe, Otfried: Medizin ohne Ethik? Frankfurt a.M. 2002.
Huber, Wolfgang: Der gemachte Mensch. Christlicher Glaube und Biotechnik, Berlin 2002.
Kirchenamt der EKD (Hg.): Im Geist der Liebe mit dem Leben umgehen, EKD-texte 71, Hannover 2002.
Kohler-Weiß, Christiane: Schutz der Menschwerdung. Schwangerschaft und Schwangerschaftskonflikt als Themen evangelischer Ethik, Gütersloh 2003.
Kuhlmann, Helga: Das Recht von Frauen auf selbstbestimmte Schwangerschaft und das Recht des/der »anderen«, in: Dies.: Leib-Leben theologisch denken. Reflexionen zur Theologischen Anthropologie, Münster 2004, 175–192.
Praetorius, Ina: Das Ungedachte: Zwei in Einer. Ein Essay zur Theologie der Schwangerschaft, in: Dies.: Zum Ende des Patriarchats. Theologische Texte im Übergang, Mainz 2000, 29–35.
Pelkner, Eva: Gott – Gene – Gebärmütter. Anthropologie und Frauenbild in der evangelischen Ethik zur Fortpflanzungsmedizin, Gütersloh 2001.
Stoller, Christiane: Eine unvollkommene Schwangerschaft, Zürich 1996.

XXXV.
Sorge für Kranke

BARBARA STÄDTLER-MACH

1. Einführung

Die Krankenschwester des ambulanten Pflegedienstes eines schon über einhundert Jahre alten Diakonievereins ist mit einem der zwölf Autos dieser Diakoniestation unterwegs. In einem Gebiet ihrer Großstadt betreut sie eine ständig wachsende Anzahl von Patienten, die durchweg in ihrer häuslichen Umgebung versorgt werden. Die Tätigkeit dieser Sorge für Kranke und Alte besteht aus sogenannter Grundpflege, Behandlungspflege, Seelsorge und administrativen Aufgaben. Dass die Patienten von der Diakoniestation versorgt werden, ist nicht selbstverständlich; in dem entsprechenden Einzugsgebiet sind ein weiterer ambulanter Dienst der Wohlfahrtspflege und zwei private ambulante Dienste tätig. Immer wieder wird die Krankenschwester darauf angesprochen, warum es denn nun überhaupt keine Diakonissen mehr gebe, die doch durch viele Jahrzehnte hindurch die Pflege der Kranken in dieser Gemeinde übernommen hatten und noch mancher Familie in Erinnerung sind. Die Antwort, die diese Mitarbeiterin der Diakonie dann in aller Kürze gibt, beinhaltet die Entwicklung des Pflegeberufes einerseits und den Hinweis auf den Rückgang der Diakonissen andererseits.

Die Arbeit der Krankenschwester der Diakonie wird von einem ehrenamtlichen Besuchsdienst unterstützt, zu dessen Aufgaben sowohl die Nachbarschaftshilfe als auch hilfreiche Gespräche zählen. Zweimal im Jahr werden die Patienten und ihre Angehörigen zu einem eigens für sie veranstalteten Fest in den Gemeindesaal der Kirchengemeinde eingeladen. Nach einer zum Kirchenjahr passenden Andacht wird gemeinsam Kaffee getrunken, und dann gibt es immer noch ein Programm, das unterschiedliche Gruppen der Gemeinde gestalten. Mit viel organisatorischem Aufwand werden die Patientinnen der Diakoniestation und ihre Angehörigen dorthin gebracht und wieder abgeholt. Ohne unbezahlte Überstunden der Pflegenden und die Unterstützung der Ehrenamtlichen wäre diese Besonderheit nicht durchzuführen. Doch die Mitarbeitenden des ambulanten Pflegedienstes wollen daran festhalten: Wenigstens exemplarisch[1] soll die Besonderheit der Diakonie im Hinblick auf die Sorge für die Kranken zum Ausdruck gebracht werden: Ein Menschenbild, das den Menschen als bio-psychosoziale Einheit im Blick hat, der Bezug zum christlichen Glauben bei den Patienten und den Mitarbeitenden und die Einbindung der Kranken in die Aufmerksamkeit der Kirchengemeinde.

2. Historische Dimension

Die Sorge für Kranke zählt zu den ältesten und genuinen Arbeitsfeldern der Diakonie. Sie entspringt der christlichen Haltung gegenüber Kranken und Notleidenden überhaupt und blickt auf eine Geschichte und verschiedene Traditionen zurück, die so alt sind wie das Christentum selbst.[2]

Schon biblische Texte veranschaulichen, dass die Krankenfürsorge sowohl eine theologische Dimension hat (Mt 25,31–46) als auch einen wesentlichen Bestandteil des sozialen Lebens der ersten Gemeinde (Apg 5,15 f.; 19,12) darstellt. Wo kranke Gemeindeglieder zu Bett lagen, wurden sie besucht und den Kenntnissen der Zeit entsprechend gepflegt. Der Auftrag zur Heilung der Kranken, der anfänglich im Vordergrund stand, trat mehr und mehr zurück. Eine spätere Erweiterung dieses Auftrags ist die Krankensalbung (Jak 5,14 f.). Waren zu Beginn der Gemeindebildung die persönliche Zuwendung und Versorgung im Vordergrund, so entwickelte sich schnell eine Art Pflegedienst für die Kranken der Gemeinde, der über die persönliche Beziehung hinausging. Witwen (1 Tim 5,1 ff.) und später die sog. Diakonissen (vgl. Phoebe, Röm 16,1) wurden mit der Pflege der Kranken in den Häusern beauftragt.

Im Zuge der Entwicklung von Klöstern und Orden wurde die Krankenpflege ein Arbeitsfeld der Mönche und Nonnen. In besonderer Weise und mit nachhaltiger historischer Prägung wurde dabei die Regel der Benediktiner ausschlaggebend:

---

[1] Zum gesamten Spektrum der diakonischen Gestaltung speziell der ambulanten Pflege vgl.: Diakonie im Einzugsgebiet der Diakonie-Sozial-Station, in: Paul-Hermann Zellfelder-Held: Solidarische Gemeinde. Ein Praxisbuch für die diakonische Gemeindeentwicklung, Neuendettelsau 2002, 111–140.
[2] Vgl. zum Ganzen: Eduard Seidler: Geschichte der Medizin und der Krankenpflege, Stuttgart/Berlin/Köln 6., neubearb. u. erw. Aufl. 1993.

»Die Sorge für die Kranken ist eine erste und höchste Pflicht. Man diene ihnen wirklich wie Christus [...] Aber auch die Kranken selber sollen bedenken, daß man ihnen zur Ehre Gottes dient. Sie sollen ihre Brüder; die ihnen dienen, nicht durch übertriebene Ansprüche betrüben [...] Es sei also eine der wichtigsten Sorgen des Abtes, daß an den Kranken nichts versäumt wird.«[3]

Die Pflege der Kranken wurde neben der Unterstützung der Armen zu einem wesentlichen Bestandteil klösterlicher Tätigkeit. Dabei blieb die Vorstellung, dass die Kranken die Herren seien, denen die Krankensorge zu dienen hatte, lange Zeit leitend. Die Sorge für die Kranken entwickelte sich aus der Sorge für die »Gäste« (lat. hospites), woher der Name Hospital (Hospiz) für die Unterkunft der kranken »Gäste« stammt. Im Zuge der Cluniazensischen Reformbewegung vollzog sich die christlich motivierte Sorge für Kranke auch außerhalb der Klöster in geistlichen Orden, Hospitalbruderschaften und Ritter- und Spitalorden.

Die aufgrund der reformatorischen Theologie entstandene Ablehnung der Klöster und Orden bedeutete auch einen Rückgang der Krankenpflege in den reformatorischen Kirchen,[4] während es im katholischen Bereich neben dem Fortbestand klösterlicher Hospitäler zu verschiedenen Neugründungen kam, wie beispielsweise der 1625 erfolgten Gründung der Confrérie de la Charité des Vinzenz von Paul, aus der sich bis 1633 der Orden der Barmherzigen Schwestern entwickelte.

Die Neuzeit brachte einen bedeutenden Aufschwung der Medizin als Wissenschaft und damit eine sprunghafte Entwicklung im Bereich der Krankenhaus-Gründungen,[5] im Hinblick auf die christlich motivierte Sorge für Kranke dagegen wenig Neues.

Aufgrund der allgemeinen sozialen Entwicklung des 19. Jh., die durch Industrialisierung und Pauperismus gekennzeichnet war, kam es zu verschiedenen Neuansätzen evangelischer Theologen, die sich in besonderer Weise diakonisch verantwortlich fühlten. Im Hinblick auf die Sorge für Kranke sind vor allem Theodor Fliedner mit seiner ersten evangelischen Krankenhausgründung in Kaiserswerth 1836, Wilhelm Löhe mit der Gründung seiner Diakonissen-Anstalt in Neuendettelsau 1854, verschiedene prägende Gestalten der Gemein-

3 Georg Holzherr: Die Benediktsregel – Eine Anleitung zum christlichen Leben, Zürich ³1989, 207.
4 Ingetraut Ludolphy: Luther und die Diakonie, in: Luther. Zeitschrift der Luthergesellschaft, 38 (1967), 58–68.
5 Dieter Jetter: Grundzüge der Hospitalgeschichte, Darmstadt 1973. Ders.: Grundzüge der Krankenhausgeschichte (1800–1900), Darmstadt 1977.

schafts-Diakonie sowie der Evangelische Diakonieverein in Berlin-Zehlendorf zu nennen.[6] Neben diesen Einrichtungen, die mit ihren Mutterhäusern auch für andere Arbeitsfelder der Diakonie prägend wurden, entstanden im 19. und zu Beginn des 20. Jh. viele Krankenpflegevereine, die an Kirchengemeinden angeschlossen waren. Sie wurden zum Teil auch Träger eines eigenen Krankenhauses, zum größten Teil Träger einer Gemeindediakoniestation, die als Vorläufer der heutigen Diakonie-Sozial-Station angesehen werden kann.

Die krankenpflegerische Arbeit der Diakonie konnte im Rahmen der bestehenden Krankenhäuser und der ambulanten Gemeindediakoniestationen im Laufe des 20. Jh. beibehalten und ausgebaut werden. Zum großen Teil wurde die Pflege – sowohl stationär wie ambulant – von Mitgliedern der bekannten und in der ersten Hälfte des 20. Jh. auch noch anwachsenden Dienstgemeinschaften ausgeübt. Im Bewusstsein von Christen, aber auch von Bürgern war »die Schwester« eine Frau in Tracht, wodurch eine Identifizierung des Berufes der Krankenpflegerin mit den Mitgliedern von diakonischen Dienstgemeinschaften weit verbreitet war. Die Sorge für Kranke war auf diese Weise in hohem Maße mit christlicher Verantwortung gleichgesetzt, was speziell dadurch unterstrichen wurde, dass Schwestern aus Dienstgemeinschaften auch in nicht-kirchlichen Häusern tätig waren. Durch Gestellungsverträge waren Frauen und Männer (Diakone der unterschiedlichen Diakonengemeinschaften) in kommunalen und auch staatlichen Pflegeeinrichtungen tätig und prägten so weithin das Bild der Sorge für Kranke.

3. Gegenwärtige Situation

Die aktuelle Situation der diakonisch motivierten Sorge für Kranke ist in zunehmendem Maße von den komplexen Bedingungen des deutschen Gesundheitswesens gekennzeichnet. Bestimmten bis weit nach 1945 die klassischen Dienstgemeinschaften den pflegerischen Beruf, so kann dies durch den eklatanten Rückgang für die Gegenwart so keineswegs mehr behauptet werden. Bereits in den 1960er und 1970er Jahren des 20. Jh. ist die Sorge für Kranke in vielerlei Hinsicht funktionalisiert worden. Waren in der Vergangenheit Motive der Nächstenliebe oder gar der Christusnachfolge leitend für

---

6 Barbara Städtler-Mach: Paradigmen evangelischer Krankenhausgründungen im 19. Jahrhundert, in: Dies.: Das Evangelische Krankenhaus. Entwicklungen – Erwartungen – Entwürfe, Ammersbek 1993, 70–92.

das Erlernen der Krankenpflege, so treten zunehmend andere Motive in den Vordergrund: Rationalität, zielorientiertes Handeln, fachliche Beherrschung von technischen Abläufen und medizinische Assistenz bestimmen den Pflegeberuf. Unterstützt werden diese Tendenzen durch die problemorientierte Arbeitsweise und ein steigendes Interesse an Pflegetheorien, wie sie in den angloamerikanischen Ländern schon seit den 1960er Jahren verbreitet sind.[7] Sinn von Pflegemodellen und -theorien ist es, die vielfach bei Pflegenden vorhandenen Menschenbilder, Wertesysteme und Pflegevorstellungen zu benennen und zu systematisieren. Die Auseinandersetzung mit den verschiedenen Pflegemodellen führte in Deutschland zum einen zur Rezeption solcher Modelle auch in der diakonischen Sorge für Kranke, zum anderen zu einem neuen Selbstverständnis der Pflegenden. Nicht zuletzt waren es die Pflegetheorien, die den Prozess mit verursacht haben, der heute als Professionalisierung bezeichnet wird.

Der Pflegeberuf hat sich durch diesen Prozess der Professionalisierung, wie nahezu alle Sozialberufe ihn durchlaufen haben, zu einem Dienstleistungsberuf entwickelt. Keinesfalls ist dieser Beruf gegenwärtig auf eine christliche Motivation oder gar einen persönlichen Glauben angewiesen. Mittlerweile ist es für christlich motivierte Pflegekräfte unter Umständen eher schon hinderlich, wenn sie von einer »Berufung« zu diesem Beruf sprechen. Andererseits wird gerade im Kontext der verschiedenen Ausrichtungen und angesichts des gesellschaftlich zu konstatierenden Wertewandels immer deutlicher nach dem diakonischen Profil gefragt.

Zusätzlich zur Professionalisierung kennzeichnet den Pflegeberuf die in Deutschland heftige Entwicklung von Pflegestudiengängen, die im allgemeinen als Akademisierung der Pflege beschrieben wird.[8]

Für die gegenwärtige Situation der diakonisch motivierten Sorge für Kranke ist neben der Professionalisierung in hohem Maße der Prozess der Ökonomisierung von Bedeutung.[9] Mit diesem Begriff wird eine Veränderung der diakonischen Einrichtungen beschrie-

---

7 Exemplarisch ist hier zu nennen: Jane Fawcett: Pflegemodelle im Überblick, Bern 1996.
8 Robert Bosch Stiftung (Hg.): Pflege braucht Eliten. Denkschrift zur Hochschulausbildung für Lehr- und Leitungskräfte in der Pflege, Gerlingen 1992.
9 Klaus-Dirk Henke/Christian Dräger: Gesundheitssysteme am Scheideweg: Zwischen Wettbewerb und Solidarität, Baden-Baden 2001.

ben, die das herkömmliche diakonische Krankenhaus oder die Diakonie- und Sozialstation in eine Situation bringt, die stark von den wirtschaftlichen Verhältnissen geprägt wird:

»Die Realität der Diakonie im neuen Jahrtausend ist eine andere. Diakonie ist ein Großbetrieb, ein Wirtschaftsfaktor und ein Unternehmen [...] Die diakonischen Träger von Krankenhäusern [...] stehen vor Herausforderungen, die ihre komplette Existenz in Frage stellen.«[10]

Diesem enormen Wandlungsprozess liegen unterschiedliche Rechtsbestimmungen, aber auch immense Finanzierungsprobleme angesichts einer immer teurer werdenden Medizin zugrunde. Auf diese Weise existiert ein Spannungsfeld, das gerne mit den Polen Ökonomie einerseits und Diakonie (oder auch »Ethik«, wobei häufig ein sehr diffuses Verständnis von Ethik zugrunde liegt) andererseits charakterisiert wird. Gerade durch die Gegenüberstellung dieser beiden Denkweisen wird schnell deutlich, dass die Sorge für Kranke sich in einem Prozess, in dem einerseits Professionalisierung und Akademisierung eine Profilierung hervorgebracht haben, sich andererseits durch die geltenden Rahmenbedingungen unseres Gesundheitswesens in eine äußerst prekäre Lage gekommen ist. Zusammenfassend lässt sich dieser Prozess so beschreiben:

»Aus der Berufung zur Liebe wurde der Beruf [...], aus der Liebestätigkeit wurde die Dienstleistung, aus der diakonischen Einrichtung ein Unternehmen, aus dem Nächsten der Kunde.«[11]

4. Diakoniewissenschaftliche Anstöße und diakoniewissenschaftliche Perspektiven

Bei aller skizzierten Problematik, die das Arbeitsfeld der Sorge für Kranke gegenwärtig charakterisiert, bleibt zunächst fest zu halten: An der Aufgabe für Christen, sich um kranke Menschen zu kümmern, ja zu sorgen, ändert sich zu keiner Zeit etwas. Die biblisch begründete Hinwendung zum Kranken bleibt ebenso Bestand des christlichen Glaubens wie das in biblischen Texten zu erfassende Menschenbild. Mit Sicherheit ist gleichzeitig darüber nachzudenken, inwiefern sich die jeweiligen Formen und organisatorischen

---

10 Vgl. zum Ganzen: Steffen Fleß/Barbara Städtler-Mach: Konkurs der Nächstenliebe? Diakonie zwischen Auftrag und Wirtschaftlichkeit, Göttingen 2001, 31.
11 Fleß/Städtler-Mach: Konkurs der Nächstenliebe?, 30.

Strukturen, in denen sich diese Sorge für Kranke vollzieht, zeitgegebenen Bedingungen anzupassen haben.

Darüber ist im einzelnen zu reflektieren:

Im Hinblick auf das Menschenbild, das in einer weitgehend vom medizinischen Paradigma bestimmten Sicht der Patienten wie auch der Pflegenden geprägt ist, wird die diakonisch motivierte Sorge für Kranke mit ihrer biblischen Anthropologie ein vielfach notwendiges Korrektiv darstellen. Nicht nur in den Grundaussagen, dass der Mensch durch Geschöpflichkeit, Ganzheitlichkeit und Gemeinschaftsbezogenheit beschrieben wird, lässt sich ein Kontrast zu anthropologischen Aussagen mancher Medizin sehen.[12] Auch die daraus abgeleiteten Pflegevorstellungen beschreiben ein eigenes Modell, das in diakonischen Pflegeeinrichtungen Kontinuität besitzt. In besonderer Weise trifft dies für kranke und alte Menschen zu. Sie entsprechen in noch viel geringerem Maß der in unserer gegenwärtig weit verbreiteten Vorstellung von leistungsstarken und souveränen Menschen als dies jüngere Patienten tun.[13]

Darüber hinaus entwickeln sich aus diesen biblisch-anthropologischen Kernaussagen Hilfen für die organisatorische Struktur der Sorge für Kranke. Insbesondere die Bereitschaft, neue Wege zu beschreiten, ist dem diakonischen Auftrag dienlich. Krankenhäuser, Diakoniestationen, Reha-Kliniken und Beratungszentren stellen die schon bekannten Organisationsformen dar.[14] Darüber hinaus gilt es, mit der Kreativität christlicher Verantwortung auch neue Formen zu konzipieren und zu wagen. Zu denken wäre hier an Netzwerke mit anderen Pflegeeinrichtungen und -beratungsstellen, virtuelle Pflegeeinrichtungen, die es Patienten ermöglichen, möglichst lange in ihrer eigenen Wohnung zu bleiben oder variablere Kurzzeit-Pflegeeinrichtungen. Auch im Bereich des Managements von Krankenpflegeeinrichtungen ist an Innovation zu denken. Sowohl die Unternehmens- als auch die Personalführung wird dem veränderten Selbst- und

---

12 Matthias Stiehler: Gesundheit als Sehnsucht – religiöse Aspekte des Gesundheitsbegriffs, in: Zeitschrift für Gesundheitswissenschaften 9 (2001/2), 24–37.
13 Ulrich Eibach: Gesundheit und Krankheit. Anthropologische, theologische und ethische Aspekte, in: Michael Klessmann (Hg.): Handbuch der Krankenhausseelsorge, Göttingen ²2000, 211–214.
14 Vgl. den Abschnitt »2.8. Kranken helfen« in: Kirchenamt der EKD (Hg.): Herz und Mund und Tat und Leben. Grundlagen, Aufgaben und Zukunftsperspektiven der Diakonie. Grundlagen, Aufgaben und Zukunftsperspektiven der Diakonie. Eine evangelische Denkschrift, Gütersloh ³1998, 32–34.

mittlerweile auch Fremdverständnis von Pflegenden Rechnung zu tragen haben.[15]

In besonderer Weise ist die diakonische Sorge für Kranke im Bereich der ethischen Fragestellungen gefordert. Das gesamte Spektrum der jüngsten Medizinentwicklung bringt eine Fülle von ethischen Fragen mit sich, zu denen sich diakonische Träger zu Wort melden müssen, wollen sie ihr Menschenbild und ihren Auftrag zur Sorge für Kranke nicht unter Wert verkaufen: Präimplantationsdiagnostik, vorgeburtliche Operationen am ungeborenen Kind, Therapieansätze mit Stammzellen, aktive Lebenshilfe bei Schwerstkranken u.v.m. sind Herausforderungen für die christliche Ethik.

Dabei ist keineswegs davon auszugehen, dass kirchliche Träger von Krankenhäusern gleichsam von vorne herein jede medizinische Forschung oder die Umsetzung neuer Therapien ablehnen. Eine derartige Haltung ist nach einem protestantischem Verständnis von Ethik nicht nur nicht haltbare, sondern wird unter Umständen auch den Patienten in ihrer individuellen und sozialen Not nicht gerecht. Doch sollten Träger diakonischer Krankeneinrichtungen mit Redlichkeit um einen biblisch begründeten Standpunkt bemüht sein und ihn auch mit Deutlichkeit vorbringen.[16]

Den vielfachen Herausforderungen im anthropologisch-theologischen und ethischen, im betriebswirtschaftlichen wie im organisationssoziologischen Bereich kann die Diakonie im Hinblick auf ihre Aufgabe der Sorge für Kranke nur nachkommen, wenn sie vorausschauend und planend die Bedingungen des Gesundheitswesens mit zu gestalten sucht. Diakonische Träger und ihre Verbände dürfen nicht erst reagieren, wenn Engpässe entstanden oder Notsituationen zu begrenzen sind. Vielmehr gehören mutiges Eintreten für den eigenen Ansatz und visionäre Zukunftsmodelle zu den Voraussetzungen für die Erfüllung des biblischen Auftrages.

Schwerpunktmäßig können dafür vier Bereiche im Blick sein:

Von grundlegender Bedeutung ist die Ausbildung zur Krankenpflege in den eigenen diakonischen Einrichtungen. Die bereits lange

---

15 Martin Glock: Ansätze erfolgreicher Personalführung, in: Andrea Kerres/ Bernd Seeberger (Hg.): Lehrbuch Pflegemanagement II, Berlin/Heidelberg/New York 2001, 125–147.
16 Vgl. zum Ganzen die gute Zusammenfassung: Die allgemeine Ethik als Grundlage der Wirtschaftsethik und der diakonischen Ethik, in: Michael Gerhard: Diakonisches Handeln, Ökonomisches Denken, Ethisches Erwägen: Eine Untersuchung zu den sozialen, ökonomischen und ethisch-theologischen Grundlagen der Diakonie, Eichstätter Sozialpädagogische Arbeiten 8, Eichstätt 2001, 129 ff.

geplante und mehrfach stückweise verwirklichte Revision der Krankenpflegeausbildung in Deutschland muss von den Trägern der diakonischen Ausbildungsstätten mit eingefordert und umgesetzt werden. Dabei sind zukunftsorientiert die europäischen Verhältnisse mit zu berücksichtigen, auch wenn dabei die eine oder andere deutsche Tradition nicht beibehalten werden kann.

In konsequenter Verfolgung einer für diakonische Träger spezifischen Ausbildung ist eine bewusste Förderung und Profilierung der Mitarbeitenden zu verfolgen. Was in kommunalen Häusern und staatlichen Einrichtungen vielfach üblich ist, soll auch für diakonische Einrichtungen des Gesundheitswesens selbstverständlich sein: Eine gezielte Förderung und lebenslange Qualifizierung der Mitarbeitenden. Dabei ist gerade in der Sorge für Kranke die Berücksichtigung der spirituellen Kompetenz unverzichtbar.

Des weiteren gehört die Auseinandersetzung mit ethischen Fragen und die Schulung ethischen Bewusstseins zu den Grundpfeilern diakonischer Krankenfürsorge. In den Krankenhäusern und Diakoniestationen ist darauf hin zu arbeiten, dass die Reflexion der dringenden ethischen Probleme im interdisziplinären und interprofessionellen Gespräch erfolgt. Zu denken wäre etwa an Fallbesprechungsgruppen oder themenbezogene Seminare.

Schließlich gehört zu einer diakonisch verantworteten Sorge für Kranke auch die Seelsorge mit Kranken, ihren Angehörigen und den Mitarbeitenden. Hier kann die Diakonie an eine lange Tradition anknüpfen, wird aber auch darauf achten müssen, dass sie diese scheinbar selbstverständliche Dimension ihrer Arbeit immer wieder neu ins Bewusstsein nimmt.

5. Literatur zur Weiterarbeit

Fleßa, Steffen/Städtler-Mach, B.: Konkurs der Nächstenliebe? Diakonie zwischen Auftrag und Wirtschaftlichkeit, Göttingen 2001.
Kerres, Andrea/Falk, Juliane/Seeberger, Bernd (Hg.): Lehrbuch Pflegemanagement, Berlin/Heidelberg/New York 1999.
Kerres, Andrea/Seeberger, Bernd (Hg.): Lehrbuch Pflegemanagement II, Berlin/Heidelberg/New York 2001.
Städtler-Mach, Barbara (Hg.): Ethik im Gesundheitswesen, Berlin/Heidelberg/New York 1999.
–: Seelsorge mit Kindern. Erfahrungen im Krankenhaus, Göttingen 1998.

XXXVI.
Suchtkrankenhilfe und Suchtberatung

ULRICH EIBACH

1. Einführung: Fallbeispiel als ethisches Problem

Herr K., 30 Jahre, kommt zur Entgiftung in die Klinik. Er ist seit seinem 23. Lebensjahr von Heroin abhängig, bei gleichzeitigem Gebrauch anderer Suchtmittel (Alkohol, »Medikamente« u.a.), infolgedessen geschieden und seit langem arbeitslos, er hat ein Kind. Nach zwei Entwöhnungstherapien mit sehr kurzfristigen Erfolgen und einer abgebrochenen Therapie und über einem Dutzend ambulanten und stationären Entgiftungen ist er seit gut einem Jahr im Substitutionsprogramm mit Methadon. »Beikonsum« von Suchtmitteln (»alles, was man so bekommt«) war die Regel. Herr K. wurde in einer Suchtberatung motiviert, es nochmals mit einer Entwöhnungstherapie zu versuchen. Er hofft, dann wieder Kontakt zu seiner ehemaligen Frau und vor allem seiner Tochter zu bekommen und auch Arbeit zu finden. Die Ärzte müssen entscheiden, ob sie eine weitere Therapie befürworten, sie für »aussichtsreich« halten und dies gegenüber dem Kostenträger begründen.

2. Historische Betrachtung der Sucht und Suchtbehandlung

»Rauschmittel« sind aus fast allen Kulturen bekannt, doch wurde ihr Gebrauch meist ritualisierten und sozialen Beschränkungen und Kontrollen unterworfen (z.B. bestimmte Feiertage und Feste und bestimmte Personen). Misslingen diese Kontrollen, so kommt es zum Suchtmittelmissbrauch mehr oder weniger großer Teile der Bevölkerung. Das in unserem Kulturkreis am weitesten verbreitete Suchtmittel mit körperlichen, seelischen und nicht zuletzt sozialen Schädigungen ist der *Alkohol*. Der Alkoholmissbrauch (»Schnaps«) erreichte im 19. Jh. mit der Industrialisierung und der Verelendung großer Teile der Arbeiterschaft einen Höhepunkt. Zugleich erzeugte er weiteres seelisches und soziales Elend, nicht zuletzt in den Familien. Im Gegenzug entstand eine stark religiös motivierte Antialkoholbewegung, die sich in Vereinen und Verbänden organisierte, die teils eine Mäßigkeit im Alkoholgenuss und teils eine völlige Enthaltsamkeit (Guttempler-Orden, Blaues Kreuz, Heilsarmee u. a.) propagierten. 1877 wurde in der Schweiz (Deutschland 1885) von Christen das »Blaue Kreuz« gegründet, um dem Missbrauch des Alkohols in der Öffentlichkeit entgegenzuwirken und den »Trinkern« und ihren Angehörigen zu helfen. Wesentliches Ziel war dabei die Abstinenz, der sich die Mitglieder des »Blauen Kreuzes« selbst verpflichteten. Zu diesem Zweck gründete man »Abstinenzvereine« und besondere »Trinkerheilanstalten«. Insbesondere in den religiös geprägten Antialkoholverbänden sah man im Suchtmittel selbst das lebenszerstörende »Böse« am Werk, das den Menschen mit seiner Macht versklavt. Dieser Grundgedanke wurde auch von »Selbsthilfegruppen« wie den 1935 in den USA gegründeten »Anonymen Alkoholikern« (AA) aufgenommen, deren »12 Schritte« (Grundsätze) zur Befreiung aus der Sucht die Struktur eines christlichen *Sündenbekenntnisses* haben. Sie beginnen im ersten Schritt mit dem Eingeständnis: »Wir gaben zu, dass wir dem Alkohol gegenüber machtlos sind [...]«. Im zweiten Schritt wird die Hoffnung auf Befreiung aus der Sucht formuliert: »Wir kamen zu dem Glauben, dass eine Macht, größer als wir selbst, uns unsere geistige Gesundheit wiedergeben kann«, und (drittens) »Gott« die Sorge um »unseren Willen und unser Leben« anzuvertrauen. Die folgenden Grundsätze zeigen den Weg einer »gründlichen und furchtlosen Inventur« des Lebens vor Gott auf in Bezug auf das eigene »Innere« und auf Mitmenschen, an denen man insbesondere aufgrund des Alkoholismus schuldig geworden ist. Die AA wurden zum Vorbild für die Gründung vieler anderer Selbsthilfegruppen, auch von speziellen Gruppen für Angehörige.

Seit 1964 betrachtet die *Weltgesundheitsorganisation* die Abhängigkeit von Substanzen mit zentralnervöser (psychoaktiver) Wirkung als Krankheit, für die sie den Oberbegriff *Drogenabhängigkeit* einführte. 1968 anerkannte das *Bundessozialgericht* die Alkoholabhängigkeit selbst und nicht mehr nur ihre eindeutig krankhaften und von Medizinern schon vorher beschriebenen körperlichen Folgen als Krankheit an. Dem folgte die Anerkennung der Abhängigkeit von anderen Substanzen als Krankheit und damit deren Therapie als einer von den Krankenkassen oder den Rentenversicherungsanstalten zu zahlenden ärztlichen Leistung. Damit bemächtigte sich die Medizin, insbesondere die Psychiatrie und Psychotherapie, der Suchtmittelabhängigkeiten, die teils (Medikamentenabhängigkeit) von ihr selbst mitverursacht sind. Die Folge war, dass »Fachkliniken« oder »Fachabteilungen« für Suchtkranke gegründet und dass die vielfältigen seelischen, sozialen, biologischen und neuerdings auch genetischen Bedingungen und Ursachen der Suchtmittelabhängigkeit immer mehr erforscht werden. Dem entspricht ein grundsätzlicher Wechsel der Perspektive, in der die Suchtmittelabhängigkeiten sowohl hinsichtlich ihrer Ursachen wie auch der Wege zur »Therapie« und – neuestens – auch der damit verfolgten Ziele betrachtet werden.

Die erwähnten »Antialkohol- und Selbsthilfegruppen« sahen – ohne die psychischen und vor allem die sozialen Ursachen der Sucht zu negieren – die Quelle der Sucht primär im Fehlverhalten des süchtigen Menschen, der für sein Geschick selbst Verantwortung trägt und der deshalb auch die Verantwortung für seine Befreiung aus der Sucht übernehmen muss. Eine hinreichende Motivation, den beschwerlichen Weg aus der Sucht in die eigene Verantwortung zu nehmen, sah man meist erst dann gegeben, wenn der Mensch das ausweglose Elend seiner Sucht wirklich erlebt und erkennt (»Kapitulation«). Ziel allen Bemühens muss daher die Befreiung zum Verzicht auf das das Leben beherrschende Suchtmittel sein (»Trockenwerden«). Der Mensch wird also nicht primär als »Opfer«, sondern als verantwortliches »Subjekt« seiner Sucht betrachtet. Die medizinische Betrachtung der Sucht fragt hingegen primär nach den die Sucht bedingenden bzw. für sie disponierenden genetischen, neurophysiologischen, biographisch-seelischen und sozialen objektivierbaren Faktoren, die zum allergrößten Teil einen »verhängnishaften« Charakter haben und die den Menschen zum »Opfer« von Umständen werden lassen, die er nicht selbst zu verantworten hat. Dem entspricht die Einstufung der Sucht als Krankheit und eine »realistischere« Einschätzung der Möglichkeiten, sich selbst allein oder mit Hilfe anderer aus der Sucht zu befreien, und eine entsprechende Änderung der in der Behandlung verfolgten *Ziele*. Bei einem hohen Prozentsatz der Menschen ist die Sucht ein Symptom für ihr zugrundeliegende schwere psychische Erkrankungen (Persönlichkeitsstörungen u.a.). Andererseits können Krankheiten (Psychosen u.a.) aber durch Suchtmittel auch erst induziert werden. Die Erkenntnis, dass eine Enthaltsamkeit von Suchtmitteln sehr oft nicht erreicht werden kann, bestätigt die realistische Sicht von Gruppen wie u.a. der AA, des »Blauen Kreuzes«, die im Suchtmittel eine der Freiheit des Menschen überlegene und ihn bindende zerstörerische »Macht« am Werke sehen, gibt aber deren *Ziel*, eine dauerhafte Befreiung von der Macht der »Drogen«, zugunsten »niederschwelliger« Teilziele wie der »Schadensbegrenzung« letztlich auf. Damit erledigen sich auch weitgehend die Vorwürfe, die vor allem seitens der humanistisch geprägten *Psychoanalyse* an Gruppen wie die AA gerichtet wurden, wonach die AA mit ihren »12 Schritten« eine stetige Selbstentwertung der Abhängigen fördere, an die Stelle der Abhängigkeit vom Suchtmittel eine Abhängigkeit von der AA-Gruppe aufbaue und so eine Nachreifung zur »autonomen Persönlichkeit« verhindere. Dieses »Idealziel« wird der Realität des »Verfallenseins« an das Suchtmittel und seinen zerstörerischen Wirkungen für Abhängige, ihre Mitmenschen und die Gesellschaft noch viel weniger gerecht als das Ziel der Abstinenz.

3. Gegenwärtige Probleme in theologisch-ethischer Sicht

3.1 Sucht aus theologisch-anthropologischer Sicht

Die Sucht hat ihre anthropologische Grundlage in der »unendlichen« Sehnsucht des endlichen Menschen nach Leben und Glück, die immer neu befriedigt werden muss. Der Kirchenvater Augustinus hat auf der Grundlage der Anthropologie des Apostels Paulus (Röm 7) und unter neuplatonischem Einfluss eine transmoralische Beschreibung der *Sünde* als Verkehrung des Strebens nach dem wahren Glück des Lebens vorgelegt. Nach Augustinus ist das Streben der Seele auf den unendlichen Gott hin angelegt. Die Sehnsucht der Seele kommt daher nur in der Gemeinschaft mit Gott zur Erfüllung. Der unerlöste Mensch sucht sein Glücksverlangen jedoch an vergänglichen Gütern zu stillen und verfällt so der Gier, der *Sucht* (Konkupiszenz) nach Vergänglichem, das nie wahres Glück bringt, daher nach immer neuer Befriedigung schreit, um das Gefühl der »Unlust« abzuwehren. In diesem Verfallensein an das »Haben-wollen« von Glück hier und jetzt und die Abwehr von Unlust verfehlt der Mensch seine Daseinsbestimmung und sich selbst. Und er verkennt, dass das Glück letztendlich überhaupt nicht, erst recht nicht mit einem Suchtmittel »herstellbar« ist, sondern nur als Gnade geschenkt wird. Indem der endliche irdische Mensch sich selbst als Endzweck seines Strebens einsetzt, zerstört er in seiner Lebensgier das Leben selbst. Nicht nur die Mittel sind falsch, mit denen die Sehnsucht der Seele gestillt werden soll, sondern auch die Ausrichtung selbst. Und deshalb bestimmen die Mittel mehr und mehr die Ziele, und der Genuss der Mittel wird so zuletzt zum Ziel selbst und macht den Menschen abhängig. Charakteristikum dieser Struktur der Sünde als Lebensgier ist es, dass sie zwar *das Lebensglück verspricht, aber letztlich das Leben zerstört und den Tod gebiert.*

Augustinus hat damit teils Erkenntnisse vorweggenommen, die die neuere »Ich-Psychologie« als »narzisstische Störungen«, als Mangel an Selbstwertgefühl beschreibt und die den psychischen Hintergrund vieler Süchte bilden. Die Sucht ist eine radikale Manifestation der Ich-Bezogenheit und der Beziehungslosigkeit. Ursprünglich mag das Suchtmittel bei vielen nur ein Mittel gewesen sein, um die Konflikte des Lebens, ein gestörtes Selbstwertgefühl, Versagenserlebnisse, Überforderungen und andere als Mangel und Unlust erlebte Gefühle abzuwehren. Mit zunehmender Abhängigkeit wird das Suchtmittel jedoch selbst zum Ziel und Inhalt allen Strebens und macht damit das Verfallensein an sich selbst und an Endliches unverkennbar deutlich. Weil diese selbstzerstörerische Tendenz allem Suchtmittelgebrauch in dem Maße innewohnt, wie der Mensch mit den Suchtmitteln das Glück seines Lebens und die Lösung seiner Probleme selbst herstellen will, haben religiös orientierte Gruppen wie das »Blaue Kreuz«, die AA und andere immer betont, dass der Mensch nur dann eine Befreiung von der Sucht erfahren kann, wenn er sein Leben Gott, einer »höheren Macht« als sich selbst übergeben kann und so eine neue Ausrichtung seines Lebens und einen neuen Sinn für sein Leben findet. Ziel der Befreiung von der Sucht ist daher letztlich diese Übergabe des Lebens an Gott und der darin erschlossene Lebenssinn, der nicht im »Endlichen« und im Hier und Jetzt auf- und untergeht und der auch die Kraft verleihen kann, Entsagungen des Lebens auszuhalten, anstatt sie durch den Griff nach Suchtmitteln schnell »wegzumachen«.

3.2 Ethische und sozialethische Gesichtspunkte in der Suchtbehandlung

Bei vielen Krankheiten, insbesondere beim Suchtmittelgebrauch, bestehen Zusammenhänge zwischen Lebensführung und Krankheit. Der Mensch ist nicht nur *Opfer* von biologischen, lebensgeschichtlichen und sozialen Umständen, die ihn krank werden lassen, sondern immer mehr oder weniger auch *Täter* und als solcher für seine Lebensführung und seine Krankheit auch mit verantwortlich. Die Frage ist nur, welche Folgerungen daraus für die Behandlung von Suchtkranken zu ziehen sind. Zur Beantwortung dieser Frage ist von dem christlichen Verständnis von der *Würde*, der *Gottebenbildlichkeit* allen Menschenlebens auszugehen.

Der Mensch ist *Gottes Ebenbild*, weil Gott ihn zu seinem Partner bestimmt hat, der Gott lieben und anbeten und sein Leben in Verantwortung vor Gott und für seine Mitmenschen und die Schöpfung führen soll und der zur ewigen Gemeinschaft mit Gott im »ewigen Leben« bestimmt ist, in dem sich die Gottebenbildlichkeit erst vollendet. In diesem irdischen Leben ist das Menschenleben immer nur mehr oder weniger Gottes Ebenbild im »Fragment«. Der Mensch wird seiner Berufung zur Gottebenbildlichkeit nie so gerecht, dass er ihr durch sein Tun voll entspricht. Letztlich ist die Gottebenbildlichkeit eine eschatologische, allein in Gottes Handeln an und für den Menschen gründende zukünftige Würde, die allerdings diesem ganzen konkreten irdischen Leben schon jetzt von Gott *zugesprochen* ist. Die Gottebenbildlichkeit ist daher keine empirische Lebensqualität, sondern eine »transzendente«, über allem Menschenleben ausgesprochene Würde. Sie kann daher weder durch Krankheit noch durch moralisches Versagen in Verlust geraten. Sie ist mit dem Leben selbst gegeben, und ihr entsprechend ist alles Menschenleben zu achten und zu behandeln.

Der spezifische Beitrag, den dieses Verständnis von *Menschenwürde* in die Ethik einbringt, kann in der Unterscheidung von *Wert* (im Sinne von *Würde*) und *Nutzen* (Gebrauchswert) erfasst und entfaltet werden. Sie beinhaltet, dass der Mensch seine Würde und damit sein Recht auf eine menschenwürdige Behandlung nicht erst von der Gesellschaft verliehen bekommt, ihm dieses und andere Grundrechte also auch aufgrund von moralischem Versagen, schädigendem Verhalten gegenüber dem eigenen Leben und der Gesellschaft und von Krankheit nicht abgesprochen werden dürfen. Deshalb konkretisiert sich nach bis jetzt noch immer bestätigter Auslegung des Grundgesetzes die nach Artikel 1 unantastbare und unverlierbare Menschenwürde, nach Artikel 2 in erster Linie im Recht auf Leben und *Schutz des Lebens*. Nur so wird das Menschenleben primär als *Selbstzweck* und damit – nach *Immanuel Kant* – in seiner Würde geachtet und entsprechend behandelt.

Für unsere konkreten Fragestellungen bedeuten diese Überlegungen, dass der Grad der *Schuld* des Menschen an seiner Sucht für die Frage, ob und wie er behandelt werden soll, keine ausschlaggebende Bedeutung haben darf, sondern allein der Gesichtspunkt seiner Not und *Hilfsbedürftigkeit,* und zwar um so mehr, je weniger er sich selbst helfen kann. Daher ist es berechtigt, den süchtigen Menschen als *Kranken* anzusehen, wenn man danach fragt, zu welchen Hilfen andere Menschen und die Gemeinschaft für ihn verpflichtet sind. Auch die Abkehr von dem *Behandlungsziel der Abstinenz* als Voraussetzung jeder Suchtbehandlung kann auf dieser Basis ethisch gut begründet werden, wenn nur durch niederschwelligere Therapieziele (z.B. vorübergehende Abstinenz, Reduktion des Suchtmittelkonsums) die gesundheitliche und soziale (z.B. strukturiertes Leben, Erhaltung oder Wiederherstellung der Erwerbsfähigkeit, Minderung der kriminellen Aktivität) Situation der süchtigen Menschen verbessert wird (»palliative Maßnahmen«, Prinzip der Schadensminderung). Dem entspricht eine Differenzierung der Mittel, mit denen diese Ziele erreicht werden sollen, also der Beratungs- und Behandlungsangebote (ambulant, stationär usw.). Sie haben sich an den Bedürfnissen und realen Möglichkeiten der suchtkranken Menschen und dem, womit ihrem Wohlergehen am besten geholfen wird, zu orientieren.

Die Differenzierung der Ziele einer Behandlung führt allerdings insbesondere bei der ärztlich verordneten *Substitution* »harter« illegaler Drogen wie Heroin durch ähnlich wirkende Stoffe (z. B. Methadon) und insbesondere bei der Abgabe von Heroin selbst zu berechtigten Anfragen, ob damit nicht endgültig die Abstinenz als Endziel aller therapeutischer Bemühungen preisgegeben wird, wirklich primär am *Wohlergehen* des individuellen süchtigen Menschen orientierte Ziele verfolgt werden und ob diese auf diese Weise auch erreicht werden oder ob dabei nicht vielmehr in erster Linie Gesichtspunkte des *Nutzens für die Gesellschaft* (Reduzierung der drogenbedingten Kriminalität, der Verbreitung von Infektionskrankheiten und der Folgekosten von Drogenabhängigkeit durch Entwöhnungskuren u. a.) vorherrschend sind. Dies kann ethisch nur gerechtfertigt sein, wenn der Gesichtspunkt des individuellen Wohlergehens bei der Behandlung eindeutig leitend bleibt und diesbezügliche Erfolge für den einzelnen süchtigen Menschen nachweisbar sind. Wäre dies nicht der Fall, so würden nicht nur die mit der Behandlung von drogenabhängigen Menschen befassten Berufsgruppen primär in den Dienst *sozialpolitischer Ziele* gestellt, sondern auch das Wohlergehen des Einzelnen dem Nutzen für die Gesellschaft untergeordnet.

Die Einstufung der *Sucht als Krankheit* ist bedenklich, wenn sie den Willen zur *Verantwortung* für das eigene Leben und die Lebensführung untergräbt. Die Tendenz dazu liegt im Krankheitsbegriff selbst, sofern er den Menschen nur zum Opfer von Gegebenheiten macht, die er nicht selbst zu verantworten hat. Dies kann die meist vorhandene Passivität und Tendenz, sich als Opfer zu betrachten, noch verstärken. Zudem kann es für einen ohnehin in seinem Selbstwertgefühl gestörten Menschen eine weitere Kränkung bedeuten, wenn man ihm die Fähigkeit, seine Lebensführung selbst zu verantworten, abspricht. Dies besagt allerdings nicht, dass der Mensch real die Fähigkeit haben muss, sich aus seiner Sucht zu befreien, wenn er nur will und sich genügend anstrengt. Diese Fähigkeit ist sicher je nach Person, der Tiefe der Sucht, ihren psychischen und sozialen Hintergründen und nicht zuletzt der Art des Suchtmittels verschieden. Auch wenn manches an dem ursprünglichen Ansatz in der Suchtbehandlung von Gruppen wie dem »Blauen Kreuz«, der AA u. a. zu revidieren ist, so bleibt doch die Erkenntnis unverzichtbar, dass die *Motivation* des süchtigen Menschen gegeben sein muss, an seiner Sucht Entscheidendes zu ändern. Umstritten ist aber auch unter denen, die vom Ziel einer immer anzustrebenden Abstinenz abrücken, ob bei den Abhängigen nicht wenigstens auf der Ebene der Motivation der eindeutige Wille zur Abstinenz und ein entsprechendes Bemühen Voraussetzung einer Behandlung sein muss. Dies würde bedeuten, dass auf allen Ebenen der Suchtbehandlung eine dahingehende Motivation zu wecken und zu stärken ist, ohne dass man bei einem Scheitern dieser Bemühungen die süchtigen Menschen aufgibt und von weiteren Entwöhnungstherapien und niederschwelligeren Hilfsmaßnahmen zur »Schadensminimierung« ausschließt. Die Frage bleibt allerdings, ob dies nur durch die ärztlich kontrollierte Vergabe des Suchtmittels selbst und ihre Einstufung als »Therapie« zu erreichen ist.

4. Diakonische Perspektiven

Die Diakonie sollte ihre Angebote in der Suchtkrankenhilfe entsprechend den angedeuteten ethischen Leitlinien strukturieren und begründen und gemäß der angedeuteten Entwicklung in der Suchtkrankenhilfe ein breites Spektrum von Beratungs- und Behandlungsmöglichkeiten im ambulanten wie im stationären Bereich anbieten, das den unterschiedlichen Bedürfnissen und Möglichkeiten der abhängigen Menschen und den verschiedenen Formen der Sucht und Arten von Suchtmitteln gerecht wird. Dazu gehören auch Angebote für Angehörige von Suchtkranken und vor allem zur *Prophylaxe* von Suchtmittelgebrauch, z.B. durch Aufklärung und Beratung von Kindern und Jugendlichen, Eltern und Lehrern. Dabei ist zu bedenken, dass der immer frühere Genuss von Tabak und Alkohol den Weg zur Suchtmittelabhängigkeit sehr häufig bahnt. Dabei sollten die gesellschaftlichen Rahmenbedingungen, die die Suchtmittelabhängigkeit begünstigen (schwierige Familiensituationen, Scheitern an den Leistungsanforderungen in der Gesellschaft, Arbeitslosigkeit, Erfahrung von Sinnlosigkeit u.a.) nicht aus dem Blick geraten.

Den genuinen geschichtlichen Wurzeln der Diakonie entspricht die Fürsorge für die schwächsten Glieder der Gesellschaft, die sich am meisten in Not befinden. Deshalb sollten auch Beratungen und Behandlungen mit niederschwelligen Zielen angeboten werden, die auch die Vergabe von Methadon und gegebenenfalls auch Heroin an Heroinabhängige einschließen kann, wenn dabei eindeutig in erster Linie das Ziel verfolgt wird, dem Wohlergehen des betroffenen Menschen zu dienen, es sich also nicht primär um Maßnahmen mit sozial- und ordnungspolitischer Zielsetzung handelt. Dabei kann das eigentliche Ziel der Beratung und Therapie, ein Leben ohne Drogen zu ermöglichen, auch noch verfolgt werden, auch wenn es bei den meisten Betroffenen nicht erreicht wird. Wenn man an diesem Ziel grundsätzlich festhält, indem man z.B. die Vergabe von Ersatzstoffen oder der Droge selbst zeitlich begrenzt, so kann das Ziel der Abstinenz in eine Spannung, ja einen Widerspruch geraten zu dem Ziel der Verbesserung der »Lebensqualität« von Drogenabhängigen durch Vergabe von Ersatzdrogen oder gar von Heroin selbst. Man darf daraus aber nicht schließen, dass das Festhalten am langfristigen Ziel der Drogenabstinenz zum Auftrag der christlichen Diakonie, sich um die schwächsten, unheilbaren und am Rande der Gesellschaft stehenden Menschen zu sorgen, notwendig in Widerspruch tritt; denn es ist zu bezweifeln, dass durch die Vergabe von Ersatzstoffen und der Droge selbst einer großen Zahl der Menschen, die nicht von Suchtmitteln loskommen, wirklich entscheidend geholfen wird. Man könnte damit auch der Fiktion erliegen, das vielschichtige Drogenproblem sei durch eine als »Therapie« eingestufte weitere »Medikalisierung« zu lösen. Damit wird auch verschleiert, dass das eigentliche Problem in der großen Zahl der »Unheilbaren« liegt, die auch den nicht leichten Weg der kontrollierten Methadon- und Heroinvergabe nicht gehen können. Die Fragen, wie *den in keiner Weise therapierbaren unheilbaren Menschen* trotzdem geholfen werden kann und wer diese Aufgabe übernimmt, stellen die eigentliche Herausforderung an die Diakonie der Kirchen dar, denn das *Proprium christlicher Diakonie* erweist sich gerade daran, dass sie sich der *»Nicht-Therapierbaren«*, der *»Unheilbaren«* annimmt und ihr Lebensgeschick möglichst erleichtert.

Nicht zuletzt ist die Diakonie der Kirchen an ein weiteres genuines christliches Proprium zu erinnern, das die Anfänge der christlichen Suchtkrankenhilfe (Guttempler-Orden, Blaues Kreuz, AA u.a.) bestimmte, dass es nämlich eine »Macht« gibt, »größer als wir selbst« (AA) und stärker als die Sucht, und ein Glaube an diesen Gott, durch den dessen heilende Kraft ins Leben einströmen, dem Leben einen neuen Sinn geben und so ein Leben ohne Suchtmittel ermöglichen kann. Diese Dimension zu vermitteln, stellt ein Proprium und zugleich eine Herausforderung und Aufgabe der Suchtkrankenhilfe der Diakonie dar, sofern sie noch »christliche« Diakonie und nicht nur ein »Wohlfahrtsverband« unter anderen sein möchte.

5. Literatur zur Weiterarbeit

Anonyme Alkoholiker deutscher Sprache: Die zwölf Schritte, o.J.
Bundesministerium für Gesundheit (Hg.): Alkoholkonsum und alkoholbezogene Störungen, Schriftenreihe des BMG 128, Baden-Baden 2000.
Deutsche Hauptstelle für Suchtgefahren (Hg.): Jahrbuch Sucht 2003, Geesthacht 2003 (erscheint jährlich).
Eibach, Ulrich: Seelische Krankheit und christlicher Glaube. Theologische, humanwissenschaftliche und seelsorgerliche Aspekte. Theologie in Seelsorge, Beratung und Diakonie 3, Neukirchen-Vluyn 1992, 162–167, 269–296.
Feuerlein, Wilhelm (Hg.): Theorie der Sucht, Berlin 1986.
Gastpar, Markus/Mann, Karl/Rommelspacher, Hans (Hg.): Lehrbuch der Suchterkrankungen, Stuttgart/New York 1999.
Gesamtverband der Suchthilfe im Diakonischen Werk der EKD (Hg.): Positionen diakonischer Suchtkrankenhilfe, Kassel 1997.
Olbrich, Robert (Hg.): Suchtbehandlung – Neue Therapieansätze zur Alkoholkrankheit und anderen Suchtformen, Regensburg 2001.
Scherbaum, Norbert/Beckmann, Jan P./Klein, Susanne/Rehm, Jürgen: Medizinethische Aspekte der ärztlichen Heroinverschreibung, Der Nervenarzt 72 (2001), 717–722.

XXXVII.
Telefonseelsorge

Jörg Wieners

1. Die Maske der Scham

Das Schamgefühl ist wohl das peinlichste, und vielleicht zugleich das am meisten verleugnete Gefühl.[1] Menschen, die durch Schicksal oder Schuld ins soziale Abseits geraten sind, haben es in einer Zeit der Kultur des Narzissmus und der Schamverleugnung besonders schwer. Scham führt im Umgang mit anderen dazu, die Augen nieder zu schlagen und jedem Kontakt auszuweichen. Die extremste Form des Kontaktabbruches ist der Selbstmord. Der Suizidalität liegt in den meisten Fällen eine Schamproblematik zugrunde.[2] Suizidalität beginnt aber nicht erst mit dem konkreten Gedanken an Selbstmord, sondern vorher schleichend mit dem schamvoll erlebten Gefühl der Unzulänglichkeit oder mit einer schweren Kränkung.

Die mit dem Telefon gegebene Möglichkeit der Kommunikation, ohne sich in die Augen blicken zu müssen für manche ein Ausweg aus der schamvollen Isolation. Das *»Sprechzimmer Telefonseelsorge«* mindert die Scham derer, die sich nicht an Konventionen des Aussehens, der Kleidung, der Körperpflege, der Beherrschung anpassen können. Es erlässt das Spießrutenlaufen durch mitleidige oder diskriminierende Blicke und Bemerkungen. Es erspart quälende Wartezeiten und Abweisung wegen »Unzuständigkeit«. Anrufenden wird ein hohes Maß an Freiheit eingeräumt. Der Kontakt kann in Nähe und Distanz gut reguliert werden. Beschämendes und auch Belastendes kann ausgesprochen werden, ohne dass Sanktionen befürchtet werden müssen. Anrufende gehen meist davon aus, dass sie es bei der Telefonseelsorge (TS) mit Menschen zu tun haben, die keine Profis mit »Definitionsmacht« sind. Daher erwarten Hilfesuchende von ihren Gesprächspartnern im Allgemeinen kein Exper-

---

1 Leon Wurmser: Die Maske der Scham, Berlin/Heidelberg 1990 (USA 1981).
2 Heinz Henseler: Narzißtische Krisen. Zur Psychodynamik des Selbstmordes, Hamburg 1974.

tenwissen, sondern eher ein Gespräch mit einem Mitmenschen. Das hat auch zur Folge, dass das Spektrum der unmittelbaren Gesprächsanlässe sehr breit ist.

2. Kleine Geschichte der Telefonseelsorge

2.1 Die Anfänge

Die TS ist in ihren Anfängen[3] fast so alt wie ihr Medium, das Telefon. So wurde schon im Jahre 1896 in New York eine Telefonnummer für Selbstmordgefährdete eingerichtet. Solche Initiativen blieben jedoch in den Anfängen stecken. Die Telefontechnik war Jahrzehnte lang zu wenig entwickelt, als dass sich das Telefon als Mittel der privaten Kommunikation in breiten Bevölkerungsschichten hätte durchsetzen können. Erst nach dem Zweiten Weltkrieg setzte mit zunehmender Geschwindigkeit die Entwicklung und Verbreitung des Telefons ein. In der Mitte der 1950er Jahre konnten so in Europa die ersten telefonischen Notrufe größere Beachtung finden. Die Initiative des anglikanischen Pfarrers *Chad Varah* in London (*1953*) war die erste in Europa, die in eine Organisation (The Samaritans) mündete.[4] Anstoß gab das Erschrecken über die hohe Suizidrate im London der ersten Nachkriegszeit. Ähnliche Beweggründe führten wenig später in Schweden, dann in anderen europäischen Ländern zur Gründung von Notrufen. Auf Betreiben des Berliner Arztes und Pfarrers *Klaus Thomas* kam es in einer Initiativgruppe zum Beschluss, einen telefonischen Selbstmord-Verhütungs-Dienst nach Londoner Vorbild einzurichten. Die Rufnummer wurde am 5. 10. 1956 für die »Ärztliche Lebensmüdenbetreuung« bekannt gegeben und sofort stark in Anspruch genommen. Dieses Datum gilt gemeinhin als der Beginn der TS in Deutschland.[5] Doch schon einige Wochen vorher hatte der »Central-Ausschuß für die Innere Mission« den Aufbau der TS in Deutschland beschlossen. Auch wurden vorher hier und da »Notrufnummern« bekannt gegeben. Gemeinsam ist den fast gleichzeitigen Anfängen, dass meist einzelne Charismatiker sie bestimmten. Konzept, Arbeitsform, Name, institutionelle Verankerung und damit Lebensdauer der ersten Gründungen in Deutschland waren jedoch sehr verschieden. Bezeichnungen dieser Dienste wie »Vertrauensstelle«, »Notruf für Verzweifelte«, »Telefonkirche« oder »Hilfsgemeinschaft für kranke Menschen« verraten die unterschiedlichen Ansätze.

War die erste Stelle in Berlin ökumenisch inspiriert, aber kirchlich nicht eng gebunden, die zweite (»Telefonseelsorge für Lebensmüde«, 1957) in Kassel zunächst ein »Ein-Mann-Betrieb« des evangelischen Pfarrers *Erich Stange*[6],

3 Ingo Habenicht: Die Anfänge der Telefonseelsorge und ihre Institutionalisierung, in: Jörg Wieners (Hg.): Handbuch der Telefonseelsorge, Göttingen 1995, 9–19 (Zeittafel, 228f.).
4 Chad Varah: Samariter, Stuttgart 1966.
5 Klaus Thomas: Erster Bericht über die Lebensmüdenbetreuung Berlin, WzM 8 (1956), 354–360.
6 Erich Stange: Telefonseelsorge, Kassel 1961.

so entstand schon die dritte der frühen bis heute existierenden Stellen auf dem Boden katholischer Sozialarbeit in Frankfurt (1957). Dieser Dienst (»Frankfurter Notruf«) verstand sich als »Kontaktbrücke« zu den anderen Beratungsdiensten. Paradigmatisch ist hier die enge Verbindung mit einer sog. »Offenen Tür«, einem niederschwelligen Angebot zu Beratung und »Orientierung in Glaubens- und Lebensfragen, in Krisen- und Konfliktsituationen«.[7]

2.2 Konsolidierung und Entwicklung der Standards

Mit der Gründung der »Evangelischen Konferenz für Telefonseelsorge« (1960) setzte sich im evangelischen Raum die Bezeichnung »TS« durch. Gleichzeitig wurde durch die Übernahme der Geschäftsführung des Verbandes durch das Diakonische Werk der EKD in Stuttgart die kirchliche Verantwortung für diesen Dienst signalisiert sowie die Herausbildung gemeinsamer Standards der deutschen TS begünstigt.

Parallel zu dieser Entwicklung in Deutschland formierte sich ein Zusammenschluss der europäischen Telefon-Notrufe mit der Gründung der International Federation of Telefonic Emergency Services. Während und durch die intensive Mitarbeit der Deutschen in der Gründungsphase von IFOTES entwickelten sich die bis heute gültigen »Essentials« der TS.

Mehr als zehn Jahre nach den Anfängen deutscher TS-Arbeit kam es 1968 in Maria Laach zu einer gemeinsamen Tagung evangelischer und katholischer Repräsentanten. Drei Jahre später lag ein gemeinsames Selbstverständnispapier vor, das eine Annäherung der »Basis« in beiden Kirchen signalisiert. Die seit dieser Zeit zunehmenden Neugründungen von TS-Stellen wurden fast ausschließlich in Kooperation der Träger beider Kirchen vorgenommen. In fachlicher Hinsicht halfen Ausbildungshandbücher zur Herausbildung gemeinsamer Standards bei der Auswahl, Qualifizierung und Begleitung von Mitarbeitenden in der TS.[8]

---

7 Zum Ursprung und heutigen Stand der Offenen Tür als Krisenberatungsstelle zwischen TS und Lebensberatung, vgl. Josef Obergassel: Die »Offene Tür« und verwandte Einrichtungen, in: Wieners: Handbuch der TS, 161–169.
8 Helmut Harsch: Theorie und Praxis des beratenden Gesprächs, München 1973; Wilfried Weber: Wege zum helfenden Gespräch, München/ Basel, 10., völlig neu bearb. Aufl., 1994.

2.3 Auswirkungen gesellschaftlicher Veränderungen

Die Einigung auf »Leitlinien« (1978)[9] entsprang einem neuen äußeren Druck. Die Einführung erheblich höherer Telefon-Gebühren im Ortsnetz durch die noch staatliche Deutsche Bundespost provozierte starke Proteste der Wohlfahrtsverbände, die im Ergebnis zur Befreiung von der Zeittaktzählung für Gespräche mit der TS im Ortsnetz und ab 1978 zur Vergabe erstmals bundesweit einheitlicher Sonderrufnummern (11101 und 11102, zusätzlich Ortsnetzkennzahl) führten. Die jeweiligen Träger neuer TS-Stellen übernahmen von nun an gegenüber den TS-Verbänden die Verpflichtung zur Einhaltung der von den Leitlinien 1978 formulierten Standards. Dies wurde zur Bedingung für die Zuteilung der Sonderrufnummer durch die Postbehörden.

Das Ende der DDR und der Beitritt der ostdeutschen Länder zur Bundesrepublik war auch für die TS eine große Herausforderung. Vorher hatte es in Dresden und Berlin (Ost) TS-Stellen gegeben. Jetzt bildeten sich in vielen Städten Gründungsinitiativen, teilweise aus der Mitte der kirchlichen Arbeit heraus, teilweise als Bürgerinitiative bzw. von einem sog. »Runden Tisch« aus. Unterstützt durch eine Entschließung des Diakonischen Rates (1991), durch das Engagement der Fachverbände seit 1989 und v.a. die Bildung z.T. sehr intensiver Partnerschaften mit westdeutschen TS-Stellen kam es erstaunlich schnell zur breiteren Institutionalisierung der TS auch im Osten Deutschlands.

Die Privatisierung der Post und die Gründung der Deutschen Telekom in den 1980er Jahren waren Voraussetzung für eine technische Revolution im Telekommunikationsverkehr. TS war und ist davon stark betroffen. Eine entscheidende Neuerung bestand in der Einführung der von Computern gesteuerten Vermittlungstechnik mit der systembedingten Speicherung von Verbindungsdaten. Damit war ein Essential der Arbeit der TS gefährlich bedroht: die Zusicherung der absoluten Vertraulichkeit. Am Ende der fast ein Jahrzehnt dauernden politischen Auseinandersetzungen der TS-Verbände mit Bundespost und Deutscher Telekom um die Beibehaltung der Möglichkeit absoluter Vertraulichkeit (Anonymität) für die Anrufenden stand ein Kooperationsvertrag mit der Deutschen Telekom (1. Juli 1997). Erstmals ist die TS seitdem von jedem Ort der Bundesrepublik aus mit der gleichen Rufnummern-Kombination und kostenlos zu erreichen. Im Festnetz wird jeder Anruf automatisch

---

9 Vgl. Wieners: Handbuch der TS, 235–241.

der nächstgelegenen TS zugewiesen (Einzugsbereiche). Die neuen sogenannten freecall-Nummern (0800 1110111 oder 0800 1110222) sind heute die technische Bedingung für die Möglichkeit, einen Anruf bei der TS unentdeckt von Dritten durchführen zu können. Kostenfreiheit ist ein unschätzbarer Vorteil auch bei Anrufen von öffentlichen Sprechstellen aus.

Nachdem in der 40jährigen Geschichte der TS fast jede örtliche Stelle ihre Öffentlichkeitsarbeit mit individuellem Auftritt (Logo, Plakat) betrieben hatte, gibt es jetzt erstmals ein bundesweit einheitliches Erscheinungsbild durch ein gemeinsames Logo sowie durch ein Plakat. Eine Folge dieser Entwicklungen war auch, dass nach früheren vergeblichen Bemühungen, den Gebrauch des Namens »TS« rechtlich schützen zu lassen, dieser 1999 vom Deutschen Patentamt zur geschützten Wortmarke erklärt wurde.

3. Gegenwärtige Situation

Die »Leitlinien« von 1978 wurden 1994 durch Beschlüsse der TS-Verbände in ihrer Geltung bestätigt. Sie enthalten als Essentials das sogenannte »Selbstverständnis« der beiden TS-Verbände aus dem Jahr 1971. Diese Texte haben in Jahrzehnten die Bewährungsprobe ihrer Gültigkeit behalten.

3.1 Telefonseelsorge als »seelsorglich-diakonischer Dienst«

»Die Einrichtungen der Telefonseelsorge und der Offenen Tür in der Bundesrepublik Deutschland sind ein Ausdruck der seelsorgerlichen Verantwortung der christlichen Kirchen für die Menschen unserer Zeit.«

Diese Formulierung der Leitlinien hat bis heute für die verschiedensten Organisationsformen und institutionellen Verortungen der TS innerhalb der Kirche Raum gegeben. Die zitierte Formulierung ist offen für die Diskussion darüber, was »Seelsorge« in der TS eigentlich meint. Am einflussreichsten wurden die Überlegungen von Hermann Steinkamp[10] und Klaus-Peter Jörns[11].

---

10 Hermann Steinkamp: Zwischen Service-Kirche und Samariter-Funktion. Religionssoziologische Anmerkungen zum Gestaltwandel von Telefonseelsorge, WzM 35 (1983), 292–304.
11 Klaus-Peter Jörns: Telefonseelsorge – Nachtgesicht der Kirche, Neukirchen-Vluyn (1994) ²1995.

Der diakonische Zugang: Steinkamp nimmt eine Spannung wahr zwischen der »Gründungsidee« der TS und ihrer institutionellen Realität. Letztere sei geprägt durch das Interesse von Institutionen – auch der Kirche, sich durch Dienstleistungen in der Gesellschaft »unentbehrlich zu machen«. Der Gründungsgedanke entsprang jedoch einem anderen Zusammenhang. Wie die Namengebung »The Samaritans« der Londoner TS von 1953 nahe legt, gilt als Gründungsparadigma der TS die Gestalt des Mannes aus Samaria[12], dessen Bezeichnung als »barmherziger« Samariter die Rationalität seines Handelns und Helfens verdunkelt. In mehrfacher Hinsicht lassen sich Dimensionen des Samariter-Paradigmas in der TS wiederfinden:

TS *sucht* nicht die Hilfebedürftigen. Sie sorgt allerdings dafür, dass sie ihr Rufen hört, sie lässt sich finden. Voraussetzung der Mitarbeit bei der TS ist nicht ein orthodoxes Credo oder eine bestimmte religiöse Praxis. Ferner ist die Hilfeleistung kein Beruf, sondern geschieht, zwar unter großem Einsatz, aber mit Einschaltung der professionellen Helfer.[13] Der Samaritaner definiert die Grenzen seines Helfens. Eine sozialpsychologische Untersuchung von Mitarbeitenden in der TS legt den Schluss nahe, dass die überwiegende Mehrheit sich tendenziell mit dem oben skizzierten Paradigma identifiziert.[14]

Die »Rahmenordnung für Aus- und Fortbildung ehrenamtlicher Mitarbeiterinnen und Mitarbeiter in der Telefonseelsorge und Offenen Tür« (1986)[15] bezeichnet TS und Offene Tür als »seelsorgerlich-diakonischen Dienst« der Kirchen. Das Samariter-Paradigma entspricht dem diakonischen Pol dieser Definition.

Der seelsorgliche Zugang: Jörns betont dagegen den seelsorglichen Aspekt und weist der TS eine ekklesiologische Bedeutung zu, indem sie der »taggesichtigen Kirche« eine nachtgesichtige Funktion hinzufügt.

»Eine Telefonseelsorge ohne Nachtdienst hätte keinen Sinn. Wenn sie verstehen und helfen will, warum das Leben zur Last werden kann, dann muss sie mit dem Nachtgesicht sehen, was in der versunkenen Kultur unserer Seele geschieht und was nachts leichter zur Sprache kommen kann als am Tage. Denn in der versunkenen Kultur sind Haß und Liebe, aber auch Macht- und Angstgefühl, grenzenlos, wird alles bis aufs Blut gelebt.«[16]

---

12 Lk 10,30–35.
13 Lk 10,35.
14 Ulrich Müller: Sozialpsychologische Untersuchung von Mitarbeitern in der TS, in: Wieners: Handbuch der TS, 38–43.
15 Wieners: Handbuch der TS, 242–245.
16 Jörns: Telefonseelsorge, 83f.

TS kann, indem sie sich der Nachtseite aussetzt, erlebbar machen, dass Gott der Begleiter durch Tage und Nächte des Lebens ist und darauf aus ist, dass uns »des Tages die Sonne nicht steche noch der Mond des Nachts«.[17]

3.2 Tag und Nacht vor Ort

»Die Telefonseelsorgestellen nehmen diesen Dienst bei Tag und Nacht wahr […]«

Der 24-Stunden-Dienst der TS gilt als unverzichtbar. Notruf-Einrichtungen der Kirchen, die nicht den vollen Dienst gewährleisten oder nach einer eng begrenzten Aufbauzeit durchführen können, werden nicht ins Netz der TS aufgenommen. Die Möglichkeit der Einrichtung von Callcenters zur Vertretung von nicht besetzten TS-Stellen ist ein verlockendes Angebot zur »Optimierung knapper Ressourcen«. Die TS ist jedoch bei dem Prinzip geblieben, Tag und Nacht »vor Ort« zu sein, in möglichst räumlicher Nähe zum jeweiligen Anrufer. So kann sie gegebenenfalls (entsprechend dem Samariter-Paradigma) auf weitergehende Hilfe hinweisen oder sie veranlassen.

3.3 Das Programm der Vorurteilslosigkeit

»Die Mitarbeiter versuchen, den anderen in vorurteilsfreier und unbedingter Offenheit anzunehmen. Das Angebot besteht im Zuhören und Klären, im Ermutigen und Mittragen, im Hinführen zu eigener Entscheidung und im Hinweis auf geeignete Fachleute.«

Die Internationalen Normen, auf die die Leitlinien Bezug nehmen, formulieren noch etwas präziser:

»Die Telefonseelsorge ist zu jeder Zeit für jeden Menschen da, der mit ihr Kontakt aufnehmen will, gleich welchen Alters und Geschlechts, welcher Religion oder Nationalität. Alle Anrufenden haben das Recht, angehört und respektiert zu werden, ungeachtet ihres Glaubens, ihrer Einstellungen und ihrer persönlichen Überzeugungen […]«.[18]

»Vorurteilsfreie und unbedingte Offenheit« sind Ideale, der sich Mitarbeitende stets nur durch *Selbsterfahrung* und kontinuierliche *Supervision* annähern können. Dabei lernen sie zwischen Vorurteilen und begründeten Urteilen zu unterscheiden. Das Selbstverständnispa-

---

17 Ps 121,6; Jörns: Telefonseelsorge, 95 f.
18 Der vollständige Text der Internationalen Normen in: Wieners: Handbuch der TS, 252.

pier sah unter dem Einfluss des »non-directive-counseling« noch nicht die Notwendigkeit von Abgrenzung und Stellungnahme in manchen Seelsorge-Gesprächen.

3.4 Anonymität

»Die Mitarbeitenden am Telefon bleiben anonym; Anrufende haben das Recht, anonym zu bleiben.«

Die Anonymität der Mitarbeitenden ist in der Geschichte der TS immer wieder diskutiert worden. Heute wird allgemein vorausgesetzt, dass Mitarbeitende zu ihrem Schutz gegenüber den Anrufenden unbedingt anonym bleiben. In Ausbildung und Supervision wird gelernt, als Person durchaus präsent zu sein und dennoch anonym bleiben zu können. Von den Anrufenden wird die Möglichkeit der Anonymität überwiegend in Anspruch genommen. Urheber von Scherz- und Drohanrufen oder obszönen Anrufen finden dadurch allerdings auch Ermutigung.

3.5 Ehrenamtliche Laien

»Der Dienst der Telefonseelsorge wird im allgemeinen durch Ehrenamtliche geleistet.«

Anfangs war das durchaus nicht überall der Fall. Inzwischen hat das »Ehrenamt« jedoch überall in der TS Einzug gehalten. Zwar sind die »Ehrenamtlichen« nicht immer »Laien«, aber gerade im Bereich der Krisenhilfe und Suizidprävention spricht einiges dafür, dass der »ehrenamtliche Laie« durchaus mit dem professionellen Helfer mithalten kann oder ihm sogar überlegen ist.[19] Laien haben möglicherweise einen unverstellteren Blick auf manche Realität. »Laie sein heißt, für keinerlei Unwissenheit Partei ergreifen«.[20] Die teilweise sehr schwierige und deprimierende Klientel der TS bringt hauptamtliche Telefonseelsorger eher in Gefahr, dem Burnout-Syndrom zu erliegen. Ehrenamtliche Laien nach dem Samariter-Modell haben bessere Möglichkeiten zur Distanzierung. Hier ist Egon Friedell zuzustimmen:

---

19 Richard K. Mc Gee/Bruce Jennings: Ascending to »Lower« Levels. The Case for Nonprofessional Crisis Workers, in: David Lester/Gene W. Brockopp (Hg.): Crisis Intervention and Counselling by Telephone, Springfield (Illinois) 1976 (1973); Thomas Gunzelmann u.a.: Laienhelfer in der psychosozialen Versorgung, Gruppendynamik 18 (1987), 361–384.
20 Ernest Lavisse, zit. bei Harald Leupold-Löwenthal: Der Laie, München/Wien 1990, 20.

»In dem Augenblick, wo eine Sache anfängt, ein Beruf zu werden und somit aufhört, etwas allgemein Menschliches zu sein, verliert sie zumeist ihre beste Kraft und ihren geheimnisvollen Reiz.«[21]

3.6 Die Anrufenden

Wegen der Anonymität und Scheu der meisten Anrufenden und der Flüchtigkeit mancher Kontakte kann es kaum eine valide Anrufer-Statistik der TS geben. Das Spektrum der Gesprächsanlässe ist fast unendlich breit. Aber die meisten Anrufenden leben in gestörten Beziehungen oder sind sehr einsam.

Im Jahr 2002 konnten die 105 TS-Stellen in Deutschland wie im Vorjahr insgesamt 2 200 000 Anrufe annehmen. Daraus entstanden etwa 1,5 Mio. Gespräche. Die Differenz ergibt sich u. a. aus »Auflegern« und aus der gegenwärtig relativ hohen Zahl von Test- und Scherzanrufen durch Jugendliche. Die Gesamtzahl der »Belegungen« ist seit dem sprunghaften Wachstum der Mobil-Telefonie und der Zahl deren jugendlicher Nutzer erheblich angewachsen. Der Erweiterung von Kapazitäten auf Seiten der TS sind aber Grenzen gesetzt.

Die Entwicklung der Telefonie und des Verhaltens der Nutzer ist schwer vorauszusagen. Alle Prognosen der letzten Jahre wurden schnell überholt. Die Entwicklung ist auf diese Weise eine große Herausforderung für die Verantwortlichen, in Ausbildung, Fortbildung und Supervision zur Konzentration auf den seelsorglich-diakonischen Fokus des Gesprächs anzuleiten.

3.7 Telefonseelsorge im Internet

Bestand Telekommunikation in der bisherigen TS-Geschichte fast ausschließlich in der Telefonie, so ist durch das Internet eine neue Dimension dazu gekommen, die in rasanter Entwicklung begriffen ist. TS hat auf diese Entwicklung mit einer Präsenz im Internet reagiert. Unter der Adresse *telefonseelsorge.de* stößt der Nutzer auf ein Portal mit zwei Eingängen: Einer führt in die »Seelsorge-Beratung« im Internet. Nutzer können sich über Mail an den Seelsorge-Dienst wenden. Das Angebot kann besonders für Sprachbehinderte und Taubstumme oder für Menschen in großer Isolation (z.B. im Ausland) eine Lücke füllen. Intendiert ist von Seiten der TS die Einleitung einer Korrespondenz mit den Ratsuchenden zur Bewältigung

---

21 Egon Friedell, zit. bei H. Leupold-Löwenthal: Laie, 20.

der aktuellen Notlage und eventuellen Überleitung (»Überweisung«) in Beratung oder Therapie.[22]

Die Zahl der Erstkontakte hat sich seit 1999 jährlich mehr als verdoppelt und ist bei monatlich über 1000 Anfragen angekommen.

4. Wissenschaftliche Ansätze

Gerade das Internet-Projekt bedarf dringend der wissenschaftlichen Begleitung. Erste Veröffentlichungen liegen vor, die die Sinnhaftigkeit des Unternehmens belegen.[23] Aber noch dringlicher als beim klassischen Dienst der TS stellt sich hier die Frage: Was weiß man von der Klientel der TS? Bei der Beantwortung dieser Frage ergeben sich viele methodische Probleme, die u.a. mit der Anonymität der Ratsuchenden zu tun haben.[24]

Von Forschung im Bereich TS kann nur in Ansätzen gesprochen werden. Die »Forschungsstelle für Telefonseelsorge am Seminar für Praktische Theologie der Universität Heidelberg« in den 1970er Jahren war ein Anfang, der leider nicht fortgeführt wurde. Hier und da entstanden Dissertationen[25] oder Diplomarbeiten. Bei der Geschäftsstelle der Evangelischen Konferenz für Telefonseelsorge wurde mit der Dokumentation von Veröffentlichungen über TS und von anderer TS-relevanter Literatur begonnen. Eine kontinuierliche Auswertung, v.a. auch ausländischer Literatur, findet jedoch nicht statt. Die Mitwirkung der TS beim Internationalen Wissenschaftlichen Kongress zur »Soziologie des Telefons« (1989) war

---

22 Siehe WAZ (1. Juli 2004): »Wer seelsorgerischen Rat sucht, kann ihn jetzt auch im Internet finden. Die Telefonseelsorge der Kirchen bietet ab dem heutigen Donnerstag eine verschlüsselte Beratung per Chat. Eine SSL-Verschlüsselung sorgt für Datenschutz und Anonymität. Rat Suchende erhalten Zugang über ein Passwort. Unter www.telefonseelsorge.de gibt es auch Beratung per Mail.«
23 Frank Christl: Psychologische Beratung im Internet – ein Erfahrungsbericht, in: Bernad Batinic (Hg.): Internet für Psychologen, Göttingen 2. überarbeitete und erweiterte Aufl. 2000, 549–565.
24 Zur Internet-Kommunikation, vgl. Sherry Turkle: Leben im Netz. Identität in Zeiten des Internet, Hamburg 1998.
25 Hanspeter Schmidt: Die Klientel der Telefonseelsorge. Versuch einer Identifizierung, Frankfurt a.M./Bern/New York 1985; Clemens Müller-Störr: Subjektive Krisentheorien in der Telefonseelsorge, Tübingen 1992 (1991); Ingo Habenicht: Telefonseelsorge als Form intentionaler Seelsorge, Hamburg 1994.

ein wichtiges Ereignis.[26] Anregungen zur wissenschaftlichen Untersuchung der TS kamen immer wieder von dieser selbst. So veranstalteten die TS-Verbände im Jahr 1994 ein »interdisziplinäres Forschungssymposion«, um Forschung im Bereich TS anzuregen.[27] Eine kontinuierliche wissenschaftliche Begleitung der TS durch die Diakoniewissenschaften oder durch die Praktische Theologie ist sehr zu wünschen.

5. Zur Weiterarbeit

Das »Handbuch der Telefonseelsorge« (1995) bietet immer noch den umfassendsten Überblick und den besten Einstieg in die eingehendere Beschäftigung mit der TS. Allerdings sind darin die Veränderungen durch den Kooperationsvertrag mit der Deutschen Telekom und die rasante Entwicklung der Telekommunikation noch nicht berücksichtigt.
Eine kritische Würdigung der TS und der einschlägigen Literatur findet sich in dem Lehrbuch von Klaus Winkler: Seelsorge, Berlin ²2000, 490–503.
Materialien und Literaturnachweise (inkl. Diplomarbeiten etc.) sind zu beziehen durch die »Dokumentationsstelle für Arbeiten über Telefonseelsorge« bei der Geschäftsstelle der Evangelischen Konferenz für Telefonseelsorge und Offene Tür, Stafflenbergstr. 76, 70184 Stuttgart. Über die E-Mail-Adresse telefonseelsorge@diakonie.de ist die Dokumentationsstelle ebenfalls zu erreichen.

26 Forschungsgruppe Telefonkommunikation (Hg.): Telefon und Gesellschaft (3 Bd.), Berlin 1989 ff.; zusammengefasst in: Jürgen Hornschuh: Telefonisch vermittelte Kommunikation, in: Wieners: Handbuch der TS, 125–139.
27 Die Beiträge sind z. T. erschienen in: WzM 47 (1995), 178–214.

XXXVIII.
Weltweite Diakonie

CORNELIA FÜLLKRUG-WEITZEL

1. Einführung

Herrschaftsraum Gottes und Verantwortungsraum des Menschen ist der ganze bewohnte Erdkreis, die *oikoumene*. Nationale und konfessionelle Grenzen dürfen die Christen nicht daran hindern, die oikoumene als gemeinsamen Verantwortungsraum der weltweiten Christenheit zu begreifen und entsprechend die globale Verantwortung in ihrem Handeln im je eigenen Kontext zu berücksichtigen. Die Einsicht, dass sich die Verantwortung der Christen nicht in der Verantwortung für das Naheliegende erschöpfen darf bzw. dass das Naheliegende neu definiert werden muss, ist in Zeiten der Globalisierung mehr als nur ein ethisches Postulat. Weltweite Mobilität und unbegrenzte Kommunikationsmöglichkeiten bringen uns auch die fernsten Winkel der Erde nahe. Die Welt ist zu einer faktischen Beziehungseinheit geworden, in der fast jede lokale Erscheinung in einem komplexen Wirkungszusammenhang mit Prozessen an anderen Orten bzw. globalen Prozessen steht.

Um nur drei aktuelle Beispiele zu nennen:
- Die Zunahme sog. *Naturkatastrophen* wird mit dem Klimawandel in Verbindung gebracht.[1] Verschmutzung der Luft und weltweiter Raubbau an der Natur, an denen Industrienationen ihren führenden Anteil haben, sind wesentliche Faktoren für die zunehmende Zahl von Dürre- und Flutkatastrophen weltweit und im eigenen Land.
- Unser Verlangen nach dem »slim food« Shrimps trägt dazu bei, Reisbauern und Fischern in Asien die Ernährungsgrundlage zu entziehen: Die zur Nachfragedeckung explosionsartig u.a. in Asien entstehenden Shrimpsfarmen für den Export verdrängen die Reisfelder vieler Kleinbauern, von denen sie sich ernähren und hinterlassen verseuchte Böden und Grundgewässer. Sie vergiften Mangrovenwälder und Küstengewässer mit Antibiotika und nehmen kleinen Fischern die küstennahen Fanggründe.[2]

1 International Panel on Climate Change (IPPC): Climate Change 2001. The Scientific Basis, Cambridge 2001.
2 Food Information Action Network: Verheerende Delikatessen – Shrimps aus industrieller Zucht, Herne 2000.

– Menschen aus Süd und Ost suchen eine neue Heimat in unserem Land –
auf der Flucht vor Kriegen, die auch mit Waffen geführt werden, aus deren
Herstellung Arbeiter in Deutschland ihr Einkommen beziehen.

Die Ursachen und die Wirkungen unserer Lebensweise reichen also
weit über die Handlungsräume hinaus, die wir normalerweise überschauen und für die wir uns verantwortlich fühlen. Es ist nicht länger möglich, die Sorge für die Benachteiligten im eigenen Land und
für soziale und ökologische Sicherungssysteme im eigenen Land, abzugrenzen und auszuspielen gegen die Sorge für die Benachteiligten
weltweit und gegen globale soziale Systeme und globalen Umweltschutz. Sind wir entsprechend auch fähig und bereit, die weltweite
Verantwortung, d. h. die ökumenische Dimension jedweden diakonischen Handelns zu berücksichtigen und als Christen und Kirchen
weltweit als Handlungseinheit zu operieren?

2. Geschichtliche Entwicklungen

Zwischenkirchliche Hilfe, geschwisterlicher Beistand für schwache,
unterdrückte und vertriebene Schwesterkirchen, der *Dienst an den
Heiligen* (2. Kor 8,4), ist ein Urelement christlicher Existenz. In
2. Kor 8–9 wird sie von Paulus umfangreich entfaltet.

Aber der Begriff *Ökumene* meint ja nicht nur die zwischenkirchlichen Beziehungen im Sinne interkonfessioneller wie internationaler Beziehungen zwischen den Kirchen. Er meint auch – im Sinne
des griechischen Begriffes »oikoumene« – die ganze Menschheit,
den gesamten bewohnten Erdkreis. Ökumenische Diakonie bedeutet dem gemäß die Sorge für das Wohl aller Menschen und der Völkergemeinschaft. Und so umfasst Ökumenische Diakonie das breite
Spektrum der Unterstützung notleidender Schwesterkirchen, der
Hilfe für in Not geratene Einzelne weltweit – egal welcher Religions-
oder Konfessionszugehörigkeit –, der Strukturhilfe und der Gesellschaftsdiakonie in jedweder Nation und die Verantwortung für eine
angemessene Weltsozialpolitik.[3]

Waren auch die Väter der Diakonie wie Johann Hinrich Wichern
durchaus ökumenisch orientiert und unterhielten führende Persön-

---

3 Im gegenwärtigen Bereich »Ökumenische Diakonie« im Diakonischen
 Werk der EKD geschieht dies durch die Arbeitsbereiche bzw. Aktionen
 »Kirchen helfen Kirchen«, »Diakonie Katastrophenhilfe«, »Hoffnung für
 Osteuropa«, »Brot für die Welt«, das Menschenrechtsreferat und das
 Ökumenische Stipendienprogramm.

lichkeiten der Inneren Mission, wie der Direktor des Centralausschusses der Inneren Mission, Gerhard Füllkrug, durchaus enge Kontakte zur Ökumenischen Bewegung und erhielten viele Impulse von dort für die Arbeit in Deutschland, so ist die Ökumenische Diakonie dennoch vermutlich das jüngste Glied in der Kette der Ausprägungen christlicher Diakonie und ihres grundlegenden Mandates. Sie ist im gleichen grundlegenden Mandat verwurzelt, das für alle Formen der Diakonie gilt, aber ihr spezielles Mandat bedarf der immer neuen Klärung und Ausrichtung im ökumenischen Dialog.

Wie die Diakonie im Inland begann auch die Ökumenische Diakonie als christliche Nothilfe: 1922 richtete Adolf Keller das Europäische Zentralbüro für zwischenkirchliche Hilfe ein, das die Kirchen Europas nach dem Ersten Weltkrieg bei der Flüchtlings- und Wiederaufbauhilfe unterstützte.

Nach dem Zweiten Weltkrieg entstanden in den meisten neutralen und Siegernationen große Hilfswerke, und die konfessionellen Weltbünde (insbesondere der Lutherische Weltbund) wie auch der Ökumenische Rat der Kirchen (ÖRK) bauten Hilfsstrukturen für die zwischenkirchliche Hilfe und die materielle Nothilfe auf, die zu Organen der Planung und Koordination der verschiedenen Hilfswerke weltweit wurden. Insbesondere Deutschland profitierte von der Solidarität der Kirchen aus Europa und den USA. 1945 gründete die Kirchenversammlung in Treysa das »Hilfswerk der Evangelischen Kirche in Deutschland«, in dem neben den Landes- auch die Freikirchen mitwirkten. Mit der großzügigen Hilfe der Ökumene sollte es den kirchlichen Beitrag zum Wiederaufbau Deutschlands, zur Hilfe für die Vertriebenen und Flüchtlinge und zur Wiederbelebung des kirchlichen Lebens organisieren. Die diakonische Arbeit der evangelischen Kirchen in Deutschland zur Bewältigung der Kriegsfolgen in Deutschland war also eine Frucht weltweiter »Ökumenischer Diakonie«.

Selbst noch Hilfsempfänger der Ökumene, beschloss die EKD jedoch schon 1954, sich in dankbarer Antwort auf die empfangene Hilfe mit dem Hilfswerk auch als Geber in der Ökumenischen Diakonie zu betätigen. Sie gründete im Hilfswerk das »Ökumenische Notprogramm der Evangelischen Kirche in Deutschland«, das seine Arbeit in enger Zusammenarbeit mit dem ÖRK organisierte. Es hatte zwei Komponenten: zwischenkirchliche Hilfe – später durch »Kirchen helfen Kirchen« weitergeführt – und Nothilfe für Flüchtlinge und Katastrophenopfer, die heute von der »Diakonie Katastrophenhilfe« wahrgenommen wird. Beide unterstützten überwiegend spezifische Einzelanträge von Mitgliedskirchen des ÖRK, die dieser an *reiche Kirchen* wie die Kirchen in Deutschland weitermeldete. Diese Projekthilfe, d. h. punktuelle Unterstützung in Notsituationen, bildete eine strukturelle Analogie zur karitativen Einzelhilfe der Diakonie im eigenen Land und war lange Zeit die wichtigste Methode der Ökumenischen Diakonie.

Bis in die 1950er Jahre waren die Missionsgesellschaften in den deutschen Kirchen die wesentlichen Mittler von Informationen und Hilfe zwischen Nord und Süd. Die Dekolonisation verschaffte den sog. »jungen« Nationen und ihren Beteiligungsforderungen eigenes Gehör. Sie konfrontierten die weltweite Christenheit mit der Frage, welche Form der Dienst der Kirchen in Zeiten des *raschen sozialen Wandels* gesellschaftlich wie weltweit annehmen sollte. Die Notwendigkeit langfristiger struktureller Programme und aktiver kirchlicher Mitarbeit am Aufbau einer *verantwortlichen Gesellschaft* wurde in das Schlagwort *Gesellschaftsdiakonie* gefasst. Die Emanzipation der damals *junge Kirchen* genannten Kirchen in dekolonisierten Ländern von den Muttermissionen stellte die Kirchen Europas und Nordamerikas vor die Frage, wie sie deren gesellschaftsdiakonische Arbeit unterstützen könnten.

Im Ergebnis beider Überlegungen wurde *Entwicklungsverantwortung* – spätestens auf der dritten Vollversammlung des ÖRK in Neu Delhi 1961 – als neue Dimension der ökumenischen Diakonie anerkannt. Sie wurde enthusiastisch nicht nur der Projekthilfe, sondern auch der unmittelbaren Hilfe für Hunger- und Naturkatastrophen entgegengesetzt. Neue Strukturen des Dienstes der ökumenischen Diakonie wurden erforderlich.

In diesem ökumenischen Diskussionsklima wurde 1959 gemeinsam von Landes- und Freikirchen die *Aktion Brot für die Welt* aus der Taufe gehoben. Einzelne und Gemeinden sollten mit der Advents- und Weihnachtsaktion in die Solidarität und Mitverantwortung für die Hungernden der Welt gerufen und zum Umdenken in der eigenen Wohlstandsgesellschaft angeregt werden. Ökumenische Diakonie, die – anders als die Innere Mission – von den verfassten Kirchen begonnen und aus ihren Haushaltsmitteln getragen wurde (Ökumenisches Notprogramm), wurde damit auch in die Verantwortung der Gemeinden und jedes/jeder Einzelnen übergeben. So konnte auch ökumenische Diakonie zu einer Dimension gemeindlicher Existenz werden und ist dies über die Jahrzehnte auch erfolgreich geworden und geblieben.

Die Aktion Brot für die Welt orientierte die Hilfsbeziehungen deutscher Gemeinden für den Süden, die ursprünglich als rein zwischenkirchliche Hilfe eng entlang den ehemaligen Missionsbeziehungen verlief, diakonisch, genauer gesellschaftsdiakonisch. Neben den Partnerkirchen sollten und konnten nun auch nicht-kirchliche Partnerorganisationen unterstützt werden – und wurden dies auch. Als Zeichen der Versöhnung und Umkehr angesichts der Kolonialgeschichte[4] gedacht und angesichts der vermuteten schuldhaften Verstrickung der westlichen Mission in die Kolonialgeschichte wurde die Aktion nicht bei den Missionsgesellschaften angesiedelt, sondern im Diakonischen Werk der EKD (in das nach der Fusionierung mit dem Centralausschuss für Innere Mission 1957 das Hilfswerk aufgegangen war). Auch das Hilfswerk selbst war ja eine Frucht der Versöhnung (man beachte den engen Zusammenhang zwischen dem *Stuttgarter Schuldbekenntnis* vor Vertretern der Ökumene und der Entstehung des Hilfswerkes). Schließlich steht Diakonie – im Unterschied zur Mission – für selbstlosen, zweck- und diskriminierungsfreien Dienst an allen Bedürftigen, und Brot für die Welt sollte nach dem Gründerwillen wesentlich nicht missionarischen Zwecken dienen. Und man dachte damals, dass Entwicklungshilfe vor allem auch einen Wissens- und Erfahrungstransfer von Nord nach Süd, in diesem Falle aus der diakonischen Arbeit im Gesundheits-, Ausbildungs-, Flüchtlingsbereich etc. in Deutschland zu den Kirchen des Südens bedeutet. Heute blicken zunehmend Diakoniker und Sozialpolitiker angesichts des drohenden Endes des Sozialstaates interessiert auf die Erfahrungen mit Selbsthilfestrukturen im Sozialbereich des Südens.

Als sich die Bundesregierung entschloss, einen Teil der staatlichen Mittel für Entwicklungszusammenarbeit den Kirchen zur Umsetzung anzuvertrauen und die Kirchen 1962 dafür Zentralstellen für Entwicklung einrichteten, entschied sich die EKD – anders als die römisch-katholische Kirche, die weniger Schwierigkeiten mit einem engeren Verhältnis zur Obrigkeit hat – nach langer Kontroverse, dafür eine eigene Organisation zu schaffen. Die Evangelische Zentralstelle für Entwicklung (EZE) wurde darum nicht ins Diakonische Werk ein- und »Brot für die Welt« angegliedert, damit die Verwendung von Spendenmitteln nicht von staatlichen Vorgaben beeinflusst werden kann. Unter dem Dach der AG Kirchlicher Entwicklungsdienst (AGKED), zu der auch noch das Evangelische Missionswerk (EMW) und weitere, kleinere Arbeitsfelder der Entwicklungsarbeit gehörten, war aber Austausch auf Stabs-

---

4 »Die immer lauter werdenden Schreie der zornigen und bitteren Brüder von draußen klingen in unseren Ohren. Immer deutlicher tritt das übervolle Maß von Mitschuld des ›weißen Mannes‹ an dem Mangel und Darben in den Ländern Asiens, Afrikas und Lateinamerikas in unser Bewusstsein« (Christian Berg: »Brot für die Welt«, Sonderdruck aus: Gemeinde Gottes in dieser Welt, Berlin 1961, 3).

und Leitungsebene und gegenseitige Unterstützung in einer klugen Form der Arbeitsteilung garantiert. Diese wurde 2002 mit einer Kooperationsvereinbarung zwischen Brot für die Welt und dem Evangelischen Entwicklungsdienst (EED), in dem die anderen Mitgliedsorganisationen der AGKED seit 2000 zusammengeschlossen sind, vertieft und soll künftig organisatorisch noch enger geknüpft werden.

Ziel von Brot für die Welt war und ist es, einen Beitrag zur Überwindung von Hunger, Armut und Menschenrechtsverletzungen zu leisten, d.h. *den Armen Gerechtigkeit zu schaffen.* Dazu gehören Hilfe zur Selbsthilfe, Vernetzung der Partner und Anwaltschaft. Im Zentrum aller Aktivitäten stehen die Personengruppen in Afrika, Asien und Lateinamerika, die besonders unter Armut und Diskriminierung leiden. Frauen, Kindern, Behinderten und Angehörigen von ethnischen Minderheiten gilt dabei spezielle Aufmerksamkeit.

Die betroffenen Bevölkerungsgruppen sollen durch die *Brot*-Unterstützung befähigt und ermutigt werden, sich durch gemeinsame Anstrengungen in eigener Verantwortung selbst aus ihrer Notsituation zu befreien oder ihre derzeitige Lage zu verbessern. Dies geschieht durch Maßnahmen von Partnerorganisationen im Süden zur Stärkung des Gemeinwesens, Bildung und Ausbildung, Förderung bäuerlicher Landwirtschaft, Förderung von Handwerk und Kleingewerbe, medizinische Grundversorgung, soziale Einrichtungen, Hilfe bei Menschenrechtsverletzungen und Stipendien. Dies beinhaltet immer auch – direkte oder indirekte – Einmischung in die politischen und ökonomischen Verhältnisse in den Ländern der Partnerorganisation. In der für die evangelische Entwicklungsarbeit in Deutschland[5] grundlegenden EKD-Denkschrift heißt es dazu:

»Für den Kirchlichen Entwicklungsdienst ist unbeschadet der andauernden Diskussion eine Grundentscheidung gefallen: Er hat sich der Menschen anzunehmen, die an den Rand ihrer Gesellschaft gedrängt werden und denen niemand hilft. Um ihretwillen arbeitet er mit an der Änderung gesellschaftlicher Verhältnisse.«[6]

Brot für die Welt fördert weltweit etwa 1200 Projekte in 63 Ländern mit einem jährlichen Finanzvolumen von ca. 60 Mio. Euro.

---

5   Neben *Brot für die Welt* vormals die Evangelische Zentralstelle für Entwicklung (EZE), heute der Evangelischen Entwicklungsdienst (EED).
6   Rat der EKD (Hg.): Der Entwicklungsdienst der Kirche. Ein Beitrag für Frieden und Gerechtigkeit in der Welt (1973), Abschnitt 34, in: Kirchenkanzlei der EKD (Hg.): Die Denkschriften der Evangelischen Kirche in Deutschland, Bd. 1/1: Frieden, Versöhnung und Menschenrechte, Gütersloh ²1981, 135–188: 158.

Den globalen Aspekt unserer Existenz als Christen ins Bewusstsein zu rufen, bedeutet auch, exemplarisch Zeichen zu setzen für eine nachhaltige Entwicklung der gesamten Welt. Der Bewusstseinsbildungsaspekt erlangte im Osten des Landes nach dem Mauerbau zentrale Bedeutung, als die Kirchen der DDR ihre materiellen Gaben und Personalressourcen nicht mehr direkt den Empfängern zukommen lassen konnten. Aber auch im Westen wurde der Aktionscharakter nicht nur in den vielen verschiedenen Spendenaktionen von Gemeinden und Schulen, sondern auch mit immer neuen bewusst provozierenden Mitmachaktionen und Kampagnen weiter profiliert.

Als sich die Lage der Entwicklungsländer trotz großer Hilfsleistungen nicht wesentlich änderte, erkannte man die externen und strukturellen Hemmnisse und Widerstände gegen Entwicklungsfortschritte – speziell in Gestalt diskriminierender Weltwirtschaftsstrukturen und politischer Abhängigkeiten im Kontext des Ost-West-Konfliktes, die die asymmetrische Abhängigkeitsbeziehung der Kolonialzeit zwischen Nord und Süd fortsetzten. In Folge dessen sah man eine wichtige Aufgabe für kirchliche Entwicklungsorganisationen in Deutschland und Westeuropa in nationalen und internationalen Lobby- und Advocacy-Bemühungen. In Absprache und im Verbund mit den ökumenischen Organisationen und Partnernetzwerken verstärkte die Ökumenische Diakonie ihre anwaltliche Funktion und machte sich gegenüber der Öffentlichkeit und den Entscheidungsträgern in Politik und Wirtschaft im Norden und gegenüber den internationalen Organisationen zum Anwalt der Partner aus dem Süden.[7]

In der Projekt-, wie vor allem aber auch der Bewusstseinsbildungs- und Advocacyarbeit arbeiten die Christen »mit allen Men-

---

7 Diese Aufgabe wurde 2002 erneut auf der Diakonie-Konsultation des Lutherischen Weltbundes in Johannesburg bekräftigt: »In Partnerschaft mit ihren nationalen und internationalen diakonischen Organisationen müssen die Kirchen bessere FürsprecherInnen für Menschen in Armut, Elend und Unterdrückung werden. Die Zukunft liegt [...] in der organisierten Anwaltschaft auf nationaler und internationaler Ebene, einschließlich unseres Netzwerks als Gemeinschaft von Kirchen. Die Kirchen sollten sich mutiger in der Öffentlichkeit zu Wort melden, um für globale Mechanismen zu werben, die die sozialen, ökonomischen, kulturellen und politischen Rechte der Schwachen in jeder Gesellschaft schützen. Gleichzeitig müssen die Kirchen weiterhin mittellose Gemeinschaften und ausgegrenzte Menschen mit allen verfügbaren Mitteln und mit entsprechender Fachkompetenz unterstützen.« Schreiben an alle Mitgliedskirchen von der globalen Konsultation *Prophetische Diakonie: Zur Heilung der Welt* des Lutherischen Weltbundes vom 7. November 2002 in Johannesburg.

schen unbeschadet ihrer religiösen, politischen und weltanschaulichen Überzeugungen zusammen, die gleiche Ziele verfolgen.«[8] Von Anfang an verstand sich Ökumenische Diakonie in Deutschland als Teil der Zivilgesellschaft und suchte bei der Erreichung ihrer Ziele die *Kooperation mit anderen Kräften der Zivilgesellschaft.*

Die inhaltliche Orientierung und konzeptionelle Ausformung der kirchlichen Entwicklungsarbeit in Deutschland war in starkem Maße von den *Diskussionen in der weltweiten Christenheit,* wie sie speziell im Ökumenischen Rat (ÖRK) und im Lutherischen Weltbund (LWB) stattfanden, beeinflusst. Dank eines intensiven gemeinsamen Ringens um das christliche Verständnis der Entwicklungsherausforderungen und der gleichberechtigten Teilnahme von Kirchen des Südens, war sie darum der nationalen politischen Debatte häufig voraus:

So gab z.B. die vierte Vollversammlung des ÖRK in Uppsala im Jahre 1968 und die in den 1970er Jahren folgende Debatte über die *Kirche der Armen*[9] mit der Formulierung der *»preferential option for the poor«* die wesentlichen Impulse und Ansätze für die Armutsorientierung der evangelischen Entwicklungszusammenarbeit in Deutschland – lange bevor diese Thema der offiziellen Entwicklungspolitik wurde[10] und in spezifisch anderer Weise, nämlich am christlichen Menschenbild orientiert, das den Menschen in der Ganzheit seiner Bedürfnisse und als von Gott mit gleicher Würde und (unterschiedlichen) Fähigkeiten begabtes Wesen in den Mittelpunkt der Entwicklungsbemühungen stellt.

Ebenso setzte die fünfte Vollversammlung des ÖRK in Nairobi 1975 mit der ökumenischen Forderung nach einer gerechten, partizipatorischen und nachhaltigen Gesellschaft zu einer Zeit zukunftsweisende Akzente, als in der Entwicklungspolitik die Forderung nach Mitwirkung/Demokratisierung und Nachhaltigkeit noch keine wesentliche Rolle spielte.

Der auf der sechsten Vollversammlung des ÖRK in Vancouver 1983 beschlossene »Konziliare Prozess für Gerechtigkeit, Frieden und Bewahrung der Schöpfung« schließlich schuf Problembewusstsein für den Zusammenhang der Entwicklungs-, besser weltweiten Ungerechtigkeits-, mit der Rüstungs- und Militarisierungsproblematik, dem Rassismus, Menschenrechtsverletzungen und der weltweiten Umweltzerstörung, was die Entwicklungsförderung kirchlicher Hilfswerke weltweit nicht unerheblich veränderte.

---

8 Rat der EKD (Hg.): Der Entwicklungsdienst, Abschnitt 72. Ähnliches findet sich im Schreiben an die Mitgliedskirchen der o.g. globalen Konsultation des LWF.
9 Vgl. Zur Entwicklung der ökumenischen Debatte: ÖRK (Hg.): From Inter-Church-Aid to Jubilee. A brief history of ecumenical diakonia in the World Council of Churches, Geneva 2002.
10 Beruhend auf den Abschlusserklärungen des Kopenhagener Sozialgipfels 1995 machte die Bundesrepublik Ende der 1990er Jahre in ihrem Aktionsprogramm 2015 die Armutsbekämpfung zu einer vorrangigen Aufgabe.

3. Umbrüche und aktuelle Herausforderungen

3.1 Menschenrechtspolitik statt Entwicklungshilfe?

Der vom Entwicklungsprogramm der Vereinten Nationen (UNDP) herausgegebene »Bericht über die menschliche Entwicklung 2002« reflektiert eine andere wichtige entwicklungstheoretische Diskussion, die die kirchlichen Entwicklungshilfswerke speziell in Europa derzeit bewegt: die Tauglichkeit der in internationalen Pakten ratifizierten Menschenrechte als politischer Hebel zur Durchsetzung minimaler sozialer Standards.

»Ein angemessener Lebensstandard, ausreichende Ernährung, Gesundheitsfürsorge und andere soziale und wirtschaftliche Errungenschaften sind nicht bloß Entwicklungsziele. Sie sind Menschenrechte, die sich aus den menschlichen Grundfreiheiten und der Menschenwürde ableiten. Diese Rechte begründen jedoch keinen Anspruch auf Almosen, sondern Ansprüche auf eine Reihe von sozialen Vereinbarungen, mit denen sich am besten sicherstellen lässt, dass diese Rechte auch wahrgenommen werden können. Regierungen und andere Instanzen haben daher die Verpflichtung, Maßnahmen zur Umsetzung dieser sozialen Vereinbarungen zu ergreifen. In der heutigen interdependenten Welt gewinnen die Verpflichtungen der globalen Akteure besondere Bedeutung. Zugunsten globaler Gerechtigkeit müssen sie globale Vereinbarungen in Kraft setzen, die zur Beseitigung der Armut beitragen.«[11]

Damit verbindet sich die Frage, ob das Eintreten für internationale *Menschenrechtspolitik* (gemeinsam mit internationaler Strukturpolitik) nicht wichtiger sei als Entwicklungshilfe und ob in der Projektförderung nicht zunehmend Menschenrechtsorganisationen und Advocacy-Netzwerke statt klassischer Entwicklungsprojekte gefördert werden sollten.[12]

3.2 Langfristiger Strukturaufbau versus humanitäre Nothilfe

Wie eine Gegenbewegung zu solchen Überlegungen wie auch zur zunehmenden Verlagerung des ökumenisch-diakonischen Engagements auf Gesellschaftsdiakonie scheinen zwei Entwicklungen erneut in Richtung barmherziger Wohltätigkeit, d.h. überwiegend *karitativer Projektarbeit* zu weisen:

---

11 UNDP/DGVN (Hg.): Bericht über die menschliche Entwicklung 2002, Bonn 2002, 91f.
12 Vgl. Wolfgang S. Heinz: Menschenrechte in der deutschen Außen- und Entwicklungszusammenarbeit, epd Dokumente Nr. 5, 28. Januar 2002.

Zum einen zerstört die *HIV/Aids-Pandemie* speziell in Afrika mit 29,4 Mio. Infizierten in der Region südlich der Sahara[13] derzeit die Früchte langfristiger Bemühungen beim Aufbau tragfähiger Strukturen im Bereich des öffentlichen Sozialwesens und der öffentlichen Verwaltung. Ferner hinterlässt sie ein gigantisches Heer von Waisen und Alten, die sich nicht selbst versorgen können und deren Versorgung auch die Tragfähigkeit der traditionellen Sozialstrukturen (sofern sie überhaupt noch funktionieren) überfordern.

Zum anderen mehren sich die sog. natürlichen Katastrophen wie auch die chronischen politischen Krisen (Große Seen, Horn von Afrika, Kolumbien, Kaukasus etc.) und die militärischen Interventionen. Sie drängen die Langfristigkeit von Strukturverbesserungen zugunsten akuter humanitärer Nothilfe in den Hintergrund und absorbieren ein Vielfaches an Ressourcen, ohne dauerhafte Veränderungen zu bewirken. Sie signalisieren weltweite politische Defizite in der Konflikt- und Katastrophenprävention, mangelnde Bemühungen um weltweite Gerechtigkeit und Nachhaltigkeit wie Umweltschutz. Dies stellt die Ökumenische Diakonie in bisher ungeahnt krasser Form vor die Aufgabe, nicht nur den Mangel an (Welt-) Sozialpolitik zu kompensieren, sondern auch die Folgen der von der Politik angerichteten Desaster. Die zunehmenden humanitären Krisen erfordern von den Menschen willen karitative Tätigkeit (wobei gute humanitäre Soforthilfe nicht die Anliegen langfristiger Entwicklungshilfe unterläuft, sondern wahrt), aber auch eine Advocacy-Komponente in der humanitären Hilfe. Die Diakonie Katastrophenhilfe arbeitet – u.a. im Rahmen des globalen kirchlichen Netzwerkes ACT (Action by Churches Together) – mit einem weltweiten Partnernetzwerk und hat im Jahr 2002 176 Einzelprojekte mit einem Volumen von mehr als 61 Millionen Euro in 51 Ländern umgesetzt.

3.3 Droht der Entwicklungspolitik der Bedeutungsverlust?

Nachdem zwischenstaatliche Entwicklungshilfe seit 1990 kein Instrument im Systemkampf mehr ist, wird die eigenständige Existenzberechtigung der Entwicklungspolitik immer häufiger als *überholte und verzichtbare Politikform* in Abrede gestellt. In Zeiten der Globalisierung drohen jene Länder in die Bedeutungslosigkeit zurückzusinken, die dem Weltmarkt nichts zu bieten haben, und/oder von denen keine Bedrohung für den Völkerfrieden oder die Sicherheit der Industrienationen ausgeht. Lediglich letzteres Motiv hat einigen Entwicklungsländern nach dem 11. September noch etwas Aufmerksamkeit garantiert. Der drohende Rückzug staatlicher Entwicklungshilfe aus ganzen Nationen/Regionen, der die Armut in diesen Ländern massiv fördern wird, stellt eine starke Herausforderung für die Ökumenische Diakonie dar.

---

13 Vgl. Sonja Weinreich/Christoph Benn: AIDS – Eine Krankheit verändert die Welt. Daten – Fakten – Hintergründe, Frankfurt a.M. 2003.

Auch die Tatsache, dass als Folge des fortschreitenden Globalisierungsprozesses die Bedeutung des Nationalstaates und der nationalen Gesellschaft an Evidenz verloren haben, verlangt Neuüberlegungen, damit der Entwicklungsbegriff inhaltlich und analytisch die gegenwärtige Situation wiedergibt. Deren Ausgangspunkt kann jedoch keine Theorie der Entwicklung nationaler Gesellschaften mehr sein.

4. Entwicklungsverantwortung oder Ökumenische Diakonie?
Anstöße und Perspektiven

4.1 Die Herausforderungen der Ökumenischen Diakonie in einer globalisierten Welt

»Brot für die Welt« soll den globalen Aspekt unserer Existenz als Christen immer wieder ins Bewusstsein rufen und Menschen veranlassen, sich mit globalen Fragen auseinander zu setzen. Das bedeutet nicht nur finanzielle Hilfe für die Menschen im Süden, sondern auch, die Konfliktlinien zwischen Nord und Süd, die sich ja immer stärker auch in unsere eigene Gesellschaft hineinverlagern (Asylfrage, Debatte um den Standort Deutschland), bewusster wahrzunehmen und dazu Stellung zu beziehen.[14]

Spätestens im *Konziliaren Prozess für Gerechtigkeit, Frieden und Bewahrung der Schöpfung* wurde der Zusammenhang zwischen lokalen Phänomenen, z.B. der Ungerechtigkeit rund um den Globus untereinander und mit der Weltwirtschaftsordnung, von den Kirchen thematisiert. *Think globally – act locally* lautete die Devise. Aufklärung nicht nur über unsere (Mit-) Verantwortung für die Ursachen der Armut weltweit, sondern auch über den Zusammenhang weltweiter Armut mit Armut im eigenen Land rückten damit tendenziell in den Aufgabenbereich evangelischer Entwicklungsarbeit. Die Diakonie hatte schon 1959 mit der »Aktion Brot für die Welt« einen neuen

---

14 Die EKD-Denkschrift von 1973 führt dazu aus: »Die Christen werden zum Anwalt für Gerechtigkeit in der Welt. Sie warten nicht, bis die sozialen Probleme im eigenen Volk gelöst sind, ehe sie sich den sozialen Nöten der anderen Völker zuwenden. Sie setzen sich für eine Änderung der Besitzverhältnisse ein, wo diese eine volle Beteiligung aller Bevölkerungsgruppen an der Entwicklung verhindern. Sie wehren sich gegen das Profitstreben als einzigen Motor der wirtschaftlichen Entwicklung und verhelfen solchen Maßnahmen zur Geltung, die den Ausgleich zwischen den reichen und den armen Völkern erleichtern«, Rat der EKD (Hg.): Der Entwicklungsdienst, Abschnitt 72, 175.

Blickwinkel erhalten, insofern die Armut im eigenen Land durch die Wahrnehmung des Welthungers relativiert wurde.[15] Im Zuge der Weiterentwicklung der Debatte über die Mechanismen und Zusammenhänge der Weltwirtschaft erhielt die Diakonie durch »Brot« dann auch einen anderen interpretativen Zugang zu den Phänomenen von Armut und Reichtum insgesamt. Erkenntnisse aus der Anwaltschaft für die weltweit Armen halfen auch die anwaltliche Aufgabe im eigenen Land zuzuspitzen und zu profilieren. Nun tritt der integrale Zusammenhang des nationalen, regionalen und globalen Kampfes gegen Armut in den Blick:

a) Entwicklungspolitik in Osteuropa

Das Ende des Kalten Krieges hat der Globalisierung zum endgültigen Durchbruch verholfen und die Teilung der Welt in Ost und West aufgehoben. Damit ist tendenziell auch die strikte regionale Aufteilung der deutschen Ökumenischen Diakonie in »Brot für die Welt« einerseits und *Hoffnung für Osteuropa* andererseits schwierig geworden.

Hoffnung für Osteuropa war nach dem Niedergang des Kommunismus in Osteuropa als Spendenorganisation in der Trägerschaft der EKD, des DW EKD, der evangelischen Diasporawerke, der Landeskirchen und ihrer Diakonie und einiger Freikirchen gegründet worden. Die Evangelische Kommission für Mittel- und Osteuropa (EKMOE) koordiniert die Osteuropaarbeit innerhalb der EKD und begleitet die Aktion *Hoffnung für Osteuropa*. Im Prinzip die Hälfte der im Zeitraum 1994–2002 eingeworbenen mehr als 10 Mio. Euro fließen in die Partnerschaftsarbeit der Landeskirchen, damit ihre Partnerkirchen in Mittel- und Osteuropa (zwischenkirchliche Hilfe) und lokale Patenschafts-, Hilfstransport- und Partnerschaftsbeziehungen von Initiativgruppen und Gemeinden begünstigen. Die andere Hälfte ist – überwiegend – sozial- und gesellschaftsdiakonischen Aktivitäten gewidmet und wird vom DW EKD mit Partnern in Mittel- und Osteuropa umgesetzt. Vom Zentralaufkommen von *Hoffnung für Osteuropa* wurden im Jahr 2002 14 Partner in neun Ländern in den Bereichen Aus- und Fortbildung von Mitarbeitenden in diakonischen Einrichtungen, Arbeit mit behinderten Kindern, Straßenkindern und Obdachlosen, Umweltschutz, Verhinderung von Frauenhandel, HIV/Aids-Prävention, Friedenspädagogik und Schutz von religiösen und ethnischen Minderheiten unterstützt.

---

15 »Wir mühen uns [in unserer Wohlfahrtsgesellschaft; Anm. d.Verf.] auf den obersten Stufen einer großen Treppe um einen besseren Standort; will sagen um eine intensive Betreuung und angemessene Versorgung der unseren Pflege Anbefohlenen [...]. Wir sind hier gewiss weiterhin gefordert. Aber tief auf den untersten Stufen brechen zahllose Menschenbrüder zusammen, ohne Hoffnung auch nur ein wenig in die Höhe zu kommen.« Christian Berg: »Brot für die Welt«, 3.

Die Gründung von »Hoffnung von Osteuropa« neben der Entwicklungs-Spendenorganisation »Brot für die Welt« geschah zu einem Zeitpunkt, als die Zuordnung und Position der mittel- und osteuropäischen Länder auf der Treppe der Entwicklungshierarchie noch unklar war. Mittlerweile sind einige Länder dabei, sich ökonomisch deutlich an westeuropäische Verhältnisse der unteren Stufe (Portugal etc.) heranzuarbeiten und für eine EU-Mitgliedschaft zu qualifizieren. Andere Länder dagegen – z.B. Albanien oder die sog. Stan-Länder – sind in ihrem wirtschaftlichen und sozialpolitischen Niveau massiv abgefallen und entsprechen inzwischen längst den OECD-Kriterien. Das heißt sie haben Entwicklungsländerstatus (einige gehören sogar zu den LDCs, den aller- unterentwickeltsten und ärmsten Ländern der Welt) und fallen somit in das »Brot für die Welt«-Mandat. Der EED hat daraus schon die Konsequenzen gezogen und fördert Partner in diesen Ländern. Für eine differenzierte Betrachtung Mittel- und Osteuropas und eine zeitgemäße Neuordnung der Instrumente und Zuständigkeiten der ökumenischen Diakonie ist darum die Zeit gekommen.

b) Die soziale Frage in Zeiten der Globalisierung
In Zeiten der Globalisierung kann sich (fast) kein Winkel der Erde mehr der Logik und Praxis des Weltmarktes entziehen. Soziale Sicherheit und Gerechtigkeit, die zu den Grundforderungen von Diakonie und Entwicklungspolitik gehören, werden weltweit als Hemmnisse der gegenwärtigen »Glücksbringer« – Liberalisierung und Deregulierung – angeprangert und zurückgedrängt. Die Teilung der Welt in arm und reich vertieft sich im Zuge der Globalisierung. Der globale Wohlstandsgraben verläuft indes nicht mehr nur zwischen Staaten bzw. Kontinenten, sondern trennt zunehmend auch die Menschen innerhalb eines Landes. Für die zahlungskräftigen Bevölkerungsgruppen in Nord und Süd bringt die Globalisierung eine Angleichung der Lebensstile und des Ressourcenverbrauchs auf hohem Niveau. Armut und Not wachsen aber auch in den Industrienationen, weil dort Arbeitsplätze, Realeinkommen und staatliche Sozialleistungen zurückgehen. Armut ist global geworden, Armutsbekämpfung zu einem unteilbaren globalen Ziel.

Das Motto scheint sich verkehrt zu heben: *Think locally – act globally.* Die Welt ist in Zeiten der Globalisierung zum *Dorf* (global village) geworden, in dem Menschen an verschiedensten Stellen der Erde sich in derselben Position (nicht Situation) wiederfinden: als *global player*, transnational operierende Geldanleger und Investoren, oder als deren Spielbälle. Das hat auch Konsequenzen für die Unterstützung der Selbsthilfeorganisationen marginalisierter, ausgegrenzter Bevölkerungsgruppen: Eine Unterstützung und Vernetzung auf ausschließlich lokaler Ebene greift zu kurz, solange Menschen/Bevölkerungsgruppen/ganze Regionen auf der Suche der global player nach den günstigsten Standorten gegeneinander ausgespielt werden können. Die *soziale Frage* kann in Zeiten der Globalisierung nur noch international gelöst werden. Im Rahmen verschiedener Gipfelkonferenzen haben sich die Regierungen in Nord und Süd auf die Eckpunkte einer Weltsozialordnung verständigt.[16] Eine politische, an sozialen Mindeststandards ausgerichtete Definition der Rahmenbedingungen auf nationaler und internationaler Ebene ist dafür unabdingbar. An deren Formulierung und Durchsetzung zu arbeiten, ist Aufgabe der Diakonie insgesamt und weltweit. Erklärungen des Diakonischen Werkes zum UN-Sozialgipfel u. ä. werden darum gemeinsam von Diakonie und Ökumenischer Diakonie abgegeben, und zunehmend kommt es zur Vernetzung derjenigen Gruppen und Partner, für die das Diakonische Werk im In- und Ausland, im Süden, in Ost- und Westeuropa und auch im eigenen Land eintritt. Ausdruck davon sind gemeinsame Projekte und Kongresse im In- und Ausland (etwa im Bereich der Arbeit mit Straßenkinderorganisationen, mit Frauenhandel und Zwangsprostitution) – zuletzt im Rahmen der »Dekade zur Überwindung der Gewalt« (DOV) des ÖRK das globale Projekt »Gewalt gegen Frauen«.

c) Die Zukunft des Sozialstaates in Europa
Mit dem Zusammenwachsen Europas und der geplanten Aufnahme der Staaten aus Mittel- und Osteuropa in die EU sind ferner auf dem Gebiet des Sozialschutzes Entwicklungen abzusehen, die die Stellung der Diakonie in der Gesellschaft nicht unberührt lassen. Entscheidungen des Europäischen Gerichtshofes greifen bereits unmittelbar in das deutsche Sozialsystem ein. Das Diakonische Werk muss darum um der Sicherung der Interessen derer, deren Anwalt es ist, und der eigenen Arbeit willen immer stärker Einfluss auch auf die Brüsseler Diskussion um die Zukunft der Wohlfahrtspflege im sozialen Versorgungssystem und um die Mindeststandards des Sozialstaats in Europa nehmen. Gleichzeitig muss sie bestrebt sein, den Kirchen in den Ländern, die Beitrittskandidaten für die EU sind, zu helfen, Strukturen armutsorientierter sozialer Arbeit der Diakonie aufzubauen und ihren Regierungen Vorschläge für die Gestaltung

---

16 Vgl. OECD/DAC: Shaping the 21st Century: The Contribution of Development Co-operation, Paris 1996.

des Sozialstaats zu machen, die »europafähig« sind und längerfristig helfen, die EU-Standards zuungunsten der schwächsten Glieder der Gesellschaft nicht noch weiter abzusenken. Dazu wurde das Netzwerk Eurodiakonia geschaffen.[17]

Diakonie definiert sich angesichts dieser Entwicklungen zunehmend ökumenisch und begreift Entwicklungsarbeit als integralen Bestandteil ihres Mandates in Zeiten der Globalisierung. In verschiedenen Ländern, z.b. in Schweden und Kanada, wurden darum vormals separat gegründete kirchliche Entwicklungsorganisationen in die diakonischen Strukturen der Kirchen integriert.

4.2 Die Gesamtverantwortlichkeit der Kirchen

Diese Entwicklung koinzidiert mit einer anderen, nämlich der Weiterentwicklung der ökumenischen Beziehungen zwischen Nord und Süd. Es herrscht Übereinstimmung darüber, dass primäres Subjekt diakonischen Handelns die lokalen Kirchen sind und dass weltweite Diakonie auch Hausaufgaben vor der eigenen Tür beinhaltet und so zu geschehen hat, dass sie die globalen Fragen lösen hilft.

a) Die Kirchen des Nordens nehmen demnach ihr diakonisches Mandat für Menschen in anderen Kontinenten auch wahr, indem sie zuhause gegenüber transnationalen Unternehmen und ihren Regierungen die Interessen der Partner vertreten – z.b. im Kampf gegen Diktaturen und Apartheid – und indem sie sich für die erforderlichen Veränderungen internationaler wirtschaftlicher Rahmenbedingungen und für eine globale Strukturpolitik engagieren, die den armen Ländern volle Teilhabe und bessere Chancen garantieren. Sie nehmen es aber auch so wahr, dass sie sich z.B. nicht nur im weltweiten Menschenrechtsschutz engagieren, sondern auch für den Menschenrechtsschutz im eigenen Land (z.B. im Blick auf Asylsuchende) – und zwar mit den gleichen Standards und als Bestandteil des gleichen globalen Kampfes.

b) Die Kirchen in Afrika, Lateinamerika, Asien und Osteuropa nehmen ihre eigene diakonische Verantwortung für die lokale Bevölkerung ernst und wahr – und mobilisieren dafür eigene Mittel und schaffen eigene Strukturen, statt in einer reinen Nehmerposition zu verharren.[18] Die Partnerkirchen in Süd (und seit Anfang der 1990er auch Ost) dabei mit Mitteln von Kirchen

---

17 Siehe Art. XII. Kirchliche Föderationen – das Beispiel Eurodiaconia, 260–267.
18 »Diakonie ist mehr als nur Hilfe der Starken für die Schwachen. Ein solches Diakonieverständnis kann zu paternalistischen Haltungen und Vorgehensweisen sowie zur Schlussfolgerung führen, einige Kirchen seien nicht fähig, diakonische Arbeit zu leisten, weil es ihnen an Ressourcen und Kenntnissen fehlt. Diese Sichtweise können wir nicht akzeptieren. Diakonie ist Teil der Berufung aller Kirchen und aller Christen und Christinnen in der Welt.« Schreiben an alle Mitgliedskirchen.

helfen Kirchen und im Rahmen von Präventionsmaßnahmen auch DKH-Mitteln finanziell zu unterstützen und dazu durch Aus- und Weiterbildungsmaßnahmen und Beratung zu befähigen (*capacity building* genannt), ist darum seit längerem ein zentrales Anliegen und Inhalt der Arbeit der Ökumenischen Diakonie in Deutschland und in den anderen europäischen Hilfswerken. In Asien, Afrika, Osteuropa sind in dessen Folge – z.B. mit CASA in Indien, AIDROM in Rumänen, HIA in Ungarn – inzwischen große diakonische Werke entstanden. Sie leisten inzwischen nicht nur im eigenen Land diakonische Arbeit im Bereich humanitärer Hilfe und langfristiger Strukturhilfe. Vielmehr unterstützen sie auch in ihrer jeweiligen Region andere Kirchen dabei. Das heißt, sie sind inzwischen selbst auch als Handlungssubjekte in der Ökumenischen Diakonie tätig. Auch die Stipendienprogramme der Ökumenischen Diakonie – mit einem Gesamtvolumen von 2,3 Mio. Euro im Jahr 2003 – sollen zum Capacity-Building der Partner beitragen.

Damit nähert sich die weltweite Christenheit dem paulinischen Idealbild des einen Leibes unter dem Haupt Christi: An ihm hat jedes Glied seine je eigene Funktion und Aufgabe und nimmt sie mit den ihm dazu verliehenen Gaben selbständig wahr. In ihm sind alle Glieder aber auch so miteinander verbunden, dass sie einander Schmerz und Glück melden und sich wechselseitig beistehen in Freud und Leid. In ihm unterstützen sie sich gegenseitig so bei der Ausfüllung der Aufgabe, dass sie gemeinsam in der Welt ihren Auftrag als Kirche Jesu Christi erfüllen – hier insbesondere den Auftrag, die Schreie der Notleidenden zu hören, für ihr Recht einzutreten und für das Reich Gottes der Gerechtigkeit und des Friedens zu wirken.

5. Literatur zur Weiterarbeit

EMW (Hg.): »Der Mission verpflichtet«, aus: EMW-Informationen Nr. 125, Februar 2002.

Hauchler, Ingomar/Messner, Dirk/Nuscheler, Franz (Hg.): Globale Trends 2000, Frankfurt a.M. 1999.

Schäfer, Gerhard K.: »Diakonie ist aus einer lebendigen Tradition innovativ.« Die Geschichte der Diakonie im europäischen Kontext – Johann Hinrich Wichern und die Ökumene, in: Diakonie ist Kirche – zur Konfessionalität eines Wohlfahrtsverbandes, Diakonie-Dokumentation 03/99, 15–23.

Anhang

1. Bibelstellenregister

1. Altes Testament

Gen (1. Mose)
1	525
1,27f.	525
3,21	19
12	457
18	21
18,9–14	457
27,1	457
48,10	457

Ex (2. Mose)
18,14	242
20,12	457
21,2–11	169
21,15.17	457
22,20	169, 521
22,21	537
23,9	521
34,6	20

Lev (3. Mose)
19,9–18	19
19,32	457
24,22	521

Num (4. Mose)
15,5f.	521
26,52–56	167

Dtn (5. Mose)
4,40	457
5,16	457
6,20ff.	441
10,17f.	161
10,18	20, 537
10,18f.	521
11,9	457
16,10	228
24,17	537
26,5f.	169
34,6	19

Rut
1,12	457
1,20f.	457

2. Sam
19,36–38	457

1. Kön
1,1f.	457
1,50ff.	521
2,28–30	521

Tob
4,16	177

Ijob (Hiob) 167

Ps 169
8	537
10,14	537
21,5	457
23,5f.	457, 521
24,1	142
35,10	168
68,6	20, 537
82,3.4	489
85,11	204
90,16	537
92,15	457
103,8	20
117,6	356
121,6	592
127,3	537

Spr
3,2	457
3,16	457

Koh (Pred)	*167*	10,45a	21, 30
12,1–7	457	14,9	441
		15,41	22
Jes			
49,8	356	*Lk*	*29*
53,10	457	1 f.	537
58,7	552	1,18.36	457
61,1 f.	170	1,53 f.	29
		2,36–38	457
		2,46–50	457

2. Neues Testament

		3,10–13	29
		5,11.28	29
Mt	357	6,20 f.24 f.	29, 205
4,11	17	6,31–32	177
5,46	172	6,36	18
7,12	177	8,3	22
9,8–26	537	8,40–56	537
10,7 ff.	23, 34, 515, 518	9,3	29
10,40–42	23 f.	9,37–43a	356
12,49 f.	24	9,46–48	536
15,21–28	356 ff.	9,49–51	183
17,14–20	356	10,4	23, 29
18,2 ff.	205, 536	10,7	23
18,6–10	24	10,25–37	356, 435
18–25	24	10,30–35	138, 183, 300, 591
19,13–15	536	10,40	17, 22
20,26 f.	20	12,33	29
23,11	20	12,37	17, 21
25	43, 85, 411, 515	13,4	441
25,31–46	24, 40, 43, 55, 172, 205 f., 356, 435, 521, 568	14,33	29
		16,9	29
		16,13	29
28,10	24	16,19–31	29
		17,8	17
Mk	357 f.	18,15–17	536
1,13	17	18,18–23	29
5,21–43	537	19,8–10	29
6,9	23	22,26 f.	20
7,24–30	356		
9,14–29	356	*Joh*	
9,22 ff.	356 ff.	4,43–54	537
9,31	22	10,10	159
9,33–37	22, 536	12,2	22
9,35	20, 22, 24	12,26	20
9,38–41	183	13,4 ff.	21, 205
10,13–16	536		
10,15	441	*Apg*	*32*
10,31	20	1,17.25	27
10,42–45	205	2,7–11	526
10,43 f.	20 f.	2,42–47	25, 27

4,32–35	25	6,2	356
4,32b	27	8f.	30
4,34f.	25, 27	8,3ff.	30, 598
4,36f.	25	8,9	30
5,1–11	25	8,24	30
5,15f.	568	8–9	40, 141, 206, 598
6	52, 141, 398	9,1	30
6,1ff.	17, 33, 206, 441	9,8	30
7	141	9,12	26, 30
11,29f.	141	9,13	30
12,25	27	11f.	30
16,9	356	11,7	23
19,12	568	11,8	27
20,24	27	11,13	23
20,35	29	11,23	27
21,19	27	12,16–18	23
21,28	356		
24,17	30	*Gal*	
27,17	356	1,18f.	26
		2,9f.	141
Röm		2,10	29
5,5	9	3,28	29, 205, 526
7	579	6,2	28
8,15	172	6,9f.	28, 172, 206
8,21f.	178		
11,13	27	*Eph*	
12,7	27	3,7	27
12,8	52	6,21	27
12,13	28		
15,7	518	*Phil*	
15,22	30	1,1	206, 441
15,26f.	26, 30		
16,1f.	31, 52, 208, 398, 568	*Kol*	
		1,7	27
1. Kor		1,23.25	27
3,5	27	3,18–4,1	29
9,6.13.17f.	23	4,7	27
9,16f.	205	4,12	27
10,17f.	205	4,17	27
11,17–34	28		
12	205	*1. Thess*	
12,6	26	3,2	27
12,12ff.	241	3,12	28
16,1f.	30		
		1. Tim	
2. Kor	26	1,12	27
3,3.6–9	27	3,8–12	32, 206
4,1	27	3,11	38, 398
5,17ff.	260	4,6	27
5,18	27	5,1ff.	568

5,4.16	33	4,16	356
5,10	33	13,6	356
5,18	23		
6,5	23	*Jak*	
6,17–19	33	1,27	537
		5,14 f.	568
2. Tim			
1,18	27	*1. Petr*	
4,5	27	4,8	172
		4,10 f.	32
Tit			
1,11	23	*Offb*	
		12,16	356
Hebr		21,6	23
2,18	356	22,17	23

2. Namenregister

Abrahamson, Peter 487, 498
Abs, Hermann Josef 365
Adam, Alfred 304
Adam, Gottfried 204, 421, 428, 431, 438
Albert, Jürgen 101, 243
Albrecht, Günther 548
Almberg, Britt 464
Alt, Jörg 528
Ammermann, Norbert 5, 122 ff.
Anderson, Gerald H. 145
Andreae, Johann Valentin 72
Antonius Pius 37
Apollos 27
Archippas 27
Arendt, Hannah 468
Aristides von Athen 37
Arsakios 302
Asendorpf, Jens 348 f.
Assmann, Jan 435
Aufhauser, Rudolf 392
Augustinus, Aurelius 579
Ayaß, Wolfgang 553

Baart, Andries 221
Bach, Ulrich 12, 85, 91, 202, 216, 220
Backes, Gertrud M. 466
Baecker, Dirk 361
Bährle, Heike 14

Balasubramanian, Rajangam 186
Baltes, Paul B. 459, 466
Baltruweit, Fritz 214 f., 415
Balzer, Reinhold 484
Barth, Karl 105 f., 413
Basilius von Cäsarea 42 f., 411
Bastl, Beatrix 71
Batinic, Bernard 595
Battung, Mary Rosario 413
Batusta, Liberato C. 413
Baudot, Jacques 150
Baumgarten, Otto 100
Bäumler, Christof 223
Bautz, Thomas 14
Beavin, Janet H. 347
Beck, Ulrich 191, 368, 370, 513
Becke, Andreas 186
Becker, Irene 489
Becker, Uwe 430
Beckmann, Jan P. 585
Beek, Huibert van 148
Beher, Karin 372, 375, 377
Behr, Heinrich 509
Beier, Peter 266
Bellermann, Martin 354
Benad, Matthias 60
Benedict, Hans-Jürgen 259
Benedikt von Nursia 43, 288
Benn, Christoph 606
Benz, Benjamin 493, 497

Berg, Christian 601, 608
Berger, Klaus 18, 186, 410
Beutel, Helmuth 484
Beyer, Heinrich 392
Beyreuther, Erich 67, 246, 303, 443
Bhullar, Singh 520f.
Bickel, Lis 418, 484
Biedenkopf, Kurt 78
Bierhoff, Hans-Werner 373, 436
Bieritz, Karl-Heinrich 191
Billerbeck, Paul 18
Bismarck, Otto von 75
Bitter, Gottfried 426
Blauermel, Gregor 477
Bleicher, Knut 279, 286
Blyth, Myra 157
Bobke, Manfred H. 392
Boch, Karin 536, 539
Böcker, Werner 424
Bodelschwingh, Friedrich v. (d.Ä.) 60, 102f., 271, 304, 425, 502, 548
Bodelschwingh, Friedrich v. (d.J.) 247
Boeckh, Jürgen 497
Böhlemann, Peter 415
Böhmer, Maria 554
Boff, Leonardo 196ff.
Bohnert, Joachim 297
Bonhoeffer, Dietrich 156, 199, 211, 218, 409f.
Borcherdt, Hans Heinrich 490
Borromäus, Karl 72
Bosinski, Gerhard 424
Boulad, Henri 162
Bourbeck, Christine 108
Bovet, Theodor 512
Bowker, John 185
Brakelmann, Günter 61, 333
Brakemeier, Ruthild 399
Braun, Joachim 370, 382
Braune, Paul-Gerhard 63, 247f.
Bremer, Bettina 14
Brenner, Tobias 299
Brocke, Michael 167
Brockopp, Gene W. 593
Broll, Berthold 257
Brück, Michael von 186
Brüll, Hans-Martin 256

Brunkhorst, Hauke 259
Buber, Martin 508
Bucer, Martin 51
Buddha 178ff.
Burgheim, Werner 349
Burgsmüller, Alfred 212
Burkart, Thomas 373
Büttner, Gerhard 430

Calvin, Johannes 51f., 207
Campenhausen, Axel Frhr. von 247, 250, 252, 294, 297
Capulong, Noriel C. 413
Carlberg, Peter 348
Chalmers, Thomas 73
Chirac, Jaques 81
Christl, Frank 595
Christoph, Joachim E. 295, 299
Classen, Georg 524, 534
Claussen, Ulf 475
Clemen, Carl 102
Clemens, Wolfgang 466
Class, Gottfried 343
Coenen-Marx, Cornelia 7, 393ff.
Collins, John N. 17
Comblin, José 198ff.
Comenius, Johann Amos 73
Conradi, Elisabeth 468
Conze, Edward 186
Cordes, Martin 209, 407
Cornehl, Peter 426
Crüsemann, Frank 19
Cyprian 40

Dabrock, Peter 436
Daiber, Karl-Fritz 112
Dautzenberg, Gerhard 35
Dedring, Stephan 258
Degen, Johannes 6, 92, 218, 228ff., 240, 255, 259, 286, 312
Dehn, Ulrich 163, 182
Deissler, Alfons 166
Delors, Jacques 497
Dessecker, Helmut 466
Dettling, Warnfried 258, 392
Dettmann, Joachim 350
Dickertmann, Dietrich 336
Dietzfelbinger, Helmut 425
Dietzfelbinger, Maria 519
Dinkel, Christoph 227

Diokletian 38
Dominikus 46
Doppler, Klaus 286
Dörner, Dietrich 127
Dörner, Klaus 506
Dräger, Christian 571
Drews, Paul 61
Drude, Hartwig 550
Duden, Barbara 565
Dünner, Julia 372

Ebach, Jürgen 168
Eccles, John 347
Eibach, Ulrich 8, 573, 576 ff.
Eigenmann, Urs 217
Eisen, Ute 32
Eisert-Bagemihl, Lars 258
Elias, Norbert 69 f.
Elisabeth von Thüringen 412
Engel, Martin 426, 438
Engelhardt, Klaus 513
Engelsberger, Gerhard 429
Epiktet 17
Erdmenger, Katharina 343
Erhard, Ludwig 230
Erhardt, Hans-Jochen 294
Erning, Günter 538
Etzioni, Amitai 370
Etzold, Eckhard 348

Falco, Arz de 565
Falk, Johannes Daniel 424, 538
Falk, Juliane 575
Falterbaum, Johannes 259, 297
Faulstich, Werner 335
Fawcett, Jane 571
Feld, Helmut 46
Fermor, Gotthard 203
Feuerlein, Wilhelm 585
Fey, Harold E. 143
Fink, Ulf 366
Fischer, Claudia 337
Fischer, Kai 350
Fischer, Ralph 382
Fleßa, Steffen 115, 572, 575
Fliedner (Bertheau), Caroline 57, 397
Fliedner (Münster), Friederike 57, 395, 397, 401, 411, 442, 458, 538
Fliedner, Theodor 57 f., 208 f., 241, 271, 332 f., 395 ff., 411, 425, 442, 458, 538, 569
Flierl, Hans 308, 310 f.
Flor, Georg 522
Flösser, Gaby 236
Fluri, Edgar 286
Foitzik, Karl 224, 382
Förster, Heinz von 127
Francke, August Hermann 53 f., 73, 261, 304, 332, 424, 537
Franziskus von Assisi 46
Frey, Christofer 436
Frick, Constantin 247 f.
Friedell, Egon 593 f.
Friedrich Wilhelm IV. 395
Fry, Elisabeth 442
Fryer, David 472, 477
Fuchs, Ottmar 116, 190, 202
Füllkrug, Gerhard 267, 599
Füllkrug-Weitzel, Cornelia 8, 597 ff.

Gabriel, Karl 140
Gächter, Othmar 174
Galen, Clemens August Graf von 63
Gassmann, Günther 142
Gastpar, Markus 585
Gellerstam, Görtan 491
Gennerich, Carsten 134, 140
Gerhard, Michael 574
Gerhardt, Martin 290
Gern, Wolfgang 220
Gerstenkorn, Uwe 484
Gerstenmaier, Eugen 63 f., 104, 107, 211, 248, 292
Gillich, Stefan 553
Giroud, Charles 286
Glock, Martin 574
Göggelmann, Walter 104
Gohde, Jürgen 6, 12, 221, 257, 260 ff., 267, 315, 331, 343, 392, 474, 542, 546
Goll, Eberhard 286, 315
Gönnheimer, Stefan 421, 427
Görg, Manfred 21
Goßmann, Elsbe 224
Götzelmann, Arnd 7, 115, 186, 216, 219 f., 222, 226 f., 392, 451, 535 ff., 542, 545
Graf, Friedrich Wilhelm 315
Grafström, Margarete 464

Gregory, Alexander 350
Gremels, Georg 429
Greschat, Martin 87, 105
Grethlein, Christian 296
Grimm, Jakob 355
Grimm, Wilhelm 355
Gronbach, Reinhart 428
Grote, Christof 222
Grün, Willi 73
Grünberg, Paul 102
Guarini, Orio 392
Guillermo, Alice G. 413
Güntert, Bernhard J. 140, 251, 286
Günthör, Anselm 186
Gunzelmann, Thomas 593
Gutierrez, David 303

Haas, Hanns-Stephan 7, 439ff., 451
Habenicht, Ingo 587, 595
Habermas, Jürgen 130
Haid-Loh, Achim 519
Haite, Dieter 214
Haker, Hille 566
Halberstadt, Helmut 511f.
Halfar, Bernd 308, 310, 314
Hamburger, Franz 545
Hammann, Gottfried 39, 51, 67
Hanesch, Walter 489
Hanisch, Helmut 428, 438
Hansen, Finn Kenneth 487, 498
Harlow, Rex 334
Harnack, Adolf von 38, 40
Harsch, Helmut 588
Hartmann, Klaus 7, 415, 455ff.
Hase, Hans Christoph von 211, 338, 410, 412
Hassold, Herbert G. 341
Hauchler, Ingomar 612
Hauff, Adelheid M. von 208
Hauser, Richard 489
Hauschildt, Eberhard 118f.
Hazelton, Lyman 335
Heider, Martin 157
Heimbrock, Hans-Günter 413, 424
Heinold, Hubert 534
Heinz, Wolfgang S. 605
Heinze, Rolf G. 369, 371
Heller, Andreas 133, 140
Heller, Dagmar 142
Hellwig, Jan 214

Hendriks, Jan 224
Hengsbach, Friedrich 114
Henke, Klaus-Dirk 571
Henke, Martin 553
Henseler, Heinz 586
Herbst, Michael 213
Herck, Eckhard van 143
Herder, Johann Gottfried 55
Hermsen, Thomas 365
Herrmann, Ilona 407
Herrmann, Volker 5, 36ff., 115, 186, 221, 227, 258, 392, 412
Hilb, Martin 440
Hildemann, Klaus 7, 455ff.
Hilger, Georg 433
Hindle, Tim 237
Hoburg, Ralf 267
Höffe, Otfried 565
Hofmann, Beate 411f., 414, 416ff., 420
Holtz, Traugott 28, 34
Holzhauer, Hans-Jürgen 332, 335, 340
Holzherr, Georg 569
Honecker, Martin 471
Horn, Friedrich Wilhelm 25
Höroldt, Dietrich 243
Huber, Wolfgang 435, 566
Hübinger, Werner 376
Hübner, Ingolf 246
Huster, Ernst-Ulrich 7, 354, 485ff.

Igl, Gerhard 310
Ignatius von Antiochien 32, 39
Isensee, Josef 299
Iserloh, Erwin 168

Jackson, Don D. 347
Jacobi, Juliane 425
Jäger, Alfred 6, 92, 140, 229, 235, 237, 240, 251, 271ff., 308, 316, 415
Jähnichen, Traugott 7, 61, 436, 467ff.
Jahoda, Marie 471, 468
Jakob, Gisela 374
Jansen, Karl 242
Janssen, Albert 297
Jansson, Wallis 464
Jantzen, Wolfgang 503

Järveläinen, Matti 110
Jennings, Bruce 593
Jéremie, Metropolit 83
Jetter, Dieter 569
Jörns, Klaus-Peter 590 ff.
Johannes Chrysostomos 39
Johannes Paul II. 557
Jolberg, Regine 208
Jordan, Erwin 545
Josephus 17, 26, 32
Julian Apostata 37, 302
Jüllig, Carola 60, 62, 67, 243, 250, 425, 504, 549
Jüngel, Eberhard 114
Just, Wolf-Dieter 7, 520 ff., 531, 534

Kaiser, Jochen-Christoph 67, 87, 227, 243 ff., 250, 258, 290, 371, 397
Kaller, Paul 545
Kamphaus, Franz 557
Kant, Immanuel 581
Kässmann, Margot 147
Katterle, Siegfried 468
Kaufmann, Franz-Xaver 140, 251, 286
Keller, Adolf 143, 599
Kellermann, Yvonne 542 f.
Kerber, Walter 186
Kerkhoff, Engelbert 424
Kern, Wolfgang 429
Kerres, Andrea 574 f.
Kessler, Diane 151
Ketteler, Wilhelm Emmanuel von 168
Khoury, Adel Theodor 186
Kinnamon, Katherine 147
Kinzinger, Wolfgang 515, 519
Kistler, Ernst 370
Klauck, Hans-Josef 35
Klages, Helmut 370, 382
Klein, Ansgar 370, 382
Klein, Michael 70
Klein, Susanne 585
Kleinert, Ulfried 218, 258, 418
Klessmann, Michael 7, 510 ff., 573
Klinnert, Lars 436
Klose, Roland 250
Klug, Wolfgang 256 f.
Knapp, Ulla 468
Kniffka, Jörg 333

Koch, Klaus 166
Koch-Straube, Ursula 466
Kock, Manfred 5, 10
Koerrenz, Ralf 407, 425
Kohler, Marc Edouard 12
Kohler-Weiß, Christiane 566
Kollmann, Bernd 356
Kollmann, Roland 224, 428, 431, 438
Kopfermann, Dorothea 244
Kopp, Karl 534
Kopp-Engel, Beate 426, 438
Korthe, F. 334
Koselleck, Reinhard 87
Krause, Gerhard 490
Kraus-Weysser, Folker 350
Kreiker, Sebastian 48
Kreisel-Liebermann, Hanna 484
Krieg, Walter 276
Krimm, Herbert 37, 67, 107 f., 242, 248, 292, 302, 332, 410, 412
Krobath, Thomas 133, 140
Krockauer, Rainer 223
Krolzik, Udo 129, 140, 251, 286
Krupp, Hans-Jürgen 392
Krzeminski, Michael 337
Kühne, Peter 534
Küng, Hans 160
Kuhlmann, Helga 7, 554 ff., 566
Kuhrau-Neumärker, Dorothea 186
Kuhns, Hubertus 14
Kuld, Lothar 165, 421, 427
Kunstmann, Wilfried 466
Kutsch, Ernst 168

Laktanz 38
Lamp, Ida 484
Landenberger, Johannes 502
Lange, Ernst 13, 217 f., 222, 258, 426
Lange, Rainer 340
Lauterberg, Christoph 286
Lauterer, Heide-Marie 399
Lavisse, Ernest 593
Lazarsfeld, Paul F. 471
Lechner, Martin 545
Lehr, Ursula 459, 466
Leibfried, Stephan 497
Leimgruber, Stephan 433
Leitmann, Gerda 429

Lenzen, Verena 186
Leo XIII. 73
Lester, David 593
Leupold-Löwenthal, Harald 593f.
Lichtenstein, Ernst 432
Liebig, Reinhard 6, 366ff.
Liedtke, Patrick M. 392
Lienemann, Wolfgang 25, 35, 37
Liermann, Hans 299
Liese, Wilhelm 24, 168
Lilje, Hans 247
Lindlach, Peter 350
Lizares-Bodegon, Sophia 413
Lödel, Ruth 466
Loeper, Angelika 533f.
Loeper, Dankwart 533f.
Loewenich, Herrmann von 513
Löhe, Wilhelm 59, 95, 569
Lohfink, Gerhard 35, 398
Lohmann, David 92, 140, 281, 286
Lohmann, Theodor 60, 75, 104
Long, Larry W. 335
Lorenz, Heinz 219
Lossky, Nicolas 143, 145f.
Lotze, Rudolf 509
Lücke-Jansen, Heiner 515, 519
Lüders, Wolfram 512, 519
Ludolphy, Ingetraut 569
Luhmann, Niklas 114, 127, 360, 362
Lukatis, Ingrid 209
Lukatis, Wolfgang 214
Lukian 24
Lüpke, Klaus von 509
Luthe, Detlef 335f.
Luther, Martin 48ff., 207, 388, 423f., 490f., 569
Lüttichau, Siegfried Graf von 247
Luz, Ulrich 5, 17ff., 356

Maaser, Wolfgang 259, 436
Macfarland, Charles 143
Maelicke, Bernd 331
Malik, Fredmund 286
Mann, Karl 585
Marholdt, Anke 425
Marillac, Louise de 72
Marx, Karl 113, 196
Matthes, Joachim 229
Maturana, Humberto R. 347f.
Mayer, Karl Ulrich 459, 466

Mayer, Rudolf 386
McManama, Brigitte 509
McGee, Richard K. 593
Meinhold, Peter 338, 395
Mergner, Ulrich 476
Merklein, Helmut 35
Messner, Dirk 612
Mette, Norbert 223
Metz, Johann Baptist 165, 195
Miegel, Meinhard 307, 316, 375
Mildenberger, Irene 224
Miller, Gabriele 426
Mineshige, Kiyoshi 29, 35
Minnameier, Gerhard 436
Mittelstraß, Jürgen 466
Moeller, Michael Lukas 190ff., 201f.
Mollat, Michel 44
Möller, Christian 411f.
Moltmann, Jürgen 106, 111f., 117, 189, 212, 217, 468
Montaigne, Michel de 484
Morgenthaler, Christoph 118
Morton, Ian 465
Muckel, Stephan 186
Müller-Fahrenholz, Geiko 117, 121
Müller, Klaus 121, 186, 355
Müller, Karlheinz 35
Müller, Siegfried 369, 382
Müller, Ulrich 591
Müller-Kohlenberg, Hildegard 369
Müller-Römheld, Walter 413
Müller-Störr, Clemens 595
Murray, Geoffrey 143
Mutz, Gerhard 370
Mybes, Fritz 210

Naumann, Friedrich 61, 104f.
Neck, Clemens 337
Neidhard, Friedhelm 191
Neijenhuis, Jörg 226
Nell-Breuning, Oswald von 359
Nethöfel, Wolfgang 140
Neumann, André 350
Neumann, Hanspeter 340
Neumann, Karl 538
Nielsen, Helge Kjaer 19
Niessen, Jan 83
Nightingale, Florence 398, 442
Nipkow, Karl Ernst 432

Nitzsch, Carl Immanuel 99f., 102
Noack, Winfried 336
Noll, Heinz-H. 370
Nowak, Kurt 62
Nuscheler, Franz 612
Nutzinger, Hans G. 392

Obergassel, Josef 588
Oberhammer, Gerhard 174
Oberlin, Johann Friedrich 56, 208, 424, 538
Oeckl, Albert 332f., 339
Oepke, Albrecht 169f.
Oetker-Funk, Renate 519
Offe, Claus 369f.
Ohl, Otto 247f., 372
Öhlschläger, Rainer 256
Olbrich, Robert 585
Olk, Thomas 119, 256, 369, 371, 373, 375, 382
Oppen, Dietrich von 339f.
Orlt, Jan 546
Otte, Hans 550
Ottnad, Adrian 307, 375
Otto, Hans-Uwe 236, 360, 368, 536, 545

Paegelow, Claus 553
Pahlke, Armin 297
Pannikar, Raimundo 186
Paul, Vincent de 72
Payne, R. 477
Pedersen, Sigfred 19
Pelkner, Eva 566
Perthes, Clemens Theodor 548
Pestalozzi, Johann Heinrich 55f.
Peterander, Franz 338
Peters, Sönke 229, 236
Petzold, Ernst 250
Pfannendörfer, Gerhard 342
Pfeffer, Maria Elisabeth 35
Pfeifer, Wolfgang 233
Philippi, Paul 92, 101, 107f., 110ff., 121, 157, 211, 398, 410, 412, 426
Piaget, Jean 436
Piel, Viktor 336
Pierson, Paul 497
Pithan, Annebelle 204, 224, 428, 431, 438

Pius XI. 358
Plato 21, 25, 169
Plonz, Sabine 468
Pompey, Heinrich 5, 11, 121, 158ff., 219, 415f.
Poser, Klaus 148
Posern, Thomas 220
Praetorius, Ina 566
Priller, Eckard 370
Puhl, Ria 340
Purtschert, Robert 286

Quinn, James Brian 329

Rad, Gerhard von 169
Radnitzky, Gerard 347
Raiser, Konrad 142, 146, 412, 429
Ramakrishna 163
Ratschow, Carl Heinz 185
Ratzmann, Wolfgang 224, 226
Ratzinger, Georg 67
Rau, Gerhard 258, 291, 299
Rauchfleisch, Udo 519
Rauschenbach, Thomas 6, 119, 256, 366f., 392
Rauscher, Anton 74, 168
Rebell, Walter 348
Recke-Volmerstein, Adelberdt v.d. 538
Rehm, Jürgen 585
Reihs, Sigrid 376
Reinecker, Hans 593
Reininger, Dorothea 398
Reitz-Dinse, Annegret 121
Rendtorff, Trutz 104, 300
Reuter, Hans-Richard 291, 299
Reyer, Jürgen 538
Rich, Arthur 108
Richardi, Reinhard 295
Ringeling, Hermann 120
Robins, Wendy S. 157
Robra, Martin 5, 141ff.
Röckle, Gerhard 216
Roepke, Claus-Jürgen 332, 334f.
Roger, Frére (Schutz) 413
Röhrig, Hermann Josef 433
Rommelspacher, Hans 585
Roos, Klaus 426
Rootmensen, Bernhard 224

Röper, Ursula 60, 62, 67, 243, 250, 425, 504, 549
Roscher, Wilhelm 73
Rosenbladt, Bernhard von 367, 377
Roser, Hans 267
Roß, Paul-Stefan 11, 121, 219, 416
Rosso, Henry A. 336
Roth, Leo 443
Rothe, Richard 102
Rothschild, Kurt W. 468
Rottländer, Peter 195
Rückert, Markus 6, 129, 286, 300 ff., 333
Ruddat, Günter 5 ff., 203 ff., 407 ff., 415, 509
Ruh, Hans 468
Ruhbach, Gerhard 409, 411, 420
Ruhfus, Martin 217, 258, 426

Sachße, Christoph 67, 119, 256, 371, 375, 392, 498
Sahle, Rita 258
Saunders, Cicely 479
Schaarschuch, Andreas 236
Schäfer, Gerhard K. 5 f., 18 f., 28, 35, 36 ff., 91 ff., 157, 186, 203 ff., 219, 227, 403, 451, 466, 612
Schäfer, Theodor 100 f.
Scharf-Wrede, Thomas 550
Scheffer, Reinhard T. 386
Scheffler, Jürgen 542, 549
Scherbaum, Norbert 585
Schian, Martin 102
Schibilsky, Michael 12, 227, 411 f., 414 ff., 420, 451
Schilling, Heinz 71
Schilling, Matthias 375
Schlaich, Klaus 291, 299
Schleiermacher, Friedrich D. Ernst 118, 122
Schlippe, Arist von 517
Schloz, Rüdiger 222
Schmidbauer, Wolfgang 365, 389
Schmidt, A. 334
Schmid, Carlo 522
Schmidt, Hanspeter 595
Schmidt, Heinz 7, 421 ff.
Schmidt, Jutta 209
Schmidt, Friedrich 222, 542, 545
Schmidt-Leukel, Perry 186

Schmieder, Heinrich Eduard 396
Schmitt, Wolfgang 542 f.
Schmitt-Pridik, Ursula 457
Schneider, Ulrich 186
Schneider, Siegfried 360
Schnitzspahn, Gerhard 545
Schober, Theodor 299, 338, 419
Schoen, Ursula 232, 358
Schölkopf, Martin 312
Schönfeld, Hans 248
Schottroff, Luise 403
Schrödter, Wolfgang 519
Schröer, Henning 203, 407, 410
Schröer, Wolfgang 545
Schroeter-Wittke, Harald 203, 407
Schubert, Britta von 421, 428, 509
Schubert, Hartwig von 515, 519
Schuhmacher, Klaus 341
Schüler-Brandenburger, Rolf 535
Schulte, Bernd 82, 87
Schulte-Vennbur, Hermann 337
Schumacher, Hermann 291
Schuster, Wolfgang 258
Schuy, Joachim 493
Schwarz, Christian A. 213
Schwarz, Fritz 213
Schwarz, Peter 277, 286
Schwarz, Roland 222
Schwarzer, Uwe 6, 84, 317 ff.
Schweizer, Eduard 28
Schweizer, Jochen 517
Seeberger, Bernd 574 f.
Seelmeyer, Udo 536, 539
Seibert, Horst 6, 113 f., 168, 332 ff., 355
Seidler, Eduard 568
Seifert, Helmut 295
Senge, Peter M. 127
Sengling, Dieter 545
Seraphim, Peter-Heinz 304
Sesselmeier, Werner 472, 477
Siebert, Horst 443, 468
Sieveking, Amalie 59
Slack, Kenneth 157
Smid, Marikje 209
Smith, Adam 68
Söderblom, Nathan 261 f.
Sölle, Dorothee 392
Somavia, Juan 496
Sondermann-Becker, Ulrich 549

Spankeren, Reinhard van 7, 546ff., 553
Späth, Lothar 230
Speck, Otto 338
Spencer, Herbert 68
Spener, Philipp Jakob 52f., 73
Spengler, Eberhard 296
Spittler, Christian Friedrich 538
Sprünken, Michael 354
Staab, Klothilde 129
Städtler-Mach, Barbara 8, 567ff.
Stange, Erich 587
Starnitzke, Dierk 6, 114, 353ff.
Staudinger, Ursula M. 466
Stein, Jürgen 115, 186, 392
Steinacker, Peter 513
Steinbächer, Zoltan 255, 297
Steinkamp, Hermann 5, 189ff., 212ff., 217f., 426, 590f.
Steinweg, Johannes 105, 244, 262
Stichterath, Christine 209
Stiehler, Matthias 573
Stierle, Wolfram 157
Stockhecke, Kerstin 553
Stoecker, Adolf 103f.
Stökl, Andreas 413
Stolleis, Michael 296
Stoller, Christiane 566
Stolt, Peter 258
Störmer, Norbert 7, 499ff.
Strack, Hermann Leberecht 18, 32
Stransky, Tom 146
Sträter, Beate 531, 534
Strohm, Theodor 5, 18f., 28, 35, 67, 68ff., 115, 121, 157, 186, 216, 227, 244, 246, 251, 258, 264f., 267, 290f., 299, 365, 392, 403, 425f.
Strolz, Walter 186
Struck, Elmar 519
Struck, Norbert 545
Strunk, Klaus-Martin 415
Student, Johann-Christoph 479f.
Sulze, Emil 100, 102, 210

Talazko, Heinrich 248f., 290
Tausch (-Flammer), Daniela 7, 418, 478ff.
Taylor, Michael H. 143, 157
Tennstedt, Florian 67, 371, 498
Tesch-Römer, Clemens 466

Theißen, Gerd 23, 205, 356, 435
Thieme, Hans Jörg 392, 240
Thierfelder, Jörg 244, 246, 290f., 425
Thiersch, Hans 236, 368, 536, 545
Thomae, Hans 436
Thomas, Klaus 587
Thomas von Aquin 168
Thormann, Helmut E. 339ff.
Thraede, Klaus 25, 31, 37
Thränhardt, Dietrich 548
Thüsing, Gregor 297
Timm, Hermann 347
Toaspern, Paul 424
Tobler, Sibylle 477
Tremel, Holger 340f., 348, 350
Troeltsch, Ernst 104
Trutwin, Werner 176, 182, 186
Turkle, Sherry 595
Turre, Reinhard 6, 12, 383ff., 418f.

Ucko, Hans 149
Uhlhorn, Gerhard 19, 36, 67
Ulrich, Hans 68, 276
Ulrich, Heinrich-Hermann 338
Ulrich, Peter 130, 286

Varah, Chad 587
Varela, Francisco J. 347f.
Vester, Frederic 127
Vietinghoff, Eckhart von 306
Vischer, Lukas 473
Visser't Hooft, Willem A. 142
Vivekanada 163
Vives, Juan L. 73
Vlk, Miloslav 83
Volz, Fritz Rüdiger 354, 360, 498
Vorländer, Wolfgang 224

Wacker, Ali 471
Wagner, Daniel 343
Wahl, Hans Werner 466
Wahl, Stefanie 307, 375
Wahlen, Gabriele 370, 382
Walter, Regine 428
Walzer, Michael 230
Watzlawick, Paul 347
Webb, Pauline 143, 145f.
Weber, Georg 361
Weber, Max 69, 388

Weber, Otto 51
Weber, Wilfried 588
Weeber, Joachim 392
Weg, Marianne 468
Wegner, Gerhard 214
Wehler, Hans Ulrich 68f., 87
Welker, Michael 117
Weinreich, Sonja 606
Weisbrod, Adolf 165
Weitzmann, Wilhelm 73
Wendland, Heinz-Dietrich 87, 104, 107ff.
Werner, Dietrich 157
Werner, Gustav 59
Westerbarkey, Joachim 333
Weth, Rudolf 19
White, Teresa Joan 143
Wichern, Johann Hinrich 56ff., 64, 73f., 93ff., 101, 107, 109, 115f., 209, 242f., 248f., 259, 261, 289f., 292f., 317f., 333, 371, 388, 395f., 401, 424f., 442, 500, 598
Wiener, Norbert 124
Wieners, Jörg 8, 586ff.
Wild, Markus 430
Wilhelm I. 75
Wilken, Waldemar 332
Willke, Helmut 329, 331
Winblad, Bengt 464
Winkler, Klaus 596
Winter, Jörg 6, 287ff.
Wirth, Johann Georg 538

Wischnath, Johannes Michael 259, 292f.
Witschke, Reinhard 6, 241ff.
Wittgenstein, Ludwig 347
Wohlhüter, Herbert 509
Wörsdörfer, Christoph 373
Wolff, Mechthild 545
Wunden, Wolfgang 333
Wunderer, Rolf 286
Wurga, Norbert 392
Wurm, Theophil 63
Wurmser, Leon 586

Yenmez, Miriam 14

Zacher, Hans F. 80f.
Zeisel, Hans 471
Zellfelder-Held, Paul-Hermann 220, 223f., 227, 568
Zeller, Christian Heinrich 538
Zentgraf, Martin 400f.
Zentner, Matthias 160
Zerfaß, Rolf 426
Ziebertz, Hans-Georg 433
Zimmerling, Peter 402, 409, 411f., 416, 420
Zinzendorf, Nikolaus L. Graf v. 54, 73
Zitt, Renate 12, 227, 415, 418, 421, 451
Zöckler, Otto 101
Zwingli, Huldrych 51

3. Sachregister

Abendmahl 39, 49, 51, 110, 220, 419
Altenhilfe 223, 241, 326, 384, 455ff.
Alten- und Pflegeheim 287, 353, 401, 427, 455f., 458, 464
Amsterdamer Vertrag 80, 82, 297, 494
Anstalt
– Anstaltsdiakonie 42, 53ff., 303, 425
– Rettungsanstalt 56
Arbeitslose/Arbeitslosigkeit 53, 76, 78, 159, 218, 228, 369, 391, 430, 439, 467ff., 493, 515, 583

Arbeitslosenhilfe 7, 467ff.
Arbeitsrecht 255f., 287f., 295ff., 385ff.
Arme
– Armenfürsorge 42ff., 73, 93, 95, 168, 490f., 494
– Armenwesen 51, 72, 490
Armut 29f., 44, 47f., 81f., 95f., 115, 154f., 485ff., 602ff.
– Armutsbewegung 46
– Armutsgrenze 492
Auferstehung 22, 117

Augsburger Bekenntnis (CA) 102
Ausbildung 12, 265, 322, 439 ff.

Bahnhofsmission 421, 423
Barmer Theologische Erklärung 387, 398, 212, 387, 398
Barmherzigkeit 24, 43, 49, 77, 83, 107, 113, 120, 161, 163 f., 168, 171 ff., 183, 185, 206 f., 235, 256, 307
Befreiungstheologie 145 f., 196, 198 ff., 214, 218, 408, 413, 426
Behindertenhilfe 384, 499 ff., 544
Behinderung 116, 429, 431, 441, 555 ff., 562 f.
Beratungsstelle 257, 384, 476, 510 f., 513 ff., 543, 558, 560 f.
Bildung 439 ff.
– Bildungsprozess 433
– Bildungssystem 444 f., 467
– diakonische Bildung 421 ff.
– Volksbildung 444
Bioethik 136
Buddhismus 164, 175, 178 ff.

Caritas 61 f., 76, 82, 158, 162, 260, 265, 557
Chancengleichheit 544
Corporate Identity 274, 279, 338, 340, 382, 415, 417

DDR 64 f., 249 f., 272, 486, 523, 589, 603
Diakonat 7, 59, 66, 93, 94, 96 ff., 107, 108, 265, 393, 396 ff., 400 ff.
Diakon/Diakonin 33, 39 f., 346, 394
Diakoniepraktikum 421 f., 427
Diakonisse 57 ff., 65, 72, 115, 208 f., 241, 246, 271, 307, 385, 393 ff., 399 f., 411, 412, 425, 458, 538, 567 ff.
Dialog
– interkultureller/interreligiöser Dialog 158 ff., 403
– ökumenischer Dialog 141 ff., 266, 599
Dienst
– Dienstgemeinschaft 66, 129, 255, 271, 385 ff., 390, 398, 508, 570

– Dienstleistung 17, 22, 111, 119 f., 183, 211, 228, 230 ff., 255 f., 260, 296, 300 ff., 328, 341, 376, 387, 391, 446 f., 495, 541, 571, 591
Demenz 455 f., 461, 463 ff.
Diskriminierung 29, 66, 288, 505, 525, 562, 601 f.
Dritter Weg 256, 296, 387

Ehe/Eheberatung 83, 267, 510 ff., 543
Ehrenamt/Ehrenamtliche 13, 49, 120, 218, 253, 255, 366 ff., 421, 532, 567, 591, 593 f.
Ekklesiologie 101, 108, 110, 145, 195, 591
Entsolidarisierung 79, 423, 539, 544
Entwicklungshilfe 146, 149, 486, 601, 605 f.
Erlassjahr 149, 489
Erziehung 18, 46, 54 f., 57, 64, 100, 114, 183, 209, 251, 318, 374, 391, 401, 424 f., 431, 494, 500 f., 535 ff.
Ethik
– diakonische Ethik 122 ff.
– Ethik-Kommission 284, 415
– Ethikberatung 135 ff., 401
– Sozialethik 42, 104, 108, 130, 212
– Unternehmensethik 284
– Verantwortungsethik 130
Ethos 37, 48, 207, 284, 435
– Arbeitsethos 388 f.
– diakonisches Ethos 435
– Hilfsethos 356, 435
– Weltethos 160, 165, 184
– Wirtschaftethos 69
Eurodiaconia 6, 260, 262 ff., 267, 622, 629
Europäische Sozialunion 82
Europäische Union 80 f., 83 f., 288, 297, 336 f., 364 f., 485 f., 492 f., 496 f., 610 f.
Europäischer Gerichtshof 610
Euthanasie 63, 399, 503

Familie 58, 60, 68, 80, 83, 95, 159, 168 f., 209, 214, 267, 271, 359, 371, 402, 456 f., 541, 544, 561
– Familienberatung 208, 510 ff., 535 f.

Finanzierung 54, 60, 65, 233, 238, 255, 257, 291, 295f., 300ff., 333, 341f., 353, 360, 362, 395, 445, 447, 449, 462, 479
Flüchtlingshilfe 520ff.
Fortbildung 218, 226, 264, 346, 393, 416, 418, 431, 439ff., 513, 591, 594, 608
Frauenhilfe 61, 210
Freiheit 83, 106, 109, 115, 137f., 143, 145, 235f., 239, 267, 292, 296f., 307, 411f., 425, 435, 516, 578, 586
Freiwilliges Soziales Jahr 384, 425, 425ff.
Fremde 26, 33, 37, 42, 161, 169, 218, 520ff.
Führung 122, 237ff., 271ff., 415
- Führungskonzept 271f., 274, 281, 282
Fundraising 332, 336f., 342, 346

Gefangene 18, 24, 38, 40, 59, 63, 170, 302
Gemeinde 203ff.
- Kirchengemeinde 119, 123, 194, 203ff., 241, 253, 258, 344, 346, 362, 364, 396, 431, 455, 463, 475, 502, 529, 531, 542, 568, 570
- Ortsgemeinde 86, 148, 212, 218f., 264, 411
- Urgemeinde 25, 29, 138
Gemeinnützigkeit 256, 286
Gemeinschaft
- diakonische Gemeinschaft 112, 393ff.
- Tischgemeinschaft 398
Generation 85, 160, 184, 285, 328, 389, 441, 456, 457, 465, 466, 511, 541
Gerechtigkeit
- Tauschgerechtigkeit 435
Geschichte 36ff.
- Sozialgeschichte 82, 388
Gesellschaft
- verantwortliche Gesellschaft 109, 600
- Zivilgesellschaft 120, 149, 191, 195, 258, 261, 343, 354, 368ff., 429, 468, 604

Glaube 19, 105, 110, 196, 204, 207, 258, 347f., 395, 401f., 542, 584
Glaubwürdigkeit 301, 307, 341, 414, 477
Globalisierung 79, 84f., 142, 149, 150ff., 312, 431, 485, 487f., 496, 597, 606ff.
Gnade 30, 266, 388, 490, 579
Gottebenbildlichkeit 61, 180, 473, 525f., 580f.
Gottesdienst 29, 39, 109, 118f., 156, 205, 207, 218f., 224f., 264, 415, 417ff., 537

Hauptamtliche 6, 250, 253, 383ff., 390ff., 593
Heilung 43, 109, 112f., 117, 128, 129, 212, 358, 441, 479, 483f., 568
Helfen 11, 105, 158ff., 421ff., 436
Hilfebedürftigkeit 38, 353ff., 430, 434, 581
Hilfsbereitschaft 172, 301, 307, 353ff.
Hinduismus 162f., 174ff., 182
Hoffnung 29, 34, 53, 81, 86, 102, 111f., 117, 142, 146, 198, 204, 220, 246, 251, 258, 263, 391, 432, 457, 482, 577, 608f.
Hospiz/Hospizbewegung 7, 224, 241, 460, 478ff., 484, 569, 624
Humanismus 55, 71, 104

Individualisierung 76, 79, 100, 113, 170, 362f., 539
Initiativgruppen/Selbsthilfegruppen 5, 120, 189ff., 204, 217, 218, 225, 250, 262, 377, 416, 437, 463, 532, 577, 578, 587, 608
Inklusion 156
Innere Mission 56ff., 76, 93f., 99ff., 209, 241ff., 289ff., 371, 385, 388, 395, 424, 443, 458, 476, 500, 502f., 539, 548, 587, 599ff.
Interdisziplinarität 235, 480, 519, 575, 596
Islam 161f., 170ff., 184

Judentum 18, 20, 32, 161, 166, 170ff., 175, 184
Jugendhilfe 59, 241, 384, 530, 535ff.

Kasualien 215, 459
Kindergarten/Kindertages-
  stätte 220, 222, 322, 424, 535,
  538, 542, 544
Kinderhilfe 535 ff.
Kinderlosigkeit 562, 564
Kirchenasyl 194, 198, 522, 524,
  531 f.
Kirche für andere 156, 211 f., 218 f.
Kirchenrecht 287, 291
Klassen 210, 525
Kollekte 28 ff., 39 f., 59, 206, 225,
  255, 419
Kommunikation 70, 117, 120, 125,
  127 f., 137, 159, 217, 329, 335, 339,
  341, 344 ff., 422, 508, 586 f.
- interkulturelle Kommunikation
  216
- Kommunikationssysteme 71
- Massenkommunikation 78
- religiöse Kommunikation 348 f.
Kommunitarismus 368, 370
Kompetenz 134, 226, 234, 261,
  284, 297, 301, 341, 382 f., 403, 414,
  417 f., 446 f., 460, 575
Konfirmation 407
Königsherrschaft Jesu 110
Konziliarer Prozess 147, 154, 495,
  604, 607
Krankenfürsorge 72, 208, 567 ff.,
  576 ff.
Kronenkreuz 252, 262, 319
Kundenorientierung 233 f.
Kybernetik 101, 122, 124, 126 f., 237

Lebensqualität 221, 459, 465, 581,
  584
Lebenswirklichkeit 148, 401, 420,
  516
Leitbild 66, 107, 118, 132 f., 142,
  144, 148, 151, 154, 209, 211, 214,
  224, 252, 271, 275, 278 f., 281, 319,
  337 f., 345, 370 f., 386, 415, 434,
  474, 550, 552
Leitung 47, 122, 138, 205, 271 ff.,
  283, 345, 387
Lernen
- diakonisches Lernen 421 ff.
- Lernprozess 265, 415, 550, 552
Liebesgebot 19, 21, 490

Liebestätigkeit/Liebeswerke 18 f.,
  24, 36, 58 ff., 72, 99 f., 104, 110,
  210, 236, 243, 247, 249, 293, 371,
  549, 572

Maastrichter Vertrag 83
Marginalisierung 79, 218, 430
Management 276, 324, 334, 338,
  349, 381, 416, 440, 443, 449 f., 573
- St. Galler Management-Modell
  276 f.
Markt 232, 234, 311 f., 315, 342,
  376, 391, 447 f., 451
- Marktwirtschaft 76, 150 f., 230
- Sozialmarkt 120, 125, 129, 551
Menschenbild 9, 126, 178, 238, 266,
  390, 507, 568, 571 ff., 604
Menschenrechte 83, 153, 155, 264,
  267, 430, 433, 474, 476, 505, 520 f.,
  526 f., 529, 547, 602, 604 f., 611
Menschenwürde 61, 137, 145 f., 148,
  155, 264, 499, 526, 559, 581, 605
Migration 430, 488, 520 ff.
Mindeststandard 497 f., 610
Mitarbeitende/Mitarbeiter/Mitar-
  beiterinnen 6, 13, 27, 65, 136,
  158, 165, 200, 250, 255, 261, 287,
  292, 300, 325, 341, 361, 366,
  375 ff., 381, 383 ff., 388, 390 ff.,
  396, 400, 402, 421, 430, 450, 465,
  503, 517, 591 ff.
Mönchtum 42 f., 411
Moral 162, 183, 243

Nachfolge 9, 22
Nachhaltigkeit 147, 279, 317 f.,
  322 f., 328, 330, 604 f.
Nächstenliebe 43, 47 f., 50, 105, 108,
  123 ff., 129, 131, 172, 178, 261, 303,
  315, 326, 347, 349, 397, 431, 500,
  505, 525, 532, 549, 570
Netzwerk 56, 127, 210, 216, 225, 260,
  262 f., 278, 282, 402 f., 417, 426,
  540, 544, 573, 603, 605 ff., 611
Normalität 272, 277, 279, 286, 422,
  465

Obdachlosenhilfe 7, 546 ff.
Obdachlosigkeit 63, 81, 200, 421 f.,
  430, 546, 549 ff., 608

Öffentlichkeit 41, 119, 194, 201, 260, 332 ff., 366 f., 472, 475, 513, 532, 577, 590, 603
- Öffentlichkeitsarbeit 332 ff., 255, 285, 532 f.

Ökonomie 70, 130, 278, 281, 314, 324, 485, 496, 572
- Ökonomisierung 10, 66, 202, 228, 240, 314, 342, 401, 423, 495, 571
- Ökonomismus 278

Ökumene 141 ff., 184, 216, 222 ff., 248, 251, 399, 413, 426, 598 f., 601

Organisation 69, 85 f., 92, 114, 122, 154, 163, 165, 191, 210, 234, 238 f., 245, 247, 255, 294, 312, 326, 329, 334 ff., 337 f., 342 ff., 360 f., 374 ff., 381 f., 391, 430, 443, 449 ff., 472, 496, 520, 530 ff., 573, 577, 587, 590, 601 ff., 608 f.
- Non-Profit-Organisation 255, 366
- Organisationsentwicklung 449 f.

Palliativmedizin 460, 479, 582
Paradigmenwechsel 71, 107, 300 f., 551
Pastorenkirche 209, 395
Person 18, 128, 135, 164, 170, 175, 180, 346, 362, 479, 512, 517, 559, 582, 593
Personalentwicklung 236
Pflege 241, 308, 324, 327, 353, 384, 395, 399, 401, 402, 455 f., 458, 460, 462 ff., 478, 500, 507, 538, 542, 564, 567 ff.
Pietismus 52 f., 55 f., 208, 411, 424, 442
Pluralisierung 119 f., 433, 512 f.
Präimplantationsdiagnostik 560, 564 f.
Pränataldiagnostik 555 f., 558, 560 ff., 565
Predigt 59, 110, 397
Produktivvermögen 491
Profession 218, 440
- Professionalisierung 57, 59 f., 65, 137, 272, 464, 571 f.
- Professionalität 237, 275, 263, 385, 391, 412
Protestantismus 58, 61, 105, 244, 265 f., 491, 548

Public Relations s. Öffentlichkeitsarbeit
Publizistik 122, 251, 332

Qualität 56, 152, 170, 173, 182, 233, 235, 273 f., 277, 284, 317 ff., 446 ff., 462, 493, 498, 508, 551
- Qualitätsentwicklung 317 ff. 337
- Qualitätsmerkmal 153

Rationalisierung 49, 69, 246, 391, 444, 502
Rechtfertigungslehre 47 f., 92
Rechtlosigkeit 169, 489
Reformation 47 f., 71, 73, 207, 266, 303, 498
Reich Gottes/Gottesreich 11, 20, 51, 59 f., 95, 99, 102, 106, 111 f., 117, 138, 156, 185, 264, 612
Reichtum 29 f., 155, 167, 171, 176, 412, 488 f., 608
Religion 18, 37, 55, 72, 105, 119, 158, 162, 166, 179, 184, 196, 302, 346, 386, 428, 592
Religionspädagogik 122, 431
Ressourcen 68, 80, 97, 128, 147 f., 155 f., 159 f., 166, 258, 265, 272, 312, 315, 317, 326 f., 336, 369, 459, 462, 472, 493, 495, 497, 592, 606
Ritual 44, 69, 119, 214, 401, 409, 411, 417, 483

Säkularisierung 60, 266, 393
Schöpfung 91, 95, 116 f., 142, 147, 151, 154, 156, 170, 174, 178, 317, 327, 435, 490, 495, 525, 580, 604, 607
Schuldnerberatung 494, 510
Schule 53, 57, 99, 179, 222, 277, 371, 374, 407, 427, 429, 431 f., 492, 527, 535, 539, 554
Schwangerschaftskonfliktberatung 510, 554 ff.
Selbsthilfegruppen s. Initiativgruppen
Selektion 266, 563 f.
Seelsorge 51, 65, 99 ff., 122, 205, 209 f., 226, 279, 283 f., 415, 510 ff., 567, 575, 586 ff.

Segregation 85, 497
Selbsthilfe 77, 79, 98, 189ff., 218f., 225, 359, 363, 368, 384, 491, 495, 511, 602
Selbstkostendeckungsprinzip 336, 342
Sozialarbeit 52, 72f., 80, 128, 183, 193, 257f., 300ff., 312, 314, 339, 340, 363, 384, 479f., 513, 528f., 547, 550, 588
Sozialethik s. Ethik
Soziallehre
- katholische Soziallehre 65, 358
Sozialmarkt 65, 120, 125, 129, 278, 551
Sozialpolitik 72ff., 82, 84, 96, 107, 129, 163, 246, 248, 251, 265, 333, 503, 598, 601, 606
Sozialstaat 60ff., 65, 74ff., 79, 104, 114, 158, 294, 301, 341, 375, 387, 428, 497
Sozialsystem 610
Spenden 39, 49, 53f., 59, 63, 107, 153, 161, 168, 183, 255, 302, 307, 325, 332, 337, 342, 346, 368, 429, 477, 479, 601, 603, 608f.
Spiritualität 97, 156, 215, 220, 224f., 401f., 407ff., 478, 482, 484
Staatskirchenrecht 288, 295, 298
Staatskirchentum 107
Stammzelle 574
Sterbebegleitung 7, 418, 460, 478ff., 484
Subsidiarität 65, 83, 95, 97, 125, 155, 220, 232, 265, 286, 343, 358ff., 416
Subsysteme 402, 496f.
Sucht 192f., 198, 251
- Suchtberatung 203, 510, 543, 576ff.
- Suchtkrankenhilfe 319f., 576ff.
Supervision 389, 403, 417, 480, 517, 592ff.

Taufe 41, 49, 298, 542, 600
Teilsystem 539

Telefonseelsorge 65, 226, 510, 518, 543, 586ff.
Trauer 18, 24, 478ff.
- Trauerbegleitung 224

Überregulierung 364
Unternehmen 91f., 120, 123, 130, 228ff., 271ff., 308ff., 572
- Unternehmenskultur 235, 283f., 327, 415f.
- Unternehmensverfassung 235, 275
Utilitarismus 130

Versöhnung 27, 86f., 111, 210, 260, 426, 601
Volksmission 62, 99, 103, 247, 338

Wachstum 68, 147, 155, 230, 264, 273, 363, 375, 385, 401, 402, 474, 485, 496
Waisen 18, 20, 24, 32, 34, 37f., 53ff., 161, 173, 458, 490, 537f., 606
Weltgestaltung 164, 209, 473, 525
Weltverantwortung 85ff.
Werte 126, 130, 136f., 159, 238, 240, 371f., 380, 434, 537
- Grundwerte 83, 137, 239, 532
Wettbewerb 82, 86, 115, 129, 148, 151, 153, 155, 231ff., 240, 256, 260f., 266, 311f., 314, 330, 342, 387, 391f., 448, 485
Wirtschaftsgemeinschaft 261
Witwen 19f., 24, 33f., 37f., 41, 55, 61, 141, 161, 302, 398, 457, 490, 537, 568
Wohlfahrtsverbände 62, 82, 84, 137, 158, 173, 231, 251, 256f., 262f., 296f., 314, 354, 372, 375, 429, 479, 504, 532f., 589
Wohltätigkeit 33, 37, 44ff., 52, 166, 168, 170, 183, 605
Wohnungslosenhilfe 546ff.

Zeugnis 40, 121, 141f., 155, 184, 250, 258, 398, 419, 525

4. Verzeichnis der Autorinnen und Autoren

Ammermann, Norbert: Dr. phil. habil., geb. 1956, Vorstandsreferent und wissenschaftlicher Berater des Ev. Johanneswerkes Bielefeld; apl. Prof. am Institut für Ev. Theologie an der Universität Osnabrück, Privatdozent für Praktische Theologie an der Kirchlichen Hochschule Bethel; Sandstr. 12, 49080 Osnabrück.

Coenen-Marx, Cornelia: Pfarrerin, geb. 1952, Oberkirchenrätin bei der EKD (verantwortlich für den Bereich Israel/Palästina/Nahost), bis 2004 Theol. Vorstand der Kaiserswerther Diakonie und Vorsteherin der Kaiserswerther Schwesternschaft; Robert-Koch-Str. 113d, 30826 Garbsen.

Degen, Johannes: Dr. theol., geb. 1941, Direktor (Vorstandsvorsitzender) der Ev. Stiftung Hephata (Mönchengladbach), Privatdozent für Praktische Theologie (Schwerpunkt: Diakoniewissenschaft) an der Universität Bochum; Rheydter Str. 128–130, 41065 Mönchengladbach.

Eibach, Ulrich: Dr. theol., geb. 1942; Pfarrer am Universitätsklinikum Bonn; Beauftragter der Ev. Kirche im Rheinland für Fortbildung von Krankenhausseelsorger/innen und für Fragen der Ethik in Biologie und Medizin; apl. Professor für Systematische Theologie und Ethik an der Ev.-Theol. Fakultät der Universität Bonn; Auf dem Heidgen 40, 53127 Bonn.

Füllkrug-Weitzel, Cornelia: Pfarrerin M.A., geb. 1955, Direktorin im Diakonischen Werk der EKD, Bereich Ökumenische Diakonie; Stafflenbergstraße 76, 70184 Stuttgart.

Gohde, Jürgen: Dr. theol. h.c., geb. 1948, Pfarrer, Präsident des Diakonischen Werkes der EKD und Präsident des europäischen Verbandes für Diakonie, EURODIACONIA, Reichensteiner Weg 24, 14195 Berlin.

Götzelmann, Arnd: Dr. theol. habil., geb. 1961, Professor für Diakonik, Ethik und Sozialpolitik an der Ev. Fachhochschule Ludwigshafen, Maxstr. 29, 67059 Ludwigshafen.

Haas, Hanns-Stephan: Dr. theol., Exec. MBA, geb. 1958, Professor, seit 1999 Geschäftsführer der Diakonischen Akademie Deutschland; Heinrich-Mann-Str. 29; 13156 Berlin.

Hartmann, Klaus: Dipl.-Theol., geb. 1962, Wissenschaftlicher Mitarbeiter am Institut für interdisziplinäre und angewandte Diakoniewissenschaft an der Universität Bonn (IfD); Fliednerstr. 2, 45481 Mülheim an der Ruhr.

Herrmann, Volker: Dr. theol., Dipl.-Diakoniewissenschaftler, geb. 1966, Professor für Ev. Theologie, Schwerpunkt Diakoniewissenschaft an der Ev. Fachhochschule Darmstadt, Studienstandort Hephata/Schwalmstadt, Kulenkampweg 10, 34613 Schwalmstadt.

Hildemann, Klaus: Dr. phil., geb. 1942, Pfarrer, Direktor des Instituts für interdisziplinäre und angewandte Diakoniewissenschaft an der Universität Bonn (IfD) und Leitender Direktor der Theodor Fliedner Stiftung, Mülheim an der Ruhr, Honorarprofessor an der Ev.-Theol. Fakultät der Universität Bonn; Stiftung Theodor Fliedner Werk, Am Mühlenhof 1, 45481 Mülheim an der Ruhr.

Huster, Ernst-Ulrich: Dr. phil., geb. 1945, Professor für Politikwissenschaft an der Ev. Fachhochschule Bochum, Privatdozent für Politikwissenschaft an der Universität Gießen; Immanuel-Kant-Straße 18–20, 44803 Bochum.

Jäger, Alfred: Dr. theol., geb. 1941, Professor für Systematische Theologie an der Kirchlichen Hochschule Bethel, Unternehmensberater für Non Profit Organisationen; Remterweg 44, 33617 Bielefeld.

Jähnichen, Traugott: Dr. theol., geb. 1959, Professor für christliche Gesellschaftslehre an der Ev.-Theol. Fakultät der Ruhr-Universität Bochum; Rauendahlstr. 20, 58452 Witten.

Just, Wolf-Dieter: Dr. theol., geb. 1941, Professor für Sozialethik und Sozialphilosophie an der Ev. Fachhochschule Bochum, Vorsitzender der »Ökumenischen Arbeitsgemeinschaft Asyl in der Kirche«; Angerstr. 10, 47051 Duisburg.

Klessmann, Michael: Dr. theol., geb. 1943, Professor für Praktische Theologie an der Kirchlichen Hochschule Wuppertal, Supervisor und Lehrsupervisor (DGfP); Dietrich-Bonhoeffer-Weg 24, 42285 Wuppertal.

Kock, Manfred: Präses i.R. der Ev. Kirche im Rheinland, geb. 1936, Pfarrer, bis 2003 Ratsvorsitzender der EKD; Merkenicher Str. 281, 50735 Köln.

Kuhlmann, Helga: Dr. theol., geb. 1957, Professorin für Systematische Theologie und Ökumene am Institut für Ev. Theologie an der Universität Paderborn; Warburger Str. 100, 33098 Paderborn.

Liebig, Reinhard: Dipl.-Sozialwissenschaftler, geb. 1959, Wissenschaftlicher Mitarbeiter des Forschungsverbundes Deutsches Jugendinstitut im Fachbereich Erziehungswissenschaft und Soziologie an der Universität Dortmund; Vogelpothsweg 78, 44227 Dortmund.

Luz, Ulrich: DDr. theol., geb. 1938, Professor em. für Neues Testament an der Universität Bern; Marktgasse 21, CH-3177 Laupen.

Pompey, Heinrich: Lic. theol., Dipl.-Psych., Dr. theol., geb. 1936, Professor für Caritaswissenschaft und Christliche Sozialarbeit, seit 1988 Direktor dieses Arbeitsbereiches an der Universität Freiburg; Werthmannplatz 3, 79085 Freiburg.

Rauschenbach, Thomas: Dr. phil., geb. 1952, Professor für Sozialpädagogik an der Universität Dortmund; Direktor des Deutschen Jugendinstituts, Nockherstr. 2, 81541 München.

Robra, Martin: Dr. theol., geb. 1954, Pfarrer im Justice, Peace and Creation Team; Ökumenischer Rat der Kirchen, 150, route de Ferney, P.O. Box 2100, CH-1211 Genf.

Rückert, Markus: Dr. theol., geb. 1951, Vorstand der Augustinum Stiftung; Stiftsbogen 74, 81375 München.

Ruddat, Günter: Dr. theol., geb. 1947, Professor für Praktische Theologie an der Ev. Fachhochschule Bochum und an der Kirchlichen Hochschule Wuppertal; Sudholzstr. 16, 44869 Bochum.

Schäfer, Gerhard K.: Dr. theol. habil., geb. 1952, Professor für Gemeindepädagogik und Diakoniewissenschaft an der Ev. Fachhochschule Bochum; Königsholz 68 D, 58453 Witten.

Schmidt, Heinz: Dr. theol., geb. 1943, Professor für Praktische Theologie (Diakoniewissenschaft) und Direktor des Diakoniewissenschaftlichen Instituts der Theol. Fakultät der Universität Heidelberg; Karlstr. 16, 69117 Heidelberg.

Schwarzer, Uwe: Sozial- und Verwaltungswissenschaftler, TQM-Systemauditor, EQA-Assessor, geb. 1955, Leiter der Abteilung Strategisches Management und Projektkoordination im Diakonischen Werk der EKD; Postfach 101142, 70010 Stuttgart.

Seibert, Horst: Dr. phil., geb. 1942, Pfarrer, Diplom-Sozialarbeiter, Professor em. für Praktische Theologie an der Ev. Fachhochschule Darmstadt, Privatdozent an der TU Darmstadt; Am Sattelbach 1, 61276 Weilrod-Gemünden.

Städtler-Mach, Barbara: Dr. theol., geb. 1956, Professorin für Theologie, Ethik und Diakoniewissenschaft an der Ev. Fachhochschule Nürnberg, Fachbereich Pflegemanagement; Isolanistr. 14, 90453 Nürnberg.

Starnitzke, Dierk: Dr. theol. habil., geb. 1961, Dozent an der Ev. Bildungsstätte für Diakonie und Gemeinde der Stiftungen Nazareth und Sarepta in Bethel, Privatdozent für Neues Testament an der Kirchlichen Hochschule Bethel; Bethelweg 50 A, 33617 Bielefeld.

Steinkamp, Hermann: Dr. theol. Dr. phil., geb. 1938, Professor für Pastoralsoziologie und Religionspädagogik an der Kath.-Theol. Fakultät der Universität Münster; Paul-Klee-Weg 24, 48165 Münster.

Störmer, Norbert: Dr. phil., geb. 1951, Professor für Heilpädagogik und Behindertenpädagogik an der Fachhochschule Zittau/Görlitz, Vorsitzender des Fachbereichstages Heilpädagogik; Fachhochschule Zittau-Görlitz, Fachbereich Sozialwesen, Postfach 300648, 02811 Görlitz.

Strohm, Theodor: Dr. theol., Dr. phil., geb. 1933, Professor em. für Praktische Theologie und bis 2001 Direktor des Diakoniewissenschaftlichen Instituts an der Theol. Fakultät der Universität Heidelberg; Köpfelweg 21a, 69118 Heidelberg.

Tausch, Daniela: Dr., geb. 1961, Dipl.-Psychologin, langjährige Leiterin des Hospiz-Dienstes »Begleitung Sterbender und ihrer Angehörigen« in Stuttgart, seit 1997 eigene psychotherapeutische Praxis, Lüneburger Str. 21, 28205 Bremen.

Turre, Reinhard: Dr. theol., geb. 1941, apl. Professor für Praktische Theologie (Diakonik/Seelsorge) an der Universität Halle-Wittenberg, Direktor des Diakonischen Werks in der Kirchenprovinz Sachsen; Mittagstr. 15, 39124 Magdeburg.

Van Spankeren, Reinhard: M.A., geb. 1957, Referent, Diakonisches Werk der Evangelischen Kirche von Westfalen, Stabsstelle Presse- und Öffentlichkeitsarbeit, Friesenring 32/34, 48147 Münster.

Wieners, Jörg: geb. 1937, Pfarrer und Psychoanalytiker (DGPT), bis 2000 Leiter der Telefonseelsorge Düsseldorf und Vorsitzender der Ev. Konferenz für Telefonseelsorge und Offene Tür; seitdem als Psychologischer Psychotherapeut in eigener Praxis niedergelassen; Bergische Landstr. 286, 40629 Düsseldorf.

Winter, Jörg: Dr. jur., geb. 1944, Juristischer Oberkirchenrat der Ev. Landeskirche in Baden, Honorarprofessor an der Juristischen Fakultät der Universität Heidelberg; Am Pfinztor 17, 76227 Karlsruhe.

Witschke, Reinhard: Dr. theol., geb. 1939, Pfarrer, bis 2004 Direktor des Diakonischen Werkes der Ev. Kirche im Rheinland; Austr. 31, 53179 Bonn-Mehlem.

5. Adressen der Diakonie/Caritas: Deutschland/Österreich/Schweiz/Europa

Deutschland

Diakonisches Werk der Evangelischen Kirche in Deutschland e.V.
Hauptgeschäftsstelle: Stafflenbergstr. 76, 70184 Stuttgart, 0711/2159-0, diakonie@diakonie.de, www.diakonie.de.

Diakonische Werke der Gliedkirchen

Diakonisches Werk der Ev. Landeskirche Anhalts e.V.,
Johannesstr. 12, 06844 Dessau, 0340/25546-0, info@diakonie-anhalt.de, www.diakonie-anhalt.de.

Diakonisches Werk der Ev. Landeskirche in Baden e.V.,
Vorholzstr. 3, 76137 Karlsruhe, 0721/9349-0,
oeffentlichkeitsarbeit@diakonie-baden.de, www.diakonie-baden.de.

Diakonisches Werk der Ev.-Luth. Kirche in Bayern e.V.,
Pirckheimer Str. 6, 90408 Nürnberg, 0911/9354-1, info@diakonie-bayern.de, www.diakonie-bayern.de.

Diakonisches Werk Berlin-Brandenburg e.V.,
Paulsenstr. 55/56, 12163 Berlin, 030/82097-0, diakoniebb@aol.com, www.diakonie-online.de.

Diakonisches Werk – Innere Mission und Hilfswerk – der Ev.-Luth. Landeskirche in Braunschweig e.V.,
Klostergang 66, 38104 Braunschweig, 0531/3703000,
diakonischeswerk@diakonie-braunschweig.de,
www.diakonie-brauchschweig.de.

Diakonisches Werk Bremen e.V.,
Blumenthalstr. 10/11, 28209 Bremen, 0421/34967-0,
geschaeftsstelle@diakonie.bremen.de, www.diakonie-bremen.de.

Diakonisches Werk der Ev.-Ref. Kirche
(Synode ev.-ref. Kirchen in Bayern und Nordwestdeutschland),
Saarstr. 6, 26789 Leer, 0491/9198-203/205,
diakonischeswerk@reformiert.de, www.reformiert.de.

Diakonisches Werk Hamburg e.V.,
Königstr. 54, 22767 Hamburg, 040/306200, info@diakonie-hamburg.de,
www.diakonie-hamburg.de.

Diakonisches Werk der Ev.-Luth. Landeskirche Hannover e.V.,
Ebhardtstr. 3a, Lutherhaus, 30159 Hannover, 0511/36040,
geschaeftsstelle@diakonie-hannovers.de, www.diakonie-hannovers.de.

Diakonisches Werk in Hessen und Nassau e.V.,
Ederstr. 12, 60486 Frankfurt a.M., 069/7947-0, kontakt@dwhn.de,
www.dwhn.de.

Diakonisches Werk in Kurhessen-Waldeck e.V.,
Kölnische Str. 136, 34119 Kassel, 0561/10950, info@dwkw.de,
www.diakonie-kurhessen-waldeck.de.

Diakonisches Werk der Lippischen Landeskirche e.V.,
Leopoldstr. 27, 32756 Detmold, 05231/97661, diakonie@diakonie-lippe.de,
www.diakonie-lippe.de.

Diakonisches Werk der Ev.-Luth. Landeskirche Mecklenburgs e.V.,
Körnerstr. 7, 19055 Schwerin, 0385/5006-0, info@diakonie-mecklenburg.de,
www.diakonie-mecklenburg.de.

Diakonisches Werk der Ev.-Luth. Kirche in Oldenburg e.V.,
Kastanienallee 9-11, 26121 Oldenburg, 0441/21001-0,
koenitz@diakonie-oldenburger-land.de, www.diakonie-oldenburger-land.de.

Diakonisches Werk der Ev. Kirche der Pfalz,
Karmeliterstr. 20, 67346 Speyer, 06232/664-0,
gordon.emrich@diakonie-pfalz.de.

Diakonisches Werk - Landesverband in der Pommerschen Ev. Kirche e.V.,
Grimmerstr. 11-14, 17489 Greifswald, 03834/889911,
landesvervand@diakonie-vorpommern.de, www.diakonie-vorpommern.de.

Diakonisches Werk der Ev. Kirche im Rheinland e.V.,
Lenaustr. 41, 40470 Düsseldorf, 0211/6398-0, diakonie@dw-rheinland.de,
www.diakonie-rheinland.de.

Diakonisches Werk in der Kirchenprovinz Sachsen e.V.,
Mittagstr. 15, 39124 Magdeburg, 0391/255260, diakonie-kps@t-online.de,
www.diakonie.kps.de.

Diakonisches Werk der Ev.-Luth. Landeskirche Sachsen e.V.,
Obere Bergstr. 1, 01445 Radebeul, 0351/83150, amt@diakonie-sachsen.de,
www.diakonie-sachsen.de.

Diakonisches Werk der Ev.-Luth. Landeskirche Schaumburg-Lippe e.V.,
Bahnhofstr. 16, 31655 Stadthagen, 05721/99300,
info@diakonischeswerk-stadthagen.de,
www.diakonischeswerk-stadthagen.de.

Diakonisches Werk der Ev. Kirche der schlesischen Oberlausitz e.V.,
Klosterstr. 2, 02826 Görlitz, 03581/4848–0, diakonie@dweksol.de.

Diakonisches Werk Schleswig-Holstein – Landesverband der Inneren
Mission – e.V.,
Kanalufer 48, 24768 Rendsburg, 04331/593–0,
geschaeftsleitung@diakonie-sh.de, www.diakonie-sh.de.

Diakonisches Werk der Ev.-Luth. Kirche in Thüringen e.V.,
Ernst-Thälmann-Str. 90, 99817 Eisenach, 03691/810–0,
hgf@diakonie-thueringen.de, www.diakonie-thueringen.de.

Diakonisches Werk der Ev. Kirche von Westfalen – Landesverband der
Inneren Mission – e.V.,
Friesenring 32/34, 48147 Münster, 0251/2709–0, info@dw-westfalen.de,
www.diakonie-westfalen.de.

Diakonisches Werk der Ev. Kirche in Württemberg e.V.,
Heilbronner Str. 180, 70191 Stuttgart, 0711/1656–0,
info@diakonie-wuerttemberg.de, www.diakonie-wuerttemberg.de.

Diakonische Arbeitsgemeinschaft evangelischer Kirchen,
Geschäftsstelle, Stafflenbergstr. 76, 70184 Stuttgart, 0711/2159–233/215.

Arbeitsgemeinschaft Mennonitischer Gemeinden in Deutschland,
Ringstr. 3, 67677 Enkenbach-Alsenborn, 06303/3883,
AMG.funck@mennos.de, www.mennoniten.de.

Die Heilsarmee in Deutschland,
Salierring 23–27, 50677 Köln, 0221/20819–0, info@heilsarmee.de,
www.heilsarmee.de.

Selbständige Ev.-Luth. Kirche (SELK), Diakonisches Werk,
Schopenhauerstr. 7, 30625 Hannover, 0511/557808, selk@selk.de,
www.selk.de.

Evangelisch-Methodistische Kirche, Kirchenkanzlei,
Wilhelm-Leuschner-Str.8, 60329 Frankfurt a.M., 069/2425210,
emk.kirchenkanzlei@t-online.de, www.emk.de.

Evangelische Brüderunität Herrnhuter Brüdergemeine, Direktion/Vogtshof,
Zittauer Str. 20, 02747 Herrnhut, 035873/4870, bruederunitaet@ebu.de,
www.ebu.de.

Katholisches Bistum der Alt-Katholiken in Deutschland,
Gregor-Mendel-Str. 28, 53115 Bonn, 0228/232285,
ordinariat@alt-katholisch.de, www.alt-katholisch.de.

Bund Freier evangelischer Gemeinden, Bundeshaus,
Goltenkamp 4, 58452 Witten/Ruhr, 02302/937–40, bund@feg.de,
www.feg.de.

Bund Evangelisch-Freikirchlicher Gemeinden in Deutschland (Baptisten),
Elstal,
Johann-Gerhard-Oncken-Str. 7, 14641 Wustermark, 033234/74–0,
BEFG@baptisten.org, www.baptisten.org.

Evangelisch-altreformierte Kirche in Niedersachsen,
Boenster Str. 20, 26831 Bunde, 04953/92259, synode@altreformiert.de,
www.altreformiert.de.

Deutscher Caritasverband,
Karlstraße 40, 79104 Freiburg im Breisgau, 0761/200–0, presse@caritas.de,
www.caritas.de.

Österreich

Diakonie Österreich,
Trautsongasse 8, A-1080 Wien, 0043–1/4098001, diakonie@diakonie.at,
www.diakonie.at.

Caritas Österreich,
Albrechtskreithgasse 19–21, A-1160 Wien, 0043–1/48831–400,
office@caritas-austria.at, www.caritas.or.at.

Schweiz

Diakonieverband Schweiz,
Tellstrasse 2, CH-8021 Zürich, 0041–1/2118827, info@diakonieverband.ch,
www.diakonieverband.ch.

Caritas Schweiz,
Löwenstrasse 3, Postfach, CH-6002 Luzern, 0041–41/4192222,
info@caritas.ch, www.caritas.ch.

Europa

Diakonisches Werk der EKD, Dienststelle Brüssel,
Rue Joseph II, 166, B-1000 Bruxelles, 0032–2/2821040,
dw.bruessel@euronet.be.

Europäischer Verband für Diakonie – Eurodiaconia,
Rue Joseph II, 166, B-1000 Bruxelles, 0032–2/2343860,
eurodiaconie@eurodiaconie.org.

6. Adressen – Diakonische Handlungsfelder

Altenhilfe
Kuratorium Deutsche Altershilfe, www.kda.de
Deutsches Zentrum für Altersfragen, www.dza.de
Deutscher Ev. Verband für Altenarbeit und ambulante pflegerische Dienste e.V. (DEVAP),
Stafflenbergstr. 76, 70184 Stuttgart, 0711/2159-529, www.devap.de

Arbeitslosenhilfe
Bundesverband Ev. Arbeitnehmerorganisationen e.V.,
Auguststr. 80, 10117 Berlin, 030/28395-151, www.bvea.de
Ev. Fachverband Arbeit und soziale Integration EFAS e.V.,
Stafflenbergstr. 76, 70184 Stuttgart, 0711/2159-722, www.efas-web.de
Kirchlicher Dienst in der Arbeitswelt (KDA) – Industrie- und Sozialarbeit in der EKD,
Blumenstr. 1, 73087 Boll, 07164/902100, www.kda-ekd.de

Aus-, Fort- und Weiterbildung
Bildungswegweiser in der Diakonie: www.ekd.de (in Vorbereitung)
Diakonische Akademie Deutschland gGmbH des DW der EKD, Berlin: www.diakonie.de
Fortbildungs-Akademie des Deutschen Caritasverbandes, Freiburg i.B.: www.caritas.de
Diakoniewissenschaftliches Institut der Theologischen Fakultät an der Universität Heidelberg, Karlstr. 16, 69117 Heidelberg, T 06221-54-3336; www.dwi.uni-hd.de
Institut für interdisziplinäre und angewandte Diakoniewissenschaft (IfD) an der Universität Bonn, Fliednerstr. 2, 45481 Mülheim an der Ruhr, T 0208-4843-111; www.fliedner.de/ifd

Begleitung Sterbender und Trauernde in der Hospizbewegung
Arbeitskreis Hospiz c/o Evangelischer Fachverband für Kranken- und Sozialpflege e.V.,
Rathausstr. 62-64, 65203 Wiesbaden, 0611/18601-86, www.efaks.de
Bundesarbeitsgemeinschaft Hospiz zur Förderung von ambulanten, teilstationären und stationären Hospizen und Palliativmedizin e.V.,
Renkerstr. 45, 52355 Düren, 02421/599472, www.hospiz.net
Internationale Gesellschaft für Sterbebegleitung und Lebensbeistand e.V. (IGSL) – Hospiz,
Geschäftsstelle: Stefan-George-Straße 28a, 55411 Bingen, 06721/10318, www.igsl-hospiz.de
www.trauernetz.de

Behindertenhilfe
Bundesverband Ev. Behindertenhilfe e.V. (BEB), Stafflenbergstr. 76, 70184 Stuttgart, 0711/2159-425, www.beb-ev.de

Ehe- und Familienberatung
Ev. Konferenz für Familien- und Lebensberatung e.V. – Fachverband für psychologische Beratung und Supervision – EKFuL –, Ziegelstr. 30, 10117 Berlin, 030/283039-27, www.ekful.de

Flüchtlingshilfe
Evangelische Flüchtlingsseelsorge Berlin e.V., Marienfelder Allee 68–80, 12277 Berlin, 030/7214017, Ev.Fluechtlingsseelsorge@t-online.de

Kinder- und Jugendhilfe
Arbeitsgemeinschaft für Jugendhilfe, www.agj.de
Bundesarbeitsgemeinschaft Ev. Jugendsozialarbeit e.V. – BAGEJSA –, Wagenburgstr. 26–28, 70184 Stuttgart, 0711/16489-0, www.bagejsa.de
Bundesvereinigung Ev. Tageseinrichtungen für Kinder e.V. – BETA –, Stafflenbergstr. 76, 70184 Stuttgart, 0711/2159-152/282, www.beta-diakonie.de
Christliches Jugenddorfwerk, www.cjd.de
Ev. Erziehungsverband e.V. (EREV) – Bundesverband Ev. Einrichtungen und Dienste,
Flüggestr. 21, 30161 Hannover, 0511/390881-0, www.erev.de
Internationale Gesellschaft für Mobile Jugendarbeit e.V. (ISMO), Stafflenbergstr. 76, 70184 Stuttgart, 0711/2159-325, ismo@diakonie.de

Obdachlosen- / Wohnungslosenhilfe
Bundesarbeitsgemeinschaft Wohnungslosenhilfe e.V., www.bag-wohnungs-losenhilfe.de
Ev. Obdachlosenhilfe e.V., Stafflenbergstr. 76, 70184 Stuttgart, 0711/2159-724, wohnungslose@diakonie.de

Schwangerschaftskonfliktberatung
Ev. Konferenz für Familien- und Lebensberatung e.V., Fachverband für psychologische Beratung und Supervision – EKFuL –, Ziegelstr. 30, 10117 Berlin, 030/283039-27,
Arbeitsgemeinschaft Ev. Krankenhaus-Hilfe EKH, Sträßchensweg 16, 53113 Bonn, 0228/32835
Ev. Fachverband für Kranken- und Sozialpflege e.V., Rathausstr. 62–64, 65203 Wiesbaden, 0611/18601-86, www.efaks.de
Konferenz für Krankenhausseelsorge in der EKD, Nußbaumstr. 20, 80336 München, 089/554488

Suchtkrankenhilfe und Suchtberatung
Blaues Kreuz in der Evangelischen Kirche e.V. – Bundesverband – (BKE), Märkische Str. 46, 44141 Dortmund, 0231/586 4132, www.blaues-kreuz.de; www.blaues-kreuz.org
Deutsche Hauptstelle für Suchtfragen e.V., Westring 2, 59065 Hamm, www.dhs.de
Gesamtverband für Suchtkrankenhilfe im Diakonischen Werk der EKD e.V., Kurt-Schumacher-Str.2, 34117 Kassel, 0561/109570, www.sucht.org

Telefonseelsorge
Ev. Konferenz für Telefonseelsorge und Offene Tür e.V., Stafflenbergstr. 76, 70184 Stuttgart, 0711/2159-391, telefonseelsorge@diakonie.de
www.telefonseelsorge.de
www.telefonseelsorge.org
www.seelsorge.de

Weltweite Diakonie
Diakonisches Werk der EKD, Stuttgart:
- Brot für die Welt, www.brot-fuer-die-welt.de
- Katastrophenhilfe, www.diakonie-katastrophenhilfe.de
- Hoffnung für Osteuropa, www.hoffnung-fuer-osteuropa.de

Evangelischer Entwicklungsdienst, Bonn: www.eed.de
Misereor: www.misereor.de